本项目研究由国家社会科学基金资助
本书出版由国家清史编纂委员会资助

人民出版社

佟大群 著

清代文献辨伪学研究

研究

（上）

国家清史编纂委员会·研究丛刊

上册目录

《研究丛刊》 总序

李 文 海

　　《研究丛刊》是为完成清史编纂工程而出版的四种丛刊中的一种（其他三种是《文献丛刊》、《档案丛刊》和《编译丛刊》），其任务是及时编辑出版清史专题研究的最新学术成果。

　　修纂清史是新世纪一项规模宏大的文化工程。中央对新编的清史提出了明确的要求，那就是："编纂的清史质量要高，必须是精品，要注重科学性和可读性。确保编纂出一部能够反映当代中国学术水平的高质量、高标准的清史巨著，使之成为经得起历史检验的传世之作。"（2003年1月28日李岚清在清史编纂工作座谈会上的讲话）这是一个极高的标准，要达到这个标准，需要有很多的条件，作艰苦的努力。其中最重要和最根本的一条，就是要始终不渝地把全部工作建筑在对清代历史的深入研究和不懈探索的基础之上。

　　专题性研究同综合性学术成果的关系，是任何一个学术工作者都十分清楚的。专题性研究是基础，综合性学术成果则是概括、提炼、深化和升华。一部优秀的综合性学术成果的产生，又为更加宽阔、更加深入的专题性研究提供契机，开辟道路。可以毫不夸张地说，如果没有上个世纪八十多年对清代历史的各个方面的专题研究，也不可能有今天提出清史编纂工程的成熟条件。《清史稿》的不如人意，除了其他种种原因之外，整个学术界缺乏对清史的前期研究，显然也是一个重要的先天不足。现在，清史研究取得了长足的进步，清史学术园地硕果累累，这正是历史赐给我们的能够超越前人的重要保证。这里，还需要强调的是，要真正能够写出符合中央要求的"清史巨著"和"传世之作"，不但要正确吸收和充分反映已有的清史研究的学术成果，而且在修纂过程中，还要继续进行多方面和多角度的专题研究，使我们对清代历史的认识，不断扩展新的视野，做出新的概括，达到新的境界。

根据这样一些想法，我们希望《研究丛刊》的出版，能够起到这样的作用：一方面，为清史编纂工程不断提供新的研究成果、新的学术资源，使新编的清史真正站在学术前沿，具有较强的时代性特征；另一方面，在清史编纂工程不断前进的过程中，发现和提出新的研究课题，拓展和深化清史专题研究，发挥清史编纂工程对整个清史研究的带动作用和推动作用。另外，有些难以为新编的清史包涵和容纳的重要研究成果，也可以通过《研究丛刊》单独发表。总之，我们希望《研究丛刊》成为清史编纂工程同史学界，扩大一点说同学术界、同社会联通和交流的一座学术桥梁，一个学术平台。

为了编好《研究丛刊》，我们将按照学术规律的要求，制定明确的工作规程。除此之外，我们仍然想强调几点，作为编委会和作者、读者共同努力的方向。

一是要尊重和提倡学术创新。创新是一个民族进步的灵魂，是一个国家兴旺发达的不竭动力。对于学术说来，也是学术发展的本质要求。因为学术的发展，从根本上来说，无非是对未知的探求。如果学术一味因袭前人，墨守成规，亦步亦趋，人云亦云，因循守旧，固步自封，那学术就没有了生命力，没有了活力，也就失去了存在的资格和权利。客观世界是千变万化的，人们对客观世界的了解和认识应该不断地发展变化；人的社会实践是永无止境的，我们的理论创新也就没有止境。即使是像历史学这样的学科，也应该在历史资料的发掘和掌握、历史现象的判断和分析、历史规律的认识和把握等方面，有所发现，有所发明，有所创造，有所前进，才称得上是真正的、名副其实的学术工作。

当然，创新不是天马行空，随意臆测，不是无根据的空想瞎说。胡锦涛总书记在今年"七一"重要讲话中指出："理论创新必须以坚持马克思主义基本原理为前提，否则就会迷失方向，就会走上歧途。"历史学的创新，当然应该坚持历史唯物主义的指导。同时，学术创新，一是必须符合客观实际，对于历史学来说，应该符合历史实际；二是应该正确地对待传统。对传统必须作辩证的、科学的分析，好的就坚持、就继承；坏的或者错的就否定、就摒弃，并用新的观点、新的结论取而代之，学术就在这种辩证对待的过程中得到发展，得到前进。

一是要坚持"在学术面前人人平等"的原则。《研究丛刊》对书稿的取舍，除了坚持"二为"方向即"为人民服务，为社会主义服务"方向的政治前提外，惟一的标准就是学术水平。除此之外，作者的职位高低、资历深浅、声望大小、辈分长幼以及与工作人员的关系亲疏、人情往来之类，一概都不应成为影响学术判断的因素。我们深知，此话说起来容易，做起来却有相当的难度。但我们必须这样做，才能体现学术的公平和公正，使已经受到某些污染的学术净土尽量保持自己的纯洁。所谓学术水平，当然不是抽象而不可捉摸的。我们希望，收入《研究丛刊》的著作，在选题上有较高的学术价值和现实意义，在内容上有原创性的独立见解，在方法上能做到观点和资料的统一，在文字上清新流畅，尽量体现中国风格和中国气派。这样的作品，我们是万分欢迎的。

还有一点，就是要坚持"双百"方针。"百花齐放、百家争鸣的方针，是促进艺术发展和科学进步的方针，是促进我国的社会主义文化繁荣的方针"（毛泽东：《关于正确处理人民内部矛盾的问题》），这是一点不错的。就学术来说，没有不同学术观点之间的相互切磋，相互讨论，相互争辩，学术就不能进步，更谈不上学术的繁荣。梁启超就曾说过："学问非一派可尽。凡属学问，其性质皆为有益无害，万不可思想统一，如二千年来所谓'表彰某某，罢黜某某'者。学问不厌辩难。然一面申自己所学，一面仍尊人所学，庶不至入主出奴，蹈前代学风之弊。"（《清代学术概论》）在这里，梁启超不仅讲到了"学问不厌辩难"的道理，而且还讲了学术论辩应抱的态度。确实，在学术界，恐怕还不能说"双百"方针已经贯彻得很好了。过去，有政治上"左"的影响和干扰，但这个问题现在似乎已不是个问题，我们已经有了一个良好的学术大环境。

因此，有一个正确态度去对待学术争鸣，就显得尤其重要。如果在不同学术观点之间，能够怀着追求科学真理的目的，抱着相互尊重、相互学习的态度，采用平心静气、充分说理的方法，具有海纳百川、虚怀若谷的学者风度，那么，学术争论愈充分，学术气氛就愈活跃，学术研究就愈深入，学术队伍也就愈加团结。我们愿意为形成这样一种民主和谐、生动活泼的学术氛围尽自己的绵薄之力。

《研究丛刊》的成败，说到底，在于学术界乃至广大读者的关心和支持。我们热切地期待这一点，并且将用我们的工作来努力争取这一点。

2004 年 4 月

序 一

佟大群博士的大作——《清代文献辨伪学研究》，乃是由其博士学位论文经过精心修改而成的一部具有原创价值的学术专著。现纳入"国家清史编纂委员会·研究丛刊"系列，即将出版问世，殊属可喜可贺。作者雅嘱能为之写篇序文，我没有像往常那样婉谢推辞而是慨然遵命，所以如此不避"人之患在好为人序"之忌，盖因与这部书稿有不解之缘。我既充任过论文评阅人，又曾忝为其申请《研究丛刊》立项的推荐者，也因此有幸多次读过该书稿，算对之有所了解，理应责无旁贷，记述一下这部著作诞生的情况，以及自己的看法，恰好亦可借此平台与作者、读者做点沟通交流。是为不序之序。

是书作者大群博士，受业于著名清史学家、南开大学教授白新良先生，而新良先生亦是笔者在清史学界相识相交达数十年的知友。他多年来培养了不少弟子新秀，可谓桃李满天下。承蒙厚爱，每年当其高足进行学位论文答辩时，大都邀我做论文评阅人，大群的论文也未例外。经过数年评阅下来，深感由史学界前辈、清史学泰斗郑天挺先生奠基的南开大学历史系学风之优良与纯正。到2010年4—5月间，又收到大群以《清代文献辨伪学研究》为题的博士论文，乍一展卷阅读，即感欣喜，一位年轻的博士学子不仅选择了这一高难度的选题，而且能将与此选题有关的方方面面的问题，源源本本，条分缕析，一一论列，且内容丰富，资料翔实，多有创新，卷帙达七十万言。能写出这样一部扎实厚重的论文，如无数年焚膏继晷，日以继夜地勤奋攻读，悉心钻研，焉能有如此成效。特别是在当今市场经济大潮冲击下，不少青年学子视中国传统学术文化如畏途，犹恐避之不及，论文作者却能如此以苦为乐，孜孜矻矻，甘坐冷板凳，刻苦治学，且达到相当水平，实难能可贵。有鉴于论文的质量和作者的治学态度，因在论文评阅意见中给予相应评价，肯定"其是博士学位论文中之上乘佳作"。尔后，在由多位清史名家组成的答辩委员会进行答辩时，一致通过其博士学位，并异口同声地称赞这"是一篇优秀的博士论文"。当然，也从更高的角度，对论文的欠缺与不足提出一些进一步修改提高的意见。

通过博士学位答辩后，大群没有在一片赞扬声中浅尝辄止，而是悉心听取、综合分析了答辩中专家们提出的各种意见，再接再厉，有针对性地对论文做了修改。他为了能听取更多的批评指导，在更大范围内开展学术交流，决心攀登更高的目标，向国家清史编纂委员会设立的《研究丛刊》编委会提出申请，以争取能立项出版。按照该丛刊规定，凡项目申请者须有两位同行专家推荐。为此，作者又恳请其导师新良先生与我做推荐人。笔者在写推荐意见时，又一次翻阅了论文修改稿，看到修改稿较原稿又有新的提高。《研究丛刊》编委会认真负责地审理了申报材料，按照评审程序又约请有关专家进行了匿名评审，而后综合各方面的意见，在充分肯定论文质量水平的同时，也提出了若干中肯的修改意见，表示原则上同意立项，将视修改情况再做最后决定。此时的大群又从善如流，鼓足勇气，对论文进行了大幅度的修改和调整，将原稿从七十万字压缩到五十万字左右，使内容更加集中，重点更加突出，直到2011年11月才最后定稿。修定稿复经编委会评审，最后终于批准立项。作者从撰写博士论文到申请立项出版，前后经历了五六年时光，这其中的冷暖甘苦可想而知。不过读者从书稿申请立项到拍板定案的过程中亦可看到，《国家清史编纂委员会·研究丛刊》编委会工作是何等的严肃认真。他们既乐于提携后进，又对学术事业高度负责，对每部列入《研究丛刊》的稿件都严格把关，一丝不苟。大群本人对其书稿，也同样认真对待，他为了邀我撰写序文，复将修定本书稿寄来，我将之与原稿两相对照，修定后的书稿质量确有很大的升华与提高。正如乃师白新良先生在是书序言中所说："（书稿）篇幅虽有压缩，而纲目结构都更加严谨，章节部局更加合理，并且依旧保持着引证广泛、考订缜密的特色。"

　　笔者通过对书稿一次次的阅读，既从中领受教益，也加深了对书稿的认知，进一步认识到这部著作的优长和特色：

第一，选题有重大学术价值，具有填补空白的开拓性意义。

清代学术在中国学术史上具有继往开来的地位和影响，尤以经史考据为显著特色。在考据学及其方法的影响推动下，此时的文字、音韵、训诂、校勘、目录、辨伪、辑佚之学都有长足发展，成就辉煌。从弘扬传统国学、繁荣现代学术文化的角度，对清代学术的各个方面都值得认真梳理和总结。然自民国以来，学术界在这方面虽做了不少工作，却仍有不足和欠缺。即以辨伪学为例，前人所做的工作，大多局限于对某些辨伪学者，或某种辨伪著作进行个案性研究，对清代的辨伪学做综合全面的研究，尚无人涉足。而本文作者不畏艰难，对有清一代的文献辨伪学进行了全面系统深入的研究，写出一部长达五十万言的大著。应该说其在推动清史文献辨伪学研究，乃至对推动学术文化的研究方面，无疑都具有开拓研究领域、填补研究空白的价值。

第二，全书结构完整，首尾一贯，内容厚重充实，是一部有分量的清代文献辨伪学专著。全书用九章的结构，前三章首先从学理上厘清了辨伪、辨伪学的有关概念、内容、方法，近百年的研究状况，清代以前文献辨伪学的发展，以及清代文献辨伪学发展的内在动因和外部环境。中间五章着重分析论述了清代前、中、晚各个时期的文献辨伪学，不仅逐一分析了各时段的主要辨伪学者和有代表性的辨伪论著，而且论述了各时期文献辨伪的不同特点和成就。最后一章，又提纲挈领地总论了清代文献辨伪学的体系、成就及其对清代文献辨伪学研究的学术展望。可谓首尾一贯，结构完整。

第三，广搜博览，运用史料丰富。作者对上述内容的分析论述乃建立在翔实的史料基础上。全书参考运用吸收了数百种基本古籍以及今人相关论著，努力做到言有所据，论有所依，而非空谈阔论。书末所附的《清以前的辨伪学者及其成就概要》、《<总目提要>文献辨伪成就辑录》等七篇附录，更是从浩瀚的史籍中钩稽整理而成。这些都需要下大气力，花大功夫，精心钻研，认真爬梳，既反映了作者踏实认真的治学态度，也显示了作者扎实勤奋的国学功底。

第四，勇于探索，贵有创新。任何一项学术研究既要吸收继承前人的学术成果，又要勇于创新和超越。这一点也是本书的一个鲜明特色。如前所述全书能对清代文献辨伪学进行全面、系统、深入的总结和研究，且自成完整的体系，就颇具原创价值。书中对文献辨伪学中一些相关问题的论述，也往往不为成见所囿提出个人的创新之见。如在一些文献学的论著中常将辨伪作为古籍整理的工具手段，这样的基础工作当然是必要的。不过，本书作者则从另一视角更突出地强调，文献辨伪往往体现了一个学者和一个时代的学术主张与社会思想价值取向，应将其与社会史、学术史、思想史相结合来研究，才能了解文献辨伪背后所包涵的深层思想。又如梁启超曾谓"清儒辨伪工作之可贵者，不在其辨出之成绩，而在其能发明辨伪方法而善于运用"。作者却提出："在文献辨伪方法方面，清儒基本上没有多少发明，惟运用娴熟而较为全面"。再如绝大多数历史文献学方面的学者，都普遍认为文献辨伪学是文献学的一个分支学科；本书作者对此则不予认同，认为文献辨伪学本身理应是一个独立的学科，如此等等，并在此基础上对文献辨伪学的框架体系进行了构建与探讨。我想，本书作者提出的一些新见，学术界同行不见得都能赞同，笔者自身也认为某些看法尚可斟酌。

即以文献辨伪学学科体系的构建而言，就值得进一步推敲。由于文献辨伪是一个传统的学术门类和治学手段，自秦汉以来，历代学人便辛勤耕耘，不用更远追溯，即从明代胡应麟之《四部正讹》而言，就对辨伪学的方法和理论进行了深入研究与总结，奠定了辨伪学的基础。近百年来，学术界采用文、史、哲新的学科分类后，数代学人又做了不懈的努力，写出了许多有益的著作，都不同程度地建立了历史文献学乃至辨伪学的学科体系，且对一些问题已逐渐形成共识。而今，本书作者欲建立更新的文献辨伪学学科体系，可谓志存高远。但如何更好地辩章学术，考镜源流，对这门学科发展的历史、现状和未来进行全面、深入和多视角、多层次的深层思考，使要建立的学科体系更加科学、完善和缜密，似乎还有继续努力的时间与空间。我想在此研究探讨的过程中存在不同意见是很正常的，而且只有通过不同意见的讨论和争鸣，学术研究和学科的发展才能有更大的活力，而不会如一潭死水而干涸沉寂。就此而论，本书作者勇于探索的尝试和贵有创新的精神，理应给予积极的鼓励和提倡。

以上之所以不厌其烦的记述了本书的诞生过程，也谈了自己的一些粗浅感受和看法，意在说明一部成功的乃或是较好的学术著作的涌现，都不可能一蹴而就，大都需要经过反复修改，精心打磨而后成，只有亲身践履衣带渐宽、身体消瘦人憔悴的刻苦治学境界，才能到达"待到山花烂漫时，她在丛中笑"的令人欣慰的美好时刻。

另外，从多次阅读大群博士的书稿及近年来的相互切磋交流中，我也深感他是一位具有扎实学业功底，有很大研究潜质、能向更高学术目标发展的青年学者，倘能一如既往的执着追求，抱定为学术献身的坚定目标，就一定能在当今学术文化大发展、大繁荣的阳光沃土中，更好地发挥聪明才智，做出新的更多更大的贡献！

王俊义
农历壬辰年正月初八于书香斋

序　二

　　《清代文献辨伪学研究》是佟大群学弟的博士学位论文，是近年著成的众多高质量的清史专著中一部经得起推敲、也值得学界重视的学术新著。值此国家清史纂修工程大功垂成之际，此文又获国家清史编纂委员会清史研究丛刊立项出版，实属可喜可贺。

　　清代文献辨伪，是清史及传统学术研究中的一个重要课题。百年以来，有关研究长兴不衰。数代学人或选取其中某个阶段，或对其中个别人物，或就其间某部著述，展开多方位、多层面、多角度研究，加之资料摘录汇编、文献点校出版等，研究成果蔚为壮观。但是，全面、深入、系统考察论述清儒文献辨伪成就之专著，却颇觉寥寥。多年来，我以教学需要，虽曾涉足这一领域并有意就此深入，却因其他课题研究缠身，迄未如愿。以此，一直念兹在兹，难以释怀。

　　数年前，大群学弟从我攻读博士学位，几次晤谈，深觉其国学基础知识扎实，意气风发，志在高远，应能就此课题进行深入研究，以传承先儒薪火。因即建议其以"清代文献辨伪"作为博士学位论文选题，而大群学弟志壮气豪，即刻慨然允准。其后，即迎难而上，心无旁鹜，早起晚归，夜以继日，以其全部精力，浸淫书史，遍阅古今论著一千五百余种，取精用弘，其间寒暑四易，至去年年初，终将《清代文献辨伪学研究》杀青成稿，并于学位论文答辩之际获得专家一致好评。未久，经由专家匿名评审通过，又获清史研究丛刊编委会批准立项，决定出版。至此，始觉胸中块垒顿消，窃喜托付得人，夙愿已偿，尤庆清代学术研究后有来者，此乐何极。

根据专家意见，论文答辩通过后，大群学弟又历时一年有余，对《清代文献辨伪学研究》书稿进行修改和补充。较之原稿，篇幅虽有所压缩，而纲目结构却更为严谨，章节布局亦更为合理，并且依旧保持着引证广泛、考订缜密的固有特色。清人文献辨伪学研究集往代之大成，成果璀璨。但因涉及面广、内容驳杂、头绪纷繁、研究成果散见多书，现代学者或视为畏途，存而不论；或浅尝辄止，仅及冰山一角；或不求甚解，人云亦云。大群学弟不畏艰辛，对这一具有重要学术价值和现实意义的课题，进行了系统梳理和深入研究。该书兼顾通史和断代、专题和个案、通论和专论、宏观和微观、横向和纵向等关系，真正做到了有点有线，有面有体，深入系统，内容厚重，是清代文献辨伪学研究中的创新之作。此外书后附录，如《清代文献辨伪成就拾遗》、《〈总目提要〉文献辨伪成就辑录》、《〈辨伪书目〉未收书目》、《〈辨伪书目〉误收书目》、《清代辨伪学者及成就》等，有对清人文献辨伪成就的客观定位，有对现当代有重要影响论著的认真考订，尤具功力与识见。世风逆转，学海扬帆。文渊浩瀚，考订诚难。青灯孤寒，数十万言。不问自知，其中苦甘！

　　大群学弟刚过而立之年，作为一名青年学者，进行如此底蕴深厚、牵涉广泛的课题研究，肯定会存在诸多不完善之处和值得推敲的问题。作为他的同调，我殷切希望他继续努力，不断进步，将这一课题及整个清代学术研究，引向深入，推出更多、更有价值的研究成果。

　　　　　　　　　　　　　　　白新良
　　　　　　　　　　　2011 年 10 月于天津南开大学

第一章 绪 论

汉代学者孔安国曾言,"序者,所以叙作者之意也",如不"先叙其意",则难以"曲得其情"。① 诚哉斯言! 为明文章旨意,笔者将在本章中,首先就以下问题进行简要说明。

一、文献辨伪学研究的理论方法

1."辨伪学"的概念和分科

(1)"伪"的多重含义。

在界定"辨伪学"的概念前,我们需要对"伪"的多重含义有所了解。

人性和情伪。荀子有言:"人之性恶,其善者伪也"②。"伪"的含义及荀子"性恶论"一直是后世学者致力阐发的问题③,虽然

---

① 转引自(唐)刘知幾撰,(清)蒲起龙通释:《史通》(吕思勉评,李永圻、张耕华导读)卷4"序例",世纪出版集团上海古籍出版社,2008年,第63页。

② 相关论述还见《荀子》"礼论"和"性恶"两篇。

③ 如唐人杨倞《荀子注》:"伪者,为也"。如《总目提要》卷91"子部一·儒家类一·荀子"条认为:"凡非天性而人作为之者,皆谓之伪"。今人的论述就更多,兹不枚举。(《总目提要》有1965年中华书局影印本,1999年整理本,《影印文渊阁四库全书》本等。本文所用为习见本,简称《总目提要》,凡引文仅标注卷数出处,不注明页码)国外学者也有不少关注,如涉谷由纪夫的《〈荀子〉に见られる"伪"の観念について》(《早稻田大学大学院文学研究科纪要》第46号,第1分册,2000年,第47—59页),所讨论的就是所见《荀子》中"伪"的观念。

意见间有龃龉,但在这一点上是能取得共识的,即"伪"与"诚"相对,是人的意愿和行动对"人本性"的介入和干预,一如孙奇逢所言:"学不透性根本不固,一有败露,便成伪儒矣。戒哉!"①正统和伪国。"伪国"、"伪军"是史志文献中较多见的词汇,是对一类"僭越"势力的指称,其"伪"与真命、正统相对,带有强烈意识形态特征和感情色彩。辨真伪、辨正统不但是古代社会的一个重要话题②,即便在现当代社会也并不鲜见。事实和虚妄。"伪史"、"伪事"、"伪说"等也是自古以来,人们经常接触的概念。这些虚妄之事、无稽之谈、不实之史,渊源有自,对这些史事传说的厘剔考辨也素有传统③,它既是社会生活的组成部分,也是学术研究的重要内容。真迹和赝品。银钱古币、彝器盘铭、契约族谱等器物,赝品和真迹一样多见。因此无论是平民百姓还是古董富商,无论是收藏者还是鉴赏家,无论是作伪者还是辨伪者,都离不开与这些赝品过往。有的粗制滥造,不值一哂。有的以假乱真,难辨是非。有侥幸邀赏的,有痛失钱财的,有对赝品必欲尽焚之而后快者,有对造假事乐此而不疲者,形形色色,内容丰富。

　　文献和伪文献。"文献"的概念,学界目前尚有分歧。本书的"文献"是指一切载体上的文字信息。这样,与涉及器物的辨伪就

---

① （清）孙奇逢:《夏峰先生集》（张显清主编《孙奇逢集》中册）（王惠敏点校）卷2"语录",中州古籍出版社,2003年,第562页。（又见续四库本,第1392册,第16页）

② 如《总目提要》卷45"正史类小序",即对《三国志》"帝魏"与《汉晋春秋》"帝汉"的正统与是非问题作了一个总结。由此可见,《总目提要》虽然是所谓的目录学著作,但是涉及的绝非仅仅学术问题。《总目提要》中的文献辨伪也是如此。这在第七章中有详细论述。

③ 如宋司马光作《疑孟》,专就仁义立说,认为"瞽瞍杀舜"之类均为间父里姬之说。如清梁玉绳辨"姜太公垂钓遇文王"事,认为"其妄与《搜神记》海神托梦同"。见（清）梁玉绳:《史记志疑》卷17"齐太公世家第二",中华书局,1981年,第846—847页。

较易于区分：器物上的文字信息是文献辨伪研究的范畴，有文字内容的器物是器物辨伪研究的范畴。伪文献，是指通过窃取他人作品并掩为己有，或掇拾既有文献而托名他人，或通过刊改书版冒充旧本等手段，形成的文字材料。人们习用"伪文献"之一种——"伪书"，代指所有"伪文献"。需要说明的是，目前学界多将出现诸如作者及时代问题的文献，一概视为"伪书"，随之出现了"泛伪书"和"泛辨伪"的问题。① 这在清代，是很少出现的，特别是《总目提要》，它将考辨文献作者、时代、内容等与文献辨伪等，作出了明确区分。详见本书第七章。

（2）辨伪学的概念。

辨伪学是关于考辨文献或史事传说等真伪虚实的学问。

它包括辨伪实践和辨伪理论两部分。辨伪实践是指围绕图书文献、史事传说的真伪虚实而展开的具体考辨活动；辨伪理论是关于作伪现象、理论方法、思想观念等理论问题而展开的思考总结。辨伪实践是辨伪学形成的前提和基础，辨伪理论是辨伪学形成的标志，二者有着密切的关系。

目前的"辨伪学"研究中，尚存在一些认识上的误区。如有人将"辨伪学"仅仅理解为"研究辨伪历史和辨伪方法"的学问②，这是不恰当的。首先，剥离了辨伪实践的辨伪学是不完全的。其次，辨伪学理论研究亦不能仅仅探讨辨伪的"历史"和"方法"，还应包

---

① 如有学者针对《经义考》卷133"吴氏澂仪礼逸经"条所引"又曰"一段文字的归属问题，进行了考证，指出：这段文字的"著作权应该归之于程敏政"，总之属于因《经义考》在编排上"出了一点小小的纰漏"，而引发的"著作权问题"（见司马朝军、沈科彦《〈经义考〉辨伪一例》，《图书·情报·知识》总第117期，2007年5月）。诚如作者所说，这可能是"手民"刊刻时颠倒次序造成的"误"，因此我们应正视"误"和"伪"的区别，不宜混淆。

② 司马朝军教授提出："辨伪学是研究辨伪历史以及辨伪方法的一门学科。"见司马朝军：《〈四库全书总目〉研究》，社会科学文献出版社，2004年，第265页。

括辨伪思想分析、时代背景考察等内容。此外,也有人习惯借用现代学科体系的标准,去考量中国古代辨伪学的功过得失①。按此一标准,中国几千年文明中恐难有堪称"学术"者矣!

(3)辨伪学的分科。

笔者认为,从不同的角度考量,可有不同的辨伪学分科。

从考辨对象的角度,有钱币、铜器、陶文、契约、碑石、书画、族谱、信函、史事传说,以及图书文献的辨伪。事例极其丰富,如清人笔记中言,广西苍梧县无赖余阿吕,一日赴县衙状告米店主邱以诚,声称邱在康熙五十九年曾卖与他家为奴,后因家道败落,准邱自谋出路。现如今邱某已发达,自然要拿赎身钱。但是邱不但不给反而打他。余阿吕还向县衙呈交了邱以诚当年的卖身契,作为凭证。县官传讯了邱以诚,邱辩解说,因余某赊欠米钱不还,故而发生殴斗,并无卖身之事。县官命验笔迹,结果邱的笔迹与卖身契极为相似。因邱矢口否认,一时无法结案。后来幕僚查《康熙字典》,断定卖身契是伪造。其根据是"丘"字是雍正间因避孔子讳才改作"邱"。所谓"卖身事"在康熙五十九年,何以有"邱"字?县官据以严讯余阿吕,余无法狡赖,对造伪谋财事供认不讳。② 此

---

① 这一观念发端于梁启超,后人承袭演绎不断。梁启超说:"专著一书去辨别一切伪书,有原理、有方法的,胡应麟著《四部正讹》是第一次","辨伪学到了此时,才成为一种学问"(梁启超:《古书真伪及其年代》,中华书局,1989 年,第35—36 页)。杨绪敏先生也认为《四部正讹》的问世,"标志着辨伪学的成立"(杨绪敏:《明清辨伪学的成立及古书辨伪之成就》,《中国社会科学院研究生院学报》1999 年第 4 期)。牟玉亭先生提出,直到胡应麟写成《四部正伪》,才使辨伪学"正式成为一门独立的专科学问"(牟玉亭:《文献目录与古籍辨伪》,《古籍整理研究学刊》1994 年第 3 期)。而刘重来先生则认为文献辨伪在中国"真正构建成一门学科却是本世纪的事"(刘重来:《中国二十世纪文献辨伪学述略》,《历史研究》1999 年第 6 期)。

② (清)徐德清:《听雨轩笔记》卷 3"一字定案",丛书集成三编本,第 66 册,第450—451 页。

为契约辨伪。其他如陶文、地券等器物辨伪的例证较丰富①，兹不一一列举。此外，清人崔述《考信录》中有大量史事辨伪的内容。

再如，从辨伪主体的角度，有普通民众、商贾、收藏家、学者的辨伪等；从辨伪动机的角度，有学术研究、人事纷争、政治活动中的辨伪②等；从著作性质的角度，有的重在考辨实践，有的重在理论总结；从著作形式的角度，有的以笺证按语的形式出现，有的以序录题跋的形式出现，有的写成专著，有的仅是零散篇章；从所属历史时期角度，有先秦、两汉、宋明、清代的辨伪，当然也有现代的辨伪。现代以前的辨伪也可称"古典辨伪"。

目前流行"辨伪有狭义、广义之分"的提法。诚如上述，辨伪的对象和内容丰富，"广、狭之分"是十分必要。但是，人多将考辨对象为"图书"的辨伪称作"狭义辨伪"，将包括图书及其内容在内的辨伪称作"广义辨伪"③，这种界定却值得探讨。因为除了部分信息记载于"图书"之内，还有大量信息不在其记载的范围内，如若涉

---

① 如曹定云：《山东邹平丁公遗址"龙山陶文"辨伪》，《中原文物》1996 年第 2 期；如蒋英炬：《"河平三年八月丁亥汉里禹墓"拓片辨伪及有关问题》，《考古》1989 年第 8 期；李卫星：《浅论汉画像石作伪的有关问题》，《中原文物》1991 年第 3 期等。所谓伪造"地券"问题，方诗铭先生在《文物》1973 年第 5 期上发表了《从徐胜买地券论汉代"地券"的鉴别》一文，疑其出自古董商人的伪造。袁祖亮：《汉代〈徐胜买地券〉真伪考》（《郑州大学学报（哲学社会科学版）》1984 年第 1 期）也以为"起码有三点疑问"，恐怕出自后人的伪造。有人不以为然，如李振宏的《两汉地价初探》（《中国史研究》1981 年第 2 期）、林剑鸣的《论汉代"奴婢"不是奴隶》（《学术月刊》1982 年第 3 期）等，都不认为是后人伪造。

② 作伪的动机和用意本就复杂，辨伪亦如此。譬如康有为的《新学伪经考》，就是借辨伪经世的典型。详诸后文。

③ 孙钦善教授提出，辨伪有狭义、广义之分：狭义辨伪仅指关于书籍本身包括名称、作者、年代等方面真伪的考辨；广义辨伪除此之外，也把关于书籍内容真伪的考辨包括在内。见孙钦善：《中国古文献学》，北京大学出版社，2006 年，第 155 页。

及考辨此类信息的真伪,所谓的"广义辨伪"是否显得乏力呢?

2.文献辨伪学的概念、研究对象及分科

(1)文献辨伪学的概念。

文献辨伪学是关于甄别文献真伪的学问,它也包括文献辨伪实践和文献辨伪理论研究两方面内容。

辨伪实践是辨伪理论指导下的实践,辨伪理论是辨伪实践中形成的理论。没有辨伪理论指导的辨伪实践,犹如无灵魂的个体,空有一副皮囊,难称学术;不以辨伪实践为基础的辨伪理论,犹如水月镜花,多属空谈。

(2)文献辨伪学的研究对象。

文献辨伪学是学术性和社会性、理论性和应用性兼备的学问。其研究对象主要包括存在真伪问题的文献、文献辨伪学史和辨伪学理论三方面:

其一,存在真伪问题的文献。考辨存在真伪问题的文献,一直是文献辨伪学的核心内容,也是辨伪学不断发展的根本动力。存在真伪问题的文献大致有以下三类:①传世文献,其在辨伪问题上有许多著名学案,如《古文尚书》以及《周礼》等的真伪问题,等等。虽然今非昔比,但它们依然是现代学术研究中不能回避的问题。另外,还有今人在传世文献中新发现的问题①。②出土文献,20世

---

① 如国家图书馆藏有两部题为"夏天祐《正思斋文集》"的"稀见元人别集"。二书只有卡片著录,其中一部在普通古籍馆,著录为:"《正思斋文集》十二卷,元夏天祐撰,清抄本,8 册"。另一部在善本部,著录为:"《正思斋文集》十二卷,元夏天祐撰,清抄本,4 册,10 行 21 字,无格"。但未见于《北京图书馆藏古籍善本书目》和《中国古籍善本书目》,可能是近年来从普通古籍中提取的善本。周清澍:《元人文集版本目录》(《南京大学学报丛刊》1983 年)、罗鹭:《〈正思斋文集〉辨伪》(《中国典籍与文化》2007 年第 3 期)等对上述文献进行了真伪考辨。这部文献的真伪问题,即未见古人述及。再如《张长史十二意笔法记》(又名《张长史笔法十二意》)一卷,题唐颜真卿撰。近人余绍宋《书画书录解题》始疑其为伪书。

纪初以来,大量文物出土,有简帛碑刻、敦煌文献等,其中一些是新造或早年做成的赝品①。③现当代伪造文献,包括剽窃的文章、捏造的数据、盗版的书籍等,特别是当前频发的学术作伪和学术腐败,它们既是文献辨伪学研究的新内容,也是其不断发展的新活力。

对于上述三类文献,我们需要具体考察以下三个问题:①考察文献形成是否存在作伪。文献形成中的作伪,主要有剽窃和抄袭两种形式,并均将其掩为己有。如晋人郭象窃取向秀著《庄子注》,南朝人何法盛窃郗绍著《晋中兴书》。至于抄袭并掩为己有的事例更是多见,不赘述。②考察文献作者是否存在依托。文献作者的依托,究其动机,主要有以下四种情况:依托以重其书,如《内经》假托黄帝作;依托以神其事,如《阴符经》假托鬼谷子传;嫁名以祸他人,如《牛羊日历》托名牛僧孺自述;赝题以避舆论,如《香奁集》韩偓不注明己名。前人对此多有述及,兹不详述。③考察文献版本是否存在赝造。冒充古本、孤本以牟利,是书商惯用手法。有人将此类文献称作"伪本",而不视为"伪书"。② 这种区分固无不可,但是否有"白马非马"之滑稽?

其二,文献辨伪学史。中国的文献辨伪学有悠久的历史,先贤

---

① 如赵和平认为北图0623刘幼云藏《金刚般若经》(散0659)和日本三井八郎右卫门藏《妙法莲华经》卷第二是赝品(赵和平:《两件高宗、武则天时代"敦煌藏经洞出宫廷写经"辨伪》,《敦煌研究》2006年第6期)。

② 杜泽逊先生认为:"所谓伪书,就是一书的公认著者及时代并非这书的真正著者及时代,这书即被称为伪书。""书中有假的史料,或者书的版本被人做了手脚,如以明刊本冒充宋本,都不在'伪书'之列"(见杜泽逊:《文献学概要(修订本)》,第182—183页)。杜先生将"伪本"作为版本学中的概念,以与"伪书"区分开,他又提出"在版本学上,割去原有序跋冒充古本者不胜枚举,那是书贾伪造旧本的手段。但这种手段有时连真正的作者也改变了,于是在伪造旧本的同时也造出了一部伪书"(见杜泽逊:《文献学概要(修订本)》,第186页)。

的辨伪研究涉及了哪些文献,提出了哪些见解,运用了哪些方法,提出了哪些理论,他们的主张如何,他们的局限怎样,等等,这都是我们从事文献辨伪研究时应给予关注的问题。

其三,辨伪理论是辨伪学的纲领和灵魂。它主要包括以下内容:对辨伪意义的认识,对辨伪方法的把握,对辨伪历史的梳理,对伪书价值的评估等。没有对辨伪意义的正确认识,辨伪无从谈起;没有对辨伪方法的正确运用,辨伪何以进行?没有对辨伪历史的系统梳理,诸多言论或失公允。概言之,没有理论的辨伪,难以取得令人信服的结论。没有理论的辨伪,不能称之为"学"。没有理论的辨伪学,根本是不存在的。

(3)文献辨伪学的分科。

文献辨伪学研究涉及范围广泛,内容丰富,可从不同的角度进行分科,一如"辨伪学"的分科,兹不赘述。这里需要强调两点:

第一,从涉及范围的角度。有经学研究、史学研究、诸子学研究、文学研究、书学研究、医学研究、新闻传媒学研究中的辨伪,还有文献学研究中的辨伪。需要指出的是,本书的"文献辨伪学"包括,但不等同于所谓"文献学"研究中的"文献辨伪学"。

第二,从参与人员的角度。有儒家、道家以及释教徒的辨伪①,有杂学家的辨伪。现代社会中,参与文献辨伪的人员构成更

---

① 如《终南山祖庭仙真内传》,3卷,元道士李道谦编。《终南山说经台历代仙真碑记》1卷,元道士朱象先编。对这两部文献,《总目提要》认为:所言多涉神怪。异学之徒,自尊其教,不足与辨真伪也。从这样的评述中,我们可以知道,四库馆臣作为一个秉持儒家思想的学术群体,在判断道家文献真伪问题上的态度和方法。从另一个角度,我们也不难想见李道谦、朱象先在文献辨伪问题上是自有其标准的。另有《道藏目录详注》,明道士白云霁撰。该书分三洞四辅十二类收录道家典籍,虽然其中一些文献的真伪存在争议,表面上白云霁道士不作甄别、照收不误,但实际上,道家自有其学说体系,这种收录办法也反映了他们的真伪标准。随着佛学在中国的发展,佛学类伪书滋生。对此,佛门僧徒进行了不断的考辨活动,释家的古籍辨伪学著作也随之出现。

加复杂,有史学家的辨伪①,有文学研究者的辨伪,有普通高校教师的辨伪,有图书馆工作人员的辨伪②,有医务工作者的辨伪,等等。

3.文献辨伪学的研究方法

当前的文献辨伪学研究,往往仅用"文献学"的方法,这是不科学的。文献辨伪除了文献真伪的甄别之外,还涉及文化、学术、思想、个人、社会、历史、现实、经济、政治等一系列问题。文献辨伪活动中蕴涵着诸如经济基础和上层建筑、理论和实践、思想和学术、历史和现实之间诸多辩证关系。全面深入的文献辨伪学研究,应正确认识并深入分析上述关系。因此其研究方法应该是多样、系统而全面的。

(1)文献学的方法。

清人文献辨伪成果,除部分专著外,更多的是以叙录、题跋、按语、注文的形式出现。而现有成果中,往往仅述及其中的部分专书、专篇,阙失很多。故而得出的论断多是不全面,甚而是不正确的。因此要对清人文献辨伪的情况,进行全面系统的梳理,将结论建立在翔实丰富的文献资料之上,必须借助文献学中诸如目录、版本、校勘等理论方法,收集、整理相关史料。此外,清以前千余年的

如梁释僧祐《出三藏记集》(续四库本,子部第1288册)、武周释明佺等撰《武周刊定众经目录》附《伪经目录》(续四库本,子部第1289册)、元释祥迈撰《大元至元辨伪录》(续四库子部第1289册),等等,都是此类性质的著述。杜泽逊:《文献学概要》(修订版)第八章"文献的辑佚与辨伪",对释家的文献辨伪问题作了简要说明,可以参阅。释道类文献辨伪问题本书暂不探究。

① 如汤志钧先生指出考辨文献"正伪",是历史研究"必需注视,认真对待的",并就近代文献如《戊戌奏稿》的真伪问题提出了一些看法。见汤志钧:《经史纠误和辨明真伪》,《史林》1996年第3期。

② 如陶宝庆指出"如何识别古籍中的假伪印本? 是古籍整理工作中遇到的实际问题",因此将"自己实践所得,检取点滴,试加剖析",写成《古籍作伪鉴别点滴》,发表在《广东图书馆学刊》1984年第4期上。

文献辨伪学史回顾,也非借用文献学的方法不可。

（2）学术史的方法。

清人的文献辨伪研究渊源有自,这必须借助学术史的研究方法,否则不能给清儒的辨伪成就、地位及影响等以准确的定位。清代文献辨伪研究如果仅能钩稽出清儒的辨伪成果,是远远不够的。因为我们还需要知道他们因袭了什么,有何创新,在清代及整个中国古代学术思想中有何地位、影响,等等。诸如此类问题的解决,非学术史的研究方法而不能实现。是为辨章学术、考镜源流之意。没有全面的学术史考查,难免动辄"最先"、"第一"的偏颇,也难免有视芝兰如草芥的疏漏。

（3）社会文化史的方法。

清人文献辨伪研究中的一些问题和现象,必须借助社会文化史的分析方法才能得到较好的解读。如清初期、清中期、清后期的文献辨伪,为何呈现出阶段性特征? 如毛奇龄与阎若璩,方苞与惠栋,康有为与朱一新等人,生活时代近同,持论缘何龃龉? 诸如此类。如果不对当时的社会文化有宏观把握和深入理解,不但难见真相,而且恐有"孤立片面"、"疏阔肤浅"之虞。从社会文化史的角度,关注社会文化与学术研究之相互关系,才能准确把握清代文献辨伪学的走向,深刻理解清代文献辨伪学的历史。

（4）思想史的方法。

全面梳理清人著述,获见他们考辨文献的规模,固然是文献辨伪研究中的重要内容,但是我们的研究工作不应当仅限于此。因为文献辨伪从来不是简单的、机械的文献考辨,而是"有大义存焉"! 所以借用思想史的方法分析清人的文献辨伪是必要的,也是重要的。没有无思想的学术研究,同样也没有无思想的文献辨伪。清人文献辨伪的思想动机如何? 影响怎样? 同中国传统文化以及清代社会思想的关系如何? 等等,这些都需要借助思想史的方法进行深入探讨。

(5)历史唯物主义的方法。

清代的辨伪学研究需要历史唯物主义的指导。既要解放思想,不唯学术权威是从、不因学术魅力迷失,又要立足于文献梳理考订,实事求是,不虚言妄语。需要格外引起关注的是:清儒的文献辨伪因为受时代、阶级等的限制,在考辨方法、标准和指导思想等方面,均存在各种各样的问题,其结论自然也有继续讨论的余地,但是,我们应该看到清儒敢于面对问题、勇于提出问题、善于解决问题的决心、魄力和能力,已极传统学术之所极,这是值得充分肯定的。因此,对于他们的功过得失,我们应借用历史唯物主义的方法,进行历史、全面、客观、辩证的分析。一味抨击,或以今绳古等,均非我等所当为。

4.文献辨伪学研究的其他问题

(1)文献辨伪学研究的学术价值。

首先,是指导整理各类文献工作的需要。文献辨伪同图书之辑录编纂、训诂诠释、目录源流、刊刻发行一样,对我国文化典籍的整理与保存,对中国文化的传承与发扬,都具有重要的意义。存疑待考或晚出伪书在在皆有,特别是出土文献中也有伪作与真迹相混杂者,因此对上述文献作进一步考辨,是文献整理工作中的必要环节。

其次,是正确认识中国学术思想的需要。文献辨伪是一门涉及广泛的学问,蕴涵着丰富而又复杂的学术思想,是中国传统学术思想的重要载体。以往的研究,多忽视文献真伪的思想动机和精神实质,这无疑妨碍了我们对中国学术思想的正确认识。因为一个不争的事实是:不少文献的辨伪纷争是因为学术、思想中的是非而发生的。我们不能无视或忽视这样的文献辨伪活动。

再次,是不断促进学科建设的需要。就当前情形而言,文献辨伪学的学科建设还有待完善,文献辨伪学的学术定位还有待商榷,特别是文献辨伪学只是"关于文献整理方法的学问"的认识偏颇还亟须纠正。

最后,是从事其他学术研究工作的需要。梁启超曾言:"无论做哪门学问,总须以别伪求真为基本工作。"①郭沫若等也强调指出文献辨伪之于学术研究的意义。② 因此作为专业学者,我们不但需要了解辨伪活动的概况,还需要具备基本的理论素养、掌握主要的考辨方法。但目前却出现了不会以及不懂文献辨伪的现象③,故而加强文献辨伪研究是很有意义的。

(2)文献辨伪学研究的社会价值。

首先,规范市场行为的需要。商品经济中,文献造假事件层出不穷。特别是剽窃盗版活动,颇有甚嚣尘上之势。因此,在伪书泛滥的当下,正确认识作伪的历史性、社会性,分析作伪心理,评估社会影响,考辨伪造图书,打击不法行为等,都离不开文献辨伪学研究的深入。

其次,转变社会风气的需要。历史上,士人浮躁、世风乖离、攘夺剽窃、伪书流传的现象是存在的,只是都不如今日这般影响恶劣,流弊深远,甚而连对簿公堂者亦不鲜见。道德的问题需要权力的干预,学界的问题需要法律的介入,社会的发展并未塑成高尚的

---

① 梁启超:《中国近三百年学术史》(据1936年影印《饮冰室合集》本)"四、辨伪书",中华书局,1989年,第247页。

② 郭沫若在谈到文献的处理问题时指出:"无论作任何研究,材料的鉴别是最必要的基础阶段。材料不够固然大成问题,而材料的真伪或时代性如未规定清楚,那比缺乏材料还要更加危险。"见郭沫若:《十批判书》(《郭沫若全集》"历史编2"),人民出版社,1982年,第3—4页。

③ 刘起釪指出目前存在诸如"直接称用传说中的古帝古神做信史人物来立论,有用晋代的《帝王世纪》之说去驳诘先秦资料的,有引用伪《古文尚书》文句为说"等现象。见刘起釪:《古史续辨》"序言",中国社会科学出版社,1991年,第4页。

人格,物质的富足却导致道德的沦丧。礼义不足以约束人心,廉耻与学者渐行渐远!

李治亭先生曾属文强调"正学术者正人心"的问题①,针砭时弊,足资借鉴。作伪之风盛行,士风日下,时风日下。因此大力提倡文献辨伪,将伪迹暴露无遗,向世间昭示礼义廉耻为何物,这是文献辨伪学研究责无旁贷的社会责任,也是其与众学不同的魅力。②

总之,文献辨伪学研究不但有利于我们学习和掌握前人的辨伪成果及经验教训,使今天的文献整理更加系统、有效,而且对于今人更好地理解中国的学术文化、端正学术风气、规范社会行为等,都有不可估量的现实意义。

(3)文献辨伪研究中应注意的问题。

第一,考辨伪书与考订年代的关系。在古籍考辨过程中,考定年代与辨别真伪往往是相关联的,然而二者各有重心,性质不同。考辨文献真伪,当然离不开考察其著作时间及作者生卒年代,从这个意义上,考订年代是辨伪的重要手段。但是考订文献及作者的

①　李治亭:《人心之邪正在学术——当前学术文化之反省》,《文化学刊》2008 年第 1 期。

②　譬如 1988 年世界知识出版社出版了陈明远的《劫后诗存——陈明远诗选》,该书附录有《郭沫若给陈明远的书信(40 封)》。1992 年中国文联出版公司出版的《新潮》上,陈明远将之署名为郭沫若。为此事,郭沫若家人将陈氏告上法庭,陈明远败诉。王戎笙先生对此事始末缘由进行了翔实的剖析,著《郭沫若书信书法辨伪》一书。该书不仅揭露了陈明远的作伪动机、手法,而且还联系实际,谈到如何规范学术的问题。除此之外,又就市场上郭沫若书法赝品泛滥的原因及如何识别等问题,提出了非常中肯的见解。王锦厚著文指出:"我们完全可以说:《郭沫若书信书法辨伪》虽然着力点只是郭沫若,但却联系到我国传统的辨伪学,特别是当今的学术规范,有理有据的予以论述,实在是填补了当今学术界的一项空白,堪称现代辨伪学的力作。无疑,对净化学术空气会大有益处。"(王锦厚:《还学术界一片净土——〈郭沫若书信书法辨伪〉出版》,《郭沫若学刊》2005 年第 3 期)该事件较为典型地彰显了文献辨伪研究的学术价值和现实意义。

年代,确切地说是考据学的范畴,其研究对象是所有当考文献的年代,当然也包括伪书的年代,此外,考定出书的真伪却未必能够知道它的成书时间,因此往往还需要继续考证①。

第二,考辨文献真伪与鉴别史料真伪的关系。文献真伪和史料真伪有别,钱玄同早在1925年就对二者关系作了精辟的论述。他认为,辨古书的真伪是一件事,审史料的虚实又是一件事,伪书中也许有真史料,真书中也许有伪史料。② 顾颉刚亦认为可以从伪文献中发掘出真信息。③ 钱、顾二人对考辨文献真伪与鉴别史料真伪辩证关系的认识,非常值得我们学习和借鉴。

第三,文献整理意义与文献辨伪学意义的关系。"文献整理"

---

① 如《萤窗异草》,这是晚清印行的一部文言短篇小说集。对于该书,薛洪以为是乾隆年间的作品(薛洪:《萤窗异草》,《社会科学战线》1987年第1期)。陈祖武认为该书绝非乾隆间的作品,至于作者,他同意平步青《霞外捃屑》中的揣测,即"浩歌子或许就是印行该书的编者自己"(陈祖武:《〈萤窗异草〉成书年代献疑》,《贵州社会科学》1988年第10期)。再如《礼记》,王锷认为:"《礼记》不存在真伪问题(梁启超在《古书真伪及其年代》中早已指出。王锷原注,笔者按)",而存在各篇先后及编纂时间等问题(王锷:《〈礼记〉成书考》,中华书局,2007年,第19页)。我们应该注意到《礼记·月令》篇出现过其作者赝托与否的争论,这显然是属于文献辨伪的范畴。此外,台湾成文出版社于1968年影印出版了一部《宁夏新志》,并注明是根据明代抄本影印。《宁夏新志》为宁夏地区现存第一部方志,成书于明弘治十四年(1501年),由宁夏巡抚王珣主修,乡儒进士胡汝砺总纂,明刻版现藏宁波天一阁。吴忠礼经考提出"台湾成文出版社影印出版的所谓弘治《宁夏新志》是一部地地道道的伪作。至于此作的问世时间和系出何人之手,还有待于史、志专家们进一步考证"(见吴忠礼《台湾本明代〈宁夏新志〉伪作考》,《宁夏社会科学》1986年第4期)。如李谷鸣曾考订《齐物论》确系"赝品",之后又继续考订其成书时间(见李谷鸣《〈齐物论〉真伪及著作年代考》,《安徽教育学院学报(社会科学版)》1984年创刊号,总第1期)。

② 详见钱玄同《论〈说文〉及〈壁中古文经〉书》,《古史辨》第一册,上海古籍出版社,1982年,第231—233页。

③ 详见顾颉刚编著:《古史辨》第三册顾颉刚"自序",上海古籍出版社,1982年,第7—8页。

的意义仅是文献辨伪学意义的一个部分,除此之外,文献辨伪还有学术的、思想的、历史的和现实的多重意义,二者关系需要厘清。再次强调的是:文献辨伪学并非仅仅是"文献整理的手段",也非仅仅是"关于文献整理手段的学问"。目前学界中普遍忽视文献辨伪研究意义的多重性,如有人指出古代学者的文献辨伪,思想史上的意义大于辨伪学上的意义①。将文献辨伪的意义从文献辨伪的范畴中剥离出去,似乎不妥。

此外,文献辨伪学的以下特点也是值得注意的。其一,判断标准多元。同样是文献辨伪活动,因价值取向殊同、真伪标准差异,其结论也往往有别。如今人的价值观念与古人不同,儒释道三家的判断标准存在差异②,即便是儒家内部,宗汉学者的辨伪和宗宋学者的辨伪也各执一词。其二,中外古今均有。文献辨伪活动不受时间和空间的阻隔,古今中外同有,古今中外同理。文献辨伪之学,古代有,现代也有,中国有,外国也有。但是因为中国文化数千年连绵不绝,学人如林,著述如林,作伪和辨伪的事件亦层出不穷,这是人类文化史上绝无仅有的。因此,中国的文献辨伪学,其内容尤显丰富多彩。

二、文献辨伪学研究的百年概述

20世纪初迄今,文献辨伪问题研究已有百年之久。清末民初以来,其研究是在新的社会时代及学术背景下展开的,概括起来大

---

① 如林庆彰:《清初的群经辨伪学》,第八章"考辨《中庸》"第四节"考辨《大学》、《中庸》的意义",台湾文津出版社,1990年,第411页。

② 儒家视为伪托的书,在道家是宝典,如上文提到的《道藏目录详注》,四库馆臣就认为"其恍惚诞妄,为儒者所不道",并以《洞玄经》、《洞神经》、《太清经》等为赝托之书。

致有以下四点：

其一，经学地位丧失后的文献辨伪。新文化运动以后，中国思想界一个最大的变化就是孔子暨经学主导地位的根本动摇。社会的变迁必然影响到学术的发展，经学的主体地位在现代社会中由于治学殊途而崩颓，渐而演化成史学、考据学以及中国哲学史的一部分。原来处于经学的附庸地位的学问，正式以哲学、语言文字学、文学、考古学等名目独立称"学"，异军突起，后来居上，蔚为大观。这样的思想变迁给中国学术和社会带来的巨大影响，已有人进行了专门探讨，兹不赘言。这里强调的是：经学主导地位的丧失、儒家传统的根本动摇，对现代的文献辨伪学研究，特别是对文献辨伪学史研究，造成了深刻影响。积极影响自不必说，就消极影响而言，主要就是"自说自话"局面的出现，即忽视或无视古人考辨文献真伪的思想动机及价值观念，用以己度人、以今律古的方式，对古代辨伪学研究作非历史主义的考量。

其二，西方学说影响下的文献辨伪。西方新思想、新学说的传入，使中国学人治学、经世的思路豁然宽广，如章太炎著作中宣扬的社会进化论①，如郭沫若等用马克思主义思想研究商周历史，如侯外庐用马克思主义理论研究中国古代思想史，如闻一多用弗洛伊德的泛性主义解释《诗经》、用西方社会学说诠释《荀子》，还有如胡适的实用主义治学方法、兰克学派的学术主张等，以及统计学的方法②、语言学的方法等，不一而足。解释学的空间无限宽广，

---

① 如严复所译赫胥黎的《天演论》问世之后，这一时期知识分子的思想与著作中都或多或少地打上了进化论的烙印。章太炎是较早运用进化论解释自然与人的学者之一，代表作有《菌说》、《訄书》等。

② 如刘笑敢用统计学的方法，通过计算"性命"、"道德"、"精神"等词汇的数量，以证明内篇早于外篇和杂篇（见刘笑敢：《庄子哲学及其演变》，中国社会科学出版社，1987 年）。

文化的发展需要这样的宽广空间。我国的传统文化能够数千年连绵不绝，也正是因为孔子、战国诸子、董仲舒、程朱陆王和清代诸儒等人的不断阐发。因此，用西方的学说思想继续作诠释也有积极的意义，然而，自始至终许多人都对此心存疑惑。笔者亦发现，西方的学说理论确实给辨伪学研究提供了新的思路，但是因为理论本身的局限以及使用者理解、运用失当，"确解"诚然有，"误解"尤其多。

其三，出土文献涌现后的文献辨伪。文献大量出土对现代学术的影响，上文已有述及，这里稍作补充说明：出土文献之于传世文献，少了辗转抄录过程中的讹脱舛误，有不容忽视的价值和意义。以甲骨文、敦煌文书、简帛等文献的大量出土为中心，新的学问相继形成，乃至成为学界新贵，著述也如雨后春笋般滋生起来。这对我国的古史研究、文献整理等，均有不可估量的价值。伴随着这些新资料的出土、整理和研究，现代的文献辨伪学研究也出现了新的态势："伪"文献越证越"真"，对古代辨伪学的历史越来越不屑，对古人辨伪学成就的评价越来越低等等。是耶？非耶？诚可叹也！

其四，其他社会因素共同冲击下的文献辨伪。如古史辨学派重构古史的初衷，禹贡学派考订疆域的努力，"文化大革命"期间兰亭真伪的论争，市场经济中盗版渔利的泛滥，学术研究中弄虚作假的频发，等等，都从不同角度，对社会形势、政治环境以及经济发展等社会因素与文献辨伪之间的关系进行了诠释。譬如其中经济之于辨伪的影响问题。古来造伪、辨伪，都存在受经济利益驱动的现象，不过现如今，商品经济已经让更多的人丧失了是非判断的标准和道德品行的操守，学术论文剽窃者，科学数据捏造者，畅销书盗版者，以身试法者，冒天下之大不韪者，指鹿为马混淆是非者，厚颜无耻我行我素者，均有之，正可谓"清者不清，浊者益浊"。社会对文献辨伪之学提出了新的要求,文献辨伪之学在新形势下,应该且已经有了新的发展。

正是在这样的社会时代及学术背景下,百年间,众多学者就文献辨伪问题,质疑辩难、著书立说,取得了较为丰硕的成果,其中不同程度地涉及清人文献辨伪研究的内容。有关清人文献辨伪问题的研究成果固然是笔者关注的重点,但是因为多有牵涉,故而将其置于更广的范畴加以评述,以便于对其进行更准确的定位。

(一)新中国成立前

新中国成立前的30余年间,我国的文献辨伪学研究继清代之后,又有新发展,取得的成果比较丰富。梁启超等人在这方面均有建树。

1.梁启超(1873—1929)将生命的最后十年主要投诸学术。发表了一系列古籍辨伪方面的论著,对学界的影响甚为深远。《要籍解题及其读法》原本是梁启超在清华大学的讲义,主要介绍"对于本国极重要的几部书籍"的成书、价值、真伪等情况①,多是承袭前人的观点,间有创见。他在《中国历史研究法》中谈到"伪书"的概念,指出辨伪的必要性,并提出"辨伪十二公例"。《中国近三百年学术史》有关于清代古籍辨伪的内容,他特别强调"辨伪的必要性"②云云,为后来学者所反复引述。1927年出版的《古书真伪及其年代》专论古籍真伪问题。其中卷一共五章是全书的总纲,该部分理论性较强,涉及辨伪的意义,伪书的种类、来历,辨伪的方法等。其中第三章讨论辨伪学的历史时,对清代阎若璩、胡渭以降,

①　梁启超:《要籍解题及其读法》(据1936年影印《饮冰室合集》本)"自序",中华书局,1989年,第2页。

②　梁启超:《中国近三百年学术史》(据1936年影印《饮冰室合集》本),"清代学者整理旧学之总成绩"(原发表在《东方杂志》第21卷第16号,后编入《中国近三百年学术史》)之二"四、辨伪书",中华书局,1989年,第249页。

直到魏源、康有为等人的辨伪成就进行了简单评述,后两卷分论《易》、《书》等十一部典籍的真伪问题。该书被视为我国现代文献辨伪研究中的"第一部"理论专著,其研究体例几乎成了今人的标准模式,梁启超本人也得到当代学者的高度赞扬。①

2.钱玄同(1887—1939)十分重视文献辨伪研究,他认为顾颉刚"研究历史"、"搜集史料"、"审定史料","于是"要辨伪的说法,所言"极对"。他进而指出"不但历史,一切'国故',要研究它们,总以辨伪为第一步"。② 钱玄同的具体考辨成果不多,然而他的思想观念却颇值得关注。他在写给顾颉刚的信中曾言:"他们(指康有为、崔适,笔者按)一个是利用孔子,一个是抱残守阙,他们辨伪的动机和咱们是绝对不同的。"③这里,钱玄同提出"辨伪的动机"问题。他又说:"殊不知考辨真伪,目的本在于得到某人思想或某事始末之真相,与善恶是非全无关系。"④这里,钱玄同注意到辨伪的"事实判断"和"价值判断"之间关系的问题,也即"真伪与否"与"善恶是非"之间"全无关系"。这也是中国古人文献辨伪研究中的基本主张。他又特别强调:"辨古书的真伪是一件事,审史料的虚实又是一件事。譬如《周礼》、《列子》,虽然是部假书,但是《周礼》中也许埋藏着一部分周制的真制度,《列子》中也许埋藏着周、汉间道家的思想。"⑤这是钱玄同有关文献真伪和文献内容真伪关系的看法。他又强调"经部"辨伪之于批驳"孔教"以及历史

---

① 杜泽逊称"梁启超在辨伪学史上是继明代胡应麟之后一个在理论上做出卓越贡献的人。"(杜泽逊:《文献学概要(修订本)》,中华书局,2008年,第200页)刘重来认为梁启超是"辨伪理论的奠基人"(刘重来:《中国二十世纪文献辨伪学述略》,《历史研究》1999年第6期)。

② 钱玄同:《论今古文经学及〈辨伪丛书〉书》,见《古史辨》第一册,第30页。

③ 钱玄同:《论今古文经学及〈辨伪丛书〉书》,见《古史辨》第一册,第30页。

④ 钱玄同:《论近人辨伪见解书》,见《古史辨》第一册,第24页。

⑤ 钱玄同:《论〈说文〉及〈壁中古文经〉书》,见《古史辨》第一册,第231页。

研究的意义。如他说道：经部文献"自来"为学者所"尊崇"、"征引"和"信仰"①，故而他以为"推倒"群经比疑辨诸子"尤为重要"，因为不把六经与孔子"分家"，则孔教"总不容易打倒"，而且不把经书中"有许多伪史这个意思说明"，则周及其前代的历史"永远是讲不好"。② 钱玄同发愿收集考辨"群经"的文字，惜未果。但其心愿部分地由林庆彰教授完成了。

　　3.张心澂（1887—1973）编著的《伪书通考》是一部颇有影响的辨伪资料汇编。③ 张心澂萌发编著之意当在1926年前后，不过他专心编著却是1936年至1937年寓居上海期间。④ 该书编成后1939年由商务印书馆印行，1954年重印，收书一千零五十九部。1957年又出修订本，增加四十五部，收录文献达一千一百零四部，可谓夥矣！全书分《总论》以及经、史、子、集、道藏、佛藏七部分。其中《总论》部分实际是他对前人辨伪学理论的总结，主要论述了"辨伪之缘由"、"辨伪律"、"辨伪方法"等九个问题。其中的六条辨伪律，对我们的文献辨伪工作有指导意义。张心澂将姚际恒《古今伪书考》、宋濂《诸子辨》和胡应麟《四部正讹》"三部书拼合起来，以书名为纲"，且把"他书"所得辨伪资料也"随时加入"，最终辑录而成。⑤ 笔者检阅该书，发现所谓"他书"基本上是指《总目提要》，只是不详注出处罢了。另外，他将许多不存在真伪问题的文献及言论一并剿入，却将清人不少涉及文献辨伪的著述疏漏不录，多少有些遗憾。

　　① 钱玄同：《论编纂经部辨伪文字书》，见《古史辨》第一册，第41页。
　　② 钱玄同：《论〈诗〉说及群经辨伪书》，见《古史辨》第一册，第52页。
　　③ 林艳红的《从〈伪书通考〉中考寻张心澂的辨伪学思想及贡献》（《桂林师范高等专科学校学报》2005年第3期）对张心澂及《伪书通考》有简要介绍。
　　④ 张心澂：《伪书通考》"修订版序"，商务印书馆，1957年，第11页。
　　⑤ 张心澂：《伪书通考》"修订版序"，商务印书馆，1957年，第11页。

4.顾颉刚(1893—1980)是"古史辨学派"开创者,他在古史辨伪研究中有杰出贡献,在文献辨伪研究中同样也有重要影响。其研究成果除主持编写《古史辨》以外,值得注意的就是《中国辨伪史略》。这原是他为《崔东壁遗书》所作的长篇序言,1935年9月将其中"战国秦汉"部分发表在燕京大学《史学年报》上,题为《战国秦汉间人的造伪与辨伪》,后又收入《古史辨》中,文字略有修改。1981年6月王煦华遵照顾先生的原意,续写三国至清代的八节,后更名为《中国辨伪史略》,附录在《汉代学术史略》后,由上海古籍出版社出版。① 它们都是顾颉刚中国文献辨伪学史研究中的优秀成果②。此外的《春秋时代的孔子和汉代的孔子》、《〈诗经〉在春秋战国间的地位》等重要论著,亦不同程度地涉及文献辨伪问题。此外,他还整理点校了一系列文献辨伪学著作,如《子略》、《诸子辨》(有单行本,后多收入《古籍考辨从刊》中)、《崔东壁遗书》(上海亚东图书馆1936年版,上海古籍出版社于1983年再版)等。虽然顾颉刚的治学主旨在于通过整理辨伪学著作的方式,实现他"重建"古史的理想,但客观上,他的工作已为现代的文献辨伪学研究做出了重要贡献。

5.其他诸人。王国维(1877—1927),清末民初著名学者。王

---

① 有关情况,可见顾颉刚:《秦汉的方士与儒生》(王煦华导读),"前言"及"附记",上海古籍出版社,2005年,第13、228页。

② 卞孝萱先生在《中国辨伪学史序》中认为,《战国秦汉间人的造伪与辨伪》这篇文章"可算是较早的断代辨伪学史略"(见杨绪敏:《中国辨伪学史(修订版)》,天津人民出版社,2007年,第2页)。近年有张京华先生从"继续轻易使用默证"等九个方面,批驳顾颉刚的这篇文章,其结论是:顾颉刚"完全以'造伪'与'辨伪'一组概念解释中国学术传统,其厚诬古人的不宽容态度以及缺乏理性的治学态度都是不应该出现的。由此而演生的'造伪史'与'辨伪史'的中国学术史的解释体系也是不能成立的"(张京华:《辨伪学与辨伪史的再评价——顾颉刚〈中国辨伪史略〉读后》,《咸阳师范学院学报》2007年第1期)。张先生所言虽有据,但不免苛求。

氏有关文献辨伪的论著基本都写成于入民国后。如他在《古史新证》一书中谈了"信古"、"疑古"都不要太过的问题①,颇有启发意义。王国维认为"古文"是周秦间东方各诸侯国使用的文字,籀文则是同时期秦地所用字体,古文、籀文、篆字无相承关系②,该论断对先秦文献辨伪研究有重要意义。他又著有《古本竹书纪年辑校》,辑得佚文四百二十八条,堪称最佳辑本,是古本《竹书纪年》辨伪研究中的重要著作。

陈寅恪(1890—1969)在文献辨伪研究方面著述寥寥,不过他在《冯友兰〈中国哲学史〉上册审查报告》中,针对当时太过活跃的疑古现象,强调文献真伪和文献记载真伪之间有别③,颇有针砭时弊的意义。此外,他又就《大乘起信论》与智恺《序》的真伪问题,谈到文献真伪和史料真伪之间的关系。④

胡适(1891—1962)"五四运动"前夕在北京大学讲授中国古代哲学史时,直从老子讲起,给时人的震动很大。⑤ 胡适讲史的方法,反映出他对先秦文献真伪的态度。他又曾提出"以伪书为纲

---

① 详见《古史新证——王国维最后的讲义》,清华大学出版社,1996年,第2页。研究王国维文献辨伪成就的著述可以参见袁英光、刘寅生:《王国维年谱长编》(天津人民出版社,1996年)、陈鸿祥:《王国维传》(人民出版社,2004年)、王国维:《静庵文集》(辽宁教育出版社,1997年)、王令之:《王国维学术研究论集》第三辑(华东师范大学出版社,1990年)等。

② 详见王国维《观堂集林》卷7"战国时秦用籀文六国用古文说"、"史记所谓古文说"、"汉书所谓古文说"等,中华书局,1959年,第305—339页。

③ 见《冯友兰〈中国哲学史〉上册审查报告》(收在《金明馆丛稿二编》),三联书店,2001年,第280页。

④ 陈寅恪:《梁译大乘起信论伪智恺序中之真史料》,载《金明馆丛稿二编》,三联书店,2001年,第147页。

⑤ 顾颉刚回忆说:"这一改,把我们一班人充满着'三皇'、'五帝'的脑筋骤然作一个重大的打击,骇得一堂中舌挢而不能下"。见顾颉刚《古史辨第一册自序》,见《古史辨》第一册,第36页。

而以各家的辨伪议论为目"①的方式,汇编辨伪资料的办法,该提议较为切实可行,为后来学者所广泛使用。

钱穆(1895—1990)的成名作,是针对康有为《新学伪经考》而作的《刘向刘歆父子年谱》,最初发表在1930年《燕京学报》第7期上,该文力证刘歆伪造群书助莽篡汉说之谬误。钱穆文出,学界哗然。1932年钱穆又著成《〈周官〉著作时代考》,论定该书既非周公所作,也非刘氏所能伪造,还随处说明个中缘由,也甚能影响学界。② 钱穆的《朱子新学案》对朱熹的文献辨伪有较深入的研究,详见其中的《朱子之辨伪学》专篇。

罗根泽(1900—1960)在20世纪30年代初曾编著《诸子丛考》、《诸子续考》两书,分别收在《古史辨》第四册、第六册中。1958年人民出版社出版了题为《诸子考索》的文章汇编,该书集中反映了罗根泽诸子考辨的成就,譬如其中的《慎懋赏本慎子辨伪》一文,列八条证据辨《慎子》之伪,可谓详密。

顾实撰《重考古今伪书考》(大东书局1926年初版,1928年再版),专门针对姚际恒文献辨伪的失误。黄云眉以《古今伪书考》为"浅薄"之书,又批评顾实的《重考》"盛气叫嚣",态度"武断",不足以服姚氏之心,于是作《古今伪书考补证》。③ 但黄氏的考证多取材于《总目提要》,其得失可知。姚名达综合《诸子辨》、《四部

---

① 胡适:《论〈辨伪丛刊〉体例书》,见《古史辨》第一册,第50—51页。

② 当时疑古派代表人物钱玄同本来坚信康说,但在读了该文后,其信心发生动摇。顾颉刚也说《〈周官〉著作时代考》"论秦祠白帝有三畤,首证古无五方帝",说明了钱穆首揭之功。后来在《周公制礼的传说和〈周官〉一书的出现》中,顾颉刚也改变了态度,断定《周礼》出于齐国和别的法家之手,与钱穆所定年世相一致。1991年金春峰写成《〈周官〉之成书及其反映的文化与时代新考》一书,把钱穆的论断又向前推进一步,认为该书成于秦统一前的秦地学者之手。

③ 黄云眉:《古今伪书考补正》"序",齐鲁书社,1980年,第1页。

正讹》、《古今伪书考》三书所录典籍，作《宋、胡、姚所论列古书对
照表》，附于顾颉刚校点的《古今伪书考》后。

郑鹤声、郑鹤春在《中国文献学概要》(《国学小丛书》本，商务
印书馆，1930 年)一书第六章"四库全书"部分，简单谈到包括"真
伪辨证"在内的六方面内容。另外，马叙伦辨《列子》之伪，列例证
凡十二条，颇有清儒遗风。张西堂著《穀梁真伪考》(和记印书馆，
1931 年)，鲁实先有《今本竹书纪年辨伪》(《复旦学报》1947 年第
3 期)，都是较有代表性的论著。罗尔纲于 1934 年秋在《大公报》
上发表了《读太平天国诗文抄》，主要针对《太平天国诗文抄》(商
务印书馆，1931 年)中的伪诗文进行了考辨，产生了重要影响。①
这一时期的杨宽、童书业等人也有文献辨伪的著述。此外，进入民
国后的章太炎，又著《春秋左传读叙录》、《春秋左氏疑义答问》、
《太史公古文尚书说》、《古文尚书拾遗》等，申古文说而驳今文家，
是其文献辨伪方面的重要成果。② 1932 年出版了余绍宋(1883—
1949)著《书画书录解题》，这是第一部专门为中国古代书画文献
作目录和解题的著作，正如林志钧在序言中所评："目录学至有清
一代而极盛，而书画书籍之专目及解题，则以越园为首创。"③此书
不仅收录东汉至近代论书画之书达八百余种，而且专立一卷探讨

---

① 罗尔纲的文字，见刘重来的《中国二十世纪文献辨伪学述略》(《历史研究》
1999 年第 6 期)，杨绪敏径直引用，未加说明。此外，如《太平天国史料辨伪
集》(第二版，三联书店 1985 年)等也收录了许多罗先生有关文献辨伪方面的
成果。

② 陈平原对章太炎与胡适之间"关于经学、子学方法之争"论述尤详。参阅陈平
原《中国现代学术之建立——以章太炎、胡适之为中心》，第六章，北京大学出
版社，1998 年，第 240—267 页。

③ 林志钧(1878—1961)，字宰平，号北云，福州人，曾任北洋政府司法部参事、民
事司司长，后任北京研究院字体研究会常务委员。为余绍宋撰《龙游府余君
越园墓志铭》并为《书画书录解题》作序，《序》载《书画书录解题》，浙江人民
出版社 1982 年版。

"伪托"问题。

6."古史辨学派"的文献辨伪。20 世纪初,特别是五四运动以后,带有浓重反封建色彩的疑古辨伪风潮席卷学界,以顾颉刚、钱玄同等为代表的"古史辨学派",在古史考辨方面取得了巨大成就,同时在文献辨伪研究方面也极有造诣,特别是《古史辨》丛书集合了"古史辨学派"及其反对者的大量著述,是该时期文献辨伪学成就的重要体现①,关于《古史辨》的著成和内容,哪些是文献辨伪,哪些是古史辨伪,得失如何,等等问题,本书不拟详绎,仅在评说个别学者的成就中间或述及。

需要说明的是,伪史往往赖文献流传,但是史事之真伪和文献之真伪并非一一对应的关系,因此人们叙述"古史辨学派"时,多将"辨伪史"和"辨伪书"混同,这是应该给予纠正的。此外,早在1921 年,顾颉刚就发起编辑《辨伪丛刊》。在他的倡导下,白寿彝于1931 年完成了《朱熹辨伪书语》的辑录,张西堂于1935 年完成了《唐人辨伪集语》的辑录,赵贞信于1935 年完成《论语辨》的辑录,顾颉刚本人也陆续完成了几部文献的辑录工作。20 世纪30年代,先后由朴社出版,计十二种。1955 年改题为《古籍考辨丛刊》(第一集),收入十种,由中华书局出版。未刊的如欧阳修、叶适、袁枚、崔述、俞樾的"考辨古籍语",2009 年由社会科学文献出版社出版,名为《古籍考辨丛刊》(第二集),该社还重新排印了《古籍辨伪丛刊》。这两部书是较为系统的辨伪资料集,对研究颇有助益。

(二)新中国成立后

新中国成立初期直至改革开放,因为政治的原因,文献辨伪学

---

① 除了上文提到的一些著述外,如曹养吾的《辨伪学史》即收录在《古史辨》(上海古籍出版社,1982 年)第二册,第388—416 页。

研究一度十分萧条,即便是 20 世纪初年以来一枝独秀的史学研究中,辨伪的传统也近乎断绝。① 至于 20 世纪五六十年代对《李秀成自述》、《兰亭序》的辨伪②,也因受政治影响而夹杂着较为浓郁的"求善"意味。古人以辨伪卫道、寓经世于辨伪的传统,在该时期被重新演绎。这一时期也有一些考辨《列子》、《新书》真伪的文章,只是零零散散,不成规模。改革开放后,文献辨伪学研究进入新时期,现将新时期文献辨伪学研究状况③概述如下:

1.出土文献与文献辨伪研究

新中国成立后文献辨伪学的大发展,是在考古新发现以及学术再度繁荣的环境中实现的,特别是 20 世纪 70 年代以来相继出土的简帛文献,对文献辨伪研究的激励最著。④

关于出土文献对文献辨伪的意义和影响,文章很多,有代表性的主要有裘锡圭《考古发现的秦汉文字资料对于校读古籍的重要性》(《中国社会科学》1980 年第 5 期),常征《〈穆天子传〉是伪书吗?》(《河北大学学报》1980 年第 2 期),吴光《〈鹖冠子〉非伪书考辨》(《浙江学刊》1983 年第 4 期),李学勤《马王堆帛书与〈鹖冠

---

① 林甘泉曾谈到这个问题。详见林甘泉:《新的起点:世纪之交的中国历史学》,《历史研究》1997 年第 4 期。
② 具体考辨过程,可参见刘重来《中国二十世纪文献辨伪学述略》等文章。
③ 蒋宗福将辨伪学作为文献学的一个分支学科,对"新时期"的研究状况有简要论述,但多与刘重来的文章重复(详见蒋宗福:《新时期中国文献学研究综述(1978—2005)》,《绵阳师范学院学报》2006 年第 4 期)。
④ 如 1972 年,山东临沂银雀山汉墓出土了《孙子》、《六韬》、《管子》、《晏子春秋》、《孙膑兵法》等残简;1973—1974 年,长沙马王堆汉墓出土了大批帛书,有《老子》、《战国纵横家书》、《易经》以及阴阳、天文、五行、杂占等 10 多种,计 12 余万字;1973 年,河北定县汉墓出土了《晏子春秋》、《论语》、《儒家者言》、《文子》等 8 种竹简;1975 年,湖北云梦睡虎地出土了《编年纪》、《日书》等 10 种秦简;1978 年,青海大通县上孙家寨汉墓出土了与《孙子》有关的竹简文献,等等。出土文献证实了《文子》、《六韬》、《孙子兵法》等文献自古有之。物证引发了学者们对文献辨伪的反思,一时间"翻案"文章也次第推出。

子〉》(《江汉考古》1983 年第 2 期)，周山《〈尹文子〉非伪析》(《学术月刊》1983 年第 10 期)，杜宝元《〈鹖冠子〉研究》(《中国历史文献研究集刊》第五集，岳麓书社，1985 年)，张丰乾《试论竹简〈文子〉与今本〈文子〉的关系——兼为〈淮南子〉正名》(《中国社会科学》1998 年第 2 期)，陈克明《略论〈孙膑兵法〉》(《社会科学辑刊》1981 年第 6 期)，吴九龙《〈晏子春秋〉考辨》(收在《中国历史文献研究(二)》，华中师范大学出版社，1988 年)以及冯广宏的《考古发现对辨伪学的冲击》(《文史杂志》2001 年第 1 期)，等等。

考古发现影响下的文献辨伪有审慎的反思、精审的考订，也有学风转变中的趋时，误解、误读亦悄然而至。郑良树在《古籍真伪考辨的过去与未来》一文中曾这样说道："70 年代竹简帛书的出土，无疑的是辨伪这门学问的试金石"，是古籍真伪研究中"最上乘的第一手资料"，同时也可"检验一千多年古籍真伪研究的成果"。随之他提出，经简帛文献检验之后，发现先贤在古籍辨伪研究中，"确实犯有值得重视的缺点"，进而提出古籍辨伪"在态度上要平实"、"在方法上要严密"、"在论证上要周备"、"在论断上要谨慎"的观点。① 郑先生所言极是，不过还应注意以下问题：第一，从文献辨伪学史研究的角度，要正视、探究古人"感情用事"、"主观太强"的事实，而非一味地驳难，甚而过分贬斥；第二，从文献辨伪实践的角度，应超越古人的"感情用事"和"主观太强"，要实事求是，需避免"求善"而非"求是"现象的再现。

2.辨伪学史概论

有关研究成果多散见于各色论著中，这里仅就一些有代表性的论著略加说明。

断代史研究方面，胡可先《汉代辨伪略说》(《徐州师范学院学

① 郑良树：《古籍真伪考辨的过去与未来》，《文献》1990 年第 2 期。

报》1994 年第 3 期)简要说明了汉代辨伪学发展史。杨新勋的《宋代疑经研究》(中华书局,2007 年)颇为系统全面地研究了宋代的疑经问题,对研究宋人文献辨伪问题也颇有助益。文伟的《明代辨伪学初探》认为《四部正讹》代表了明代辨伪学的最高成就,"标志着中国辨伪学的正式建立"。① 王克霞、赵良宇的《明代辨伪学的理论创立与实践》也强调明人在辨伪理论上的贡献,认为其辨伪研究"使辨伪学走向成熟",其成就对后世有着"导夫先路"的作用。②

　　概论明清两代文献辨伪学史的,有杨绪敏的《明清辨伪学的成立及古书辨伪之成就》(《中国社会科学院研究生院学报》1999年第 4 期)以及牟玉亭的《明清辨伪学的发展》等。其中牟玉亭提出清末的康有为为了实现政治改革目标,把古籍辨伪"当做鱼肉而俎"云云,同时也肯定了他的文献辨伪在当时"动摇了儒家经典",有解放思想、破除迷信的"进步作用"。③ 正视康有为在文献辨伪学中的意义,是很有见地的。

　　叶树声的《论清儒辨伪》可以视为清代文献辨伪简史。叶树声对清代的辨伪研究有较高评价,认为"清代辨伪者之多,方法之缜密,成绩之显著",均非前代所能及。进而他从清儒辨伪的起因、条件、方法、贡献等六个方面,对清人的辨伪情况进行了宏观概括。④ 吴通福所著《晚出〈古文尚书〉公案与清代学术》(上海古籍

① 文伟:《明代辨伪学初探》,《唐山师范学院学报》2006 年第 6 期。
② 王克霞,赵良宇:《明代辨伪学的理论创立与实践》,《图书馆理论与实践》2007年第 5 期。
③ 牟玉亭:《明清辨伪学的发展》(《文史杂志》1999 年第 5 期)。郑良树先生早些时候也提出"鱼肉刀俎"说(见郑良树:《论古籍辨伪学的新趋势(代序)》,载《续伪书通考》,台湾学生书局,1984 年,第 20 页),不知牟先生所言是否源于郑先生。
④ 叶树声:《论清儒辨伪》,《淮北煤师院学报》(社会科学版)1996 年第 2 期。

出版社,2007 年),以阎若璩、毛奇龄二人的生平著述为核心和重点,综合考察了清代学者有关《古文尚书》真伪问题的讨论。其中第七章《〈晚书〉公案的余波》和《附录》部分,在文献梳理等方面用功甚勤,第八章《经典考辨与反理学》探究了"经典考辨与思想转换"之间的关系,颇有新意。

辨伪学通史方面,孙钦善的《古代辨伪学概述》(《文献》(上、中、下)1982 年第 4 期,1983 年第 1 期,1983 年第 2 期)是其中的重要一篇。他认为中国古代辨伪历史是"分两条线交错发展",一条是"关于书籍的名称、作者、年代真伪的考辨";一条是"关于书籍的内容诸如事实、论说真伪的考辨"。该文还分析了先秦两汉至明清辨伪的分期、特点及其成就等,创见颇多。杨绪敏的《中国辨伪学史》(天津人民出版社,1999 年,2007 年修订版)体系较完备,内容较翔实,产生了一定影响。此外,山东大学古籍所编写的《古籍辨伪学小史》(载于《古籍整理研究论丛》第二辑,山东文艺出版社,1993 年)、华中师大编写的《辨伪学讲义》(载于《国学知识指要》,广西人民出版社,1993 年)、张谦元著成的《辨伪学论纲》(《甘肃社会科学》2003 年第 4 期)等,都是详略不等的辨伪学通史。

3.人物个案研究

较有代表性的文章有耿天勤的《刘知幾对辨伪的贡献》(《山东师大学报》1992 年第 6 期),曾贻芬的《朱熹的注释和辨伪》(《史学史研究》1993 年第 4 期),邓瑞的《试论阎若璩的治学》(载于《中国历史文献研究(二)》,华中师范大学出版社,1988 年),于语和的《阎若璩〈尚书古文疏证〉辨伪方法评述》(《南开学报》1994 年第 5 期),叶树声的《四库馆臣辑佚、辨伪、校勘及其影响》(《古籍研究》1997 年第 3 期),张涛的《钱大昕的史籍辨伪》(《史学史研究》2005 年第 4 期)以及朱梅光的《章学诚辨伪学成就初探》(《湖南社会科学》2006年第4期)等。

　　清代辨伪学家中,崔述是最受关注的一位。除了诸如赵光贤的《崔述在古史辨伪上的贡献和局限》(《史学史研究》1991年第2期),邵东方的《崔述的疑古考信与史学研究》(《学术月刊》1992年第10期)等期刊文章外,邵东方的《崔述与中国学术史研究》(人民出版社,1998年)是继顾颉刚之后,对崔述及其文献辨伪问题论述得最为深入系统的著作。有关黄宗羲、黄宗炎、毛奇龄、胡渭等人的"河图"、"洛书"辨伪问题,杨效雷在《清儒易学举隅》一书中有专门论述①。另外,他的《"河图"、"洛书"非点阵之图考》(《南开学报》2004年第3期)和《清代学者对"河图""洛书"的考辨》(《湖南科技学院学报》2005年第1期)也是同类问题研究中,很值得关注的文章。施建雄的《王鸣盛学术研究》(中国社会科学出版社,2009年)对王鸣盛的学术思想进行了较全面的研究,书中第五章专论王鸣盛《古文尚书》考辨问题,内容较翔实。

　　如上文所述,20世纪上半期一些在文献辨伪研究中卓有建树的学者,近年来也成为人们的研究对象。有如廖名春的《梁启超古书辨伪方法平议》(载陈明著《原道》,中国广播电视出版社,1996年),周明武的《顾颉刚疑古辨伪所体现的学格人格略论》(《历史教学问题》1992年第6期),路新生的《崔述与顾颉刚》(《历史研究》1993年第4期)和《诸子学研究与胡适的疑古辨伪学》(《华东师范大学学报》2000年第4期)等。

　　4.研究综论述评

　　刘重来《中国二十世纪文献辨伪学述略》(《历史研究》1999

---

① 详见杨效雷:《清儒易学举隅》,第三章《清代考据易学》第一节"黄、毛、胡等学者对宋《易》'图书'的考辨",香港国际学术文化资讯出版公司,2003年。

年第6期)一文,从文献辨伪学的构建、新中国文献辨伪学的多元发展等方面,全面论述了20世纪文献辨伪学在理论、方法及成果等方面所取得的成就。路新生的《中国近三百年疑古思潮研究》(上海人民出版社,2001年)首次深入系统地总结了从清初到五四运动的近三百年中,疑古思想和疑古思潮的发展史,并通过一些人物的考察,探究疑古思潮运动的内在规律。其中不乏文献辨伪方面的内容。杨善群的《论古籍辨伪的拨乱反正》,对中国历史上的"疑古辨伪之风"批评尤多。他总共谈到包括《老子》等在内的十个问题,最后高度赞扬学术界在古籍辨伪"拨乱反正"工作中所取得的"重大成就"及其"深远的历史意义"。①

再如王宁的《伪科学的来源和学者的辨伪使命》(《学术界》2001年第1期),探讨了辨伪学的社会价值及其意义。伍铁平的《怀疑和学术批评对发展学术的意义》(《学术界》2003年第1期),针对当前抄袭、作伪等不良风气和行为进行学术批评。王娜的《辩证看待古人辨伪》认为,对于古人的"辨伪求真",要用"辩证的眼光"看待,要"肯定功绩,但不盲从;探究弊端,但不全盘否定,更不能随意加以贬低",并号召我们在继承前人经验的基础上,"加强对中国古代典籍和传统文化的整理和研究,使中国传统学术得以传承和发扬"。② 虽然该文在材料使用和论证方法上有待商榷,但是其论题却很有意义。

5.文献学研究中的"文献辨伪学研究"

张舜徽撰《中国文献学》(中州书画社,1982年,上海古籍出版社重印,2005年),拟定了中国文献学理论的基本构架,并正式将辨伪的理论与实践纳入文献学体系。此后的"文献学"类专著,几

---

① 详见杨善群:《论古籍辨伪的拨乱反正》,《学术界》(双月刊),总第125期,2007年4月。

② 王娜:《辩证看待古人辨伪》,《晋图学刊》2007年第3期。

乎无有不谈"辨伪"者①,也多认同张先生规划的理论体系。譬如孙钦善所著《中国古文献学史》(中华书局,1994年),他在"绪言"中即声明:"古文献学本身又有许多分支,诸如注解、校勘、目录、版本、辨伪、辑佚、编纂等"云云,这里孙先生即将"辨伪"视为"文献学"的一个分支。此外,他在书中系统论述了唐宋明清之际,刘知幾、朱熹、胡应麟、阎若璩、姚际恒等学者的辨伪成就,同时对各时期辨伪特点进行了概括分析。陈华在《文献辨伪与社会文化》一文中提出伪文献与真文献的产生"同步",从周、春秋、战国时代有"文献积累"开始,一直到近代,同时认为文献的辨伪工作也"从未有所间断",乃至形成古典文献学中的一个重要的"分支领域"。② 徐健的《汉代兴起的辨伪学》认为辨伪学"发端于两汉官方和私人整理图书的过程中",同目录学、校勘学等学科一样,是"古典文献学的重要分支"。③

　　另外,姜亮夫的《古籍辨伪私议》(《学术月刊》1983年第6期),杜凯和佟镇铠的《古籍中伪书的辨识》(《河北大学学报》1981年第2期),洪湛侯的《古籍的考辨》(《文献》1982年第12辑),施天侔的《论辨伪》(《河北师院学报》1987年第1期),陈漱渝的《作伪和辨伪》(《求是》1988年第5期),崔文印的《伪书与伪本》(《书品》1989年第4期),牟玉亭的《古书作伪原因考》(《古籍整理研究学刊》1993年第4期),熊铁基的《重新认识古书辨疑》

---

① 如吴枫著《中国古典文献学》(齐鲁书社,1987年),张家璠等主编的《中国历史文献学》(广西师范大学出版社,1989年),杨燕起等主编的《中国历史文献学》(书目文献出版社,1989年),张大可主编的《中国历史文献学》(陕西人民教育出版社,1991年),洪湛侯著《中国文献学新编》(杭州大学出版社,1995年)等。杨昶对张舜徽在文献学中开辟文献辨伪的功绩,给予了高度赞扬。见杨昶《张舜徽先生辨伪学成述略》,《华中师范大学学报》1997年专刊。

② 陈华:《文献辨伪与社会文化》,《浙江社会科学》1996年第3期。

③ 徐健:《汉代兴起的辨伪学》,《津图学刊》2002年第3期。

《光明日报》2002年12月24日B3版），王树民的《古籍整理与辨伪求真》（《河北师范大学学报》2004年第2期），等等，都是此类专论。再如杨大忠作《浅谈目录与版本及辨伪书的关系》（《大学图书情报学刊》2006年第1期），专门谈论版本形式的变化对目录形式的影响，并介绍了通过目录辨别版本优劣及真伪的方法。

文献辨伪学已成为国内不少高校文献学类课程中的重要内容，如西南师大就为中国古文献专业硕士研究生开设"古籍辨伪"课程多年。而且一些学位论文的选题也涉及文献辨伪问题。① 另外，在版本作伪和辨伪研究中，以下两篇文章较有代表性：其一是王元才的《书估作伪例析》，他共总结出增割牌记、剜改序跋等九种古书作伪的手段及类型；②其二是雷梦水的《记书估古书作伪》，他将书估（贾）作伪方法归纳为"抽去刻书时代的序文年月，留存旧序"、"将书染成古色，以充古书"等七种。③

6.工具书及文献整理

1998年连续出版了两部文献辨伪工具书：一是邓瑞全等主编的《中国伪书综考》（黄山书社，1998年），该书共收录古代、近代有伪作疑问的书籍一千二百种。作者在吸收前人研究成果的基础上，用通俗易懂的语言详述每部文献的作伪者或被托名者的生平履历，分析了作伪的原因、书的主要内容、辨伪过程、学术价值及使用方法等。是迄今收录伪书最多、考辨最为系统的一部专著。一是俞兆鹏主编的《中国伪书大观》（江西教育出版社，1998年），该书在参考历代重要辨伪学著作的基础上，论述了伪书的来历、伪书

---

① 如廖良梅《宋代文献学浅探》（湖南师范大学硕士学位论文，2001年4月）"三：文献学的全面发展与创新"其一"传统文献学的全面发展"，其中就两宋文献辨伪的问题进行了简要归纳，见第52—54页。

② 王元才：《书估作伪例析》，《广东图书馆学刊》1984年第2期。

③ 雷梦水：《记书估古书作伪》，《古籍整理研究学刊》1985年第2期。

的类型、辨别伪书的方法、辨伪学简史,同时介绍了近二百种有疑问的中国典籍的考辨情况。二书同《伪书通考》、《续伪书通考》性质相似,有一定参考价值。

　　除此之外,新中国成立以来整理出版了包括清儒作品在内的大量学人著述,其中不少包含着文献辨伪的内容。如朱彝尊的《经义考》、阎若璩的《尚书古文疏证》、姚际恒的《古今伪书考》,以及方苞、戴震、孙星衍、姚鼐、魏源等学人文集等,恕不枚举。另外,就是《四库全书》、《续四库全书》、《四库存目》的影印出版以及《总目提要》的标点整理等。

　　7.其他丰富多彩的辨伪实践

　　这一部分的内容较繁复,涉及多类多种文献的真伪考辨问题,限于篇幅,略举些许事例如下。

　　王利器发表《〈庄子〉郭象序的真伪问题》(《哲学研究》1978年第9期)之后,余敦康作《关于〈庄子〉郭象序的真伪问题——与王利器先生商榷》(《哲学研究》1979年第1期)提出异议,二人在《庄子郭象序》问题上断断续续地商榷了多年。此外,王晓毅的《从郭象〈庄子注〉看〈庄子序〉的真伪问题》(《文史》2002年第4期)等,也对《庄子序》真伪问题进行了深入探讨。

　　杨伯峻的《从汉语史的角度来鉴定中国古籍写作年代的一个实例——〈列子〉著述年代考》提出《列子》系汉魏以后伪书的观点。① 他如刘禾的《从语言的运用上看〈列子〉是伪书的补证》(《东北师大学报(社会科学版)》1980年第3期)等多承杨先生余绪。马振亚的《〈列子〉中关于称数法的运用——兼论〈列子〉的成书年代》(《东北师大学报(哲学社会科学版)》1995年第2期)和

---

　　①　杨伯峻:《从汉语史的角度来鉴定中国古籍写作年代的一个实例——〈列子〉著述年代考》(《新建设》杂志1956年7月号),后收入杨伯峻著《列子集释》(中华书局,1979年)附录的"辨伪文字辑略"中。

《从词的运用上揭示〈列子〉伪书的真面目》(《吉林大学社会科学学报》1995 年第 6 期)也是同类问题研究中较有代表性的文章。

刘重来的《关于〈逸周书〉的一桩悬案》(《西南师范学院学报》1983 年第 1 期),黄怀信的《〈逸周书〉时代略考》(《西北大学学报(哲学社会科学版)》1990 年第 1 期),赵光贤的《〈逸周书·作洛〉篇辨伪》(《文献》1994 年第 2 期)等,探讨了《逸周书》的真伪问题。周玉秀的博士学位论文《〈逸周书〉的语言特点及其文献学价值》(2005 年由中华书局出版)从语法、句法、音韵等角度,认定其为"西周时代文献"的同时,也发现该书有战国末乃至汉代人的增窜改写。赵逵夫的《用历史语言学于古文献断代的一个成功例证——〈逸周书〉的语言特点及其文献学价值序〉》(《甘肃高师学报》2006 年第 4 期)在谈《逸周书》真伪问题的同时,对文献越辨越伪的现象进行了批评。

杨伯峻在研究了《左传》本身和在战国、西汉的流行情况后,认为"它成书年代在公元前 403 年以后,386 年以前",而非刘歆伪作。[①] 洪成玉的《〈左传〉的作者决不可能是刘歆》(《北京师院学报》1979 年第 4 期)也对刘歆伪作说提出反驳。徐仁甫的《左传疏证》(四川人民出版社,1981 年)一反前人所谓刘歆遍改群书以助王莽篡汉之说,认为刘歆并未窜改群书,只是遍采群书中关于春秋的史料,加以别择,创为《春秋左氏传》,其目的仅仅是托古传道。他另著《论刘歆作〈左传〉》(《文史》1981 年第 11 辑)持论类似。胡念贻的《〈左传〉的真伪和写作时代问题考辨》(《文史》1982 年第 11 辑),骆宾基的《〈左传〉为伪笔所篡改的例证》(《延边大学学报》1985 年第 1 期)等,也是《左氏春秋》辨伪研究的重要文章。

---

① 杨伯峻:《〈左传〉成书年代论述》,载《杨伯峻学术论文集》,岳麓书社,1984年。

胡家聪的《〈尹文子〉与稷下黄老学派——兼论〈尹文子〉并非伪书》(《文史哲》1984年第2期)和《〈尹文子〉并非伪书》(见《道家文化研究》第2辑,上海古籍出版社,1992年,第348—354页),知水的《〈尹文子〉新证》(《辽宁师范大学学报(社会科学版)》1990年第6期)以及戚淑娟的《〈关尹子〉研究》①等,是改革开放以来《尹文子》真伪问题研究中的优秀成果。黄钊的《〈文子〉成书时代及其黄老道家特色》(《道家思想史纲》,湖南师范大学出版社,1991年,第149—168页)和李定生的《文子非伪书考》(《道家文化研究》第5辑,上海古籍出版社,1994年,第462—473页)在探讨《文子》真伪问题上也较有影响。此外,杨芾荪在《〈公孙龙子〉非伪作辨》中提出现存的六篇《公孙龙子》中,"除《迹府》不是自作外,其余各篇,不是伪作"②。

顾颉刚认为"南北朝时代"出现的两部"假书"——《神异经》和《十洲记》,"该是道士们做的。"③继王国维之后,范祥雍著《古本竹书纪年辑校订补》,方诗铭、王修龄著《古本竹书纪年辑证》,李民等著《古本竹书纪年译注》(中州古籍出版社,1990年)等,都是同一问题辨伪研究中的优秀成果。近年来的《竹书纪年》辨伪研究,以陈力和邵东方之间的辩论最引人注意。《越绝书》辨伪,主要围绕作者及其成书时代而展开,其中黄苇在《关于〈越绝书〉》一文中,认为《越绝书》"非一时一人之作,盖战国后人所为,而汉人又附益之,最后,至东汉,始由袁康和吴平抄录和整理前人大量成果,写成定本传世"④。徐奇堂的《关于〈越绝书〉的作者、成书年代及其篇卷问题》,认为该书"绝非成于一人之手,也非为战国

---

① 戚淑娟:《〈关尹子〉研究》,华东师范大学硕士学位论文,2004年5月。
② 杨芾荪:《〈公孙龙子〉非伪作辨》,《哲学研究》1981年第4期。
③ 顾颉刚遗著:《伪东方朔书的昆仑说》,《中国历史地理丛刊》1985年1期。
④ 黄苇:《关于〈越绝书〉》,《复旦学报》(社会科学版)1983年第4期。

时所作",它实际上是经东汉初年袁康、东汉末年吴平和稍后于吴平的无名氏,次第编辑增补而成。① 晁岳佩《也谈〈越绝书〉的作者及成书年代》也认为:"袁康在两汉之际著成原《越绝》即今本内篇,吴平又在东汉初年辑成外篇,形成今本《越绝书》"。②

《新书》真伪是 20 世纪 60 年代初讨论较多的问题,但贴近时政的色彩较重③。新时期的考辨文章有苏诚鉴的《陆贾〈新语〉的真伪及其思想倾向》(《中国古代史论丛》1981 年第 1 辑,第 236—251 页),王洲明的《〈新书〉非伪书考》(《文学遗产》1982 年第 2 期),刘修明的《〈新语〉、〈新书〉各为谁所著? 两书有些什么共同之处?》(载夏乃儒编《中国哲学三百题》,上海古籍出版社,1988 年,第 579 页)等。蓝永蔚的《〈李靖问对〉伪辨》认为它是一部与李靖和《卫公兵法》"都没有瓜葛"的军事著作,"却绝对不是伪撰的赝品"。④ 庞怀靖的《论〈后出师表〉非伪作》认为现在流传的《后出师表》不能说是"别人伪托之作"。⑤

释道、医学类文献辨伪成果也颇丰富,略举几篇以说明。如尚志钧在《考据学在本草文献上的应用》(《中医文献杂志》1995 年第 4 期)一文中,提出用考据学的方法,辨析本草类医书如《神农本

---

① 徐奇堂:《关于〈越绝书〉的作者、成书年代及其篇卷问题》,《广州师院学报》1990 年第 2 期。

② 晁岳佩:《也谈〈越绝书〉的作者及成书年代》,《山东师大学报》(社会科学版)1991 年第 5 期。

③ 如北京大学古典文献教研室的《探讨贾谊思想和〈新书〉真伪问题》(《人民日报》1961 年 10 月 5 日),魏建功等的《关于贾谊〈新书〉真伪问题的探索》(《北京大学学报(哲学社会科学版)》1961 年第 5 期),张慕勋的《北大古典文献教研室部分教师和研究生继续探讨贾谊思想,考辨〈新书〉真伪》(《光明日报》1962 年 8 月 2 日)等。

④ 蓝永蔚:《〈李靖问对〉伪辨》,《安徽大学学报》(哲学社会科学版)1979 年第 1 期。

⑤ 庞怀靖:《论〈后出师表〉非伪作》,《人文杂志》1983 年第 2 期。

草经》的伪托问题。如何爱华《评〈《难经》著作年代考〉》认为该书
"决非六朝后期的伪书"。① 如张芙蓉和周益新经多方考证,提出
《琼瑶发明神书》是"托名"前人,"成书于明代",清代又"编造序言
而献出的伪书"。② 再如张灿玾、张增敏指出《伤寒杂病论》的桂林
本和长沙本,都是"后人有意托古所作,非仲景之旧物"。③

　　诗文类文献辨伪中,如郑文指出《太玄赋》非扬雄所作,是托
名伪作。④ 此外,如岳飞的《满江红》词、《金瓶梅》、《红楼梦》的脂
本(内有甲戌、己卯、庚辰诸本等十余种)、程甲本等的真伪问题,
都有一系列文章发表。司空图《二十四诗品》曾是 20 世纪 90 年
代中期辩论最为激烈的一个问题,也发表了一系列论文。⑤

① 何爱华:《评〈《难经》著作年代考〉》,《湖南中医学院学报》1985 年第 3 期。
② 张芙蓉,周益新:《〈琼瑶发明神书〉成书年代及作者考》,《中医文献杂志》
　　2006 年第 2 期。
③ 张灿玾,张增敏:《〈伤寒〉〈金匮〉医方考》,《上海中医药杂志》2004 年第 2 期。
④ 郑文:《读扬雄太玄赋献疑》,原载《争鸣》1957 年第 4 期,后收入《哲学研究》
　　编辑部编:《中国哲学史文集》第二辑,山东人民出版社,1980 年。
⑤ 如余嘉锡在《四库提要辨证》卷 23 中考证明嘉靖徐阶《岳武穆遗文》,始疑
　　其为明人所伪托。学初对余先生的观点提出异议(见学初:《岳飞〈满江红〉
　　的真伪问题》,《文史》第一辑,1962 年)。夏承焘在余嘉锡"辨证"基础之上,也
　　怀疑岳飞《满江红》词是明代人托拟之作(夏承焘:《岳飞〈满江红〉词考辨》,
　　载《月轮山词论集》,中华书局,1979 年)。邓广铭作《再论岳飞的〈满江红〉词
　　不是伪作》(《文史哲》1982 年第 1 期)对余嘉锡和夏承焘的论点一一驳斥,力
　　证是岳飞作。如朱星的《〈金瓶梅〉被窜伪的经过》(《社会科学战线》1979 年
　　第 4 期)对《金瓶梅》的增益过程进行了详细说明。如红学界普遍认为《红楼
　　梦》脂本是真本,程本是脂本的改本。对此,欧阳健提出异议,他提出脂本是
　　后出的伪本,程甲本才是真本等一系列观点(参见《〈红楼梦〉"两大版本系
　　统"说辨疑——兼论脂砚斋出于刘诠福之伪托》,《复旦学报(社会科学版)》
　　1991 年第 5 期等)。欧阳健的观点引起了红学界很多的争论。如司空图《二十
　　四诗品》辨伪问题,较详细情况可参见汪泓的《司空图〈二十四诗品〉真伪辨
　　综述》(《复旦学报》1996 年第 2 期),姚大勇的《近年〈二十四诗品〉真伪讨论
　　综述》(《云梦学刊》2000 年第 4 期)以及赵福坛的《司空图〈二十四诗品〉研
　　究及其作者辨伪综析》(《广州师院学报(社会科学版)》2000 年第 12 期)等。

另外,《鹿樵纪闻》是一部值得注意的文献,该书记载了明末清初的野史。因其序文署名为"娄东梅村野史",人们多将其视为吴伟业著。① 持异议者亦有,如姚雪垠认为"或系伪托之作,或系吴氏入京以前所作"。② 叶君远也认为它的作者"绝不可能"是吴伟业,"大概是"某位"不知名的作者"伪托了吴伟业的名号。③ 再如魏同贤的《从〈诗传〉〈诗说〉谈到作伪、辨伪问题》(《文献》1985年第 2 期),黄朴民的《〈春秋繁露〉的真伪与体例辨析》(《齐鲁学刊》1990 年第 2 期)等,都在同类问题研究中较有代表性,兹不详述。

8.港台地区及海外的中国古籍辨伪研究

除上文间或述及者,港台地区学者的文献辨伪研究中还有许多成就值得关注。尤其是在《古文尚书》辨伪研究方面,自20 世纪 50 年代起,就持续不断地进行着,不仅有对全书的辨伪,也有对某些篇章的研究。④ 当然,辨《古文尚书》非伪的文

---

① 如李洵的《明清史》、赖家度的《一六四五年江阴人民的抗清斗争》、杨宽的《一六四五年嘉定人民的抗清斗争》、辽宁《清史简编》编写组编写的《清史简编》等均如此,戴逸主编的《简明清史》虽注为"娄东梅村野史",但也似乎认同"娄东梅村野史"是吴伟业的别称。刘耀林编辑《明清笔记故事选译》摘录《鹿樵纪闻》中《张煌言殉节始末》一节,亦把作者归于吴伟业。

② 姚雪垠:《论〈圆圆曲〉》,《文学遗产》1980 年第 1 期。

③ 叶君远:《吴伟业〈鹿樵纪闻〉辨伪》,《河南师大学报》(社会科学版)1981 年第 2 期。

④ 如罗锦堂《尚书伪孔传辨》(《大陆杂志》17 卷 12 期,1958 年 12 月),屈万里《〈尚书〉中不可尽信的材料》(《新时代》1 卷 3 期,1961 年 3 月),尚迭斋《尚书金滕之谜》(《建设》第 10 卷 3 期,1961 年 8 月),毛宽伟《尚书金滕疑辨》(《达德学刊》第 2 期,1964 年 1 月),于大成《谈伪古文尚书》(《新生报》1968年 7 月 30 日),朱门《古文尚书真伪之辨》(《台湾日报》1971 年 2 月 28 日),周凤五《伪古文尚书问题重探》(台湾大学硕士论文,1974 年,屈万里指导),庄雅州《大禹谟辨伪》(《孔孟月刊》17 卷 2 期,1978 年 10 月),许锬辉《伪古文泰誓疏证》(《木铎》8 期,1979 年 12 月),朱廷献《泰誓真伪辨》(《孔孟月刊》19 卷 4 期,1980 年 12 月),饶宗颐《论古文尚书非东晋孔安国所编成》(《选堂集林》上册,台北明文书局,1982 年),钟克豪《尚书伪文丛考》(台北

章亦有①。

其他如张严的《孝经郑注真伪辨疑》(载《孝经通识》,台北商务印务馆,1970年),周全的《子贡诗传辨伪》(载《文史考论丛稿》,又见于《中华国学》第9期,1977年9月),杜松柏的《申培诗说辨伪》(《孔孟学报》第45期,1983年4月),吴春山的《申培诗说考》(《孔孟月刊》第11卷第3期,1972年11月),严灵峰的《严遵老子指归中总序与说目的真伪问题》(《大陆杂志》第64卷第2期,1982年2月),张惠贞的《王鸣盛经学思想探析》(《成大宗教与文化学报》第12期,2009年6月)等,都颇有建树。一些学位论文也有这方面的选题。如方炫琛的《春秋左传刘歆伪作窜乱辨疑》(政治大学硕士论文,1979年,周何指导),吴铭能的《梁启超的古书辨伪学》(台湾师大硕士论文,1990年,刘纪曜指导)等。

台湾学者林庆彰教授在文献辨伪研究中的成就十分突出,代表作有《明代考据学研究》(台湾学生书局,1983年)。该书较全面地论述了杨慎、梅鷟、胡应麟等明代学者,在古史、古书辨伪研究中所取得的成绩。此外,以《清初的群经辨伪学》(台北文津出版社,1990年)最为著名,该书系统论述并总结了清初学者关于儒经考辨的成就。

香港中文大学郑良树先生的文献辨伪学成就,非常值得关注。由他编著的《续伪书通考》(台湾学生书局,1984年),是继张心澂《伪书通考》之后的又一部文献辨伪研究的总集。正如"凡例"中

　　　　1983年,据刘重来《中国二十世纪文献辨伪学述略》,原书未见),朱廷献撰《尚书金縢篇考释》(《中华文化复兴月刊》18卷4期,1985年4月)及《今古文尚书之传授及其伪篇考》(载《尚书研究》,台北商务印书馆,1987年),等等。
①　如王保德《〈古文尚书〉非伪作的新考证》(《文坛》124—129期,1970年10月—1971年3月)及《再论〈古文尚书〉非伪作的新考证》(《建设》26卷8期—27卷3期,1978年1—8月),等等。

言,该书搜录的辨伪成果,古今学者皆有。为便于查阅,该书还附有《〈伪书通考〉正续编考订古籍索引》及《〈伪书通考〉正续编资料索引》。此外,郑先生还著有《古籍辨伪学》(台湾学生书局,1986年),这是近年来文献辨伪学研究的重要成果。他又在《疑古与复古——论古籍辨伪的方向》(《书目季刊》29卷1期)一文中指出,20世纪70年代末期以后,在"古史辨"派学说因大量竹简帛书的出土而受到强烈"震撼"之时,学术界又存在着"复古"、"回头走"的现象。他认为:"今天,我们走出'疑古'的限囿时,更应该讲证据、讲方法、讲理论,在检验及反思'古史辨'学派诸多说法时,才不会盲目地、情感地回头走。"此论颇为允当。

　　海外学者对中文典籍的辨伪研究也有一些成就,如瑞典高本汉的《左传真伪考》,其据文法辨伪的方法较有特色。日本武内义雄的《列子冤词》,主要针对马叙伦的观点,力辨《列子》非伪。他又著有《孙子十三篇之作者》(收入江侠庵编译:《先秦经籍考》中册),提出孙武、孙膑非一人,但仍认为《孙子兵法》为孙膑所作。日本斋藤拙堂的《孙子辨》认为今本《孙子》作成年代应在越强于吴之后,他认为《孙子》是战国时孙膑著,孙武和孙膑是一个人,武是名,膑是号。1931年恒慕义将《古史辨》第一册《自序》译为英文,以《一位中国历史学家的自传》为题出版,并由此获得博士学位。日本留学生平冈武夫等人来北平研究院参观,与顾颉刚结识。1940年平冈武夫将《古史辨自序》译为日文,列于《创元支那丛书》出版。他在《译者序言》中指出,顾颉刚是目前中国有代表性的历史学家,对学术界有卓著贡献[①],从而将中国的文献辨伪学等信息介绍给日本学界。

　　近年来日本的松原朗撰有《苏武李陵诗考》(李寅生译,发表

---

① 顾潮编:《顾颉刚年谱》,中国社会科学出版社,1993年,第302—303页。

在《钦州师范高等专科学校学报》2004年第3期),提出《苏李诗》是假托苏武、李陵之名而写的组诗,是从梁代的《李陵诗》中派生出来的,而《李陵诗》是汉末到交州避难的难民之作,非伪作。他如田中智幸的《〈文子〉〈淮南子〉关系》(《樱美林大学中国文学论丛》第11期,1986年3月),向井哲夫的《今本〈文子〉の真と伪》(《东方宗教》第73号,1989年4月),里道德雄的《僧法尼と诵出经典群——南朝伪经成立の一断面》(《东洋学研究》1992年3月),中嶋隆藏的《后汉より六朝初期に至る真伪观の变迁——中国における佛教受容の周边(1)》(《东北大学日本文化研究所研究报告》1976年3月),元永常的《南北朝时代の疑伪经における末法思想の形成》(《印度学佛教学研究》第51卷第1号,2002年12月),福井重雅的《陆贾〈新语〉の真伪问题》(《集刊东洋学》第70集,1993年11月),等等,都有重要参考价值。

三、以往研究中的成就不足及本书的主要内容

百年间的文献辨伪学研究,收获了丰硕的成果,也暴露出不容忽视的问题。本书在重新审读已有研究成果的基础上,就清人文献辨伪研究中的一系列问题,提出几点心得体会。

1.主要成就

其一,辨伪学者众多。百年来,参加文献辨伪的学者以千百计,有史学家、文学家、医务工作者、高校学生、大学教师、港台同胞、华裔专家、外国学者,等等。他们或作长期专门探讨,或偶尔属文论辨,著述或详或略,水平参差不齐。但是单从参加人数上考量,清末民初以来的文献辨伪研究,百年间就有此规模,难能可贵。

其二,辨伪观念鲜明。近年来因为涉及名誉地位,尤其是经济

利益,文献辨伪已有超出学术探究的范畴而进入司法领域的现象。造伪和辨伪中的经济因素古已有之,而基于经济利益驱使的文献造假,从未有如今天这般甚嚣尘上! 动用司法手段干预文献辨伪、论定辨伪成果、保护合法权益,虽有无奈,但也体现了今人辨伪存真观念的鲜明。

其三,辨伪手段多样。20世纪70年代以来,简帛文献大量出土,不少学者将其应用于文献辨伪研究中,写成一些有影响力的文章。虽然汉晋以来出土文献代出,古代学者也有用在辨伪甚至造伪中的事例,但是从未有今日这样蔚然之风气。大量先秦、汉唐时期文献的出土,既丰富了文献辨伪的手段,也促进了文献辨伪学的继续发展。更值得注意的是有学者将现代科技(如碳14同位素测定年代法)应用到文献辨伪中来,取得了可喜成果。

其四,辨伪成果丰富。20世纪初年以来,有关文献辨伪的专著、专论数以千计,有对诸如《古文尚书》、《周礼》、《竹书纪年》等传统问题的考辨,有对诸如《渔樵纪闻》、司空图《二十四诗品》等前儒鲜有涉及文献的论说,还有对诸如"郭沫若书信"等现代新作伪书的考辨。有断代研究、有通史研究、有个案研究、有专题研究,形式多样,成就突出。

其五,辨伪理论升华。应该说,自梁启超始,现代学者就颇为重视对文献辨伪理论的总结归纳,一部《古书真伪及其年代》成了指导今人文献辨伪研究的经典读物。此外如《中国辨伪史略》、《伪书通考序》、《古籍辨伪学》等,都是辨伪理论研究中的重要成果。至于其他各式论著中的理论总结,则不胜枚举。现代学者理论总结的突出特征是注意概念界定①和逻辑分析,从而使文献辨

---

① 如新闻出版总署2005年2月发布《关于打击含有虚假宣传信息图书的紧急通知》,给"伪书"做出明确规定:"含有虚假宣传信息的图书"。这是我国新闻出版主管部门针对盗版等问题而首次对"伪书"概念做出的界定。

伪理论有了升华。

2.突出问题

事实证明,我们对辨伪学史的研究尚有不足,对古代辨伪学的认识还很片面,"伪书"概念泛化,"辨伪"活动泛滥,传世文献越辨越伪。等等,是现代文献辨伪研究中存在的几个突出问题。因此现代文献辨伪学研究亟须规范,其研究水平也有待提高。

第一,辨伪问题多涉及作者问题,但是并非考辨作者问题就属于辨伪问题。譬如《大学》,绝非伪作,至于出现"作者"问题,也基本上属于"是某"、"非某"的争论①,不涉及"某假托某"的问题。清初陈确②是《大学》作者考辨问题上较有代表性的一位学者,他明确指出:"虽作《大学》者绝未有一言窃附孔、曾,而自汉有《戴记》,至于宋千有余年间,亦绝未有一人焉谓是孔、曾之书焉者"③,又言:"作《大学》者初未曾假托孔、曾一字"④。陈确考辨《大学》的基本观点是,《大学》之"首章非圣经也,其传十章非贤传也"⑤。但是,陈确并不认为《大学》存在真伪问题。自汉迄清初,何止千年? 自汉迄今世,何止两千年? 其间不见有以考辨《大学》作者等为辨伪问题者,一些学者反其道而行之⑥,窃以为

---

① 宋以后普遍认定为孔子、曾子作,也有一些学者提出它只是《礼记》之一篇,并非出自孔门。

② 陈确(1604—1677)原名篯永,字原季,号逊肤。又改名道永,字非玄。入清后,再更名为确,字乾初。浙江海宁人。年近四十,方从刘宗周游,致力于理学(见《陈确集》"乾初府君行略",第12页)。

③ (清)陈确:《陈确集》"大学辨一",中华书局,1979年,第557页。

④ (清)陈确:《陈确集》"大学辨三","答张考夫书",中华书局,1979年,第552页。

⑤ (清)陈确:《陈确集》,第552页。

⑥ 如(日)荒木见悟《陈确的大学伪书说をめぐって》(《九州岛中国学会报》第24期,1983年6月),林庆彰《清初的群经辨伪学》的第七章"考辨《大学》"(该书第359—386页)等,均专门讨论《大学》"辨伪"问题。

值得商榷。

第二,辨伪多涉及成书年代问题,但是并非考订成书年代就是辨伪问题。如江永言:"《考工记》东周后齐人所作也",并据语言特征、制度名物考证出其为东周齐鲁人的著作。① 该结论经现代学者的深入研究,基本可以成立。② 显而易见,考订《考工记》著作年代,是考据学中的重要问题,古人基本未有将其视为辨伪问题而进行研究的。

第三,割裂理论和方法的关系,忽视对辨伪思想等问题的研究。目前,往往将"辨伪"理解为"文献整理"的方法或手段,只将文献辨伪的意义禁锢在"文献整理"的范畴内,不但无视文献辨伪的思想性意义,而且还肆意贬低古人基于义理、思想而进行的真伪之辨。如《左氏春秋》研究,刘逢禄力证《左传》伪作,显然是思想色彩极为鲜明的文献辨伪研究。但是,有人却据此认为清代的文献辨伪学"几乎脱离了学术的正轨,如野马之狂驰肆骋",刘逢禄应对此负责。③ 这种批判似乎有待商榷。再如清末康有为的文献

---

① (清)江永:《周礼疑义举要》卷6"考工记",四库本,第101册,第765页。
② 近人关于《考工记》的考辨,参见王燮山《"考工记"及其中的力学知识》(《物理通报》1959年第5期),郭沫若《考工记的年代与国别》(载《沫若文集》第16卷,人民文学出版社,1962年,第381—385页)、陈直《古籍述闻》(载《文史》第3辑,中华书局,1963年)、夏纬瑛《〈周礼〉书中有关农业条文的解释》(农业出版社,1979年,第3页),闻人军《〈考工记〉成书年代新考》(《文史》第23辑,中华书局,1984年),贺业矩《考工记营国制度研究》(中国建筑工业出版社,1985年,第176—180页),杨宽《战国史》(增订本)(上海人民出版社,1998年,第28页),戴吾三、高宣《〈考工记〉的文化内涵》(《清华大学学报(哲学社会科学版)》1997年第2期),史念海《〈周礼·考工记·匠人营国〉的撰著渊源》(《传统文化与现代化》1998年第3期)。另有史景成《〈考工记〉之成书年代》(《书目季刊(台北)》1971年第3期)。
③ 郑良树:《论古籍辨伪学的新趋势》,载于《续伪书通考》,第19页。

辨伪,误读误解就更多。① 学术批判是学术研究的一种,但要有相对客观的标准,否则问题难免发生。

　　第四,套用西方学科体系的理论,以今绳古的问题。20 世纪以来,人们习惯用西方的学说理论来分析研究一切中国问题,至于其中的利弊得失,真是个大问题。仅就文献辨伪学而言,很多学者在研究该问题时,往往利用现代学说的"理论体系"进行阐释,这未尝不可。虽然现代学说是建立在严格定义的"概念"、"理论"的基础之上,但是中国古代学人论著中,真的很难找到这种"严格定义"的概念和理论。然而一种学术活动进行近两千年,著述如林,成名成家者也数以百计,如果不名之为学,似乎有悖情理,此其一;其二,即便是衡之以西方现代学说的理论体系,中国古代学术活动中也不乏"理论思考"②。总之,很难想象,"没有理论、没有思想"的学术研究能行之久远,遑论取得巨大成就! 中国的文献辨伪同中国传统学术一样,源远流长,自成体系,博大精深,不可以轻觑。现代西方学说体系,固然能给我们以研究问题的视角和启示,但据此论断时,当慎言。

---

① 康有为的辨伪是达成政治目的的途径和手段,这是历史事实。研究康有为的文献辨伪问题,不应该仅局限在否定、攻讦的层面上,而是要客观冷静地分析其思想动机、时代背景、方式方法、影响启示等一系列问题。杨向奎先生早在 20 世纪 80 年代初,即曾撰文指出:康有为"所谓刘歆编伪《左传》、《周礼》之说,不过是又一次的'托古改制'而已",是"力图为刘歆翻案而说明两书之不伪"(杨向奎:《论古史辨派》,见中华书局编辑部编《中华学术论文集》,中华书局,1981 年)。杨先生虽然意在纠康有为以降文献辨伪之偏,但是他提出康有为的辨伪研究是"托古改制",亦即借文献辨伪达成政治目的的论断,是发人深思的。不过,人们往往引杨先生的言论,作为证《左传》、《周礼》非伪之同声,却少有人有感于他的睿智而反思文献辨伪研究之偏差。

② 据载,早在西汉时期,淮南王刘安就曾指出伪书、伪说产生的一个重要原因,是世俗之人头脑中的"尊古而贱今"以及统治者的"厚古薄今"的观念(见《淮南子·务修》篇)。

3.主要内容及创新之处

清代文献辨伪学是中国文献辨伪学逻辑发展的结果,是清代学术、思想和社会共同作用的结果,是清代数百位学人孜孜以求、不断探研的结果,是中国古代辨伪学发展的最高峰。清儒的文献辨伪研究,依托着往昔千余年间之积淀,折射着整个中国古代文献辨伪学发展的光辉,是很好的研究对象。且清儒的文献辨伪,争学理、卫道统、图经世、斥学行,一直同清代社会发展和士民生活相关联。懂得了清代的文献辨伪,也就对这个时代、这个社会多了一层了解和认识,并可以此为史鉴,兴利除弊,从而使其更具研究价值和意义。

其一,是澄清质疑误解的途径。如上文所述,目前很多人对文献辨伪学存在误解,对清人的文献辨伪存在不解。一些观念问题可以见仁见智,不必格以一律。但是对历史事实的判断,笔者则认为不可混淆是非,对文献辨伪史的误读就属于这类问题。因此,笔者深入系统研究清代文献辨伪学问题,一个重要任务就是将一些人无视、误认的史事和现象,原原本本地呈现在读者面前。其二,是解读清代学术的视角。清代学术史研究,虽自梁任公以后,不绝如缕,但直到20世纪八九十年代,才显现出兴盛的势头。然而,我们似乎还没有真正地给予清代学术中的文献辨伪以正确的认识和合适的定位。文献辨伪绝非简单的文献整理工作,清人的文献辨伪,或有人以辨伪经世,或有人以辨伪营生,或有人偏执一词,或有人据理力争,或有人笑骂嗔怒,或有人我素我行,等等,学术人生百态,辨伪中独有一番景象,它是解读清代学术的一个独特视角,值得关注。其三,可订补已有研究成果之不足。清人的文献辨伪研究成果多、成就高、影响大,十分值得研究。虽然有些学者或多或少,或深或浅,甚而似是而非地谈论过这个问题,但目前尚未有人真正对其进行全面系统的考察,这不能不说是件很遗憾的事情。

本书主要探讨如下问题：

其一，学术渊源及其与社会发展、学术转型、学风嬗变之间的关系。同其他学术文化一样，清代文献辨伪学的发生、发展同其所处的时代背景和文化环境密不可分，而且也随着时代变迁和社会发展，呈现出阶段性特征。辨伪学从来都是历史的，带着鲜明的时代特征；也是社会的，反映着多彩的社会文化。

其二，清代文献辨伪的思想性意义。清儒文献辨伪不仅仅是对传世文献的真伪讹误进行考辨，更重要的，其本身就是清代学术思想发展嬗变的重要体现。文献辨伪绝非一个单纯的"文献整理"所能概括，其思想观念方面的价值和意义，当是同类问题研究中的题中应有之义。

其三，清代文献辨伪的历史进程。笔者发现清代文献辨伪学经历了前期、中期、后期三个发展阶段，且呈现出较为鲜明的时代特征，这与清代政治史、思想史、文化史的发展历程基本同步。

其四，清儒文献辨伪成果的总结与归纳。由于清儒的不懈努力，中国古代的文献辨伪之学在清代达到了它的巅峰。因此对清人的辨伪成就进行系统全面的清理与总结，具有不可或缺的价值和意义。同时比照前代，可以客观深刻地认识到清人在文献辨伪研究中的贡献、得失。

其五，清儒文献辨伪研究的评估及启示。清人的文献辨伪从来就不是单纯的学术问题，对清儒文献考辨的不解、误解就是对历史的不解和误解。对历史的不解和误解，往往需要我们付出巨大的代价。因此，正确认识清儒文献辨伪的思想和主旨，正确评估清人文献辨伪中的治学与经世，阐释清代文献辨伪的理论价值和现实意义，也是本书的重要内容。

至于时代断限及人物取舍问题，笔者主要依据他们的辨伪活动和辨伪成果是否出现在 1644—1911 年之间。譬如明末清初的钱谦益、毛晋，因为他们的辨伪成果见于1644年以后，故而归入清代部分；而清末民初的梁启超、王国维等，因其文献辨伪代表作都著在民国初年，所以归入研究回顾部分。

基于上述拟探讨的问题，笔者在本书结构方面有以下安排：第一章，在重新审读已有研究成果的基础上，准确定义辨伪学、文献辨伪学等概念，从而确立起较合理的理论框架。第二章，对清以前的文献辨伪学进行较系统全面的梳理，我们发现，清代的文献辨伪研究渊源有自，它是中国古代文献辨伪学的延续和发展。第三章，主要从学术同社会、文化之间关系的角度，分析文献辨伪这门学问在清代发生发展的内在动力和外部环境。第四章到第八章，是本书的主体部分，重点论述清代前、中、后三期的文献辨伪问题，力求实现对清代文献辨伪学的全面理解和把握。第九章，提出笔者的几点结论和展望。

该书在以下六方面或有些许新意：

第一，传统文献学理论框架外的思考。一般的，人们往往把"文献辨伪学"仅仅理解为"文献整理方法"的学问，把"文献辨伪学"仅仅理解为"传统"文献学的一个分支。目前的"文献辨伪学"实际上只是"传统"文献学中的"文献辨伪"研究。笔者认为，应突破该局限，特别需要综合考察文献辨伪的思想观念、社会背景等问题。

第二，文献辨伪学研究模式的粗定。笔者对"文献辨伪学"的概念、分科、特点、内容、理论、方法等做出明确规定，进而初步确立起较为全面系统的文献辨伪学研究模式。这是近百年来不曾有过的尝试。

第三，文献辨伪学研究意义的厘清。文献辨伪学研究的意义是多个层次的，过去人们仅将研究局限于伪书出现原因、辨伪方法、伪书价值等技术层面，而忽视或无视它在诸如社会背景、动机观念等思想层面的价值。

第四，重新解读中国文献辨伪学史的尝试。中国古代的文献辨伪从来就不是简单的文献真伪考辨。对此笔者用一章的篇幅，对其进行了简明扼要的勾勒，用事实说明文献辨伪学中存在国家干预、义理探求等现象。这是现有著述中不曾言及或语焉不详的内容。

第五，清代文献辨伪学研究的新作。同现有研究成果相比，本书大体有三个特点：①准确定位清代文献辨伪学研究在整个文献辨伪学史中的地位；②全面分析清代文献辨伪学发展的内在要求和外部环境；③综合考察清代文献辨伪研究的成就和贡献。

第六，中国学术史研究的补足之作。清代的文献辨伪学以及中国古代的文献辨伪学，是清代，也是中国古代学术史研究的重要内容。虽然此前有论著述及，但其解读角度和广度均与笔者颇有差异。书中澄清事实、辨别谬误之处在在皆有，庶几乎可补学术史研究之不足。

第二章 清以前的文献辨伪学

清代以前,中国文献辨伪学的发展已历经千年有余。千余年间的文献辨伪学研究,或纂写专篇、或编著专书,或研一书、或考群经,或辨析经传、或是非诸子,有理有据,成就斐然。尤其值得关注的是,文献辨伪的理论方法、思想观念等,在该期间均已臻于成熟完备。但是以往的同类题材论著,多偏重具体考辨实践和方式方法的描述和总结,而对思想观念、时代背景等深层次问题很少给予关注,这是不恰当的。

此外,如《绪论》中所言,当前学界的断代问题研究中,特别是讨论有关清代文献辨伪问题时,无论是个案抑或专题,一个显著问题就是缺少对文献辨伪学发展状况的全面了解。而后者之于前者,有着不容忽视的价值和意义:第一,理顺中国古代文献辨伪学的发展脉络,能更好地认识到清代的文献辨伪学,是文献辨伪之学自身逻辑发展的结果;第二,对中国古代文献辨伪学发展水平了然于心,才能准确定位清代文献辨伪学的学术地位。基于上述考虑,笔者不吝笔墨,将清以前文献辨伪学的发展阶段及主要成就概述如下:

第一节　文献辨伪学的形成与
初步发展（先秦汉唐）

一、文献辨伪学的形成

1.文献辨伪学滥觞于先秦

文献辨伪学发端于何时？这不单纯是个事实认定问题，更是个理论主张问题。黄云眉先生认为："古籍真伪之辨，滥觞于唐代，历宋元明清而渐呈长川形态。"①姜亮夫先生则提出："辨伪的工作在我们的文化学术史上是件极早被重视的事，春秋战国以来，已不断地在学术领域里缓步发展。"②卞孝萱先生也曾言："中国对于伪书、伪史、伪说的考辨，有着悠久的历史。古代疑古思想的萌芽，可以追溯到春秋战国时期。"③杨绪敏先生持论类似，表述方式也基本相同。④ 孙钦善先生同样认为辨伪始于先秦，他说道："先秦是我国传世古籍中经籍文献和诸子文献的成书时期，当时这两类文献皆有作伪与辨伪的问题。"⑤至于先秦时期文献辨伪学的发展程度，他认为："总的看来，先秦的辨伪学还处在草创阶段，以辨伪说为主，且多与学派之间的争论关联。"⑥黄云眉先生的观点，应和者不多，其他三位先生的观点则为

---

① 见黄云眉：《古今伪书考补正》，齐鲁书社，1980 年，第 1 页。

② 姜亮夫：《古籍辨伪私议——有关古籍整理研究的若干问题之四》，《学术月刊》1983 年第 6 期。

③ 卞孝萱：《中国辨伪学史序》，载于杨绪敏《中国辨伪学史》（修订版），天津人民出版社，2007 年，第 2 页。

④ 杨绪敏提出：中国古代伪史、伪书的出现可以追溯至战国，而疑古辨伪的风气也萌发于此时（杨绪敏：《明清辨伪学的成立及古书辨伪之成就》，《中国社会科学院研究生院学报》1999 年第 4 期）。

⑤ 孙钦善：《中国古文献学》，北京大学出版社，2006 年，第 163 页。

⑥ 孙钦善：《中国古文献学》，北京大学出版社，2006 年，第 164 页。

学界所普遍认同。

　　姜亮夫等先生认为文献辨伪"可以追溯到春秋战国"，但均未作进一步阐发。孙钦善先生的说明相对详细，他指出：

> 　　《左传·昭公十二年》载：楚灵王称赞左史倚相为"良史"，"能读《三坟》、《五典》、《八索》、《九丘》"，杜预注："皆古书名。"这些古书在当时恐即伪托之作。应该说作伪与辨伪是与文献的成书与流传大致相始终的。先秦是我国传世古籍中经籍文献和诸子文献的成书时期，当时这两类文献皆有作伪与辨伪的问题。①

　　孙先生举出胡应麟和龚自珍两例史料，佐证他的观点，但仍属于"事实"陈述的范畴。总之，诸位先生都是通过发掘史料、陈述史实的方式佐证己说。然其所言，只是"文献辨伪"的发端问题，而非"文献辨伪学"的发端问题。"文献辨伪"并不等同于"文献辨伪学"，"文献辨伪活动的出现"也不能简单等同于"文献辨伪之学的萌生"。文献辨伪诚然可以追溯到先秦之际，文献辨伪学也确实滥觞于此时。但是，从文献辨伪史实的绅绎，到文献辨伪学发端的判断，还需要走一段学理论证的过程。

　　窃以为，文献辨伪学滥觞于先秦，主要有三方面依据：

　　其一，先秦时期有文献造伪现象的最早记录。文献辨伪伴文献造伪而生，那么文献造伪始于何时？理论上，人类的心智发展到一定程度后，丰富的想象力和熟练的模仿力一旦与渔利嗜奇、争强好胜等复杂的观念遭遇，假托伪造行为的出现是不足为奇的。事实也正是如此。明代的胡应麟在考辨群书真伪的过程中，就谈到

---

① 　孙钦善：《中国古文献学》，北京大学出版社，2006年，第162—163页。

这个问题。其言：

> 《山海经》，古今语怪之祖。刘歆谓夏后伯翳撰。无论其
> 事，即其文与《典》、《谟》、《禹贡》迥不类也。余尝疑战国好
> 奇之士，本《穆天子传》之文与事而侈大博极之，杂傅以汲冢
> 《纪年》之异闻，《周书·王会》之诡物，《离骚》、《天问》之遐
> 旨，《南华》、《郑圃》之寓言，以成此书。①

胡应麟在《山海经》考辨过程中，推测当是战国时人依托而
作。同样，清人龚自珍也谈到该问题，他说："伪书不独后世有之
也，战国时人依托三皇五帝矣，或依托周初矣。汉之俗儒，已依托
孔门问答矣。"②因为有上述作伪活动及伪文献的出现，辨伪研究
亦相继出现。考辨真伪、明辨是非的观念是辨伪活动的前提，否
则，不知有是非真伪，谈何辨伪存真？伪赝文献、虚妄传说的存在
是辨伪活动的基础，否则，无须考之书、无无稽之事，谈何辨伪存
真？先秦时人考辨文献真伪的形式较为多样，其中以诸子间的论
辩、纷争较有代表性。可以想象，揭穿对方假托伪造之真相，于己
方之胜出，将具有何等重要的意义！

其二，先秦时期文献辨伪的意识较为明确。文献辨伪学发生、
发展的必要条件，是明确的辨伪意识的存在。这种意识在中国学
术史中耳熟能详者，有以下数端：

---

① 见（明）胡应麟：《四部正讹》（顾颉刚点校）卷下，朴社，1933 年，第 55—56 页。
另有同样的观点，只是表述方式稍有差别："始余读《山海经》，而疑其本《穆
天子传》，杂录《离骚》、《庄》、《列》傅会以成者"云云。见《四部正讹》（顾颉
刚点校）卷下，朴社，1933 年，第 57 页。

② （清）龚自珍：《龚自珍全集》第一辑"家塾策问二"，上海人民出版社，1975 年，
第 122 页。

孔子弟子子贡曾言："纣之不善不如是之甚也,是以君子恶居下流,天下之恶皆归焉。"①他认为商纣王并非文献中所描绘的那样残暴,商纣之所以如此"不善",是后人把天下人的丑恶都归于斯人的缘故,所以需要辨别。无论是文献学、史学,抑或文学等著作中,无论古今,鲜有不言及孟者者。孟子见《尚书·武成》篇中有周武王伐纣,"血流漂杵"的记载,认为"以至仁伐至不仁",不应如此,从而指出"尽信《书》不如无《书》"。② 孟子又对《诗经·云汉》中西周因旱灾而"周余黎民,靡有孑遗"的记载,提出质疑:"信斯言也,是周无遗民也!"③显然,《诗经·云汉》篇中的记载过于夸张,这从文学的角度不难理解。但是,孟子的时代,视《诗》文如圣经,故而很难认同这种叙事方式。而且,三代乃儒家心中的盛世,怎能出现饿殍满地、哀鸿遍野的情形? 于是才用近乎嘲讽的语气,表达了他无法认同的态度。因此,我们认为,孟子之于《尚书·武成》、《诗经·云汉》的意见,不是解读角度的问题,而是思想观念的问题,即因其持有的儒家观念,对文献中"伪造虚妄"的记载不能容忍,进而对文献之真伪提出质疑。孟子的儒家思想是系统的,他的文献辨伪观念因此亦有了根底。

其三,先秦时期文献辨伪的成果较为稚嫩。就上述史料观之,早在春秋战国时期,传世文献及史事传说中的是非真伪问题,已引起当时学者的关注。虽然先秦文献及口耳相传之说,存世甚少,但我们仍有幸得窥其涯略。可以想见,当时学者中求实、求是的风

---

① （魏）何晏集解、（宋）邢昺疏:《论语注疏》卷 19"子张",中华书局影印《十三经注疏》本,1980 年,第 2532 页。

② （宋）孙奭疏:《孟子正义》卷 14 上"尽心章句下",中华书局影印《十三经注疏》本,1980 年,第 2773 页。

③ （宋）孙奭疏:《孟子正义》卷 9 上"万章章句上",中华书局影印《十三经注疏》本,1980 年,第 2735 页。

尚、规模和程度。不过,需要指出的是,虽然先秦时期有文献造伪现象,有文献辨伪活动,但是其发展程度还是有限的。首先是存世成果不多;其次是所见考辨范围有限;再次就是考辨方法较单一;最后就是没有提出关于文献辨伪的概念或理论。

总之,由于文献不足征,我们目前还不能较为详尽地描述先秦时期文献辨伪之详情,不过可以肯定的是:无论是辨伪的规模、方法、理论,抑或成果,同汉、唐、宋、明,特别是同清代乃至近世比较起来,其处于萌生阶段的特征,还是较为鲜明的。因此,做出此一判断,即文献辨伪学滥觞于先秦,是可以成立的。

2.文献辨伪学形成于两汉

就现有研究成果观之,人们对处于发端时期的文献辨伪学,多一笔带过,而对汉晋,特别是西汉时期的文献辨伪学研究则浓墨重彩。如 20 世纪 30 年代,顾颉刚曾作《战国秦汉间人的造伪与辨伪》,即对汉人的辨伪问题进行了研究①。其他同类论著多以期刊文章的形式出现,如胡可先的《汉代辨伪略说》②,王国强的《汉代文献辨伪的成就》③,等等。汉代的文献辨伪已具有相当规模,事实证明,文献辨伪学在两汉时已基本形成。

其一,《史记》和《汉书·艺文志》中的文献辨伪。太史公司马迁在著《史记》的过程中,从甄别史料的角度,颇为重视对文献的去伪存真④。如他在《五帝本纪》中言:"学者多称五帝,尚矣。然

---

①　顾颉刚:《战国秦汉间人的造伪与辨伪》,《史学年报》二卷二期,后收入《古史辨》第七册。

②　胡可先:《汉代辨伪略说》,《徐州师范学院学报》(哲学社会科学版)1994 年第 3 期。

③　王国强:《汉代文献辨伪的成就》,《图书馆杂志》2006 年第 8 期。

④　对此,孙钦善有文章述及,见孙钦善:《〈史记〉采用文献史料的特点》,《文献》1980 年第二辑。

《尚书》独载尧以来;而百家言黄帝,其文不雅驯,荐绅先生难言之。"①太史公认为,在有关远古史实的文献中,各家文辞不够典雅纯正,真伪不明,不足征信。类似论述又见于《大宛列传》中,太史公云:"故言九州山川,《尚书》近之矣。至《禹本纪》、《山海经》所有怪物,余不敢言之也。"②可见,司马迁对于《禹本纪》和《山海经》也持怀疑的态度。另外,司马迁不信燕书郢说的事例还有一些,兹不枚举。

司马迁在《史记》中明确提出"考信于六艺"③和"择其言尤雅者"④的辨伪原则和方法。所谓"考信于六艺",就是以《尚书》、《诗经》等经典文献作为考量文献及其载记真伪是非的标准;所谓"择其言尤雅者",是指从言辞的语气、风格上鉴别文献的真伪。这两点对后世影响甚巨。特别是"考信于六艺",它不仅成为文献辨伪的基本原则和重要方法,且在"六艺"尊显后,最终归结到考信于儒家的"道"和"理"。

需要说明的是,《史记》中不设"艺文志",因此司马迁的文献辨伪活动及成果,除极少一部分散见于《史记》其他篇目以外,大都无从稽查,但这并不影响后人对其学术成就的评价。一个公认的事实就是:《史记》是一部"善序事理,辨而不华,质而不俚,其文直,其事核,不虚美,不隐恶"的"实录"⑤。亦言之,司马迁若不进行大量且严谨的文献辨伪工作,是难以著成这样的"实录"的。所

---

① (汉)司马迁:《史记》卷1"五帝本纪第一",中华书局,1959年,第46页。
② (汉)司马迁:《史记》卷123"大宛列传第六十三",中华书局,1959年,第3179页。
③ 见《史记》卷61"伯夷列传",中华书局,1959年,第2121页。
④ 见《史记》卷1"五帝本纪第一",中华书局,1959年,第46页。
⑤ 见(汉)班固:《汉书》卷62"司马迁传第三十二",中华书局,1962年,第2738页。

以梁启超说："作史学的始祖是司马迁,辨伪学的始祖也是司马迁。"①之后,司马迁在文献辨伪学中的始祖地位被广泛认同②。

刘向著《别录》,刘歆继《别录》作《七略》③,二书亡于唐末五代之乱,宋初已鲜能得见。清代学者为恢复二书面貌,作了许多辑佚工作,现存辑本有六七种之多④。《别录》、《七略》中的内容大都收在《汉书・艺文志》中。由于《汉书・艺文志》与《别录》、《七略》之间的关系难以厘清,所以将其辨伪成就与班固、刘向,抑或是刘歆的贡献一一对应,恐非易事⑤,因此,这里姑且隐去他们的名字,只谈《汉书・艺文志》的文献辨伪学成就。《汉书・艺文志》

---

① 梁启超:《古书真伪及其年代》(据 1936 年影印《饮冰室合集》本)卷 1"总论"第三章"辨伪学的发达",中华书局,1989 年,第 31 页。

② 杨绪敏认为:"真正对伪书、伪说进行较大规模考辨的当从司马迁作《史记》开始"(杨绪敏:《中国辨伪学史》)。对于辨伪学开山究系何人问题,司马朝军则认为"第一个正式揭开辨伪学序幕的是西汉刘向","是辨伪学之开山"。见司马朝军:《〈四库全书总目〉研究》,社会科学文献出版社,2004 年,第 265 页。

③ 刘向,字子政,初名更生,后改名为向。生于汉昭帝元凤四年(前 77 年),中历宣、元、成帝三朝,至哀帝建平元年(前 6 年)卒(一说卒于成帝绥和元年至二年一、二月间)。刘歆,约生于汉宣帝甘露年间,卒于更始时,约在公元前 53 年至公元 23 年之间。刘向、刘歆的生平和著述,可以参看余嘉锡:《藏园群书题记・序》(上海古籍出版社,1989 年),来新夏:《〈别录〉和〈七略〉——〈目录学浅谈〉之三》(《图书馆工作与研究》1979 年第 3 期),李梦芝:《刘向及其著述论略》(《历史教学》1994 年第 3 期)。

④ 如洪颐煊的《问经堂丛书》本,陶浚宣的《稷山馆辑补书》本,马国翰的《玉函山房辑佚书》本,严可均的《全汉代编》本,姚振宗的《快阁师石山房丛书》本,还有王仁俊、顾观光、章宗源等未刊本。这些辑本中也有误辑的内容。参见来新夏:《〈别录〉和〈七略〉——〈目录学浅谈〉之三》,《图书馆工作与研究》1979 年第 3 期。

⑤ 清章宗源在所著《隋书经籍志考证》卷 8《七略》条目下,对《汉书・艺文志》与《七略》的异同作了比较,持论较平。另外,宋王应麟的《汉书艺文志考证》,清姚振宗撰的《汉书艺文志拾补》和《汉书艺文志条理》,今人张舜徽的《汉书艺文志释例》(张舜徽:《广校雠略》附,中华书局 1963 年增订本)和《汉书艺文志通释》(湖北教育出版社,1990 年)等,对于探讨这个问题均有参考价值。

不仅在文献辨伪学上有开创性的意义,而且在中国学术史上也具有不可替代的地位。《汉书·艺文志》内涉及文献辨伪的条目不多,但相对集中,且经多人反复探讨,欲出新意,诚非易事。在此,姑且勉力为之。

首先,关于考辨范围。《汉书·艺文志》考辨的伪书大致涉及"诸子略"的道家、阴阳家、杂家、农家、小说家;"兵书略"的兵阴阳等。不难发现,《汉书·艺文志》考辨的对象,基本集中在《诸子略》和《兵书略》,而这两《略》后世统归入"子部"。

其次,关于辨伪方法。主要有据语言风格辨伪(如《伊尹说》二十七篇注:"其语浅薄,似依托也。");据依托者时代与史实的抵牾辨伪(如道家《文子》九篇注:"与孔子并时,而称周平王问,似依托者也。"①);据与被依托者的思想不合辨伪(如《晏子叙录》云:"又有颇不合经术,似非晏子言,疑后世辩士所为者。"),等等。

再次,关于著作形式。《汉书·艺文志》是现存文献中第一部史志目录,对后世辨章学术、考镜源流有非凡的意义。清人姚振宗在《汉书艺文志条理·叙例》中言:"今欲求周秦学术之渊源,古昔典籍之纲纪,舍是志无由津逮焉。"对文献辨伪学而言,《汉书·艺文志》是文献辨伪学史上最早且完整的以史志目录形式存在的文献辨伪学成果。

最后,关于辨伪动机及思想。《汉书·艺文志》深入分析作伪者的动机和心理,如关于《神农》二十篇,其言:"六国时诸子疾时怠于农业,道耕农事,托之神农。"这里,《汉书·艺文志》道出了依托者的动机,同时,我们由此也可以发现依托者经世济民的初衷。另外,因为《晏子》中"有颇不合经术"的内容,而怀疑这部文献的

---

① 关于文子和《文子》一书的问题,后世学者争论颇多,特别是清人的论述,值得注意,详见后文。

真实性,这不仅是辨伪方法的问题,更是辨伪思想的问题,因为以"经术"相合与否判断文献"真伪",已经体现了考辨者鲜明的思想倾向。

其二,汉儒和《书》类文献真伪的争论。张霸,史志无传,生平不得其详,仅知其乃东莱人,生活在西汉后期。张霸生平事迹中最惹人关注的,就是伪造百二《尚书》事。张霸进献伪造《尚书》,因此得宠,旋即被黜,朝野为之牵动,影响较大。①《汉书·儒林传》对此事之始末缘由有较完整的记载②,另王充《论衡·佚文》篇亦有记述,情节更为丰富③,此略。

通过以上记载,我们大体可以知道所谓百二《尚书》,是张霸为迎合成帝喜好,掇拾残破,伪造而成。起初,想必汉成帝君臣上下定是喜出望外,因为张霸熟读《诗》《书》,素称"才高卓",百二《尚书》出斯人手,也是情理中事,且正逢汉成帝求贤若渴之际,张霸的献书真真正正是时候,岂能不大喜过望? 但是,伪书毕竟是伪书,一据内府藏书校对,伪造行迹便无从掩饰。欺君之罪旋踵而至。量刑,当以"大不敬"处以弃世。但是,张霸还是侥幸得免,至于个中缘由,《汉书》记作缘于尉氏樊并的权势,《论衡》记作缘于张霸的才情。张霸作伪,险些丧命。作伪固然能够牟利,但是弄巧成拙,作伪也会赔上身家性命。作伪和辨伪关涉朝政时局,关涉个中人物升黜存亡,这实在是辨伪学史上一个值得注意的问题。

---

① 据刘汝霖考证:成帝河平三年(公元前26年)诏求遗书于天下,四年(前25年),张霸上百两篇《尚书》。见刘汝霖《汉晋学术编年》卷3,中华书局,1987年。

② 见(汉)班固:《汉书》卷88"儒林传第五十八",中华书局,1962年,第3607页。

③ (汉)王充:《论衡》卷20"佚文篇",上海古籍出版社,1990年,第196页。

马融①在文献辨伪方面,最值得注意的就是对《尚书·泰誓》篇的辨伪。《尚书·泰誓》篇的流传及真伪问题,西汉时即已众说纷纭。到了东汉,马融对当时流行的《尚书·泰誓》篇进行了颇富开创意义的辨伪。其言:"《泰誓》后得,案其文似若浅露",且如"八百诸侯不召自来,不期同时,不谋同辞"等,"今文《泰誓》皆无此语"。又言"吾见书传多矣,所引《泰誓》而不在《泰誓》者甚多,弗复悉记。略举五事以明之,亦可知矣。"②

马融系一代大儒,博学多识,"吾见书传多矣"诚非虚言,因此,他对当时所见《泰誓》篇的真伪提出质疑,本身即具名人特有的导向作用。而且,马融并非虚言诬诉,而是从语言风格("文似若浅露")和对比佚文("略举五事",文繁不录)两方面进行辨伪。证据确凿,遂成定谳。因此后世学人固有对马融为人治学有微词者,但是对马融辨《泰誓》篇的结论却罕有异议。顾颉刚高度评价了马融的这篇文章,称他"可算做考据性的辨伪的第一声"③。需要指出的是,因为马融的难以颠覆性的辨伪结论,今见《泰誓》已将马融指出的《泰誓》佚文一一补足,所以人们常说今存《泰誓》是伪中亦伪矣!

其三,王充④的文献辨伪研究。王充的文献辨伪,有两个值得

①　马融(79—166),字季长,右扶风茂陵(今陕西兴平东北)人。俊才善文,曾从京兆处士挚恂问学。汉安帝、汉桓帝时长期在东观校书著述,著有《春秋三传异同说》等。参见庞朴《中国儒学》第 2 卷,东方出版中心,1997 年,第 68 页。
②　(唐)孔颖达疏:《尚书正义》卷 11"泰誓上第一"引马融《书序》,中华书局影印《十三经注疏》本,1980 年,第 180 页。
③　见顾颉刚:《古籍考辨丛刊》第一辑"序",中华书局,1955 年,第 3 页。
④　王充,字仲任,会稽上虞人。东汉著名学者。少孤,以至孝称,博文强识,喜论辩。入仕不利,退居乡里,以教授著述为乐。有《论衡》八十五篇,二十余万言。永元(89—105)中,病卒于家。见(南朝宋)范晔撰,(唐)李贤等注:《后汉书·儒林传》卷 49"列传第三十九·王充传",第 1629—1630 页。

关注的问题：

第一，辨伪求真，言为先声。《后汉书》有言：王充以为"俗儒守文，多失其真，乃闭门潜思，绝庆吊之礼，户牖墙壁各置刀笔"，于是著《论衡》，以"释物类同异，正时俗嫌疑"。在这里，王充表明心志，阐发了文献辨伪的宗旨，开文献辨伪学风气之先。① 他在《论衡·对作》篇中言：

> 是故《论衡》之造也。起众书并失实，虚妄之言胜真美也。故虚妄之语不黜，则华文不见息；华文（不）放流，则实事不见用。故《论衡》者，所以铨轻重之言，立真伪之平，非苟调文饰辞为奇伟之现也……今吾不得已也！虚妄显于真，实诚乱于伪，世人不悟，是非不定，紫朱杂厕，瓦玉集糅。以情言之，岂吾心所能忍哉……不得已，故为《论衡》。②

王充认为，时下，虚言、妄语、华文盛行，是非颠倒，真伪不分，"紫朱杂厕"，坏世道、乱人心，所以不能无动于衷，坐视不管！故而著《论衡》一书。王充阐发写作暨辨伪目的，即"铨轻重之言，立真伪之平"，解世俗之疑，辨是非之理，使后进得见然否之分。③ 王充"疾妄求实"的辨伪思想，对后世的影响甚为深远。

第二，考文献真伪，黜虚言妄语。王充的考辨，辨伪书和辨

---

① 叶树声曾指出："东汉王充写《论衡》目的之一，也在于辨伪，其后各代，辨伪之事未停，至清益盛"（见叶树声：《论清儒辨伪》，《淮北煤师院学报（社会科学版）》1996 年第 2 期）。另可参见孙钦善的《王充与辨伪》，《北京大学学报》1985 年第 5 期。

② （汉）王充：《论衡》卷 29"对作篇"，上海古籍出版社，1990 年，第 275 页。

③ （汉）王充：《论衡》卷 29"对作篇"，上海古籍出版社，1990 年，第 275 页。

伪说密切相关,以辨伪书为基础,以辨伪说为途径,以端正学术人心为目的。因此,考察王充的文献辨伪需要对上述关系有所理顺。在文献辨伪方面,王充最为用心的是考辨儒家经典,成就最大的是辨伪《古文尚书》。关于《尚书》问题,王充认为伏生所传二十九篇《今文尚书》和孔壁百篇《古文尚书》为真,张霸所献百二篇《古文尚书》是伪,其言:"至孝成皇帝时,征为古文《尚书》学,东海张霸案百篇之序,空造百两之篇,献之成帝。帝出秘百篇以校之,皆不相应,于是下霸于吏。"①在《论衡·佚文篇》中,他再次提出:"东海张霸通《左氏春秋》,案百篇序,以《左氏》训诂,造作百二篇,具成奏上,成帝出秘《尚书》以考校之,无一字相应者。"②这里,王充通过陈说的方法而非考据的方式立论,这是王充文献辨伪的特色,也是文献辨伪中运用史事考辨文献真伪的常用方法。另外,王充还论及以今文二十九篇之数比附二十八宿,以年寿比附《春秋》断代,以及画卦、重卦等问题,对几部重要儒家经典中存在的问题都有所驳正,但因不在文献辨伪的范畴内,故略而不谈。

二、文献辨伪学的初步发展

魏晋时期的文献辨伪学,研究者不多,著述少见。就笔者目前掌握的资料而言,反复绅绎,所得也有限③,因此姑且付诸阙如,唯

---

① （汉）王充:《论衡》卷28"正说篇",上海古籍出版社,1990年,第265页。
② （汉）王充:《论衡》卷20"佚文篇",上海古籍出版社,1990年,第196页。
③ 如南朝齐国有《尚书》辨伪事。如《经典释文》中言:"齐明帝建武(494—498)中吴兴姚方兴采马王之注,造《孔传舜典》一篇,云于大航头买得,上之。梁武时为博士,议曰:'孔《序》称"伏生误合五篇,皆文相承接,所以致误"。《舜典》首首有"曰若稽古",伏生虽昏耄,何容合之。'遂不行用"。见（唐）陆德明:《经典释文汇校》(黄焯汇校,黄延祖重辑)卷1"序录",中华书局,2006年,第14页。

望学界俊彦他日详言。至于学者如颜之推、刘炫等,生当南北朝与隋鼎革之交,故姑且将南北朝时期的文献辨伪学一并归入隋唐时期叙述。隋唐时期的文献辨伪学在两汉的基础上继续发展,无论是在辨伪方法上,还是在辨伪理论上,都有一些创见①,现作简要说明。

1.颜之推、柳宗元等人的文献辨伪

(1)颜之推的文献辨伪。

颜之推②以《颜氏家训》名世③,其文献辨伪成就也主要见于该书。《颜氏家训》旧题"北齐"黄门侍郎颜之推撰,但经考证,当作成于隋开皇年间。④

其一,《颜氏家训·书证》篇多文献考辨。《颜氏家训·书证》篇有许多关于名物训诂得失、篇章内容窜乱的叙述⑤,这里,颜之推以答疑的形式,表达了他对文献驳杂不纯问题的意见。首先,他肯定了《本草》神农所述,《尔雅》周公所作,《世本》左丘明所书,

---

① 梁启超却提出:"李唐一代,经学家笃守师法,不能自出别裁……我们若想从中唐以前找一个切实的用科学精神来研究古书的人是不可能的,辨伪的学者更不必说了"(见梁启超:《古书真伪及其年代》第三章"辨伪学的发达",第33页)。近年有人对梁启超的论断提出质疑。

② 颜之推,字介,琅邪临沂人(系东晋南迁后的侨置郡县名,清人洪亮吉有考证,见《晓读书斋杂录》"四录"卷下,续四库本,第1155册,第647页),先祖随东晋南迁,累世居官。其人博览群书,好饮酒,不修边幅,颇遭物议。隋文帝开皇(581—600)中,被召为学士,甚受礼遇,寻以疾终。详见(唐)李百药:《北齐书》卷45"列传第三十七·文苑·颜之推传",中华书局,1972年,第617—626页。

③ 陈振孙称:"古今家训,以此为祖",见(宋)陈振孙:《直斋书录解题》,上海古籍出版社,1987年,第205页。

④ 著录和刊刻情况可参见《总目提要》卷117"子部二十七·杂家类""颜氏家训"条,另可参见王利器《颜氏家训集解》附录中的内容。

⑤ 详见(唐)颜之推:《颜氏家训》(王利器集解)(增补本),中华书局,2007年,第483—484页。

《苍颉》篇李斯所造,《列仙传》及《列女传》为刘向所为的事实,进而谈及这些文献存在窜乱的问题。有人据此声称颜之推考辨了上述伪书,发明了某某方法,似乎不妥。

其二,《颜氏家训·杂艺》篇有文献辨伪。莫说颜氏不辨伪,在《颜氏家训·杂艺》篇有这样一段文字:"江南闾里间有《画书赋》,乃陶隐居弟子杜道士所为;其人未甚识字,轻为轨则,托名贵师,世俗传信,后生颇为所误也。"①颜之推在这里明确指出民间盛传的《画书赋》,存在贻误后学的问题。据颜氏言,这部《画书赋》本是杜道士所为。该人识字不多,却好为"轨则",恐书不能行世,故托名乃师陶弘景(号华阳隐居,故别称陶隐居先生——笔者按)。而世人不察,遂信以为真。文字不多,却道出了《画书赋》作伪、影响及辨伪的基本情况。

其三,《颜氏家训》对文献辨伪学的意义。《颜氏家训》之于辨伪学的意义,有以下两点:第一,颜之推虽不以为《山海经》、《本草》、《尔雅》、《列仙传》等为伪书,但指出它们存在"后人所羼"的问题,这对后人继续探讨这些文献的真伪问题有启示作用。第二,颜之推提出《本草》等,系三代时的文献,却有汉时郡县名的问题,正式提出依据地理沿革考辨文献时代的办法,它后来成为文献辨伪研究中的一个重要手段。

(2)刘炫邀赏与文献辨伪事。

刘炫②伪造古书获罪事恐怕比他的才情更加轰动士林,事见《北史·刘炫传》。其言:"时(隋开皇中)(秘书监)牛弘奏购求天下遗逸之书,炫遂伪造书百余卷,题为《连山易》、《鲁史记》等,录

---

①　(唐)颜之推:《颜氏家训》(王利器集解)(增补本)卷7"杂艺第十九",第577页。

②　刘炫,字光伯,河间景城人。其人强记默识,且能左画圆、右画方、口诵、目数、耳听五事同举,可谓禀赋卓异。又专心治学十余年,声名鹊起,与刘焯有"二刘"之称。

上送官,取赏而去。后有人讼之,经赦免死,坐除名。"①刘炫邀赏与文献辨伪是文献辨伪研究中非常值得关注的事情。

刘炫博学多闻,不应不知晓前汉张霸假造百二《尚书》险些丧命事。前事不忘,后事之师,刘炫敢以身犯险,颇令人不解。但是稍知其为人,就不感到难以理解了。据载,刘炫其人心胸狭隘,贪婪钱财,唯利是图,史书赠以"怀抱不旷,又啬于财"八个字,颇为精当。刘炫对于慕名而来、求学问道的后辈晚生,"不行束脩者,未尝有所教诲",即颇显其贪财本色。刘炫借隋初振兴文教、购求天下散佚图书之际,一心渔利,故而才有为取赏而伪造《连山》、《鲁史记》事。可以想象,刘炫因为有人揭发,行迹即将败露之际,一定会凭其才智,巧为弥缝。只因伪迹昭著,终究经不起认真推敲。刘炫因此而获罪除名。

刘炫是继西汉张霸以后,又一个假造文献、以身犯险者。金钱的诱惑迷失了刘炫的理智,因为辨伪的介入,方昭示了人间正道。《隋书·儒林传》载,刘炫行径败露后,"坐除名,归于家,以教授为务",后遇战乱,"冻馁而死"。② 最终落得如此下场,真真可笑可叹。

(3)孔颖达的文献辨伪。

孔颖达③对传世文献的质疑,主要包括以下三个问题:

---

① (唐)李延寿:《北史》(中华书局点校本)卷82"列传第七十儒林下",中华书局,1974年,第2764页。

② 见(唐)魏征、令狐德棻:《隋书》卷75"列传第四十",中华书局,1973年,第1723页。梁启超有言:"刘炫因《周易》而想及《连山》、《归藏》。书初上时,文帝大喜,后来知道是假的,以为大逆不道,就把刘炫杀了。一代大学者因为造假书砍头,太不值得"(《古书真伪及其年代》第二章"伪书的种类及作伪的来历",第21页)。梁启超的说法不确切。

③ 孔颖达(574—648),字冲远,冀州衡水(今属河北)人,唐朝经学家。他在经学上的最大成就就是奉诏编纂《五经正义》。《旧唐书》、《新唐书》俱有传。

其一,怀疑《周礼》、《仪礼》。《六经奥论》有言:"自《正义》作而诸家之学始废,独疑《周礼》、《仪礼》非周公书,不为义疏。"①孔颖达不为《周礼》、《仪礼》作义疏,应该有一些原因,其中重要一点,或如《六经奥论》所言:疑,故而不作为。至于孔颖达是否提出《周礼》有伪作问题,文献不足征,不得其详。

其二,不信孔子删《诗》。其言"《书传》所引之诗,见在者多,亡逸者少,则孔子所录,不容十分去九。马迁言古《诗》三千余篇,未可信也。"②孔子删《诗》与否,是疑古、疑经的问题,确切地说,不属于文献辨伪学的范畴。不过,文献辨伪发生的一个重要的主观条件,是对文献真伪的疑惑。因此,孔颖达疑"孔子删诗说"在疑古、疑经史中有重要意义,同时也对文献辨伪学的发展有一定的影响,故而在这里述及。

其三,考辨《月令》为吕不韦集门客作。《礼记正义》"月令疏"辨《礼记·月令》篇本《吕氏春秋·十二月纪》之首章。他提出如周朝无太尉,"唯秦官有太尉",但是《礼记·月令》却有"乃命太尉"的文字,这是"官名不合周法"等四条证据。③孔颖达这里已经综合运用了文字校读、官制、历法、礼制等多种考辨方法,但其实质,无外是对郑玄观点——"名曰《月令》者,以其记十二月政之所行也,本《吕氏春秋·十二月纪》之首章","其中官名、时事多不合周法"——的进一步阐发。

(4)啖助、赵匡的《左氏春秋》辨伪。

《左氏春秋》一书牵涉的问题多,存在的疑点多,古今学者见仁

---

① (宋)郑樵:《六经奥论》"总文",四库本,第184册,第11—12页。
② (汉)郑玄笺、(唐)孔颖达:《毛诗正义》"诗谱序",中华书局影印《十三经注疏》本,1980年,第263页。
③ 以上均见于(汉)郑玄注、(唐)孔颖达疏:《礼记正义》卷14"月令第六",中华书局影印《十三经注疏》本,1980年,第1352页。

见智,争论也多。有关《左氏春秋》的辨伪,主要围绕着该书作者是否存在依托而展开,这不但是《春秋》学研究中的一个重要问题,更是文献辨伪学研究中的重要问题。在这个问题上,啖助、赵匡师徒①敢于质疑司马迁、班固、刘歆等人之成说,独抒己见,具有深远影响。② 郑樵曾言:司马迁、班固以后,"详诸所说,皆以左氏为丘明无疑矣。至唐啖助、赵氏,独立说以破之……使后世终不以丘明为左氏者,则自啖、赵始矣"③。可见啖助、赵匡二人确有首难之功。

关于"春秋三传"的作者,啖助指出两个值得注意的问题:其一,左氏授门人以国史,不曾诉诸笔端,未有著作写成;其二,左氏后学据师说,推衍杂记,整合编著成书。啖助又言:"古之解说悉是口传,自汉以来乃为章句。如《本草》皆后汉时郡国,而题以神农;《山海经》广说殷时,而云夏禹所记;自余书籍,比比甚多。是知《三传》之义本皆口传,后之学者乃著竹帛,而以祖师之目题之。"④如何理解啖助的这段话,十分关键,因为其言辞虽简,但是其意蕴颇深。

主要有两点:第一,啖助指出传世文献形成的一个普遍现象,即"义则口传"——后学著录——托名先师;第二,后人将《左氏春

---

① 啖助,字叔佐,赵州(今河北宁晋县)人,后迁徙关中。善治《春秋》经传。唐玄宗天宝末年,任临海县尉、丹杨主簿。任期届满,隐居,甘于清贫。耗十年之力,著成《春秋集传》。卒后,陆淳与其子陆匡衰录啖助所作《春秋集传总例》,请赵匡损益。陆淳本啖、赵之说作《春秋集传纂例》、《春秋微旨》、《春秋集传辨疑》。赵匡,字伯循,河东(今山西永济县)人。曾任洋州刺史,与陆淳同学于啖助。

② 清代学者有言:"自刘向、刘歆、桓谭、班固,皆以《春秋传》出左丘明。左丘明受经于孔子,魏晋以来儒者,更无异议。至唐赵匡始谓左氏非丘明……宋元诸儒,相继并起。"见《总目提要》卷26"经部二十六·春秋类一""春秋左传正义"条。

③ (宋)郑樵:《六经奥论》卷4"左氏非丘明辨"条,四库本,第184册,第92页。

④ 见(唐)陆淳:《春秋集传纂例》卷1"三传得失议第二",第380—381页。

秋》托名"左氏"，与神农之于《本草》、夏禹之于《山海经》相同。啖助虽然没有正式提出"作伪"的概念，但是他提出的这个"托名先师"且与《山海经》、《本草》类同的观点，使得《左氏春秋》辨伪研究滥觞于斯。

在《左氏春秋》作者问题上，赵匡的观点与啖助相同的是：承认该书是左氏传，后学作，托名左氏；不同的是，认为左氏非左丘明，而是另有其人。值得注意的是，赵匡在《左氏春秋》辨伪问题上明确提出《左氏春秋》的传授系统，并指出"近世之儒欲尊崇左氏，妄为此记"。①

总之，《左氏春秋》因为托言左丘明，而出现考辨真伪的问题。类似这样由驳斥文献作者和授受关系，进而考辨文献真伪的现象，在许多文献中都是存在的。

(5)柳宗元与诸子考辨。

在辨伪学史上，柳宗元②是一位值得关注的人物，他是《汉书·艺文志》以后，宋濂以前，在诸子考辨中成就最为突出的学者。其辨伪成果主要收录在《柳河东集注》第四卷中。当今专门研究柳宗元文献辨伪问题的文章，或者强调他的地位，或者简述他的成就。③ 笔

---

① 见《春秋集传纂例》卷1"赵氏损益义第五"，第385、386页。

② 柳宗元(773—819)，字子厚，河东(今山西永济县)人。柳氏"少精敏绝伦，为文章卓伟精致"，为时人所推重。仕途多舛，唐宪宗时病死于柳州，年仅四十有七。《新唐书》本传概述柳氏一生，言："宗元少时嗜进，谓功业可就。既坐废，遂不振。然其才实高，名盖一时。"其作品多收在《柳河东集》中。见(宋)欧阳修、宋祁：《新唐书》卷168"列传第九十三"，中华书局，1975年，第5142页。

③ 张西唐是较早对柳宗元辨伪成就进行评述的现代学者(见张西堂：《唐人辨伪集序》，载顾颉刚《古籍考辨丛刊》第一集，第16—17页)。林艳红对柳宗元的辨伪方法和成就作了简单描述(林艳红：《柳宗元与古籍辨伪研究》，《桂林师范高等专科学校学报》2004年第3期)。其他如司马朝军的《〈四库全书总目〉研究》(社会科学文献出版社，2004年，第268—269页)等间或也有述及，兹不枚举。

者在借鉴上述成果的基础上,略述以下几点认识:

其一,柳宗元是两汉以来专篇辨伪数量最多的学者。他共考辨《辨列子》一篇、《辨文子》一篇、《辨论语》上下篇、《辨鬼谷子》一篇、《辨晏子春秋》一篇、《辨亢仓子》一篇、《辨鹖冠子》一篇,共七种八篇①。不同于《汉书·艺文志》以注文案语形式进行的辨伪,柳宗元的辨伪更加集中且具体。比起马融的考辨《泰誓》、刘知幾的《孝经注议》以零散篇章的形式辨伪,柳宗元的辨伪更加集中且广泛。另外,他还述及《月令》非圣人作②,"四维"论不出管子③等问题。

其二,柳宗元是汉以来较为全面系统使用多种辨伪方法的学者。依作者所处时代与史实的矛盾(如《辨列子》的郑穆公或为鲁穆公),依文辞,依思想体系(如《辨文子》④、《辨晏子春秋》⑤),依史志目录(如《辨亢仓子》⑥),用校对的方法(同见《辨文子》,另如《辨鹖冠子》采用与《鹏鸟赋》比读的方式,也是用了校对的方法⑦)等。这些方法均非柳氏所发明⑧,但他是自发明这些辨伪方法以

---

① 柳宗元在《辨论语》上下篇中,实际上主要探讨的是《论语》的编撰者问题。《论语》一书显然非孔子亲撰。不存在伪托的问题,不需要真伪的讨论,只有究竟是何人汇编而成的问题。

② 《柳河东集注》"时令论"言:特瞽史之语,非出于圣人者也。四库本,第1076册,第499页。

③ 见《柳河东集注》卷3"四维论",四库本,第1076册,第496页。

④ 限于篇幅,不引述原文,详见(唐)柳宗元:《柳河东集注》(宋·童宗说《注释》、张敦颐《音辩》、潘纬《音义》)卷4"辨文子",四库本,第1076册,第506页。下同,不复说明。

⑤ 见《柳河东集注》卷4"辨晏子春秋",四库本,第1076册,第508页。

⑥ 见《柳河东集注》卷4"辨亢仓子",四库本,第1076册,第508页。

⑦ 详见《柳河东集注》卷4"辨鹖冠子",四库本,第1076册,第508—509页。

⑧ 有人提出这样的观点:柳宗元在辨伪方面颇具原创性,发明了比勘证伪法、学术源流证伪法、称谓证伪法。平心而论,柳宗元以发明辨伪方法为主,其辨伪之作还比较单薄,证据还不够充分(见司马朝军:《〈四库全书总目〉研究》,社

来，运用得最为娴熟、系统的。

其三，柳宗元考辨诸子的结论对后世有重要影响。柳宗元考
辨诸子的言论，后来学者屡加征引，如《辨列子》提出刘向《叙录》
或将"鲁穆公"误作"郑穆公"的观点①，明代的宋濂表示赞同，清
代的姚际恒提出质疑。② 如《辨文子》提出的"驳书"说③，明代的
胡应麟、清代的姚际恒均深以为然。④ 如《辨鬼谷子》提出"晚出"
说，姚际恒在此基础上进一步论证，认为该书"是六朝所托无疑"。
如《辨晏子春秋》提出思想驳杂，非出晏子手的观点，得到梁启超
的大加赞赏。⑤ 如《辨亢仓子》，宋高似孙《子略》在柳氏的基础
上，断定为王褒作的结论。⑥ 等等，有是之者，有非之者，有继续深
入探讨者，但无论如何，凡是涉及这类文献的辨伪，柳宗元都是无
法回避的人物。

会科学文献出版社，2004年，第268—269页）。司马先生的这种说法是值得
推崇的，具体可看看汉代辨伪学成就之"垂范后世的辨伪方法"部分。

① 见《柳河东集注》卷4"辨列子"，四库本，第1076册，第506页。

② 宋濂引柳宗元所言——"郑缪（穆）公在孔子前几百载，御寇书言郑杀其相驷
子阳，则郑（音须）公二十四年，当鲁缪（穆）公之十年：向盖因鲁缪（穆）公而
误为郑尔"，以为"其说要为有据"（宋濂：《诸子辨》，朴社，1928年，第14—15
页）。姚际恒虽然以"柳之驳问诚是"，然而他不同意柳氏关于"鲁穆公"被讹
误为"郑穆公"的推论（详见《古今伪书考·列子》）。

③ 语见《诸子辨》（顾颉刚标点）"辨文子篇"，第9页。

④ 胡应麟在《四部正讹》中言："余以柳谓驳书是也"。姚际恒称赞道："谓之'驳
书'，良然"。见（清）姚际恒：《古今伪书考》（顾颉刚点校），朴社，1933年，第
53页。

⑤ 梁启超称："柳宗元辨《晏子春秋》是最好的从思想上辨别的例，虽不很精，但
已定《晏子春秋》是齐人治墨学者所假托。"见梁启超《古书真伪及其年代》，
第53—54页。

⑥ 高似孙考辨文献真伪的内容并不多，且后来疑伪的文献，高似孙多以为真，对
此《总目提要》有批评（见《总目提要》"子略"条）。高似孙辨《亢仓子》比
较有见地，他认为该书采择诸书而成，"源流不一，往往论殊而辞异，可谓杂而
不纯，滥而不实者"云云。见高似孙：《子略》（顾颉刚点校）卷3，朴社，1933
年，第71页。

2.唐代的文献辨伪与国家干预

《唐会要》详细记载了唐玄宗开元年间一件政府主动倡导、学者积极响应的文献考辨事，其核心问题就是《孝经》、《老子》注本以及《子夏易传》的真伪、优劣问题。其中，刘知幾、司马贞的文献辨伪与唐代的国家干预颇值得关注。通过对这一问题的探讨，我们能够窥视到中央政府干预文献辨伪活动的原因和目的，学者治学对国家干预的态度和反应，国家权力对学术研究的意义和影响，等等。上述都是我们不曾注意或语焉不详的问题。

（1）唐政府敕令甄别典籍。

据载，唐开元七年（719年）三月一日敕："《孝经》、《尚书》有古文本孔、郑注，其中旨趣，颇多踳驳，精义妙理，若无所归，作业用心，复何所适？宜令诸儒并访后进达解者，质定奏闻。"当月六日，又有诏令下达，其言："《孝经》者，德教所先，自顷已来，独宗郑氏，孔氏遗旨，今则无闻。又《子夏易传》近无习者，（王）辅嗣注《老子》亦甚。甄明诸家所传，互有得失，独据一说，能无短长？其令儒官详定所长，令明经者习读，若将理等，亦可并行。其作《易》者，并帖《子夏易传》，共写一部，亦详其可否。"

《孝经》在唐以前，基本上视为圣人之学。有关训诂，以孔安国和郑玄注为最早。后，孔安国《孝经》注亡佚，郑学独行。《老子》是老聃绝学，这在当时学者中影响颇著，稍有异议的注本有两种，即题为河上公《老子》注本和王弼《老子》注本。这两个注本，各有传承。至于《易经》的传注，当然以《子夏易传》声名卓著。子夏得孔子亲炙，所谓的《子夏易传》因此也颇负盛名。《孝经》自汉代就立为学官，唐人因袭旧制。唐王李氏托言系老子后人，《老子》及其学术因有国家扶植而显赫一时。至于《子夏易传》，正如诏令中言，与王弼《老子》注同样"近无习者"。因此基于倡导文教、敦厚风俗、为往圣继绝学等考虑，唐政府对上述文献给予了格外关注,这不难理解。但是,这些经传注本的真伪存在问题,它们的传承谱系也需要厘清。所以,唐政府才迫不及待地连续下诏考订。

(2)大学者进呈考辨文章。

学术没有脱离政治的干预和影响,唐代即是如此。中央政府谕令献言,刘知幾、司马贞等学者积极响应,有关上述文献的甄别考辨,就是在这样的背景下进行的。

刘知幾①的进言。刘知幾的文献辨伪是刘知幾及文献辨伪学研究中的一个重要问题②,特别是刘知幾考辨《孝经》郑氏注的问题,学界论述较深入具体,笔者不再赘笔墨。总之,刘知幾经过考辨认为:《孝经》郑注,绝非出自郑玄之手。《古文孝经》孔传,本出孔氏壁中,后亡逸,隋开皇年间复出,别无他本,难以校正。《老子》河上公注或系后人假造。至于《子夏易传》,他也怀疑是后人赝托先哲而作。因此刘知幾进呈的基本意见是:"郑氏《孝经》、河上公《老子》二书,讹舛不足流行。孔、王两家实堪师授","(《子

---

① 刘知幾(661—721),名子玄,字知幾,避玄宗讳,以字行。少以词学知名,以进士入仕,曾官主簿、左史,太子中允等。有文才,以《史通》扬名。见(后晋)刘昫等:《旧唐书》卷 102"列传第五十二",中华书局,1975 年,第 3168—3171 页。(宋)欧阳修、宋祁:《新唐书》卷 132"列传第五十七",中华书局,1975 年,第 4519—4522 页。

② 此类文章有如:耿天勤的《刘知幾对辨伪的贡献》(《山东师大学报(社会科学版)》1992 年第 6 期),杨绪敏的《刘知幾疑古思想的形成及考辨儒经、古史之成就》(《中国矿业大学学报(社会科学版)》1999 年 10 月创刊号),等等。但是诸如张小乐的《刘知幾辨伪探微》(《山东社会科学》1998 年第 4 期),从辨伪事虚语、辨伪书和辨伪方法三个方面,概述刘知幾的辨伪成就。再如吴建伟的《浅谈刘知幾对经史的辨伪方法》(《河南图书馆学刊》2005 年第 1 期),其文中所作的例证,基本上都是刘知幾如何辩驳虚妄史事。未涉及对伪书的考辨。此外,有的学位论文也涉及刘知幾的文献辨伪问题,如孙小泉:《论刘知幾的学术风格》(曲阜师范大学硕士学位论文,2004 年 4 月)。

夏易传》)必欲行用,深以为疑"①。

司马贞②的驳正。针对刘知幾的观点,司马贞提出了反驳。他认为《今文孝经》渊源有自,可以追溯到汉河间颜芝,经过刘向校对、郑玄注释,流传至今,《今文孝经》郑注何伪之有?而《孝经》孔传则实为近儒托名"妄作"而成。至于《老子》河上公注,司马贞虽然承认河上公汉史无其人,但是河上公的注本旨词明近,于修身治国均有裨益,不当废。关于《子夏易传》,他认为本有其书,只是今见多非真本。基于上述言论,司马贞提出的处理办法是,《孝经》郑注,《老子》河上公注与《孝经》孔传、《老子》王弼注并行。《子夏易传》可以从学官剔除。③

(3)唐政府谕令并行学官。

需要提出的是,刘知幾的考辨不能不称其为精详,但是《新唐书》"刘知幾传"称:宰相宋璟等不然其论,又不便于直接出面,便奏请令与诸儒质辩。司马贞等阿其意,共黜刘氏言,请二家兼行,惟《子夏易传》请罢。④ 宋璟等不以刘知幾为然,并奏请令刘氏与诸儒质辩。其动机或许有学术上的考虑,但是其政治上的意图是十分鲜明的,即不想因学官上的骤然变革而引起既得利益者在政治上的抵触。并且李唐皇帝好道学,不论真伪,多多益善,宋璟对此不会不知。故而才有这样的安排。另,所谓"诸儒",想必都是通过读伪郑注、伪河上公注而跻身士林、位列朝堂的,而且更知道

① 全文详见(宋)王溥:《唐会要》卷77,四库本,第607册,第173—175页。另请参见武英殿聚珍版《唐会要》(中华书局1955年影印本),第1405—1410页。
② 司马贞,新、旧《唐书》无传,具体生平不详。或言河内人,唐开元中曾官朝散大夫、弘文馆学士,著《史记索隐》等。参见《总目提要》卷45"史部一","史记索隐"条。
③ 详见(宋)王溥:《唐会要》卷77,四库本,第607册,第173—175页。
④ (宋)欧阳修、宋祁:《新唐书》卷132"列传第五十七",中华书局,1975年,第4522页。

上有所好,因此他们与刘知幾的辩驳,想必会竭尽全力的。这是西汉刘歆与太常博士论辩的再现。具体的辩论过程,没有留下什么记载,不得其详,但最终的处理结果赫然在案①。除了争议不大,关系也不大的《子夏易传》被罢黜外,《孝经》、《老子》真伪注均入学官,颁布士林。后来唐玄宗亲自为《今文孝经》作注,颁行学官,遂成定本。在《孝经》、《老子》注的考辨问题上,辨其伪和证其真,治学和从政,学术求"是"和政治求"善"之间,在开元年间不期而遇,并因其不同寻常的影响和意义而载诸史册。

附表:

书名	学官	刘知幾		司马贞		唐官方
《孝经》孔注	不在学官	真	升入	伪	升入	升入
《孝经》郑注	在学官	伪	罢黜	真	存	存
《老子》河上公注	在学官	伪	罢黜	真	存	存
《老子》王弼注	不在学官	真	升入	真	升入	升入
《子夏易传》	在学官	假托	罢黜	非真本	罢黜	黜

三、两汉隋唐时期的主要成就

1.两汉时期的文献辨伪学成就

第一,初具规模的辨伪活动。两汉时期的文献辨伪,除了考辨文献的范围更广以外,辨伪活动涉及的领域也更加广泛。文献辨伪学初具规模。从司马迁甄别各种文献著成"信史",到刘氏父子考辨群书,再到班固订补《七略》写成《汉书·艺文志》。在汉代的史志类著作中,文献辨伪活动已经较为全面地展开。此外,马融的考辨《泰誓》和王充的《论衡》也是学术活动中值得注意的辨伪实

---

① 详见(宋)王溥:《唐会要》卷77,第175页。

践。再如东汉末王肃为与郑玄①争胜，私造伪书之后，王派学者和秉承郑学的人士，围绕着文献真伪是非问题也呶呶不休。除了学者的著述活动以外，汉代的政治活动和社会生活中也出现了文献的造伪和辨伪行为，比较有代表性的就是张霸伪造百二《尚书》事。

第二，垂范后世的辨伪方法。关于汉代的文献辨伪法，学界有过论述。如张舜徽先生对《汉书·艺文志》的辨伪方法进行了归纳，提出六种说②，王国强在张先生的基础上，对汉代的辨伪方法进行了归纳，提出七种说③。应该说，经过二位先生的归纳，汉人的文献辨伪方法已经言无剩义了，但是，认真推敲一下，其中的问题还是存在的。笔者认为，汉人已经运用的辨伪方法当为以下七种：①以校勘为辨伪方法，如成帝出中秘书，核对百二《尚书》事；②以辑佚为辨伪方法，如马融据《泰誓》佚文辨伪事；③以言辞为甄别手段，以雅驯者为真，以不雅驯者为伪；④以史实为判断依据，以渊源有自者为真，荒诞无稽者为伪；⑤据思想体系衡量，如《汉志·晏子》篇辨伪；⑥据史志目录辨伪，如《汉书·东方朔传》"凡刘向所录（按即刘向《别录》）朔书具是矣，世所传他事，皆非也。"④等等；⑦据

① 郑玄（127—200），字康成，北海高密（今山东高密西南）人，东汉末期著名经学大师，曾遍注群经。
② 张舜徽将刘向辨伪之法归纳"明定某书为依托，但未能确指为某人"、"从文辞方面，审定系后人依托"等六种（见张舜徽：《中国文献学》，中州书画社，1982年，第185—187页）。张先生总结的辨伪法，稍稍缺乏明确的逻辑关系，对此王国强在文章中已经明确指出。
③ 汉人发明了文辞、事实、思想体系等七种文献辨伪方法。见王国强：《汉代文献辨伪的成就》，《图书馆杂志》2006年第8期。
④ 杜泽逊在谈到这个问题时指出："从辨伪的方法来说，班固开创了'从旧志不著录而定其伪或疑其伪'的辨伪方法，这对后代影响很大，明代胡应麟提出的著名的'辨伪八法'，第一条就是'核之《七略》以观其源'应当说这是对班固辨伪方法的继承"。见《文献学概要》（修订版），第191页。

典章制度辨伪,如郑玄指出后人托言《月令》出自周公。①

　　第三,日益成熟的辨伪理论。汉人文献辨伪理论的成熟主要体现在:①对作伪现象的深度分析。《淮南子·修务训》篇有言:"世俗之人,多尊古而贱今,故为道者必托之于神农、黄帝而后能入说。"这里作者指出了辨伪学中两个十分重要的问题:作伪的基本动机及售欺得以大行其道的主要原因;②对辨伪意义的正确认识。《淮南子·修务训》篇在述及伪书的影响时言:"乱世暗主,高远其所从来,因而贵之。为学者,蔽于论而尊其所闻,相与危坐而称之,正领而诵之,此见是非之分不明。"作伪及伪书对治道、学统都有严重的影响,因此文献辨伪的意义自然亦无须多言矣。

　　第四,足资观瞻的辨伪成果。汉代的文献辨伪已经涉及《尚书》(特别是最富争议的《泰誓》篇)和诸子类文献,而且多已证成定论,特别是百二《尚书》和马融时期的《泰誓》,基本上没有了翻案的余地。另外,汉儒对《周礼》的真伪也开始了考辨,唐人贾公彦②《周礼注疏·序周礼废兴》中有:"林孝存以为武帝知《周官》末世渎乱不验之书,故作《十论》、《七难》以排弃之","唯有郑玄遍览群经,知《周礼》者乃周公致太平之迹"之类的记载。《总目提

---

① 东汉以来,学者就对《月令》是秦法还是周制有不同的意见。贾逵、马融、蔡邕、王肃等都以为《月令》为周公作;郑玄认为《月令》为吕不韦著。《礼记·月令》篇经郑玄等考证,虽然具体的作者究系何人还有分歧,但是可以肯定,其必非周公。所以,针对托言周公作的考证,属于辨伪的范畴。但是,自郑玄后,真正声称周公作的人并不多见。考辨《月令》篇中的辨伪意味越来越淡。

② 唐贾公彦为郑注《周礼》作《义疏》,尽管以后有的学者仍认为"郑注简奥,贾疏疏略"(孙诒让:《周礼正义》"序",中华书局影印《清人注疏十三经》本,1987年,第2页),但是学界普遍认为"公彦之疏,亦极博核,足以发挥郑学"(见永瑢,纪昀等:《四库全书总目提要》,周仁等整理,海南出版社,1999年,第105页)。《朱子语录》谓五经疏中《周礼》疏最好,是汉唐时期《周礼》学研究中最有影响的著作。宋代人把郑《注》及贾《疏》和孔颖达的《正义》分别合刻为《三礼》的《注疏》本,一直流传至今。

要》"周官辨非"条亦有言："《周官》初出，林孝存虽相排击，然先后二郑，咸证其非伪。"可见，东汉末年，虽然有郑玄以为周公作，并为之作注，但遭到林孝存（临硕）的质疑和反对。诸子类文献的考辨结果，虽然后世对其中如《文子》等，尚有争论，但基本上已经认同了汉儒的观点。特别是《汉书·艺文志》，成了考辨文献真伪时所必须征引的史志目录。

第五，影响深远的辨伪思想。"考信于六艺"，自司马迁提出后，基本上为后人所秉承，而且其思想性的意义，远远超出它在文献辨伪方法中的使用价值——由准以六艺，到准以六经，再到准以孔孟之道，最后到准以"道统"。儒家正统思想成了文献辨伪学中最鲜明，也是最重要的准则。汉代提出的这一考订文献的原则，不仅仅是辨伪方法的问题，更是辨伪思想的问题，具有重要的意义和深远的影响。

由上述可见，两汉之际，文献辨伪已形成了专门的学问。两汉时期的文献辨伪学以其开拓性的贡献，在中国文献辨伪学史乃至中国文化史上居于重要的地位。

2.隋唐时期的文献辨伪学成就

第一，文献辨伪成果丰富。隋唐时期的文献辨伪，除上文述及者之外，还有以下值得一提的成就，如唐初所撰《隋书·经籍志》：于《归藏》，指出汉初已亡（案，晋《中经》有之，唯载卜筮，不似圣人之旨）①；于《古文孝经》孔安国传，提出《古文孝经》出孔壁，孔安国作传，孔传梁末亡逸，今疑非古本；于《孝经》郑玄注，相传或云郑玄，其立义与玄所注余书不同，故疑之②；于《广成子》，疑近人

---

① （唐）魏征、令狐德棻：《隋书》卷27"易类小序"，中华书局，1973年，第913页。
② （唐）魏征、令狐德棻：《隋书》卷27"孝经类小序"，中华书局，1973年，第935页。

作。再如颜师古疑今本《孔子家语》非古①，疑《西京杂记》出于里巷②。如刘知幾认为今见《尚书·舜典》是南朝齐人姚方兴的伪作③，《泰誓》非真本④，《苏武与李陵书》也非李陵作⑤等。如赵匡辨《周礼》之伪，已经注意考察官员数目的方法。⑥ 再如韩愈，他留下的辨伪成果不多⑦，较有影响的是考辨《子夏诗序》，他认为《诗序》非子夏作，理由有三："知不及，一也；暴扬中冓之私，《春秋》所不道，二也；诸侯犹世，不敢以云，三也。"⑧他指出："察夫《诗序》，

① 颜师古认为《汉书·艺文志》著录《孔子家语》二十七卷，"非今所有《家语》"。见《汉书·艺文志注》卷30，四库本，第249册，第806页。

② 《汉书》颜师古《注》认为《西京杂记》"其书浅俗，出于里巷，亦不知为何人所作"。见(汉)班固：《汉书》卷81"匡张孔马传第五十一"，中华书局，1962年，第3331页。

③ 唐刘知幾有言："今人所识《尚书·舜典》，元出于姚氏者焉"。见(唐)刘知幾撰，(清)蒲起龙通释：《史通》(吕思勉评，李永圻、张耕华导读)卷12"古今正史二"，第235—236页。

④ 见(唐)刘知幾撰，(清)蒲起龙通释：《史通》(吕思勉评，李永圻、张耕华导读)卷12"古今正史二"，第235页。

⑤ 刘知幾又言："《李陵集》有'与苏武书'，词采壮丽，音句流靡。观其文体，不类西汉人，殆后来所为，假称陵作也。"见(唐)刘知幾撰，(清)蒲起龙通释：《史通》(吕思勉评，李永圻、张耕华导读)卷18"杂说下"，第284页。

⑥ 中唐时，赵匡著《五经辨惑》，提出《周官》是伪书。《五经辨惑》已佚。陆淳《春秋集传纂例》卷4"盟会例第十六"(四库本，第146册，第432页)引赵匡言："《周官》之伪，予已论之矣。所称其官三百六十，举其人数耳，何得三百六十司哉！作伪者既广立名目，遂有此官耳"。陆淳注："赵子著《五经辨惑》，说《周官》是后人附益也"(以上均见《春秋集传纂例》，四库本，第146册，第432页)。据此可知，赵匡已经提出《周官》是后人附益的伪书，并据周官数目的出入，辨其伪迹。

⑦ 顾颉刚认为："他虽没有留下多少具体的辨伪论述，但是由于他倡导古文运动和在古文上的杰出成就，他歌颂'《春秋》三传束高阁，独抱遗经究终始'，以'识古书之真伪'为年之进的辨伪精神对后世却有很大的影响。见顾颉刚：《中国辨伪史要略》十五"唐代的辨伪"，上海古籍出版社，2005年，第175页。

⑧ (明)杨慎撰，(明)张士佩编：《升菴集》卷42"诗小序"引韩愈《议诗序》，四库本，第1270册，第296页。

其汉之学者欲自显立其传,因藉之子夏,故其序大国详,小国略,斯可见矣。"①

第二,考辨更加系统深入。今见两汉时期的文献辨伪,除了马融的考辨《泰誓》稍具篇幅外,其他辨伪成果多以按语、注文的形式出现。至于辨伪方法,其开拓性的意义远比其实际运用的效果更加令人瞩目。文献辨伪学发展到了隋唐之际,文献考辨渐入佳境,考辨方法运用得更加系统而娴熟,考辨活动更加系统且深入。如刘知幾列举十二点依据,证明《孝经》郑玄注系伪作,堪称文献辨伪学中的典范文章。柳宗元著专篇考辨诸子,其成果也可圈可点。

第三,对文献作成规律的深刻认识。啖助、赵匡在考辨《左氏春秋》的过程中,特别指出,先秦诸子学说最初多是在其门徒中口耳相传,并未形成专著。他们的著述大都是后人汇编整理而成。其间不乏赝托圣贤,以神其事的现象。而这类问题,正是文献辨伪学所要考察的对象。

第四,对文献辨伪义例的再度发明。唐人发明了一项重要的辨伪方法,就是根据同时代的人或后人(特别是门生弟子)的称引情况,判断一部文献的真伪。在这一点上,刘知幾有首创之功。他提出《孝经》郑注非郑玄作的一个重要判断标准,就是郑门子弟不曾称引,且指摘郑氏无所不用其极的王肃也无只言片语提及《郑注》,据此判断其为假托。

第二节　文献辨伪学的繁荣(两宋)

北宋庆历(1041—1048)以后,中国学术思想有了重大变革,

---

① (宋)李樗、(宋)黄櫄:《毛诗李黄集解》引韩愈《诗之序议》,四库本,第71册,第3页。

疑古惑经之风盛行,理学日渐并最终居于主流地位,学者的治学态度、旨趣和方法等,都因此而呈现出许多与往代不同的特点。正是在这样的学术背景和社会思潮的影响和作用下,两宋时期的文献辨伪学呈现出一片繁荣景象,同时也浸染了鲜明的时代色彩。

一、欧阳修开宋代文献辨伪学风气之先

欧阳修①的文献辨伪在宋代开风气之先,有代表性的辨伪成果大略如下:

1.辨《易传》之伪

所谓《易传》,包括以下七种十篇:《彖辞》上下篇、《象辞》上下篇、《系辞》上下篇、《文言》、《说卦》、《序卦》、《杂卦》。《易传》是对《易经》意蕴的阐发,有羽翼《易经》的作用,故而有《十翼》之称。

欧阳修在文献考辨问题上,对后世影响最为深远的,就是他对《易传》作者的质疑。欧阳修对《易》本经、卦爻辞和《彖辞》、《象辞》二传均深信不疑,但对《系辞》、《文言》、《说卦》、《序卦》、《杂卦》等传则提出质疑。他在《易或问》中指出,《系辞》非圣人作,

---

① 欧阳修(1007—1072),字永叔,号醉翁,晚号六一居士,庐陵(今江西吉安)人。是北宋中期著名学者,也是北宋中期重要的政治人物。修《新唐书》、《新五代史》,另著《易童子问》等,其主要著述多收入《欧阳文忠公文集》中。张骁飞的《宋代疑古第一人——欧阳修的疑古思想及辨伪成果》(河南大学硕士学位论文,2007年6月),从宋代以前的辨伪学、欧阳修的疑古辨伪成果、欧阳修疑古辨伪思想产生的原因、欧阳修的疑古思想对北宋古文运动的推动等几个方面,研究了欧阳修的疑古辨伪问题。是目前比较系统的文章。此外,洪本健《醉翁的世界》(中州古籍出版社,1990年)、黄进德《欧阳修评传》(南京大学出版社,1998年)、刘德清《欧阳修论稿》(北京师范大学出版社,1991年)、顾永新《欧阳修生平与学术研究》(人民出版社,2003年)、刘若愚《欧阳修研究》(台北商务印书馆,1989年)、蔡世明《欧阳修的生平与学术》(台北文史哲出版社,1986年)、刘子健《欧阳修的治学与从政》(新文丰出版社,1984年)等著作对此也多有论及。

"曲学之士,溺焉者多矣。"①他在《易童子问》中又明确指出《系辞》以下的《易传》,"附托圣经",但是因为"其传已久",世人"莫得究其所从来而核其真伪",故而,他通过举证《文言》、《说卦》、《系辞》中种种"繁衍丛脞"之说,证明上述《易传》非"圣人之作"的问题。

概言之,欧阳修认为:"谓其说出于诸家,而昔之人杂取以释经,故择之不精,则不足怪也。谓其说出于一人,则是繁衍丛脞之言也",因此"遂以为圣人之作",则是"大谬"。孔子的文章,"《易》、《春秋》是已",其言词"愈简",其旨意"愈深",因此他认为"不知圣人之作繁衍丛脞之如此也"。②

2.辨《诗序》之伪

《毛诗》有序,但是有关《诗序》的研究,古今聚论如讼。《诗序》研究中的关键是其作者问题,而这一问题的核心就是所谓"《子夏诗序》"的真伪问题。欧阳修以问答的形式,表达了他的《诗序》"子夏说诚虚妄"的观点。在欧阳修看来,《诗序》定非子夏作,所谓的《子夏诗序》是伪托之作。从而否认了所谓《子夏诗序》的真实性。③

需要指出的是,欧阳修论定《子夏诗序》之伪,并不影响他对《诗序》价值和意义的肯定。他说:"今考《毛诗》诸序,与孟子说《诗》多合,故吾于《诗》常以《序》为证也。"④他认为《诗序》反映了美刺善恶的"圣人之志",故而不可废。在这里,欧阳修从名实

---

① (宋)欧阳修:《欧阳修诗文集校笺·居士集》(洪本健校笺)卷18"易或问",上海古籍出版社,2009年,第536页。
② 以上见(宋)欧阳修:《欧阳修集编年笺注》(笺注)卷78"易童子问"卷3,巴蜀书社,2007年,第533—535页。
③ (宋)欧阳修:《诗本义》卷14"序问",四库本,第70册,第293页。
④ (宋)欧阳修:《诗本义》卷14"序问",第294页。

关系上推倒了一部伪《子夏诗序》，同时从明理、明道的角度上树立了一部真《诗序》。由此可见，欧阳修对文献辨伪和经学研究、经学研究和探研圣道等诸多关系，有清晰的认识和准确的把握。

3.析《周礼》疑惑

学界普遍认为，《周礼》又名《周官》，晚出。刘歆倡导《周官》，以"经"名，此后方有《周礼》之名。欧阳修之于《周礼》，首先肯定其价值。他认为，周代完美的政治制度赖《周礼》而得以传诸后世。① 但是，《周礼》的真伪也存在问题，汉武以为渎乱不验之书，何休以为是六国阴谋之说。也就是说，汉武帝、何休分别通过对《周礼》一书内容和性质的论断，否定了该书的真实性。在此一问题上，欧阳修疑问在先——"何也"？经考实，释怀于后——"实有可疑者"。他经过研究，发现《周礼》书中在封国设置、职官制度中，存在许多不可解者。欧阳修从《周礼》"设官烦冗"、"夹杂秦制"、"不为后世法"三个角度，指明"疑迹"，②从而认定《周礼》非周公作、非周代书，也自不必多言。欧阳修以"官多田少，禄且不给"为可疑，后人多秉承其说，或加演绎③。

4.开辨伪风气之先

通过上文，我们不难发现欧阳修文献辨伪研究的特点和意义。清儒陈澧曾对此评论道：

---

① （宋）欧阳修：《欧阳修诗文集校笺·居士集》（洪本健校笺）卷48"问进士策三首"，上海古籍出版社，2009年，第1191页。

② （宋）欧阳修：《欧阳修诗文集校笺·居士集》（洪本健校笺）卷48"问进士策三首"，上海古籍出版社，2009年，第1191—1192页。

③ 如宋李觏虽然相信《周礼》是"周公致太平"之书，但是也对《周礼》官属太多存有质疑。见（宋）李觏撰，（明）左赞编：《盱江集》卷29"策问三首"，四库本，第1095册，第261页。如宋苏辙提出的几点疑问，均与欧阳修的观点颇有渊源，如苏辙提出《周礼》言"王畿之大，四方相距千里"，"畿内远近诸法，类

　　欧阳子掊击经传,何其勇也! 其于《易》,则以为《系辞》
非圣人之作;又以为《十翼》之说不知起于何人,自秦汉以来
大儒君子不论。其于《周礼》,则以为实有可疑,反秦制之不
若……启秦汉以来诸儒所述之荒虚怪诞。然则如欧阳子之
说,"六经"真可焚矣!①

　　虽然陈澧之持论是与其对立的,但是他所揭示的史实却是不
容置疑的。

　　继欧阳修疑《易传》、疑《诗序》、毁《周礼》之后,有王安石的
《三经新义》,苏轼的讥《尚书》、毁《周礼》②、疑《庄子》,胡宏、洪迈
的以为刘歆伪乱《周礼》③,李觏、司马光的疑《孟子》等,疑古辨伪
的范围和影响越来越大。恰如宋儒陆游所言:

　　唐及国初,学者不敢议孔安国、郑康成,况圣人乎! 自庆
历后,诸儒发明经旨,非前人所及。然排《系辞》,毁《周礼》,
疑《孟子》,讥《书》之《胤征》、《顾命》,黜《诗》之《序》,不难

　　皆空言",与周之东西二部,其间不过千里之地理状况不合,"王畿之内,公邑
　　为井田,乡遂为沟洫",未能因地以制广狭多少,与町田之古法不合。见《栾城
　　后集》卷7"历代论·周公",第1215、1216页。
① (清)陈澧:《东塾集》卷4"跋欧阳文忠公集",续四库本,第1537册,第287
　　页。
② 苏轼对《周礼·地官》"大司徒"中有关封地的记载提出质疑,以为"先儒或以
　　《周礼》为战国阴谋之书",不是没有根据的。见(宋)苏轼《苏轼文集》(孔凡
　　礼点校)卷7"杂策·天子六军之制",中华书局,1986年,第222页。
③ 胡宏认为,《周礼》是刘歆"假托《周官》之名,剿入私说,希合贼莽之所为耳"。
　　胡宏例证文繁不录,详见《五峰集》卷4"皇王大纪论·极论周礼",四库本,第
　　1137册,第207—210页。洪迈认为"《周礼》一书,世谓周公所作而非也。昔
　　贤以为战国阴谋之书,考其实,盖出于刘歆之手"。"歆之处心积虑,用以济莽
　　之恶"。宋人中持有类似观点的还有一些,胡、洪的论述较有代表性。

于议经,况传注乎!①

司马光《论风俗札子》亦有言:

> 新进后生,未知臧否,传耳剽,翕然成风,至有读《易》未识
> 《卦》、《爻》,已谓《十翼》非孔子之言;读《礼》未知篇数,已谓
> 《周官》为战国之书;读《诗》未尽《周南》、《召南》,已谓毛、郑为
> 章句之学;读《春秋》未知十二公,已谓《三传》可束之高阁。②

总之,欧阳修将主要精力都放在儒家经典著作是非真伪的考
辨中,他对宋代学者的震撼,对宋代乃至整个中国思想文化的影
响,都是巨大而深远的。

二、郑樵的辨伪成就与朱熹的辨伪思想

1.郑樵的文献辨伪成就

郑樵③的成就主要表现在《子夏诗序》辨伪上,略说如下:

(1)郑樵的主旨和两部著作的流传。

郑樵《诗辨妄自序》中自言,其著述之目的,是为了指摘《毛
诗》和《子夏诗序》中的伪妄。④ 郑樵的《诗辨妄》,驳《毛诗》之误、

---

① (宋)王应麟:《困学纪闻》卷8"经说"引,四库本,第854册,第324页。
② (宋)司马光:《传家集》卷42"论风俗札子",四库本,第1094册,第390页。
③ 郑樵(1104—1162),字渔仲,号夹漈,别号溪西遗民。福建兴化军莆田(今福
建莆田)人,曾摒绝人事,读书夹漈山中,自称孜孜矻矻凡三十年(见郑樵:《夹
漈遗稿》"献皇帝书",四库本,第1141册,第514页),后得宋高宗召对,颇得
赏识,入仕为官,后因人弹劾罢官。郑氏著述颇丰,存世的有《通志》、《诗辨
妄》等,其他多亡佚。参见《宋史》卷436"列传第一百九十五·儒林六"。
④ (元)马端临:《文献通考》卷179"夹漈诗传辨妄"条引,商务印书馆,1936年,
第1547页。

攻《诗序》之伪,在辨伪学史上有不小的影响,惜其不传,今见乃顾颉刚辑本,收录在《辨伪丛刊》中,1933 年由朴社刊行。本文考察郑樵的文献辨伪学,即据顾颉刚辑本。

另还有《六经奥论》一书,旧题郑樵著。但是对该书真伪,朱彝尊、全祖望等均曾表示质疑,认为是托名之作。顾颉刚则认为:"郑氏作《诸经序》,及身未刻,身后为习举子业者所利用,窜易增删为《六经雅言图辨》,以其原本郑氏,故题'莆阳二郑先生';又经车似庆之改编,遂为《六经奥论》。"①清儒的怀疑诚然有理,顾先生所言亦非凿空。就《诗序》辨伪问题而言,笔者粗略看来,二书互有补足,主旨一致,似可不必区分。

(2)《诗序》辨伪。

郑樵认为《子夏诗序》非真。他说:"设如有子夏所传之《序》,因何齐、鲁间先出,学者却不传,返出于赵也?《序》既晚出于赵,于何处而传此学?"接下来,他推测毛公将《诗序》假托于子夏的原因:"汉之言《诗》者,三家耳。毛公,赵人,最后出,不为当时所取信,乃诡诞其说,称其书传之子夏,盖本《论语》所谓'起予者商也,始可与言《诗》已矣'。"②郑樵认为所谓《大序》子夏作、《小序》毛公作的说法,"非也"。进而,他提出"《大序》作于圣人,《小序》作于卫宏。谓《小序》作于卫宏,是也;谓《大序》作于圣人,非也。"③需要提出的是,《诗辨妄》中也有卫宏作《序》的意思,其言:"刘歆《三统历》妄谓文王受命九年而崩,致误卫宏言'文王受命作

---

①　顾颉刚:《六经奥论选录·案语》,载《诗辨妄》附录三,朴社,1933 年,第 81 页。

②　(宋)郑樵:《诗辨妄》(顾颉刚辑点),朴社,1933 年,第 3,12 页。

③　顾颉刚:《六经奥论选录·诗序辨》,载《诗辨妄》附录三,朴社,1933 年,第 95—96 页。

周'也。"①

总而言之,无论《诗辨妄》和《六经奥论》关系如何,它们在《子夏诗序》辨伪上的态度是一致的,即系治《毛诗》者假托子夏以重其学。

(3)郑樵《诗序》辨伪的影响。

郑樵在《诗序》辨伪问题上的观点,为后来学者如朱熹、崔述等人所采纳。当然,也有人提出截然相反的意见。详见后文。郑樵关于《诗序》及《毛诗》的考辨,掀起了一场学术波澜。宋儒黄震说:"晦庵先生(朱熹)因郑公(郑樵)之说,尽去美刺,探求古始,其说颇惊俗。"②四库馆臣认为:"至宋郑樵恃其才辨,无故而发难端。南渡诸儒始以掊击毛、郑为能事。"③清儒胡培翚说:"南宋郑渔仲始著书驳序,朱子作《集传》亦尝采用之。后之攻《序》者遂不遗余力。"④总之,郑樵是在《诗序》辨伪问题上,一位影响最为深远的学者。

2.朱熹的辨伪学成就

朱熹⑤与一般理学家不同,十分重视古书的考辨,具有非常敏锐的辨伪眼光,据白寿彝《朱熹辨伪书语》(收在顾颉刚编辑:《古籍考辨丛刊》第一辑)考察,朱熹疑辨伪书达四十余种,其中子部

---

① (宋)郑樵:《诗辨妄》(顾颉刚辑点),朴社,1933年,第9页。
② (宋)黄震:《黄氏日抄》卷4"读毛诗",四库本,第707册,第27页。
③ 《总目提要》卷15"经部十五·诗类一""毛诗正义"条。
④ (清)胡培翚:《研六室文抄》卷6"黄氏诗序考",续四库本,第1507册,第427页。
⑤ 朱熹(1130—1200),字元晦,晚年自称晦庵,别称紫阳,徽州婺源(今江西婺源县)人,南宋高宗绍兴进士,历任主簿、枢密院编修官、知州、焕章阁待制兼侍讲等职。朱氏博学多才,著有《通鉴纲目》、《诗集传》等。他的语录、文章等,被后人编辑为《朱子语类》、《朱子遗书》和《四书集注》等。

文献居多,笔者兹不枚举,仅将其主要辨伪成就①归结如下:

(1)《古文尚书》、《书序》及孔《传》辨伪。

《古文尚书》、《书序》及孔《传》的流传、真伪问题,是中国古代的著名学术公案。时至今日,意见也未统一。据言,《尚书》经孔子整理定型,此后历千余年传承,不绝如缕。汉时别出两派,即以伏生为代表的《今文尚书》派和以孔壁古文为核心的《古文尚书》派。《尚书》有《序》,有《传》。《序》分两种:"孔子作"称《小序》;"孔安国作"称《大序》。《传》也有两种:"伏生作"称伏生《大传》,后散佚;"孔安国作"称孔安国《传》,失而复出。有关《书》、《序》、《传》的真伪考辨,先秦、汉唐代有其人,但自宋代始,方成显学,其中朱熹的作用是不可或缺的。

第一,疑《古文尚书》。朱熹曾言:"孔壁所出《尚书》……皆平易",而"伏生所传皆难读。如何伏生偏记得难底,至于易底全记不得"?又言:"今文乃伏生口传,古文乃壁中之书……凡易读者,皆古文,况又是科斗书,以伏生《书》字文考之,方读得。岂有数百年壁中之物,安得不讹损一字?又却是伏生记得者难读,此尤可疑。"②

---

① 有关朱熹的文献辨伪,现有的研究成果约略如下:钱穆:《朱子之辨伪学》(载《朱子新学案》,第1777—1796页),王余光、钱婉约:《朱熹在辨伪学上的成就和影响》(《四川图书馆学报》1987年第4期),曾贻芬:《朱熹的注释和辨伪》(《史学史研究》1993年第4期),束景南:《朱熹〈家礼〉真伪辨》(《朱子学刊》1993年第1辑),胡昌五:《朱熹认为佛书剽掠〈列子〉——〈列子辨伪〉文字辑略匡正之一》(《大陆杂志》1995年第12期),徐公喜:《朱熹证据排伪法则思想》(《朱子学刊》1995年第1辑),郭齐:《朱熹诗作六篇辨伪》(《中国文学研究》1997年第3期),束景南:《朱熹佚文辨伪考录》(《朱子学刊》(黄山书社,1996年第1辑,第212—218页),陈来:《朱子家礼真伪考议》(《中国经学史论文选集》下册),等等。

② (宋)黎靖德编:《朱子语类》(王星贤点校)第5册,中华书局,1986年,第1978页。又见引于(清)阎咏编《朱子古文书疑语类》四十七条"尚书一",《尚书古文疏证》附。上海古籍出版社和安徽教育出版社联合出版的《朱子全书》也收

朱熹从语言风格的角度,认为《古文尚书》"尤可疑",这给后世的影响是十分深远的。

应该指出的是,朱熹一方面怀疑《古文尚书》非真,另一方面又从义理的角度弥缝其说,详诸后文。他对《古文尚书》真伪的质疑,深受吴棫的启发,对此,朱熹毫不讳言。他曾多次提及,并称赞吴棫对《古文尚书》研究的贡献,他说:"近看吴才老说《胤征》、《康诰》、《梓材》等篇,辨证极好。"①

第二,辨大小《书序》。朱熹认为《书大序》(朱熹又或称《书序》)非孔安国作,《书小序》(朱熹或称《小序》)非孔子作,二者均为伪作。《朱子语类》载:"《书序》不可信,伏生时无之。其文甚弱,亦不似前汉人文字,只似后汉末人","《书序》恐不是孔安国做","《小序》断不是孔子作","某看得《书小序》不是孔子自作,只是周、秦间低手人做。"他又提到:"《小序》决非孔门之旧;安国《序》亦非西汉文章。"②

朱熹判断《书小序》绝非孔子作,其主要依据是:"其于见存之篇,虽颇依文立义,而亦无所发明。其间,如《康诰》、《酒诰》、《梓材》之属,则与经文又有自相戾者。其于已亡之篇,则伊阿简略,尤无所补。"③总之,或与《尚书》旨意乖离,或于《尚书》意蕴无补,故而绝非孔子作。朱熹判断《书大序》不是孔安国作,其主要依据

录有《朱子语类》,由郑明等点校。笔者基本依据中华书局本,如有歧出,随处标出。

① (宋)朱熹:《晦庵先生朱文公文集》(二)(刘永翔、朱幼文点校),朱杰人、严佐之、刘永翔主编:《朱子全书》第21册,卷34"答吕伯恭",上海古籍出版社、安徽教育出版社,2002年,第1497页。

② (宋)朱熹:《晦庵先生朱文公文集》(四)(徐德明、王铁点校),《朱子全书》第23册,卷54"答孙季和",第2538页。

③ (宋)朱熹:《晦庵先生朱文公文集》(四)(徐德明、王铁点校),《朱子全书》第23册,卷65"杂著·尚书",第3152页。

是文辞不类,他说:"《书序》恐不是孔安国做。汉文粗枝大叶;今《书序》细腻,只似六朝时文字。"

第三,辨孔氏《书传》。朱熹提出:"《尚书注》并《序》,某疑非孔安国所作。盖文字善困,不类西汉人文章,亦非后汉之文。"又说:"《尚书》决非孔安国所注。盖文字困善,不是西汉人文章","亦非西汉人文章也。"那么,又出自何人之手呢?朱熹推测:"《尚书》孔安国传,此恐是魏晋间人所作,托安国为名"。①

(2)《诗序》辨伪。

朱熹继郑樵之后,又对《诗序》的真伪问题进行了研究,为此作《诗序辨说》一书,另有一些相关论述散见于《诗集传》中。朱熹在《诗序辨说》中言:

> 《诗序》实不足信。向见郑渔仲有《诗辨妄》,力诋《诗序》,其间言语太甚,以为皆是村野妄人所作。始亦疑之,后来子(仔)细看一两篇,因质之《史记》、《国语》,然后知《诗序》之果不足信。因是看《行苇》、《宾之初筵》、《抑》数篇,《序》与《诗》全不相似。以此看其他《诗序》,其不足信者煞多。②

可见,世人对《诗序》,曾普遍盲信。朱熹原本对《诗序》笃信不疑,后态度曾判然若两人。以朱熹之博学睿智,也经过了如此辗转的心路历程,一般士人,能否有所体悟,其未可知!概言之,朱熹的基本态度是:"《小序》大无义理,皆是后人杜撰,先后增益凑合

---

① 以上均见(宋)黎靖德编:《朱子语类》(王星贤点校)卷78"《尚书》一·纲领",第1984页。
② (宋)黎靖德编:《朱子语类》(王星贤点校)卷80"《诗》一·纲领",第2076页。

而成,多就诗中采摭言语,更不能发明《诗》之大旨。"①又说:"《诗序》,东汉《儒林传》分明说道是卫宏作。后来经意不明,都是被他坏了。某又看得亦不是卫宏一手作,多是两三手合成一序,愈说愈疏。"②朱熹明确指出,所谓《子夏诗序》是后人的杜撰,卫宏与其事,后人在此基础上又有"增益凑合"。总之,《诗序》绝非子夏作,也非毛公作。

(3)《孝经》考辨。

《孝经》一般认为是孔子作,抑或孔子述、曾子记。③虽然一些学者在《孝经》今古文及注本的真伪问题上存在争论,但是在《孝经》作成问题上,朱熹以前,并无异议。朱熹提出《孝经》有经文、传文之别。即:"仲尼闲居,曾子侍坐"到"故自天子以下至于庶人,孝无终始,而患不及者,未之有也"共六七章(朱熹指出《今文孝经》作六章,《古文孝经》作七章)为经文,系孔子言。经文以后为传文,其中"曾子曰"到"民具尔瞻"为传文,系释"以顺天下"之意。之后,均是后人杂入的内容。他认为经文部分是孔子、曾子问答之言,为曾氏门人所记。并指出"所谓《孝经》者,其本文止如此",此后的传文,"或者杂引传记以释经文,乃《孝经》之传也"。他还强调,经过考订发现:"传文固多附会,而经文亦不免有离析增加之失"。对于这样的《孝经》,汉以来的诸儒传诵,莫知其非,而且还有"以为孔子之所自著",真真可笑之极。④

朱熹对《孝经》作者的既有观点,进行了颠覆性的批判,提出

---

① (宋)黎靖德编:《朱子语类》(王星贤点校)卷80"《诗》一·纲领",第2075页。

② (宋)黎靖德编:《朱子语类》(王星贤点校)卷80"《诗》一·纲领",第2074页。

③ 《史记》"仲尼弟子列传":"曾参,南武城人。字子舆,小孔子四十六岁。孔子以为能通孝道,故授之业,作《孝经》"。《汉书·艺文志》亦言:"《孝经》者,孔子为曾子陈孝道也"。

④ (宋)朱熹:《晦庵先生朱文公文集》(四)(徐德明、王铁点校),《朱子全书》第23册,卷66"杂著·孝经刊误",第3205页。

了《孝经》中经传杂糅、孔子语和他人著述杂糅的问题。自朱熹始，《孝经》超越了一个真伪之争，又进入了另一个真伪之争。

（4）朱熹的辨伪学思想。

关于朱熹的辨伪方法，前人已经有较多论述①。笔者认为，朱熹在辨伪方法上发明有限，唯运用娴熟，故略而不谈。当前，在有关朱熹辨伪学理论的研究中，对朱熹辨伪学思想的关注稍有不足，且有误解，故而就此略述一孔之见。

朱熹有言，常为研究者所称引者：

> 熹窃谓生于今世而读古人之书，所以能别其真伪者，一则以其义理之所当否而知之，二则以其左验之异同而质之。未有舍此两途而能直以臆度悬断之者也。②

朱熹亦有言，并常为研究者所指摘者：

> 是不议于室而噪于门，不味其腴而齕（咬）其骨也。正使辨得二图真伪端的不差，亦无所用。又况未必是乎？愿且置此，而于熹所推二图之说，少加意焉，则虽未必便是真图，然于象数本原，亦当略见意味，有欢喜处，而图之真伪，

---

① 朱熹的辨伪方法，自白寿彝在《朱熹辨伪书语序》一文中进行了归纳外，一般地都总结为如下"从一般常识上来推断"、"从语言文字、文章风格上考辨"等六种。关于朱熹辨伪法的评述，普遍的看法是"较系统"、"较简单"六字。如白寿彝就这样认为："在当时能提出一种辨伪书的具体方案，并能应用这样多的方法的人，恐怕还是要推朱熹为第一人。他辨伪书的话虽大半过于简单，但在简单的话里，颇有一些精彩的见解，给后来辨伪书的人不少的刺激"（见白寿彝：《朱熹辨伪书语序》，见《古籍考辨丛刊》第一辑，1933 年朴社初版，1955 年中华书局影印，第 11 页）。这是目前学界多数人的意见。

② （宋）朱熹：《晦庵先生朱文公文集》（二）（刘永翔、朱幼文点校），《朱子全书》第 21 册，卷 38"答袁机仲——来教疑河图洛书是后人伪作"，第 1664 页。

将不辨而自明矣。①

对于前者,研究者多据以说明朱熹文献辨伪中的方法;对于后者,研究者则据以说明朱熹文献辨伪中的局限②。但是,对于这两段文字,大家或许都忽略了这一点,即朱熹文献辨伪的思想观念。

朱熹提出以义理辨伪,强调以义理验看真伪。这不仅是判断文献真伪的问题,更是阐发文献辨伪思想的问题,并且,最终是体悟义理,进而是治身治国的问题。因为在朱熹的观念中,没有了思想追求的辨伪,是没有价值的辨伪,即便"端的不差",也"无所用";不懂得探寻义理本原的辨伪,只能是"不议于室,而噪于门,不味其腴,而齩(咬)其骨"的活动。朱熹的哲学观念不是二元的,也不是调和的,而是一以贯之的理学脉络。在他的思想体系中,不可能出现曲为其说,或有令人颇觉勉为其难者,因此,朱熹不可能让古籍考辨游离于其思想体系之外。朱熹为义理而辨伪,因义理而辨伪。也就是说,义理是辨伪的出发点和归宿。在他的观念中,辨伪是探求、论证义理的一种手段和途径。所以,笔者提出的问题是:朱熹的文献辨伪从来就不仅仅是整理文献而已的工作,割裂了思想意义探究的文献辨伪学,是否也如朱熹所言"不议于室,而噪于门,不味其腴,而齩(咬)其骨"呢?

三、宋儒文献辨伪学成就别论

1.宋儒辨伪的主要贡献

---

① (宋)朱熹:《晦庵先生朱文公文集》(二)(刘永翔、朱幼文点校),《朱子全书》第21册,卷38"答袁机仲——来教疑河图洛书是后人伪作",第1665页。

② 赵刚指出:朱熹"义理第一,考据第二"的双重标准,反映出朱子辨伪学研究有其严重局限性(赵刚:《论阎若璩"虞廷十六字"辨伪的客观意义》,《哲学研究》1995年第4期)。

其一,考辨对象的范围又有拓展。宋代学者主要考辨的文献有:《周易》及卦爻辞作者、《易传》;《古文尚书》及《书序》、《书传》;《诗序》;《周礼》;《左氏春秋》;《孝经》;《中庸》;《尔雅》;《碧云䍐》、《管子》、《开元天宝遗事》、《孔丛子》、《孔子家语》、《老杜事实》、《老子》、《庄子》、《李卫公对问》、《龙城记》、《龙虎经》、《山海经》、《文子》、《阴符经》、《云仙散录》、《正易心法》(《麻衣易》)、《中说》(《文中子》)、《子华子》、《潜虚》别本、《李陵与苏武书》、《苏李互赠诗》;"胡笳十八拍",等等。遍及经、子和集三部。其中经部涉及《易》、《诗》、《书》、《礼》、《春秋》所谓五经的全部分支,加之《中庸》、《尔雅》、《孝经》,所谓十三经几乎囊括殆尽!此外,虽然四部之间的界限有时存在不甚清晰的状况,但是无论如何,"子部"伪书最多的态势,自《汉书·艺文志》以降,到了宋代,已颇为凸显。

其二,参加辨伪的学者人数众多。就笔者目前所见史料而言,宋代有辨伪成果存世的学者,大略有欧阳修、吴棫、程颐、朱熹、张邦基、何薳、苏轼、苏辙、范浚、晁说之、陈善、王十朋、林光朝、叶适、洪迈、胡宏、赵汝谈、沈作喆、高似孙、晁公武、陈振孙、朱翌、吴曾、张淏、姚宽、程大昌、叶大庆、戴埴、葛立方、赵与时、罗璧、黄震、王观国等三十余人。这仅仅择其大端,是十分粗略的统计,因为辨伪成果湮没不传的学者,以及笔者目力未及的学者,应该还有一些。总之,因为这些学者的积极参与和不断著述,促成了文献辨伪学在宋代的发达。

其三,文献辨伪的成果比较丰富。宋代的辨伪成果比较丰富,如对上述文献的考辨,都有大量言论传世。同汉唐相比,宋儒考辨文献真伪成果的丰富性,表现有二:以专篇、专书辨伪的成果增多,以札记按语的形式辨伪的成果尤其多。有关内容在后面章节尚有言及,此不详述。其中,值得称道的是蔡沈的《书集传》。蔡沈秉承朱熹遗训,广收博览,撰成《书集传》。该书尊信朱熹关于《书》、《序》、《传》的考辨意见,将《书小序》、孔安国《书大序》附录篇末,对孔本五十八篇经文,篇题下注明"今文古文皆有"或"今文无古文有"等。蔡沈通过篇题注释的增入和序、传位置的变更,认可并发展了朱熹《古文尚书》辨伪的成果。所著《书集传》被后世奉为经典。

其四,留给后世的影响比较深远。宋儒的文献辨伪,无论是在《易》、《诗》、《书》、《礼》、《春秋》等解经著述,还是在有关诸子学说的文集笔记中,都提出后人再也难以回避的问题。如《易经》的《十翼》问题,《古文尚书》真伪问题,《书序》、《诗序》、《书传》、《诗传》的依托赝伪等问题,宋以后的学者,质辨最多,因袭也最多。特别是《古文尚书》真伪问题,自吴棫发其覆,朱熹承其后,经过蔡沈、赵汝谈等进一步诠释,到明梅鷟、清阎若璩等人那里,传世文献中、传统学术中、中国思想文化中,最为扑朔迷离的一桩学案,终于可以画上句号①。想必明清乃至今世的学者,不会反对向宋儒致敬的提议。

2.宋儒文献辨伪的时代特色

其一,疑古考辨之风盛行。北宋庆历以后,疑古辨伪之风盛行,出现了几乎人人质疑、家家辨伪的社会风气和学术宗尚。司马光对此评述道:"新进后生,未知臧否,口传耳剽,翕然成风,至有

---

① 　如四库馆臣认为"孔《传》之依托,自朱子以来递有论辨。至国朝阎若璩作《尚书古文疏证》,其事愈明"(见《总目提要》卷11"经部十一·书类一""尚书正义"条)。顾颉刚认为:"他(朱熹)在吴棫的疑《古文尚书》的启发下,又屡次辨《古文尚书》……使得伪《古文尚书》受到了致命伤的打击……朱熹又揭破所谓'孔安国'所作的《传》和《序》(即所谓《书大序》)的伪……这就启发了清代学者来判定王肃作伪的案子"(见顾颉刚:《崔东壁遗书序》,《中国辨伪学史要略》十六"宋代辨伪学的发展",第187—188页)。赵贞信在《书序辨序》中也指出:"推倒孔子作(《书序》,笔者按)的发动人是朱(熹)、蔡(沈)"(见朱熹、康有为等:《书序辨》,顾颉刚辑录点校,朴社,1933年,第5页)。

读《易》未识《卦》、《爻》,已谓《十翼》非孔子之言;读《礼》未知篇数,已谓《周官》为战国之书;读《诗》未尽《周南》、《召南》,已谓毛、郑为章句之学;读《春秋》未知十二公,已谓《三传》可束之高阁。"①虽然司马光意在针砭时弊,但是他所指出的现象,是客观存在的。疑古辨伪之风的形成,是思想、政治以及学术等多重因素共同作用的结果,是宋代的特色。宋代的文献辨伪就是在这样的环境中成长起来的。

其二,羽翼圣道近乎共识。诚如上文所言,欧阳修在宋代的文献辨伪中之所以能开风气之先,同其学术理想密不可分。欧阳修的一生,"修仁义以为业,诵六经以为言"②,以发掘并弘扬六经之道为己任。欧阳修认为六经载道:《诗》可以见夫子之心,《书》可以知夫子之断,《礼》可以明夫子之法,《乐》可以达夫子之德,《易》可以察夫子之性,《春秋》可以存夫子之志。"③因此,对革除附着于《六经》之上的伪书假说,有着深刻的敏锐和执著的追求。再如上文已特意指出,朱熹从未将辨伪视为简单的文献整理工作,他的辨伪求真因探究义理而发,他的文献辨伪由发明圣道而始。在欧阳修、朱熹的时代,羽翼圣道在思想界和学术界基本达成共识,欧阳修以后,朱熹以后,卫经卫道在文献辨伪之学中,一直通过不同的人、不同的方式反复演绎。

其三,心学一脉乏善可陈。陆九渊的学说以发明"本心"为宗旨,陆氏虽也主张"格物致知"④,但是陆氏格的不是外物,而是本

---

① (宋)司马光:《传家集》卷42"论风俗札子"。
② (宋)欧阳修:《归田录》(李伟国点校)"自序",中华书局,1981年,第3页。
③ (宋)欧阳修:《欧阳修诗文集校释·居士集外集》(洪本健校释)卷9"代曾参答弟子书",上海古籍出版社,2009年,第1582页。
④ 见(宋)陆九渊:《陆九渊集》(钟哲点校)卷35"语录下",中华书局,1980年,第440页。

心①，于是说陆九渊强调静坐体验是发明"本心"的工夫。至于读书，陆九渊指出尧、舜以前无书册典籍，而尧、舜也能成圣贤。这就是朱熹所说的"不读书，不求义理，只静坐澄心"②。陆氏认为，读书并非成圣贤的不二法门，从而强调道德修养之于知识学习的独立性。这不但使得陆九渊著述不多，也使得陆氏心学一系普遍存在不甚读书的习气。③ 辨伪之学是立足于文献研读的学问，陆氏心学的这种价值取向，使得陆学一系在文献辨伪研究中乏善可陈。文献辨伪之学也务虚，但是文献辨伪之学不能脱离文献、束书不观而务虚。心学一系的不甚读书、不甚辨伪的倾向，成于南宋，流弊于明，产生了深远的影响。

第三节　文献辨伪学的继续发展（元明）

　　元明时期的文献辨伪学在宋代的基础上继续发展，取得了一定的成就。如宋濂、胡应麟、梅鷟等人就是这方面的杰出代表，他们的著述对后人的文献辨伪研究产生了重要影响。

---

① 见（宋）陆九渊《陆九渊集》（钟哲点校）卷35"语录下"，第478页。

② （宋）黎靖德编：《朱子语类》（王星贤点校）卷52"公孙丑上之上"，中华书局，1986年，第1264页。

③ 陆九渊不赞成注经、解经，认为"学苟知本，六经皆我注脚！"（见陆九渊：《陆九渊集》卷34"语录上"，第395页）他反对斤斤于字句之注疏，提倡简易的学风，尤其强调学贵自得。陆氏之学崇尚"易简工夫"，在当时确实给人以耳目一新之感。由于过分强调"明本心"，重视自我体验，读书学习被放在相对次要的位置。陆门后学大多以讲学为主，不甚重视著述，故而易产生学术贫乏、言论浅陋的弊端。如"槐堂诸儒"，虽然对陆氏宗派的确立做出了很大的贡献，但在学术思想方面却基本上没有什么值得称述之处。傅梦泉虽号称"槐堂诸儒"中第一高足，但学术上并无建树，张栻讥其论学"多类扬眉瞬目之机"。见（宋）张栻撰，（宋）朱熹编：《南轩集》卷24"答朱元晦"，四库本，第1167册，第621页。

一、宋濂、胡应麟的辨伪思想与辨伪理论

1.宋濂对诸子的考辨

宋濂①的《诸子辨》(收在《宋文宪公全集》第三十六卷中),系宋氏居龙门山避乱期间写成,故又有《龙门子》之称。宋氏在《文献通考·经籍考》的基础上,广采众家之长,考辨了自先秦以降,约四十四种子书的真伪是非问题。当然其中有的属于是非问题,有的属于真伪问题,有的属于是非与真伪相杂糅的问题。这是我国文献辨伪学史上第一部以专著形式考辨文献真伪的著作。其成就可归纳以下三方面:

(1)明确阐发考辨宗旨。

文献辨伪是有思想指导的学术活动,但是明代学者中明确阐发文献考辨思想的,当以宋濂为第一人。《诸子辨》卷首"自序"中言:

> (《诸子辨》)者何?辨诸子也。通谓之诸子何?周秦以来,作者不一姓也。作者不一姓而其立言何?人人殊也!先王之世,道术咸出于一轨,此其人人殊何?各备私知而或蠹大道也!由或蠹大道也,其书虽亡,世复有依仿而托之者也。然则子将奈何?辞而辨之也。曷为辨之?解惑也。②

宋濂在这段百字许的序言中,将自己的考辨范围、考辨宗旨,

---

① 宋濂(1310—1381),字景濂,祖籍金华潜溪,至宋濂时徙居浦江(今浙江浦江)。幼年英敏强记,以文章闻名于世。元至正中,荐授翰林院编修,不就,避居龙门山著书,明初出仕,曾历《元史》总裁、国子司业、礼部主事、侍讲学士等职。其著作后人编为《宋文宪公全集》及《宋学士文集》。见(清)张廷玉等:《明史》卷128"列传第十六·宋濂传",中华书局,1974年,第3784—3788页。

② (明)宋濂:《诸子辨》(顾颉刚标点),朴社,1928年,第1页。

进行了清晰而全面的阐发。

关于考辨范围,宋氏提得十分明确:后世假托先秦诸子的著述。重点是考辨宗旨。

宋濂认为先秦诸子"各奋私知",已与"道术"乖离,或许这也是诸子著述渐而散佚的原因。但其书也虽亡,依仿假托之作又现。基于析难解惑、端正道术之初衷,宋濂著此书。如《庄子》中有揶揄孔子事,宋濂认为"孔子百代之标准,周何人,敢掊击之,又从而狎侮之"!① 再如评述孙子时,他曾言"古之谈兵者有仁义,有节制,至武一趋于权术变诈,流毒至于今未已也。然则武者固兵家之祖,亦兵家之祸首欤"?② 另如他对韩非的批评最为激烈,称韩非子所言"足以杀其身矣"!③ 顾颉刚针对上述言论,批评宋濂"简直是董仲舒请罢百家的口气"。④

概言之,端正思想的初衷在前,文献考辨的活动随后,研究宋濂的诸子考辨,必须明了他的著述宗旨。有人据此批评宋濂,声称这是他的谬误和局限,对他"以儒家思想为尺度来衡量、评判诸子之是非与得失"的观点不以为然。笔者认为,这样的论断未免苛求古人太过,有失公允。

(2)广引众家间抒己见。

宋濂考辨了从先秦到两宋,约四十四种子书的是非真伪。其中固然不少是其个人论断,但是广采众家所长,才是他的突出特征。宋濂书中引用了柳宗元、朱熹、高似孙、晁公武等唐、宋学者旧说,并在此基础上进行论断,提出个人观点。

如辨《管子》,他在基本承用朱熹旧说的基础上,又提出:"毛

---

①　(明)宋濂:《诸子辨》(顾颉刚标点)"庄子"条,朴社,1928年,第21页。

②　(明)宋濂:《诸子辨》(顾颉刚标点)"孙子",第25页。

③　(明)宋濂:《诸子辨》(顾颉刚标点)"韩子",第33页。

④　顾颉刚:《诸子辨序》,见《诸子辨》(顾颉刚标点)卷首,第4页。

嫱,西施,吴王好剑,威公之死,五公子之乱,事皆出仲后,不应预载之也。"①用管子身后事论证《管子》不可信,这是他在考辨《管子》真伪问题上的贡献。再如辨《列子》,他提出:"间尝熟读其书,又与浮屠言合",而"中国之与西竺,相去一二万里,而其说若合符节,何也? 岂其得于心者亦有同然欤? 近世大儒谓华、梵译师皆窃庄、列之精微,以文西域之卑陋者,恐未为至论也。"所谓《列子》中"浮图"说,并非宋濂的发明,但是,用这么长的文字诠释"浮图"说,②并据此证明《列子》非真的,恐怕是空前之举。总之,在辨伪方法和考辨成果方面,宋濂集大成的特征要比其创新说的贡献更突出些。

（3）善于总结辨伪理论。

宋濂对辨伪理论的贡献,主要在于其对文献作伪规律的认识。在文献辨伪学史上,宋濂第一次明确提出作伪的类型问题,即"有所附丽"和"凿空扇虚"③。所谓"有所附丽",宋濂是指这样一类伪书,即:基本上如实抄录诸如《左传》、《礼记》、《过秦论》、《吊湘赋》等书,个别地方稍有改动,遇有缺漏处,从《汉书》等文献中摘录以补足,并托名前人。所谓"凿空扇虚",按照宋濂的说法,应该是这样一类伪书,即:杂抄他书,有所文饰,并托名前人。这与"有所附丽"基本相似,而两者的区别是:

第一,取材的性质不同。前者是可信的,后者是荒诞不经的。第二,作伪的态度不同。前者只是稍有改动,遇有缺文,也基本采择既有典籍补全;后者就显得不够客观,杜撰"奇涩之辞"以文饰。第三,托名的人物类型不同。前者,如孔安国等,查阅史志,确有其人。而后者托名的黄帝之流,其事迹就显得虚无缥缈,不可稽查。

①　（明）宋濂:《诸子辨》（顾颉刚标点）"管子"条,第3页。

②　（明）宋濂:《诸子辨》（顾颉刚标点）"列子"条,朴社,1928年,第15,16页。

③　（明）宋濂:《诸子辨》（顾颉刚标点）"言子"条,第18页。

第四,作伪的影响不同。前者似是而非,犹有可取。后者则令人惊愕不禁,徒惑乱世人罢了。

　　2.胡应麟对"四部"文献的辨伪

　　胡应麟①的辨伪学专著《四部正讹》,颇得学界赞誉。② 该书分为上、中、下三卷。上卷除了继续考辨《连山易》、《古文尚书》等经部文献外,有较多文字考辨诸如《乾凿度》、《乾坤凿度》等谶纬书。中卷主要考辨诸子。胡应麟之前,考辨诸子的成果已经比较丰富,对此,胡氏多有借鉴,且又作了进一步阐发。如辨《鬼谷子》,在柳宗元、宋濂等人考辨的基础上,提出晋人皇甫谧伪作说③,发前人所未发。下卷考辨杂史、文集,也多有足资借鉴处。

　　(1)《四部正讹》的主要贡献。

　　第一,全面分析伪书种类。胡氏从作伪动机、方式等多个角度,胪列伪书类型达二十一种④,几乎将伪书种类及作伪原因囊括殆尽。后来,梁启超的分类和归纳较之胡应麟更加缜密,其中也不乏创见⑤,然其脱胎于胡应麟的痕迹则十分显著。第二,系统总结辨伪方法。胡氏总结的辨伪方法,可称作"辨伪八法"⑥。后来,梁

---

① 胡应麟(1551—1602),字元瑞,又字明瑞,自号少室山人,兰溪(今浙江兰溪)人。幼能诗,万历四年(1576)举于乡,后久试不第,遂读书山中,手自编次,颇多撰著,有《诗薮》等。曾将王世贞比作诗学中的孔子,《明史》赠以"贡谀如此"四字(见张廷玉:《明史》卷287"列传第一百七十五·文苑三·胡应麟传(王世贞传附)",中华书局,1974年,第7382页)。其主要著作收在《少室山房笔丛正集》和《续集》中。

② 有关著录情况见《总目提要》卷123"子部三十三·杂家类七","少室山房笔丛"条。

③ 文繁不录,详见(明)胡应麟:《四部正讹》(顾颉刚点校)卷中,第33—34页。

④ (明)胡应麟:《四部正讹》(顾颉刚点校)卷上,第2—3页。

⑤ 详见《古书真伪及其年代》卷1"总论"第二章"伪书的种类及作伪的来历",第18—30页。

⑥ (明)胡应麟:《四部正讹》(顾颉刚点校)卷下,第76—77页。

启超又提出"辨伪十二公例"①,但比对"辨伪八法",不难发现除第十二条"公例"外,梁氏基本是袭胡氏旧说。第三,宏观描述伪书特征。胡氏在考辨各种伪书的基础上,概括了伪书在四部中分布的特点②,这基本符合实际。即便《四部正讹》著成以后,直至清代,虽伪书继出,但依然没有超出此一论断。第四,正确认识伪书性质。值得注意的是,胡应麟对伪书的性质有正确的认识。其分析,极其细密,其间虽尚有值得商榷者,但总体而言,还是较为真实地反映了伪书伪的程度及其不同情况。

此外,胡应麟不但说明了什么是伪书,更说明了什么不是伪书——"《鹖熊》,残也;《亢仓》,补也;《繁露》,讹也。皆不得言其伪也。《素问》、《握奇》、《阴符》、《山海》,其名讹也,其书非伪也。《穆天子传》、《周书》、《纪年》,其出晚也,其书非伪也。即以伪乎,非战国后也。"③胡氏在三四百年前,就对伪书有这样的清醒认识,现代许多学者一面标榜胡应麟的地位,另一面又把胡氏声明不得名之以"伪"的文献一概斥为伪作,窃以为不妥。

(2)胡应麟的辨伪思想。

胡应麟的辨伪思想反映在考辨文献真伪的活动中,也散见于《四部正讹》以外的著作中,这是一个值得研究的问题④。本书不便

---

① 见《中国历史研究法》第五章"史料之收集与鉴别"之二"鉴别史料之法",第85—100页。

② (明)胡应麟:《四部正讹》(顾颉刚点校)卷下,第77页。

③ (明)胡应麟:《四部正讹》(顾颉刚点校)卷下,第77页。

④ 顾颉刚在对比《四部正讹》、《诸子辨》优劣时提出,《四部正讹》较"客观",很少有"卫道"议论,因此此是"以辨伪为正业的"(详《四部正讹》,顾颉刚点校,"序",第4页)。需要注意的是:他指出宋濂的"卫道"是以辨伪"求善",已经涉及了文献辨伪学的思想性问题,对文献辨伪学研究有指导性意义。然而顾先生提出《四部正讹》"很少卫道的议论"的判断,却易导致后学的误解,即忽视了胡应麟文献考辨的初衷和主旨。

展开,仅举胡氏的一条言论,聊以简要说明这个问题。胡应麟《九流绪论》中有言:王充《论衡·问孔》篇"词间伤直,旨或过求,此充罪也",刘知幾之于王充的偏执,"不能详察,遽从而效之,以讥诋圣人,至尧、舜、禹、汤,咸弗能免,犹李斯之学荀况矣"。① 作为颇有造诣的学者,胡氏此言,并非游戏文字,缘何? 斟酌起来,是其卫圣卫道立场之必然。王充、刘知幾自汉、唐以来,即以思想异端而闻名,胡氏以维护学统、道统为己任,自不会疏忽对他们的讥诋。同样,以维护学统、道统为己任的胡应麟,亦不能对淆乱圣经、背离道统的文献处之泰然。

梁启超曾言:"专著一书去辨别一切伪书,有原理、有方法的,胡应麟著《四部正讹》是第一次。"又言:"全书发明了许多原理、原则,首尾完备,条理整齐,真是有辨伪学以来的第一部著作。我们也可以说,辨伪学到了此时,才成为一种学问。"②梁启超肯定胡应麟的初衷可以理解,梁启超给予胡应麟的定位却有待商榷。因为,通过对汉以来辨伪学发展史的回顾,我们不难发现,胡应麟的"发明"鲜有,"集成"功多。我们更应该通过研究胡应麟的文献辨伪,发现他的思想倾向,进而揭示文献辨伪在学术上和思想上的意义。

二、梅鷟对《古文尚书》的考辨

梅鷟③所著《尚书谱》,今有清抄本,现收录在《北京图书馆古

---

① （明)胡应麟:《少室山房笔丛·九流绪论》"中",中华书局,1958 年,第 364—365 页。
② 梁启超:《古书真伪及其年代》卷 1"总论"第三章"辨伪学的发达",第 35—36 页。
③ 梅鷟,字鸣歧（疑的"岐"）,号致斋,旌德（今安徽旌德)人。明正德八年（1513)举人,曾任南京国子监助教、以盐课司提举终,生卒年无考。另有兄,名梅鹗,系正德十二年(1517)进士,生卒年亦不详。据阎若璩考证,梅鹗曾对《古文尚书》表示怀疑,提出《大禹谟》中所谓"人心惟危,道心惟微"本出于《道经》。见(清)阎若璩《尚书古文疏证》第 31 条引《旌德县志》。另清嘉庆间陈炳德等修《旌德县志》卷 9《艺文志书目·经籍书目》对梅鹗曾有著述有较详细的记录。

籍珍本丛刊》"经部一"中。另著《尚书考异》①，有"四库本"、明白鹤山房抄本(收录在《北京图书馆古籍珍本丛刊》"经部一")、孙星衍校刊平津馆丛书本，另台湾故宫博物院有明抄本。关于梅鷟的文献辨伪，主要谈以下三个问题:

1.《古文尚书》系伪作

有人提出:《尚书谱》和《尚书考异》在"十六篇"《古文尚书》上的观点不同，并据此说明《尚书谱》是梅鷟独著，而《尚书考异》主要是梅鹗写成，梅鷟只是"补苴续成者"②。笔者以为值得商榷。为便于稽查，现将两篇序文抄录于此。

梅鷟《尚书谱序》有言:

> 其求得经廿有八篇，《序》一篇，共二十九篇，即以教于齐鲁之间也。如日月之行天，人皆仰之，其心青天而白日，其事正大而光明，是谓中庸之行，是谓圣经之正……至孝武，世延七八十年间，圣孙名安国者，专治古文，造为伪书，自谓以今文读之，因以起其家，《泰誓》十六篇显行于世。然革成周之籀篆，友仓颉之科斗，诬厥先祖父以不从周之罪，此岂近于人情?! 且辞陋，而诸所引，悉不在，故伪败而书废，此一怪也。

---

①　明儒陈第著《尚书疏衍》，对《尚书考异》和《尚书谱》二书极力排诋(详见陈第:《尚书疏衍》卷1"古文辨"，四库本，第64册，第733页)。四库馆臣根据书中自称"鷟按"，以为"出鷟手无疑"，并将未分卷数的原稿"厘为五卷"(见《总目提要》卷12"经部十二·书类二")。清嘉庆间陈炳德等所修《旌德县志》卷8《文苑传》，记梅鷟著述中有《尚书谱》和《尚书考异》二书。近人姜广辉提出疑点，认为"该书主体很可能由梅鹗撰就，而后由梅鷟续成"，但是又提出"为了论述的方便"，仍旧说(见姜广辉:《梅鷟〈尚书考异〉考辨方法的检讨》，《历史研究》2007年第5期)。笔者认为，《尚书考异》系梅鷟著，明清间学者基本无义议，姜先生新说值得商榷，不取，从旧。

②　姜广辉:《梅鷟〈尚书考异〉考辨方法的检讨》，《历史研究》2007年第5期。

底东晋,时延四五百年间,称高士曰皇甫谧者,见安国《书》摧弃,人不省惜,造《书》二十五篇、《大序》及《传》,冒称安国古文,以授外弟梁柳,柳授臧曹,曹授梅赜,遂献上而施行焉。蒐奇摘异著于篇,诸引无遗,人遂信为真安国《书》。①

这里,梅鷟认为,教读于齐鲁间的二十八篇《尚书》及《序》一篇,是真《尚书》,是"圣经之正"。所谓的孔壁《古文尚书》十六篇,是孔安国伪作,后散佚。而东晋出《古文尚书》二十五篇、《大序》及《传》,更是皇甫谧掇拾残余的赝作。

梅鷟《尚书考异序》称:

　　《尚书》二十八篇,并《序》一篇,共二十九篇,秦博士伏生所传,乃圣经之本真也。因暴秦焚书,藏于壁中,遭乱遗失,所存者止有此耳……可见武帝以前原无《古文尚书》明矣。自安国古文未出之先,《尚书》正经单行于世,如日月之丽于天,无一蔽亏。及安国古文既出之后……其书遂不显行于世。然其递递相承,盖可考也。此先汉真孔安国之伪《书》,其颠末大略如此。至东晋时,善为模仿窃窃之士,见其以讹见疑于世,遂蒐括群书,掇拾嘉言,装缀编排,日锻月炼,会粹成书,必求无一字之不本于古语,无一言之不当于人心,无一篇之不可垂训诫。凡为《书》者二十五篇……此东晋假孔安国之伪《书》,其颠末大略如此。②

这里,梅鷟也认为二十八篇《尚书》及《序》一篇,为伏生所传,

---

① (明)梅鷟:《尚书谱》"序",《北京图书馆古籍珍本丛刊》本,"经部一",第405页。
② (明)梅鷟:《尚书考异》"原序",四库本,第64册,第3—4页。

是"圣经之真本"。孔安国《古文》十六篇,多怪异之说,系《伪书》。东晋人为了弥缝孔安国《古文尚书》的伪迹,"装缀编排",锻炼成书,共二十五篇,是西晋本的伪《古文尚书》。这里虽然没有提出是皇甫谧,但是通过下文可见,这里的"西晋人"当指皇甫谧。①

显而易见,《尚书谱》和《尚书考异》都认为所谓孔壁《古文尚书》是伪书,且有西汉孔安国伪《古文尚书》十六篇和东晋皇甫谧伪《古文尚书》二十五篇的区别。梅鷟从未提出十六篇《古文尚书》原系张霸伪造的观点②。总之,《尚书谱》和《尚书考异》的基本观点并无区别,不能据此说明"独著"、"合著"问题。

2.孔安国《传》、《序》系伪作

梅鷟有关伪孔安国《传》的辨伪,亦见于《尚书谱序》,其言:

> 底东晋,时延四五百年间,称高士曰皇甫谧者,见安国《书》摧弃,人不省惜,造《书》二十五篇、《大序》及《传》,冒称安国古文,以授外弟梁柳,柳授臧曹,曹授梅赜,遂献上而施行焉。蒐奇摘异著于篇,诸引无遗,人遂信为真安国《书》。③

另外,在《尚书考异》中,对伪孔《序》有专门论述。其言:

> 此《序》皆依傍《左传》,推寻《汉志》而为之。惟其依傍《左传》,故其包罗略取以为二十五篇之经者,皆此依傍之故

---

① 以上均见《尚书考异》卷1"孔安国《尚书注》十三卷",四库本,第64册,第14页。

② 关于张霸伪造《古文尚书》事,上文已有叙述。概言之,张霸伪造的是百二《尚书》,非十六篇。姜先生不知缘何对张霸有此理解。

③ (明)梅鷟:《尚书谱》"序",北京图书馆古籍珍本丛刊本,经部一,第405页。

智也。惟其推寻《汉志》,故托壁藏(藏)之说、隶古定之说、四十二卷之说、巫蛊未上之说,皆极推寻之周详也。①

这里,梅鷟概以陈述史事的方式,认定孔《传》、孔《序》之赝伪。

3.梅鷟《古文尚书》辨伪的影响

顾广圻认为,梅鷟的考辨,"往往精确不磨,切中伪古文膏肓,卓然可传也"②。诚然如此,梅鷟以《古文尚书》辨伪声闻后世,凡涉及《古文尚书》真伪问题者,无不参阅他的成果,特别是清儒,他们在这个问题研究中,于梅鷟处获益良多。

首先,有开启门径的意义。梅鷟考辨古文《书》、《传》的结论,虽然并未为后人完全接受③,但是后人对其开启后学门径的意义却众口一词,如清儒朱琳在《尚书考异跋》中认为:"后儒阎百诗《尚书古文疏证》、惠定宇《古文尚书考》,其门径皆自先生开之。"清人孙星衍也认为:"明梅氏鷟创为《考异》,阎氏若璩推广为《疏证》,惠氏栋、宋氏鉴皆相继辩驳,世儒方信廿五篇孔《传》之不可杂于二十九篇矣。"④

其次,有资以取法的价值。在《古文尚书》辨伪问题上,声名卓著者,当以清儒阎若璩为第一,但是,阎若璩能够赖此扬名,显然

---

① (明)梅鷟:《尚书考异》卷1"孔安国尚书序",四库本,第64册,第15页。

② (清)顾广圻:《顾千里集》(王欣夫辑)卷8"序一·校定尚书考异序",中华书局,2007年,第127页。又见于(清)顾广圻:《思适斋集》卷7"校定尚书考异序",续四库本,第1491册,第62页。

③ 如"皇甫谧伪造《古文尚书》二十五篇说",四库馆臣认为梅氏所谓的证据"其文未明",因此不能成为"谲作之证"(见《总目提要》卷12"经部二十·书类二""尚书考异"条)。如"孔安国伪造《古文尚书》十六篇说",四库馆臣不以为然,认为"实以臆断之,别无确证"(见《总目提要》卷13"经部十三·书类存目一""尚书谱"条)。

④ (清)孙星衍:《尚书考异序》,孙星衍校刊平津馆丛书本。

与梅鷟论著有莫大关联。阎若璩借鉴梅鷟的成果有:第三十一条
"言人心惟危,道心惟微纯出《荀子》所引《道经》",第六十四条
"言《胤征》有玉石俱焚语为出魏晋间",第六十五条"言今《尧
典》、《舜典》本一为姚方兴二十八字所横断"等,均基本沿袭梅氏
观点。此外,阎氏《尚书古文疏证》卷三中从第三十三条"言《大禹
谟》句句有本",到第四十八条(从第四十二条到第四十八条无录
无书,已全缺),也有人提出是受到了梅鷟的启发。①

再次,值得商榷的近人定位。陈梦家高度评价梅鷟的辨伪学
成就,他认为:"积极提出证据来的当推梅鷟的《尚书考异》、《尚书
谱》……他这已离开宋、元但凭体会文章格式的,进入考证的范围
以内。他承吴澄所谓梅赜所增'采辑补缀','无一字无所本',而
开后来阎氏《尚书古文疏证》(原文作《古文尚书疏证》)、惠氏《古
文尚书考》之先,很有承前启后的功绩。"②陈氏所言"宋、元但凭
体会文章格式",实际上是不确切的。宋元诸儒,特别是宋儒言之
有理、言之有据的文献考据,并不难以举例。可详见前文。因此,
言梅鷟重视扎实考证的方法可信,论宋元诸儒但凭体会辨伪的说
法不实。陈先生为突出梅鷟的贡献,而将其置于不正确的评说体
系中,似乎不妥。

三、继往开来的元明文献辨伪

1.承继前代辨伪研究余绪

元明时期在文献辨伪方面,有较多成果的学者,大都因袭前

---

① 对此,顾广圻推测:"《疏证》第三卷言《大禹谟》、《泰誓》、《武成》句句有本,言
　　袭用《论语》、《孝经》、《易》、《书》、《诗》、《周礼》、《礼记》、《左》、《国》、《尔
　　雅》、《孟》、《荀》、《老》、《文》、《列》、《庄》,其中采鷟语必多"。见《思适斋
　　集》卷7,"校定尚书考异序",续四库本,第1491册,第62页。
② 陈梦家:《尚书通论》,中华书局,1985年,第107页。

代,略有阐发,且有综合归纳。考辨伪书较多、著述篇幅较大的,如宋濂《诸子辨》、胡应麟《四部正讹》。另外,元代马端临的《文献通考·经籍考》也辑录了不少唐、宋学者辨伪的文字,也属于文献辨伪方面的成果。其他诸如在按语、注文中涉及辨伪的言论也有不少,如元吾丘衍《闲居录》中辨《山海经》,以为"非禹书",其出"秦时方士无疑"。如明邓伯羔《艺彀》中:"《省心录》,沈道原作,世以为林君复作;《龙城录》,王性之作,世以为柳子厚作;《元经》,关朗作,世以为王仲淹作;《化书》,谭紫霄作,世以为宋超回作;《刘子》,刘昼作,世以为勰、为歆、为孝标作,皆非也。"① 如明杨慎《升菴外集》中辨《周礼》之伪时言:"刘歆逢王莽之恶,欲以威劫群臣,遂伪作《周礼》","歆其可胜诛乎"!② 如明人王道以为《周礼》一书,"惟斥之以为末世渎乱不验之书,庶为切中其病",③等等,无论是考辨的对象还是结论,都少有拓展,创获不多。

　　至于伪《古文尚书》的问题,也基本承继吴棫、特别是朱熹之余绪,通过分编今文、古文,专释今文的方式,认可或表明《古文尚书》系伪书的观点。如元赵孟頫《书古今文集注》,分编今文、古文;元吴澄撰《书纂言》,专释《今文尚书》④。另外,如元儒王充耘《读书管见》,明代学者王祎《青岩丛录》、郑瑗《井观琐言》、郑晓、

---

① （明）邓伯羔:《艺彀》卷上"伪书",四库本,第856册,第11页。
② （明）杨慎撰,（明）张士佩编:《升菴集》卷44"条狼氏"条,四库本,第1270册,第321页。杨慎伪作多,辨伪也不少。本文不作个案研究,唯在行文中间或述及。明方孝孺在考辨《周礼》时也涉及《周礼·司寇·条狼氏》的问题,他以为"条狼氏"刑罚太烈,"非周制也明矣"。杨慎作《周官音诂》,其《序》亦说"《周礼》渎乱不经之书",此外,还提到《周礼·媒氏》"启以淫奔之路";《周礼·大司寇》"入束矢"、"入钧金";《周礼》"之于言利,何其密也"等几个问题,以为"今之所传者,盖出于诸侯毁黜之余,而成于汉儒之所补"。见《逊志斋集》卷12"周礼考次目录序",四库本,第1235册,第355页。
③ 《经义考》卷120引,四库本,第678册,第537页。
④ （元）吴澄:《书纂言》"目录后识语",四库本,第61册,第7页。

归有光、焦竑、郝敬、罗敦仁、罗喻义父子等,也有《古文尚书》辨伪的文字。①

2.奠定后世继续探讨的基础

梅鷟在《古文尚书》辨伪上,通过扎实考证,进一步诠释"古文系伪作"的观点,代表了元、明时期专书考辨的最高水平,为清儒最终基本解决此一悬案,奠定了坚实的基础。胡应麟并非首屈一指的硕学鸿儒,但是,他能在中国古代学术史上占有不可替代的地位,其与《四部正讹》之写成,有莫大关联。在《四部正讹》一书中,胡应麟对此前的辨伪学方法,进行了较为全面的总结,对辨伪理论也进行了深入探讨,他提出的二十一种伪书类型,提出的辨伪八法,考辨的数十种文献,等等,都对文献辨伪学的继续发展造成了深远影响。

概言之,元明时期的文献辨伪,是整个中国古代文献辨伪学发展的重要阶段,起到了承前启后、继往开来的重要作用。

---

① 王充耘著《读书管见》,《四库全书》有收录,共2卷。明梅鷟曾为该书作跋,称"写者草草,其末尤甚",对其评价不高。(明)王祎在《青岩丛录》一书中指出:古文平缓卑弱,殊不类先汉以前文字。而孔《传》特魏、晋间人假托安国为名耳(见王祎撰,刘杰、刘同编:《王忠文集》卷20"杂著",四库本,第1226册,第420页)。王氏的言论并无新意。明儒郑瑗认为:观商周遗器,其铭识皆类今文书,无一如古文易晓者。并且提出"岂有四代古书,而篇篇平坦整齐如此","诚不可晓"(见郑瑗:《井观琐言》卷1,四库本,第867册,第234,235页)。郑晓著有《尚书考》二卷,应该有关于《古文尚书》辨伪的内容,今不存。目前可知,郑晓曾辨今见《古文尚书》的《泰誓》篇系伪作。归有光认为:孔壁古文十六卷为伪书。东晋时出古文为杂乱之书(见归有光:《震川集》卷1"尚书叙录",四库本,第1289册,第12页)。明焦竑无考辨《古文尚书》的专门文字,仅仅在"尚书古文"条的按语中述及"余尝疑《尚书》古文之伪"。郝敬著有《尚书辨解》,阎若璩对郝敬的《古文尚书》及孔《传》、孔《序》的辨伪给予了很高的评价。见《尚书古文疏证》卷8。罗敦仁、罗喻义父子的《尚书是正》今已不存,有关他们以《古文尚书》为伪的情况,可从毛奇龄《古文尚书冤词》卷7的引文(四库本,第66册,第617页)中得知,此略。

　　清以前的学者在辨伪学上,几乎触及了所有的领域,涉及各式各类的问题,留下或专书、专篇,或札记、笔记的著述,无论是在方法论上,还是在认识论上,均已基本完备,取得了巨大的成就。

　　第一,考辨范围遍及四部。在《易》、《诗》、《书》、《礼》、《春秋》类经传,以及诸子学说、学士文集中,都提出后人再也很难回避的问题。如《易经》的《十翼》问题,《古文尚书》真伪问题,《书序》、《诗序》、《书传》、《诗传》等问题。特别是《古文尚书》真伪问题,自吴棫发其覆,朱熹承其后,经过蔡沈、赵汝谈等进一步诠释,再经明梅鷟的扎实考证,有关《古文尚书》的考辨,大有唯待后来人一锤定音的态势。

　　第二,考辨成果极大丰富。参与文献考辨的学者人数众多,留下的考辨著作数量可观,发明的著述形式多种多样。因为文献的散佚和笔者阅读范围有限,具体数量难得其详,但是,可以得出的整体认识是:近千年间,文献辨伪的成果极为丰富。其中如马融的辨《泰誓》,刘知幾的《孝经注议》,如宋濂的《诸子辨》,梅鷟的《尚书考异》,等等,都是学术史中的光辉典范。另外,史志目录类著述中,如《汉书·艺文志》、《隋书·经籍志》、晁公武的《郡斋读书志》、陈振孙的《直斋书录解题》①、马端临的《文献通考·经籍考》等,均有文献辨伪的内容,其他如文集笔记中散见的考辨成果,就更不胜枚举。

　　第三,辨伪方法基本齐备。汉唐以来的数代学者,在不断的文献辨伪活动中,发明了诸如通过校勘、辑佚、言辞、史事、思想体系、史志目录、典章制度、地理沿革、名号称谓等辨伪方法。而且到了明末,胡应麟还以专论的形式对古籍辨伪的方法进行了归纳,这就

---

　　①　晁公武、陈振孙的这两部著作,辨别的伪书也不少,是宋代文献辨伪学研究中值得注意的内容。笔者认为,同元马端临的《文献通考·经籍考》一样,二书集成既有成果的内容较多,故未立节目作专门探讨。

是著名的"胡氏辨伪八法"。胡应麟总结的辨伪法对后人产生了重要影响,如梁启超总结的辨伪法即主要取材于此。梁启超认为"清儒辨伪工作之可贵者,不在其所辨出之成绩,而在其能发明辨伪方法而善于运用"。① 实际上,与之截然相反的是,清儒辨伪工作之可贵,正在其辨出的成绩,至于方法,基本上没有多少发明,唯运用娴熟而较为全面。

　　第四,辨伪理论日渐完善。其间,许多学者对文献辨伪学中的理论问题,诸如作伪动机和作伪心理、伪书类型、伪书的性质、伪书的影响等,进行了广泛探讨。上述内容,本章都作了专门论述,此不复述。

　　总之,经过先秦以迄于宋明的千余年发展,中国古代的文献辨伪之学,已构建起较为完备的理论体系,取得了令人瞩目的学术成就,拓展了空前广阔的发展空间。清代的文献辨伪学,就是在这样的基础上发展起来的。清人的文献辨伪研究渊源有自,它是中国古代文献辨伪之学的继续和发展。

---

① 梁启超:《中国近三百年学术史》(据 1936 年影印《饮冰室合集》本),中华书局,1989 年,第 249 页。

第三章　清代文献辨伪学的发展动力和外部环境

清代文献辨伪学的发展动力如何？清代文献辨伪学发展的外部环境怎样？这是本章所要探讨的问题。清代的文献辨伪学能够继续发展，有着深刻的学术和社会根源，即学术和社会对其提出的内在要求，此为发展动力。清代的文献辨伪学能够获得极大发展，需要不可或缺的政治、经济和文化条件，此为外部环境。内在要求构成了文献辨伪学发展的必要条件，外部环境构成了文献辨伪学发展的充分条件，二者不可或缺。就此一问题而言，内在要求和外部环境又存在着辩证关系，即：内在要求终究是来源于外部环境，而外部环境必须通过内在要求起作用。总之，二者共同作用，构成充分且必要条件，玉成其事。

无论是学术和社会的根源，抑或政治和经济的环境，都是时代的产物，都散发着浓郁的时代气息。往代如此，清代也如此。因此，从这个意义上说，文献辨伪学从来都既是历史的，又是现实的，既是学术的，又是社会的。单向度地理解，未必能获得全面的认识，而仅将其视为"文献整理方式"的做法，则一定不能获得全面的认识。

第一节　文献辨伪学的发展动力

概览中国古代文献辨伪学史，从先秦的论道，到两汉的著史，从王充对社会现实的激愤,到贞观年间国家权力的介入,从辨正百二《尚书》的伪造,到揭发刘炫献"奇书"的邀赏。思想的、学术的、政治的、社会的,等等诸多因素,均对文献辨伪活动的开展提出了内在要求,并共同构成其发展的动力。时至清代,上述诸因素对文献辨伪学之发展,提出何种内在要求,即清代文献辨伪学的发展动力又怎样呢?

一、守卫圣经圣道,巩固专制政权

古人的文献考辨,从来就不仅仅是文献整理的问题。从孟子以圣王仁义衡量《武成》虚实,到王充以"铨轻重之言,立真伪之平"正人间是非,特别是到了宋明以后,以圣道天理考量文献的真伪曲直,已成为基本规范,实践者如朱熹、宋濂等。总之,考辨文献真伪,祛除伪书对"圣经"的淆乱——卫经卫道,已成为考辨文献真伪的基本要求之一,已成为一种传统、一种发展动力。

这一传统和动力,在清人中亦绵延不断。清儒同样坚持"六经载道"这一基本命题,如清初朱之瑜即认为:"圣人未生,道在天地;圣人既生,道在圣人;圣人已往,道在六经,则先王之道尚矣。"①这是清代学人的一种共识。因此,研读经典,析疑解难,辨伪存真,是探求圣人之道,卫经卫道的内在要求。清人的文献辨伪还有巩固专制政权的需要,可归纳为两点:

1.剪除异己言论

牵涉国家政治的作伪和辨伪,历史上并不鲜见。如《晋书》"曹志传"载:

---

① （明）朱舜水:《朱舜水集》(朱谦之点校)卷10"策问",中华书局,1981年,第343页。

　　帝(晋武帝司马炎,笔者按)尝阅《六代论》,问(曹)志曰:"是卿先王所作邪?"志对曰:"先王有手所作目录,请归寻按。"还奏曰:"按录无此"。帝曰:"谁作?"志曰:"以臣所闻,是臣族父同所作。以先王文高名著,欲令书传于后,是以假托"。帝曰:"古来亦多有是"。顾谓公卿曰:"父子证明,足以为审。自今已后,可无复疑。"①

　　《六代论》(见《昭明文选》卷五十二)纵论夏、商、周、秦、汉、魏六代兴亡与政治得失,并尤其强调广树宗亲以藩卫王室的重要意义。如若联系晋初时政,不难看出作伪者之用意,即:讽刺当时执政者曹爽。而托名曹植,无外乎是因其"文高名著",借此以相号召。实际上是魏系余裔借此抒发失国之哀怨。晋武帝何尝不深味个中意味? 但是,他更清楚,曹魏的时代已经过去,《六代论》言辞虽恺切,终究于事无补。因而,他更为关注的是当下,也即乃弟齐王司马攸②的政治野心。故而才在朝堂之上,大张旗鼓地辨伪。司马炎之心,尽人皆知矣!

　　再如唐后期党争和《牛羊日历》、《周秦行记》的作伪问题。唐后期政治腐败,宦官专权,党争激烈。以李德裕③为代表的李党,

---

① (唐)房玄龄等:《晋书》卷50"列传第二十·曹志",中华书局,1974年,第1390页。

② 司马攸(248—283),字大猷,司马昭次子,武帝弟,封齐献王。官至侍中、大司马。其人清和平允,亲贤好施,爱经籍,能属文,颇得人心。武帝晚年,朝廷内外要求齐王继位,司马攸因谗言而遭排挤,气发病死,年仅三十六岁,谥为"献"。见(唐)房玄龄等《晋书》卷38"列传第八·文六王·司马攸",中华书局,1974年,第1130—1135页。

③ 李德裕,字文饶,宰相李吉甫子。少嗜学,性孤峭,明辩有风采,善为文章。历任翰林学士,中书舍人、御史中丞、浙西观察使,文宗入相。见《新唐书》卷180"列传第一百五""李德裕传",中华书局,1975年,第5327页。

同以牛僧孺①为代表的牛党,结怨颇深,争斗不息。② 在此过程中,出现了上述两部托名假造,以攻击政敌的伪书。《牛羊日历》,一卷,旧题唐刘轲撰。书中"牛"、"羊"分别指牛僧孺和杨虞卿③。刘轲,具体事迹不详,本系僧人,后还俗,以文章名世,故有托名刘轲诋毁牛派的伪书。《周秦行记》,一卷,原题唐牛僧孺自述,李德裕借题发挥,撰《〈周秦行记〉论》,指斥牛僧孺侮辱皇室,应诛无赦。显然这种托名伪作的目的十分明确,即借此陷政敌于死地而后快。据考证,《牛羊日记》或为皇甫松作,松曾衔恨僧孺,而《周秦行记》当为李德裕门人韦瓘作。

　　清朝涉及政治的作伪和辨伪,当以"伪孙嘉淦奏稿"影响最大。孙嘉淦,山西兴县人,家贫,苦读,康熙五十二年(1713 年)中进士,选庶吉士,散馆授检讨,后相继任国子监祭酒、顺天府尹等职,乾隆十五年(1750 年)正月,授兵部侍郎。同年八月,擢工部尚书,署翰林院掌院学士。乾隆十七年进吏部尚书、协办大学士。乾隆十八年十二月卒,谥文定。孙嘉淦历康、雍、乾三朝,以清廉刚正、直言敢谏著称。乾隆十六年(1751 年)七八月间,乾隆帝连续接到有关"孙嘉淦奏稿"的报告。这份题名"工部尚书孙嘉淦"的奏稿,长达万言,指斥乾隆帝失德,有"五不可解、十大过",且对满朝权贵重臣遍加弹劾。乾隆发现后,即令追查。一年半间,全国十七个内地行省都发现有众多传抄者,缉捕人数达千人以上,因查办

---

① 牛僧孺,字思黯。幼孤,工属文,第进士。元和初,以贤良方正对策,条指失政,不避宰相。历宪宗、穆宗、敬宗、文宗、武宗等朝,得赠太尉,谥文简。见《新唐书》卷 174"列传第九十九""牛僧孺传",中华书局,1975 年,第 5229 页。

② 史有牛李党争"垂四十年"的说法,大致从唐穆宗长庆元年(821 年)到唐宣宗大中十三年(859 年)冬十二月,牛党令狐绹罢相,凡三十九年。

③ 杨虞卿,字师皋,虢州弘农人,曾中进士,博学宏辞,为校书郎,后擢累监察御史。系牛党中人。文帝时获罪遭贬,死。见《新唐书》卷 175"列传第一百·杨虞卿传",中华书局,1975 年,第 5247—5249 页。

不力而受申饬、降级以至革职拿办处分的督抚大员也有十几名,但是奏稿究系何人炮制,查无实据。乾隆十八年(1753 年),江西千总卢鲁生坐案死,历时三年的"伪孙嘉淦奏稿"事草草结案。①

关于晋主司马炎的辨伪和乾隆对造伪者的追究,我们不难发现他们的用意,兹不赘言。将唐后期的伪书和清高宗的伪奏稿稍加对比,我们也不难发现,虽然上述文献均托名当时显宦,但是仍存在着明显的区别:前者以作伪的方式激化君臣关系,以实现对政敌的打击报复;后者以作伪的方式激化君民关系,以发泄对国家统治的强烈不满。前者终究是权臣间的斗争;后者则根本上是君民间的矛盾。造成这种差异的根本原因,是社会和政治环境的变化,即随着皇权的空前强化,矛盾的焦点也越来越直指权力的最高代表,即皇帝本人。

关涉时政的作伪和辨伪,动辄杀戮,展现了文献辨伪学中惊心动魄的一面,我们的研究,不能对此类现象视而不见。

2.规范学术思想

借辨伪规范学术思想,并非清代皇帝的发明。如上文所述,早在唐开元年间,就发生了围绕学官学本哪家而展开的文献辨伪和学术争论。虽然学术上的是非曲直已异议不多,但是唐政府的决断,则因其富有政治意味而发人深省。概言之,其用意,无外乎借此规范学官教育,进而控制学术思想。在清代,通过国家权力机构干预学术活动的现象多见,其根本目的也是通过对学术思想的规范,实现其对政治统治的强化。

其中以《总目提要》的编纂,最具代表性。《四库》中收录何书,存目何书,禁毁何书,清朝统治者均有明确的规定。此外,《总

---

① 《历史档案》,1998—1999 年间共分 8 期刊登《乾隆年间伪孙嘉淦奏稿案史料选》。陈东林、徐怀宝:《乾隆朝一起特殊文字狱——"伪孙嘉淦奏稿案"考述》,《故宫博物院院刊》1984 年第 1 期。

目提要》不仅仅是一部目录书,也不仅是一部学术评论,更是一部官方学术纲要。对于这个问题,本书第七章第三节有进一步说明。

二、增进学人素养,端正士林风气

1.研读文献基本功力

传世文献中伪书丛脞,对此,明儒胡应麟有言:"余读秦汉诸古书,核其伪几十七焉。"①虽估计得不甚确切,却也足以说明秦汉时期的文献,其伪讹丛生的严重性。此后,伪书层出不穷,单是明人如杨慎等伪造的文献就遍及经、史、子、集四部。笔者经初步统计可知,清及清以前学者考辨出的伪书达七百余种。这是他们经常接触的文献,至于因文献不足征,或笔者目力不及的,当还有许多。所以清末张之洞在《輶轩语》中言:"一分真伪,而古书去其半。"②因此姚际恒在《古今伪书考》中把辨伪工作看成是"读书第一义"。笔者深以为然,辨伪求真确实是治学必备的基本素养。

另,不尚浮华,明辨真伪,也是清代学者普遍认同的学术风格和学术规范。清人对前代诸如喜空发议论,特别是对明末"士风浮伪",嗜好蓄异本、造伪书以"炫俗"的浮躁学风,大加斥责③,以其为"恶习"④。

清人对不别真伪,引证失据,没有根柢⑤的治学,批评较多。特别是对《申培诗说》、《天禄阁外史》、《武侯心书》之类伪书,不

① (明)胡应麟:《四部正讹》(顾颉刚点校)卷下,第78页。
② 参见张大可、俞樟华著:《中国文献学》,第七章《考据学、辨伪学、辑佚学》,第二节"辨伪学",一、伪书的种类和原因,福建人民出版社,2005年,第198页。
③ 详见《总目提要》卷126"子部三十六·杂家类存目三","搜采异闻集"条。
④ 详见《总目提要》卷146"子部五十六·道家类","亢仓子注"条。
⑤ 如批评明张世贤著《图注脉诀》"误以《脉诀》为真叔和书而图注之。根柢先谬,其他可不必问矣"。见《总目提要》卷105"子部十五·医家类存目","图注脉诀"条。

加辨别或不能辨别的治学方式,斥责尤多。如清黄中松撰的六卷本《诗疑辨证》,著者引用《孔子家语》立论,四库馆臣批评黄氏"不知《家语》王肃伪撰,不足据也"。①

2.清人治学流弊仍在

清人治学中不辨真伪,或不能辨真伪的问题是客观存在的。如《此木轩纪年略》一书,共五卷,清焦袁熹撰。纪事始于帝尧,编年则始于春秋,大致体例是条列历史上关系治乱兴衰的大事,并各系以论说,未及作成而亡,后人补成。该书存在的问题就是"好以明人所刻《竹书纪年》为据,不知其伪"②。如《禹贡会笺》,十二卷,《竹书统笺》,十二卷,均系清徐文靖撰。徐文靖(1666—1757),字位山,安徽当涂人。雍正元年(1723年)举人,乾隆十六年(1751年)特授翰林院检讨,时年八十有六矣。二书在胡渭、孙之𫘧的基础上又有发明,但也存在"惟信《山海经》、《竹书纪年》太过","不究真伪"的问题,且多据毛渐伪《三坟》,"殊失考正"。③如清人张鹏翮撰《忠武志》,也收录伪书,颇显"芜杂"。再如清孙炯撰《研山斋珍玩集览》,妄称有宋版《本草纲目》四函。《本草纲目》乃明李时珍所作,安得有宋版!如清人刘命清撰《虎溪渔叟集》,称"朱子弃《子贡诗传》、《子夏诗序》"云云。《子贡诗传》至明始出,朱子何从得见?

总之,部分清人在治学中,尚存在各种不辨真伪,剿袭伪书等问题,其学术素养还需要加强。黜虚蹈实,不尚浮华,言则有本,言必有据的学术风格和学术规范何以生成? 朴实治学,扎实考据,辨伪存真,其乃必需。

---

① 《总目提要》卷16"经部十六·诗类二","诗疑辨证"条。
② 见《总目提要》卷48"史部四·编年类存目","此木轩纪年略"条。
③ 《清国史》"儒林传下"卷8"徐文靖传",第599页。该书"儒林传"卷7亦有"徐文靖传",第412页。以下引用版本、所在册数相同,故仅标注篇卷名目。

3.剽窃攘夺之事

士人中剽窃他人著述,或攘窃书稿据为己有的现象,较早的,有晋时郭象窃向秀书稿,以《庄子注》为名传世事①。窃书无外乎借此扬名,下面一条史料对窃书者的心理描写得惟妙惟肖,事见《南史》"徐广传"。史载:"时有高平郗绍亦作《晋中兴书》,数以示何法盛。法盛有意图之,谓绍曰:'卿名位贵达,不复俟此延誉。我寒士,无闻于时,如袁宏、干宝之徒,赖有著述,流声于后。宜以为惠。'绍不与。至书成,在斋内厨中,法盛诣绍,绍不在,直入窃书。绍还失之,无复兼本,于是遂行何书。"②何法盛索要不成于前,入室盗窃在后,又堂而皇之地以此传诸后世,真可谓厚颜无耻。传文中言辞,道尽何氏苟且心意,龌龊不堪! 是为南朝的窃书。此后的宋明年间,窃书现象并不少见。③

清人的剽窃攘夺之事,也时有发生,且有聚论如讼者。最为知名的就是《明史纪事本末》事。该书八十卷,仿袁枢《通鉴纪事本末》之例作成。该书面世不久,就引来诸多质疑,有人认为是谷应泰"窃冒"张岱《石匮藏书》而成④,有人认为是谷应泰出资"购采"而来⑤,还有人认为是徐倬"报赠"而作⑥,等等。议论纷纷,争执

---

① 详见(唐)房玄龄等《晋书》卷50"列传第二十·郭象传",中华书局,1974年,第1397页。虽然刘义庆、钱曾《读书敏求记》等都提出不同的看法,但,想必《晋书》记载当非空穴来风。《总目提要》卷146"子部五十六·道家类","庄子注"条认定系郭象窃取无疑。

② (唐)李延寿:《南史》卷33"列传第二十三·徐广传",中华书局,1975年,第859页。

③ 如(宋)郑景望《蒙斋笔谈》,系剽叶梦得《岩下放言》而作。(明)顾正谊撰《诗史》十五卷,本为明华亭词人唐汝询著,顾氏以三十金诡得之,掩为己作,等等。

④ (清)姚际恒、(清)陆定圃持此说。

⑤ (清)邵廷采:《思复堂文集》卷3"明遗民所知传·张岱传",四库存目本,集部第251册,第399页。

⑥ 如(清)叶廷琯:《吹网录》卷4"《明史纪事本末》非窃书条",续四库本,第1163册,第53—54页。

不休。

再如《字林考逸》一书，八卷。《字林》，本魏晋之际吕忱著，后亡佚，有辑本。《字林考逸》刊行后，丁杰即刻遍告诸人，称该书本是他写成，存稿于任大椿家，任大椿据为己有，盗名出版。虽有人证实丁杰所言不实，但此事在学界造成的影响已不能祛除。

《总目提要》有言："伪妄剽窃之书，本不足辨"，但是，因有传本流通，难免会滋生疑误，不得不辨。① 攘窃行为不足齿，攘窃之书不足辨，但是，不辨不足以端正士林风气，不辨不足以遏制谬种流传。

三、处理遗留问题，甄别新见伪书，抨击盗版渔利

文献辨伪虽然历千余年发展，仍有大量遗留问题有待解决，诸如对考辨对象的深入研究，对考辨方法的继续发展，对辨伪理论的不断完善，等等。特别是诸如《古文尚书》真伪问题，《易传》真伪问题，《周礼》真伪问题，《诗序》真伪问题，等等，聚论如讼，堪称千年遗案。这些问题一经提出，就很难再回避。清代学者继承了前代的辨伪学遗产，也不得不面对先儒留下的大量棘手问题。学术如积薪，后来居上。但是，要解决这些遗留问题，解决千年学案，亦绝非易事。为此，清儒皓首穷经近三百年。

此外，清人造作的伪书频繁出现。如托名朱子撰的《或问小注》，三十六卷。该书自朱子以后的官、私目录，均不见著录，康熙年间始有陈彝则家刻本行世，陈氏且声称是明人徐方广增注本。此后，又有郑任钥重刻，并在《跋》语中反覆论定为朱子著。但是，经过考证，该书系清人剽窃《四书大全》，依托作成，"伪迹昭然，万

---

① 《总目提要》卷131"子部四十一·杂家类存目八"，"帝皇龟鉴"条。

难置喙"①。有趣的是,据清人王懋竑《白田杂著》中载:事后不久,郑任钥即发现其为汤友信所欺,深悔,并声称署在他名下的序言,皆汤友信作,自己未尝寓目。真真荒唐! 现代学界此类现象不少见,想必一些专家学者亦良有此叹欤?

康熙间,苏州张士俊有一部伪本《玉篇》问世。《玉篇》本是梁代顾野王撰,经唐高宗上元元年(674年)孙强增字,宋大中祥符六年(1013年)陈彭年、吴锐、丘雍等重修,方成五百四十二部的规模。《玉篇》"上元本"当系最早的版本,久不存。清人张士俊自称的所谓"上元旧本",实际上伪迹显然。《总目提要》即讥其"拙于作伪"。另外,还有标明朱彝尊撰的《韵粹》,计一百零七卷,然而检读书中内容及朱彝尊生平,可知其定非出自朱彝尊之手。

再如《刑法叙略》一书,一卷,题宋人刘筠撰。刘筠,字子仪,河北大名人,中进士,善词对,工诗,历宋真宗、仁宗朝。曾与修《册府元龟》。② 实际上,这本《刑法叙略》是清初"曹溶"节取《册府元龟》"刑法"一门的《总叙》,诡题刘筠而成。该书收在《学海类编》中。至于《学海类编》,旧题清人曹溶编,收书四百余种。但是据四库馆臣初步考证,以为其中的伪书,竟十居八九,除上述《刑法叙略》,还有《月下偶谈》、《明漕运志》等。对于这样一部伪书丛刊,四库馆臣也存有质疑——果真成于曹溶之手? 恐未必然,因为《学海类编》收录图书中,有曹溶临殁及卒后的著述,故而四库馆臣怀疑道:是"无赖书贾以溶家富图籍,遂托名于溶"。③ 此外,如七卷本的《资暇新闻》,自称是清人魏裔介撰。但是,经四库馆臣考证,可知该书系"抄撮杂说而成",其"体例猥杂,谬陋百

---

① 《总目提要》卷37"经部三十七·四书类存目","或问小注"条。

② (元)脱脱等:《宋史》卷305"列传第六十四·刘筠传",中华书局,1977年,第10088页。

③ 见《总目提要》卷134"子部四十四:杂家类存目十一","学海类编"条。

出",以魏裔介的身份学识,恐不至于写出这样的著作,因此疑为
"妄人所托名"。①

　　且有踵伪承谬,伪中益伪的情况。如《续刑法叙略》一书,一
卷,清人谭瑄撰。书中主要内容是叙说宋、元、明三代刑法,但是极
为疏略。名为《续刑法叙略》,用意在续写伪题宋刘筠的《刑法叙
略》。四库馆臣认为,"筠书既伪,续者可知",并推断其造作方式
是掇拾类书,并赝题《续刑法叙略》而成。② 至于《厚斋诗话》等,
也系伪作,下文将作说明。

　　总之,就上述观之,按照"四库"分类法:经部四书类的《或问
小注》,经部小学类的《玉篇》;史部政书类的《明漕运志》;子部法
家类的《刑法叙略》、子部杂家类的《月下偶谈》、子部类书类的《韵
粹》;集部诗文评类的《厚斋诗话》等。清人伪作的文献也遍及四
部,文献的数量不可谓不多,问题的性质不可谓不严重。如此情
形,清代的文献辨伪不得不继续进行下去。

　　历史上,书商造作的伪书层出不穷,对此清人早有认识,或不以
为然,更多的是嗤之以鼻。如题名宋周必大著《裁纂类函》一书,题
一百六十卷,浙江汪启淑家藏本。经过四库馆臣鉴定,发现该书不
过是抄录删改《册府元龟》而成,仅仅改窜篇目而已。并推测出自
"奸黠书贾"之伪造,希望"依托"以"求售"。对于书中序文,四库馆
臣则直斥以"词旨鄙俚",只"可资笑噱",不足与辨真赝。

　　这样的事例还有许多。在一些书商的观念中,利益至上,廉耻
何足道!故而造伪的行径不以时代的变更而有改观,宋人造伪,明
人造伪,清人也造伪。譬如《于陵子》一书,旧本题齐陈仲子著,共
一卷,书末有清初大学士徐元文跋文一篇。徐氏精于鉴别,富于收

---

① 《总目提要》卷133"子部四十三·杂家类存目十","资塵新闻"条。
② 《总目提要》卷101"子部十一·法家类","续刑法叙略"条。

藏,传是楼中有颇多秘籍宝典。徐氏一跋,价比千金。不过,该书仍是被人识破,称《于陵子》其伪"可验",徐氏之跋文,也是"近时书贾所增"。其动机很明显,即意图冒充传是楼旧本以售欺。再如《明百家小说》,一百零九卷,题为明人沈廷松编。但是,比对清人陶珽《续说郛》一书,发现内容多雷同,四库馆臣推测,该书当是"坊贾以不全《说郛》伪镌序目售欺也"。① 另外,《考古原始》一书,坊刻注明是清人王文清编,共六卷。但是该书内容颇为牵合傅会,不著出典,且王氏自叙平生著述,并无此书。故而《总目提要》著录为:"殆坊贾所托名也"。

　　清代的广州,自阮元开学海堂刻书后,各省书商云集,刻书业十分兴盛,造伪书也颇为盛行。近人黄国声和吴宏一都曾著文研究这个问题②,几年前,更有蒋寅、张寅彭、程中山等人著文,对清代书商伪造的《厚甫诗话》进行研究③。这本托名陈厚甫④的《厚甫诗话》,本系方恒泰⑤著,原名《橡坪诗话》。实际上,对于这部

---

① 《总目提要》卷132"子部四十二·杂家类存目九","明百家小说"条。

② 黄国声:《清代广州的文化街》(载《岭南文史》编辑部编:《岭南文史》,岭南文史杂志社,1997年第2期,第58—59页),吴宏一:《清代诗学的背景》(见《清代诗学初探(修订本)》,台湾学生书局,1986年)。

③ 蒋寅:《粤人所著诗话经眼录》(载《学术研究》,广东人民出版社,2004年第4期,第139页),据李文泰《海山诗屋诗话》进行了辨伪。张寅彭据蒋寅引述的《海山诗屋诗话》,并比对《橡坪诗话序》,考订出《厚甫诗话》为伪书(见张寅彭:《新订清代诗学书目》,上海古籍出版社,2003年,第110页)。程中山通过比对《橡坪诗话》与《厚甫诗话》后,发现两书同出一板,是书贾托陈氏的伪书(程中山:《伪书〈厚甫诗话〉成书考述——兼论清代广东诗话中"南来学者"的情意结》,《中国典籍与文化》2005年第3期)。

④ 陈钟麟(1763—?),字肇嘉,号厚甫,江苏元和(今属苏州)人,嘉庆进士,官授翰林院编修,户部主事,迁郎中。曾任粤秀书院院长三年。博通经史,著有《陈厚甫稿》、《听雨轩剩义》等,无"诗话"之作。

⑤ 方恒泰,字象平,一作橡坪,广东番禺人。嘉庆、道光年间人。方氏生平所著《暖香阁诗抄》,未见传世。其《橡坪诗话》亦不为广东地方志所著录。

伪书,清人就已明白指出其为伪作①。

总之,清代的思想、学术、政治、文化等诸多方面都对文献辨伪提出要求,共同构成文献辨伪研究继续发展的动力。

第二节 文献辨伪学发展的社会环境

一门学问的发展程度和水平,往往取决于它所处的外部环境。那么,清代文献辨伪学的发展环境又如何呢? 在探讨清代文献辨伪学发展的社会环境时,笔者认为,主要应从政治和经济两个方面,倡导儒教、振兴学术和经济繁荣三个问题着手。

一、倡导儒教,承继道统

构筑有效、有力的意识形态以维护统治,是每个政权都关注的问题。清朝统治者所确立的统治思想和官方学术,也是清儒从事文献辨伪活动之重要准绳。二者间的关系,是当前同类问题研究中往往忽视的问题。

中国历史上,由少数民族建立的全国性统一政权,只有元、清两朝。1271 年忽必烈改国号为"大元",1279 年灭南宋,建立了统一的全国政权。元朝疆域空前,"北踰阴山,西极流沙,东尽辽左,南越海表",其"东南所至不下汉、唐,而西北则过之"。② 同样是

---

① 清人李文泰说:"坊间售陈厚甫先生诗话,余披览甫数页,讶其不似先生语。后询知为番禺方橡坪孝廉恒泰所著。孝廉殁后,书贾改厚甫名,意欲利于售也"(见李文泰《海山诗屋诗话》卷6,光绪戊寅粤东羊城森宾阁活字字板,第 18 页)。清人李长荣(1813—1878)《柳堂诗话》一书内,亦曾记载伪书一事。《柳堂诗话》云:"陈厚甫观察钟麟生平并未著诗话,今书坊之《厚甫诗话》,乃东莞方象坪孝廉原著。坊贾以其不行,遂嫁陈观察名,时地人迥不相侔,论卑识隘,大为观察之累"。参见程文。

② (明)宋濂等:《元史》卷58"志第十·地理一",中华书局,1976 年,第 1345 页。

少数民族建立的统一国家,虽然在武功上,清或许略逊于元,但是在文治上,元却与清相差甚远。清比元的高明之处,就是很好地认识并有效地利用了儒家思想治理国家。①

1.尊奉孔孟

早在入关以前的崇德元年(1636 年),清太宗皇太极即为尊奉孔子而"建庙盛京,遣大学士范文程致祭,奉颜子、曾子、子思、孟子为配"。入关第二年,即顺治二年(1645 年),清朝统治者又规定祭祀仪轨:"正中祀先师孔子,南向。四配:复圣颜子,宗圣曾子,述圣子思子,亚圣孟子"。清世祖顺治帝亲政后,于顺治九年(1652 年)亲临太学,祭奠孔子,行二跪六叩礼,赏衍圣公封号。顺治十四年(1657 年)九月,举行有清以来第一次经筵大典,旋即于十月,"以开日讲祭告先师孔子于弘德殿"。②

此后,清政府尊奉孔孟,礼遇先师的活动,屡见于史籍。如康熙八年(1669 年)四月,举行释奠孔子大礼,清圣祖康熙帝"由大成中门,步进先师位前,行二跪六叩头礼"。③ 康熙二十三年(1684 年)于南巡返京途中,亲临曲阜,举行隆重仪式,祭奠拜谒孔子。圣祖行三跪九叩大礼,宣读御制祝文,赐亲笔"万世师表"四字匾额,并将曲柄黄盖等仪仗留下,于"四时飨祀陈之",用以表示"尊

---

① 元、清优劣,不是个三言两语能道明的问题。不过可以确定的是,元代诸如"人分四等",轻视儒士(陶宗仪《辍耕录》的说法,当时社会有身份的阶级,叫"十色"。一是官、二是吏、三是僧、四是道、五是臣、六是工、七是猎、八是民、九是儒、十是丐。其中,儒士居第九位。虽有些元史研究者提出元朝未曾如此对待儒士,但陶氏所言至少反映了读书人的心理落差和不满,而这种落差和不满,为清儒所未有)等施政,至少可以反映出其与清朝皇帝对儒道观念的认识还有一定差距。

② 赵尔巽等:《清史稿》卷5"世祖本纪二",中华书局,1977 年,第 150 页。以下凡引用该书,均为该版本,故只标卷数、页数。

③ 《清圣祖实录》卷28,中华书局影印本,1985 年,第 393 页。

圣之意"。①

康熙二十五年(1686年),又于孟庙立碑,康熙帝亲自撰写碑文曰:"我读其书,曰仁曰义。遗泽未湮,闻风可企。岳岳亚圣,岩岩泰山。功迈禹稷,德参孔颜。"②他认为孟子的形象比泰山还要雄伟,功绩比大禹、后稷更加伟大,极尽赞誉之能事。康熙二十八年(1689年),又于孔庙立石,盛赞孔孟,等等。

2.表彰程朱

《清通典》记顺治二年(1645年)所定试士之例为:《诗》主朱子《集传》,《易》主程、朱二《传》,《四书》主朱子《集注》。康熙时,下令科举取士,士子应试作答不得逾越朱子注"四书五经",对朱子之学十分推崇。礼亲王昭梿曰:"仁皇(康熙)夙好程朱,深谈性理,所著《几暇余编》(今有《康熙几暇格物编译注》,上海古籍出版社,2007年,笔者按),其穷理尽性处,虽夙儒耆学,莫能窥测"。"尝出《理学真伪论》以试词林,又刊定《性理大全》、《朱子全书》等书,特命朱子配祠十哲之列,故当时宋学昌明。"③昭梿所言属实。顺治、康熙年间,宋学是官方之学,占据十分重要的地位。康熙还对尊奉程朱理学的官员,进行了提拔和奖励,如李光地、汤斌、张伯行等一批理学名臣,都位居极品,颇受重用。

大学士魏裔介称颂康熙,有言:"我皇上继天立极,以君道而兼师道","道统治统,我皇上固已躬集其成矣。"④李光地更是根据孟子"五百年必有王者兴"的理论,说道:"自朱子以来,至我皇上(康熙),又五百岁,应王者之期,躬圣贤之学,天其殆将复启尧

---

①　《清圣祖实录》卷117,第233页。

②　《康熙御制孟庙碑》,转引自邹县政协文史资料委员会编:《孟子家世》,中国文史出版社,1991年,第31页。

③　(清)昭梿:《啸亭杂录》卷1"崇理学",中华书局,1980年,第6页。

④　(清)魏裔介:《兼济堂文集》卷2,四库本,第1312册,第690页。

舜之运,而道与治之统复合乎?"①虽然阿谀,但也多少道出一个史实,即通过上述施政,清朝统治者收到了预期的效果。②

二、稽古右文,倡导治学

清朝统治者极为重视倡导学术,这包括礼遇硕学,兴办官学书院,行科举,开博学鸿词科,以及图书编撰等多方面,均颇见成效。学术研究的深入进行,离不开官方的扶植和鼓励,文献辨伪研究亦然。

在优待耆学,奖励地方大儒方面,康、乾二帝颇有作为。如康熙三十八年(1699 年)圣祖南巡,毛奇龄迎驾于嘉兴,进献《乐本解说》二卷,圣祖"温谕奖劳"。圣祖三巡至浙,毛奇龄又谒行在,获赐御书一幅。③ 如康熙四十三年(1704 年)圣祖南巡,胡渭以《禹贡锥指》谒见,得圣祖嘉奖,获御书"耆年笃学"四字,儒者颇为钦慕。又清圣祖南巡,朱彝尊进所著《经义考》,圣祖以御书"研经博物"匾额赐之。到了乾隆四十二年(1777 年),高宗在《经义考》卷首亲笔题诗,命浙江巡抚三宝刊行。乾隆二十二年(1757 年)高宗南巡,召见顾栋高,加国子监祭酒衔,赐御书"传经耆硕"四字。诸如此类,都令当事人的子孙后代引以为殊荣,也颇令时人艳羡。

清朝统治者稽古右文,倡导治学的施政中,以编撰刊刻图书之成效,尤其显著。今略述其梗要。清朝皇帝亲撰,或以他们名义编撰的图书非常多,如《御定孝经注》,清世祖定,蒋赫德纂。

① (清)李光地:《榕村集》卷 10"序一·进读书笔录及论说序记杂文序",四库本,第 1324 册,第 669 页。
② 可参见王钟翰:《四库禁毁书与清代思想文化》,载《清史余考》,辽宁大学出版社,2001 年。
③ 《清国史》"儒林传下"卷 3"毛奇龄传",第 581 页。

《御制律吕正义》，清圣祖定。《御制数理精蕴》，清圣祖撰。《钦定书经传说汇纂》，王顼龄撰。《钦定诗经传说汇纂》，王鸿绪撰。《钦定春秋传说汇纂》，王掞、张廷玉撰。《御纂周易折中》，李光地撰。《圣谕广训》，清圣祖颁谕，清世宗释。《圣祖仁皇帝庭训格言》，清世宗纂。《御制日知荟说》，清高宗撰。《御批历代通鉴辑览》，清高宗批。《御纂周易述义》，傅恒撰。《御纂诗义折中》，傅恒撰。《御纂春秋直解》，傅恒撰。《钦定诗经乐谱全书》，附《钦定乐律正俗》，永瑢纂。等等。清后期的皇帝，著述不多。上述著述除了一些训诫宣教性质的文章，更多的是经史训释注解类的著述。至于各种钦定的方略、会典等，数量也非常可观。

　　清代官方主持编撰的几部大型类书、丛书和工具书，影响非常大。如《御定渊鉴类函》，张英等纂。《御定佩文韵府》，张玉书、陈廷敬等撰。《御定骈字类编》，吴士玉、沈宗敬等撰。《御定分类字锦》，何焯、陈鹏年等撰。《御定康熙字典》，张玉书等纂。其中最为著名的，是康熙四十年（1701年）开始编撰，雍正年间印行的《古今图书集成》。这是继明《永乐大典》之后，中国历史上最大的一部类书，分六编，共三十二典，六千一百余部，近一万卷。该书初名《古今图书汇编》，康熙五十五年（1716年）清圣祖赐名《古今图书集成》，康熙五十九年（1720年）开始排印工作。世宗即位后，原来主事的胤祉、陈梦雷获罪，由蒋廷锡代为主持编修，蒋氏改志为典，其他一仍其旧，《古今图书集成》的编订校印工作终于在雍正初年告竣。[①]　今有雍正六年（1728年）铜活字本（仅印六十余部，流传极少），光绪十四年（1888年）图书集成局排印本，1934年上海中

---

① 《古今图书集成》编印情况可参见裴芹：《古今图书集成研究》之"编纂考"，北京图书馆出版社，2001年，第27—43页。

华书局影印武英殿本等。再就是乾隆朝编撰的《四库全书》，通过这部大型丛书的编撰，清人对中国古籍文献进行了一次最为系统全面的梳理，该书共收书三千四百六十一种，约七万九千三百余卷，存目六千七百九十余种，九万三千五百五十一卷。抄写七部，分存各地，对当时乃至后世的学术文化都产生了深远影响。其中的《总目提要》更是学术史中的巅峰之作，颇具学术价值。

中国历史上，以国家，特别是皇帝的名义稽古右文，倡导学术的事例并不鲜见，留下的成果也颇值得关注，如缘于西汉官方图书整理而成的《汉书·艺文志》，始于唐代统一经义，迄于宋代定型的"十三经"，还有明代只见编撰，鲜有流传的《永乐大典》，等等。但是，同清代统治者倡导学术的作为相比，差距甚远。

三、盛世百年，学术昌盛

影响文献辨伪学发展的外部环境中，最为重要的一个因素，是所处社会的发展水平如何。因为，物阜民丰，家有余资，文献辨伪学才有良好的物质保障；国家统一，社会安定，文献辨伪学才有良好的发展空间。从这个意义上说，文献辨伪学的发展进入清代，其生也逢时！

康熙中叶以后，随着清王朝统治的趋于稳定，经济由凋敝而复苏，且渐入佳境，再经过世宗的励精图治，进入乾隆时期，中国的封建经济已经高度发展，出现空前繁盛的局面。盛世期间，国家大统一，皇权高度集中，统治有力，社会安定，农业耕种面积不断拓展，商业活动发达，大量市镇涌现，手工业水平也达到一个新的高度，经济有了长足发展。特别是江浙一代，更是富甲天下，据清修《江南通志》载，江浙地处长江中下游。江南省，"西北则平原旷邈，以群山为几案，东南则百川汇流，以沧海为池沼，漕河自南讫北蜿蜒其中,转输飞挽,樯帆相望,东南形胜于兹为最矣"。① 江河湖泊众多,给农业灌溉带来极大便利,物产丰饶,经济条件好。水运、陆运都很方便,商业繁盛。浙江省,"自武肃开镇,建炎定都以来,人民之众,财赋之殷,盛于他州。古称都督大府,为天下甲"。②

江浙一带名山林立,钟灵毓秀,经济富足,战乱较少,形成了农业和商业两大经济支柱,成为江浙人文化生活的坚实后盾。此间学人雕版刊行了大量学术著作,这同经济的繁荣有直接关系。并且,清代许多知名的辨伪学者,都出身江浙,这也从一个角度上诠释了经济发展之于学术繁荣的重要意义。

清代的康雍乾时期,同所谓的"战国盛世"、西汉文景之治、唐开元盛世、明永宣中兴等相比,无疑是延续时间最长、发展程度最高的盛世。盛世的到来,促进了学术的繁荣,文献辨伪学的发展也于此间受益良多。

第三节 文献辨伪学发展的人文环境

清代文献辨伪学发展的人文环境,涉及的方面较多,因为"人文"本身即涵盖人类社会的诸多文化现象,如社会思潮、学术宗尚、文化教育、图书出版等,它们共同构成文献学发展的人文环境。③ 概观中国古代学术的阶段性特征,我们又可以发现,汉唐锢守,两宋好疑,明末空疏,清代笃实,此类现象的出现,均可从社会

---

① (清)赵弘恩监修、黄之隽等编纂:《江南通志》卷1"江南总图说",四库本,第507册,第150页。

② (清)嵇曾筠等监修,沈翼机等编纂:《浙江通志》卷1"图说",四库本,第519册,第91页。

③ 譬如清代江浙一代的文化教育,堪称极盛。可从《江南通志·学校志》等窥见概况。具体此不引用。良好的文教,造就了学人优良的文化素养,学有根柢,术有专攻的江南学者在文献辨伪方面颇能游刃有余,做出了突出贡献。

思潮与学术研究关系的角度理解。于是乎，人文环境中主流的思想性因素，即社会思潮，成为笔者格外关注的问题。

　　学界有关清代社会思潮的探讨，进行得比较深入。虽然尚未见到探讨清代社会思潮与文献辨伪学发展之间关系的论著，但是，同类性质的成果还是有的，义理相通，足资借鉴。在本节，主要谈三个问题：清初的实学思想、清中期的朴学风尚、清后期的经世致用与文献辨伪的关系。①

一、实学思潮与文献辨伪

　　实学思想渊源有自，明清鼎革的社会现实促成其蓬勃发展，由涓涓细流而成海川之势，是为清初实学思潮。清初实学思潮为文献辨伪学创造了良好的发展环境。

　　1.无处不在，渊源有自的实学思想

　　何为实学？实学就是"适用"之学，就是"实用之学"，是"切实的学问"。实学思想无处不在，渊源有自。所谓实学无处不在，是指用广征博引、扎实考证的方式，达到言之有物、言必有据，以事实服人的效果，是实用之学；靠思想阐发和道德说教的手段，实现或整顿风俗、或鼓舞士气等目的，也是实用之学；通过义正词严、舍生取义的方法，济世以安民的作为，是实用之学；甚而，鼓唇摇舌、招摇撞骗、迷惑视听，以图一己之利，亦可称之为实用之学。至于其他，以文治武功青史留名的事例就更多。

　　总之，凡是切近实用的，均是广义上的实用之学。孔子一生，栖栖遑遑，席不暇暖，以平治天下为急务。孟子身后，车驾数十乘，从者几百人，传食于诸侯，以"道"援天下。荀子劝学，隆礼尊君，

---

① 本书所指的清初，大体是顺、康、雍三朝；清中期，主要指乾、嘉两朝，又名乾嘉时期；清后期，即道、咸、同、光、宣五朝。

意在以其学易天下、济百姓。此外，汉儒提倡"通经致用"，董仲舒提出天人三策①，唐人杨绾主张改革科举之弊②，宋代朱熹写成《仪礼经传通解》③，等等，都是意存经世的实用之学。这是狭义的，即一般意义上的实用之学。

没有"求实用"的思想，何以有上述作为？对于这一点，清儒和现代学者均有认同。翁方纲曾言："人必明乎知与行为一事，则一身一家之日用伦理，无在非实学也；一日间起念诚伪邪正，一接物之公私当否，皆实学也。不此之亟讲，而徒殚心于诵说讨论，是与古人所谓学者正相违也。"④即便理学家的言论或有玄虚，但是翁氏所言不假。他又说："天下之学，务实而已矣；古今之学，适用而已矣。"⑤其言稍有绝对，却也基本符合实际，即实用之学，天下古今均有。如黄宗羲有言："古者儒墨诸家，其所著书，大者以治天下，小者以为民用，盖未有空言无事实者也。后世流为词章之学，始修饰字句，流连光景，高文巨册，徒充污惑之声而已，由是而读古人之书，亦不究其原委，割裂以为词章之用。"⑥

---

①　董仲舒，广川(今河北枣强县东广川镇)人，少年治《公羊春秋》，求学至齐，与胡毋生同学于公羊门下，得公羊正传。《史记·儒林列传》载武帝时董仲舒"以贤良对策"(又称"天人三策")上书，得武帝赏识和重用事。

②　唐中叶杨绾针对科举之弊而讲"实学"，并强调这是切实致用的"当时要务"，见(后晋)刘昫等：《旧唐书》卷119，中华书局，1975年，第3430—3431页。

③　王安石以《周礼》非伪，主张罢黜《仪礼》。朱熹有感于王安石施政偏执，通过著书纠其弃经任传，遵本宗末的方式表达其政治上的见解。以治学经世的色彩十分显著。

④　(清)翁方纲：《复初斋文集》卷7"读李穆堂原学论"，续四库本，第1455册，第409页。

⑤　(清)翁方纲：《复初斋文集》卷10"拟师说二"，续四库本，第1455册，第436页。

⑥　(清)黄宗羲：《今水经序》，《黄宗羲全集》第2册，浙江古籍出版社，1986年，第505页。

实学这一概念的出现,非自明清之际始,然而,同样的学术概念,在不同的历史时期,具体内涵不尽一致。这一点,现代学者同样表示认同。①

2.明清之际的社会现实

实学思想在明清鼎革之际成为社会思潮,除有思想上的传统外,还与当时的历史环境有密不可分的关系。明代中后期,政治腐败,女真人从白山黑水之间再次崛起,经过努尔哈赤统一女真各部,建立地方政权,到皇太极即汗位,后又称帝,改国号大清,明王朝在一天天颓败。1644年清军入关,以锐不可当之势代明而立,进而建立了大一统的国家政权。明亡清兴,给当时社会的冲击是巨大而深远的,尤其是清朝统治者的少数民族身份,更是令中原官绅士民感到前所未有的震撼。一时间,民族矛盾极为尖锐,血雨腥风。

值此之际,中原士人迅速分化,一类人明哲保身,退避于政治斗争之外,如冒襄、李渔等;另一类人投靠清廷,其中有摇摆怯懦,进退维谷者,如钱谦益、吴伟业、侯方域等。更多的,则参与到反清斗争的实践中去,如黄宗羲、顾炎武、王夫之等。还有很多知识分子在明亡之后坚持民族气节,终生不仕,如孙奇逢、刁包等。虽然有上述分化,但是对现实的深刻反思却不约而同。清初,学者们大都将亡国归咎于学风的空疏,认为学术对政治负有不可推卸的责任。顾炎武在《日知录》(第七)中曾言:

> 刘石乱华,本于清谈之流祸,人人知之。孰知今日之清谈,有甚于前代者。昔之清谈谈老庄,今之清谈谈孔孟,未得其精而已遗其粗,未究其本而先辞其末。不习六艺之文,不

① 参见姜广辉《走出理学》,辽宁教育出版社,1997年,第27—53页。

考百王之典,不综当代之务,举夫子论学、论政之大端一切不问,而曰一贯,曰无言。以明心见性之空言,代修己治人之实学。股肱惰而万事荒,爪牙亡而四国乱,神州荡覆,宗社丘墟。

一时间,批判明人学术空疏,抨击王学空谈误国,成为时人言论的主流,譬如颜元即认为"救弊之道在实学,不在空言"①。于是,提倡实学,摒弃空谈,蔚然成风。实学思潮从学界兴起,渐而波及社会各个方面。

清初学术界,硕学俊彦几乎都从"胜朝"走来。自幼熟读孔孟书,跻身学林,晋身士绅,无论是从思想上、道德上,抑或学统上,都对新近入主中原的清王朝抱有各种抵触。因此,他们中的很多人都不与清统治者合作,清初学者的治学,少有为清政权提供治国安邦之策的热情,却多了对古今治乱兴衰的关注。摆脱了与时政的亦步亦趋,某种程度上,成就了清初学者眼界之大、胸怀之大,也成就了清初学术之大。王国维说"国初之学大",不是没有原因的。

清初学者处于明清鼎革之际,宗庙黍离的感慨,异族征伐的伤痛,促使他们进行深刻反思,治学目的与探讨社稷苍生、社会庶民等诸多现实问题紧密关联。清初学者在治学任务上转向了关注现实,呈现出学以致用的特征。这样的学术思潮和治学宗尚,无疑也需要文献辨伪以关注治乱兴衰,关注圣道本真为首要任务。

3.实学思潮的基本主张

清初实学思潮,在社会生活的各个方面,如修身、治学、从

---

① (清)颜元:《存学编》卷3"性理评",见《颜元集》,中华书局,1987年,第75页。

政①、经商②等，都有所体现。这是广义上的实学思潮。学术中，以有益于国计民生为治学旨归，是狭义的实学思潮。本书不涉及实学思想影响下的从政、经商等求事功的问题，主要就狭义的实学思潮，谈以下四个问题：

其一，在道德修养方面，强调身体力行。清初顾炎武批判"以明心见性之空言，代修己治人之实学"③。所谓"修己"，即增进道德修养。所谓"治人"，即入世兼济天下。顾炎武的"修身治人"，实际上仍是宋明理学"修齐治平"的思路，但是，顾炎武却选择了与宋明诸儒不同的实现路径。即将道德修养的方法，从空悟引向实修。这是清初学人的普遍认同。如颜李学派不满于陆、王、程、朱，转向尧、舜、周、孔处寻出路，标举"博学于文，齐之以礼"，只是他们学习的内容，是礼、乐、射、御、书、数，强调对这些技艺的"习"和"行"。如颜元，字易直，直隶博野人。明末，父死关外，守朱氏《家礼》惟谨，因病几死。后有觉悟，校正修德路径。颜元为其本族立族约，又为漳南书院定规矩，把自己的礼学思想落到实处。再如朱鹤龄，字长孺，吴江人，颖悟嗜学，曾言"不妄受人一钱，不虚诳人一语"④，不尚空言，重视在日常言行中实践道德准则。

其二，在学术思想方面，扬弃宋明理学。清初如顾炎武、黄宗

---

① 如李塨以所学佐理公务，颇见治效，史载"又尝为其友治剧邑，逾年，政教大行，用此名动公卿间"。见《清史稿》卷480"列传二百六十七·儒林一·李塨传"，第13133页。

② 如顾炎武的以实学致富即是一例，史载"炎武自负用世之略，不得一遂，所至辄小试之。垦田于山东长白山下，畜牧于山西雁门之北、五台之东，累致千金"。见《清史稿》卷481"列传二百六十八·儒林二·顾炎武传"，第13166页。

③ （清）顾炎武撰，（清）黄汝成集释：《日知录集释》卷7"夫子之言性与天道"，上海古籍出版社，1985年，第538页。

④ 《清国史》"儒林传"卷1"朱鹤龄传"，第379页。《清国史》"儒林传下"卷2"朱鹤龄传"，第572页。

羲、王夫之等人，虽然或从程朱的立场上辟陆王，或从陆王的立场上辟程朱，但是，他们都对自己信奉的程朱或陆王之学进行了纠谬补偏，都在进行对宋明理学的扬弃。至于李塨，则于程朱陆王，皆谓之"空谈"。尽管程朱理学一直是科考的依据和官方认定的思想，但无论是在统治者心目中，还是在学者的观念中，宋明理学的荣光不再。宋明时代富有思辨色彩的理学，已失去了对清初学者的吸引力。

其三，在治学方法方面，主张言必有据。宋儒主张"摆落训诂，直寻义理"的治学方法，将对经典的主观体验，置于对文本的客观分析之上。其偏颇已十分明显，至于明儒，惟守《朱子语录》，更不读书，务虚的弊端则无以复加，这才引发清儒的学术革新。

清初学者在治学上，极为重视对音义训诂、名物制度的扎实考据，强调言必有据。如顾炎武提出"读九经自考文始，考文自知音始"的治学方法，因此他的著作，非资料翔实而不下断语。① 王夫之认为："义理可以日新，而训诂必依古说。不然，未有不陷于流俗而失实者也。"②所以他的《诗经稗疏》，均是通过"辨证名物训诂"的方式，来"补传、笺诸说之遗"，并且，"皆确有依据，不为臆断"。③ 费密也认为："古今不同，非训诂无以明之，训诂明而道不坠"，至于后世舍弃"汉儒所传"，怎么能"道三代风旨文辞乎"？④可见，费密也在强调"以训诂通经明道"，是治学的基本规范。

翁方纲作为理学家，也以他独特的方式，表达其赞同言必有据、扎实考据的观点。他曾言："考订者，订证之订，非断定之定

---

① （清）顾炎武：《顾亭林文集》（华忱之点校）卷 4"答李子德书"，中华书局，1983 年，第 76 页。

② （清）王夫之：《诗经稗疏》卷 3"黄流在中"条。四库本，第 84 册，第 846 页。

③ 《总目提要》卷 16"经部十六·诗类二"，"诗经稗疏"条。

④ （清）费密：《弘道书》卷上"原教"，续四库本，第 946 册，第 24 页。

也。考订者,考据考证之谓,非断定之谓。如曰考定,则圣哲作之也,非学者所敢也。"①翁氏此言一出,将好发议论,"直寻义理"的理学中人,置于极为尴尬的境地,也即不"考据"就"断定",是圣人所为。谁敢僭越!

其四,在著述内容方面,坚持切于实用。清初学者黜虚崇实,摒弃心学家束书不观的虚妄,在扎扎实实读书、踏踏实实著述中,实现经世济民的抱负。清初学者在方法途径的选择上,表现出立足经典、以治经史济世的特征。如黄宗羲,他主张"取近代理明义精之学,用汉儒博物考古之功",来解救时弊②,将经史著述同经世致用联系起来。如顾炎武,其百二十卷《天下郡国利病书》,等等,都是这方面的著作。如北方大儒孙奇逢,为"复兴古礼",尤重践履,编撰《家礼仪注》和《家礼酌》等家庭规范,以倡导对礼的践履。如颜李学派的李塨,字刚主,直隶蠡县人,康熙二十九年(1690 年)举人。致力于古礼的考究,纂《士相见礼》、《祭礼》、《冠礼》、《郊社考辨》、《学礼》等,"以资实践"。③ 如李颙,深入探究"井田制"问题,其初衷就是以天下为己任,认为民有恒产而后知廉耻。④ 如

---

① (清)翁方纲:《复初斋文集》卷7"考订论下之三",第 417 页。

② (清)黄宗羲:《陆文虎先生墓志铭》,载《黄宗羲全集》第 10 册《南雷诗文集上》(平慧善点校),上海古籍出版社,1993 年,第 339 页。

③ 张寿安说:"至于清儒对礼的讨论,大体而言,在明清之际尚多有涉及国家制度者,如顾炎武之论封建郡县。其后,知识界对礼的讨论,则渐集中在社会礼俗如婚冠丧葬祭的礼仪,以及伦理关系的实践上。重点明显的从国家制度,转至社会秩序和社会风气"。见张寿安:《以礼代理——凌廷堪与清中叶儒学思想之转变》"绪论",河北教育出版社,2001 年,第 6 页。

④ 李颙有言:"民有恒产,然后可望其有恒心。故明君将欲兴学校以教民,必先有以制民之产;所以然者,衣食足然后可望其知礼义也。后世言治者,动曰'兴学校',却全不讲为民制恒产,不知恒产不制,而责民以恒心,是犹役馁夫负重,驱羸马致远,纵勉强一时,究之半途而废耳。"见(清)李颙:《二曲集》(陈俊民点校)卷43"反身续录"之"孟子上·梁惠王",中华书局,1996 年,第 539 页。

张履祥,浙江桐乡人,康熙十三年(1674)卒,年六十四。张氏岁耕四十余亩,草履箬笠,著《补农书》。他认为,"学者舍稼穑,则别无治生之道,能稼穑,则无求于人而廉耻立。知稼穑之艰难,则不妄取于人而礼让兴。廉耻立,礼让兴,而世道可复古矣!"①如应撝谦,字嗣寅,浙江仁和人,生而有文在手,曰"八卦",左耳重轮,右目重瞳。② 明诸生,不应康熙十八年博学鸿词之诏,康熙二十二年(1683年)卒,年六十九。应氏殚心理学,以躬行实践为主,撰《教养全书》四十一卷,分选举、学校、治官、天赋、水利、国计、漕运、治河、师役、盐法十考,意在实用。再如朱鹤龄,著《禹贡长笺》十二卷,写在胡渭《禹贡锥指》前,备论古今利害,颇多创获。③

4.清初的回归原典问题

清初的回归原典问题,对于研究清初学术十分重要。学界对此有较多讨论,笔者在此再强调两个问题:

第一,回归原典并非清初学者所特有。这是首先需要说明的问题。否则不但不能很好地定位清初的学术,而且也会给整个中国古代史的谱系平添错乱。

儒家经典反映了古圣先贤对人类关于自然、社会、人生中重大问题的思考,具有多方面的原创性,后世许多思想都可以从中找到最初的原型,由此而形成中华民族认识世界和改造世界的思维方式。从中国经学思想史来看,每一次新的思潮都表现为对先前思潮的一种矫正,表现为一种向原典的回归。回归原典、溯本求新,

---

① 《清国史》"儒林传"卷3"张履祥传(陆世仪传附)",第390页。另见于《清史稿》卷480"列传二百六十七·儒林一",第13119页。
② 《清国史》"儒林传上"卷9"应撝谦传",第467页。
③ 《清国史》"儒林传"卷1"朱鹤龄传",第379页。

乃是古代学术思想发展的一个带有普遍性的规律。① 所谓回归原典,不但是一种治学方式问题,也是一种治学思想问题;不但是一种治学活动,更是一种社会现象。也就是说:援引儒家经典,是治学方式;对儒家经典的认可,反映了治学思想;以此为特征的学术活动,则是一种社会现象。这就是所谓的"回归原典"。回归原典并非清初学者所特有,如宋儒摆脱汉唐注疏,直取经义的治学取向,本身就是颇具特色的回归原典运动。这是个事实问题,不是理论问题。

第二,明末清初回归原典的特质。明末清初学者倡导回归原典,主要是有感于明人不学无术,空疏误国。② 在学术宗尚上,提倡治经复汉,以汉儒为师。③ 如顾炎武就认为"六经之所传,训诂为之祖。仲尼贵多闻,汉人犹近古",又说:"大哉郑康成,探赜靡不举。六艺既该(赅)通,百家亦兼取。"④ 费密亦言:"后世舍汉儒所传,何能道三代风旨文辞乎?"⑤

清儒的回归原典,是摆脱程朱注疏,钻研汉唐经传,阐释圣道意蕴。宋儒的回归原典是摆脱汉唐,清儒的回归原典是摆脱陆王。

---

① 余英时先生较早提出清初学术思想史有回归原典的现象(详见余英时:《清代学术思想史重要观念通释》,《史学评论》第 5 期,1983 年 1 月,第 19—98 页,具体见该文第 27 页)。林庆彰承其后,认为明末清初的经典研究,是一种回归原典运动,并在《清初的群经辨伪学》第二章第三节"新旧传统竞争中的回归原典运动"有较深入阐释。另可参见林庆彰:《中国经学史上的回归原典运动》,载《中国文化》2009 年第 2 期。

② 有学者提出,明中叶以后,就出现了回归儒家经典的趋向。参见杨国荣《经学的实证化及其历史意蕴》,《文史哲》1998 年第 6 期;亢学军、侯建军《明代考据学复兴与晚明学风的转变》,《河北学刊》2005 年第 5 期。

③ (清)顾炎武:《顾亭林文集》(华忱之点校)卷 4"答李子德书",中华书局,1983 年,第 73—78 页。

④ (清)顾炎武:《顾亭林诗集》(华忱之点校)卷 4"述古",中华书局,1983 年,第 390 页。

⑤ (清)费密:《弘道书》卷上"原教",续四库本,第 946 册,第 24 页。

这是清初回归原典的特质之一。自韩愈发其覆，庆历诸人承其绪，朱熹等人集大成，宋儒的回归原典，主要针对的是释、道对儒家道统的冲击，以重塑儒家在思想和学术界的权威，这是宋代回归原典运动的首要动因。而清初学者以社稷丘墟、家国颠覆为切肤之痛，反思空谈误国，检讨心性之学的思潮由此而发，他们强调儒家思想在修齐治平中的价值，这是清初回归原典运动的首要动因。这是清初回归原典的特质之二。宋儒的回归原典，一变而成性理之学，再变而成束书不观，由溯源而蹈虚，由本意经世而终成空谈。但是清人的回归原典，一变而成乾嘉朴学，再变也未离研读经史，即便如康、梁诸公以治学经世，其学也颇有根底。清儒的回归原典，一直与黜虚蹈实形影不离。这是清初回归原典的特质之三。

由摒弃明心见性之空谈，而倡导修己治人之实学，由治实学而读古籍，因读古籍而整理文献、疏通学术。这就是清初学术的基本脉络。

5.清初实学与文献辨伪

明人崇尚理学，学者好发宏论，"以臆见考《诗》、《书》，以杜撰窜三《传》"①，多有凿空之言，这是宋儒风气的延续。明中叶以后，心学盛行，学风益发空疏，学者大都"袭语录之糟粕，不以六经为根柢，束书而从事于游谈"②。清初诸儒洞见其弊，力救其偏，专研经史，诵读六经，以明道、明理为追求，以经世致用为旨归，倡导有用之学。在此过程中，讹文断简，音义训诂，伪书伪说，无不广征博引，扎实考据，实事求是。文献辨伪之学就是在这样的条件下发展起来的。

---

① （清）钱谦益撰、钱曾笺注：《钱牧斋全集·牧斋有学集》（钱仲联标校）卷17 "赖古堂文选序"，上海古籍出版社，2003年，第768页。
② （清）全祖望：《全祖望集汇校集注·鲒埼亭集内编》（朱铸禹汇校集注）卷11 "梨州先生神道碑文"，上海古籍出版社，2000年，第219页。

如前一章中所言,清以前的文献辨伪研究,几乎无不言及,留给清儒的,除了丰富的辨伪学遗产,就是深入开展文献辨伪研究之艰难。亦言之,清以前的学者,已经做到了"知无不言",明以后的学者,唯有"言无不尽"了。事实证明,清儒不负众望,给文献辨伪学,给中国传统学术以满意的答复。

二、朴学风尚与文献辨伪

清中期,社会思潮又变,朴学之风兴起,在朴学风尚的影响下,清代文献辨伪学达到了它的巅峰境界。

1.朴学风尚的形成

朴学风尚在清代中期(即乾嘉年间)形成并盛行,是几方面因素共同作用的结果。

其一,学术发展的逻辑。学术的发展,有其内在逻辑。清初学术黜虚返实,于是在研读经史的过程中,发现了许多前人不曾遇到的问题。"不读书不知书难读",这是清儒的基本认同。譬如《尚书》,素称难读,对此,朱熹有言:"须先看《大学》,然'六经'亦皆难看,所谓'圣人有郢书,后世多燕说'是也。知《尚书》收拾于残阙之余,却必要句句义理相通,必至穿凿,不若且看他分明处,其他难晓者姑阙之可也。"朱熹认为,《尚书》等"六经",均较为难读,不必句句都讲出个义理来,应根据不同的情况,采取不同的解读方式。他说:"大抵《尚书》有不必解者,有须著意解者。不必解者,如《仲虺之诰》、《太甲》诸篇,只是熟读,义理自分明,何俟于解?如《洪范》,则须著意解。如《典》《谟》诸篇,辞稍雅奥,亦须略解。若如《盘庚》诸篇已难解,而《康诰》之属,则已不可解矣。"①

---

① 以上均见(宋)黎靖德编:《朱子语类》(王星贤点校)卷78"《尚书》一·纲领",第1983—1984页。

根据文字的难易程度不同，采用不同的解经方法，对那些文字难晓者不必强解，以避免所谓穿凿附会；而对那些文字易读、义理分明者，也不必解，因为只要熟读，则义理自现。朱熹的变通法，产生了消极的影响，即后人的不学。

清儒同宋明学者的最大不同，是以必求其是的态度和决心，直面难读之书、难解之意。既然清初学者选择了实事求是的治学路径，一个逻辑的必然，就是面对文献研读中的疑难。如果选择直面这些疑难，一种朴实的治学风气必然形成。

其二，清初学人的魅力。实学思潮影响下的清初学术，取得了令人瞩目的成就，其示范性的作用，影响了几代学人，其治学态度和治学方法，为后世学人所继承和发扬。阎若璩、胡渭、毛奇龄继之而起。如阎若璩即以“一物不知，以为深耻”①为座右铭。上述诸公，皆以精研经学而名家。在治经的实践中，他们沿着顾炎武所谓“读九经自考文始，考文自知音始”②的路径，一改宋、明空言说经之积习，原原本本，穷经考古，走上了博稽经史的治学道路。

其三，性理空谈的淡出。古人从未停止对“天人之际”的探讨和思索。至于所谓的义理和考据，只是他们惯用的手法。经过八十年的批判反思，心性之学的是是非非，已经在学理上基本得到解决。宋明诸儒探讨道义的方式为清人所不齿，宋明学术也终于被清儒放在一个合适的位置。学术研究中的真空，何以填补？考据之法，考据之学，在乾嘉之际被发扬光大。

其四，经世空间的狭隘。首先，清初的亡国之痛，同“胜朝”遗老共作古。清初经世思想中因为少了那种激烈的心动、经世的呼

---

① （清）阎若璩等：《困学纪闻三笺》，收入赵承恩辑《赵氏藏书》，清同治光绪间金谿赵氏红杏山房补刊重印本。

② （清）顾炎武：《顾亭林文集》（华忱之点校）卷4“答李子德书”，中华书局，1983年，第76页。

声,而逐渐消歇,经世的情怀不再热烈。其次,经世的突出特征,是学者对国家政治的介入,而清政权的空前强化,特别是清高宗乾隆帝标榜乾纲独断,不允许士人讽议时政,比起宋明之际,朋党之弊诚然少见,学人经邦治国、忧国忧民的空间,却空前逼仄。再次,清中期社会普遍安定,物阜民丰,学者济世安民的可能性和必要性,都大为降低。这就是笔者所谓的"经世空间的狭隘"。

其五,清朝政府的倡导。此以乾隆朝编撰《四库全书》最为突出。有关研究成果较多,此不赘言。

总之,正是在这些因素的共同作用下,朴学之风在乾嘉年间形成,近百年间盛行不衰,直至清后期,风韵犹存。

2.朴学风尚的实质

朴学是以文献为对象,以考据为方法,以理义为旨归,以朴实为鲜明特征的一种治学风格和类型。有关清中期朴学的评价,一直存在逻辑偏差和史实缺失的问题,这种情形下的误解自然不少,其中最为突出的,是将其视为"不求义理"的"纯"考据。

葛兆光先生在谈到这个问题时,指出:清代的所谓"考据学",在失去了问题意识的考据取向后,手段渐渐变成了目的,"怀有某种自觉意图的考证变成了没有任何意图的考证,正如后来批评者所指摘的那样,'袭其名而忘其实,得其似而遗其真'",烦琐的考据学,在18世纪末,"成为一些人标榜智力和卖弄学问的手段"。这一弊端"导致了清代学术和思想史上的这样一种现象:知识与思想剥离开来,使知识失去了思想性的追求,而思想也失去了知识支持,成了悬浮空洞的道德训诫,一面是看上去很确凿的很具体的文献学或语言学考据,一面是在习惯性地反复重申那些看似真理的教条。特别是当'汉学'与'宋学'被一些偏执的学者标榜出来,各自固执地坚持'考据'和'义理'之后,这种分裂便日益造成了对思想和学术的伤害。"①

　　葛先生的论断还是比较谨慎的,如他承认考据曾经"怀有某种自觉的意图",也对如此行事的学者作了范围上的界定——18世纪的"一些人","一些偏执的学者"。笔者则认为,朴实治学是治学风格,训诂考据是治学方法,探求义理是治学目的,治学的风格、方法、目的之间固然有密不可分的联系,但是它们毕竟是不同层面的问题。故而,将清中期的朴学视为纯考据而无义理,甚而将乾嘉学派的学问视为不切实用,都是不恰当的。

　　如果从争义气的角度,持上述言论可以理解;如果从学术研究的角度,还对此津津乐道,则诚非妥当! 学术中鲜有无思想的研究,这个道理应该不难理解。而且,大量的史实证明,清中期的学者,特别是有影响的大学者,从未疏忽对义理的关注。如"乾嘉之学"皖派宗师戴震,就特别强调"道在六经",他说"《六经》者,道义之宗,而神明之府也。古圣哲往矣,其心志与天地之心协,而为斯民道义之心,是之谓道"②,"圣人之道在《六经》"③。因此,他确立了明道的次序,"经之至者,道也。所以明道者,其词也。所以成词者,字也。由字以通其词,由词以通其道,必有渐"。④ 戴氏以考据探寻义理的代表作,是传世名著《孟子字义疏证》。

　　由字而词,由词而句,由句而义,由义而道,这一研究经典的认知次序,为清中期学者所普遍采用。再如钱大昕认为,古人"以音载义",后人却"区音与义而二之",然而实际上,"音声不通而空谈

①　见葛兆光:《七世纪至十九世纪中国的知识、思想与信仰》,暨《中国思想史》第2卷,复旦大学出版社,2001年,第413页。

②　(清)戴震:《戴震文集》(赵玉新点校)卷10"古经解钩沉序",中华书局,1980年,第145页。

③　(清)戴震:《戴震文集》卷9"与方希原书",第144页。

④　(清)戴震:《戴震文集》卷10"与是仲明论学书",第140页。

义理"，他"未见其精于义也"。① 再如，以治小学闻名的王念孙、王引之父子，也提出"吾治经，于大道不敢承，独好小学"②。虽然他们认为："训诂声音明而小学明，小学明而经学明"③，走的是以治小学明经的治学路径，但是，他们从未否认"经载大道"。诚然，清中期学者中有所谓"佞汉"、"惟汉是求"的现象，且一般都认为以吴派惠栋为最。但是，这是惠栋的治学方法问题，而非他的治学宗旨问题。惠栋怎能不知圣人之道为何？ 六经为何物？

总之，诸如"朴学无义理"、"朴学不切实用"的言论，确实是有待商榷的。以朴学为风尚的清代学者，并不缺乏对义理的探究，他们以辑佚校刊的方式复原经典，以音义训诂的方式解读经典，以阐发经典的方式探寻学统、道统，以探寻学统圣道的方式修身治国。清中期学者以考据的方法，以朴实的风格，以实事求是的态度，孜孜矻矻治学近百年，于清代学术，于中国文化，功勋卓著。

3.朴学风尚与文献辨伪

以朴学为风尚的清代学者，将清中期的文献辨伪之学推向一个新的高度。这可以《总目提要》为代表。《总目提要》是此一时期数位知名学者集体智慧的结晶，也代表了清代文献辨伪学的最高成就。其中考辨伪书之多，辨伪方法之完善，辨伪理论之成熟，均堪称空前。此外的许多学者，都参与到文献考辨中来，他们的考辨活动和考辨成果，在后面的章节中多有评述。

总之，清中期的文献辨伪体现了鲜明的时代特色。朱熹曾言，辨伪不外两途，"一则以其义理之所当否而知之，二则以其左验之

---

① （清）钱大昕：《潜研堂集·文集》卷24"诗经韵谱序"，江苏古籍出版社，1997年，第371页。

② （清）龚自珍：《龚自珍全集》第二辑"工部尚书高邮王文简公墓表铭"，上海人民出版社，1975年，第147页。

③ （清）段玉裁：《说文解字注》，上海古籍出版社，1981年，第1页。

异同而质之"。而且,强调"理"在文献辨伪中的突出地位。宋濂就更是如此,其以义理定是非,以道义别真伪的特征,非常突出。这都在第二章中有了说明,兹不复述。但是,清中期的文献辨伪,风格迥异。此一时期的文献辨伪,极为强调多闻阙疑,信而有征。凡是纳入考辨范畴的对象,定举出尽可能有力的理由,不固,不妄,不轻薄视之。这就是朴学之风下的文献辨伪学。

三、经世致用与文献辨伪

经世致用之风再起,是清后期社会发展过程中的一个突出特征,是多种因素共同作用下的结果。清后期的文献辨伪虽然尚未全部为经世致用所主宰,但是,清后期的文献辨伪确实是以经世致用为其鲜明特色。

1.朴学盛极而衰

清代朴学经过近百年的发展,其方法之精善,内容之翔实,成就之卓著,超过了以往任何时代。但到了清后期,它却无奈地衰落下去。这主要有以下几个原因:

首先,乾嘉诸儒的拓荒之作,已经占领学术诸领域,重画世界近乎不可能。故而自乾嘉后期,就出现治学内容日益褊狭的趋向。精细是学科发展的必然阶段,然其消极影响就是治学中的繁杂琐屑。

其次,乾嘉诸儒的考辨成果,已经涉及几乎所有能够解决的问题,而难以解决的,后来学者依然难以突破。于是,考辨文字连篇累牍却于经义无补的现象,并不鲜见。无益于经义的学术,丧失了最根本的生存活力。

再次,时代造就英杰,时代成就学术,朴学鼎盛的社会文化环境不再,朴学再续辉煌颇难。而且如惠栋、戴震、钱大昕、章学诚等人,禀赋卓异,这些有宗师潜质的学者在清后期并不多见。

最后,清后期诸人批驳"汉学"。汉学日过中天,学人争相诟病。如方东树指斥："汉学诸人,言言有据,字字有考,只向纸上与古人争训诂形声,传注驳杂,援据群籍证佐,数百千条。反之身己心行,推之民人家国,了无益处,徒使人狂惑失守,不得所用"①。曾国藩也说："嘉道之际,学者承乾隆季年之流风,袭为一种破碎之学",其解经"繁称杂引,游衍而不得所归。"②尊荣不再,朴学盛世亦不再。总之,朴学在清后期,盛极而衰,不但失去了学术的活力,更无力于解决诸多新涌现的国内和国际、民族和社会的问题。

2.内忧外患频仍

经世致用体现在人的活动中,而人的这种以介入国家政治和社会变革为特征的活动,根源于"介入"的必要性和可能性的出现。清后期,特别是晚期的社会现实,给予经世致用以颇为广阔的发展空间,经世的必要性和可能性均应运而生。

自乾隆末年,各地反抗不断,以白莲教的影响最为巨大,自1796年始,迄1804年终,清政府历时九年,耗银二亿两,才基本将其镇压下去。此后又爆发了林清等领导的天理教起义,波及直隶、河南、山东数省。就是在这样的忧患中,清代步入它的后期发展阶段。

道咸以后的清代社会,内忧外患连续不断,社会的、国家的、民族的危机日益严重。1840年鸦片战争爆发,从1840年6月英军封锁广东珠江口,到1842年8月签订《中英南京条约》,历时二年有余,终以清政府的割地赔款、妥协求和而告终。丧权辱国之后的中国社会,开始了百年之久的深重灾难。

1851年太平天国起义爆发,这次农民战争,蔓延全国,直到1861年才在清政府和外国势力的共同镇压下告一段落。之后,诸

---

①　(清)方东树:《汉学商兑》卷中之上,续四库本,第951册,第559页。
②　(清)曾国藩:《曾文正公全集》(宁波等校注),第三部《文集》卷2"朱慎甫遗书序",吉林人民出版社,1995年,第1576页。

如捻军等小规模的起义不断。太平天国起义给清朝统治以沉重打击,社会生产也遭到极大破坏,清代社会危机益发严重。1856年第二次鸦片战争爆发,清政府再次同英法等殖民者签订一系列不平等条约,中国门户大开。1861年咸丰帝病死热河,独子载淳继位,叶赫那拉氏母以子贵,旋即被尊为慈禧皇太后。慈禧政治野心膨胀,不守清朝家法,发动政变,铲除异己,实行"垂帘听政"。此后的中国历史握在斯人之手,不胜悲哀!

19世纪末,又先后发生了1884中法战争,1894年中日甲午战争,1898年义和团起义,1900年的八国联军掳掠北京,无所不用其极。1901年清廷迫于内外压力,宣布实行"新政"。而同年《辛丑条约》的签订,则从政治、经济、军事等方面,大大加强了帝国主义对中国的控制和勒索,使中国的主权丧失殆尽。正是在这样的时代和社会背景下,经世之风再次兴起。

3.经世致用复盛

经世致用思想与实学思潮有联系,更有区别。清初实学思潮中的治学,不但强调对外的经世济民,也主张对内的道德修为,不但是学术中的主张,也是其他社会活动中的主张,范围更广。比起实学思潮,经世致用的针对性更强,即如顾炎武所说的"当世之务"①,也就是外向的经世济民。

如同实学思想一样,经世致用思想亦渊源有自。从先秦到明清,从古至今,胸怀天下,济世以安民,一直都是中国知识分子的优良传统。这是不殚举例的。所谓"经世致用思潮复盛",主要基于这样一个事实,即清初实学思潮影响下的学术,其中的重要内容就是经世致用,因此说,经世致用在清初曾盛极一时。而到了道咸以

---

① (清)顾炎武:《顾亭林文集》(华忱之点校)卷4"与人书三",中华书局,1983年,第95页。

后,日益严重的国家和民族危机,以及日趋激化的国内社会矛盾,再次激起中国知识分子心中沉睡的经世情怀。于是乎,有人投笔从戎,有人兴办事业,有人倡导革新,有人鼓吹革命,有人奔走呼喊,有人奋而著述……当然,也有人麻木不仁,不过,更多的人,已经感受到内忧外患所引发的震动和震撼,于是,他们行动起来,身体力行,经世之风再起。

经世致用思潮的鲜明特征是以学问经世。据姚莹《汤海秋传》载:"道光初,余至京师,交邵阳魏默深、建宁张亨甫、仁和龚定庵及君(汤海秋)……默深始治经,已更悉心时务。其所论著,史才也。"①可见,魏源此时已显示出向经世致用转变的迹象。1825年魏源应江苏布政使贺长龄聘请,编辑《皇朝经世文编》,接触到大量有关时政的文献,开始注目"经世致用",以为"时务莫切于当代"②,"欲识济时之要务,须通当代之典章;欲通当代之典章,必考屡朝之方策"③。《皇朝经世文编》共　百二十卷,分治体、学术、吏、户、礼、兵、刑、工八类,将有关学者、名臣的经世文章、政论奏议编在一起,为解决现实问题提供思想资料。此书可称为清后期经世致用之先声。

魏源在所著二十卷本《诗古微》④中言:"精微者何?吾心之诗也,非徒古人之诗也。无声之乐,无体之礼,无服之丧,志气横乎天地,周乎寝兴食息,察乎人伦庶物,鱼川泳而鸟云飞也,郊天假而

---

① (清)姚莹:《东溟文后集》卷11,续四库本,第1512册,第589页。
② (清)魏源:《魏源全集》(第13册)"皇朝经世文编五例",岳麓书社,2004年,第1页。
③ (清)魏源:《魏源全集》(第13册)"皇朝经世文编五例",第3页。
④ 该书有初刻本和二刻本。初刻本为两卷本的《诗古微》,完成于1829年。二刻本为二十二卷,成书于1840年,后改订为二十卷。两卷本之上卷论述正始、诗乐、三家发凡、毛诗明义。下卷讲三家发微、三家通义、三家同义、三家异义以及集传初义。两卷本其议论基本上是针对《诗经》本身的具体问题阐发的。

庙鬼享也。不反乎性,则情不得其原;情不得其原,则文不充其物。何以达性情于政事,融政事于性情乎? 故溯流多则潜泳少矣,溯风优则适性微矣。徒宾宾然铺糟粕,党枯朽,而曰《诗》教止斯已乎?"①这里,魏源明确指出他写作此书的目的,在于"达性情于政事,融政事于性情",将学术与政治逐渐合一,表现出他强烈的经世思想。魏源是清后期经世致用思想的杰出代表。再如声名显赫的公羊学派,就更是这一时期经世致用的典型。清代治《公羊传》的学者,力图要恢复汉代今文经学的传统,即将政治与学术合一,故而在对《公羊传》义理的阐发过程中,或针砭时弊,或倡言革新,经世色彩极为浓烈。龚自珍就是其中的典型。

4.经世致用与文献辨伪

论及二者之间的关系,我们会不约而同地想到康有为。他若不是生逢那个盛行变法改制的时代,不是生逢那个呵斥《尚书》、是非《春秋》,却能少有顾虑的时代,他的《新学伪经考》怕是想也想不到,写也不敢发,发也不会有那般的影响。实际上,经世致用思潮下的文献辨伪,大体存在两种类型。一种是以辨伪求政治变革,另一种是以辨伪促学术发展。

其一,以辨伪求政治变革。以康有为为例,他的《新学伪经考》是一部典型的,以治学经世,以辨伪经世的著述。书中,康有为几乎把刘歆打扮成中国历史上最大的作伪者,因而经过刘歆伪窜的经典,也没有了任何可信性。《新学伪经考》体现了清后期文献辨伪的特色。对于该书,过去人们往往从文献整理的角度研究,结果对康氏文献辨伪的思想性往往认识不足,这是很不恰当的。

二十卷本则侧重于"达性情于政事,融政事于性情"的思想阐释。现有岳麓书社出版的何慎怡校点本。这一版本将初刻、二刻并在一起出版,是迄今为止最为完善的本子。

① (清)魏源:《魏源全集》(第1册)《诗古微》"序",第100页。

　　其二，以辨伪促学术发展。清后期的经世致用思潮，虽然波及甚广，但是也无力要求学术的每一个领域，或每一个领域的每一个课题都与之迎合。这就是学术的相对独立性。清后期的许多学者，仍是坚持传统的治学路数，如俞樾①等人。文献辨伪学亦然，譬如其中一些论题的探讨，并未因为时代和思潮的流转而改道易辙，而仍是坚持学术研究的固有品质——实事求是。如丁晏考辨《古文尚书》真伪，如朱一新的《答康长素书》批驳康氏的观点。诸如此类。

　　清代社会思潮凡三变，在学术上主要表现为清初实学思潮，清中期朴学风尚，清后期经世致用之风。清初学风由空谈转向实用，以"经世"为实用之根本。清中期以文献考据为基础，寓义理探求于名物训诂之中，治学由外向的经世致用转向内向的求真务实。清后期因为各种原因，治学宗旨又面向社会现实。在这样的社会思潮影响下，清代的文献辨伪也表现出不同的阶段性特征。著名学者王国维论清代学术思想之特点有云："国初之学大，乾嘉之学精，而道咸以降之学新"②。王国维先生所论，亦适用于概述清人文献辨伪研究。

　　清代的辨伪学，既是汉唐宋明以来文献辨伪学发展的继续，又是清代学术、思想、社会以及时代等的共同作用的结果。清代文献

---

①　俞樾有言："尝试以为治经之道，大要有三：正句读，审字义，通古文假借，得此三者以治经，则思过半矣……余之此书，窃附王氏《经义述闻》之后，虽学术浅薄，倘亦有一二言之幸中者乎"（见俞樾：《群经平议》"自序"，续四库本，第178册，第1页）。俞樾依《经义述闻》而作《群经平议》，依《读书杂志》而作《诸子平议》，对这两部书，俞樾的高足章太炎有公允的评价："治群经不如《述闻》，谛诸子乃与《杂志》抗衡"（章太炎：《俞先生传》，见杨向奎《清儒学案新编》，第5册，齐鲁书社，1994年，第513页）。俞樾仍旧遵循戴震的"字—词—义—道"的求知次序的，并未为经世而作随意阐发。

②　王国维：《沈乙庵先生七十寿序》，载《王国维遗书》第4册，上海古籍出版社，1983年，第25—26页。

辨伪学如何发展,单就学科自身发展规律而言,它所能给予的解答是极为有限的。于是,我们不得不尝试从学科的外部环境找原因。

通过观察清代的政治、经济和社会思潮,我们发现,清朝在中国历史上处于一个承前启后的阶段,它是中国古代社会的最后一个朝代,也是中国历史发展步入近代的开始。它赶上了古代社会发展的最后一班电车,也遭遇了近代化浪潮的猛烈冲击。它曾经国家统一,皇权强化,经济富庶,文化发达,有发展程度极高的康乾盛世;也有过内乱不断,列强凌辱,割地赔款,民不聊生的凄凉境遇。

清代的社会和文化既是传统的又是现代的,既是辉煌的又是没落的,既有旧问题又有新发展。总之,清代的社会和文化相对于往代,既是一般的,又是特殊的。这都对清代文献辨伪学的发展产生了深刻影响,文献辨伪学从这个时代走出,散发着浓郁的时代气息。自先秦以来,自汉晋以来,自隋唐以来,自两宋以来,自元明以来,辨伪之学代有发展,而只有在清代,才达到它的极致。

第四章　清初的文献辨伪(上)

　　明清鼎革,四海沸腾,学者如顾、黄、王等,有感于阳明心学末流之不学无术、空谈误国,倡导经世实学。如顾炎武主张"文不贵多","文须有益于天下"①,强调"凡文不关于六经之指(旨)、当世之务者,一切不为"②。六经有大义存焉,关系治乱兴衰,于是清初诸儒的辨伪在经传类文献中,着墨尤重,从而构成清初文献辨伪学的基本特色。

　　王国维曾言清初学术"大",确是如此。就文献辨伪学观之,毛奇龄、朱彝尊、胡渭、万斯大、阎若璩、姚际恒等人,各有重要的辨伪学成果,特别如《易图明辨》、《周官辨非》、《尚书古文疏证》、《古今伪书考》等专著,均可谓扛鼎之作,其学术意义和现实意义甚为巨大,对后世也产生了深远影响。此外,清初黄宗羲、顾炎武、王夫之等,均注意文献的考辨,成就也颇为突出。笔者选择其中有代表性的人物和著述,将人物个案和专题研究相结合,意在展现其磅礴气势。

---

①　(清)顾炎武撰,(清)黄汝成集释:《日知录集释》卷19"文须有益于天下"、"文不贵多"篇,上海古籍出版社,1985年,第1439—1445页。

②　(清)顾炎武:《顾亭林文集》(华忱之点校)卷4"与人书三",中华书局,1983年,第95页。

第一节　毛奇龄的文献辨伪学

毛奇龄(1623—1713),字大可,又名甡,浙江萧山人。毛奇龄少颖悟,补诸生。明季,于山中避兵读书。顺治初年曾流寓江淮间。康熙十八年(1679年)以廪膳生,荐举博学鸿儒科,得授翰林院检讨,又充明史纂修官等。后因痹疾归家,遂不复出。康熙帝南巡,毛奇龄两次迎驾,献书,得嘉奖。其人恃才傲物,尤嗜肆力排击古今学人,至于宋以后学人,"俱不得其免"。人言所作《经问》,指名攻驳者,唯顾炎武、阎若璩、胡渭三人,只缘这三人"博学重望,足以攻击",至于其他,都"不足齿录"①,或感叹其"傲睨如此!"②又据言,奇龄与人语,"稍不合即骂,骂甚,继以殴",曾有与李因笃③因论学而拳脚相加事。尝与阎若璩争论,不胜,亦"奋拳欲殴之"。④

毛奇龄才思敏捷,遍览经史诸子,博约精深兼擅,著述丰富,有《诗传诗说驳议》、《河图洛书原舛编》等。《四库全书》收奇龄所著书目,多至四十余部。在文献辨伪问题上,毛奇龄力辨《古文尚

---

① 《清国史》"儒林传下"卷3"毛奇龄传",第581页。《清国史》记毛氏"(康熙)五十二年卒于家,年九十一"。《清史稿》同。或有卒于康熙五十五年的说法,今不取。清儒生平本书多据《清国史》,是志文。

② 《清史稿》卷481"列传二百六十八·儒林二",第13174页。

③ 李因笃(1631—1692),字天生,陕西富平人。明诸生。博学强记,贯串注疏。康熙十八年应博学鸿儒,授翰林院检讨,旋乞归养,母殁,仍不出。曾讲学于关中书院、朝阳书院。与顾炎武友善,深于经学,著《诗说》等(详见《清国史》"儒林传上"卷11,第475页)。又,该传文中记有康熙十八年(1679年)博学鸿词后李因笃乞归养奏疏,其言"年四十有九",可以推李因笃生年为1631年。1633年的习惯说法不确。卒年不详。一说卒于康熙三十一年(1692年),笔者从之。

④ (清)全祖望:《全祖望集汇校集注·鲒埼亭集外编》(朱铸禹汇校集注)卷12"萧山毛检讨别传",上海古籍出版社,2000年,第987页。

书》为真,先作《古文尚书定论》四卷,增订后成《古文尚书冤词》八卷①。于《周礼》、《仪礼》,则以其为战国伪书。

一、《古文尚书》辨伪的有关问题

1.辨《古文尚书》非伪的文献辨伪学价值

清初以毛奇龄为代表,力主《古文尚书》不伪的论辩,是文献辨伪学中一个十分重要的问题。之所以有这个定位,是因为基于以下两点考虑:

其一,辨伪方法问题。用几乎同样的考辨方法考辨《古文尚书》,毛奇龄却能得出与阎若璩等人截然相反的意见,这无疑使得我们不得不正视这样一个问题,即考辨方法无畛域,辨伪可以用,辨非伪也可以用。因此,涉及文献真伪的考辨方法,应取广义的概念,即"辨伪方法",它包括"证伪"的方法和"证非伪"的方法。

其二,辨伪思想问题。出于"几乎同样的学术理想"考辨《古文尚书》,毛奇龄得出的结论同阎若璩等人也截然相反。毛奇龄等人的著书立说,让我们不得不思考这样一个问题,即文献考辨活动中的思想性问题。缘于卫道而辨《古文尚书》诚伪;缘于卫道,同样地也可以辨其非伪。卫道思想主导下的文献考辨,学术的客观性价值是相对的,而学术的思想性意义是鲜明的。"求真"、"求善"同中国古代的《古文尚书》辨伪问题相始终。

总之,注意辨其伪,而忽视辨其非伪的文献辨伪研究,是片面的;脱离了思想性考察的文献辨伪研究,往往会将研究导入歧途。

2.朱熹弥缝之论

实际上,自朱熹起,就曾试图弥合东晋晚出《古文尚书》中的

---

① 其于"与阎潜丘古文尚书冤词书"(《西河集》卷20"书七",四库本,第1320册)中有详述。

伪迹。朱熹说:"汉儒以伏生之《书》为今文,而谓安国之《书》为古文。以今考之,则今文多艰涩,而古文反平易。"①他又提出,孔壁所出《尚书》"况又是科斗书,以伏生《书》字文考之,方读得。岂有数百年壁中之物,安得不讹损一字? 又却是伏生记得者难读,此尤可疑。"②朱熹从文辞的角度,怀疑晚出孔壁《古文尚书》之伪,这在第二章中已经提到。对于《古文尚书》存在的这个问题,朱熹提出了他的解说,即"两体说",其言:"《书》有两体:有极分晓者,有极难晓者。某恐如《盘庚》、《周诰》、《多方》、《多士》之类,是当时召之来而面命之,而教告之,自是当时一类说话。至于《旅獒》、《毕命》、《微子之命》、《君陈》、《君牙》、《冏命》之属,则是当时修其词命,所以当时百姓都晓得者,有今时老师宿儒之所不晓。今人之所不晓者,未必不当时之人却识其词义也。"③

朱熹此言,与其学术宗旨和治学方法密不可分。他主张读书需要明义理④,"得意可以忘形",不必执著于个别字词,否则就是"不议于室而嗫于门,不味其腴而龁(咬)其骨。"⑤此外,他又说:

---

① (宋)朱熹:《晦庵先生朱文公文集》(五)(戴扬本、曾抗美点校),《朱子全书》第 24 册,卷 82"书临漳所刊四经后",第 3888 页。

② (宋)黎靖德编:《朱子语类》(王星贤点校)卷 78"《尚书》一·纲领",第 1978 页。

③ (宋)黎靖德编:《朱子语类》(王星贤点校)卷 78"《尚书》一·纲领",第 1980 页。

④ 对于如何读书,特别是对于如何读《尚书》,有人提出要读出"历史变迁",朱熹不以为然,他说:"世变难看。唐虞三代事,浩大阔远,何处测度? 不若求圣人之心。如尧,则考其所以治民;舜,则考其所以事君。且如《汤誓》,汤曰:'予畏上帝,不敢不正。'熟读岂不见汤之心?"朱熹认为研读《尚书》要注意体会唐尧虞舜这些圣王之心,以为如此方能得《尚书》之要义。见(宋)黎靖德编:《朱子语类》(王星贤点校)卷 78"《尚书》一·纲领",第 1983 页。

⑤ (宋)朱熹:《晦庵先生朱文公文集》(二)(刘永翔、朱幼文点校),《朱子全书》第 21 册,卷 38"答袁机仲——来教疑河图洛书是后人伪作",第 1665 页。

"《书》中可疑诸篇,若一齐不信,恐倒了《六经》。"①恐"倒了《六经》"！故而不必执著于"难读"、"易读",故而提出《书》有"两体"说,这是朱熹的逻辑。朱熹一则提出怀疑,一则又弥缝伪迹。他在《古文尚书》考辨问题上的彷徨,反映了程朱理学的窘迫和无奈。朱熹如此说,后世辨伪和辨非伪者各自取用。这也是《古文尚书》辨伪学中一个有趣的现象。

3.大可同俦之说

朱熹以后,迄于毛奇龄,甚至毛氏以后,力争《古文尚书》非伪者大有人在。他们的方法是传统的,他们的思想是一致的。清以前的有关论说,限于篇幅,此略。清初学界中人也仅对陆陇其、李光地、李塨等人的考辨情况,作简要说明。陆陇其和李光地都是清初理学名臣,他们在《古文尚书》上的看法是一致的,即以为真,并证其非伪。

(1)陆陇其(1630—1692),字稼书,浙江平湖人。康熙九年(1670 年)进士。历官嘉定、灵寿知县,有政声。行取御史,因进言外调,遂乞假归。卒,谥清献。陆氏学崇程朱,得其正宗。著述丰富,有《三鱼堂文集》、《读书志疑》、《读朱随笔》等行世。所作《古文尚书考》,仅几页篇幅,主要据《经典释文》和《尚书正义》,陈述《古文尚书》流传问题。文后按语,明确提出东晋出《古文尚书》非伪。

　　　　右据陆德明之《经典释文》、孔颖达之《书正义》,其言虽小异,要之,则汉儒如刘歆、班固、马融、郑康成之徒,以至晋杜元凯,皆不曾见《古文尚书》之全,又杂以伪《泰誓》。直至东

---

①　(宋)黎靖德编:《朱子语类》(王星贤点校)卷 79"《尚书》二·金縢",第 2052 页。

晋,此书方出。是以朱子亦尝疑之⋯⋯则是朱子于《古文尚书》,固终信之而不敢疑也。惟《书小序》则断以为非孔子笔,只是周秦时低手人作。又云:"《书序》不可信,伏生时无之",而于安国所增二十五篇,梅赜、姚方兴所传,则固与伏生之书并尊,不敢以张霸之徒例之也。学者无以其晚出而疑之哉!至若近世有为《石经大学》者,有为《子贡诗传》、《申公诗说》者,彼徒见《古文尚书》晚出得传,思侥幸欺世。孰知碔砆美玉不可同日而论也。

张霸作《尚书》百两篇,欲托于孔子之百篇。班固《儒林传》既著其伪。又为十六卷二十四篇,欲以乱安国之古文。固虽载之《艺文志》,谓之《古文经》,后世卒无传焉。伪书果何益哉!①

陆氏认为,《古文尚书》渊源有自,虽然自东晋方再出,但是并非伪作。他特别提出朱熹的关于《古文尚书》考辨的言论,指出朱熹"于《古文尚书》固终信之而不敢疑也",后世学者何必因"其晚出而疑之哉"!

陆氏为证成己说,特别将《古文尚书》同《石经大学》、《诗传》、《诗说》区别开来,以《古文尚书》为"美玉",以后三者为"碔砆",不可同日而语。又将《古文尚书》同张霸伪百篇作比较,提出后者因系伪作,"卒无传"。言外之意,《古文尚书》如系作伪,何以传至今日?

(2)李光地(1642—1718),字晋卿,号厚庵,别号榕村,福建泉州安溪人。康熙九年(1670年)中进士,进翰林,任直隶巡抚等,累

---

① (清)陆陇其:《三鱼堂文集》卷1"书古文尚书考后",四库本,第1325册,第10—11页。

官至文渊阁大学士兼吏部尚书。居官有政绩,康熙帝曾三次授予御匾,表彰其功。谥"文贞",加赠太子太傅。

在《尚书》研究中上,李光地著有《尚书七篇解义》二卷。该书共解《尧典》、《舜典》、《大禹谟》、《皋陶谟》、《益稷》、《禹贡》、《洪范》七篇文义。四库馆臣推测,当为"未竟之本"。在《古文尚书》真伪问题上,李光地不以《大禹谟》篇为伪,清人以为"未免出于调停"。① 李光地有关《古文尚书》的观点,集中见于《大禹谟》篇后按语中,其言:

> 《书》别古今文者,《书》本百篇,方秦焚经,伏生壁藏之。及汉初禁除,求之,才得二十八篇,以教授齐鲁间。文帝遣晁错从受焉,然错不识科斗,而生不通隶字,以口相传。齐语多难晓者,错用意属读而已。后武帝时,孔壁书出,百篇虽具,而科斗亦无知者。以伏生书参对求之,又得二十余篇。错受经后,定为隶书,故日今文;孔壁书则三代六书之体可见,故日古文。前儒疑今文多诘屈而古文尽平易,或日自伏、晁授受时,因音语讹也。然武帝时犹可据此以得余篇,反不能追正其讹乎?或日辞命之文雅驯,告谕通俗则用时语。然两体固有相杂者,犹不可通也。意自参校孔壁书时,遇不可读,即未免删添其后,又久秘不出,更东汉至晋,《书》始萌芽,传者私窃窜一二字,复恐不免矣,以此古文从顺者多。伏生书则自前汉而立学官,无敢改者。艰易之原,盖出于此。浅者缘此,尽訾古文非真书,如此《谟》(指《大禹谟》,笔者按)其首也。宋元儒倡之,近学者尤加甚。果哉?其疑古也!②

---

① 《总目提要》卷12"经部十二·书类二","尚书解义"条。
② (清)李光地:《尚书七篇解义》卷1"大禹谟",四库本,第68册,第109—110页。

李光地的考辨，针对性比较强，即自吴棫、朱熹始，就一直质疑的言辞难易问题。他认为，《尚书》今古文有难易之别，是必然的，也是不难理解的。即《古文》难读，解读时"遇不可读，即未免删添其后"，东晋复出，"传者私窃窜一二字"，也是难以避免的，故而"古文从顺者多"。至于今文，自西汉立学官，无人"敢改"，所以聱牙者依旧聱牙。李光地最后提出，不明古文"浅"者缘何，就訾言《古文》非真，其为"疑古"也。其解说，虽掺杂许多想象力，但也不失为一家之言。

（3）李塨（1659—1733），字刚主，号恕谷，河北蠡县人。康熙二十九年（1690年）举人，年六十授通州学正，居官八十余日，以病告归。李塨早年师颜元，后至萧山学乐于毛奇龄，并得受其经学，同毛奇龄"时与往复，论《易》，辨'太极图'、'河'、'洛'之伪；论《尚书》，辨攻《古文》为伪之误；论《诗》，言小序不可废。奇龄常称为盖世一人"①。后因在一些问题上坚持学本颜元，毛奇龄恶其异己，著书以攻之，而当时学者并不认同毛氏的观点和做法。② 著有《周易传注》、《大学辨业》、《恕谷后集》等。

《清国史》"李塨传"所谓"辨攻《古文》为伪之误"事，毛奇龄在《古文尚书冤词》中有"李塨有与桐乡钱甲辨词并载于此"语，《与黄梨洲论伪尚书书》言："近保定李恕谷以问乐南来，寓桐乡郭明府署中，因与桐之钱生晓城，辨《古文尚书》真伪，并来取证。"可以确定当为钱煌（字晓城）无疑。

至于大致论辩时间。据《李塨年谱》记，康熙三十四年（1695

---

① 参见《清国史》"儒林传上"卷15"李塨传"，第495页。及（清）冯辰、刘调赞：《李塨年谱》（陈祖武点校），中华书局，1988年。

② 《清国史》"儒林传上"卷15"李塨传"，第496页。

年)抵桐乡,有"语钱生煌以正学"①的文字,恐非辨《古文尚书》事。主要有三点依据,其一,李塨此次居桐乡时间甚短,同年八月即返乡②。其二,李塨自桐乡返后不久(康熙三十五年三月),收到毛奇龄寄赠的《驳太极图》、《驳河图洛书》二书。可知,李塨居桐乡期间,应该与毛奇龄有过学术交流,但不见有关于《古文尚书》的只言片语。③ 其三,康熙三十六年(1697年)再来桐乡,才决意从毛奇龄"问乐"。毛奇龄所说的"近保定李恕谷以问乐南来",当指此事,否则二年前事,不当以"近"相称。故而,大致可以推定,钱、李《古文尚书》之辨当在康熙三十六年。

《古文尚书冤词》引述李塨言论凡七处:卷四,一处;卷五,二处;卷六,四处。涉及《大禹谟》、《胤征》、《伊训》、《说命》(上、中、下)、《武成》、《微子之命》共六种、八篇。毛奇龄引述的这七条材料,大都围绕《尚书》所载史事、地理之虚实有无而展开辩驳。李塨是如何就上述问题进行辩驳的,这里不展开讨论,仅举一例,以说明问题。

据毛奇龄引述:

> 甲谓:《孟子》"舜卒鸣条,为东夷之人",此当在今山东。而《伊训》曰"造攻自鸣条",则桀都安邑在今山西,与鸣条何涉?
>
> 李塨曰:《史记》称桀败,奔于鸣条,则"鸣条造攻"不止《书》词。若《孟子》称东夷,则别一鸣条。《正义》谓陈留平丘县有鸣条亭,此在东鸣条也,舜所卒也。蒲州安邑县有鸣条

---

① (清)冯辰、刘调赞:《李塨年谱》(陈祖武点校)卷2,中华书局,1988年,第54页。

② 见(清)冯辰、刘调赞:《李塨年谱》卷2,第56页。

③ 见(清)冯辰、刘调赞:《李塨年谱》卷2,第56页。

陌,此在西鸣条也,桀所诛也。一东一西,不必牵合。独予为
《孟子》解,则桀都安邑,舜亦都安邑,舜卒不当在东夷。其称
东夷者,以战国分东西,指函关言,关西为西,关东为东,如曰
东方六国者。是舜卒安邑亦可称东,况别有地也? 夷裔也,今
俗名边,犹言东边也。①

　　钱煌提出,《孟子》已经指出"舜卒鸣条",亦言之,"鸣条"应
在山东。但是,《伊训》有"造攻自鸣条"语,据此,桀之都城应该在
山西。一为山东,一为山西。显然《伊训》不可信。李塨反驳道:
按照《史记正义》的解说,"鸣条"并非一处,陈留平丘县(今河南陈
留平丘县)的是东鸣条,舜卒于此。蒲州安邑县(今山西夏县境
内)的鸣条陌是西鸣条,是诛杀桀的地方。不过李塨又提出,他认
为《孟子》所说的"鸣条",不是陈留平丘,就是蒲州安邑,舜也非卒
于东夷。因为安邑在函谷关以东,故而有"东"的概念,"东夷"是
"东边"的俗称。

　　钱煌依据"鸣条"的一山东、一山西的抵牾,怀疑《伊训》"造攻
自鸣条"的记载,进而以其伪作。李塨依据《史记正义》的记载和
战国时"东边"的俗语,证明《伊训》"造攻自鸣条"事,无可置疑。
辨其伪和辨其真同样有理有据,却针锋相对。

　　此外,《恕谷后集》卷九收录有《论古文尚书》一篇,大意是说
孔壁古文发现后,"古文皆科斗书,世废已久,不惟人莫能知,即安
国亦不能尽知",而且又不可能没有脱落,所以,孔安国根据"《论
语》、《孟子》、《春秋》、诸子以证之",对于不能辨别的文字,"以义
定之者"的情况,是不可避免的。所以今见《古文尚书》皆"通晓",
如同出自一人之手。李塨也针对《古文尚书》最令人质疑的文辞

---

① （清）毛奇龄:《古文尚书冤词》卷5引,四库本,第66册,第592—593页。

问题,提出个人看法。这与李光地的言论颇为相似。

二、《古文尚书冤词》的文献辨伪学研究

1.《古文尚书冤词》始末

毛奇龄有关《古文尚书》的考辨,以《古文尚书冤词》八卷为代表,此外,还有涉及该书的《古文尚书冤词余录》(见于《经问》卷十八)、《寄阎潜丘古文尚书冤词书》(《西河集》卷十八"书五")、《复冯山公论太极图说、古文尚书冤词书》(《西河集》卷十八"书五")等,此外,《与阎潜丘论尚书疏证书》(《西河集》卷二十"书七")、《与黄梨洲论伪尚书书》(《西河集》卷二十"书七")也有涉及。

毛奇龄作《古文尚书冤词》,颇有隐情。据《寄阎潜丘古文尚书冤词书》中言:"某向亦不慊伪古文一说,宋人诞妄,最叵信。及惠教所著《尚书古文疏证》(原文《古文尚书疏证》)后,始快快,谓此事经读书人道过,或不应谬,遂置不复理。"也就是说,毛奇龄一向不以《古文尚书》伪作说为然,后来看到阎若璩寄赠《尚书古文疏证》后,开始尚"快快"然,不过想到阎若璩毕竟是"读书人",不会信口雌黄,遂将其搁置不论。

毛奇龄《与黄梨洲论伪尚书书》中记:"近保定李恕谷以问乐南来,寓桐乡郭明府署中。因与桐之钱生晓城,辨《古文尚书》真伪,并来取证。仆向虽蓄疑,然全不考及",但是看到钱、李论辩后,毛奇龄感到如骨鲠在喉,不吐不快。他终于抑制不住辩驳的冲动,其言:"仆将确求实据,以一雪此案",并请黄氏推荐可参考书目。可知,康熙三十六年(1697年)李塨寓居桐乡,与钱晓城辨《古文尚书》事发生不久,毛奇龄即萌生了著书辨《古文尚书》非伪的计划。

按照《寄阎潜丘古文尚书冤词书》中言,可知毛氏先作成四卷,名《古文尚书定论》,复增订为八卷。据《经问》卷十八中言:

"予作《古文尚书冤词》成,蠡吾李生携之北行。"蠡吾李生,即李
塨。他于康熙三十六年(1697年)再赴桐乡,正式从毛奇龄学乐,
兼习经义。康熙三十八年(1699年)辞别毛奇龄,北归。① 想必李
塨"携之北行",正在此年。由此可以推断,《冤词》成书当在康熙
三十六年至康熙三十八年之间。又据康熙三十九年(1700年)李
塨致毛奇龄书中言:

> 自客岁拜别函丈,过淮上,晤阎潜丘,因论及《古文尚
> 书》。塨曰毛先生有新著云云,潜丘大惊,索阅,示之。潜丘
> 且阅且顾其子曰:"此书乃专难我耶?"塨曰:"求先生终定
> 之"。潜丘强笑曰:"我自言我是耳。"……辨析他书甚夥,毫
> 不及《尚书》事,想已屈服矣。②

李塨在信中,忆及康熙三十八年(1699年)北归过淮时,遇
阎若璩,并谈及《古文尚书》。他将随身携带的《古文尚书冤词》
示与阎若璩,阎氏边看边感慨,稍后再与李塨论学,独不谈《古文
尚书》。此外,毛奇龄提到康熙四十一年(1702年)见阎若璩时,
阎若璩也有意避开该话题。或许真如李塨所言,阎氏"已屈服
矣"。

不过,阎若璩以为"专难我耶"的感叹大可不必。毛奇龄在稍
后给他的信中,明确提出涉及时人言论的问题。他说:"今就两家
说(指李塨、钱晓城,笔者按)重为考订……就彼所辨,而断以平日
所考证,作《古文尚书定论》四卷,其中微及潜丘并敝乡姚立方所
著攻《古文》者,兼相质难。"这里,毛奇龄明确提出,他从重新考订

---

① 见(清)冯辰、刘调赞:《李塨年谱》卷3,第71页。
② 见(清)冯辰、刘调赞:《李塨年谱》卷3,第74—75页。

钱李论辩入手，"微及"阎若璩①、姚际恒学说，综合既有成果，作成该书。至此，毛奇龄已将著《古文尚书冤词》的始末缘由，作了较完整的说明。

今见《古文尚书冤词》，共八卷。包括以下十个组成部分：《总论》、《今文尚书》、《古文尚书》、《古文之冤始于朱氏》、《古文之冤成于吴氏》、《书篇题之冤》、《书序之冤》、《书小序之冤》、《书词之冤》和《书字之冤》。书中涉及《古文尚书》、《书大序》、《书小序》及其相关问题，以下，仅就《古文尚书》辨伪中的两个问题，作简要说明。

2.毛奇龄辨《古文尚书》非伪的方法

其一，据《隋书·经籍志》所言的授受源流，证明《古文尚书》非伪。

毛奇龄认为，《古文尚书》自出孔壁后，流传有自，不绝如缕。作为官书，《古文尚书》藏在秘府，系科斗原文。私家传授，则系孔安国隶定本，由孔安国传都尉朝、桑钦等。至于孔家，则代代相传，直至东汉孔僖，仍有保藏。魏晋间的《古文尚书》传授，也谱系清晰，由王肃以降，直至梅赜。② 在写给阎若璩的信中，他也如此强调：

---

① 这里提到应该是阎若璩寄赠的《尚书古文疏证》，毛奇龄收到后次日便寄信阎若璩，一则以批判，一则一规劝，详见《与阎潜丘论尚书疏证书》(《西河集》卷20"书七"，四库本，第1320册，第167页)。至于卷数和时间，虽无确切记载。但是，笔者推测：当为阎若璩向黄宗羲求序的四卷本《尚书古文疏证》；而寄赠时间定在康熙三十四年前，因为黄宗羲卒于当年，且毛奇龄明言"及惠教所著《尚书古文疏证》后，始快快，谓此事经读书人道过或不应谬，遂置不复理"，直到康熙三十四年钱李之辩，方旧事重提，有著书之举。见《寄阎潜丘古文尚书冤词书》。

② （清）毛奇龄：《古文尚书冤词》卷3，第565—566页。

知《古文尚书》自汉武年出孔壁后,凡内府藏弆与民间授受,相继不绝。且历新都篡杀,永嘉变乱,亦并无有遗失散亡之事。而梅赜在晋所上者,又但是孔《传》,并非古文经文,其在《隋书·经籍志》开载甚明。外此,则又无他书可为藉口,则其里、其底了然于人,何得有假?①

仅因西晋永嘉之乱的缘故,《古文尚书》传文无存。因此,梅赜方有进呈孔安国《传》,以改变有《书》无《传》的局面。梅赜进献的是孔《传》,而非孔传《古文尚书》,其言"奏上其书者,奏所授受之孔氏《传》,非《古文》经文也"②。这是毛奇龄特别强调的问题。他在《复冯山公论太极图说、古文尚书冤词书》中,又提到梅赜献孔《传》的问题。他说:西晋战乱,欧阳、夏侯解读《尚书》的著述,均亡佚不存,而伏生《大传》又非解《古文尚书》之《传》。于是,《古文尚书》又出现了有经无传的局面,梅赜方此时,进呈了孔安国撰《尚书传》。③

总之,毛奇龄认为,正是基于这样的事实,《隋书·经籍志》才记作:"晋世秘府所存,有《古文尚书》经文,今无有传者","至东晋豫章内史梅赜,始得安国之《传》,奏之。"通过上述言论,不难看出,毛奇龄按照他的思路,理顺了《古文尚书》传授的谱系。因为既有这样的事实,《隋书·经籍志》才有这样的记载;因为有这样的记载,毛奇龄才提出:有人以为梅赜的进献,是孔传《古文尚书》,真乃不学无术!

---

① (清)毛奇龄:《西河集》卷18"寄阎潜丘古文尚书冤词书",四库本,第1320册,第139—140页。
② (清)毛奇龄:《古文尚书冤词》卷2,第561页。
③ (清)毛奇龄:《西河集》卷18"书五·复冯山公论太极图说、古文尚书冤词书",四库本,第1320册,第143—144页。

其二,根据《古文尚书》篇目分合,辨《古文尚书》非伪。

宋以来学者在《古文尚书》证伪过程中,讨论最多的是篇数、篇名问题。今传《古文尚书》二十五篇,汉代文献记作十六篇,二者篇数不合;今传《古文尚书》二十五篇的篇名,同郑玄《注》引《古文尚书》十六篇的篇名,也有出入。许多学者均以上述抵牾作为晚出《古文尚书》伪作的有力证据。但是,毛奇龄认为:《古文尚书》一直都传承不断,梅赜所献为孔《传》,非孔传《古文尚书》。所以,毛奇龄指出"梅赜伪《古文尚书》"的提法本身,就有问题。因此,毛氏讨论《古文尚书》篇目问题,不以"梅赜伪《古文尚书》"为对象。

关于篇数问题。今传《古文尚书》共二十五篇,但是,汉儒多以为《古文》增多十六篇,在数目上存在着九篇的出入。而在毛奇龄看来,这个问题不难解决。他认为:伏生所传《今文尚书》,当为三十三篇,即"伏本合《尧》、《舜典》为一,《皋陶谟》、《益稷》为一,《盘庚》上、中、下为一,《顾命》、《康王之诰》为一。后,孔安国依《古文》分之,得多《舜典》一篇,《益稷》一篇,《盘庚》二篇,《康王之诰》一篇,共五篇,合之二十九篇,而去《泰誓》一篇,为三十三篇"。又云,"分出五篇,合二十九篇。不去《泰誓》,为三十四篇"。① 毛奇龄特别强调"三十三篇"、"三十四篇"有别,其用意是——他认为西汉今文《泰誓》系伪作,后来的古文《泰誓》才是真书。

《古文尚书》本为五十八篇,至于五十九篇的说法,毛奇龄以为:"百篇每篇有一序,名为《小序》,旧合作一篇,安国分之,各冠其篇首"。又言:"陆德明《释文》'《古文尚书》五十九篇',即今所行五十八篇,其一是百篇之序"。② 也就是说,五十九篇只是将《小序》计入后的一种说法,存世的《古文尚书》实际有五十八篇。

---

① (清)毛奇龄:《古文尚书冤词》卷1"今文尚书",四库本,第66册,第550—551页。
② (清)毛奇龄:《古文尚书冤词》卷1"古文尚书",第552页。

进而,毛奇龄正式提出"《古书尚书》二十五篇"及所谓"增多十六篇"的问题。他认为,二十五篇《古文尚书》的篇目应为虞书:《大禹谟》;《夏书》:《五子之歌》、《胤征》;商书:《仲虺之诰》、《汤诰》、《伊训》、《太甲》三篇、《咸有一德》、《说命》三篇;周书:《泰誓》三篇、《武成》、《旅獒》、《微子之命》、《蔡仲之命》、《周官》、《君陈》、《毕命》、《君牙》、《冏命》。(卷一,第552页)毛奇龄又列举了《汉书·艺文志》、荀悦《汉纪》、刘歆《移太常博士书》及颜师古《注》中,《古文尚书》"得多十六篇"的说法。

但是,这里需要说明一下"十八篇"的问题。毛奇龄说:"但以孔壁二十五篇就序分之,《太甲》、《说命》、《泰誓》九篇共三序,应去六篇;伊尹作《咸有一德》以无序语,不成序,当附《太甲》篇内,与咎单作《明居》、周公作《立政》同,又去一篇。凡二十五篇共去七篇,为十八篇"。毛奇龄认为,《太甲》三篇、《说命》三篇、《泰誓》三篇,计九篇,而有序三篇;《咸有一德》无序,应附在《太甲》篇。这样,应该从二十五篇内去七篇,故而有十八篇的说法。进而,毛奇龄指出(卷一,第553页):

> 又称十六篇,则以《大禹谟》与《皋》、《益》三篇同序。二十九篇既出《皋陶》,则一序无两出之例,且序首曰"皋陶矢厥谟,禹成厥功",则《皋谟》可领序。况此当先考二十九篇,始计多篇乎?若《泰誓》一篇,又当抵伏书《泰誓》二十九篇之数,因又去二篇为十六篇。

他认为,《尚书》不应该有一序多出的情况,所以,古文《大禹谟》与今文《皋陶谟》、《益稷》三篇同序,又应以古文《泰誓》代替伏生今文《泰誓》,因此有"去两篇,为十六篇"的说法。

关于篇名问题。他认为,郑玄所学,是杜林漆书《古文尚书》,

非孔壁原本,所以出现篇名差异,不足为奇。《后汉书·儒林传》中载:"扶风杜林传《古文尚书》,林同郡贾逵为之作训,马融作传,郑玄注解。由是《古文尚书》遂显于世。"①毛奇龄据此提出:"马(融)、郑(玄)则皆受杜林漆书之学,虽名为古文,而实与孔壁古文不同。一是漆书,一是壁经也。"②同时,他将漆书本五十八篇的篇目,悉数罗列如下:《尧典》、《舜典》、《大禹谟》、《皋陶谟》、《益稷》、《禹贡》、《甘誓》、《五子之歌》、《胤征》、《汩作》、《九共》九篇、《汤誓》、《典宝》、《汤诰》、《咸有一德》、《伊训》、《肆命》、《原命》、《盘庚》三篇、《高宗肜日》、《西伯戡黎》、《微子》、《泰誓》三篇、《牧誓》、《武成》、《洪范》、《旅獒》、《金縢》、《大诰》、《康诰》、《酒诰》、《梓材》、《召诰》、《洛诰》、《多士》、《无逸》、《君奭》、《多方》、《立政》、《顾命》、《康王之诰》、《冏命》、《费誓》、《文侯之命》、《吕刑》、《秦誓》。

孔颖达《尚书正义》认为,郑玄注《尚书》仅注今文,所以提出所谓郑玄注引《古文尚书》十六篇为张霸伪作。对此,毛奇龄不以为然。他认为,郑玄注《尚书》,没有"独空半部之理",大概"郑氏注漆书时,原自完备",但是到了唐初,有墨守今文说者,将郑玄古文注删除,"颖达未之知也",所以才有这样的误解。至于《古文尚书》篇目与"孔《传》全不合"。毛氏认为:"西汉张霸必不能预造伪书,以补东汉郑《注》之所阙。且霸所上者,百两篇也,曾百两而二十四篇也乎?"③孔颖达以为郑注《古文尚书》篇目伪作,毛奇龄驳孔颖达提法乖谬。由上文可知,毛奇龄的"漆书说"显然比孔颖达的"张霸伪作说",更有说服力。四库馆臣虽然不认同毛奇龄的

---

① (南朝宋)范晔撰,(唐)李贤等注:《后汉书·儒林传》卷79上"儒林传第六十九上",第2566页。
② (清)毛奇龄:《古文尚书冤词》卷3,第567页。
③ (清)毛奇龄:《古文尚书冤词》卷3,第568页。

观点,但也不得佩服他的考辨方法"颇巧于颠倒"①。

此外,毛奇龄据史事、据引文,辨《古文尚书》非伪的方法②,也值得关注。此从略。

3.毛奇龄辨《古文尚书》非伪的动机

毛奇龄曾自言,明亡,盗贼四起,他在避兵山中之际,听闻有治

---

① 《总目提要》卷12"经部十二·书类二","古文尚书冤词"条。

② 据史事辨伪最有代表性的是考辨《书大序》中孔安国自言遭巫蛊事的问题。毛奇龄认为这虽然针对的是《书序》问题,但"实刻于攻《古文》者之用心"(见《古文尚书冤词》卷4"书序之冤")。确实如毛奇龄所言,因为虽然毛奇龄将梅赜献孔《传》和梅赜献孔传《古文尚书》区别开来,但是自宋以来的学者大多把辨孔《传》、孔《序》之伪和梅赜献《古文尚书》之伪联系起来,一荣俱荣,一伪俱伪。毛奇龄深味此道,故而在《古文尚书冤词》中特立纲目探讨该问题。毛氏的主要观点是:第一,《史记》等记载均言孔安国遭巫蛊事,献书不得立为官学,所以孔《序》所言,非"私言";第二,《史记》中记事并非迄于太初、天汉、太始时史事并不少见。毛氏提出的观点虽然不足以证明《书大序》及《古文尚书》之真,但足以使既有的言论难以成立。此外,毛奇龄不仅在《古文尚书冤词》中,在给黄宗羲的信件中也提到这个问题。提到"昨有老友"云云(详见《与黄梨洲论伪尚书书》),毛奇龄所指老友很可能是姚际恒。毛奇龄兄弟素与姚际恒相善,毛奇龄又好与姚际恒论辩,惟自话自说,彼此都不能说服。从毛奇龄和姚际恒的论辩中可以看到,在著《古文尚书冤词》前,毛奇龄的观点态度已大致具备。毛氏的态度是一致的。关于引文辨伪问题,引文辨伪的关键是谁为早出。《古文尚书》辨伪问题中最为敏感的一个问题就是"虞廷十六字"问题,很多学者指出这十六字抄掇《论语》、《道经》,显然是伪作,毛奇龄也给出截然相对的解答:"《尚书》本圣经,前人妄有疑议者,亦但以出书早晚、立学先后为疑,未尝于经文有不足也。且'人心道心'虽《荀子》有之,然亦《荀子》引经文,不是经文引《荀子》。况《荀子》明称《道经》,则直前古遗文。即《易通·卦验》所云燧人在伏羲以前,實(填)刻《道经》以开三皇五帝之书者也"(《与阎潜丘论尚书疏证书》)。毛奇龄指出"人心道心",《尚书》有,《荀子》亦有,为何偏是《尚书》抄《荀子》,就不是《荀子》抄《尚书》?并且"人心道心"也是《荀子》引《道经》中语,是"前古遗文",前古遗文,《荀子》能引,《道经》可用,《尚书》为何不能用?且又何以证明不是《尚书》中所固有?此外,《冤词》中也有这方面的例子,如《论语·为政》有《尚书》"孝乎惟孝,友于兄弟"的佚文,古文《君陈》中有"惟孝友于兄弟"的文字。阎若璩等据此证伪,毛奇龄据此证非伪。详诸《冤词》第7卷。

今古文《尚书》者,遂去请教。斯人大致谈起今古文《尚书》流传、散佚,及东晋伪《古文尚书》如何如之何的情形。毛奇龄听后,"恶之,归而不食者累日"①。当年毛奇龄才二十一二岁。事过数十年,毛奇龄收到阎若璩《尚书古文疏证》书稿,对书中观点颇不能认同,寄信声明:"鄙意谓《尚书疏证》总属难信,恐于尧、舜、孔子千圣相传之学,不无有损,况外此枝节更为可已,何如不具?"②但是,以为阎若璩终究是读书人,不至于荒谬不堪,思来想去,决定"置不复理"。直到康熙三十六年李塨来桐城,与钱晓城在《古文尚书》真伪问题上,相持不下。毛奇龄发现,令其始料未及的是,"诸公豪杰,且欲诋毁先圣先王之书,而竟出于此!"③他以为,是可忍孰不可忍? 于是决意为守卫"圣经"而抛头露面,故而才有《古文尚书冤词》的作成。

在《寄阎潜丘古文尚书冤词书》中,毛奇龄提到他的著述宗旨:

> 虽自揣生平所学,百不如潜丘,且相于数十年,诚不忍以言论抵牾,启参差之端,祇谓圣经是非,所系极大,非可以人情嫌畏,谬为逊让。④

又言:

> 《古文》为二帝三王之书,又不止《毛诗》、《左氏》、《公》、

---

① (清)毛奇龄:《古文尚书冤词》卷1,四库本,第66册,第547页。
② (清)毛奇龄:《西河集》卷20"与阎潜丘论尚书疏证书",四库本,第1320册,第167页。
③ (清)毛奇龄:《西河集》卷20"与黄梨洲论伪尚书书",第171页。
④ 语出"寄阎潜丘古文尚书冤词书",《西河集》卷18,第140页。

《榖》、《周礼》、《仪礼》、《礼记》诸经之比,向亦惟卫经心切,诚恐伪之果足以乱真,故任此无何之言而姑且耐之,一经指正,即悛除不暇。①

毛奇龄认为,"圣经"关系重大,《古文尚书》是二帝、三王之书,非其他经典可比,作为圣人门徒,哪能见圣侮经黩,而无动于衷? 所以毛奇龄言:"卫经心切",勉力为之! 可见,毛奇龄辨《古文尚书》非伪的主要动机,是卫经卫道。②

至于争强好胜的心理,当然也发挥了不容忽视的作用。但是,笔者认为,切莫对此无限夸大。有人提出"这时,研究经学足以跟他相颉颃的学者,大概只有阎若璩一人。因此毛氏对若璩,有一种既爱怜又妒忌的心理"云云。③ 这种论断是值得推敲的。当时学界,硕学大儒云集,颇多堪称一时翘楚者,有如黄宗羲、王夫之、朱彝尊、胡渭、万斯大、王士祯,等等,他们都有不可轻觑的经学成就,说当时学界惟毛、阎二人,想必大可、潜丘再张狂,也遑遑然不敢领受,此其一。

其二,无论从资质、身份、地位还是学界声望上,阎若璩同毛奇龄都有一段距离。有人据毛奇龄信中言:"自揣生平所学,百不如潜丘……潜丘之学,万万胜予"④,便说毛奇龄对阎若璩折服,甚而

---

① "寄阎潜丘古文尚书冤词书",《西河集》卷18,第140页。
② 四库馆臣以为毛奇龄的《古文尚书》辨真是"以卫经为辞,托名甚正"(见《总目提要》"古文尚书冤词"条)。毛奇龄其人好斗好辩,人们多对他不以为然,加之《古文尚书》伪作说,自朱熹以后,多为学界所认可。证其非伪者诚有之,但从未有人如毛奇龄这般张扬,大有反其道而行之的意味。但无论如何,毛奇龄卫经卫道的旗帜鲜明,无论其结论如何,人们都很难批判卫经卫道的动机偏颇,四库馆臣奉以"托名甚正"四字,真的是无可奈何的批评。
③ 林庆彰:《清初的群经辨伪学》,第四章"考辨《古文尚书》",第224页。
④ 语出"寄阎潜丘古文尚书冤词书",《西河集》卷18,第140页。

是妒忌云云。这实在值得怀疑，因为毛氏所言，乃文人间常有的恭维客套，何以据此论高下？！

其三，如上文所述，毛奇龄明言写作始末：让毛氏忍无可忍的是见钱、李论辩后，发现"诸公豪杰且欲诋毁先圣、先王之书，而竟出于此！"而对于阎若璩的《尚书古文疏证》只是"始怏怏"，写信驳正规劝后，而"终置之"。至于著《冤词》也是"微及"阎若璩、姚际恒等。上述均系毛奇龄亲笔写给阎若璩的，显然不能信口胡言。如果真对阎若璩满腹的嫉妒，何以"微及"？①

总之，毛奇龄作《古文尚书冤词》，好胜争强的心理固然存在，但是不应夸大。毛奇龄或许对阎若璩心存妒忌，但还有待于进一步考证。笔者上文所述，仅是将大家不甚瞩目的史料钩稽出来，以明真相。意在实事求是，非为标新立异。

卫经卫道并非毛奇龄的发明，好胜好辩也并非毛奇龄所独有，但是如毛奇龄这般个性鲜明、天资聪颖、学问淹博，而又致力于辨《古文尚书》非伪，且声名响亮者，恐怕古今罕有匹敌。毛奇龄身后，虽非议颇多，但笔者认为，毛奇龄性情太过张扬，学说也站错队伍，然其才情足以名世！不可过誉，更不必厚非。

---

①　近代以来，多将《冤词》中"或曰"、"或谓"都视为阎若璩的言论。以钱穆为代表，他提出"或曰，实即潜丘也"，"或谓，亦隐以攻潜丘。即此推之，知《冤词》或曰即对潜丘而发"（详见《中国近三百年学术史》第246页）。戴君仁提出不同意见，认为"或曰"、"或谓"并非全部针对阎若璩，有指阎若璩、有指姚际恒、有指朱彝尊（见戴君仁：《阎毛古文尚书公案》，台北中华丛书委员会，1963年，第98—102页）。林庆彰的意见与戴君仁基本相同，提出"如果把对象局限于阎若璩，不但与书中事实不合，也非毛氏的本意"（见《清初的群经辨伪学》，第226页）。实际上，"或曰"、"或谓"问题的出现，主要是因为未能厘清毛奇龄写作初衷，且对毛奇龄其人其书的误解所致。

三、《诗传》、《诗说》等文献辨伪

1.《诗传》、《诗说》辨伪

《诗传》,旧题"卫端木赐子贡述",俗称《子贡诗传》,又有《鲁诗传》等别称。明以前的史志目录不见著录,有则自明嘉靖以后始,最著名的当属丰坊的《鲁诗世学》。

明嘉靖中,浙江鄞县丰坊声称有家传《子贡诗传》,系古篆字体,说是魏正始间,虞喜奉诏上石,其后湮没,直到宋人王韶治水,于开凿河道之际始得。丰坊先世偶得摹本,累世宝藏。丰坊又称,乃祖丰熙为之作"正说",他又作"考补",方成《鲁诗世学》一书。《鲁诗世学》刊本,前有明人黄佐①序,叙述了《诗传》及《鲁诗》的流传情况。子贡《诗》学,得孔子真传,比起《毛诗》等各色传、说,意义自然非同凡响。《鲁诗世学》付梓②,学界一时为之哗然,书商争相翻刻,学者辗转称引,深信不疑者夥矣,辨其非真者亦有。《申培诗说》,旧题"汉太中大夫鲁申培撰"。申培说《诗》事,《汉书·儒林传》及《汉书·艺文志》均有记载。但是自汉迄明以前,史志目录中并不见有《申培诗说》的记载。《鲁诗世学》并未附录于《申培诗说》之后,想必是丰坊以为,汉人经说不能与《子贡诗传》同日而语。《申培诗说》收在《汉魏丛书》、《津逮秘书》、《重编说郛》及《古今图书集成》中,《丛书集成初编》有据王文禄《增辑

---

① 黄佐(1490—1566)字才伯,号泰泉,广东香山人。明正德进士,嘉靖初由庶吉士授翰林院编修,后历江西金事、广西学政、南京国子祭酒等。谥"文裕"。其学宗程朱,且博通典制音律辞章,人称泰泉先生,是岭南著名学者。著《论学书》、《论说》、《泰泉集》等,又纂《广东通志》、《广西通志》等。

② 《子贡诗传》抄本、刻本均有。抄本大致有"明蓝格抄本"和"旧抄本",今存,两种抄本分卷有别,内容相同,均附在《鲁诗世学》前。此外,主要是各种辑刻本,大致分白文和音释两类。上述本版间存在一些差异,特别是抄本和刻本间的区别较大,这种差异不难理解,主要是辑录诸家自有标准所致。有关《子贡诗传》各种版本的异同及相关问题,林庆彰先生曾作《丰坊与姚士粦》一书,其中第二章第二节"子贡诗传考辨"有较详细说明。

《百陵学山》本影印本。

《诗传》、《诗说》行世不久，就有人提出质疑。特别是丰坊乡里，于石经《诗传》"咸知其伪"①。明末学者中，如周应宾《九经考异》②、陈元龄《思问初篇》③、何凯《诗经世本古义》④等，均以《子贡诗传》、《申培诗说》为伪作，此不详述。清初学者如陈宏绪等，亦然此论，见本书《附录》部分。

毛奇龄作《诗传诗说驳议》，专辨《诗传》、《诗说》之伪。全书共五卷，卷一有导论一篇，概论主旨，以下包括《周南》五条、《召南》六条、《鲁》七条；卷二包括《邶》二条、《鄘》四条、《卫》十条、《王》五条；卷三包括《齐》八条、《魏》二条、《唐》三条、《曹》一条、《郐》二条、《郑》四条、《陈》一条、《秦》六条；卷四包括《小正》五条、《小正续》二条、《小正传》十三条；卷五包括《大正》八条、《大正续》一条、《大正传》三条、《周颂》十一条。

因《诗传》、《诗说》均自称属鲁诗系统，次序大体相同，故而，毛奇龄的考订，按照原书篇目次序编排⑤，计一〇八条。毛奇龄在这百余条的考证中，将《诗传》、《诗说》剿袭作伪的证据，一一指出。奇龄不因其盛行而讳言伪迹，更不因其伪作而不屑驳正，所言

---

①　(明)周应宾:《九经考异·诗经考异》卷上，四库存目本，经部第150册，第641页。

②　周应宾(？—1626)，字嘉甫，浙江鄞县人。万历十一年(1583年)进士，选庶吉士，授翰林院编修。历神宗、光宗、熹宗三朝，官国子监司业、右中允、詹事、南京礼部尚书等。得赠少保，谥文穆。著有《月湖草》、《九经考异》等。

③　陈元龄，字宗九，温陵人，明末学者，著《思问初篇》等。

④　何楷(1594—1645)，字玄子，祖籍福建镇海卫(今厦门南)，泉州晋江人，天启进士，崇祯间官刑科给事中，直言无忌，屡遭贬黜。顺治二年(1645年)随唐王入闽，后去职，旋抑郁而终。何楷泛览群书，精经学，著《古周易订诂》和《诗经世本古义》等。

⑤　其中第四卷以后，因《诗传》"小正"以下阙文较多，故而第四、第五两卷的内容都是考辨《诗说》的文字。

有理有据，四库馆臣称为"持平之论"①。

这里将毛奇龄的辨伪方法作简要归纳。

其一，据史志著录辨伪。毛奇龄言：

> 《诗传》，子贡作；《诗说》，申培作。向来从无此书，至明嘉靖中，庐陵中丞郭相奎②家忽出藏本见示，云得之黄文裕秘阁石本，然究不知当时所为石本者何如也。第见相奎家所传本，则摹古篆书，而附以楷体今文，用作音注。嗣此，则张元平司马刻于贵竹，专用楷体，无篆文。而李本宁宗伯则复合刻篆文、楷体于白下，且加子夏小序于其端，共刻之，名曰《二贤言诗》。而于是，《诗传》、《诗说》一入之《百家名书》，再入之《汉魏丛书》，而二书之名，遂相沿不可去矣。③

他大致叙述了《诗传》、《诗说》出现的始末。接下来，他提出："从来说《诗》不及子贡，即古今艺文志目，亦从无《子贡诗传》。徒以《论语》有'赐也始可与言《诗》已矣'一语，遂造为此书。其识趣夐陋，即此可见。"也就是说，历代书目均不见有子贡作《诗传》，所谓《子贡诗传》，兀自现世，定伪无疑。他还推测，大概是见《论语》中孔子称赞子贡明《诗》义一语，赝托而成。

---

① 《总目提要》卷16"经部十六·诗类二"，"诗传诗说驳议"条。

② 郭子章（1543—1618）字相奎，号青螺，又自号曰衣生，江西泰和人。隆庆进士，历任福建建宁府推官、南京工部虞衡清吏司主事、广东潮州府知府、山西按察使、湖广右布政、福建左布政、兵部尚书、右都御史等，加太子少保衔。虽一生为官，但也读书不辍，"精吏治"也"能文章"，"宦辙所至，随地著书"，有《粤草》、《传草》、《圣门人物志》、《豫章诗话》、《郡县释名》等。万历十七年（1589年）曾刻《子贡诗传》（此前王完于隆庆二年，即1568年也有刻本推出）。

③ （清）毛奇龄：《诗传诗说驳议》卷1"总序"，四库本，第86册，第234页。

对于汉人申培《诗说》，毛奇龄认为：

> 若申培，鲁人，善说《诗》。故《汉书·儒林传》云："言
> 《诗》，于鲁则申培公"，而《艺文志》亦云："汉兴，鲁申公为
> 《诗》训故"，则申培说《诗》，固自有据。但《传》又云："申公
> 独以《诗经》为训故以教，无传。"言第有口授，无传文也。则
> 申公虽说《诗》，而无传文。即《志》又云："所载《鲁诗》，有
> 《鲁故》二十五卷，《鲁说》二十八卷"，《隋志》亦云："小学有
> 《石经鲁诗》六卷"。则申公说《诗》，虽有传文，亦第名《鲁
> 故》、《鲁说》、《鲁诗》，不名《诗说》。①

毛奇龄绅绎《汉书·儒林传》、《汉书·艺文志》及《隋书·经
籍志》等，发现其中并未有申培为《诗经》作传的记载，更无著《诗
说》之事。

其二，据篇目与《诗经》旧本不合辨伪。《诗传》自称承孔圣嫡
传，《诗说》也自诩为鲁诗正宗。因此，在篇名、篇次上，与《毛诗》
有别，情有可原。然而，与《诗经》旧本抵牾，却不应该。但是，毛
奇龄比照《左传》等称引的《诗经》旧本，发现《诗传》、《诗说》正存
在这个不应该存在的问题。其言：

> 旧《诗》次第见于《左传》襄二十九年。其时，吴季札观
> 乐，以次相及，在孔子删定之前，《毛传训诂传》次第，无不吻
> 合，此非齐、鲁、韩三家所得异者，即小有差殊，不过《豳》、
> 《王》之先后，与《商》、《鲁》之存亡已耳。今《诗说》悉与古
> 异，有《鲁风》，无《豳》与《鲁颂》，而以《豳》与《鲁颂》合之为

---

① （清）毛奇龄：《诗传诗说驳议》卷1"总序"，四库本，第86册，第234—235页。

《鲁》，且又以《豳》之《七月》一诗，名《邠风》，杂入《小雅》，而以小雅、大雅分为正、续为传。即《风》与《雅》、与《颂》中前后所次，又复错杂倒置，与旧乖反，然而外此无相合也。①

毛奇龄指出，根据《左传》襄公二十九年季札观乐的记载，可知《诗》篇目次第，此时已大致固定。《毛诗》篇目、篇次与此相吻合，齐、鲁、韩三家诗说虽有别，但在这个问题上，差异不大。唯独申培《诗说》，除了《风》、《雅》、《颂》的次序颠倒错乱外，具体的篇章次序，也没有与旧《诗》吻合的。这不能不令人质疑。

此外，毛氏还发现："独《子贡诗传》与此，两书自为辅行、为补苴，彼倡（唱）此和，如出一手者。申培鲁诗宗，不闻受学子贡，子贡亦不闻授某某为鲁学，两相解后（邂逅），比若蛩驱，亦可怪矣。"②也就是说，从未听说有任何师承关系的《诗传》、《诗说》，却相辅相成，彼此唱和，如同出一人手。子贡、申培的生活年代，相隔几百年，何以会出现这种情形？

毛氏在书中，又举出数条例证，说明《诗传》、《诗说》篇目与旧《诗》不合的问题，如："《诗传》'公室无礼，国人刺之，赋《采唐》。'《诗说》亦然。按：此诗，本名《桑中》。"毛氏又引《左传》中有《桑中》的篇名，进而说："则当时称《桑中》名已久，恐无称《采唐》者。"③如《诗传》：'臼季遇郤缺于冀野，荐于文公，□人美之，赋《野有蔓草》。'《诗说》同。按，此是《郑风》，以臼季遇郤缺事相似，遂移置此耳。考《左传》郑子蠚赋《野有蔓草》，韩宣子曰：'赋不出郑志。'则明系《郑风》之有左（佐）证者，而移为《唐风》，何卤

---

①　（清）毛奇龄：《诗传诗说驳议》卷1"总序"，第235页。

②　（清）毛奇龄：《诗传诗说驳议》卷1"总序"，第235页。

③　（清）毛奇龄：《诗传诗说驳议》卷2"采唐"条，四库本，第86册，第248页。

莽也?"①毛奇龄根据《左传》中史事,提出《野有蔓草》一直就是《郑风》中的篇目,《诗传》、《诗说》都将其归入《唐风》,与旧《诗》篇次不合。兹不枚举。

其三,揭露剽窃痕迹。毛奇龄批评《诗传》、《诗说》好"剽窃古说",而又"浅薄无理",且喜"饰以参差,俨若未尝窃其说者"。②毛奇龄又言:"大概多袭朱子《集传》,而又好旁窃《小序》,又惟恐《小序》之为朱子所既辨也,故从其辨之不甚辨者,则间乃袭之。否则依傍朱子《传》,而故为小别,然亦十之八九矣。则岂有朱子生于百世下,上与子贡、申培暗吻合者? 岂朱子阳袭子贡、申培书而私掩之,不以告人者?"③他提出作伪者多剿袭《诗序》和朱熹《诗集传》旧说,又唯恐露出破绽,所以刻意掩饰。因为朱熹曾对《小序》多有指摘,所以作伪者在袭用《小序》时,故意避开朱熹笔锋所指,而选择那些"不甚辨"的内容。对于朱熹《诗集传》的内容,则尽量改头换面,"故为小别"。然而心劳计绌,伪迹难埋。毛奇龄举出不少这方面的例子,如:

> 《诗传》:"景公欲求诸侯,大夫风(讽)之,赋《甫田》。"《诗说》:"《甫田》齐景公急于图伯(霸),大夫讽之。"按,《小序》云:"大夫刺襄公不修德,而求诸侯",则"求诸侯"本袭《小序》,特以"景公"易"襄公"耳。若景公图伯,无据。按,《左传》昭十一年,晋侯与齐侯投壶,齐侯祝辞有曰"与君代兴",士文伯谓齐侯欲代晋兴伯(霸),则所云图伯(霸)意或有之,然作伪者,定见不及此。④

---

①　(清)毛奇龄:《诗传诗说驳议》卷3"野有蔓草"条,第255页。
②　语出(清)毛奇龄:《诗传诗说驳议》卷1"总序",第235页。
③　语出(清)毛奇龄:《诗传诗说驳议》卷1"总序",第237页。
④　(清)毛奇龄:《诗传诗说驳议》卷3"甫田"条,第254页。

《诗传》、《诗说》都以《甫田》是大夫刺齐景公政治野心而作。但是,《小序》明言"大夫刺襄公"事。毛奇龄认为,作伪者不过将"襄公"改成"景公"罢了。他还提出,按照《左传》的记载,齐侯有代晋而称霸的意图,只是作伪者没有见到罢了。再如:

> 《诗说·行苇》"天子祭毕而燕(宴)父兄耆老之诗。首章,兴也;下三章,皆赋也。"亦袭朱《传》。至于分章,则诸诗皆鲜同异,惟此诗,毛《传》作七章,二章,章六句;五章,章四句。郑《笺》作八章,章四句。朱《传》作四章,章八句。三家俱不同。而此作四章,独从朱《传》,谓非二书出朱《传》后,其可得乎?且何以后人之崇朱氏,即一分章犹然乎?且亦何所见分四章乎?①

毛氏发现,《诗说》对《行苇》诗的分章和解说,均沿用朱熹《诗集传》的观点。特别是在分章问题上,《毛诗》、《毛诗郑笺》、《诗集传》的分章方式有别,《诗说》何以偏偏"独从"朱熹说?毛奇龄对此大为不解。其不满朱熹学说,亦由此可见一斑。

其四,申培言论自相抵牾。如果《诗说》确系汉申培作,那么,书中言论,不当出现与申培《鲁诗》明显抵牾的问题。毛奇龄发现,事实并非如此。

> 《诗说·燕燕》庄姜与娣戴妫,皆为州吁所逐,同出卫野而别。庄姜作诗,《诗》云"远送于野"。未有同被逐,而称远送者。若《鲁诗》,则宜以此为卫夫人定姜之诗。②

---

① (清)毛奇龄:《诗传诗说驳议》卷5"行苇"条,第269页。
② (清)毛奇龄:《诗传诗说驳议》卷2"燕燕"条,第246页。

《诗说》将《燕燕》诗说成是庄姜为赠戴妫作，毛奇龄认为，这种说法不当为《鲁诗》所应有。他在卷一《总论》中，提到过这个问题，他说"刘向《列女传》云：'《燕燕》，夫人定姜之诗'。或云：'此《鲁诗》。'而《诗说》反袭毛、郑，为庄姜、戴妫大归之诗。如此者，不可胜（数）。则今之《诗说》，全非旧之《诗故》"可知矣。[①] 他认为，《燕燕》"庄姜诗"的说法，是《毛诗》、郑玄的观点，《鲁诗》派应持"定姜诗"说才是。但是，鲁诗《诗说》却用"庄姜说"，显然与《鲁诗》的学统不合。又如"《诗说·山有枢》：'唐人忧国之诗。'按，《鲁诗石经残碑》作'山有蓲'，申公《鲁诗》何以非'蓲'字耶？"[②]《诗说》作"山有枢"，《鲁诗石经残碑》作"山有蓲"。"枢"，刺榆树，"蓲"，初生的芦苇。草、木有别，鲁诗《诗说》何以与汉石经《鲁诗》有这样的区别？

另外，毛奇龄也使用记事与旧史不合等方法，对二书进行考辨，兹不详述。

通过上文的梳理，我们发现，毛奇龄的辨伪方法虽然传统，但是运用得颇为娴熟，经过他的考辨，《诗传》、《诗说》二书之伪，已再难翻案。

此外，在书中，毛奇龄对于作伪者的动机，还进行了推测。其言："老学究授生徒，市门日烦，苦无所自娱，乃作此欺世焉？ 其庸罔固陋，无少忌惮，乃至如此！ 此不可不辨也！"[③]他认为，这或许是有人因为闲极无聊，作伪，借以打发时日。但是，没有想到竟如此"庸罔固陋，无少忌惮"。因此，他认为，为防止谬种流传，贻误后学，不得不辨，不可不辨！朱彝尊在这个问题上，与毛奇龄旨趣相合，其言："近萧山毛大可作《诗传诗说驳义》，力辨其诬，可谓助

---

①　（清）毛奇龄：《诗传诗说驳议》卷1"总序"，第235页。

②　（清）毛奇龄：《诗传诗说驳议》卷3"山有枢"条，第255页。

③　语出（清）毛奇龄《诗传诗说驳议》卷1"总序"，第237页。

我张目者也"①。这不仅是陈述他对《诗传》、《诗说》的学术观点，同时，也是在肯定毛奇龄的辨伪成就。

2.《石经大学》考辨

明丰坊称，有家传魏正始四年三体石经拓本，其中的《大学》，称作《石经大学》。明人郑晓对《石经大学》的始末也有记载："又有《石经大学》，与古本《大学》不同，魏政和中，诏诸儒虞松等考定五经，卫觊、邯郸淳、钟会等以古文、小篆、八分，刻之于石"，"始行《礼记》，而《大学》、《中庸》传焉。"②郑晓此言，有诸多疏漏，后人据而辩驳者颇多，但他想要表达的基本意思是：《石经大学》源自曹魏间刻石。对此，人们无异词。郑晓所言魏《石经大学》，当即为丰坊所称家传拓本。自嘉靖末期，魏正始《石经大学》行世，信从者颇多，王文禄、郑晓、刘宗周等，都据以著书立说。同时，也有陈耀文、杨时乔、吴应宾等人，论断其为伪作。

毛奇龄认为，魏正始《石经大学》碑石和拓本均失传，虽然丰坊声称家藏的《石经大学》，是赝托之作，但只是词句有错乱，是改本，不必以"伪"视之。其言"不言伪者，以改则不必伪也。其文但有变窜，不分章节，增'颜渊问仁'二十二字，删'此谓知本，此谓知之至也'，'此谓修身在正其心'一十八字"。③故而，他将丰坊伪作本，称为"魏正始石经大学改本"。

毛奇龄之所以有这样的说法，自有他的理由："《大学》无古文、今文之殊；其所传文，亦无石经本、注疏本之异。"④毛奇龄以

① （清）朱彝尊：《经义考》卷100"诗三·端木子赐诗传伪本"条，四库本，第678册，第329页。

② （明）郑晓：《古言》卷上，续四库本，第1123册，第395页。

③ （清）毛奇龄：《大学证文》卷2"魏正始石经改本"条，四库本，第210册，第289页。

④ （清）毛奇龄：《大学证文》卷1，四库本，第210册，第278页。

为，《大学》万变不离其宗。所以，丰坊伪作的魏《石经大学》，也不必称之为"伪"。毛氏说，明显牵强。对此，时人朱彝尊即不以为然，在《经义考》中，径直标明是"魏正始《石经大学》伪本"。

毛奇龄虽在名目上故作变通。但他的考订，却毫不含混。

首先，从《石经大学》流传上，证明丰坊本系伪作。毛奇龄认为，《石经大学》有汉三体熹平石经本①、魏正始古文石经本、唐开成石经楷书本三种。汉熹平石经和魏正始石经的碑石，因历代迁徙、土木营造挪用等原因，基本无存。②

毛奇龄又据《新唐书·经籍志》中的记载（"称王世充平得隋旧书八千余卷"，浮河覆舟，"尽亡其书"），推知，此后各种石经本，"亦荡无复存"，而且不仅"正始之石已无可考"，而且"正始之石所搨墨本，亦并无一有"。③ 至于唐开成石经碑石，宋时迁西安，后世流传的都是楷体《石经大学》拓本，即唐开成石经。该拓本，"虽非汉熹平蔡邕所书旧迹，然与郑注《礼记》原文，并无异同"。魏正始石经，久不见流传，丰坊却声称有家藏本传世。来得突兀，不得不疑。

其次，驳郑晓表彰《石经大学》语。如上述，明人郑晓称，曾见魏"政和"间《石经大学》，并在所著《古言》中，将刻石始末，作了较完整的介绍。

毛奇龄则认为，根据《魏史》，魏正始年间邯郸淳、钟会刻石事，史有明文。但是，其年号，绝不是郑晓所说的"政和"。"政和"是宋徽宗年号，与"正始"相距几百年。此外，据卫觊生卒时间推

---

① 毛奇龄所称的汉熹平石经为三体，显然是受范晔《后汉书·儒林传》错误记载的影响，以至于以讹传讹。后来全祖望对此有驳正。见第五章。

② （清）毛奇龄：《大学证文》卷2"大学石经本"，四库本，第210册，第288—289页。

③ （清）毛奇龄：《大学证文》卷2"魏正始石经改本"，四库本，第210册，第290页。

算,他也不可能与钟会共事。且,所谓《石经》写成后,《礼记》方流传的说法,也与钟会事迹不合。总之,毛奇龄认为,郑晓所言纰漏多端,不可信。

再次,驳唐伯元《上石经疏》中语。明万历十三年(1585 年)唐伯元进言,请朝廷将魏《石经大学》颁行学官,但由于权贵间的龌龊,未果。① 毛奇龄认为,唐氏的奏疏谬误颇多,一一加以驳斥,大致有四点:

其一,据《汉书·贾逵传》可知,贾逵治《春秋》、《尚书》、《毛诗》、《周礼》,并有"训解",却"独不受《礼记》"。贾逵不授《礼记》,虞松何以能从贾逵受《礼记》? 其二,他认为,唐氏不明"五家"为"何家",《周礼》为"何礼",将《周礼》的流传张冠李戴,加诸《礼记》之上,"固属可笑"。实际上,"五家",是《士礼》五家。《士礼》也不包括所谓的《礼记传义》。其三,当时有两贾逵:一在汉熹平间,一在魏正始间。前一贾逵,与虞松相去甚远,"不及授受";而后一贾逵,又怎能与汉人马融相推重? 毛奇龄嗤其为"呓语"! 其四,据载,《仪礼》出自高堂生,后苍、萧奋等传之。而《礼记》则出自献王,大、小戴递相删减,并立于学官。所以,《礼记》在当时"已著为经",因而,"非秘府不录"一语又从何说起?②

总之,毛奇龄认为,唐氏为推崇《石经大学》,而对《礼记》授受情况凭空杜撰。唐氏陈述,错误连篇,为"可笑","真呓语"。

最后,从书体上揭示作伪破绽。其言:

---

① 详见(清)毛奇龄:《大学证文》卷 2"魏正始石经改本"中引(四库本,第 210 册,第 290 页)另,原文在唐伯元撰《醉经楼集》"奏疏"部分,名"上石经大学疏"。《醉经楼集》抄本今存广东中山图书馆。广东汕头市图书馆藏有乾隆间刻本。近年有整理本。待刊。

② 以上均见于(清)毛奇龄:《大学证文》卷 2,四库本,第 210 册,第 289—290 页。另(清)朱彝尊《经义考》卷 291"刊石五""魏正始石经大学伪本"条引文与此有一些字句上的出入。

汉熹平四年，立三体文石经。三体者，一小篆，一隶，一八分也。即魏正始石经，亦名三体，则以古文代八分，加之篆、隶，而三体名焉。今丰氏所传，初属抄本，五叶，皆楷字。即唐氏《疏》请云："得之吉安邹氏"，亦系抄本，楷字。及其既而忽有篆隶之刻流传人间。①

毛奇龄认为，无论是汉熹平石经抑或魏正始石经，均是三种字体写成，一为"小篆、隶、八分"，一为"古文、篆、隶"，绝无楷体字。楷体《石经》，是唐开成石经刻成后，才出现的。而丰坊所传抄本及唐伯元所称抄本，均为楷体，这已露出破绽。更甚者，作伪者唯恐学界再生质疑，旋即推出篆隶本《石经大学》。早知现在，何必当初？可谓欲盖弥彰！并且，"碑石之已亡，与碑石之所揭之并无一有"，何从拓取？何从抄录？毛奇龄讥其"欲赝古鼎，而不知有模"。

值得注意的是：毛奇龄发现时人有不明真相，据后出《石经大学》著书立说的现象存在——"郡宋征士是作《故本大学质疑》，则直目之为刘歆改本"，全不知其为后人之伪作。毛氏认为，如果不澄清事实，不揭露伪迹，难免会招致不必要的学术是非，甚而会谬种流传，贻害学林。所以他"列其文，而实指之如此"，以公诸同好。② 毛氏此言，绝非矫情，其拨乱反正、敢于担当的学人风骨由此可以瞥见。

3.《仪礼》辨伪

《仪礼》十七篇，旧题周公作。北宋乐史对"周公作"提出五点

---

① （清）毛奇龄：《大学证文》卷2"魏正始石经改本"，四库本，第210册，第290页。

② （清）毛奇龄：《大学证文》卷2"魏正始石经改本"，四库本，第210册，第291页。

质疑（南宋章如愚《山堂考索》①有引述）。之后，很少有学者提出《仪礼》伪作说②。毛奇龄则认为，"《仪礼》，则显然战国人所为，观其托孺悲以作《士丧礼》，托子夏以为《丧服传》，明明援七十子之徒，借作倚附。然且七十子之徒，尚有《大学》、《中庸》，确然为孔门后儒所记，而《仪礼》倚附，别无考据，则《仪礼》逊《礼记》远矣"③。他主张，《仪礼》是战国末儒者托名之作，非但不是周公所作，也无法和孔子门徒记录的《礼记》相比。

毛奇龄的《仪礼》伪书说，后世褒贬不一。四库馆臣以为，毛奇龄"并《仪礼》而诋为伪，抑又横矣"④。而崔述与毛奇龄相唱和，力主《仪礼》伪作说。详诸后文。现代学者的意见也不统一，如黄侃在《礼学略说》中批评毛奇龄说："清世毛奇龄，竟谓《周礼》、《仪礼》，皆是战国人书。其《昏礼辨正》、《丧礼吾说》篇、《祭礼通俗谱》，诋斥《仪礼》，而自作礼文。故阎若璩诮其私造典礼，此亦妄人而已。"而曹聚仁则认为："《仪礼》是战国时代人胡乱抄成的杂书；清代毛奇龄、顾栋高、袁枚、崔述等人，已经证明的了。《周礼》是西汉末年刘歆伪造的；两《戴记》中，十之八九是汉代儒士所做的。"⑤

第二节　朱彝尊与辨伪学

朱彝尊（1629—1709），字锡鬯，号竹垞，晚号小长芦钓鱼师，

---

① 章如愚，字俊卿，浙江金华人。南宋进士，与真德秀同榜。官国子博士，又知贵州，因忤韩侂胄而遭罢归，遂著述讲学以终。人称"山堂先生"。著《山堂考索》等，该书又名《群书考索》，是南宋声名较著的类书。宋、元、明均有刊本，卷帙不一，中华书局1992年有影印本。
② 《总目提要》卷12"经十二·古文尚书冤词"条。
③ （清）毛奇龄：《经问》卷3，第32页。
④ 《总目提要》卷18"经十八·白鹭洲主客说诗"条。
⑤ 见曹聚仁：《中国学术思想史随笔》，三联书店，1986年，第40页。

又号金风亭长。浙江秀水人。朱彝尊生来禀赋异人,过目不忘,早年即文名大噪。康熙十八年(1679年)应博学鸿词科,以布衣入选,授翰林院检讨,参修《明史》。康熙二十年(1681年)充日讲起居注官。后,典试江南,入值南书房,赐紫禁城骑马。后因私挟书手入内抄书①,降一级。康熙二十九年(1690年)起复,二年后再遇罢归。清圣祖南巡,进所著《经义考》,得赐御书"研经博物"匾额。

朱彝尊诗文、考据兼备②,学问博洽。顾炎武尝自叹:"文章尔雅,宅心和厚,吾不如朱锡鬯"。③ 王士祯亦言"锡鬯之文",于"辨证尤精"④。著有《经义考》⑤、《日下旧闻》、《曝书亭集》等,又曾

---

① (清)朱彝尊撰"鹊华山人诗集序"(《曝书亭集》卷39)中言:"(予)中年好抄书,通籍以后,集史馆所储、京师学士大夫所藏弄,必借录之。"又"书椟铭"曰:"予入史馆,以楷书手王纶自随,录四方经进之书。纶善小词,宜兴陈其年见而击节。寻供事翰苑,忌者潜请学士牛钮形之白简,遂罢予官。归田之后,家无恒产,聚书三十椟。老矣,不能遍读也。铭曰:夺侬七品官,写我万卷书,或默或语,孰智孰愚"。(《曝书亭集》卷61)可知朱氏罢官始末。

② 见《清史稿》卷484"列传二百七十一·文苑一",第13340页。

③ (清)顾炎武:《顾亭林文集》(华忱之点校)卷6"广师篇",中华书局,1983年,第134页。

④ (清)王士祯:《曝书亭集序》,载《曝书亭集》卷首,四库本,第1317册,第391页。

⑤ 《经义考》全书分30个类目,其门类设置和取材办法、范围等都是值得研究的课题。此不展开,仅就下文中经常引述的"拟经类"略述几句。《经义考》的"拟经类"收录了包括如汉扬雄《太玄经》,北周卫元嵩《元包》,宋司马光《潜虚》、邵雍《皇极经世书》及学者对它们的注解等。都是儒家经典的派生,对经学研究,对中国古代学术都产生了重要影响。朱彝尊特设"拟经类",收录上述文献,颇有见识。该书有多个版本,如初稿本、初刻本、卢见曾补刻本、《四库全书荟要》本、文渊阁《四库全书》本、文津阁《四库全书》本、《四部备要》本等,1997年台湾学者又作成《点校补正经义考》本。点校本固有瑕疵,但能参考众版本,后出转精,可以采用。对此张宗友撰《〈经义考〉研究》有较详细的说明(参见该书第一章"绪论",中华书局,2009年,第4—7页)。但是,笔者这里还是选用了文渊阁《四库全书》本,一则因为该版本存在的缺失对本文影响有限;一则以其易得,便于查阅。

编选《词综》、《明诗综》①。其中有关文献考辨，特别是文献辨伪的内容，主要散见《经义考》中的按语和《曝书亭集》的一些篇目中。② 需要说明的是，朱彝尊关于《古文尚书》、孔《传》、《书序》等文献的考辨文字，分别见于《经义考》和《曝书亭集》，虽详略有别，但主旨相同。此外，《经义考》中考辨的伪书，《曝书亭集》并未或甚少涉及，对此有学者言及，但是未做深入研究③。因此，笔者在这里综合二书，各有取舍。当时，已出现托名朱彝尊的伪书，如《韵粹》，对此，四库馆臣有考辨④，兹不详述。

① 《清国史》"文苑传"有传，第 827—828 页。《清史稿》亦有传，见该书卷 484 "列传二百七十一·文苑一"，第 13339—13340 页。有关朱彝尊的生平事迹，还可参见朱桂孙、朱稻孙《皇清钦授征仕郎日讲官起居注翰林院检讨祖考竹垞府君行述》，载钱仲联主编《广清碑传集》卷 5，苏州大学出版社，1999 年，第 283—288 页。(清) 杨谦撰《朱竹垞先生年谱》，《曝书亭诗注》前附载，清木石居印本；罗仲鼎、陈士彪编《朱彝尊年谱》，《朱彝尊诗词选》附录，浙江古籍出版社，1989 年。

② 如《太极图授受考》、《古文尚书辨》、《读蔡仲氏之命篇书后》、《读武成篇书后》、《答萧山毛检讨书》、《丰氏鲁诗世学跋》等。

③ 有关《经义考》中的文献辨伪，曾贻芬曾简要述及，其言："从《经义考》的考辨中可以获得丰富、翔实的研究资料，而朱彝尊的按语给予的不仅仅是资料，还有不少有益的启发。主要有以下诸类：①指出某些记载讹误；②考辨真伪；③辑录资料；④评论典籍优劣；⑤反对删改经文。"并指出他在《曝书亭集》中所撰诸书序跋，充分体现出朱彝尊在目录学、金石学，乃至辨伪、方志各方面的成就，与《经义考》中的按语相得益彰"(曾贻芬:《〈经义考〉初探》,《史学史研究》1996 年第 4 期)。只是没有在文章中展开。

④ 《韵粹》107 卷，旧题朱彝尊撰。书中内容大体采摭古人言论，分韵编次，但是仅仅从词赋类著述中取材，不及经史，且不注明原出处，四库馆臣认为"彝尊学有本原，著述最富，不应为此饾饤之学"。并考证朱彝尊生平言论著述中"未尝言及此书"，加之书中时有阙行阙字，即便是朱彝尊作，也是"未完之本"。后来人"重其淹博"，遂转相传写渐至于流布。见《总目提要》卷 139"子部四十九·类书类存目三"，"韵粹"条。

一、《书》类问题

1.对《古文尚书》的基本态度

在《古文尚书》真伪问题上,朱彝尊纵览古今,论辩得失,亦洞悉传世《古文尚书》始末,但始终坚持存而不废的立场。他认为,《古文尚书》出孔壁,孔安国悉得其书,得多十六篇之事,是确定无疑的。《史记·五帝本纪》中"多古文说",也有文献可征。① 但是,对于多出"十六篇"的流传,朱彝尊认为:《史记》基本不载②;因为不立学官,孔安国"不敢私授诸人",所以,自胶州庸生而下,至于桑钦,所习者,只是"二十九篇而已";至于贾逵、马融、郑玄注解的,只是杜林漆书《古文尚书》③;孔家后裔孔僖,也"未睹孔氏增多之《古文》"④。至于许慎,朱彝尊认为,"贾、马、郑诸儒,均未之见",他"何由独得之?"⑤说到《晋书》中记载传《古文尚书》的皇

---

① 详见(清)朱彝尊:《曝书亭集》卷58"辨·尚书古文辨",四库本,第1318册,第295页。

② 朱彝尊指出:"惟《汤诰》载其文百三十字(笔者按:《经义考》'古文尚书'条录全文),《泰誓》载其文九十七字(笔者按:《经义考》'古文尚书'条录全文),良由十六篇"(见朱彝尊《曝书亭集》卷58"辨·尚书古文辨",四库本,第1318册,第295页)。《经义考》的行文大致相同,惟不录《汤诰》和《泰誓》的引文(详见朱彝尊《经义考》卷74"书三·古文尚书"条,四库本,第678册,第50页)。

③ 对于杜林漆书《古文尚书》的传授,朱彝尊认为杜林得于西州后,"以授徐巡、卫宏。于是贾逵作训,马融作传,郑康成注解"。至于尹敏、孙期、丁鸿、刘祐、张楷、孔乔等皆"从漆书之学,初不本于安国"。此外,他还指证了孔颖达《尚书正义》的失误:"孔颖达《正义》谬称孔所传者,贾逵、马融等皆是,又言郑意师祖孔学,而贱夏侯、欧阳等"。他认为这是"颖达不察,见古文字即以为安国所传,亦粗疏甚矣"。见朱彝尊《曝书亭集》卷58,四库本,第1318册,第295页。

④ (清)朱彝尊:《曝书亭集》卷58,四库本,1318册,第296页。

⑤ 朱彝尊又进一步通过许慎的引文不出二十九篇《尚书》之外,证明许慎并无见过孔氏增多的《古文》十六篇。详见朱彝尊《曝书亭集》卷58,四库本,第1318册,第296页。

甫谧,朱彝尊有言:"窃疑士安(谧)亦未见孔氏古文者也。"①

因为汉迄西晋,未有人亲睹"增多十六篇",所以"一旦东晋之初,古文五十九篇俱出,而并得孔氏受诏所作之《传》,学者有不踊跃称快者乎?"②此后,诸家义疏、音义并出,"晋、唐以来,未有疑焉者,疑之自吴才老始"③。朱彝尊一一胪列朱熹以下,至阎若璩、毛奇龄等人的论辩后,陈述了他的基本意见:"盖自徐邈注《尚书逸篇》三卷,晋人因而缀辑。若拾遗秉滞穗以作饭,集雉头狐腋以为裘,于大义无乖,而遗言足取,似可以无攻也。"④又言,他的"愚闇(暗)之见"是:该书"久颁于学官",其言且"多缀辑逸书成文,无大悖理"。这好比"汾阴汉鼎,虽非黄帝所铸,或指以为九牧之金,则亦听之"。只是对于"难以过信"处,学者当审慎对待罢了。⑤

综上所述,可知朱彝尊的基本主张,即东晋始出的五十八篇《古文尚书》,或许是晋人"缀辑逸书"而"成文"的,但好比"拾遗秉滞穗以作饭,集雉头狐腋以为裘",足资取用,于义无乖,与义理不悖,"似可以无攻也",唯有使用时注意鉴别罢了。不难看出,朱彝尊洞悉晚出《古文尚书》问题之所在,但为保全,还是用"辑本说"代替了"伪作说"。

---

① 朱彝尊据《尚书正义》引《晋书》中的记载,提出如果皇甫谧真的得到五十八篇《古文尚书》,所著《帝王世纪》应"均用其说"。而事实并非如此,"所述多不相符"。因此才有谧"亦未见孔氏《古文》"之疑。见朱彝尊《经义考》卷76"书五",四库本,第678册,第72页。

② (清)朱彝尊:《曝书亭集》卷58"辨·尚书古文辨",四库本,第1318册,第297页。

③ (清)朱彝尊:《经义考》卷74"书三·古文尚书"条,四库本,第678册,第50页。

④ (清)朱彝尊:《曝书亭集》卷58"辨·尚书古文辨",四库本,第1318册,第297页。

⑤ (清)朱彝尊:《经义考》卷74"书三·古文尚书"条,第50页。

2.《古文尚书》单篇辨伪

其一，疑古文《武成》之伪。朱氏发现，今文《召诰》、《顾命》记日的规律，与古文《武成》不同。古文《武成》："丁未，祀于周庙，越三日庚戌"，丁未和庚戌之间，按照《武成》的计日法，以为"越三日"，即不包括起始的"丁未"日。而今文《召诰》的计日方式"三月丙午朏，越三日戊申"，从丙午到戊申之间的"越三日"，包括起始的"丙午"日。今文《顾命》亦同。《武成》和《召诰》、《顾命》，古文和今文之间，计日出现明显区别。朱彝尊认为，"史臣系日，一代不应互异若此"，所以疑晚出《武成》不可信。①

其二，疑古文《蔡仲之命》为伪。《康诰》中武王命康叔："惟乃丕显考文王"，又言"乃穆考文王"。《洛诰》中周公告成王："承保乃文祖受命民，越乃光烈考武王"。《今文尚书》篇章中，称呼周之先王，均十分恭谨，以"丕显考"、"穆考"、"文祖"、"光烈考"等。但是古文《蔡仲之命》，却以"乃祖文王"相称。成王，武王子；蔡仲，蔡叔子。武王、蔡仲均是文王子。成王命蔡仲，称呼他们共同的祖父为"乃祖"，这已不是"倨傲"一词所能形容的了。所以，朱彝尊以为，梅赜《古文尚书》的《蔡仲之命》篇不可信。②

其三，疑《太誓》(《经义考》中《太誓》、《泰誓》有别)伪作。首先，朱彝尊从《尚书》师承传授的角度，提出经伏生、晁错、张生、欧阳生所传，又"颁之学官，掌之博士"，都不见有《太誓》篇。其次，他提出，因为董仲舒曾引《尚书》中语，即："白鱼入于王舟，有火复于王屋，流为乌。周公曰：'复哉！复哉！'"这段文字，有人因而"傅会以武帝初即有《太誓》一篇"。朱氏认为，这只是《尚书》逸文，并非《太

---

① 以上见于(清)朱彝尊《曝书亭集》卷42"读武成篇书后"，四库本，第1318册，第131—132页。

② 以上均见于(清)朱彝尊《曝书亭集》卷42"读蔡仲之命篇书后"，四库本，第1318册，第132页。

誓》言辞。因为董仲舒所引，只称"《书》曰"，不言"《太誓》曰"。再次，从语言风格的角度，《太誓》中"复哉！复哉！"是"赞叹之语"，并非"誓辞"。最后，刘向《别录》中，明明记载，武帝末，《太誓》出于屋壁，经博士"数月"训读整理，才"皆起传，以教人"。总之，朱彝尊认为，今之《太誓》为"后得之书"，并非"伏生之本经"。①

3.孔《传》辨伪

朱彝尊考辨孔《传》，主要从以下几个方面入手：

孔安国曾注《论语》，但是将孔安国《论语注》与孔安国《传》比对，同是注解相同的经文，孔《传》和孔氏《论语注》迥然不同。"《传》、《注》出自一人之手而异其辞，何钦？"这是朱彝尊提出的第一个证据。

司马迁曾向孔安国问学，所以《史记》中有关殷之"太师"、"少师"的记载，应该同孔安国相一致，即：太师为疵、少师为强。但是孔《传》中却记作"父师、太师三公，箕子也；少师，孤卿，比干也"。朱彝尊以为，孔《传》伪作者不知道《史记》有孔安国的说法，故而出现记载的抵牾。此为证据二。

孔《传》中"东海驹骊、扶余、轩貊之属，武王克商，皆通道焉"的注文，涉及"驹骊、扶余"二国，但是，这两个国家在孔安国作《传》时，尚未与中原王朝交通，"况武王克商之日乎"？此为证据三。

孔传《古文尚书》用科斗字，而如"坛山石，岐阳猎碣"，以及"夏殷周鼎钟鬴鬲敦卣盘匜"等存世古文，并不作科斗文。朱彝尊以为，所谓孔传《古文尚书》等，"不过张皇其辞，以欺惑后世"罢了。另，所谓《古文尚书》中，凡是《今文尚书》有的，均同。朱彝尊指出，这是因为作伪者"初不见孔壁古文，仅增多二十五篇而已"。

---

① 以上均见于《经义考》卷74"书三·今文尚书"条，四库本，第678册，第41—42页。

在此,朱彝尊从辨《古文尚书》之伪,进而证明孔《传》之伪托。是为证据四。

孔安国卒于巫蛊事后,《史记》、《汉书》、《汉纪》无异词。因此即便孔安国献书,也是"家献",孔安国不会生当巫蛊事发之际。而蹊跷的是,孔《序》记"会国有巫蛊事,经籍道息",孔安国亲口言巫蛊事发。岂不无稽之极?朱彝尊奉以"刺谬甚乎"四字。此为证据五。①

总之,朱彝尊认为,"按其本末",孔安国《传》之伪,"不待攻而自破矣"。②

4.辨《小序》非伪

朱彝尊首先回顾了《书序》作者的几种说法:刘歆、班固、马融、郑康成、王肃、魏征、程颢等以为孔子作;林光朝、马廷鸾等以为是历代史官辗转传授;金履祥认为是齐鲁诸儒次第附会而作;朱子等以为"绝非夫子之言、孔门之旧",等等。朱彝尊认为,百篇《书序》原本自为一卷别行,这从陆德明、马融、郑玄等的称引中,可以知道。自伪孔安国《古文尚书》始,才开始将百篇《书序》割裂,"分冠各篇之首"。学者不察,以为"《序》与孔氏《传》并出",从而引起诸多争论。而且,事实上,"考马、郑传注本漆书《古文》",也知道孔《传》未进献之时,百篇之《序》已有流传,并"不与安国之书同时出也"。总之,朱彝尊以为有《书》必有《序》,《书序》早于孔子,更非伪作。③

---

① 以上均见(清)朱彝尊《曝书亭集》卷58"辨·尚书古文辨",四库本,第1318册,第295—299页。

② 语出朱彝尊《经义考》。《经义考》的这个条目与《曝书亭》相比,行文稍简略,但是意思凝练,可资比读。文繁不录,详见《经义考》卷76"书五·孔氏尚书传"条,四库本,第678册,第68页。

③ (清)朱彝尊:《曝书亭集》卷59"论·书论二",四库本,第1318册,第303—304页。

朱彝尊强调《小序》非伪,本以单篇行。其言:

> 按朱子疑《诗小序》而并疑《书小序》,疑孔安国所传之古文,而并疑古文之有《小序》。然百篇之《序》,实自汉有之。窃谓《周官外史》"达书名于四方",此《书》必有《序》,而今百篇之《序》,即《外史》所以达四方者。其由来古矣。
>
> 又按,《伯禽》、《唐诰》,王伯厚云:"皆策命篇名。《大传》之序有《揜诰》,《史记·殷本纪》有《太戊》一篇,《孟子注》云《逸书》,有《舜典》之《序》,《历志》引古文《月采》篇,俱不入百篇之目。"是则《书》名尚多,其篇目偶逸者与(欤)?①

此外,朱氏还认为伏生所传二十八篇经文,合《小序》一篇,有二十九之数。故而《史记》、《汉书》记伏生传二十九篇。所谓伏生传"二十九篇"中的第二十九篇,是《小序》,而非《泰誓》。②

5.辨张霸伪《尚书》

朱彝尊《经义考》中言:

> 黄镇成曰:"张霸伪书,《舜典》、《汨作》、《九共》九篇,《大禹谟》、《益稷》、《五子之歌》、《胤征》、《汤诰》、《咸有一德》、《典宝》、《伊训》、《肆命》、《原命》、《武成》、《旅獒》、《同命》凡二十四篇,前汉诸儒以之附伏生二十八篇,并伪《太誓》并行。"王应麟曰:"张霸伪造《尚书》百两篇,而为纬者附之。"③

---

① (清)朱彝尊:《经义考》卷73"书二·百篇之序"条,第38页。
② 见《经义考》卷74"书三·今文尚书",第41页。
③ (清)朱彝尊:《经义考》卷273"拟经六·张氏霸伪尚书"条,四库本,第680册,第506页。

朱彝尊引述元黄镇成、王应麟辨伪语,未作论定,但是以为伪作,自不必言。

二、《诗》、《易》类问题

1.辨《诗序》非东汉卫宏作

《诗序》作者问题,自提出"后人伪托"之日起,便与辨伪问题难脱干系。于是,考作者的问题与考真伪的问题,在《诗序》问题研究中相伴生。

朱彝尊认为,解读《诗经》诸家,除《毛诗》外,鲁、韩均有序,并举证说明。至于已亡佚的《齐诗》,他说:"度当日经师亦必有序。"但是,只有《毛诗序》"本乎子夏",子夏因得圣人亲灸,明《诗》大义,又能推原国史,洞悉得失,故而能超诸家而居上。子夏一系,授受谱系清楚,《诗序》也因此而流传不辍。朱彝尊的《诗序》考辨,用意十分明显,即驳斥东汉"卫宏作"说,他说:"夫《毛诗》虽后出,亦在汉武时,《诗》必有序,而后可授受,韩、鲁皆有序,《毛诗》岂独无序,直至东汉之世俟宏之《序》以为序乎?"①

2.《子贡诗传》辨伪

朱彝尊主要从以下三方面入手,辨《诗传》之伪:

其一,史志目录不见记载。朱彝尊以为,《子贡诗传》自汉迄宋,不见著录,"嘉靖中忽出于鄞人丰道生之家",②不能不令人质疑。

其二,篇目改乱不合情理。如:

---

① (清)朱彝尊:《经义考》卷99"诗二·卜子商诗序"条,四库本,第678册,第327页。另《曝书亭集》卷59"诗论二"有相同文字。
② (清)朱彝尊:《经义考》卷100"诗三·端木子赐诗传伪本"条,第678册,第328页。

以《鹤鸣》先《鹿鸣》，于是四始乱矣。《何彼秾矣》，《南》也，而入之《风》。《黄鸟》、《我行其野》、《无将大车》、《采菽》、《渐渐之石》、《苕之华》、《何草不黄》，《雅》也，而入之《风》。《小弁》、《抑》，《大雅》也，而入之《小雅》。《定之方中》，《风》也，而入之《颂》。于是六义乱矣。至于列国之《风》，移易错杂，《雅》、《颂》亦然。又删去笙诗六篇之目，而且更《野有死麕》曰《野麕》，《简兮》曰《柬兮》，《东门之墠》曰《唐棣》……《大东》曰《小东》，《信南山》曰《南山》，此亦有何关系？曾是子贡之《传》，必求异于子夏所序之《诗》乎？①

朱彝尊悉数列举《子贡诗传》中打乱《风》、《雅》、《颂》既有类别，且颠倒其中篇章次序，并将有目无文的笙诗删除，约简改易《野有死麕》等旧有篇名等问题。此外，还有更令人费解的窜乱："尤可怪者，邶、鄘、卫《诗》，虽分为三，然延州来季子观乐曰：'我闻康叔、武公之德如是，是其《卫风》乎？'则同为《卫诗》矣；而（《诗传》，笔者补）乃以《邶》为管叔时诗，《鄘》为霍叔时诗，又以《小雅》为《小正》，《大雅》为《大正》"。《诗传》将本同属《卫诗》的《邶》、《鄘》，强归为管叔、霍叔。并改"雅"为"正"。真是蹊跷！他认为，因为《诗传》是子贡作，就一定要刻意改订，以同子夏作《序》的《诗经》相区别吗？

其三，从抄袭他书处辨伪。子贡生当子思前，《诗传·小正》却引用子思《中庸》语。又在解说《关雎》诗时，袭用《大学》中如"心正而后身修"的文字。朱彝尊讥作伪者为"妄人"一个，"陋矣哉！"②

---

① （清）朱彝尊：《经义考》卷100"诗三·端木子赐诗传伪本"条，第328页。
② （清）朱彝尊：《经义考》卷100"诗三·端木子赐诗传伪本"条，第327—328页。

3.《鲁诗世学》辨伪

《鲁诗世学》，共三十六卷，又作十二卷。朱彝尊文中所言，主要针对的是丰坊伪作的《鲁诗世学》，兼论《子贡诗传》之伪，因为《子贡诗传》是所谓丰氏"世学"所阐释的内容。

至于辨伪宗旨，从朱氏的这句话中基本能够看出——"肆逞其臆见，狎侮圣人之言"。所谓"逞其臆见"，指《鲁诗世学》及《诗传》等，凭己意改动《诗经》旧有篇章之名目、次序及类属事，他以为，这是对"圣人之言"的"狎侮"。不能不辨，不能不驳。故方有以下文字的写成。

朱彝尊认为，丰坊"恃其能书"，用"篆隶体"伪作"正始《石经》"，当时学界名流（所谓"一时巨公若泰和郭子章、京山李维桢辈"）均信而不疑。丰坊"又为此书（指《鲁诗世学》）以欺世"。朱彝尊又旗帜鲜明地提出：《鲁诗世学》非"世学"，所谓《正音》、《续音》，都是丰坊一手伪作。"丰氏《鲁诗世学》列伪《子贡诗传》于前"，"谓之《世学》者，以《正音》归之远祖稷，以《续音》归之庆，以《补音》归之耘，以《正说》归之其父熙，而己为之《考补》，其实皆坊一手所制也"。

朱彝尊通过以下四个方面证伪：

其一，与《鲁诗》佚文残碑不合。朱彝尊指出，《鲁诗》自西晋亡佚后，仍有佚文见存于蔡邕残碑、《仪礼注》和《尔雅注》中。如"河水清且涟漪"作"兮"，"不稼不穑"作"啬"，"坎坎伐轮兮"作"欿欿"，"三岁贯女"作"宦女"，"山有枢"作"蓲"。此外"素衣朱薄（或作"襮"）"作"绡"，见《仪礼注》。"伤如之何"作"阳"，见《尔雅注》。"艳妻扇方处"作"阎妻"，"中冓之言"作"中冓"，等等。虽文字不多，但与《毛诗》有别。丰坊不知，所伪作的《诗传》，用《毛诗》中的文字。

其二，与汉代鲁诗一系旨意抵牾。他认为，楚元王曾学《诗》

于浮丘伯。作为元王后人，就家学渊源而言，刘向当学宗鲁诗。事实也正是如此，刘向所著《新序》、《列女传》等均取鲁诗说，而"与《毛诗》不同"。但是，丰坊所著《鲁诗世学》同刘向书中观点不合。如非伪托，何以出现这个问题？朱彝尊以为，这是丰坊"未详《鲁诗》之义"的缘故。

其三，证明《序》系假托黄佐而作。关于《鲁诗世学》书前的黄佐《序》，朱彝尊认为，丰坊"虑己之作伪未能取信于人，则又假托黄文裕佐作《序》。中间欲申鲁说而改易毛、郑者，皆托诸文裕之言。排斥先儒，不遗余力"。也就是说，丰坊唯恐欺世不成，便假黄佐的序文以自重。为说明黄佐《序》系赝托之作，朱彝尊引用了黄氏《诗传通解》的自序：

> 汉兴，鲁、齐、韩三家列于学官，史称"鲁最为近之"，其后，三家废而《毛诗》独行世，或泥于"鲁最为近"一语，必欲宗之。然《鲁诗》今可考者，有曰"佩玉晏鸣，关雎叹之"，以为刺康王而作，固已异于孔子之言矣。又曰"驺虞，掌鸟兽官。古有梁驺，天子之田也"。文王事殷，岂可以天子言哉？其为《周南》、《召南》，首尾已谬至此。

黄佐在这里，批评了《鲁诗》的谬误，指明其"异于孔子之言"。据此，不难看出黄佐的学术取向。所以，朱彝尊说"以是观之，则文裕（黄佐）言《诗》不主于鲁明矣"。

朱彝尊又举一事，说明《序》非黄佐作的观点。他说，"又四明杨文懿著《诗私抄》，改编《诗》之定次，文裕罪其师心僭妄"。黄佐以杨文懿改订《诗经》次序的做法，为"师心僭妄"，难道会对丰坊《鲁诗世学》及所谓《子贡诗传》的窜乱旧章，大加赞许？这就是朱彝尊所说的："岂肯尽弃其学，而甘心助丰氏之邪说乎?"

其四,提出《鲁诗世学》据以阐发的《诗传》系伪作。《鲁诗世学》是在对石经本《诗传》音义训读的基础上做成的。但是,所谓魏时《诗传》碑石,并不见载于文渊阁图书目录中,如诚有,"岂不登载"? 既然不见著录,当为子虚乌有。朱彝尊认为,这是"稍有知识"的人都能明白的道理。①

4.《申培诗说》辨伪

该书旧题汉申培著。朱彝尊指出"申公《鲁故》至晋已亡",今见《诗说》、《子贡诗传》,都是丰坊的伪作。但是世人不察,"争为镂版",以讹传讹,备受蒙蔽。②

5.《连山》、《归藏》辨伪问题

朱彝尊提出《连山》、《归藏》二书,《汉书·艺文志》不载,可知"其亡已久"。但是郦道元注《水经》时,引《连山易》中"有崇伯鲧,伏于羽山之野"语,可知当时该书尚存。至于司马膺所注,李淳风《乙巳占》所引,则是"伪本"③无疑。

至于《归藏》一书,孔颖达认为:《归藏》,伪妄之书,非殷易也。对此,朱彝尊并不赞同。他提出"《归藏》,隋时尚存。至宋犹有《初经》、《齐母》、《本蓍》三篇"。至于传注所引的文字,如:"荣荣之华,徽徽鸣狐,离监监燔,若雷之声"云云,"辞皆古奥",所以说孔氏所言,"未尽然"。④ 朱彝尊从散佚篇章和文辞古奥的角度,论定《归藏》非后世所能伪造的问题。

----

① 以上均见于(清)朱彝尊《经义考》卷113"诗十六·丰氏坊鲁诗世学"条,四库本,第678册,第454—455页。另《曝书亭集》卷42有"丰氏鲁诗世学跋",文字与之基本相同。
② (清)朱彝尊:《经义考》卷100"诗三·诗说伪本"条,四库本,第678册,第331页。
③ (清)朱彝尊:《经义考》卷2"易一·连山"条,四库本,第677册,第18页。
④ (清)朱彝尊:《经义考》卷3"易二·归藏"条,四库本,第677册,第26页。

6.《子夏易传》辨伪

朱彝尊就今见《子夏易传》(《卜商易传》)提出三点质疑:其一,该书在流传中,各家著录的篇目卷数不一:《隋书·经籍志》二卷,《释文序录》三卷,至宋《中兴馆阁书目》增益为十卷,但是今本却多至十一卷;其二,其在篇目上,"悉依王弼";其三,在内容上,征引《周礼》、《春秋传》。据此,他认为《子夏易传》不但不是卜商所作,也"不类汉人文字"。即使是唐人的伪作,流传至清,也非原貌了。①

7.辨"河图"、"洛书"之伪

朱熹在《易》学问题上,尊信"河图"、"洛书"之说,并将"河图"、"洛书"、"先天"、"后天"诸图,置于所著《易本义》前,以示尊崇。朱熹同时人袁枢对此提出商榷,以为"河图"、"洛书"是后人伪作。朱熹"再三与辨",不但不同意袁枢的意见,反而认为这是"孔子之说",无可置疑。朱彝尊以为"朱子未免失言矣"②,从而委婉地提出"河洛之图"系伪作的意见。

8.别本《周易子夏十八章》辨伪

《周易子夏十八章》一卷,佚。《崇文总目》著录为三卷,《绍兴阙书目》亦有。朱彝尊以为,该书是"五行家言",不伦不类,是"托名"子夏的伪书。③

三、群书辨伪

1.明儒唐伯元信丰坊《石经大学》,请当朝颁行学官,并为之著

---

① (清)朱彝尊:《经义考》卷5"易四·子夏易传"条,四库本,第677册,第54页。

② (清)朱彝尊:《经义考》卷283"师承三·易·朱子易"条,四库本,第680册,第635页。

③ (清)朱彝尊:《经义考》卷5"易四·周易子夏十八章伪本"条,四库本,第677册,第55页。

述。朱彝尊讥讽其所言"皆梦魇之语"①。另,朱彝尊《经义考》著录"魏正始《石经大学》,伪本,一卷"②,后条列明末学者许孚远、清毛奇龄、毛先舒的辨伪语。虽未作按语,但以为伪作的意思是很显然的。

2.《洞极经》,旧题关朗撰。该书隋、唐史志不载,唯《宋史·艺文志》有,朱彝尊据此推测是"伪作"。③

3.《尚书作义要诀》,四卷,题元倪士毅撰。朱彝尊认为,"是书乃元时举子兔园册",估计是"书坊"伪托而成。④

4.王通《续书》二十五卷,朱彝尊著录为佚。至于该书序文,旧题王勃撰,朱彝尊则以为"亦阮逸辈伪作"。⑤

5.《中说》,旧题隋王通撰。但是考隋、唐正史,"无不纰谬",所以晁公武、洪迈、王世贞等则以为伪作,"辨之尤详"。朱彝尊认为,该书必伪无疑,并批评了学者中不知伪妄,诵读不辍、推崇备至的现象。⑥

6.《忠经》一卷,旧题东汉马融撰。朱彝尊以为,该书有仿《孝经》而作的痕迹,并且隋、唐史志目录"俱不载",因此"恐是伪托"

---

① (清)朱彝尊:《经义考》卷160"礼记二十三·唐氏伯元石经大学"条,四库本,第679册,第216页。

② (清)朱彝尊:《经义考》卷291"刊石五·魏正始石经大学伪本"条,四库本,第680册,第726页。

③ (清)朱彝尊:《经义考》卷270"拟经三·关氏朗洞极经"条,四库本,第680册,第467页。

④ (清)朱彝尊:《经义考》卷86"书十五·倪氏尚书作义要诀"条,四库本,第678册,第174页。

⑤ (清)朱彝尊:《经义考》卷273"拟经六·王氏通续书"条,四库本,第680册,第508页。

⑥ (清)朱彝尊:《经义考》卷279"拟经十二·王氏通中说"条,四库本,第680册,第583页。

马融的伪书。①

7.《鞠小正》一卷,旧题晋陶渊明作。朱彝尊以为该书是冯京第托名陶渊明所作,或许是冯京第的"游戏之作"。②

8.《晋史乘》、《楚梼杌》二书,隋、唐、宋多种史志目录"俱无之",明代《文渊阁书目》也不见著录,他以为该书"不知何时、何人"所为,假托元代学者吾丘衍(字子行。《经义考》四库本作"吾衍子行",他本或作"吾丘子行",笔者按)之序以行世。③

9.《孔子家语后序》及《孔子家语》,旧题孔安国撰。朱彝尊认为都是"后人伪撰"。④

10.关于《诗归》辨伪,《明诗综》记叙一段史事,其言:"桐乡钱麟翔仲远,友于友夏,恒言:《诗归》本非钟谭二子评选,乃景陵诸生某假托为之,钟初见之,怒将言于学使,除其名。既而家传户习,遂不复言云。"⑤朱彝尊以时人所见,提出《诗归》为景陵诸生某某假托的伪书。

11.《三礼考注》,旧题元吴澄撰。他认为吴澄的著述,均有"叙录"可稽。他本人也曾购得吴澄著、吴当补的《周礼考注》、《仪礼逸经》、《戴记纂言》,却未见有《三礼考注》。将今见《三礼考注》与吴澄上述著述比照,"论议体例多有不合"。⑥ 一人著述不

---

① (清)朱彝尊:《经义考》卷279"拟经十二·马氏忠经"条,四库本,第680册,第586页。

② (清)朱彝尊:《经义考》卷274"拟经七·陶氏潜鞠小正伪本"条,四库本,第680册,第528页。

③ (清)朱彝尊:《经义考》卷275"拟经八·晋史乘伪本、楚书梼杌伪本"条,四库本,第680册,第533页。

④ (清)朱彝尊:《经义考》卷278"拟经十一·孔子家语"条,四库本,第680册,第567页。

⑤ (清)朱彝尊:《明诗综》卷71"谭元春"条,四库本,第1460册,第625页。

⑥ (清)朱彝尊:《经义考》卷164"通礼二·吴氏澄三礼考注"条,四库本,第679册,第260页。

应如此抵牾,所以推断为晏璧伪托之作。

12.朱彝尊据司马迁《报任少卿书》:"左丘失明,厥有国语",以及应劭《风俗通》:"丘,姓,鲁左丘明之后"的记载,推断"左丘为复姓甚明"。所以,孔子作《春秋》,左丘明为之作《传》。又提出"为弟子者自当讳师之名",所以称"《左氏传》而不书'左丘'也"。① 朱氏在此,不仅辨别了缘何只称《左氏传》,而不称《左丘传》,而且还认为左丘明是孔子的弟子,与杜预的观点相同。

13.《续越绝书》二卷,旧题汉吴平著、蜀谯峏注。朱彝尊说这是亡友钱穈苗避地白石樵林时所撰。所谓"得之石匣"、"汉吴平著,蜀谯峏注"等,都是"诡托之辞",不足以信。而且,该书序文中明言"赐(子贡)纪《越绝》,成一家言。袁康接之章句"云云,由此可知,该书"文属辞定",因此何须再续? 真"可谓好事矣"。②

14.《六经奥论》旧题郑樵著。但是,朱彝尊发现该书内容,多与郑樵的《通志略》不合。而且郑樵曾上书曰:"十年为经旨之学,以其所得者作《书考》,作《书辨伪》,作《诗传》,作《诗辨妄》,作《春秋考》,作《诸经序》"云云,不曾言及该书,所以"非渔仲所著审矣"。③

15.朱彝尊提出"逊国群书可信者绝少,十九皆作伪无稽",其中"尤可怪者",就是《从亡随笔》、《致身录》二书,朱氏以为"欺人欺天莫此甚矣"。④

① (清)朱彝尊:《经义考》卷169"春秋二·左丘子明春秋传"条,四库本,第679册,第316页。同样文字又见于朱彝尊:《曝书亭集》卷56。
② (清)朱彝尊:《经义考》卷275"拟经八·钱氏续越绝书"条,四库本,第680册,第535—536页。
③ (清)朱彝尊:《经义考》卷245"群经七·六经奥论"条,四库本,第680册,第215页。相同内容见《曝书亭集》卷42"六经奥论跋"。
④ (清)朱彝尊:《曝书亭集》卷45"明史提纲跋",四库本,第1318册,第168—169页。

16.《四声谱》,南朝梁沈约著。《隋书·经籍志》著为一卷,《唐书·艺文志》不著录,当已散佚。清初人郭正域称家藏有《四声谱》旧本,经校正,成《韵经》五卷,并注明系梁沈约撰类,宋夏竦集古,明杨慎转注,郭正域校订。四库馆臣以为伪托。朱彝尊言:"近有岭外妄男子,伪撰沈约之书","信而不疑者有焉。"①朱彝尊虽然提出伪作事,但是并未言明是何人何书。查王士禛《居易录》卷四,记康熙十年(1671 年)广东香山县监生杨锡震,自言得古本沈约《四声谱》于庐山僧人处。因合吴棫《韵补》而详考音义,博征载籍,为《古今诗韵注》凡二百六十一卷,入京师进献。奉旨付内阁,与毛奇龄所进《古今通韵》订其同异。四库馆臣认为当系朱彝尊所指②。据此可知,朱氏所指就是《四声谱》伪作事。

17.述而不作。(1)《尚书全解》旧题宋胡瑗撰,二十八卷。朱彝尊注为佚。又引朱熹辨伪语——"不似胡平日意。又间引东坡说,东坡不及见安定,必是伪书"。③(2)《越绝书》,朱彝尊书中题为袁康、吴平撰。朱氏引诸家辨伪说,未下按语,只是径直将作者改为袁康、吴平,而不题子贡。④(3)《关朗易传》,朱熹、胡应麟等众口一词,以为阮逸伪作。朱彝尊引述诸说,未下断语,但其倾向应该是很明确的。⑤(4)《正易心法》,朱彝尊摘录朱熹等人辨伪语,未作按语。⑥

---

① (清)朱彝尊:《曝书亭集》卷34"重刊广韵序",四库本,第 1318 册,第 42 页。

② 见《总目提要》卷44"经部四十四·小学类存目二","韵经"条。

③ (清)朱彝尊:《经义考》卷79"书八·胡氏尚书全解"条,四库本,第 678 册,第96 页。

④ (清)朱彝尊:《经义考》卷275"拟经八·袁氏康、吴氏平越绝书"条,四库本,第 680 册,第 533 页。

⑤ (清)朱彝尊:《经义考》卷13"易十二·关朗易传"条,四库本,第 677 册,第129—131 页。

⑥ (清)朱彝尊:《经义考》卷15"易十四·麻衣道者正易心法"条,四库本,第677 册,第162—164 页。

18.辑佚非作伪。《十六国春秋》崔鸿撰,本一百卷,亡佚不全。朱彝尊认为,"今世所传《十六国春秋》"乃后人采《晋书》、《北史》、《册府元龟》、《太平御览》等书,"集成之,非原书也"。①

19.朱彝尊指出以《三坟》、《五典》为三皇、五帝之书的说法,"本于伪孔安国《书序》"。因为据杜预注文,只称"坟、典、丘、索"为"古书名","未尝定为三皇、五帝之书",足可以证明三皇、五帝云云,是后人赝托。② 此外,他又批评郑樵辑《六艺略》,"信伪《三坟》书为真",是"多学而寡识"。③

第三节　顾炎武、姚际恒的文献辨伪研究

清初从事文献辨伪研究的学者中,还有两位非常值得关注的人物,他们就是号称治学"最有根柢"的顾炎武和辨伪"极有造诣"的姚际恒。现将二人的文献辨伪成就钩稽如下,并就现有研究中存在的个别问题,略陈己见。

一、顾炎武的文献辨伪研究

顾炎武(1613—1682),字宁人,初名绛,江苏昆山人,人称亭林先生。耿介绝俗,与同里归庄善,时有"归奇顾怪"之目。曾参与抗清活动,不成,游历四方。康熙十七年(1678年)诏举博学鸿儒科,次年征修《明史》,大臣均争荐之,并力辞不赴。卒后,宣统

---

① (清)朱彝尊:《经义考》卷276"拟经九·崔氏鸿十六国春秋"条,四库本,第680册,第545页。

② (清)朱彝尊:《经义考》卷72"书一·三皇五帝之书"条,四库本,第678册,第30页。

③ (清)朱彝尊:《经义考》卷294"著录",四库本,第680册,第758页。

元年令从祀文庙。① 顾氏常虚怀商榷(可参见所作《广师篇》),生平精力绝人,自少至老,无一刻离书。清朝称学有根柢者,以炎武为最,绝非恭谀。顾炎武治学,以敛华就实、经世致用为特色,所撰《天下郡国利病书》、《肇域志》、《历代帝王宅京记》、《亭林文集》、《诗集》等书,皆"有补于学术世道",其中的《日知录》最广为人知。该书是顾炎武三十余年稽古治学的精华。生前刊行者,仅八卷。康熙中,门人潘耒得其手稿,又刻成三十二卷本,自是为学者所广泛征引②。后来学者递有增补刊正,以道光间黄汝成《日知录集释》最著。1984年上海古籍出版社将黄汝成等人续补之作,汇集成书,影印出版,名以《日知录集释》(外七种)。本文称引,即据此本。

在文献辨伪问题上,顾氏虽无专著,但所著《日知录》中,对宋人伪造的《易》图、伪《古文尚书》、《诗序》、《春秋》、《左传》等,都进行了考辨。由此,我们可以清晰地认识到辨伪之于其治学的意义:顾氏思想学术中最核心的问题、最纠缠的问题,都通过破除伪书、伪说的方式解决了。因顾炎武声名卓著,托名之作悄然兴起,

---

① 《清国史》"儒林传"卷2"顾炎武传",第383—384页。《清国史》"儒林传下"卷1"顾炎武传",第567—568页。另《清史稿》卷481"列传二百六十八·儒林二"亦有传,第13166—13169页。《清国史》"儒林传"与《清国史》"儒林传上"的传文详略有别,《清史稿》传文与《清国史》"儒林传上"除个别改动增补外,基本相同。顾炎武之卒年,三传相同,惟其享年《清国史》"儒林传"作"六十九"。

② 《日知录》有32卷本和8卷本之分。现在行世者,为32卷本,系由顾炎武门人潘耒据其手稿,于康熙三十四年(1695年)在福建建阳整理付刻。之前的康熙九年(1670年),曾由顾炎武本人经理,于江苏淮安付梓的八卷。故而康熙年间的《日知录》,即有8卷本与32卷本之分。惟后世因有32卷本,8卷本遂渐为其所掩,以至不传。因此,便出现了8卷本"早已失传"之说。近年陈祖武先生在北京图书馆善本室翻检古籍,得见一无序跋且目录亦略有残缺的8卷刻本《日知录》,经考证,定为康熙九年初刻本。见陈祖武《〈日知录〉八卷本未佚》(《读书》1982年第1期)。

如《京东考古录》、《经世篇》均托名顾炎武作,四库馆臣已有考辨。

1.《书》类问题辨伪

其一,辨《泰誓》为伪。顾炎武论《泰誓》时言:"商之德泽深矣,尺地莫非其有也,一民莫非其臣也。武王伐纣,乃曰:'独夫受,洪惟作威,乃汝世仇。'曰:'肆予小子,诞以尔众士,殄歼乃仇。'何至于此! 纣之不善,亦止其身,乃至并其先世而仇之,岂非《泰誓》之文出于魏、晋间人之伪撰者邪?(原注:蔡沈曰……吴棫言……盖已见及乎此,特以注家之体,未敢直言其伪耳)。"①《泰誓》中言武王伐纣,申述纣的罪恶,牵连"世仇"。顾炎武认为这绝非武王所为。

但是,对于这样的文献辨伪,今人或有不以为然者。如杨善群先生就以"世仇"说,批驳了顾炎武的观点,他认为:

> 这实在是对历史情况的不熟悉。周武王与殷纣有着三代的"世仇",这是大家都清楚的事实。周武王的祖父季历是被殷纣的祖父文丁迫害而死的。《竹书纪年》明晰地记载:"文丁杀季历"。《吕氏春秋·首时》云:"王季历困而死,文王苦之。"亦是为周王季历被商王文丁困辱致死而言。武王的父亲文王被纣长期囚禁于羑里。《左传·襄公三十一年》记:"纣囚文王七年。"武王的兄长伯邑考也是被纣杀死的。《帝王世纪》载:"文王之长子曰伯邑考,质于殷,为纣御。纣烹以为羹,赐文王"。从各方面的史料核实,这个记载是可信的。知悉武王三代的身世,就会明白古文《泰誓》中的那段话,完全切合武王的心情与口气,是古文非伪的标志。顾氏云"纣之不善,亦止其身",把武王对纣"并其先世而仇之"作为"伪

---

① (清)顾炎武撰,黄汝成集释:《日知录集释》卷2"泰誓"条,第180页。

撰"的论据,全然不知纣之祖父"文丁杀季历"的史实,这不能不说是他的一个失误,一处败笔,更证实了古文《尚书》的真实性。①

　　杨先生以为顾炎武对商周史事无知,这颇值得商榷,据以证明《古文尚书》非伪,似乎也值得推敲。但是,在此,笔者更想说的是辨伪学者及其时代关系的问题。不难看出,顾氏疑《泰誓》与孟子疑《武成》,颇有异曲同工之处,即都以儒家的道德标准衡量文献的真伪是非。通过第二章的回顾,我们可以知道,这是先秦以来,一直沿袭的传统,顾炎武也概莫能外。以现代的观念绳古,恐怕多有激昂文字;如果以历史唯物主义的方法探究,结论似乎能客观允当许多。

　　其二,辨《舜典》为伪,兼论不疑梅赜《古文尚书》。顾炎武曾言:

　　　"晋世秘府所存,有《古文尚书》经文,今无有传者。及永嘉之乱,欧阳、大、小夏侯《尚书》并亡。至东晋,豫章内史梅赜,始得安国之《传》,上之"。增多二十五篇,以合于伏生之二十八篇,而去其伪《泰誓》,又分《舜典》、《益稷》、《盘庚》中下、《康王之诰》,各自为篇,则为今之五十八篇矣。其《舜典》亡阙,取王肃本"慎徽"以下之《传》续之。齐明帝建武四年,有姚方兴者,于大航头得本,有"曰若稽古帝舜"以下二十八字。献之朝,议咸以为非。及江陵板荡,其文北入中原,学者异之,刘炫遂以列诸本第。然则今之《尚书》,其今文、古文皆有之,三十三篇固杂取伏生、安国之文,而二十五篇之出于梅

---

　①　杨善群:《论古文〈尚书〉的学术价值》,《孔子研究》2004 年第 5 期。

赜,《舜典》二十八字之出于姚方兴,又合而一之。《孟子》曰
"尽信书,则不如无书。"于今日而益验之矣。窃疑古时有《尧
典》无《舜典》,有《夏书》无《虞书》,而《尧典》亦《夏书》也。①

对于这段文字,学界存在误解。即有人以为,顾炎武已经提出
"二十五篇出于梅赜,《舜典》二十八字出于姚方兴"的观点,所以
他"于《古文尚书》之伪,态度已颇为坚定"。② 实则不然。顾氏只
是陈述一个事实,即晋秘府所藏《古文尚书》和欧阳、大小夏侯《尚
书》不存以后,直到东晋,梅赜"始得安国之传,上之"。所谓"始
得",顾炎武是说,据文献记载,"孔安国《古文》家学,自孔僖以后
不传",杜林、马融、郑玄虽传《尚书》,但是未睹孔安国本。故而
说,文献记载中传授断裂的孔传《古文尚书》,在东晋梅赜时的复
出,为"始得"。至于梅赜从何得,顾氏未作说明。

梅赜进献的《古文尚书》,比伏生的《今文尚书》,多出二十五
篇。时人作的编订工作是:将二十五篇古文"合于"伏生之二十八
篇今文,去伪《泰誓》,析出《尧典》等篇,成五十八篇之数。至于
《舜典》,因为亡缺,姑且以王肃注本内的部分文字充数。不过,
《舜典》一直都是名存实亡的。虽然齐明帝时有姚方兴进献"二十
八字"本《舜典》,但是,"朝议咸以为非",姚方兴售欺不成。姚氏
二十八字伪《舜典》引起世人注意,是在北朝入隋之际,刘炫将其
列入《尚书》篇目中之时。对此,顾炎武认为,姚氏二十八字《舜
典》并不因为刘炫录入,而改其伪书的实质。

至于梅赜二十五篇,从"始得安国之传"看来,与其说顾炎武

---

① (清)顾炎武撰,黄汝成集释:《日知录集释》卷 2"古文尚书"条,第 213—214
页。

② 林庆彰:《清初的群经辨伪学》,第四章《考辨〈古文尚书〉》第四节"与阎氏同
时考辨《古文尚书》诸家",台湾文津出版社,1990 年,第 189 页。

疑《古文尚书》二十五篇之伪，不如说他信《古文尚书》二十五篇失而复得。因此"于《古文尚书》之伪，态度已颇为坚定"者，并非顾炎武。

其三，疑《书序》之伪。顾炎武有言：

> 益都孙宝侗仲愚谓："《书序》为后人伪作，《逸书》之名亦多不典。至如《左氏传》'定四年'祝佗告苌弘，其言鲁也，曰：'命以《伯禽》，而封于少皞之墟'；其言卫也，曰：'命以《康诰》，而封于殷墟'；其言晋也，曰：'命以《唐诰》，而封于夏墟'。是则《伯禽之命》、《康诰》、《唐诰》，《周书》之三篇，而孔子所必录也。今独《康诰》存而二书亡。为《书序》者，不知其篇名，而不列于百篇之内，疏漏显然。是则不但《书序》可疑，并百篇之名，亦未可信矣。"其解"命以《伯禽》"为《书》名《伯禽之命》，尤为切当。今录其说。
>
> 《正义》曰："《尚书》遭秦而亡，汉初不知篇数。武帝时，有太常蓼侯孔臧者，安国之从兄也。与安国书云：'时人惟闻《尚书》二十八篇，取象二十八宿，谓为信然，不知其有百篇也'"。今考传、记引《书》，并无《序》所亡四十二篇之文，则此篇名，亦未可尽信也。①

顾炎武以为，孙仲愚的质疑，言之有理，然其论，故而录其说。并引述西汉孔臧与孔安国书的内容，提出汉初孔氏嫡传都不知有百篇《书序》之事，加之《书序》并无亡佚"四十二篇"的记载，故而，顾炎武认为《书序》诚不可信矣。

其四，辨张霸百二《尚书》为伪。《日知录》中有这样的文字：

---

① （清）顾炎武撰，黄汝成集释：《日知录集释》卷2"书序"条，第220—221页。

"汉人好以自作之书而托为古人,张霸百二《尚书》……是也。"①
顾炎武没有对张霸伪书进行详细考订,这种以记叙的方式,表明其
对文献真伪的判断,在清儒的文献辨伪研究中比较多见。

其五,辨丰熙伪《古书》、《世本》。据丰熙自言,《古书》、《世
本》系朝鲜、日本的《尚书》旧本,其先祖丰庆得见,录而存于家。
对此,明代即有人以为赝造。顾炎武言:"丰熙之《古书》、《世本》
尤可怪"。

对于所谓"倭国本《尚书》",顾炎武提出:第一,对于所谓徐福
东瀛本《尚书》,早见于欧阳修的《日本刀歌》。但是,欧阳修所言,
仅是诗人寄兴之词,未必果有其事。言外之意,或许丰熙据此生发
赝托就真真是无稽之谈了。第二,日本果真有古本《尚书》,不应
不进献。第三,日本人也不以为本国有徐福传来的《尚书》古本。

对于朝鲜本《尚书》,顾炎武提出:第一,自箕子传《古文》,历
时久远,不应别无散佚,而与伏生孔安国传本一一吻合。第二,
《洪范》、《禹贡》穿凿附会的痕迹昭然若揭。第三,蔡邕等书"熹平
石经",系今文,不录古文《五子之歌》。丰熙托言据"熹平石经",
改订古文《五子之歌》,无疑是"妄言"。②

总之,丰熙海外本《尚书》均系伪造。此外,顾炎武还对近人
治经过程中,"舍中国之文,而求之四海之外"的做法,提出批评。③

2.《易》类文献辨伪

(1)《周易》经传作者考辨。《易经》作者问题,是研究《易》类辨
伪问题的基础,《易传》(即《十翼》)是否为托名孔子作,是《易》类辨
伪问题研究的热点。《周易》经传的其他文献,存在真伪之辨的也甚

---

①　(清)顾炎武撰,黄汝成集释:《日知录集释》卷18"窃书"条,第1429页。

②　以上见(清)顾炎武撰,黄汝成集释《日知录集释》卷2"丰熙伪尚书"条,第
221—223页。

③　(清)顾炎武撰,黄汝成集释:《日知录集释》卷2"丰熙伪尚书"条,第221页。

多。有关上述问题的研究状况,兹不复述。顾炎武有关《易》类文献真伪问题的研究,现存著述不多,即便如此,他的论述对时人及后世的影响,也是巨大且深远的。今将其相关言论钩稽如下:

辨重卦不始于文王。

顾炎武认为:"太卜掌《三易》之法,其经卦皆八,其别皆六十有四"。但是,根据《左传·襄公九年》的记载:穆姜迁于东宫,筮之,遇《艮》之《随》。姜曰:"是于《周易》曰:《随》,元、亨、利、贞,无咎。"这里已经提到《周易》,所以,可知夏、商时"皆有此卦"。由此可见,重八卦为六十四,"不始于文王矣"。①

论卦爻辞及《十翼》作者。

顾炎武认为,伏羲画卦,文王作《彖辞》,周公作《爻辞》,这些称之为"经",有上下二篇。孔子作《十翼》,谓之传。《传》共有"《彖传》上下二篇,《象传》上下二篇,《系辞传》上下二篇,《文言》、《说卦传》、《序卦传》、《杂卦传》各一篇",总计十篇。②

(2)辨"河图"、"洛书"之伪。顾炎武曾言:"荀爽、虞翻之徒,穿凿附会,象外生象",至于"希夷(陈抟)之图,康节(邵雍)之书,道家之《易》也。"顾炎武以文王、孔子的《易》学为正宗,对象数、图书嗤之以鼻,并明确指出"希夷之图",为道家之《易》,并非伏羲、文王所有。他又言:"卦爻外无别象","圣人之所以学《易》者,不过'庸言庸行'之间,而不在乎图书象数也,今之穿凿图像以自为能者,畔(叛)也"。③ 顾炎武虽然没有使用更多的文字表述,但是以陈抟、邵雍等一系的河洛之图为伪托,观点已经很明确。

① (清)顾炎武撰,黄汝成集释:《日知录集释》卷1"重卦不始文王",第85—86页。
② (清)顾炎武撰,黄汝成集释:《日知录集释》卷1"朱子周易本义"条,第86页。
③ (清)顾炎武撰,黄汝成集释:《日知录集释》卷1"孔子论易"条,第133页。

（3）辨《易林》之伪托。顾炎武提出：

> 《易林》疑是东汉以后人撰，而托之焦延寿者。延寿在昭、宣之世（原注：《汉书·京房传》曰："延寿以好学得幸梁王……"。案，此梁敬王定国也，以昭帝始元二年嗣，四十年薨，当元帝之初元三年）。其时，《左氏》未立学官；今《易林》引《左氏》语甚多，又往往用《汉书》中事，如曰："彭离济东，迁之上庸"，事在武帝元鼎元年；曰"长城既立，四夷宾服，交和结好，昭君是福"，事在元帝竟宁元年……又曰"刘季发怒，命灭子婴"，又曰，"大蛇当路，使季畏惧"，则又非汉人所宜言也。①

焦延寿生当西汉昭帝、宣帝时，所作《易林》不应有身后事。如《左传》，当时未立学官，尚未显名，但《易林》引用颇多。如《易林》又有汉武帝、元帝、成帝时事，更非焦延寿所当见。再如《易林》中不避汉高祖刘邦讳，动辄"刘季"，不论西汉、东汉，这种不恭，都是难以想象的。因此，顾炎武以为是东汉以后人，伪托焦延寿所作。

3.《左氏春秋》及其他文献杂论

（1）辨《左氏春秋》不得托言左丘明作。

《左氏春秋》的作者及其成书年代问题，自唐啖助、赵匡以后，争论颇多，其中"是否托名左丘明作"，成了《左氏春秋》辨伪的核心问题。清人的研究，以清后期刘逢禄、康有为等最具特色，而较早讨论该问题的，则以顾炎武为代表。其言：

---

① （清）顾炎武撰，黄汝成集释：《日知录集释》卷18"易林"条，第1435—1436页。

《左氏》之书,成之者非一人,录之者非一世,可谓富矣,而夫子当时未必见也……《左氏》出于获麟之后,网罗浩博,实夫子之未见。乃后之儒者,似谓已有此书,夫子据而笔削之。即《左氏》之解经,于所不合者亦多曲为之说;而经生之论,遂以圣人所不知为讳。是以新说愈多,而是非靡定。故今人学《春秋》之言皆郢书燕说,而夫子之不能逆料者也。

又说:

《春秋》,因鲁史而修者也;《左氏传》,采列国之史而作者也。故所书晋事,自文公主夏盟,政交于中国,则以列国之史参之,而一从周正。自惠公以前,则间用夏正。其不出于一人明矣。其谓赠仲子为"子氏未薨",平王崩为"赴以庚戌",陈侯鲍卒为"再赴",似皆揣摩而为之说。①

顾炎武认为《左氏春秋》的成书时间,当在孔子后,故而非孔子所当见。《左氏春秋》采列国史书作成,而《春秋》因鲁国史记作成,《左氏》非《春秋》之传。另外,《左氏》一则用周正,一则用夏正,如果出自一人之手,一定不会出现这种体例不纯的现象。总之,顾炎武以为:《左氏春秋》作之者非一人,成之者非一世。

(2)杂论其他文献。

辨卫宏《诗序》伪托。顾炎武认为,"汉人好以自作之书而托为古人",卫宏《诗序》就是这种伪书。②

《庚桑子》辨伪。顾炎武《金石文字记》、《求古录》中均引述:

---

① (清)顾炎武撰,黄汝成集释:《日知录集释》卷4"春秋阙疑之书"条,第289—291页。

② (清)顾炎武撰,黄汝成集释:《日知录集释》卷18"窃书"条,第1429页。

唐李肇国《庚桑子》伪作，其辞鄙俚，非古人书语。未下按语。

《穆天子传》辨伪。顾炎武有言："春秋葬皆用柔日……汉人不知此义，而长陵（高帝）以丙寅，茂陵（武帝）以甲申，平陵（昭帝）以壬申，渭陵（元帝）以丙戌，义陵（哀帝）以壬寅，皆用刚日。《穆天子传》盛姬之葬以壬戌，疑其书为后人伪作。"①凡天干值甲、丙、戊、庚、壬的日子，属阳刚，称刚日。而天干值乙、丁、己、辛、癸的日子，属阴柔，称柔日。顾炎武发现春秋时诸侯下葬，用"柔日"；西汉诸帝下葬，用"刚日"。而《穆天子传》中，盛姬下葬用"刚日"，所以怀疑该书是汉人的伪作。

《柏梁台诗》辨伪。《史记·武帝纪》载，柏梁台于太初元年冬十一月因火焚毁，后又构筑建章宫。《柏梁台诗》收录在《古文苑》中。顾炎武通过考证诗中涉及的人物、官制，以为其有殊多舛误，他说："反复考证，无一合者。盖是后人拟作，剽取武帝以来官名及《梁孝王世家》'乘舆驷马'之事以合之，而不悟时代之乖舛也。"②

《诗归》辨伪。《诗归》题明钟惺、谭元春撰。钟惺（1574—1624），字伯敬，号退谷。竟陵（今湖北天门）人。万历进士，善为诗。谭元春（1586—1637），字友夏，亦竟陵人，天启举人。钟惺、谭元春继"公安派"袁氏兄弟后，主持文坛，在明后期颇有影响。顾炎武《日知录》中有言：

> 近日盛行《诗归》一书，尤为妄诞。魏文帝《短歌行》："长吟永叹，思我圣考。""圣考"，谓其父武帝也，改为"圣老"，评之曰："圣老字奇"。《旧唐书》李泌对肃宗言："天后有四子。

---

① （清）顾炎武撰，黄汝成集释：《日知录集释》卷4"葬用柔日"条，第337页。
② （清）顾炎武撰，黄汝成集释：《日知录集释》卷21"柏梁台诗"条，第1590页。

长曰太子宏,监国而仁明孝悌。天后方图称制,乃鸩杀之,以雍王贤为太子。贤自知不免,与二弟日侍于父母之侧,不敢明言。乃作《黄台瓜辞》,令乐工歌之。冀天后悟而哀愍。其词曰:'种瓜黄台下,瓜熟子离离。一摘使瓜好,再摘使瓜稀。三摘犹尚可,四摘抱蔓归。'而太子贤终为天后所逐,死于黔中。"其言"四摘"者,以况四子也。以为非四所能尽,改为"摘绝"。此皆不考古而肆臆之说,岂非小人而无忌惮者哉!①

顾炎武以为,《诗归》之评点文字,鄙俗怪诞,均系"不考古而肆臆之说",当为"小人而无忌惮者"所为,非钟、谭作。

碑铭辨伪问题。

①"石鼓文"辨伪。顾炎武指出:"石鼓凡十,相传为周宣王猎碣,今读其文,皆浅近之辞,殊不及《车攻》、《吉日》之闳深也。"②顾炎武从文辞的角度疑其为赝作。

②"岣嵝碑文"辨伪。对该碑文,韩愈曾作诗吟诵。顾炎武通过诗文的空洞无物,认为"(韩)退之亦未之见也",他又发现碑文"字奇而不合法,语奇而不中伦,韵奇而不合古",因此,可断其为伪作。③

③"淳于长夏承碑"辨伪。该碑以八分书写成,上面注明成于建宁三年六月,旧在广平府学都。顾炎武发现,旧刻阙字四十五,而此碑文却完好无损,并且"积行勤约"写作"勤绍",因为这些"可疑"之处,他认为是后人的伪作。④

---

① (清)顾炎武撰,黄汝成集释:《日知录集释》卷18"改书"条,第1434—1435页。

② (清)顾炎武:《金石文字记》卷1"石鼓文"条,四库本,第683册,第704页。

③ (清)顾炎武:《金石文字记》卷1"石鼓文"条,四库本,第683册,第705页。

④ (清)顾炎武:《金石文字记》卷1"淳于长夏承碑"条,第715页。

④《晋平西将军孝侯周处碑碑铭》辨伪。该碑题陆机撰,顾炎武经考证,提出:王羲之书、陆机作的碑铭,收录在《陆士衡集》中,明人张燮以为伪作。又言:

> 此碑本唐人之书,故"业"字,晋讳,而直书不避;其于唐讳,则"世"字二见,皆作"廿","虎"字二见,一作"虎"一改作"兽"……士衡(陆机)、逸少(王羲之)既不同时,而晋以前碑亦未有署某人书者(碑题"晋平原内史陆机撰,右将军王羲之书"),其文对偶、平仄,全是唐人,可定其为伪。①

顾炎武通过三点,判断其为伪托之作:碑铭避讳字,避唐讳,而不避晋讳;晋以前碑铭,无署名的惯例;碑文格律,全是唐人所用。

碑多有文,此类辨伪或重在物,或重在文,前者属于器物辨伪的范畴,后者属于"文献辨伪学"的考察范围。但毕竟碑铭文字,并非一般意义上的文献,所以,笔者这里仅举此一例,下文不再论及。

⑤论"窃书"问题。顾炎武认为,晋以后有窃他人之书而为己作的现象,并举出郭象《庄子注》、何法盛《晋中兴书》的例证。对于明人,则提出"其所著书,无非窃盗而已"②。虽然有些言过其实,但在当时特殊的时代背景下,顾氏所言之用意不难理解。

二、姚际恒文献辨伪问题述略

姚际恒(1647—约1715),字立方,一字善夫,号首源,诸生。少读书,有"博究群书,撑肠万卷"之称。后放弃辞章之学,致力于

---

① (清)顾炎武:《金石文字记》卷4"晋周孝侯碑石"条,第787页。
② (清)顾炎武撰,黄汝成集释:《日知录集释》卷18"窃书"条,第1429页。

经传研究①，其造诣颇得时人称道。据毛奇龄言，乃兄毛锡龄（字大千）曾言："仁和只一学者，犹是新安人"。姚际恒祖籍安徽新安，后迁浙江仁和，故而毛锡龄才发此感慨。毛奇龄又言，他曾将《何氏存心堂藏书序》让毛锡龄过目，锡龄言："何氏藏书有几，不过如姚立方腹箧已耳！"②毛奇龄好与人争，睥睨学林，乃兄言谈亦颇为自负，但他们二人都对姚氏之学问，赞赏有加，可见姚际恒确有令人折服之处。姚之骃③也有"千古之多藏而善读者，孰如首源先生"的感叹④。

　　姚际恒著述，散佚颇为严重。《九经通论》中的《诗经通论》见存；《礼记通论》散见于杭世骏《续礼记集说》中；《周礼通论》不存，毛奇龄《周礼问》有驳论，可知端倪；《尚书通论》要旨被阎若璩抄录在《尚书古文疏证》中（《尚书古文疏证》卷八，有"喜而手自缮写"）；又据顾颉刚《古今伪书考序》中言，有人曾购得写本《春秋通论》，惜残，杭州崔家藏有抄本《仪礼通论》，顾颉刚等曾借抄过，近年，有陈祖武先生的标点本出版。《易传通论》六卷惜不传。另《古今伪书考》以及《好古堂书画记》，较为完整地流传下来。据此，可以大致了解姚氏学术之崖略。

　　文献辨伪是姚氏治学的重要成就之一。其观点，当时就颇受关注。史言，姚际恒辨论文献真伪，"持论甚严，足以破惑，学者称

①　转引自：《清国史》"儒林传下"卷3"姚际恒传（孙之骐附传）"，第576页。
②　（清）毛奇龄《西河诗话》中言，转引自（清）陶元藻辑：《全浙诗话》卷43"国朝·姚际恒"条，续四库本，第1703册，第608页。
③　姚之骃，字鲁斯，浙江钱塘人，康熙六十年进士，改翰林院庶吉士。官至御史。博雅好古，尤长于史学。见《清国史》"文苑传"卷15"姚之骃传（邵远平传附）"，第813页。《好古堂书目序》。原文多脱字，可据顾颉刚《古今伪书考序》所引增补。
④　《清国史》"儒林传下"卷3"姚际恒传（孙之骐附传）"，第576页。

之"①。今对其成就,略说如下:

1.《古文尚书》及孔《传》辨伪

姚际恒撰有《尚书通论》十卷。这在《古今伪书考》辨《古文尚书》部分,姚氏已经明确提出:"予别有《通论》十卷,兹不更详。"阎若璩也曾言,康熙癸酉(康熙三十二年,1693 年)冬,见姚际恒"出示其书,凡十卷,亦有失有得。失与梅氏、郝氏同。得则超人意见外。喜而手自缮写,散各条下"②。该书今不传,要义赖《尚书古文疏证》以存。

顾颉刚先生的《诗经通论序》亦提出:姚际恒的"《古文尚书通论》,阎若璩《疏证》中曾附载十数条"。孙钦善先生的《中国古文献学史》中称:"查考阎书,明引姚说者凡十九处"。林庆彰先生将阎若璩所引,一一誊录,得二十五条,并据此在《清初的群经辨伪学》中对姚际恒的《古文尚书》辨伪问题进行了研究。虽然三位先生开列的数字稍有差别,但都无一例外地对姚际恒的《古文尚书》辨伪问题研究,做出了应有的贡献。

(1)孔《传》辨伪。

《尚书古文疏证》中载:"姚际恒立方亦以经与传同出一手,伪则俱伪,笑世人但知辨伪传,而不知辨伪经,未免触处成碍耳!"③依阎若璩所言,可以知姚际恒也视孔《传》为伪造,并将《古文尚

---

① 《清国史》"儒林传下"卷 3"姚际恒传(孙之騄附传)",第 576 页。

② (清)阎若璩:《尚书古文疏证》卷 8,第 121 条"言姚际恒攻伪古文有胜余数条载于篇",上海古籍出版社,1987 年,第 1205—1206 页。四库馆臣认为"际恒生于国朝初,多从诸耆宿游,故往往剽其绪论。其说经也,如辟'图书'之伪则本之黄宗羲,辟《古文尚书》之伪则本之阎若璩。"(《总目提要》卷 129"子部三十九·杂家类存目六","庸言录"条)有人已经指出在《古文尚书》辨伪问题上,四库馆臣颠倒次序,语不足据。

③ (清)阎若璩:《尚书古文疏证》卷 8,第 114 条"朱子于古文尤为调停之说",上海古籍出版社,1987 年,第 1134—1135 页。

书》辨伪和孔《传》辨伪,视为不可分割的两个部分。姚际恒孔《传》辨伪的文字,所见不多。故而,下文提出的两个问题,主要针对《古文尚书》辨伪的问题。

(2)《古文尚书》辨伪。

考辨篇目较全面。从阎若璩引文中可以知道,姚际恒曾指出古文《五子之歌》(《尚书古文疏证》卷七,第一〇四条。下文简称《疏证》卷某,第某条)、《胤征》(《疏证》卷八,第一二一条)、《仲虺之诰》(《疏证》卷八,第一二一条)、《汤诰》(《疏证》卷八,第一二一条)、《太甲》(《疏证》卷四,第六〇条)、《咸有一德》(《疏证》卷二,第二七条;《疏证》卷四,第六一条;《疏证》卷八,第一二一条)、《说命》(《疏证》卷八,第一二一条)、《泰誓》(上、中、下三篇)(《疏证》卷七,第九八条,《疏证》卷八,第一二一条)、《旅獒》(《疏证》卷五下,第七五条)、《周官》(《疏证》卷四,第六二条;《疏证》卷四,第六三条)、《君陈》(《疏证》卷八,第一二一条)、《毕命》(《疏证》卷五上,第六八条)、《冏命》(《疏证》卷七,第一〇〇条),及所谓今文《舜典》(《疏证》卷五上,第六五条)等,共十四篇(种)有伪造的痕迹。另外,如《大禹谟》、《武成》、《微子之命》等,都是《古文尚书》辨伪中争论最多的内容,虽然阎若璩不见引用,但是想必姚氏也有评述。如算上这些篇章,姚际恒已基本遍疑所谓增多之《古文尚书》。

辨伪方法较传统。姚际恒十分注意用引述《左传》的方式,证明古文剿袭作伪。对此,阎若璩曾言:"姚氏好以《左氏》驳古文,与余同"①,这也是阎若璩从姚际恒书中引述最多的部分。至于具体考辨例证,兹不枚举。

---

① (清)阎若璩:《尚书古文疏证》卷8,第121条"言姚际恒攻伪古文有胜余数条载于篇",上海古籍出版社,1987年,第1213页。

　　另外,姚际恒还从《国语》、《尚书》佚文等,寻觅伪迹。如阎若璩言:"论'凡我造邦'五句,为袭《国语》,姚氏与余同,尤相发明。"所谓"凡我造邦",指《汤诰》中"凡我造邦,无从匪彝,无即慆淫,各守尔典,以承天命"五句,姚际恒以为是从《国语·周语》中来①。除了引文辨伪法之外,姚际恒还注意从典制、文辞及历法②等方面,辨《古文尚书》之伪。

　　有关姚际恒的辨伪方法,研究者无一不从引文、典制、文辞等方面入手,惟详略有别,至于个别可商榷之处,也因姚氏书不见存而无法深究。即便如此,我们仍可以这样认为:姚氏的辨伪方法同前代相比,不见有新的发明。至于具体考辨例证,因有关研究成果已有详述,兹不赘言。

　　姚际恒《尚书通论》全书亡佚,阎若璩的引述又往往因取己所好而数量有限(十几条或二十几条)。确切地说,我们对姚际恒的《古文尚书》辨伪,只能得窥其一二。这不能不说是件很遗憾的事情。史言:"时太原阎若璩力辨晚出《古文》之伪,际恒持论不谋而合。萧山毛奇龄作《冤词》,攻若璩之说。奇龄故善际恒,因数与争论,际恒守所见,迄为不下。"③可见,姚际恒考据之详、立论之坚,以及治学之严谨。

　　(3)姚际恒《古文尚书》辨伪研究书后。

　　据史料记载,我们知道,除黄宗羲(1610—1695)、顾炎武(1613—1682)等年龄更长、声望更高的学者以外,毛奇龄(1623—

---

　①　详见(清)阎若璩《尚书古文疏证》卷8,第121条"言姚际恒攻伪古文有胜余数条载于篇",第1210页。

　②　这一点,孙、林二位先生都没有提出。具体见《尚书古文疏证》卷1,第8条"言《左传》在夏日食之礼,今误作季秋"。此一条,林先生也疏漏未辑。因此所谓25条说,也并非全面。

　③　《清国史》"儒林传下"卷3"姚际恒传(孙之騄附传)",第576页。

1713)长朱彝尊(1629—1709)六岁,朱彝尊长阎若璩(1636—
1704)七岁,阎若璩又自言姚际恒"少余十一岁"①。据推算,姚际
恒大致卒于1715年。也就是说,他生活的年代,正是清代学术巨
子最活跃、最集中的一个时期。毛奇龄康熙十八年(1679年)以廪
膳生,荐举博学鸿儒科,试列二等,得授翰林院检讨,充《明史》纂
修官。朱彝尊康熙十八年应博学鸿词科,得授翰林院检讨,参修
《明史》。康熙二十年(1681年)充日讲起居注官。阎若璩应康熙
十八年试不第,后与修《一统志》,也声名在外。

　　较言之,姚际恒仅系"诸生",未能考得更高的功名,也没有得
到重臣的推重。从时人笔端可知,阎若璩在毛奇龄面前"唯唯诺
诺"②,却在姚际恒面前颇为得意,宣称,从毛奇龄口得知,姚某人
"日望子(指阎若璩,笔者按)来"③。笔者认为,姚际恒在《古文尚
书》辨伪问题上,确实有其独到之处。但是,因为毛奇龄、朱彝尊,
也包括阎若璩等学者,年龄长、辈分高、学识广、地位高,他的声名
和著述,不幸地,均掩在诸公之后。如果姚际恒早生五十年或晚生
五十年,或者也考个大功名,想必在时人、后学眼中,会更加荣光。
但是那时代众星璀璨,姚际恒"生不逢时",可惜! 可叹!

　　2.《诗序》及《中庸》辨伪

　　(1)《诗序》辨伪。

　　《诗序》辨伪问题与《诗序》作者考辨问题相纠结,歧说纷纷。
《诗序》辨伪问题争论的焦点,是"托名子夏作"的问题,其中以"卫
宏托名子夏作"影响最巨。

---

① (清)阎若璩:《尚书古文疏证》卷8,第121条"言姚际恒攻伪古文有胜余数条
载于篇",第1205页。

② 语出(清)毛奇龄:《经问》卷18,第215页。详见论文"阎若璩"部分。

③ 语出(清)阎若璩:《尚书古文疏证》卷8,第121条"言姚际恒攻伪古文有胜余
数条载于篇",第1205页。

辨伪的思想和学术背景。姚际恒论《诗序》真伪问题,有着深刻的思想和学术背景,他说:

> 宋人不信《序》,以《序》实多不满人意,于是朱仲晦得以自行己说者,著为《集传》,自此,人多宗之。是人之遵《集传》者,以《序》驱之也。《集传》思与《序》异,目《郑》、《卫》为淫诗,不知已犯大不韪。于是近人之不满《集传》者,且十倍于《序》,仍反而遵《序》焉。则人之遵《序》者,又以《集传》驱之也。此总由惟事耳食,未用心思,是以从违靡定。苟取二书而深思熟审焉,其互有得失,自可见知。

汉唐以来解《诗》,受《诗序》影响甚巨。宋人舍传求经,弃汉唐学说而直接道统,《诗序》的可信性和影响力剧减,元明承其绪。明末清初,学风丕变,革命理学、批判理学,成为诸儒时尚,蒙尘甚久的《诗序》,再次受到尊崇,且"近人之不满《(诗)集传》者,且十倍于(宋人之不满)《(诗)序》"。为纠正尊黜之偏,姚际恒特作以下考订文章。

《诗序》真伪的基本观点。姚际恒的《诗经通论·自序》和《古今伪书考》"诗序"条,均有专门考辨。两篇文字,一详一略,行文有别,主旨相同:"明为汉人所作,奈何玷我西河(子夏)"![1] 姚际恒的《诗序》辨伪,侧重于《诗序》作者的考辨,以为《诗序》为东汉人作。他从以下几个方面,证成其说:

其一,辨"子夏作序说"为附会。郑玄《诗谱》以为:"《大序》是子夏作,《小序》是子夏、毛公合作。卜商意有不尽,毛公更足成之。"姚际恒提出:"郑《谱》所谓《大序》,今所谓《小序》也。所谓

---

① 语出姚际恒《诗经通论》"自序",续四库本,第62册,第5页。

小序,今所谓《大序》也。"也就是说,姚际恒所说的《大序》、《小序》同郑玄所言正相反。但无论如何,"其谓子夏作者",都"明系附会,绝不可信"①。姚际恒的依据是:"子夏作序说"是从孔子"起予者商也"一语附会而来。故而绝不可信。

其二,辨"毛公作《序》"为不实。姚际恒认为:毛苌不作《序》,《毛传》也不释《序》。他的理由是:首先,从生活年代上,毛苌是文帝时人,卫宏是后汉人,《毛传》不可能预先释《传》。② 其次,从传言根源上,提出:"毛公作《序》说"是受郑玄的误导,因为郑玄曾言:"《大序》是子夏作,《小序》是子夏、毛公合作",自有此说,"人方以为毛公亦作《序》"。所以,姚际恒感叹道:"嗟乎! 世人读书卤莽,未尝细心审究,故甘为古人所愚耳!"再次,从解说不合上,提出《序》、《传》不同。姚氏以《郑风·出其东门》为例,《小序》谓"闵乱,思保其室家",《毛传》谓"缟衣,男服;綦巾,女服,愿为室家相乐",显然,二者自说自话:"绝不同,余可类推。"总之,他认为《诗序》"与毛公不涉矣"③。

其三,证"《大序》卫宏作,《小序》汉人作"。姚际恒引《后汉书》中语:卫宏从(谢)曼卿④受学,因作《毛诗序》,善得《风》、《雅》之旨。⑤ 提出:"范晔既明指卫宏,自必不谬"。确定了卫宏作《大序》,他进而提出:汉人作《小序》。"何以知之?"他的解释是:"《序》于《周颂·潜》诗曰:'季冬献鱼,春献鲔',全本《月令》之文,故知为汉人也。"⑥《诗经通论·自序》中的措辞,与此略有

---

① （清）姚际恒:《古今伪书考》（顾颉刚点校）"诗序"条,朴社,1933 年,第 8 页。
② （清）姚际恒:《诗经通论》"自序",第 5 页。
③ （清）姚际恒:《诗经通论》"自序",第 5 页。
④ 谢曼卿,东汉九江人。善《毛诗》。
⑤ （南朝宋）范晔撰,（唐）李贤等注:《后汉书·儒林传》卷 79 下"儒林列传第六十九下",第 2575 页。
⑥ （清）姚际恒:《古今伪书考》"诗序"条,第 8—9 页。

区别："间观《周颂·潜》之序曰：'季冬荐鱼，春献鲔'，本于不韦《月令》，明为汉人所作，奈何玷我西河(子夏)！世人固可晓然分别观之，无事凛遵矣"。《自序》中言，针对的还是"托言子夏作《序》说"。

中国古代学人，甚少在治学"道术"问题上大发宏论，这在辨伪学研究中同样如此。但是，"少言"不同于"不言"。姚际恒的辨伪理论，笔者认为下面这个问题颇值得注意。姚际恒在考辨出《诗序》作者后，提出：

> 小、大《序》，本皆非伪，后人以《小序》为子夏作，《大序》为毛公作，遵之者俨如功令，不敢寸尺易，是虽非伪书，而实亦同于伪书也。①

也就是说，《诗序》作者，自有其人，因后人误言或托言子夏或子夏、毛公作，本非伪书的《诗序》，成为辨伪研究中的一个焦点。由此可见，姚际恒对文献辨伪和文献作者考辨的联系和区别，已经有了相当清晰的认识。主张"泛伪"以及"泛辨伪"者，应当注意到姚际恒写在清初的这段文字。

(2)《中庸》辨伪。

《中庸》本是《礼记》中一篇，《史记·孔子世家》记"伋，字子思，年六十二，尝困于宋，子思作《中庸》"，郑玄《三礼目录》佚文有："孔子之孙子思伋作之，以昭明圣祖之德"，其见于陆德明《经典释文》和孔颖达《礼记正义》。汉唐之际，基本主张《中庸》为子思作。宋代除一部分学者提出质疑或视为伪作外，也基本持子思作的观点。元明间，承程朱说，无异词。姚际恒以为：《中庸》是托

---

① （清）姚际恒：《古今伪书考》"诗序"条，第9页。

名伪作。姚际恒著《礼记通论》，当有辨伪专篇，惜不存，仅有数条佚文，见存于杭世骏著《续礼记集说》中。

姚际恒通过引文、典制、思想等三个主要方面证伪：

其一，据引文辨伪。主要针对《中庸》"在下位不获乎上"至"诚之者人之道也"，与《孟子》中的文字，"惟易数字"。姚氏根据《孟子》引文通例，以为"必作伪《中庸》者，取《孟子》之文，而增加己说也"。①

其二，据典制辨伪。对此，宋人王十朋早有定论②，所以，姚际恒所说"春秋之世，何尝车、书一统？毋乃近于夸而诞乎"云云，并无新意。

其三，据思想辨伪。或言《中庸》的思想和孔学圣人之道相抵牾，如《中庸》中"至诚之道，可以前知"、"能尽物之性"等，姚际恒均认为是"圣人之所不道"。③

此外，姚际恒还指出《中庸》中有佛老思想，这就更与儒家思想相抵牾了。林庆彰先生的著作，对这些内容的辑录较详细④，可参见。

三、姚际恒《古今伪书考》别论

《古今伪书考》是一部群书辨伪简录，本附在姚际恒著《庸言录》后，鲍廷博将其析出，刻在《知不足斋丛书》里，后单独

---

① 转引自(清)杭世骏：《续礼记集说》卷88"中庸"，续四库本，第102册，第565页。

② 宋人王十朋在《问策》中提出"是书乃曰：'书同文，车同轨'。孔子之时，天下何尝同车、书乎？"见(宋)王十朋：《王十朋集·文集》卷8"问策"，上海古籍出版社，1998年，第703页。

③ 见《续礼记集说》卷89，续四库本，第102册，第572页。

④ 见林庆彰：《清初的群经辨伪学》第八章"考辨《中庸》"第三节"姚际恒的考辨"，第404—408页。

行世。

1.考辨范围及体例

书前《小叙》言：

> （予）以世所传伪书，分经、史、子三类，考证于后。明宋景濂有《诸子辨》，予合经、史、子而辨之。凡今世不传者，与夫琐细无多者，皆不录焉。其有前人辨论精确者，悉载于前，以见非予之私说云。四部有集，集者，别集人难以伪，古集间有一二附益伪撰，不足称数，故不之及。

据此可知：

（1）姚氏考辨的范围是经、史、子三部的文献。其中"经部"的《易传》、《古文尚书》、孔《传》、《周礼》、《仪礼》、《礼记》、《大戴礼记》未详述，注明见相关专著。《中庸》也未纳入考辨范围。

（2）姚氏甄录的标准，是传世且非"琐细无多"者。通观全书，姚氏基本贯彻这个标准。虽然在考辨《竹书纪年》等文献时，涉及佚书《师春》，但只是捎带述及"宋时本，即与杜预所引不同"，这是整卷唯一的例外，故而谈不上自乱体例。

（3）声明不考"集部"文献。他认为："别集"难以作伪，间或"一二附益伪撰"，也不足称道，故而不作专门研究。有人认为，《杜律虞注》当为集部文献，姚际恒收入"子部"，是体例不纯。笔者认为，这是姚际恒"如何划分四部"的问题，而非"应当如何划分四部"的问题。

（4）注明何为"前人辨论"，何为"予之私说"。姚氏将前人辨论置前，将个人考辨附后，这不但是对既有学术成果的尊重，也是对后来学者的尊重。辨伪学研究中的一个重要内容，是"攘窃、冒名"问题。据他人论说而为己有，古今均不鲜见，即便是从事辨伪研究的人，也多有不免。姚际恒的这一做法，不但说明了其著述体例，同时也彰显了一名学者应有的品质和素养。

2.考辨文献数量

目前，学界多以为《古今伪书考》"考辨伪书91种"，这是据书前目录得出的数字；或以为考订出伪书八十八部①。实际上，通读全书，得出的数字应为一百零二种，且并非全部是伪书。其中包括：

（1）经类二十一种。《易传》、《子夏易传》、《关朗易传》、《麻衣正易经心法》、《焦氏易林》、《易乾凿度》、《古文尚书》、《尚书孔氏传》、《古三坟书》、《诗序》、《子贡诗传》、《申培诗说》（兼论《鲁诗世学》、《石经大学》之伪）、《周礼》、《大戴礼》、《孝经》、《忠经》、《孔子家语》、《小尔雅》、《家礼仪节》。

（2）史类二十种。《竹书纪年》（兼论《竹书纪年沈约注》）、《汲冢周书》（又名《逸周书》，兼论《周书孔晁注》）、《穆天子传》（兼论《穆天子传郭璞注》）；又兼论《师春》（姚际恒注："不存，宋时本即与杜预所引不同"）、《晋史乘》、《楚梼杌》、《汉武故事》、《飞燕外传》（兼论《汉杂事秘辛》、《焚椒录》）、《西京杂记》、《天禄阁外史》、《元经》、《十六国春秋》、《隆平集》、《致身录》（兼论《从亡日记》）。

（3）子类四十种。《鬻子》、《关尹子》、《子华子》、《亢仓子》、《晏子春秋》、《鬼谷子》、《尹文子》、《公孙龙子》、《商子》、

---

① 杜泽逊认为：《古今伪书考》"固然是清初唯一的辨伪专科目录"，"但这部书辨出的伪书只有八十八部，还不如明代胡应麟的《四部正讹》"（见杜泽逊：《文献学概要（修订本）》第八章"文献的辑佚与辨伪"，第199页）。杜氏的"八十八种说"，是在"九十一种说"的基础上祛除"有两人共此一书名今传者不知为何人作者"的《吴越春秋》、"有书非伪而书名伪者"的《春秋繁露》、《东坡志林》计3种，而得出的数字。实际上，杜氏说也非确数。

《鹖冠子》、《慎子》、《于陵子》(兼论《心史》,非伪)、《孔丛子》、《文中子》、《六韬》、《司马法》、《吴子》、《黄石公三略》、《尉缭子》、《李卫公问对》、《素书》、《心书》、《风后握奇经》、《周髀算经》、《石申星经》、《续葬书》、《拨沙经》、《黄帝素问》(兼论《黄帝内经》)、《灵枢经》、《神农本草》、《秦越人难经》、《脉诀》、《神异经》、《十洲记》、《列仙传》、《洞冥记》、《博物志》、《杜律虞注》。

以上八十一种文献,除了辨《心史》非伪以外,姚际恒均视为伪书。

卷末,姚氏附录一些性质较特殊的文献,共五类,计二十一种:

①"有真书杂以伪":《三礼考注》、《文子》、《庄子》、《列子》、《管子》、《贾谊新书》、《伤寒论》、《金匮玉函经》①,计八种。②"有本非伪书,而后人妄托其人之名者":《尔雅》、《韵书》、《山海经》、《水经》、《阴符经》、《越绝书》,计六种。此外的"经类"《诗序》,姚际恒认为是:"是非伪书,而实亦同于伪书也。"似乎也可以归入此类。③"有两人共此一书名,今传者不知为何人作者":《吴越春秋》(杨慎:"《汉书》记赵晔、《晋书》记杨方均撰,《吴越春秋》,不知今传为谁作。"姚际恒未作其他按语),计一种。④"有书非伪,而书名伪者":《春秋繁露》、《东坡志林》,计二种。⑤"有未足定其著书之人者":《国语》、《孙子》、《刘子新书》、《化书》,计四种。

上述第③、⑤两类中的五种文献,姚际恒更关注"作者考辨"的问题。其中除了《孙子》外,基本不涉及真伪问题。总之,笔者认为,对《古今伪书考》考辨文献的数量和性质,要实事求是地计算和估量。

---

① 该书姚际恒明确指出是后人伪托,却将其归入"真书杂以伪",似不妥。

3.考辨举例

书中考辨精彩,可圈可点的例子不少,如《孝经》、《鬼谷子》、《孔丛子》、《文中子》、《文子》、《列子》等,这里仅举二例。

（1）《孝经》辨伪。

姚际恒声明:"予著《通论》止九经,其'别伪类'不及《孝经》",因此,把这个问题放在《古今伪书考》中加以考辨。姚际恒在这篇辨伪文字中,针对《孝经》"托言孔子作、曾子述"的问题,提出以下几个驳正:

其一,从《汉书·艺文志》和《隋书·经籍志》有关《孝经》授受的记载①,说明"是书来历"。姚氏认为,当"出于汉儒"。

其二,从《孝经》"三才章"引文袭自《左传》②,说明该书当为《左传》行世后作成,而"《左传》自张禹所传后,始渐行于世",所以,他推测《孝经》"盖其时之人所为也"。

其三,从文辞上,姚氏发现《孝经》"绝类"戴氏《礼记》中《曾子问》、《哀公问》、《仲尼燕居》、《孔子闲居》等篇,而他推断《戴记》是"汉儒之作"。因此他认为是"后儒以其言孝,特为撮出",并以《孝经》命名。

其四,从文献命名习惯上,知其非古籍。姚氏指出《易》、《诗》、《礼》诸经,"古不系以'经'字","经"字"乃俗所加也"。但

---

① 姚际恒引言如下:"《汉志》曰'汉兴,长孙氏、博士江翁、少府后仓、谏大夫翼奉、安昌侯张禹传之。'《隋志》曰:'遭秦焚书,为河间人颜芝所藏。汉初,芝之子贞出之,凡十八章。而长孙氏、江翁、后仓、翼奉、张禹皆名其学。'"出《古今伪书考》"孝经"条。

② 姚际恒曰:"其《三才章》'夫孝,天之经'至'因地之义',袭《左传》子太叔述子产之言,惟易'礼'字为'孝'字。《圣治章》'以顺则逆'至'凶德',袭《左传》季文子对鲁宣公之言。'君子则不然'以下,袭《左传》北宫文子论仪之言。《事君章》'进思尽忠'二语,袭《左传》士贞子谏晋景公之言"。出《古今伪书考》"孝经"条。

是,《孝经》去掉"经"字,又不能称其为书名①,所以"自可知非古"。

其五,通过书中称谓,说明非孔子作。他认为,《孝经》开篇就有"仲尼居",显然这不当为孔子所自称,所以知其"非自作矣"。

其六,通过事理证明书中不当阙略孔子语。他举证说:《论语》曾子曰:"吾闻诸夫子,人未有自致者也,必也亲丧乎?"(刘)向称曾子:"志存孝道,故孔子授以《孝经》",按照《论语》中的记载,曾子亲述孔子称"孝"的重要言论,如果《孝经》为孔子作、曾子述,《孝经》不当仅"此二语"。

其七,从思想上证明不合孔子思想。他认为,《孝经·谏争》章有"父有争子,故当不义,子不可不争于父。从父之令,焉得为孝"的文字,言辞极为"径直",且"伤于激"。按照《孟子》记载,"父子之间不责善",这才"深合天理人情"。如果这确系孔子所言,"孟子岂与之相异如是耶"?对于这个问题,姚际恒特别指出:这已由朱熹等提出,不是他的发现。②

可见,姚际恒已经综合使用了史志记载、引文、言辞、命名、称谓、事理、思想七种辨伪方法。虽然不见有新的发明,但是使用得却颇为娴熟和全面。考辨《列子》等篇,也是这方面的成功范例。

---

① 姚氏指出"若去经字,又非如《易》、《诗》、《书》之可以一字名者矣"。他认为班固已经发现《孝经》命名中的问题,他说"班固似亦知之,曰:'夫孝,天之经,地之义,民之行也。举大言者,故曰《孝经》。'此曲说也。安有取'天之经''经'字,配'孝'字以名书,而遗去'天'字,且遗去'地之义'诸句之字者乎? 书名取章首之字或有之,况此又为第七章中语耶!"出《古今伪书考》"孝经"条。

② 其言:"朱仲晦亦尝疑之,而作《孝经刊误》。然疑信相参,妄以意分经传,皆附会牵合……又据(朱熹)称'衡山胡侍郎疑《孝经》引诗,非经本文,玉山汪端明亦以此书多出后人附会',是胡也,汪也,朱也,固尝疑之若此矣,非自予始也"。

兹不赘述。

(2)《文中子》辨伪。

《文中子》十卷,旧题隋王通撰又名《中说》。王通(584—617),字仲淹,绛州龙门(今山西河津)人。隋末秀才高第,居官,后归隐,著述授徒,门徒千余人,隋唐之际将相,多曾从王氏学。卒后,门人私谥曰"文中子"。《文中子》,或以为是宋人阮逸的伪托之作,自宋以来,争论不休。姚际恒在辨《文中子》真伪问题上,卫经卫道的情绪十分强烈。

首先,姚际恒根据《新唐书·艺文志》"已有五卷"的记录和胡应麟"刘贲已斥其拟经之罪"的记载,提出"非皆逸伪造"。也就是说,《文中子》之伪作,阮逸及王通均不能脱离干系。

其次,姚氏认为,晁公武已经指出,书中"舛错",不一而足。如王通于仁寿四年"始至长安",李德林"卒已九年",然书中有"德林请见"事;如关朗其人,字子明,据载,曾于太和年间见魏孝文帝,而从太和末年到王通生年(隋开皇四年),已一百余年,但书中有"谓问《礼》于关子明"事。

有关证伪的文字,大致如上述。姚际恒着墨最多的,是批驳王通等狂妄渎经之罪。其言:"(王)通一妄夫耳。尔何人斯,而敢上比孔子,作伪书以拟《论语》乎?"

据言,《中说》系依仿《孔子家语》、扬雄《法言》例著成,故而招致"拟经"之讥。姚际恒也在这一问题上,十分执著,提出"孔子之后再有圣人,亦当别出言行,未闻有比拟其书便可为圣人者!"王通何许人也? 以为模仿圣人著述,即可成圣,"可恶甚矣"!

姚氏认为,如此虚妄之人,不应有后人传说的那般影响。所以,他以为唐初宰相为王通门人是"捏造","武夫悍卒"天天"问道讲经"的说法,也是"三尺之童"亦知的无稽之谈。

针对程、朱赞誉王通,后人遂依声附和的现象,姚际恒讥讽其没有见识。他说"噫！其书中以佛为圣人，以无至无迹为道，以五典潜、五礼错为至治，亦曾见之否耶"？有人提出《中说》为王通与阮逸作，姚际恒颇为揶揄地讥讽道："通之善处又安在也"？最后，姚际恒提出，管他是王通作、王郊作、王勣作还是阮逸作，"总不若火其书之为愈也！"言辞颇为激切。显然，在研究姚际恒文献辨伪问题时，于此处无视，是很不合适的。

4.《古今伪书考》辨伪成就平议

《古今伪书考》是姚际恒的文献辨伪学研究成果的代表，但不是其辨伪学成就的全部。

其一，《古今伪书考》专为考辨文献真伪而著，这是清代文献辨伪学史上第一部，也是唯一的一部"专科"辨伪目录。《古今伪书考》集清以前文献辨伪学成就之大成，虽然未涉及集部文献，但基本上将汉唐宋明学者的研究成果囊括殆尽，颇有百科全书的意味①。《古今伪书考》考辨文献数量，居清初同类性质著作之首，也是除《四库全书总目》以外，数量最多的一部著作。②

其二，《古今伪书考》未详考的几部重要文献，而分别由《易传通论》、《尚书通论》、《周礼通论》、《仪礼通论》及《礼记通论》等，

①　顾颉刚标点本《古今伪书考》书后，附录姚名达的《宋胡姚三家所论列古书对照表》，由此可以比较直观地看到姚际恒在宋明以来古籍辨伪学研究中的地位和意义。

②　杜泽逊先生比较客观地估量了《古今伪书考》的成就和学界常有的误解，他说："清人辨伪的丰硕成果，前人往往语焉不详，有的甚至根据《古今伪书考》估计清人的辨伪成果。《古今伪书考》固然是清初唯一的辨伪专科目录，姚际恒疑古的精神也是不同一般的。但这部书辨出的伪书只有八十八部，还不如明代胡应麟的《四部正讹》，而且多取前人成说。因此，它不足以代表清代前期辨伪的成绩。真正能够代表清代前期辨伪成绩的是《四库全书总目》"（见杜泽逊：《文献学概要（修订本）》，第199页）。杜先生的说法除了具体数字欠推敲外，大致允当。至于数量不如胡应麟，我想主要是姚际恒的甄选标准的缘故，非不能也。有关《总目提要》的问题，本书有详述。

以专论的形式完成。《尚书通论》除了辨《古文尚书》、孔《传》外，还述及《大戴礼记》①；《易传通论》和《周礼通论》已不存②；《礼记通论》散见于杭世骏《续礼记集说》中；惟《仪礼通论》见存。对于《礼记》和《仪礼》二书，姚际恒认为是"真书杂以伪"。从目前所见佚文看，上述著作，是姚氏考辨思想和辨伪成就的重要组成部分。

总之，我们在研究姚际恒的文献辨伪问题时，只见《古今伪书考》而不及其他，或在研究《古今伪书考》的过程中，只研究方法，而不重视思想；只计较数量，而不顾及质量的做法，是不合适的。

5.姚际恒的辨伪理论

姚际恒在《古今伪书考》书前《小叙》中言：

造伪书者，古今代出其人，故伪书滋多于世。学者于此，真伪莫辨，而尚可谓之读书乎！是必取而明辨之，此读书第一义也。予辄不自量，以世所传伪书，分经、史、子三类，考证于后。明宋景濂有《诸子辨》，予合经、史、子而辨之。凡今世不传者，与夫琐细无多者，皆不录焉。其有前人辨论精确者，悉载于前，以见非予之私说云。四部有集，集者，别集人难以伪，古集间有一二附益伪撰，不足称数，故不之及。

这里，姚际恒在文献作伪现象问题上，以为"古今代出其人"，

---

① 姚际恒在《古今伪书考》"大戴礼记"条下在引述陈振孙的一大段文字后，注明"予曾作《古文尚书通论》，其中辨《大戴礼》非本书，乃后人之伪"。

② 《易传通论》今不见，不知姚际恒所云。唯《古今伪书考》"易传"条有"予别有《易传通论》六卷，兹不详"一语。《周礼通论》在毛奇龄的著述中可窥一斑。有关《周礼》真伪，姚际恒在《古今伪书考》"周礼"条下写道："出于西汉之末。予别有《通论》十卷，兹不更详"。

所以"伪书滋多于世"。进而,他强调了辨伪的必要性,即其为"读书第一义"。此外,他还谈到四部中,伪书分布的规律,他主要强调集部伪书的特点:"别集"类,"人难以伪"。至于"古集"中,"间有一二附益伪撰",但是数量有限,"不足称数"。

总之,在这段文字中,姚际恒谈到对作伪的认识、辨伪必要的认识、集部伪书的特点等问题,反映了姚氏较为成熟的辨伪理论。

在方法论问题上,姚氏能够具体问题具体分析,选择恰当辨伪方法。姚际恒曾言:

> 某之攻伪古文也,直搜根柢,而略于文辞。然其句字诚有显然易见者,篇中不暇枚举,特统论于此。句法,则如或排对,或四字,或四六之类是也;字法,则如以敬作钦,善作臧,治作乂、作乱,顺作若,信作允,用作庸,汝作乃,无作罔,非作匪,是作时,其作厥,不作弗,此作兹,所作攸,故作肆之类是也。此等字法,固多起伏氏书,然取伏书读之,无论易解、难解之句,皆有天然意度,浑沦不凿,奥义古气旁礴其中,而诘曲聱牙之处,全不系此。梅氏书则全藉此以为诘曲聱牙,且细咀之中枵然无有也。譬之楚人学吴语,终不免舌本间强耳。观凡于逸《书》不皆改作弗,无皆改作罔,尤可类推。[①]

姚氏在这里,较为集中地说明了他的辨伪方法论,即主要从文献征引等方面入手,"直搜根柢而略于文辞",但是,他并非没有注意伪书中出现的"文辞"不类的问题。所以分别从"句法"、"字法"的角度,举例说明梅赜伪古文《尚书》同伏生今文《尚书》的区

---

① (清)阎若璩:《尚书古文疏证》卷8,第116"言郝氏敬始畅发古文之伪",第1155—1156页。

别,进而证明梅赜书系伪作。

关于姚际恒的文献辨伪,梁启超以为,《古今伪书考》"体例颇凌杂,篇帙亦太简单,未能尽其辞,所断亦不必尽当"①。顾颉刚也称其"并不曾有详博的叙述",只是姚际恒的"一册笔记"。然而,他又认为,姚际恒"敢于把人们不敢疑的经书(《易传》、《孝经》、《尔雅》等)一起放在伪书里,使得初学者……骤然受一个猛烈的打击,觉得故纸堆里有无数记载不是真话,又有无数问题未经解决,则这本书实在具有发聋振聩的功效"。②

笔者认为,由于姚际恒的勇于疑辨古书,尤其是疑辨儒经。因此,他的著作,唯有一部《庸言录》被《四库全书》列入存目,其他著作,如《九经通论》或遭人为禁毁,或自然散佚,不得而知。但从现存著作中,我们不难看出,他是一个在经书考辨方面,颇有建树的学者。在史、子书籍的考辨中,他颇注意吸收前人成果,也不乏创见,绝非某些人所说的《古今伪书考》是抄撮《文献通考·经籍考》等,复略加变通而成。

---

① 梁启超:《中国近三百年学术史》第十四"清代学者整理旧学之总成绩"(二)之"四、辨伪书",第254页。
② 顾颉刚:《古今伪书考序》,《古今伪书考》卷首,朴社,1933年,第3页。

第五章　清初的文献辨伪（下）

第一节　"图书"辨伪

这里的"图书"，指"河图"、"洛书"，及"先天"、"后天"诸图。这些图式，或言伏羲作，或言文王作，宋陈抟、朱熹以降，影响甚巨，羽翼者众，争论亦多。所谓"图书"辨伪，主要就是围绕"河图"、"洛书"等图式，是否为伏羲、文王作的问题而展开。

一、问题缘起

1.先秦两汉文献中的"河图"、"洛书"

"河图"、"洛书"，习称"图书"。"图书者"何？见仁见智，迄今仍争论不休。先秦文献和宋明学说中，一般都将其表述为祥瑞之物。文献记载中，最早出现"图书"字样的，是《尚书·顾命》。它在记载周康王即位时的陈设时，有"大玉、夷玉、天球、河图，在东序"的文字。《论语·子罕》记孔子临终前的浩叹，其言："凤鸟不至，河不出图，吾已矣夫！"又，《周易·系辞传》记："天垂象，见吉凶，圣人象之；河出图、洛出书，圣人则之。"《管子·小匡》也有："昔人之受命者，龙龟假，河出图，洛出书，地出乘黄，今三祥未见有者。"现存先秦文献，大致有以上几处记载。

由上述文字可知，《尚书》中的"河图"，显然是国之重宝，故而与大玉、天球等一并陈列。而"图书"为何宝贵？《论语》、《周易》、《管子》三处的文字,可以透露些许信息,即:其为关涉国运的祥瑞之物。《礼记·礼运》、《汉书》的几处文字,大体也是这样的意思。① "图书"是祥瑞之物,但究竟是什么样的祥瑞之物? 上述文献均未做出具体描述。

2.刘歆与"河图"、"洛书"问题

就现有文献观之,如果不是因为刘歆,"河图"、"洛书"恐怕和大玉、天球、麒麟、凤鸟等一样,唯祥瑞尔,不会引发数代学人对其进行无休止的探究。

《汉书·五行志》有这样一段文字:

> 刘歆以为虙羲氏继天而王,受"河图",则而画之,八卦是也;禹治洪水,赐《雒书》,法而陈之,《洪范》是也。圣人行其道而宝其真。降及于殷,箕子在父师位而典之。周既克殷,以箕子归,武王亲虚己而问焉。故经曰:"惟十有三祀,王访于箕子,王乃言曰:'呜呼,箕子! 惟天阴骘下民,相协厥居,我不知其彝伦攸叙'。箕子乃言曰:'我闻在昔,鲧堙洪水,汩陈其五行,帝乃震怒,弗畀《洪范》九畴,彝伦攸斁。鲧则殛死,禹乃嗣兴,天乃锡禹《洪范》九畴,彝伦攸叙。'"此武王问《雒书》于箕子,箕子对禹得《雒书》之意也。"初一曰五行;次二曰羞用五事;次三曰农用八政;次四曰叶(协)用五纪;次五曰建用皇极;次六曰艾用三德,次七曰明用稽疑;次八曰念用庶征;次九曰乡用五福,畏用六极。"凡此六十五字,皆《雒书》本文,所谓天乃锡禹大法九章常事所次者也。

---

① 《礼记·礼运》"河出马图,凤凰、麒麟皆在郊棷"。《汉书·武帝纪》武帝诏书、《汉书·五行志》刘向言论、《汉书·沟洫志》、《汉书·李寻传》均有类似文字。汉代谶纬书,如《礼纬·含文嘉》亦有"伏羲德合上下,天应以鸟兽文章,地应以河图洛书"。

这里,刘歆不但再次肯定了"图书"是祥瑞之物,而且,还将其应该发挥的效用,描写得绘声绘色:伏羲据此画八卦,大禹据此治九畴。并将"洛书"的六十五字文本和盘托出。至于"河图",因为《易经》八卦人所共知,刘歆不交代,似乎也是取无须多言之意。自刘歆始,"河图"、"洛书"同中国传统文化中最为重要的两部经典(《易》和《书》)联系起来。刘歆此语一出,影响可谓深远,后世《易经》研究中纠缠不清的"图书"问题,肇端于此。

虽然不排除有人仍坚持"河图"、"洛书"与"八卦"、"九畴"无关,但是,刘歆的"图书"说,无疑是汉唐时代学者中最为时尚的观点。晋时出现的《尚书孔安国传》、唐人孔颖达《尚书正义》,一律用刘氏说①。至于马融、刘炫等大儒,也只是在其文本长短上做文章,而没有超越刘氏划定的范围②。历史发展到宋代,学风丕变,"图书"之学,也出现了前所未有的面貌。

3.宋人的具象成图

一般来说,自陈抟开其端,周敦颐承其后,朱熹集大成,程朱后学发扬余绪,"图书"之学始在中国学术中肆意滋长起来。宋人"图书"之学的核心,是九图、十图、"先天"、"后天"等各色图式。具象成图,是宋人划时代的一笔。因为陈抟其人在"图书"之学中

① 孔《传》为《尚书·顾命》"大玉、夷玉、天球、河图,在东序"作解释,言:"河图八卦,是伏羲氏王天下,龙马出河,遂则其文以画八卦,谓之河图"。孔《传》为《尚书·洪范》"天乃锡禹洪范九畴,彝伦攸叙"作解释,言:"天与禹,洛出书,神龟负文而出,列于背,有数至于九,禹遂因而第之,以成九类,常道所以次叙"。孔《传》的说法,为孔颖达《尚书正义》所采用。

② 汉儒马融、隋人刘焯、刘炫均好称博洽,不过,他们在图书问题上,除了提出一些修订外,并无异议。而他们的意见基本上都是围绕"洛书"原本问题而展开。如马融认为"洛书"原文只有"五行、五事、八政、五纪、皇极、三德、稽疑、庶征、五福、六极"等二十字,其余都是大禹所加。刘炫的看法与马融同。刘焯则认为《洪范·九畴》中只有"初一曰"、"次二曰"等27字是禹整理时所加,其他是"洛书"原文。

的特殊地位,故而略述其生平如下:

陈抟,字图南,亳州真源人。宋端拱二年(989 年)卒,生年不详。据《宋史》"本传",宋太平兴国九年(984 年)宰相宋琪对宋太宗言:"抟居华山已四十余年,度其年近百岁"。君前无戏言,宋琪想必不会信口胡言。据此可知,陈抟当生在 880—890 年之间。其人自幼聪慧,一见成诵,悉无遗忘。举进士不第,遂以放浪山水为乐。自言尝受方外处士点化,先后在武当山、华山云台观等修行,颇受周世宗和宋太宗礼遇。因应对得体,宋太宗下诏赐号"希夷先生"及紫衣一袭。端拱二年(989 年)上太宗遗表,言大限事,果如期而卒。殁时有异象。抟好读《易》,手不释卷。常自号扶摇子,著《指玄篇》八十一章,又有《三峰寓言》等并诗六百余首。[①]

据宋人朱震《汉上易解》中言:

> 陈抟以《先天图》传种放,放传穆修,穆修传李之才,之才传邵雍。放以"河图"、"洛书"传李溉,溉传许坚,许坚传范谔昌,谔昌传刘牧。穆修以"太极图"传周敦颐,敦颐传程颢、程颐。是时,张载讲学于二程、邵雍之间。故雍著《皇极经世书》,牧陈天地五十有五之数,敦颐作《通书》,程颐著《易传》,载造《太和》、《参两篇》。臣今以《易传》为宗,和会雍、载之论,上采汉、魏、吴、晋,下逮有唐及今,包括异同,庶几道离而复合。[②]

---

① (元)脱脱等:《宋史》卷 457"列传二百一十六·隐逸上·陈抟传",中华书局,1977 年,第 13420—13421 页。

② 转引自《宋史》"列传"194"儒林五"朱震本传。朱震,字子发,荆门州人。宋政和(1111—1118)中登进士第。南渡后赵鼎荐为祠部员外郎,官翰林学士。宋高宗绍兴四年(1134),朱震进献《汉上易学》一书(据毛奇龄考证,见毛奇龄《太极图说遗议》,第 8 页)。

　　据此可知,以点阵之图形式出现的"河图"、"洛书"、"先天图"、"太极图"等,传自陈抟。因为陈抟《易》学著述,基本散佚不存,无从验证其说,也不知陈抟著述中的点阵图究竟是何样式? 更不知朱震所言有何依据①? 这是"图书"辨伪中的一个难题。

　　目前,只能通过陈抟传人的著述,了解这些图式的面貌。最早记录上述图式的,是刘牧②的《易数钩隐图》。刘牧以四十五点"太暤氏受龙马负图"为"河图",以五十五点"洛书五行生数图"和"洛书五行成数图"为"洛书"。刘牧学说在宋仁宗时颇为流行,黄黎献作《略例隐诀》,吴秘作《通神》,程大昌作《易原》,皆发明刘牧说。但是,叶昌龄作《图义》、宋咸作《王刘易辨》、李觏作《删定易图论》,均提出不同意见。到了蔡元定,则以为与孔安国、刘歆所传不合,而以一到十的十个数字组成的五十五点图式为"河图",以一到九的九个数字组成的四十五点图式为"洛书"。朱子从之。朱震《汉上易学》、朱熹《易学启蒙》、《周易本义》,均收录该图式,并都注明:二图传自邵雍。

　　除"河图"、"洛书"外,朱熹《周易本义》又收录"伏羲八卦次序图"、"伏羲八卦方位图"、"伏羲六十四卦次序图"、"伏羲六十四卦方位图"以及"文王八卦次序图"、"文王八卦方位图"。另外,还有"太极图"。前四图,后有解说:"伏羲四图,其说皆出自邵氏。盖邵氏得之李之才挺之,挺之得之穆修伯长,伯长得之华山希夷先生陈抟图南者,所谓先天之学也。"后二图后注明:"右见《说卦》。邵子曰:此文王八卦,乃入用之位,"后天"之学也。"除"太极图"有

---

① 在作朱震传时,撰写者就不知道朱震何出此言"其论《图》、《书》授受源委如此,盖莫知其所自"。见《宋史》"列传"194"儒林五"朱震本传。

② 刘牧,字长民,其《墓志》作"字先之",彭城人,北宋初人,陈抟三传弟子,官至太常博士。具体生平不详,当在邵雍前。著有《新注周易》及《易数钩隐图》等。《易数钩隐图》"四库全书"有著录。

周敦颐作抑或穆修传的争论外,上述六图都注明是伏羲、文王作。伏羲四图又称"先天图",文王二图又称"后天图"。

自是以后,胡一桂、董楷、吴澄之书,皆宗朱熹说。自此,以"河图"、"洛书"、"先天"、"后天图"为核心的"图书"体系,就这样在宋代构筑起来,宋以及宋以后的"图书"辨伪也随之而起。

4.清以前考辨概述

有宋一代,在"图书"问题上的争议不大。① 四库馆臣为《周易爻变义蕴》作"提要"时,明确提出:"盖自宋以后,毅然破陈抟之学者,自应润始。"所谓"应润",指陈应润,元人,字泽云,浙江天台人,具体事迹不详。所作《周易爻变义蕴》,四卷,主旨大致谓"先天诸图,杂以《参同契》炉火之说,皆非《易》之本旨"②,是"道家假借《易》理,以为修炼之术"③。陈应润不信"先天"四图为伏羲作。

陈氏以后,吴澄、归有光,相继提出异议④,此外,宋濂、杨慎、陈元龄等也有考辨。如宋濂认为,"今之'图书',果为河、洛之所出",何以"数千载之间"湮没无闻,而"至宋陈图南而后大显邪?"⑤宋濂从点阵之图授受关系有悖常情的角度,以为不可信。明杨慎《升庵外集》也以为:"先天图"、"后天图"出于陈抟,非伏羲、文王作。⑥ 明归有光对"图书"之说有专门考辨,作《易图论》上、下、后三篇,以为伏羲作《易》,已将天地万物间的道理说尽,何

---

① 除了上文提到刘牧一系、邵雍一系在河图洛书究竟是五十五点还是四十五点的问题上有分歧外,陆九韶、陆九渊兄弟和朱熹之间就"太极图"是否是周敦颐作存有争论。除此之外,争论不多。

② 《总目提要》卷4"经部四·易类四""周易爻变义蕴"条。

③ 《总目提要》卷6"经部六·易类六","易图明辨"条。

④ 《总目提要》卷6"经部六·易类六","易图明辨"条。

⑤ (明)宋濂:《宋文宪公集》卷36,《四部备要》本集部,第82册,第2—4页。

⑥ 见(明)杨慎撰,(明)张士佩编:《升菴集》卷41"希夷易图"、"易图考证"条,四库本,第1270册,第282—283页。

必多此一举——"俟夫图之圆图"？① 此外，自汉以来，学者致力于宝藏前代典籍学说，但是不见有人述及"先天"诸图②。总之，归有光认为，"先天图"不见有，也不应有，今存诸图，系托名伏羲而作也。

二、清初诸儒的辨伪

对于清初学者的"图书"辨伪，四库馆臣曾言：

> 国朝毛奇龄作《图书原舛编》，黄宗羲作《易学象数论》，黄宗炎作《图书辨惑》，争之尤力。然皆各据所见，抵其罅隙，尚未能穷溯本末，一一抉所自来。谓此书（指《易图明辨》）……皆引据旧文，互相参证，以箝依托者之口，使学者知"图书"之说，虽言之有故，执之成理，乃修炼、术数二家旁分《易》学之支流，而非作《易》之根柢。视所作《禹贡锥指》，尤为有功于经学矣。③

这里，四库馆臣已从经学研究的角度，将清初"图书"辨伪的主要学者、成果及其影响进行了高度概括。

1.黄宗羲的考辨

黄宗羲（生平事迹见本间第二节）的《易学象数论》作于顺治十八年（1661 年），共六卷。其中卷一"图书"、"先天图"两种八篇，力驳"河图"、"洛书"及"先天图"的穿凿附会，明确指出它们是宋代儒道两家伪托附益之作。

①"河图"、"洛书"辨伪。

---

① （明）归有光:《震川集》卷1"易图论上"，四库本，第1289 册，第2 页。
② （明）归有光:《震川集》卷1，第3 页。
③ 《总目提要》卷6"经部六·易类六"，"易图明辨"条，第28 页。

包括两个问题：

其一，给"河图"、"洛书"正名。黄宗羲认为，所谓"河出图、洛出书"，并非祥瑞之象；所谓"河图"、"洛书"，也仅是后世所说的"图经"、"黄册"。

> 谓之"图"者，山川险易，南北高深，如后世之图经是也；谓之"书"者，风土刚柔，户口扼塞，如夏之《禹贡》、周之《职方》是也。谓之河、洛者，河、洛为天下之中，凡四方所上图书，皆以河、洛系其名也。《顾命》西序之大训，犹今祖训，东序之河图，犹今之黄册，故与宝玉杂陈，不然，所陈者为龙马之蜕蚗？抑伏羲画卦之稿本欤？无是理也。①

黄宗羲根据《尚书·顾命》中的记载，认为，东、西序陈列之物，当为关系国计的地图册、户口簿，以为是龙马之物或伏羲稿本的想法，是荒唐可笑的。并且，对孔子"河不出图"的感慨，作了新的诠释，以佐证己说。其言：

> 孔子之时，世莫宗周，列国各自有其人民土地，而河、洛之"图"、"书"不至，无以知其盈虚消息之数，故叹"河不出图"。其与凤鸟言之者，凤不至，为天时；"图"不出，为人事。言天时、人事两无所据也。若"图"、"书"为画卦叙畴之原，则卦画畴叙之后，河复出图，将焉用之？而孔子叹之者，岂再欲为画卦之事耶？观于《论语》，而"图"、"书"之为地理益明矣！②

----

① （清）黄宗羲：《黄宗羲全集》第9册《易学象数论》（陈敦伟等点校）卷1，浙江古籍出版社，1993年，第4页。
② （清）黄宗羲：《易学象数论》卷1，第4页。

这里，黄宗羲联系春秋之季礼崩乐坏，诸侯各自为政的社会现实，认为孔子有此浩叹，是人之常情。并且，从另一个角度，证明伏羲据以画卦、大禹据以划九畴的荒诞，即孔子希望这些所谓的"祥瑞"，于伏羲以后、大禹以后再出，意欲何为？难道又想画卦平九畴不成？黄宗羲言辞间洋溢的情绪，宣泄出对"图书"之无稽的揶揄嘲讽。总之，黄宗羲通过征引文献、辨析情理，给"河图"、"洛书"正了名。

其二，给"图书"定位。黄宗羲通过钩稽汉唐学者著述，提出"河图"、"洛书"无图式，《洪范·九畴》六十五字也非"洛书"文本。

在《易学象数论》"图书"中，黄氏将扬雄《乾坤凿度》、虞翻《易注》、《黄帝内经》王冰注、《乾凿度》、张衡、魏伯阳等数家论述，一一列举，意在用事实说明：宋以前，文献中从未有过五十五点、四十五点"河图"、"洛书"的图式出现。具体文字不引，请详诸《易学象数论》第一卷。总之，黄宗羲认为，将"河图"、"洛书"与伏羲画卦、大禹划九畴关联起来，毫无根据，"河图"、"洛书"的点阵之图，纯是宋人假托附会而成。

②辨"先天"诸图。

对于所谓邵雍传"伏羲八卦次序图"（又名"先天衡图"）和"伏羲八卦方位图"（又名"先天方位图"），黄宗羲也做出考辨，见《易学象数论》"先天图"篇。这里，黄宗羲更关心邵雍所传诸图中悖理、悖《易》之处，至于"先天图"系赝托之作的事实，就不言自明了。

③黄宗羲"图书"辨伪成就述评。

有关黄宗羲"图书"辨伪的成就，林庆彰先生认为："宗羲在当时一片'回归原典'运动声中，他的首要工作是如何扫除与圣人之旨不合的种种附会。思想史上的意义要比辨伪学上的意义重要得

多。"①林先生此论，确是发前人所少发、发前人所未发。然而，将
文献辨伪活动的思想性因素和思想史、学术史上的价值，从文献辨
伪学中剥离除去，尚待商榷。

2.黄宗炎的辨伪

黄宗炎（1616—1686），字晦木，浙江余姚人。与兄宗羲、弟宗
会，俱从宗周游。著有《周易象辞》、《图学辨惑》（又名《图书辨
惑》，附在四库本《周易象辞》后）等，又有《二晦》、《山栖》诸集，以
故居被火俱焚。②

①黄宗炎的辨伪主旨。

黄宗炎考辨"图书"的文字，基本集中在《图学辨惑》一书中，
共分"河图洛书辨"、"先天八卦方位六十四卦方圆横图辨"、"太极
图说"三条，总一卷。

"《易》有图学，非古也"③，这是黄宗炎"图书"考辨的基本观
点。而深入理解黄氏在"图书"问题上的基本态度，需要探究其
"图书"考辨的宗旨。同宋濂诸人一样，黄宗炎在书中明确阐发考
辨宗旨，这给我们研究这个问题省去了不少绅绎之劳。其言：五百
年来，"推倒周公、孔子，压于其上，率天下之人而疑三圣人者，非
二氏之徒，实儒者之徒也。杨、墨之道不息，孔子之道不著。岂因
区区谫陋，敢自外于名教乎！作先天诸图辨。"④他批评道，宋以来
诸儒，笃信图书之学，不信伏羲、周公、孔子之教，淆乱学统、道统。
黄氏视守卫名教为己任，故而通过"图书"辨伪，来发扬"孔子之
道"。

需要强调的是，黄氏在这里已经明确提出：不敢自外于名教，

---

① 　林庆彰:《清初的群经辨伪学》第三章"考辨易图"，第91页。
② 　《清史稿》卷480"列传二百六十七·儒林一"，第13106页。
③ 　（清）黄宗炎:《图学辨惑》"序"，四库本，第40册，第734页。
④ 　（清）黄宗炎:《图学辨惑》，第739页。

故而作"先天"诸图辨。这将辨伪和卫教的旨意阐明无遗,但为何仍有人将其文献辨伪的思想性排除于辨伪学之外呢?

②辨河、洛诸图。

其一,指出《系辞传》未尝有"河图"样式。

> 《大传》曰:"天一、地二、天三、地四、天五、地六、天七、地八、天九、地十",不过言奇耦(同偶)之数,未尝有上下左右中之位置也。曰:"天数五,地数十",不过言一、三、五、七、九为奇,二、四、六、八、十为耦,未尝有一、六,二、七,三、八,四、九,五、十之配合也。曰"五位相得而各有合",不过言奇与奇相得,合之而成二十有五;耦与耦相得,合之而成三十。未尝有生数、成数及五行之所属也,以此为"河图",绝无证据。①

他认为,《系辞传》中诸如一、三、五、七、九、二、四、六、八、十的数字,仅仅是言数之奇偶而已,不曾有"上下左右中",奇偶相配的"河图"样式。将《系辞传》中的文字与所谓"五十五点河图"相牵连,"绝无证据"。

其二,主张"河图"、"洛书"本是地理方册。其言:"'河图'、'洛书',乃地理方册,载山川之险夷、壤赋之高下,与五等、六等班爵授禄之制度,若《禹贡》、《王制》之类。特因儒者好为神奇,愈作怪妄,愈失真实矣。"②六经中所言"河图"、"洛书",究系何物?黄宗炎认为,"河图"、"洛书"毫无"神奇"色彩可言,仅是记载地理壤赋与爵禄制度的方册而已。只是因为后人出于各自目的,欲神其物,有意渲染,才使得"河图"、"洛书"与原貌越去越远。

----

① (清)黄宗炎:《图学辨惑》,第736页。

② (清)黄宗炎:《图学辨惑》,第737页。

③辨"先天"之图。

黄宗炎将考辨"先天图"的重点,放在"伏羲八卦方位图"上,指出所谓"伏羲八卦方位图",不过是养生家言,绝非古圣人所为,更与伏羲不相干。

> 圣人所谓定位,即如首章"天尊地卑,乾坤定矣"之义,未可赘以南北也。天地之间,山泽最著,故次及之……未可指为西北、东南也。雷以宣阳,风以荡阴……未可许为东北、西南也。水寒火热,水湿火燥……未可诬以东、西也。八象既出,或联或间,何莫非消息往来之运行,岂必取于对峙乎!①

他认为,圣人的"定位"是指"天尊地卑,乾坤定矣",并非指乾、坤、艮、兑、巽、震、坎、离与四面八方一一对应。至于所谓"伏羲八卦方位图"的定位说,他认为是道家丹鼎图说罢了,因为"养生所重,专在水火,比之为天地",于是"以南北置乾、坤,坎、离不得不就东、西"了,这种方位排列,不过"勉强塞责",毫无"义理"可寻。②

④黄宗炎"图书"考辨小结。

黄宗炎考辨"图书"的基本方法约有三种:一是考察"图书"在历代文献中的著录情况,他认为:如果《易》本有图,缘何汉魏隋唐以来不见著录?③ 二是分析"图书"阐发的具体内容,如上文所述,"伏羲八卦方位图"实际上是道教养生家说。三是依据儒家经典提供的基本参照,如他提出《系辞传》未尝有"河图"一样,圣人定位,即"天尊地卑,乾坤定矣"之义,均是以六经为基本考量标准。

---

① (清)黄宗炎:《图学辨惑》,第740页。
② (清)黄宗炎:《图学辨惑》,第740—741页。
③ (清)黄宗炎:《图学辨惑》"序",第734页。

除此之外,黄氏对"图书"考辨要旨的鲜明阐发,也是值得注意的。是为黄宗炎"图书"辨伪的主要成就。从整个文献辨伪学史的角度考量,黄宗炎的方法和理论,乏善可陈。但是,就其考辨问题的性质而言,黄氏的贡献却可圈可点。

3.毛奇龄的辨伪

毛奇龄著《河图洛书原舛编》一卷,指出所谓今见"河图",非古"河图",今见"洛书",也非《洪范·九畴》。毛氏主要从以下三方面,考订"图书"之为伪托:

①汉唐诸家不言有"图"。

毛氏引述六经及《竹书纪年》、《帝王世纪》等,均不见有"图书"样式,且"自汉代说《易》家,由施、孟、梁丘、京、焦、费、赵,以至马、郑、虞、荀、何晏、陆绩、干宝、王肃,以及孔颖达、陆德明、李鼎祚诸家,各有论著,而其为'图'、'书',则皆云无有,即《易纬》妄推其说,亦不过指之为文字之类。"①总之,宋以前,绝无"图"。然而到了宋代,"河图"、"洛书"从陈抟处"骤出",但是"并不言授自何人,得自何处,传自何家,出之何书之中,嬗之何方术技士之手"②,这怎能不令人质疑?

②陈抟授受间存抵牾。

所谓五十五点、四十五点图式,何为"河图"之图?何为"洛书"之图?毛奇龄指出,当时陈抟所授的,"但有两图,而世不亲授,不得指名"。③ 于是,陈抟后学抵牾颇多刘牧一系,以四十五点为"河图"、五十五点为"洛书";邵雍、朱震、朱熹一系,以五十五点为"河图"、四十五点为"洛书"。对此,毛奇龄以人之常情,判断其不可信。其言:"夫'图'、'书'非他,神圣之事也。岂有神圣之事而

---

① (清)毛奇龄:《河图洛书原舛编》,续四库本,第40册,第526页。
② (清)毛奇龄:《河图洛书原舛编》,第526页。
③ (清)毛奇龄:《河图洛书原舛编》,第527页。

一人授之，一二人受之？授者无凭，受之者无据，或四或五，或方或圆，或羲或禹，或《卦》或《范》，彼此可以争，先后可以易，一室两家，茫无定准，其为不足道，亦可见矣。"①

　　毛奇龄认为，如果"图书"真的是伏羲、大禹所作，后人当神圣之、宝爱之，传授者，也定非一二人之事。传授下来的"图书"，也不会歧义纷纷。但是，所谓"点阵之图"就存在上述问题：不但传授者寥寥，而且何为"河图"、何为"洛书"，也出现根本分歧。所以，毛氏的结论是："其为不足道"。

　　③访得河洛图式本真。

　　毛奇龄通过寻绎"图书"本真，指出所谓"河图"当为"大衍图"，所谓"洛书"当为"太乙下九宫法"。毛奇龄在书中言：

　　　图哉！图哉！吾今而知图之所来矣！抟之所为图，即大衍之所为注也。然而大衍之注之断非"河图"者，则以"河图"之注之别有在也。大衍之注曰："天地之数，五十有五，天一……"则此所为注，非即抟之所为图乎？康成但有注而无图，而抟窃之以为图。康成之注即可图，亦非"河图"，而抟窃之以为"河图"，其根其氐(柢)，其曲其里，明白显著，可谓极快！②

　　"大衍之数"，见于《系辞传》。"大衍之数"之注文，即"天地之数五十有五"一段文字，出自郑玄。毛奇龄发现，陈抟所谓"河图"，就是由郑玄的"大衍之数"注文演绎而来。毛氏因此而掩饰不住内心的喜悦，以"极快"名之。

---

①　(清)毛奇龄：《河图洛书原舛编》，第527页。
②　(清)毛奇龄：《河图洛书原舛编》，第530页。

"易纬"之《乾凿度》,有以一阴一阳合为十五之说,有人据此发明出"太乙下九宫法"。毛氏通过研读"太乙下九宫法",发现所谓"洛书",不过是从此演绎而来。为此,毛氏作如下解说:

> 其合于阴阳十五之数者何也?则以坎之在北也,坎数一,则履一也;坤之在南也,坤数九,则戴九也;震位东,数三,则为左三;巽位西,数七,则为右七;离二西南,兑四东南,则二为右肩,四为左肩;乾六西北,艮八东北,则六为右足,八为左足;中央无卦偶,为太乙之所息,则其数五为太乙之数,而太乙四周不复再息于中央,而上升紫宫,则太乙之数,亦止于五数而无十数焉。惟无十,则中宫得合八卦,而可定为九;惟无十,则四正、四维纵横延衰,皆可减三分之十,而定为十五。所谓创太乙下九宫之法,以合之阴阳十五之数,其说凿凿!①

如上所述,毛奇龄将"洛书"四十五点阵图与"太乙下九宫法"比对,发现其诚由后者而来,证据"凿凿"。

④毛奇龄"河图"、"洛书"辨伪成就小结。

宋以来,明以来,清以来,考辨"河图"、"洛书"者非一家,毛奇龄新意独出,提出:今之"河图",即大衍之数,当名"大衍图",而非古所谓"河图";今之"洛书",则"太乙下九宫"之法,亦非《洪范九畴》。并且,还将涉及的图式附录于书后,形象直观,便于参阅。对此,清人称其"排击异学,殊有功于经义"。② 但是,对于毛氏的考辨,清人仍提出指摘:"顾其所列之图,又复自生名例,转起葛藤。左右佩剑,相笑无休。是仍以斗解斗,转益其斗而已矣。"③颇

---

① (清)毛奇龄:《河图洛书原舛编》,第532页。
② 《总目提要》卷9"经部九·易类存目三","河图洛书原舛编"条。
③ 《总目提要》卷9"经部九·易类存目三","河图洛书原舛编"条。

有以毛奇龄多此一举、无事生非之意。这个问题确实是存在的,毛奇龄指出了陈抟等赝托伏羲、大禹的无稽,却又提出"河图"、"洛书"渊源有自。推倒一家,又扶起一家,难免招致物议。然而,无论如何,毛奇龄"河图"、"洛书"辨伪的成就,是值得充分肯定的。

三、胡渭与"图书"辨伪的集成之作

1.胡渭及其学术

胡渭(1633—1714),初名渭生,字朏明,浙江德清人。胡渭十二岁丧父,十五岁为县学生,后入太学。其人笃志经义,尤其精于舆地之学。国史馆《传稿》对胡渭之学术,有这样的评价:"渭经术湛深,学有根柢,故所论一轨于正。汉儒傅会之谈,宋儒变乱之论,扫而除焉。"①

康熙二十八年(1689年)尚书徐乾学奉诏修《大清一统志》,胡渭等与修。其间,胡渭得以阅读大量书籍,为著述《禹贡锥指》等打下了良好基础。《禹贡锥指》,二十卷,图二十七篇。该书以"民生国计所系",颇"留心经济,异于迂儒不通时务",且纠正了汉唐以来著述中的诸多疏失。康熙四十三年(1704年)圣祖南巡,渭以此书进献,圣祖御书"耆年笃学"四大字赐之,儒者咸以为荣。该书经邹逸麟点校整理后,2006年由上海古籍出版社刊行。又著有《洪范正论》、《大学翼真》等,其中的《易图明辨》专为考辨"图书"而作。

胡渭的文献辨伪成就,颇值得关注,除考辨《古文尚书》、孔《传》、"河图"、"洛书"外,还涉及以下三种:

①辨《水经》为托名之作。

---

① 《清国史》"儒林传下"卷4"胡渭传",第582—583页。另可参见《清史稿》卷481"列传二百六十八·儒林二·胡渭传",第13173—13174页。

《新唐书·艺文志》记:"汉桑钦作《水经》,一云郭璞作。"桑钦作《水经》的说法多本于此。许多人对此持有疑义,并提出托名桑钦伪作的说法。

胡渭发现《汉书·地理志》有七处引用了桑钦的文字,又注意到郦道元《水经注》明引"桑钦《地理志》",并"于易水、浊漳水并引桑钦",而这些引文,与《汉书·地理志》"无异"。故而,他提出《汉书》所引即桑钦的《地理志》,"初无《水经》之名"。进而,他指出:"盖钦所撰名'地理志',不名'水经'。《水经》创自东汉,而魏晋人续成之,非一时一手作"。缘此,《水经》才出现"往往有汉后地名"和"首尾或不相应"的问题。①

②《古书世学》辨伪。

胡渭《禹贡锥指》卷一:"明丰坊伪撰《古书世学》,言其曾大父庆得箕子朝鲜本"②。《禹贡锥指》卷十七又言:丰坊的伪《古书世学》移"导山导水"于"九州岛"之前。丰坊"以是为荒度之始事耳"。但是"横流之时",山可以"随刊",但水"则失其故道",怎么会有这样"原委秩然者乎"? 胡渭又指出,《史记·夏本纪》和《汉书·地理志》中"皆先九州岛而后导山、导水",自魏晋以来,"亦无异文"。因此,丰坊之妄"固不待辨而明也。"③

③《石经大学》辨伪。

胡渭《大学翼真》卷三提出,今见《石经大学》与古本《大学》不同,是"明嘉靖中甬东丰坊所伪撰"。并对郑晓、焦竑"皆不辨其伪"而感到不解。

---

① 详见(清)胡渭:《禹贡锥指》(邹逸麟点校)"略例",上海古籍出版社,2006年,第6页。

② (清)胡渭:《禹贡锥指》卷1"禹贡",上海古籍出版社,2006年,第6页。

③ (清)胡渭:《禹贡锥指》卷17"又东北入于河",上海古籍出版社,2006年,第637页。

2.《易图明辨》概述

《易图明辨》,康熙三十九年(1700年)完成①,胡渭时年已六十有八,康熙四十五年(1706年)刊行。全书十卷,卷一:"河图"、"洛书",卷二:五行、九宫;卷三:《周易参同契》、"先天"、"太极";卷四:"龙图"、《易数钩隐图》;卷五:《启蒙图书》;卷六、卷七:"先天",古《易》;卷八:"后天"之学;卷九:卦变;卷十:象数流弊。

胡渭在《易图明辨题辞》②中言:

> 《诗》、《书》、《礼》、《春秋》,皆不可以无图,惟《易》则无所用图。六十四卦、二体、六爻之画,即其图矣。白黑之点,九、十之数,方圆之体,复姤之变,何为哉……"河图"之象,自古无传,从何拟议?"洛书"之文,见于《洪范》,奚关卦爻?五行、九宫,初不为《易》而设。《参同契》、"先天"、"太极",特借《易》以明丹道,而后人或指为"河图",或指为"洛书",妄矣。妄之中又有妄焉,则刘牧所宗之"龙图",蔡元定所宗之《关子明易》是也。此皆伪书,九、十之是非,又何足校乎?故凡为《易》图以附益经之所无者,皆可废也。③

由上述可知该书主旨。"图书"辨伪问题,经过吴澄、归有光、黄宗羲、黄宗炎、毛奇龄等几代学者的探究,已经初具规模。只是这些考辨"皆各据所见抵其罅隙",尚未做到"穷溯本末,一一抉所自来"。到了胡渭这里,胡氏参酌前人成说,于"河图"、"洛书",五行、九宫,"先天"、"后天"、卦变、象数流弊等,"皆引据旧文,互相

---

① 万斯同为该书所作《序》言:"友人德清胡先生,精于《易》学,庚辰仲夏,亦予以《易图明辨》十卷"云云。康熙庚辰,当为康熙三十九年,即1700年。
② 该题辞作者自题作于康熙四十五年,时年七十四。
③ (清)胡渭:《易图明辨》"题辞",四库本,第44册,第639页。

参证"。这样的考证,足以"箝依托之口",并使时人及后世学者知"图书"之说,不外道家"旁分《易》学之支流",而非作《易》之"根柢"。①

胡渭的《易图明辨》成于数家考辨的基础之上,成于胡氏思想学识成熟之后,故而能成为"图书"考辨的集成之作。清人称其"尤为有功经学"者,当非谀辞。

3.河洛之图辨伪

胡渭辨河洛之图不可信,以按语的形式,提出七个问题:论伏羲作《易》之本不专在"图书";论天地之数不得为"河图";论五行生成之数非"河图"并非大衍;论太极、两仪、四象非"河图"之所有;论"河图"不过为《易》兴先至之祥;论"古河图"之器;论"古洛书"之文。上述文字,均见于《易图明辨》第一卷。这七个方面,都是讨论河洛之图问题的关键,略述如下:

(1)论伏羲作《易》之本不专在"图书"。

《易·系辞》有:"古者,伏羲氏(包牺氏)之王天下也,仰则观象于天,俯则观法于地,观鸟兽之文与地之宜,近取诸身,远取诸物,于是始作八卦,以通神明之德,以类万物之情。"

胡渭有言:"河图"、"洛书"只是"仰观俯察中之一事",后人"专以'图书'为作《易》之由,非也"。② 胡渭认为,孔子所说的"河出图,洛出书,圣人则之"是不必质疑的。但是,《易》乃圣人"仰观"、"俯视"、"近取"、"远取"而后作,"河图"、"洛书"只是其中之"一事"。而且,"'河图'之象不传,故《周易》古经及注疏未有列'图书'于其前者。有之,自朱子《本义》始。《易学启蒙》属蔡季通起稿(见《宋史·儒林传》),则又首本'图书',次原卦画",于

---

① 《总目提要》卷6"经部六·易类六","易图明辨"条,第28页。
② (清)胡渭:《易图明辨》卷1"河图洛书",四库本,第44册,第643页。

是以为《易》之作,"全由'图书',而舍'图书'无以见《易》矣"。所以有学者"溺于所闻",又不究心于"观象玩辞",反而"汲汲"于"图书","岂非《易》道之一厄乎?"①胡氏认为,后人不慎察,以为朱子书前各色图式是《易经》所本,不研读象辞,反而汲汲于"图书",真是舍本求末之举,更何况这些"图书"本身就不可信?

(2)论天地之数不得为"河图"。

《易·系辞》有:"天一地二,天三地四,天五地六,天七地八,天九地十。天数五,地数十,五位相得而各有合。天数二十有五,地数三十,凡天地之数五十有五,此所以成变化而行鬼神也。"

胡渭指出,"卦者,《易》之体所以立。蓍者,《易》之用所以行。"所以,韩康伯说:"卦,象也。蓍,数也,蓍极数以定象,卦备象以尽数",胡渭深以为然。也就是说,《系辞》的"天地之数",是从卦蓍、体用关系的角度谈"数"。因此,所谓"一与二,三与四,五与六,七与八,九与十,一奇一偶,两两为配",与"五行、五方"、"天地生成"、"河图"、"洛书"又何干呢?!②

(3)论五行生成之数非"河图"也非"大衍"。

《易·系辞》有"大衍之数五十,其用四十有九"。"河图"中用此说,朱熹对此的解释是:"大衍之数五十,盖以'河图'中宫天五乘地十而得之"。

胡渭认为,五十不是"河图"中宫"天五乘地十"而得来的。至于为何出现"五十"而非"五十五"的现象,胡渭的解释是:"古之立数者,凡畸零不用"。也就是说,"五十"是化零取整而来。对于"四十九",胡渭属意郑玄说,其言"郑康成云:'以五十之数不可以为七、八、九、六卜筮之占,更减其一,故四十有九",胡渭认为这才

---

①　(清)胡渭:《易图明辨》卷1"河图洛书",第643页。

②　(清)胡渭:《易图明辨》卷1"河图洛书",第644页。

是确解。

另外,毛奇龄提出:"衍数、'河图'截然两分,数不得为图,衍不得为画",胡渭以此为"真千古格言"。但胡渭认为:《洪范》"五行之数"与《易传》"大衍之数"虽同出于"天地之数",不过二者有别,"大衍之数"只是《易》才有之,《洪范》"不得而有之也"。①

(4)论太极、两仪、四象非"图书"之所有。

《易·系辞》有"易有太极,是生两仪,两仪生四象,四象生八卦"。对于这个问题的性质,胡渭有清醒的认识。其言,这对于"图书"之义"似乎差缓",但是刘牧、朱震、朱熹等人,将太极、两仪、四象、八卦"悉附会"在"图书"上,"传之已久,世莫敢违",因此,详著其说,以明其义。此不具述。概言之,胡渭对刘牧、朱熹等人的"附会"之举不以为然,他提出,太极生两仪、四象与"图书""无涉",且与画卦"亦无涉",所谓"太极、两仪、四象之递生",无疑是"揲蓍之序"。②

(5)论"图书"不过为《易》兴先至之祥。

在"图书"有无问题上,胡渭的观点是一贯的,即"河图"、"洛书"古时"实有其事",后人不信"河洛五九之篇,方圆九十之数可也",但是连同夫子所谓的"河出图,洛出书"一并怀疑,"则过矣"。③ 胡渭认为,"圣人兴",必出"图书","《易》将兴"而"图书"出,"图书"出而"《易》遂作"。也就是说,作为祥瑞之物——"河图"的出现,是"天"的意愿。胡渭破除了河洛之图的曲意附会,但是,不忘渲染上古治世的神话色彩,其用意是不言而喻的。

---

① (清)胡渭:《易图明辨》卷1"河图洛书",第646—649页。
② (清)胡渭:《易图明辨》卷1"河图洛书",第652页。
③ (清)胡渭:《易图明辨》卷1"河图洛书",第658页。

（6）论"古河图"之器。

《尚书·顾命》有"大玉、夷玉、天球、河图在东序"的记载。胡渭指出，"河图"藏诸"天府"，不知"何时遂亡"，开始以为"秦昭襄王取周九鼎宝器时"，"河图"并入于秦，到了项羽烧秦宫室，与府库"俱为灰烬"，此其"所以不传也"。① 后来，见万斯同在论及此事时，以为"幽王被犬戎之难，周室东迁，诸大宝器必亡于此时"，"河图"不但是后人，想必是夫子"亦不及见"。于是，胡渭修正了看法："余闻而韪之"。接下来，胡渭说："河图"久已亡佚，虽老聃、苌弘等人也"未经目睹"，所以孔子适周，"无从访问"。所谓"天地之数"，夫子"未尝"指为"河图"，故而自汉魏以迄隋唐的言"河图"者，"或以为九宫，或以为九篇"，但是不见有指五十五数为"河图"者。《乾凿度》、《参同契》等，虽"皆以九宫为'河图'"，但始终不敢"摹一象之名曰'河图'，以附于其书"。陈抟生在五代之末，"去古弥远"，何从"得其本真"，而"绘图以授人"呢？汉景帝云"食肉不食马肝，未为不知味"，今言《易》而不言"河图"，"亦未为不知道也"。② 也就是说，胡渭通过论"古河图"之器，提出"河图"曾有，但今见非真。

（7）论"古洛书"之文。

《尚书·洪范》记箕子言"洛书"事。胡渭以为，大禹治水"得其道"，天赐之"洛书"，"以昭瑞应"，这就是"时行物生，以行与事示之"的道理。因此所谓"洛书"，是"文"，而非"言"。而孔颖达以之为"天神之言语"，则"诬"矣。何谓"文"？胡渭举证道，《说文序》云，仓颉之初作书，"盖依类象形"，故谓之"文"。其后，形声相益，即谓之"字"。然则，"文"与"字"不同，"文"之点画少，"字"

---

① （清）胡渭：《易图明辨》卷1"河图洛书"，第660页。
② （清）胡渭：《易图明辨》卷1"河图洛书"，第661页。

之点画多。所以，"洛书"之文"盖与仓颉初制相类"。①

　　胡渭认为"洛书"本有，不应因为"天地间耳目之所不及"而
"断以为必无"。② 他又论述道，《洪范》是《尚书》之篇名。《书序》
云，武王胜殷，以箕子归，作《洪范》。因此《洪范》乃"箕子之所命，
以其为治天下之大法"，故而谓之《洪范》。至于《九畴》，则是大禹
所命，亦"犹包牺之八卦耳"。伏羲得"河图"而始作八卦，文王演
之，其书名《易》，不名"河图"。大禹依仿"洛书"，为《九畴》，箕子
演之，其书名《洪范》，不名"洛书"，它们的道理相同。"盖'河
图'、'洛书'乃《易》、《洪范》所由作，非即《易》、《洪范》也"，以象
爻无"河图"之文，而疑八卦非受"河图"启发而作，以《洪范》无
"洛书"之文，而疑《九畴》非依法"洛书"而成，那么夫子所谓的
"圣人则之"，又是"何所则而何所作"呢？

　　总之，胡渭认为"河图"、"洛书"是由《周易》和《尚书·洪范》
推导而来，如今欲明《周易》，有八卦在，焉用"河图"？ 欲明《洪
范》，有《九畴》在，焉用"洛书"？ 所以，宋人崇尚"图书"，自以为
"补苴罅漏，张皇幽渺，若非此，则无以明《易》、《范》"，真的是"千
古笑柄"。③ 自此，在河洛之图辨伪问题上，胡渭广征博引，考证颇
为详尽，宋人杜撰"河"、"洛"二图事，几成定谳。

　　4."先天"四图、"后天"二图辨伪

　　关于"先天"四图辨伪：分《先天古易》上、下，在《易图明辨》
第六、七两卷中有说明，它包括：（1）"伏羲八卦次序图"辨伪；（2）
"伏羲六十四卦次序图"辨伪；（3）"伏羲八卦方位图"辨伪；（4）
"伏羲六十四卦方位图"辨伪四个问题。关于"后天"二图辨伪：在

---

　　① （清）胡渭：《易图明辨》卷1"河图洛书"，第662—663页。
　　② （清）胡渭：《易图明辨》卷1"河图洛书"，第663页。
　　③ （清）胡渭：《易图明辨》卷1"河图洛书"，第664页。

第八卷《后天之学》，专门辨"文王八卦次序"、"文王八卦方位"二图，其具体论辨，新意不多，从略。此外，胡渭在第三卷辨《周易参同契》之伪、第四卷辨"龙图"之伪，也是"图书"辨伪中的重要内容，值得进一步研究。

综上所述，"图书"问题，自宋陈抟、朱熹以后，影响学术界数百年。其间，信其真者大有人在，当然，辨其伪者亦代有其人，如宋濂、杨慎诸家。但是，真正将问题彻底解决的，却是生活在17世纪中叶的清代学者，这是时代和学术发展之必然。清初学者如黄氏兄弟、毛奇龄，特别是胡渭的"图书"考辨，基本上将"图书"辨伪问题画上了句号。其人其书，在清代乃至中国辨伪学史和思想史上都有重要的地位及影响。

第二节　《古文尚书》辨伪

清以前的《古文尚书》辨伪问题，详诸第二章。兹不赘述。有关《古文尚书》辨伪中需要说明的一些问题，将在下文随时补入。顾炎武、朱彝尊、毛奇龄、姚际恒等人的研究，请见人物个案研究部分。

一、清初诸家的考辨

1.黄宗羲及其《古文尚书》辨伪

黄宗羲（1610—1695），字太冲，浙江余姚人，十四岁补诸生，明御史黄尊素长子。黄宗羲年十九入都，为父讼冤、复仇事，史传记载颇详。后曾一度参与反清复明活动，终因无望，奉母归里，"毕力著述"，因而声名远播。康熙十七年诏征博学鸿儒，辞免，康熙十九年左都御史徐元文监修《明史》，复征之以备顾问，又辞。但"史局大议必咨之"而后定，黄宗羲仍对其产生了重要的作用和影响。黄宗羲对明人学无根柢,束书不读且热衷于游谈,批驳尤多。提倡穷经以经世①,经史兼读,学贯古今,于天文地理、诸子百家学说无不精研。编著有《易学象数论》、《授书随笔》、《南雷文案》、《明儒学案》、《明文海》等②。在《古文尚书》辨伪问题上,黄宗羲主要论及以下几个问题:

(1)《武成》辨伪。

黄宗羲在注《孟子》时,发现孟子所言的《武成》和存世《武成》篇中的记载截然相反:"《武成》云:'甲子昧爽,受率其旅若林,会于牧野。罔有敌于我师,前徒倒戈,攻于后以北,血流漂杵'。是商人自相杀也。孟子言:'以至仁伐至不仁,何其血之流杵?' 是明言武王杀之"。黄氏发现二处记载的意思"相悖",据此提出:"孟子所见之《武成》,非孔安国《古文》之《武成》也",所以认定这是《古义尚书》伪作的一个证据。③

(2)《尚书古文疏证序》与所谓黄氏态度"重大转变"问题辨正。

黄宗羲应阎若璩之请,作《尚书古文疏证序》。这是难得的辨伪专篇,同时也牵涉学界的一个误解,十分值得分析。其中有这样一段文字:

---

① 黄宗羲目睹明末政治和经济危机,深感空谈心性的危害,提倡经世致用之学,《明夷待访录》就是这方面的代表作。该书包括《原君》、《原法》、《置相》、《学校》、《取士》、《建都》、《方镇》、《田制》、《兵制》、《财计》、《胥吏》、《奄官》诸篇,涉及政治、经济、军事和文化等方面。黄氏对每篇所谈主题都引古论今,考述典章制度的变化沿革等。

② 参见《清国史》"儒林传"卷2"黄宗羲传",第386页。及该书"儒林传下"卷1"黄宗羲传",第569—570页。另可参见《清史稿》卷480"列传二百六十七·儒林一",第13102—13106页。

③ (清)黄宗羲:《孟子师说》(《黄宗羲全集》第1册)(吴光等点校)卷7"尽信书章",浙江古籍出版社,1985年,第159页。

然从来之议《古文》者，以史传考之，则多矛盾。既云安国之学以授都尉朝，朝授庸生，庸生授胡常……何以东晋豫章内史梅赜，始得安国之传奏之？史传之矛盾如此。若以文词格制之不同别之，而为《古文》者，其采缉补缀，无一字无所本，质之《今文》，亦无大异，亦不足以折其角也。惟是秦火以前诸书之可信者，如《左氏》内外《传》、《孟子》、《荀子》、《墨子》之类，取以证之，庶乎思过半矣。自来诸儒，间指其一二破绽而疑之，其疑信相半也。

嘉靖初，旌川梅鷟著《尚书谱》一编，取诸传记之语与二十五篇相近者类列之，以证其剽窃。称引极博，然于史传之异同，终不能合也。淮海阎百诗寄《尚书古文疏证》，方成四卷，属余序之。余读之终卷，见其取材富，折衷当。当两汉时，安国之《尚书》，虽不立学官，未尝不私自流通，逮永嘉之乱而亡。梅赜作伪《书》，冒以安国之名，则是梅赜始伪。顾后人并以疑汉之安国，其可乎？可以解史传连环之结矣。中间辨析三代以上之时日、礼仪、地理、刑法、官制、名讳、祀事、句读、字义，因《尚书》以证他经史者，皆足以祛后儒之蔽。

又言：

忆吾友朱康流谓余曰："从来讲学者，未有不渊源于'危微精一'之旨。若无《大禹谟》，则理学绝矣，而可伪之乎？"余曰："此是古今一大节目，从上皆突兀过去。'允执厥中'，本之《论语》；'惟危'、'惟微'，本之《荀子》……'人心'、'道心'，正是荀子性恶宗旨……故孟子言求'放心'，不言求'道心'；言失其'本心'，不言失其'道心'。夫子之'从心所欲，不踰矩'，只是不失人心而已。然则此十六字者，其为理学之蠹甚矣!"康流不以为然。呜呼! 得吾说而存之,其于百诗之证,未必无当也。①

在这篇序言中,就辨伪方法而言,黄宗羲认为,据文词、格制辨伪的方法,有其局限性。因此,十分重视从史传记载中的矛盾之处,进行辨伪;就思想主旨而言,黄宗羲指出"人心"、"道心"是荀子的思想主旨,与孔孟之道迥异,十六字心传,为理学之害最甚。一个讲辨伪方法,一个讲辨伪意义,理论性、思想性兼有,此不必多言。

不过,目前有一种说法,即黄宗羲在"十六字心传"问题上,态度有"重大转变"。这个问题值得探讨。

第一,重大转变说的由来。此语原出自清儒阎若璩,今人林庆彰等依阎氏说。据阎若璩言,黄宗羲在《古文尚书》真伪问题上,曾"南北背驰"若两人。其言:"黄太冲尝谓圣人之言,不在文词,而在义理。义理无疵,则文词不害其为异,如《大禹谟》'人心'、'道心'之言,此岂三代以下可伪为者哉?'晚而序余《疏证》两卷,则谓:'人心'、'道心'本之《荀子》,正是荀子性恶宗旨'。又谓'此十六字为理学之蠹最甚'。何相反也!"②按照阎若璩的说法,黄宗羲曾有过态度的"重大转变"。

第二,阎氏说不可信。笔者认为,阎若璩据道听途说,妄论黄宗羲;据黄宗羲《序》,以为十六字非伪者,当为黄氏友人朱康流。

首先,黄宗羲以十六字伪,本系旧事。据《序》言,黄宗羲曾同好友朱康流论辨此十六字,黄以为伪,朱不以为然。朱康流事迹不详,明末学者张次仲《待轩诗记》中称"予友",黄宗羲也称"吾

友"，当也是明末时人。朱康流提出，"从来讲学者，未有不渊源于
'危微精一'之旨，若无《大禹谟》，则理学绝矣，而可伪之乎？"他认
为，十六字是理学的"渊源"所在，如果是伪作，理学根柢也就不复
存在；也就是说，因为理学存在，且不得不存在，所以，十六字非伪，
也不能伪作。对此，黄宗羲明确提出，"此是古今一大节目，从上
皆突兀过去。'允执厥中'，本之《论语》；'惟危'、'惟微'，本之
《荀子》……'人心'、'道心'正是荀子性恶宗旨……故孟子言求
'放心'，不言求'道心'；言失其'本心'，不言失其'道心'。夫子
之'从心所欲，不踰矩'，只是不失人心而已。然则此十六字者，其
为理学之蠹甚矣"！黄氏不但提出十六字的文献来源，更从思想
实质上，提出十六字的核心是《荀子》"性恶说"。荀子非孔孟嫡
传，理学非儒学正宗，故而论定其为"理学之蠹甚矣"，无伤大雅。

其次，黄宗羲因讳言而造假，此不可信。据阎若璩书中言，黄
宗羲本以为十六字不伪，但《序》中又言十六字作伪。如按阎氏的
说法，只有一种可能，即黄氏不是文过饰非，就是意在诬诟旧友。
但是，这两种可能性应该是不大的。阎若璩写成四卷，至少是康熙
二十年以后的事情，此时黄宗羲已年过七旬，声名扬海内，时人誉
以泰山北斗①。以黄宗羲当时的声望地位，当不屑于，也不齿于胡
诌捏造之行径！那么是欺蒙比自己年少二十六岁的晚生后进？是
深诟与己论谈学术人生有年的好友康流？于情于理，都不太可能。

再次，黄宗羲言阎若璩闻见旧说事。"呜呼！得吾说而存之，
其于百诗之证，未必无当。"这是黄宗羲写在序言最末的话。所谓
"吾说"，当然是指"十六字"及相关事。按照黄宗羲的说法，阎若
璩求序前，当同黄氏有过交往。否则，阎若璩不会在毫无过从的情

---

① 当时，容城孙奇逢之学盛于北，余姚黄宗羲之学盛于南，关中李颙之学享誉关
中，号称鼎足三大儒。

况下,奉上四卷书稿,贸然求序。如果有交往,而阎若璩又嗜学好问,该不会遇高人而交臂失之。①

阎若璩为黄宗羲致哀辞中有言:

> 下逮小子,有书一卷。
> 古文疏证,悉翦讹乱。
> 远蒙嘉赏,赐序以弁。
> 如此穷经,经神重见。

此哀辞,两句一语,其中"古文疏证,悉翦讹乱。远蒙嘉赏,赐序以弁"。一言康熙二十二年写成《尚书古文疏证》一卷本后,请黄宗羲订正事;一言四卷本作成后,求黄宗羲作序事。

钱穆以为,"悉翦讹乱"是阎若璩自诩。② 笔者以为,钱穆所言似乎不妥。阎若璩不会如此不堪,狂言所著已"悉"数订正《古文尚书》之"讹乱",此其一;阎若璩不会如此不知趣,在悼念之际,不言太冲学行,反大夸己功,此其二。阎若璩尚未癫狂,钱先生何出此言?

---

① 阎若璩与黄宗羲交往事还涉及《授书随笔》有无的问题。钱穆《中国近三百年学术史》(卷上,第六章"阎潜丘、毛西河")力辨授书事子虚乌有。笔者认为钱氏所言未必正确。事之有无和书之不见没有必然的关系。窃以为,阎若璩问学事诚有,见上文分析;《授书随笔》也未必无。但是一卷本的《授书随笔》未必是黄宗羲亲自编写成书,可能是黄氏晚年或黄氏殁后,由子嗣或弟子编撰而成,篇幅不大,或为一卷,后亡佚。至于屈翼鹏《杂著秘笈丛刊》中所谓题黄宗羲撰十七卷《授书随笔》,屈氏以为伪作,余英时亦然其说(见《书目季刊》6卷,第3、4期合刊,1972年6月。另见方中履撰《古今释疑》卷首)。总之,笔者认为,十七卷《授书随笔》伪托说当可信,至于将一卷本《授书随笔》遽尔定为依托,恐非允当。

② 钱穆言"所谓'小子有书一卷'者,即指《古文疏证》,其翦讹乱,乃潜丘自诩昔人之讹乱也"。见钱穆《中国近三百年学术史》,第六章"阎潜丘、毛西河",中华书局,1986年,第244页。

哀辞虚美,诚不可免,但是捏造事实,欺人欺鬼,当少有人为。如此看来,阎若璩和黄宗羲有关《古文尚书》辨伪的交流,当是康熙二十年代初的事情。黄宗羲所言的告以"十六字"为伪事,当在此前后,故而,有人以为系阎若璩受启发之说。如本无此事,黄氏此言,将令求序人作何感想?

总之,可以确认,在黄宗羲和阎若璩的直接交往中,黄宗羲在"十六字"的问题上并无态度转变之事。因此,阎若璩所说黄宗羲的所谓态度转变,只能是道听途说。至于来源,应该是将朱康流的言论误认作黄太冲的学说。

2.胡渭的《古文尚书》辨伪

胡渭的《古文尚书》辨伪成果今不存,仅能从阎若璩的称引中得见一二。

(1)《五子之歌》辨伪。

据阎若璩言,他曾与胡渭论《五子之歌》真伪问题,胡渭"退而作辩一篇遗予",阎若璩将其收录在《尚书古文疏证》中。据阎若璩引述,胡渭认为:

> 《五子之歌》,今文无,古文有,识者谓其剽窃传记,气体卑近,殊不类五子语。说已详某,不复及。姑举明白易晓者言之以决其伪,则莫如韵句之寥寥为可怪也。《诗大序》云:"情发于声,声成文,谓之音。"古无所谓韵,韵即音之相应者。
>
> 圣主贤臣,声出为律;儿童妇女,触物成讴。要皆有天籁以行乎其间,非若后世之词人,按部寻声、韵句惟艰也。故《赓歌》三章,章三句,句必韵;《夏谚》六句,句无不韵,当时之歌体有然。下逮春秋,以迄汉魏,凡属歌辞,韵句最密。延及唐人,亦遵斯轨。况虞夏之民,各言其志,出自天籁者乎? 而

《五子之歌》不然,大率首二句连韵,余则二句一韵,而第一章
之韵句尤疏,殆不可诵。章十五句,其协者裁(才)四五句耳。
岂作伪书者但以掇拾补缀为工,而竟忘其为当韵也耶?①

　　胡渭以为,三代之际的歌谣虽"无所谓韵",但是因系"天籁"
之声,无不押韵。所以,今见"《赓歌》三章,章三句,句必韵;《夏
谚》六句,句无不韵",即便是春秋以降,以迄于唐人,不无注意"歌
辞韵句"问题。但是,今见古文《五子之歌》虽以"歌"名,但是押韵
情况一塌糊涂! 大致只"首二句连韵,余则二句一韵",第一章韵
句"尤疏",十五句中"其协者裁(才)四五句"。他认为,这一定是
作伪者惟事掇拾,无暇润色所致。

　　(2)孔《传》辨伪。

　　《禹贡》"浮于积石",孔安国《传》注:"积石山在金城西南,河
所经也。"阎若璩认为,金城郡是汉昭帝时始设,孔安国何尝得见?
并据此证孔《传》之伪。但是黄仪②以为,所谓"金城",何尝不会
是指金城县? 阎若璩语拙,不能置辩。胡渭有言:

　　　　今按,安国卒于武帝之世。《昭帝纪》始元六年,以边塞
　　阔远,始取天水、陇西、张掖郡各二县,置金城郡。此六县中,
　　不知有金城县否?《地志》(《汉书·地理志》,笔者按):积石
　　山系河关县下,而金城县无之。观"羌中"、"塞外"四字,则积
　　石山不可谓在金城郡界矣,况县乎? 且《水经注》所叙金城

---

① (清)阎若璩:《尚书古文疏证》卷5下,第73条"言《五子之歌》不类夏代诗",
　 第473—474页。
② 黄仪,字子鸿,江苏常熟人,生平不详,曾著《水经注图》,被阎若璩称为"郦道
　 元千古第一知己"。参见萧一山:《清代通史》第一卷第七篇,第三十二章"阎
　 若璩传",中华书局,1986年。

县,在郡治允吾(音铅牙,原注)县东,唐为五泉县,兰州治,宋曰兰泉,即今临洮府之兰州也。与积石山相去悬绝,《传》所谓金城,盖指郡言,而郡非武帝时有也。此岂身为博士者之手笔乎?①

胡渭认为,孔《传》所谓"金城",即"金城郡",非"金城县"。他提出两点依据:

其一,按照《汉书·地理志》中所言,积石山在河关县内,且班固明言:"积石山在西南羌中,河水行塞外。"金城郡本由天水、陇西、张掖各划二县构成,据班固所言,积石山绝非在金城郡范围内。

其二,按照郦道元《水经注》中的记载,金城县在金城郡治所允吾县东,而允吾就是后世的兰州。兰州与积石山相去甚远,毫无干系。此一点驳斥了对"金城"为"金城县"的质疑。

胡渭通过引述汉班固、魏郦道元的著述,考订"积石山"方位,并据以说明孔《传》作者不但不明地理方位,且颠乱地理沿革,伪迹毕现。

二、阎若璩的《尚书古文疏证》

阎若璩(1636—1704),字百诗,号潜丘,山西太原人。幼多病,读书暗记不出声,年十五,以商籍补山阳县学生。康熙元年(1662年)游京师,改归太原故籍,补廪膳生。康熙十八年(1679年)应博学鸿儒科试,未能通过考核,时年四十三岁。后应邀参与徐乾学《一统志》的撰写工作。阎若璩天分不可谓不高,但是同少年颖悟,过目成诵的朱彝尊、毛奇龄等相比,显然还有距离。不过

---

① (清)胡渭:《禹贡锥指》(邹逸麟点校)卷10"浮于积石,至于龙门西河,会于渭汭",第332页。

阎氏家境殷富,"海内名流过淮,必主其家",想必得到不少名师点拨,加之笃志好学①,著述也颇丰,可谓天道酬勤。阎氏著述有《潜丘劄记》等,其中以《四书释地》和《尚书古文疏证》成就最高。②清世宗胤禛在潜邸闻其名,延入府中,颇为礼遇。③

1.《尚书古文疏证》概述

阎若璩自称二十岁读《尚书》时,就怀疑《古文尚书》二十五篇为伪。《尚书古文疏证》第一卷大致完成在康熙二十二年(1683年),此时阎若璩正客居北京,其间与胡渭结识。此后的《尚书古文疏证》陆续写成。写成四卷后,曾寄赠黄宗羲求序④。黄宗羲"读之终卷",以为"取材富,折衷当"⑤,欣然为序。康熙三十二年(1693年)通过毛奇龄的介绍,阎若璩与姚际恒晤面,手自缮写姚氏著《古文尚书通论》,并将该书要义抄入己作。康熙三十六年(1697年)李塨客桐乡,与钱晓城辨《古文尚书》真伪,毛奇龄有感于此,不久作成《古文尚书冤词》。

---

① 清人张穆言:阎若璩自幼好学深思,以"一物不如,以为深耻,遭人而问,少有宁日",见(清)张穆《阎潜丘先生年谱》,续四库本,第554册,第329页。

② 四库馆臣言:"若璩博极群书,又精于考证,百年以来,自顾炎武以外,罕能与之抗衡者,观是书与《尚书古文疏证》,可以见其大概矣。"《总目提要》卷36"经部三十六·四书类二","四书释地"条。

③ 《清国史》"儒林传"卷5"阎若璩传",第403—404页。另可参阅《清史稿》卷481"列传二百六十八·儒林二",第13177—13178页。

④ 林庆彰以为"在康熙三十八年(1699年)已完成四卷"(《清初的群经辨伪学》第四章《考辨〈古文尚书〉》第三节"阎若璩考辨《古文尚书》",第146页)。笔者认为此说值得探讨。因为黄宗羲《尚书古文疏证序》明言四卷写成后寄往求序。黄宗羲于康熙三十四年(1695年)卒,怎能于殁后四年为阎若璩作序?另阎若璩《尚书古文疏证》卷8,第119条,亲口言"为余二卷序"云云,四库本及乾隆十年家刻本均是。但是查康熙间刊刻的黄宗羲撰《南雷文定》三集《尚书古文疏证序》,作"四卷"。黄宗羲序作"写成四卷时求序",阎若璩《古文尚书》卷内称"为余二卷序"。从何?待考。但是,无论是四卷,还是两卷,显然是在康熙三十四年前作成。

⑤ 见(清)阎若璩《尚书古文疏证》卷首黄宗羲《序》,第3页。

据毛奇龄言:"康熙四十一年淮安阎潜丘挟其攻《古文》书若干卷,名曰《疏证》。同关东金素公来,亦先宿姚立方(姚际恒,笔者按)家,而后见过,但杂辨诸经疑义,并不及《古文》一字","又踰日,与潜丘集顾揩玉宅,适禾中朱竹垞来,座中语及潜丘所著。予剧言春秋无父子同为大夫之事,又言《四书释地》所记阙里是错,又言《毛朱诗说》不宜引王柏、程敏政谬说作据,潜丘俱诺诺。"①康熙四十一年(1702年)的这次见面,毛氏出语甚重,这连在场的朱彝尊都深感难堪。朱氏《答萧山毛检讨书》中语含劝诫,所指当即此事。阎若璩从此与毛奇龄绝交。

据阎咏言,阎氏书未结稿前,已在学者中流传,"爱之者争相缮写","怪且非之者亦复不少"。以为是者的赞赏,或许阎氏笑纳了;以为非且力驳者的言论,则颇令若璩不安。缘何?这就是"显背紫阳"的罪名,实在担待不起!故而对乃子言:"吾为此书,不过从朱子引而申之,触类而长之耳,初何敢显背紫阳,以蹈大不韪之罪?"因此命阎咏"取《语类》四十七条,《大全集》六条,汇次成编,名《朱子古文书疑》",并于京师刊行。阎氏此举之用意,一则为证成己说,一则为自己开脱。这在研究阎若璩《古文尚书》辨伪思想问题时,应给予关注。《朱子古文书疑》附于《尚书古文疏证》末,不过文字与朱子原著有出入。

直到康熙四十三年病殁,阎若璩也没有最终作成《尚书古文疏证》。今见本,虽然经过阎若璩子孙辑补②,内容仍多有缺落。《尚书古文疏证》一书,有四库本、乾隆十年眷西堂家刻本、吴氏天津刻本、堰师武亿刻本、杭州局本、《续清经解本》、同治汪氏振绮堂重修本等。四库本不收书前目录、内容有阙略,但也有可取处。上海古

---

① 见(清)毛奇龄:《经问》卷18,第215页。

② 如卷四末附录第49、52、54、56、58、60、61、62、63等共11则补遗,就是阎若璩孙阎学林从阎若璩手稿中拣出补入的。据乾隆十年阎氏家刻本。

籍出版社据乾隆十年家刻本影印,其缺页据同治汪氏本补配。近人整理本,有钱文忠整理、朱维铮审阅的《尚书古文疏证》,为《传世藏书》"经库"第二册。该书据乾隆十年家刻本整理,附录的《朱子古文书疑》也通过比对《朱子语类》原书而做出校正。另有 2010 年上海古籍标点本。本文引述主要据上海古籍影印本,兼参四库本等。

就现有《尚书古文疏证》观之,全书列一百二十八个考条,其中十二条有目录无内容,十七条目录和内容全缺。分别是第二卷:第 28—30,有目无文,共三条;第三卷,全阙:自第 33—48,共十六条,其中第 33—41 有目无文,第 42—48 目、文全阙;第七卷:102、108、109、110,共四条目、文全阙;第八卷,122—127,共六条,目、文全阙。① 目录和正文俱有的,共九十九条。

戴君仁先生曾将上述九十九条作了分类,共有:泛论晚出《古文尚书》是伪书;分别根据古书引用《尚书》各篇的话,以证晚出古文之伪;晚出古文妄说、妄语及误解、误认、误本、误仿者;晚出书各篇字句,乃从各种古书剽窃而来;晚出书各篇内容抵牾不合;不似者;忘而未采者;将一作二者;旁证者;申论前条者;辨正孔《传》之伪;辨《大序》;论述前人及时人疑古文者;与辨伪无关者,等共十四类。② 林庆彰先生《清初的群经辨伪学》也采用了这样的分类。

不同的研究目的,可以有不同的分类标准。戴先生的分类,自有他的考虑,也可成一家之言。但是,笔者认为,阎若璩的著述体例、著述思想,以及《尚书古文疏证》的成书,都是具体的、历史的。所以研究上述问题,仅仅单向度地将现有九十九条进行类别上的

---

① 对于阙文,钱穆《中国近三百年学术史》第六章"阎若璩、毛西河"中提出两点猜测:其一,第三卷整卷文字散入书中其他条目;其二,以毛奇龄等辩驳有力,自行删除。见该书第 241—242 页。戴君仁撰《阎毛古文尚书公案》提出别解,见该书第四章《尚书古文疏证之内容》,第 50—56 页。

② 戴君仁:《阎毛古文尚书公案》第四章"尚书古文疏证之内容",第 50—56 页。

归纳，值得讨论。而且，抛开有录无文的十二条不谈，也并非妥当。如第 28 条"《太甲》'不得稽首于伊尹'为误仿《洛诰》"，第 33 条"有虞世不得有干舞为误本《韩子》、《淮南子》"等，它们所透露的信息，就是值得研究的。

至于林庆彰先生指出："第十四类所属的十三条，与辨伪无关。则阎氏书现存九十九条，与辨伪有关者仅八十六条而已。今人论及阎氏书论辨《古文尚书》之伪时，每每说有一二八条证据，实未详考该书内容所致。"①林先生所言，也应辩证地看待。所谓第十四类中十三条（作者仅列出第 71、72、82、84、93、94、95、96、99、111、128 共十一条）与辨伪无关，也是他的个人意见。笔者认为，如第 72 条"言白居易补《汤征》书久可乱真"，这里指白居易作《汤征》一篇，文辞与孔传《古文尚书》颇似。阎若璩言，幸亏白氏作《汤征》事，尽人皆知，否则如果"世远言湮，姓名莫得，其摹孔《书》处，亦几乱真，安知不更以为二十五篇之俦乎？"他认为，白居易拟作的《汤征》，无论是从内容，还是从文辞上，均可以假乱真，如果后世不察，恐怕也会被后人误认为《古文尚书》佚篇②。再如第 111 条"言东汉时真古文可以正今文之脱误"等，均言考辨伪《古文尚书》事，怎能说与辨伪无关呢？

至于"每每说有一二八条"，是不读书所致，也未必然。试想，《尚书古文疏证》之阙略历历在目，开卷即可得见，研究者哪有视而不见之理？所谓"一百二十八条"，只是习惯的说法罢了，虽或有依声学舌不求甚解者，亦大可不必深诘。

2.《尚书古文疏证》的辨伪成就

研究《尚书古文疏证》的辨伪成就，多从分析阎若璩如何证伪

---

① 林庆彰：《清初的群经辨伪学》第四章《考辨〈古文尚书〉》第三节"阎若璩考辨《古文尚书》"，第 154 页。

② 《尚书古文疏证》卷 5，整理本，第 1540 页。

着手,故而对阎若璩的辨伪方法关注较多。辨伪方法,是研究
《尚书古文疏证》的题中应有之义,但是绝非仅此而已。因此,笔
者拟从辨伪方法、辨伪理论、辨伪思想及影响四方面,略述其成
就如下。

(1)阎若璩的辨伪方法。

阎若璩的辨伪方法,是今人研究成果中涉及最多的一个问题。
有的列出十几种、几十种,有的归纳为五方面、七方面。早出的成
果,喜欢浩博,故而有十五种方法、三十四种方法的提出①;晚出的
成果,纠其琐屑②,故而多用五、七方面加以归纳③。这反映出辨
伪学研究的进步,因为显而易见,《尚书古文疏证》不会是阎若璩
用满脑子的辨伪条例,丈量出来的。

实际上,通观《尚书古文疏证》全书,阎若璩的考辨方法无外
乎有以下几个方面:核对史志著录;辑录散见佚文;考订地理史事;

---

① 容肇祖将阎若璩的考辨方法归结为实物作证、实地作证、由地理沿革考证等
十五种(容肇祖:《阎若璩的考证学》,《岭南学报》一卷四期,1930年9月,第
86—103页)。苏庆彬列举出以史志书目证、以篇次编排证、以篇数篇名证等
三十四种(详见苏庆彬:《阎若璩胡渭崔述三家辨伪方法之研究》,《东亚书院
学术年刊》三期,1961年9月,第1—63页)。

② 如林庆彰一方面肯定苏庆彬三十四种辨伪法"分目非常详尽",一方面又指出
"惟不免流于琐屑"。见林庆彰:《清初的群经辨伪学》第四章《考辨〈古文尚
书〉》第三节"阎若璩考辨《古文尚书》",第158页。

③ 戴君仁将阎若璩的辨伪方法归纳为客观的求证、超俗的观察等五种(戴君仁:
《阎毛古文尚书公案》,第58—78页)。孙钦善将阎若璩的辨伪方法归纳为:
从著录上考察两汉今古文《尚书》的篇数篇名,以证伪《古文》篇目之异,从
《尚书》佚文证《伪古文》文字之异等五类(孙钦善:《古代辨伪学概述》(上、
中、下),见《文献》1982年第4期,1983年第1期,1983年第2期)。林庆彰将
阎若璩的辨伪方法归纳为:从书籍之著录、篇数考辨,从《尚书》佚文证《古文
尚书》之伪等五类(详见林庆彰《清初的群经辨伪学》,第159—182页)。杨绪
敏的《中国辨伪学史》将其归纳为:列举并评论历代学者的考辨之言,以明其
前有所承,并在前人考辨基础上有所发明,从《汉书》、《后汉书》等著录《古文
尚书》的篇数、篇名、篇次与今本不同上论述其伪等七方面。

对比典制历法;分析句法文风。这几个方面,已经涉及目录、辑佚、校刊、礼制、官制、历法、史学、经学、文学等,几乎古代学术的各个方面。通过回顾清以前的辨伪学史,我们不难发现,阎若璩在辨伪方法上鲜有独创,他所应用的辨伪方法也非繁复,但是,阎氏却将传统辨伪方法的效用发挥得淋漓尽致,方演绎出八卷大作。

阎若璩以前,吴棫、朱熹等人都曾考辨过《古文尚书》,但是,"未能条分缕析,以抉其罅漏"。到明嘉靖初,梅鷟"始参考诸书",寻绎伪迹,但是,也因为"见闻较狭",考证不够周详。只是到了阎若璩这里,才广征博引,"一一陈其矛盾之故,《古文》之伪乃大明"。以至于有毛奇龄作《古文尚书冤词》,虽"百计相轧",也不能"以强辞夺正理"。① 阎若璩的《尚书古文疏证》能够"立于不败之地",全是因为辨伪方法运用得当,广泛收罗,言之有据。辨伪方法不在乎多,唯运用得当,才是正道。这是在研究阎若璩文献辨伪问题时,需要注意的问题。

(2)阎若璩的辨伪理论。

这是目前学界较少探讨的问题。阎若璩研究犹如此,遑论其他? 这真是文献辨伪学研究中有待改良的地方。

阎若璩《尚书古文疏证》乃文献辨伪学研究之名著,如若没有较系统的辨伪理论,很难想象,他能几十年不间断地推敲完善该书。如若对辨伪理论没有成熟的见解,很难想象,他能"下意识"地写出如此影响深远的著述。虽然阎若璩并未如现代人著书立说那样,开宗明义即界定出一系列概念范畴,但是,这不会影响我们对其辨伪理论的探讨。以现代的学科标准判断古人理论之不存,往往会产生历史虚无主义的弊病。探讨阎若璩的辨伪理论,不是

---

① 引文出自《总目提要》卷12"经部十二·书类二","尚书古文疏证"(原文作"古文尚书疏证")条。

一个简单的问题,因为限于篇幅,这里只能择其大端,略陈己见。

其一,阎若璩以为,辨伪须具有根柢。其言:

> 天下事由根柢而之枝节也易,由枝节而返根柢也难,窃以考据之学亦尔。予之辨伪《古文》,吃紧在孔壁原有真《古文》,为《舜典》、《汨作》、《九共》等二十四篇,非张霸伪撰。孔安国以下,马、郑以上,传习尽在于是。《大禹谟》、《五子之歌》等二十五篇,则晚出魏晋间,假托安国之名者。此根柢也。得此根柢在手,然后以攻二十五篇,其文理之疏脱、依傍之分明,节节皆迎刃而解矣。不然仅以子史诸书,仰攻圣经,人岂有信之哉?①

这里,阎若璩提出考辨伪《古文尚书》,需要先确立一个标准,这就是所谓的"根柢"。《古文尚书》辨伪问题的"标准"、"根柢"者何? 阎若璩提出,当为西汉时孔壁真《古文》。因为,他认识得明确,也阐发得浅近,即"由根柢而之枝节也易,由枝节而返根柢也难",并认为"天下事"皆然,《古文尚书》辨伪亦不能外乎此道。学者多注意到阎若璩通过佚文比读,考证东晋后出伪《古文》的方法,却忽视了阎若璩的"根柢"之说。

其二,阎若璩以为,辨伪当注重证据。其言:

石紫岚尝谓予:"子于考证之学,洵可为工矣! 其指要亦可得闻乎?"予曰:"不越乎以虚证实,以实证虚而已。"②

石紫岚(名华峙)向阎若璩问治学"指要",阎若璩以"以虚证

---

① (清)阎若璩:《尚书古文疏证》卷 8,第 113 条"言疑古文自吴才老始",第 1118 页。

② (清)阎若璩:《尚书古文疏证》卷 8,第 120 条"言与石华峙论东汉时今文与逸篇或离或合",第 1180 页。

实,以实证虚"八字作答。可见阎若璩对"取证"与"取信"、"例证"与"立论"的关系,已有深刻认识。

阎若璩在第95条中,提到宋人傅寅《禹贡集解》中解释舆地时,不知道郑玄之解说的问题,他针对该问题指出:"证据不明,亦何以取信于天下后代哉!"①辨伪首重"证据",是阎若璩治学的重要观念,是阎若璩文献辨伪的重要理念。后人对阎若璩《尚书古文疏证》评价最高、也是最切实的一点,就是阎氏广征博引,"一一陈其矛盾之故,《古文》之伪乃大明"。至于例证,不胜枚举,其意蕴也非三言两语可道尽②,姑且从略。很显然,重证据,是认识论的问题;找证据,是方法论的问题。但无论是认识论,还是方法论,都是辨伪理论的问题。

其三,阎若璩以为,辨伪需博采兼蓄。学术虽如积薪,后来者能居上,但未必都能居上。因为,这需要付出相当艰辛的努力。阎若璩以前的《古文尚书》辨伪已经取得了丰富成果,阎若璩以前的文献辨伪已经有了千余年发展,这样的学术背景下,能够名家,除了重视根柢、证据外,还离不开对先哲往圣、对当世俊彦既有成就的正确认识和态度。阎若璩在这个问题上,其认识水平,已经达到一定的高度。除了汉唐学者著述及黄宗羲、胡渭的论说散见于《尚书古文疏证》中之外,阎若璩专列9条(第113、114、115、116、117、118、119、120、121),引述包括吴棫、朱熹、马骕、郝敬、郑瑗、王充耘、梅鷟、石华峙及姚际恒的观点,并对他们的成就给予了积极

①　(清)阎若璩:《尚书古文疏证》卷6(下),第96条"言《史记》荥阳下引河为《禹贡》后",第963页,四库本系于第95条下,第423—424页。

②　如"或谓曰:'子于《尚书》之学,信汉而疑晋唐犹之可也,乃信史、信传而疑经,其可乎哉?'余曰:'何经何史何传?亦唯其真者而已。经真而史传伪,则据经以正史传可也。史传真而经伪,犹不可据史传以正经乎?"(见《尚书古文疏证》卷2,第17条,第136页)这里阎若璩的考据不囿于史、经、传的区别,唯是是求。这样的考证思想是值得注意的。诸如此类,不赘述。

肯定①。有人推断,今见《尚书古文疏证》中缺略的条目,可能是因为阎若璩在与时人的学术交流中修正己说所致,良有以也! 认识决定态度,态度影响方法,方法催生理论,理论指导实践,这是不言而喻的道理。

(3)阎若璩的辨伪思想。

阎若璩明确提出:"余之疑伪《古文》也,正以其信真圣经也。"②"信真圣经",故而选择孔壁真《古文》为辨伪根柢;"信真圣经",故而辨伪古文,以纯洁经典、守卫圣道。这是阎若璩文献辨伪学的基本思想。故而,当有人以"圣道"驳难阎若璩时,他以为是对其最大的误解和侮辱。

　　或难余曰:"'虞'廷十六字,为万世心学之祖,子之辞而辟之者,不过以荀卿书所引偶易为《道经》,而遂概不之信,吾见其且得罪于圣经而莫可逭也!"

　　余曰:"唯唯,否否。尧曰:'咨! 尔舜','允执其中。''传心'之要,尽于此矣,岂待'虞廷'演为十六字,而后谓之无遗蕴欤? 且余之不信而加辟之者,亦自有说。读两《汉书》,见诸儒传经之嫡派既如此矣。读注疏,见古文卷篇名目之次第又如此矣。然后持此以相二十五篇,其字句之脱误,愈攻愈有,摭拾之繁博,愈证愈见,是以大放厥辞,昌明其伪。不然,

---

① 如称吴棫"始以此书为疑,真可谓天启其衷矣"(《尚书古文疏证》卷8第113条),肯定其发难之首功。又称赞郝敬说:"近代郝氏敬始大畅厥旨,底蕴毕露,《读书》三十条。朱子复起,亦不得不叹如积薪"(卷8第116条);称梅鷟《尚书谱》"殊武断也,然当创辟弋获时,亦足惊作伪者之魄"(卷8第119条)称姚际恒的考辨"亦有失有得,失与上梅氏、郝氏同,得则多超人意见外"(卷8第121条)。

② (清)阎若璩:《尚书古文疏证》卷2,第31条"言'人心惟危,道心惟微'纯出《荀子》所引《道经》",第248页。

徒以‘道经’二字而辄轻议历圣相传之道统，则一病狂之人而已矣！岂直得罪焉已哉？”①

阎若璩以为《大禹谟》“十六字”中“人心惟危、道心惟微”，转写自《荀子·解蔽》篇所引《道经》“人心之危，道心之微”八字。“惟精惟微”，是《荀子·解蔽》篇“精于道”、“一于道”六字隐括而成。至于“允执厥中”，则为《论语》中语。阎若璩以所谓“虞廷十六字心传”为伪，引发的争议最大。有人据以大加批驳，视其为“圣经”罪人。对此，阎若璩很受触动，他指出，《尚书》中“尧曰：咨尔舜，执其中”一语，已经将“传心”之意道尽，不需要叠床架屋，另外演绎出“十六字”，此其一；其二，证以儒家嫡传言论及诸多注疏文章，二十五篇其伪无疑。故而，以此十六字为伪。

阎若璩还特别强调，他非狂病之人，如若没有证据，何至于以别字只词轻诋圣道？从另一个角度理解，若不将这些伪书从圣经中剔除，何以言“守卫圣道”！这是阎若璩的言外之意。

此时的辩驳，显然已经不仅仅是文献整理的问题，而是义理、事理、名誉、声誉的问题，因为“名教罪人”，语出太重。实际上，“圣经”、“圣道”在《尚书古文疏证》中不仅一处出现，以守卫圣经圣道为己任，将伪书从圣经中剔除，是阎若璩最为重要的辨伪思想。

（4）《疏证》的意义。

如果说从阎若璩二十岁左右质疑《古文尚书》，到六十九岁客死京城，近五十年；如果说从康熙二十二年写成第一卷，到康熙四十三书仍有缺略，不足八卷的书稿，也历时二十余年。五十年释一

---

① （清）阎若璩：《尚书古文疏证》卷2，第31条“言‘人心惟危，道心惟微’纯出《荀子》所引《道经》”，第246—247页。

疑，二十年解一难，这样的著述是值得一读的。如上文所言，黄宗羲称："其取材富，折衷当"，"足以祛后儒之敝"。① 其实，何止这些！

《尚书》辨伪问题，自汉以来，就是学者讨论的一个重要话题。自东晋梅赜进献伪《古文尚书》后，《尚书》辨伪的主题日益鲜明。自北宋吴棫始，伪《古文尚书》辨伪就成为中国古代学术史上的一起名案，几个世纪以来的学者究心于此，或辨其伪，或证其真，纷纷扰扰，呶呶不休。其间，虽然一些人以此名家，一些注疏赖此传世，但是从未有如阎若璩其人其书这般，荣光夺目。

阎氏以倾数十年心血，著八卷文稿，虽然有如毛奇龄等大儒意欲翻案，然"终不能以强辞夺正理"，伪《古文尚书》之公案近乎定谳。阎若璩身后，虽有惠栋、丁晏等人继续考订，但其成就和影响已经很难再与阎若璩相颉颃。

阎若璩处在中国历史上一个特殊的时期：学风丕变，由虚返实；三藩基本弭平，国家一统，政治稳固，经济复苏发展；硕学俊彦如林，咨诹唱和便利；辨伪之学，也集聚颇富，集成之作，呼之欲出。阎若璩，其生也逢时！

三、马骕《古文尚书》辨伪与张穆《阎若璩年谱》订误

马骕，字宛，山东邹平人，顺治十六年（1659年）进士，任淮安府推官，不久因推官裁缺，补灵璧县知县。《灵璧县志》以康熙八年（1669年）任。王士禛《池北偶谈》记"康熙癸丑岁（康熙十二年，1673年，笔者按）卒于官，灵璧人皆为制服"②，颇受士民爱戴。著有《绎史》一百六十卷。③ 阎若璩《尚书古文疏证》中言及马骕

---

① （清）黄宗羲：《尚书古文疏证序》，载《尚书古文疏证》卷首，第3页。
② （清）王士禛：《池北偶谈》（靳斯仁点校）卷9，中华书局，1982年，第212页。
③ 《清国史》"儒林传"卷3"马骕传（陆世仪传附）"，第393页。

辨今古文《尚书》事：

> 邹平马公骕，字宛斯，当代之学者也。司李淮郡，后改任灵璧令。予以己酉东归，过其署中，秉烛纵谈，因及《尚书》有今文、古文之别，为具述先儒绪言。公不觉首肯，命隶急取《尚书》以来。既至，一白文，一蔡《传》，置蔡《传》于予前，曰："子阅此，吾当为子射覆之。"自阅白文，首指《尧典》、《舜典》，曰："此必今文"。至《大禹谟》，便眉蹙曰："中多排语，不类今文体，恐是古文"。历数以至卷终，孰为今文，孰为古文，无不立验。因抚髀叹息曰："若非先儒绝识疑论及此，我辈安能梦及？然犹幸有先儒之疑，而我辈尚能信及，恐世之不能信及者，又比比矣。"复再三慨叹。予曰："公著《绎史》，引及《尚书》处，不可不分标出今文、古文。"公曰"然"。①

1.首先需要注意的，是阎若璩东归过灵璧的时间

四库本作"己酉"，乾隆十年家刻本及据此的整理本，均作"己丑"。张穆《潜丘先生年谱》（卷二，第6页）将阎若璩过灵璧的时间，记作"癸丑"，林庆彰先生然此论（《清初的群经辨伪学》，第198页）。

"己丑"当为康熙四十八年（1709年），"己酉"当为康熙八年（1669年）。"癸丑"当为康熙十二年（1673年）。己丑年，阎若璩已故去五年，不确。应该在"己酉"和"癸丑"之间取舍。笔者认为，"己酉"可信，"癸丑"不妥。主要理由有三：

其一，《灵璧县志》载：马骕康熙己酉（康熙八年，1669年）任

---

① 见《尚书古文疏证》卷8，第115条"言马公骕信及古文可疑"，影印四库本第66册，第481页。

县令,王士禛《池北偶谈》记:马骕康熙癸丑(康熙十二年,1673年)卒于官。张穆据此,以为阎若璩见马骕于卒年,即康熙癸丑(康熙十二年,1673年)。但是笔者认为,徒据上述材料,完全也可以认为阎若璩见马骕于任官年,即康熙己酉(康熙八年,1669年)。

其二,"己丑"(康熙四十八年,1709年)固然是舛讹,但未必突兀地出现。"己酉"和"己丑"中,"酉"、"丑"音近,故而,在听写誊录或听写刻板的过程中,因为音近而致误的可能性很大。如果本是"癸丑",而听成"己丑",或看成"己丑"的可能性,比较而言,都不大。

其三,马骕之《绎史》至少写成于康熙九年(1670年)春。其卷首李清《序》,即作于此时。而阎若璩上文明言:"予曰:'公著《绎史》,引及《尚书》处,不可不分标出今文、古文'。公曰'然'。"显然,阎若璩见马骕之年,《绎史》并未写成。若是于康熙十二年见马骕,阎若璩何出此言? 马骕何以出此言?

据上述,笔者认为阎若璩过灵璧见马骕,当在"己酉"。四库本不假,而张穆《年谱》及乾隆十年家刻本之系年均有误,当订正。

2.从阎若璩的叙说中看,马骕《古文尚书》辨伪的造诣并不高①

这样说的理由主要有三点:

其一,"自阅白文,首指《尧典》、《舜典》"为《今文》,以为《大禹谟》为古文。朱熹以后,特别是蔡沈《书集传》以后,今、古文有别,尽人皆知。据无注疏的"白文"指出何为古文、何为白文,并非难事。

其二,马骕疑《大禹谟》也是因为"中多排语,不类今文"。据言辞辨伪,并无新意。

---

① 邵东方在《论崔述的考据学与清代汉学之关系》(《清史研究》1998年第1期)一文中也提到此类问题,他说:"马骕博而不精,他的《绎史》引书庞杂,而且真书和伪书不加区别地并列在一起"。

其三,马骕的《古文尚书》辨伪,基本上承朱熹、蔡沈等人成说,这正如他所言:"若非先儒绝识,疑论及此,我辈安能梦及?"

类似马骕等的情况,不鲜见,下文不再专门论说。

第三节 《周礼》辨伪

一、《周礼》辨伪问题概论

1.《周礼》流传简介

有关《周礼》的记载,最早见于《史记》①。《史记·封禅书》有:"封禅用希旷绝,莫知其仪礼,而群儒采封禅《尚书》、《周官》、《王制》之望祀射牛事。"又有:"《周官》曰:冬日至,祀天于南郊,迎长日之至;夏日至,祭地祇。皆用乐舞,而神乃可得而礼也。"《汉书·艺文志》又载《周官经》六篇,自注:"王莽时,歆置博士。"据荀悦《汉纪·成帝》篇:"刘歆奏请《周官经》六篇为《周礼》,王莽时,歆奏以为《礼经》,置博士。"陆德明《经典释文·序录》亦云:"王莽时,刘歆为国师,始建立《周官经》,以为《周礼》。"②据上述文献可知,《周礼》原名《周官》。

《周礼》在诸经中最为晚出,据汉代文献记载,是河间献王得自民间,后归入秘府。《汉书·河间献王传》记:"(河间)献王所得书,皆古文先秦旧书,《周官》、《尚书》、《礼》、《礼记》、《孟子》、《老子》

---

① 金德建通过比较《史记》中的引文,提出《史记·封禅书》中所引《周官》当为《礼记·王制》篇(见金德建著《司马迁所见书考》,上海人民出版社,1963年,第171—174页)。他的观点并不为学界所广泛认同。另孔颖达称:"《周礼》见于经籍,其名异者见有七处","七者皆云三百,故知俱是《周官》。周官三百六十,举其大数而云三百也"云云(见《礼记正义·卷首之"礼记正义"》)。按照孔颖达的总结,《周礼》当有"经礼"、"礼仪"、"礼经"、"正经"、"周官经"几种称谓。且为《孝经》、《中庸》、《春秋》等称引,则至少成于战国时。

② (唐)陆德明:《经典释文汇校》(黄焯汇校,黄延祖重辑)卷1"序录",第18页。

之属,皆经传说记,七十子之徒所论。"唐贾公彦《周礼注疏·序周礼废兴》引马融《周官传序》①,对《周礼》的来源,叙述颇详:

> 秦自孝公巳(以)下,用商君之法,其政酷烈,与《周官》相反,故始皇禁挟书,特疾恶,欲绝灭之,搜求焚烧之独悉,是以隐藏百年。孝武帝(笔者注:当为'孝文帝',马融有误,或贾公彦引用有误)始除挟书之律,开献书之路,既出于山岩壁屋,复入于秘府,五家之儒,莫得见焉。至孝成皇帝,达才通人刘向、子歆校理秘书,始得列序,著于《录》、《略》。然亡其《冬官》一篇,以《考工记》足之。时众儒并出共排,以为非是,唯歆独识。其年尚幼,务在广览博观,又多锐精于《春秋》,末年,乃知其周公致太平之迹,迹具在斯。②

唐陆德明《经典释文·叙录》的说法,也是"河间献王开献书之路,时有李氏上《周官》五篇,失《事官》一篇,乃购千金不得,取《考工记》,以补之"。③《隋书·经籍志》与《经典释文》行文,大致相同。汉、唐学者对《周礼》出民间、献王得、入秘府的说法,基本无异议。④

《周礼》自入秘府,就不太为官方所重视。至于是否如林孝存

---

① 马融的《周官传》,到了《宋史·艺文志》就不见著录,可知唐以后就亡佚了。

② 贾公彦《序周礼废兴》引。孙诒让《周礼正义》谓即郑玄《周礼传序》之佚文。

③ (唐)陆德明:《经典释文汇校》(黄焯汇校,黄延祖重辑)卷1"序录",第18页。

④ (南朝宋)范晔撰,(唐)李贤等注:《后汉书·儒林传》有"孔安国所献《礼》古经五十六篇及《周官经》六篇,前世传其书,未有名家"(见《后汉书》卷79下,中华书局,1965年,第2576页)。但是《史记·儒林传》、《汉书·艺文志》、《刘歆移让太常博士书》中谈到孔壁出书,均无《周官》的记载。有人据以认为"孔安国献《周官经》"事属附会。笔者认为,不记未必没有。山岩屋壁之藏书,当非一人一家之事,孔子家未必不存,如果确系"周公致太平"之书,孔家想必不能不存吧?

所言,武帝"以为末世渎乱不验之书",故而不显? 不得而知。又据言,直到汉成帝时的刘向与刘歆校理图书之际,才于秘府中发现,并将其著录在《别录》、《七略》中,不过此时已残缺,亡《冬官》篇,以《考工记》补①。《周礼》在汉代首度扬名,当在刘歆请立官学时,但随着新莽政权的覆灭,《周礼》博士遂废。

东汉,由于郑兴、郑众、贾逵、马融等大儒的提倡,《周礼》之学再兴。尤其是郑玄注《三礼》,以《周礼》为"周公致太平之迹",置《三礼》之首,《周礼》的地位空前提高。

2.《周礼》辨伪问题的界定

《周礼》辨伪问题,是文献辨伪学研究中一个比较特殊的问题。其特殊性主要体现在:《周礼》真伪问题的考辨,牵涉的是复杂且无休止的作者及成书年代问题。以往,学界多将《周礼》辨伪问题和《周礼》作者及其成书年代问题,混同不分,这似乎不妥。

笔者一贯的主张是:文献辨伪问题,固然离不开对作者及其成书年代问题的考辨。但是,考辨《周礼》作者及《周礼》成书时代,并不完全属于辨伪的范畴。因此,《周礼》辨伪问题,即:考辨《周礼》是否为"某人托言周公作或周代书"的问题②。亦可言之:考

① 见《汉书·艺文志·周官经》六篇,颜师古注:"即今之《周礼》也。亡其《冬官》,以《考工记》充之"。

② 如范浚认为《周礼》中有许多兴利之言。范氏说:"文王治岐,关市讥而不征。周公相成王,去文王未远,纵不能不征,使凡货之出于关者征之足矣。何至(于)如叔季(末)世设为避税法,没其货,挞其人,劫天下之商,必使从关出哉! 此必汉世聚(剥)敛之臣如桑(弘)羊辈,欲兴权利,故附益是说于《周礼》,托(吾)周公以要说其君耳。"(见范浚《香溪集》卷5,四库本,第1140册,第39—40页)又朱彝尊《经义考》卷120引)张栻通过比较《周礼》封国之制与孟子所说的"班爵禄之制"不同,认为"要当以孟子为正"。他虽然没有明言《周礼》作于何时,但指出:"夫在孟子之时,已云去其籍矣,又更秦绝灭之余,《周官》之书存者无几矣。今之所传,先儒以为杂出汉儒一时之傅会,是不可不考也。"(见张栻《癸巳孟子说》卷5,四库本,第199册,第466页)他所说的"先儒",应当是指其师胡宏。魏了翁曾言:"《周礼》与氏《左氏》两部,字

辨《周礼》是否为周公作，是考辨作者的问题；有关《周礼》西周、春

字谨严，首尾如一，更无疏漏处，疑秦汉初人所作，因圣贤遗言足成之。"（见魏了翁《鹤山集》卷108，四库本，第1172册，第570页。又朱彝尊《经义考》卷120引）又说："《周礼》一部，可疑处甚多，然制度纪纲，缜密处亦多。看《周礼》须是只用三代法度看，义理方精。郑注多引后世之法释经，尤不是。"（见《鹤山集》卷109"师友雅言"四库本，第1172册，第602页）魏了翁虽然主张《周礼》是后人附会之书，但他比较重视《周礼》，不否定其价值，著有《周礼折衷》四卷。罗璧说："《周礼》则刘歆列上之时，包、周、孟子、张、林硕、何休已不信为周公书。近代司马温公、胡致堂、胡五峰、苏颖滨、晁说之、洪容斋直谓作于刘歆。"（《识遗》卷5"秦后六经"，四库本，第854册，第560页）对罗璧的话，应当加以分析。关于司马光之说，邵博《闻见后录》卷3引司马光《日记》："上主青苗法，曰：'此《周礼》泉府之职，周公之法也。'光对曰：'陛下容臣不识忌讳，臣乃敢昧死言之。昔刘歆用此法以佐王莽，至使农商失业，涕泣于市道，卒亡天下，安足为圣朝法也！"可能罗璧据此以为司马光主张《周礼》出自刘歆。其实，这是罗璧的误解。在司马光的著述中，多处引用《周礼》之说。他还撰《河间献王传》说道："《周礼》者，周公之大典"（司马光：《传家集》卷66，四库本，第1094册，第614页）。可见司马光并没有怀疑《周礼》，只是认为《周礼》不可行于后世而已。至于苏辙疑《周礼》，也只是说"秦汉诸儒以意损益之者众矣，非周公之完书"，并未指明为刘歆所作（见苏辙：《栾城后集》，曾枣庄、马德富点校，卷7"历代论一·周公"，上海古籍出版社，1987年，第1215页）。晁说之是司马光的私淑弟子，他不满于王安石"黜《春秋》而尊尚伪《周礼》，弃《孝经》而以《孟子》配《论语》"（见《景迂生集》卷15"答勾龙寿南先辈书"，四库本，第1118册，第283页），著《儒言》、《辨诬》，力攻王安石之学，其中涉及《周礼》。晁说之疑《周礼》的态度颇为积极，在著作中屡称"伪杂之《周礼》"、"伪《周礼》"。邵博云："晁伯以更生为新室之书也（晁说之字以道，一字伯。此句'伯以'下当脱一'以'字。又'更生'为刘向之字，向未助新室，助新室名为向子刘歆，此为邵氏误记），曰《诗》、《书》但称四岳，新室称五岳，《周礼》亦称五岳，类此不一"（邵博：《闻见后录》卷3，四库本，第1039册，第227页）。胡宏提出"刘歆，汉家贤宗室向之子，附会王莽，变乱旧章，残贼本宗，以趋荣利。《周礼》之书，本出于孝武之时，为其杂乱，藏之秘府，不以列于学官。及成、哀之世，歆得校理秘书，始列序为经，众儒共排其非，惟歆以为是。夫歆不知天下有三纲，以亲则背父，以尊则背君，与周公所为正相反者也。其所列序之书，假托《周官》之名，剿入私说，希合贼莽之所为耳"（见胡宏：《五峰集》卷4"极论周礼"，四库本，第1137册，第210页）。胡宏相信《周礼》出于孝武之时，后经刘歆序列为经，"剿入私说，希合贼莽"。因此《周礼》之中充斥着大量的伪说。等等，不一一罗列，这些提出托名、伪窜的考辨才是文献辨伪学的范畴。

秋、战国、周秦之际或西汉成书的诸多争论，是考辨成书年代问题；而只有"《周礼》是刘歆托言周公作"、"《周礼》是某某托言周代书"等，才属于文献辨伪问题。

3.清以前研究情况的回顾

有关清以前《周礼》辨伪研究的概况，笔者已在第二章中有大致介绍①。在探讨清初《周礼》辨伪问题之前，再作一简单回顾，以便于切入主题。

司马迁和班固，都没有注明《周礼》的作者。认为《周礼》是周公作，始于刘歆，他以为，《周礼》为周公治周制度的实录。东汉郑玄袭其说，著《周官礼注》②，曰："周公居摄，而作六典之职，谓之《周礼》。营邑于中土，七年致政成王，以此《礼》授之，使居雒邑，治天下"③。明确指出，《周礼》为周公姬旦所作。

东汉末郑玄表彰《周礼》之际，时人林孝存即"作《十论》、《七难》以排弃之"，何休也视《周礼》为"六国阴谋之书"。可惜，他们的有关著述未能传世。不过，从字里行间不难看出林、何二氏，已尽辩驳之所能，斥为作伪、斥为伪作，当不在话下。故而，四库馆臣认为："《周官》初出，林孝存虽相排击，然先后二郑，咸证其非

---

① 周书灿对中国古代汉迄清近两千年间的《周礼》学研究的情况作了综论，涉及文字训诂、音义注疏、名物制度、作者和成书年代、《考工记》、辨伪以及有关评述等方面内容（周书灿：《20世纪以前的〈周礼〉学述论》，《河北师范大学学报（哲学社会科学版）》2006年第4期），可以参考。余英时先生《〈周礼〉考证和〈周礼〉的现代启示》（《中国文化》1990年第3期）也很有参考价值。另外，有关"宋代疑古辨伪""宋代疑经研究"的著述也有。如杨新勋《宋代疑经研究》（中华书局，2007年）本文宋人《周礼》辨伪研究即参阅了这些著述。

② 汉晋注疏唯独郑玄注本存世。

③ 《周礼·天官·序官》"惟王建国"下注。又贾公彦《序周礼废兴》引郑玄《序》曰："斯道也，文、武所以纲纪周国，君临天下，周公定之，致隆平龙凤之瑞"。见（汉）郑玄注、（唐）贾公彦疏《周礼正义》卷首"周礼正义序"，中华书局影印《十三经注疏》本，1980年，第636页。

伪"①。所以,笔者将东汉末的郑、林、何之争作为《周礼》辨伪问题研究的开端,是可以成立的。

　　东汉以后,北宋庆历以前,由于学风的影响,除孔颖达、赵匡等对《周礼》存疑外,《周礼》辨伪研究一度沉寂。宋代学者自欧阳修始,开启了中国古代史上《周礼》辨伪研究的新时代,其后十几位知名学者、数十位不因此闻名的学者、无数位不得其详的学者,加入《周礼》辨伪及其相关问题的研究中。他们的辨伪,有专篇论述,有按语札记,有发明创造,有因循旧说,取得了比较丰硕的成果。宋儒《周礼》辨伪一个不容忽视的因素,就是王安石据《周礼》变法所产生的影响。王安石同时及其以后学者,对王安石言论政绩,多有不满,从而使得宋儒的《周礼》辨伪,带有鲜明的社会性、思想性和现实性。文献辨伪在宋代,就不是简单的文献整理方法问题。元代的研究,乏善可陈。明代的《周礼》辨伪,有一定的成就。

　　清以前,将信将疑,或提出折衷之说的学者,也大有人在。有代表性的,如朱熹就曾言:"《周礼》规模皆是周公做,但其言语是他人做"②,"谓是周公亲笔做成,固不可,然大纲却是周公意思。某所疑者,但恐周公立下此法,却不曾行得尽"③,又言:"后人皆以《周礼》非圣人书,其间细碎处虽可疑,其大体直是非圣人做不得。"④朱熹一方面提出《周礼》非圣人不能作,另一方面又提出有后人的言论掺入。朱熹等的言论,因为多针对《周礼》伪书说而

① 《总目提要》卷23"经部二十三·礼类存目一","周官辨非"条。
② (宋)黎靖德编:《朱子语类》(王星贤点校)卷86"礼三·周礼·总论",第2203页。
③ (宋)黎靖德编:《朱子语类》(王星贤点校)卷86"礼三·周礼·总论",第2203页。
④ (宋)黎靖德编:《朱子语类》(王星贤点校)卷86"礼三·周礼·天官",第2210页。

来,故而也属于辨伪学研究的范畴,只是牵涉太多,从略。

清代礼学研究,出现了前所未有的繁盛景象。清初发其覆,清中期步入繁盛,清后期继续发展,直至孙诒让的《周礼正义》,集传统礼学研究大成。之后,礼学与其时代,共终结。清代的《周礼》辨伪研究,就是在这样的礼学研究背景下展开的。清初的《周礼》辨伪研究,值得关注的学者,主要有毛奇龄、万斯大、姚际恒和钱晓城等。其中姚际恒的《周礼通论》十卷失传,其基本观点可从毛奇龄《与李恕谷论周礼书》及《古今伪书考》中得知,即:以《周礼》为刘歆伪作。① 钱晓城的著述,亦不见全帙。这里,拟对毛奇龄和万斯大的《周礼》辨伪作简要述评。

二、毛奇龄的辨伪

1.辨《周礼》非伪的著述

主要有:(1)《周礼问》二卷,据清康熙间李塨等刻《西河合集》本。列目十七,以问答的形式,讨论了如下一些问题。

卷一:论《周礼》非汉儒伪作,凡四条;论六官、三官、二官,凡二条;论古无三司名,一条;论冢宰,一条;论《周礼》与《尚书》、《大戴礼》表里;论周六卿、唐虞六卿;论司徒、司空;论天地四时之名所始;论宰夫;卷二:论官名、官职同异;论人数多寡;论禄数不给人数;论分土三等同异;论九州闲田;论《周官》非秦制;论罗氏攻《周礼》之谬;论与他经同文。

上述目录,与书中实际内容并不"完全"对应。四库馆臣猜测,这是毛奇龄"门人所误题也"。② 其中卷一所谓"论《周礼》非

---

① 毛奇龄"与李恕谷论周礼书"中有"近姚立方作《伪周礼论注》四本","直绍述宋儒所言,以为刘歆作"。(见《西河集》卷20"书七",四库本,第1320册,第172页)又《古今伪书考》也将其视为西汉末(刘歆)作。

② 《总目提要》卷23"经部二十三·礼类存目一","周礼问"条。

汉人伪作",实质上就是辨《周礼》非刘歆伪作的问题。这是毛奇龄辨《周礼》非伪作的主要内容。

（2）《经问》①，卷二收录毛奇龄以问答的形式，驳"桐乡钱丙"的《周礼》伪书说。这里的"桐乡钱丙"，当是钱晓城。

通过毛奇龄的引述可知，钱晓城围绕着"井邑车乘"问题，提出八点依据，证明《周礼》为伪书。分别是：①一夫五亩之宅，二亩半在田，二亩半在邑的制度不合理；②一井八家，又云九夫为井，自相矛盾；③按《周礼》制度，百里之国，只能出兵车一百五十六乘，与《周礼》"百里出千乘"的说法不合；④一车百人之说，断之以理而知其诬；⑤再论一车百人之说；⑥乘车三人为甲士，其步卒七十五人不披甲，不合常情；⑦步卒七十二人不能成伍；⑧丘、甸出车马的制度，赋役太重如暴政，不合理。毛奇龄对上述八点，一一进行驳正。

此外，《与李恕谷论周礼书》也是研究毛奇龄《周礼》辨伪问题的重要文献。毛氏其他著述中散见的相关言论，也不在少数。

2.辨《周礼》非伪的方法

（1）据文献记载。

毛奇龄言：

> 尝读《景十三王传》，知此书出自武帝之朝，为河间献王所献，武帝但藏之内府而不行其书。至成帝朝，刘向奉诏校理秘书，始发《周礼》、《古文尚书》、《左氏春秋》诸书，编作《七录》。此皆刘向事，并非刘歆。②

① （清）毛奇龄：《经问》卷2，四库本，第191册，第18—19页。
② （清）毛奇龄：《周礼问》卷1，续四库本，第78册，第383页。

毛奇龄根据《汉书·景十三王传》，认为《周礼》早在汉武帝时就已由河间献王进呈，并藏在内府，到了汉成帝朝，刘向奉诏整理图书始发现，并著录在《七录》中。又言：

> 武帝好乐，亦尝以《周官经》定乐章矣。《艺文志》于窦公献乐章后，即云，武帝时，河间献王好儒，与毛生等共采《周官》及诸子言乐事者，以作《乐记》。（其）内史丞王定传之，以授常山王禹。禹，成帝时为谒者，献其书，有二十四卷。刘向校书，得《乐记》二十三篇，与禹不同。①

他又指出，据记载，汉武帝时就已经根据《周官》定乐章，并且该时期的河间献王还与毛生等人采《周官》以作《乐记》。《乐记》，刘向时尚能寓目。毛奇龄在《经问》卷二，与钱晓城辩驳时也提出同样的观点②。总之，他认为，"六国之末，已有其书。其为周人作，而非汉人"，更非刘歆伪作。

（2）据人之常情。

毛氏在上文提到《七录》著录《周官经》一事，因《七录》不存，

---

① （清）毛奇龄：《周礼问》卷1，续四库本，第78册，第384页。
② "若或又谓是书出于汉孝成之世，系汉人所作，并非周人，则不然。按《汉志》六国魏文侯时，曾以《乐书》赐乐工窦公，至孝文时献其书，即此书之《大宗伯》'大司乐'章也。桓谭《新语》亦云：'窦公一百八十岁'，则六国之末已有其书，其为周人作，而非汉人又可知耳"（见《经问》卷2，四库全书，第191册，第18页）。林庆彰以为魏文侯的乐人窦公献《周官·大宗伯·大司乐》章，"恐不可信"（见《清初的群经辨伪学》，第328页），他的主要依据是"魏文侯卒于周安王十五年（前三八七年），距汉文帝即位之年（前一七九年），有二〇八年，魏文侯时假如窦公二十岁，至汉文帝时，已将近二三〇岁，恐不止桓谭《新论》所说的'一百八十岁'。世上恐无如此高寿的人"（同上书，第300页）。笔者认为，毛奇龄对这段史事的熟悉程度恐怕不逊于今人，他何尝不知窦公高寿？难道历史上确实没有高寿之人吗？恐怕未必。林先生"以为未有"，恐怕未必允当。

"固无可考",恐说服力不强。毛奇龄进而说,即便刘歆能"伪造《周礼》",难道他还能"伪造《周礼》出处踪迹,以欺当世"吗?也就是说,若"河间献王不献《周礼》",若"成帝不诏向校理《周礼》",难道刘歆还能"造此诸事,以欺同朝诸臣"吗?并且,"献王所献,皆古文先秦旧书",且"经传说记"俱有。所以,他认为这些都不是刘歆"可预造其语者"也。①

毛奇龄又以《乐记》为例,其言:

> 在武帝朝,且有采《周官经》而为《乐记》者,此不止窦公献一篇,且必非歆、谭(桓谭)行伪于《周官经》六篇外又作此二十四卷,断可知也。②

也就是说,如果《周礼》是刘歆伪作,那么为掩饰伪迹,他岂不要再伪作二十四卷《乐记》吗?根据情理,这都是不可能的。所以《周礼》非刘歆伪作。

(3)驳正篡汉说。

后人以为,刘歆假造《周礼》的主要目的是为迎合王莽,助其篡汉。《周礼》成为显学,也是因为王莽的表彰。毛奇龄指出:

> 《莽传》明云,平帝四年,征天下通一经教授十一人以上,及有《逸礼》、《古书》、《毛诗》、《周官》、《尔雅》诸书,能通知其意者,皆诣公车。则在平帝未崩,莽母未死以前,显行《周官》,著于令甲。而谓《周官》之伪,始于居摄,且《莽传》且未终读,何况他耶!

---

① (清)毛奇龄:《周礼问》卷1,第384页。
② (清)毛奇龄:《周礼问》卷1,第384页。

他在此指出,《王莽传》明明记载汉平帝四年征招通《周官》者为教授事。由此可知,王莽摄政前,已经有表彰《周礼》的国家行为,这与王莽篡汉、刘歆阿附云云,均无关联。

(4)内容无抵牾。

历代辨《周礼》伪作,多集中在《周礼》设官繁复和内容抵牾等问题上。对于设官繁复问题,毛奇龄在《周礼问》卷二,谈到《地官》"牧人"、"牛人";《夏官》"校人"、"圉人";《春官》"郁人"、"鬯人";《天官》"兽医";《夏官》"巫马"等问题时,提出:上述官缺,各有执掌,并非重复设置。

对于内容抵牾问题,可以驳钱晓城"井邑车乘"说为代表。文繁不录,仅举二例以作简要说明。钱晓城认为,一夫五亩之宅,二亩半在田、二亩半在邑的制度,颇不合理。如按此制度,若千夫之城,民居之占地应有二千五百亩,再加上官府仓库及学校的用地,至少有三千余亩,所以,即便是千雉之城也容不下。

毛奇龄首先指出,"《孟子》五亩之宅,在他经,无其文"。即便是朱熹注文中作"二亩半在田,二亩半在邑",也只是"概括前儒之说",根本不是《周礼》的内容,也非周代制度。钱氏为了攻击《周礼》而以"朱氏《章句》妄坐之",不值一辨。①

钱氏提出,《周礼》既然说一井八家,却又说九夫为井,一则八,一则九,岂不自相矛盾?毛奇龄的反驳,颇有嘲讽意味。其言:"若谓八家与九夫矛盾,则《周礼》无八家名,然八家即九夫。《司马法》步百为亩,亩百为夫,夫三为屋,屋三为井。夫者,百亩之名,九夫者,九百亩耳。不然夫三为屋,岂一屋住三夫乎?"②他认为,《周礼》并无"八家"的名目,所谓"八家",实际上就是"九

---

① (清)毛奇龄:《经问》卷2,四库本,第191册,第18页。
② (清)毛奇龄:《经问》卷2,第19页。

夫"。按照《司马法》中的规定,百亩为夫,三夫为屋,三屋为井。所谓"九夫一井",是九百亩的意思。以九夫为九人,一屋为一家,真的可笑——难道三夫一屋,就是一间房子住三人么? 总之,毛奇龄广征博引,证明《周礼》的内容并不存在钱氏所指摘的抵牾。

(5)施政并非酷烈。

这里,主要针对第二章提出的《周礼·大司寇》"入束矢"、"入钧金",和《周礼·司寇·条狼氏》中"刑罚太烈"等问题。很多学者指出,周代施行仁政,绝不会出现这样的暴政。毛奇龄认为,"钧金束矢"的规定,是用诉讼代价高昂的方式,抑制"货财相讦"的情况发生。他以《尚书·甘誓》"不用命,戮于社。予则孥戮汝",来说明所谓《司寇·条狼氏》的"车辕"之刑非常典,与是否仁政无关。

3.考辨《周礼》真伪的思想

(1)正经。

毛奇龄反复提出:《周礼》非"圣人之经",也不是"不刊之典"。他说:"《周礼》为周末之书,不特非周公所作,即战国孟子以前,皆未曾有"。① 又说:"《周礼》自非圣经,不特非周公所作,且并非孔、孟以前之书",它与《仪礼》、《礼记》一样,皆"杂出于周、秦之间。此在稍有识者,皆能言之。"②进而他指出,东汉末郑玄以为是"周公致太平之迹",尊崇太过。至于宋代,"王安石直进其书,集诸儒训解",甚至"排弃孔子《春秋》,不令立学官取士,而以是书勒(为)取士令甲"的做法,则是淆乱经学。③

---

① (清)毛奇龄:《经问》卷2,第18页。
② (清)毛奇龄:《周礼问》卷1,第383页。
③ (清)毛奇龄:《经问》卷2,第18页。

　　总之，他认为"今天下攻《周礼》者众，总只'周公之书'四字害之"①。因此，必须给《周礼》正名，辨其非伪，也驳过于尊崇之论，给《周礼》正名。否则，"经学乱矣"，圣道乱矣。

　　（2）复礼。

　　毛奇龄在《与李恕谷论周礼书》中又言：

　　　　天下是非，原有一定。《周礼》惟非周公作，非圣经。然周人所言"周礼"，即周之礼也。其中虽有与春秋诸礼不甚相合，然亦周礼也。如《公羊》言礼，全与《左氏》策书不相合，然亦周人之书也。况周礼全亡，所藉此一书，稍为周备，可为言礼考据。若又排击之，则无书矣！

　　毛奇龄以为，记载周代制度的文献多已荡然无存。《周礼》一书虽然"出自战国，断断非周公所作"，但是周代制度"赖以略见大意"。其保全周礼之功，洵不可没！虽然《周礼》等"所记者，不无参臆"。但是"周制，则尚居十七"。对于这样一部文献，"有心古学者"，惜护唯恐不暇，何以"欲进绝之"呢？如若这样，"饩羊尽亡矣"。② 皮锡瑞称："毛氏以《周官》为战国时书，不信为周公所作，又力辨非刘歆之伪。而谓周制全亡，赖有《周礼》、《仪礼》、《礼记》三经，有心古学，宜加护卫，最为持平之论"。③ 皮锡瑞深刻认识到了毛奇龄考辨《周礼》之用心，这对我们研究毛奇龄《周礼》辨

---

① （清）毛奇龄：《西河集》卷20"书七"，"与李恕谷论周礼书"，第172页。他又言"《周礼》非周公作，何害？《大学》、《中庸》不知何人作，其为经自在也。必欲争《周礼》为周公作，《大学》孔子作，则无据之言，人将无据以争之，事大坏矣"。总之，他认为祛除《周礼》的圣经之名，于《周礼》有益，于经学有益。

② （清）毛奇龄：《周礼问》卷1，第388页。

③ （清）皮锡瑞：《经学通论》卷3"三礼·论周官当从何休之说出于六国时人非必出于周公亦非刘歆伪作"，中华书局，1954年，第51页。

伪的思想,颇有助益。

三、万斯大的辨伪

万斯大(1633—1683),字充宗,晚号跛翁,浙江鄞县人。其人性刚毅,慕义若渴,有节操,终生不事科举。其治经,主张非通诸经,不能通一经,非悟传注之失,则不能通经,非以经释经,则亦无由悟传注之失。① 尤精《春秋》、《三礼》。著有《学春秋随笔》、《周官辨非》等,合称《经学五书》②,有开清中期礼学研究先风之誉。现代学者研究万斯大文献辨伪成就的主要成果有:方祖猷的《万斯大的经学》(《国文天地》第8卷第7期,1992年12月)和《万斯大的周官辨非——兼论其经学的特点及其历史地位》(见《清初浙东学派论丛》,又见于《论浙东学术》)以及林庆彰的《清初的群经辨伪学》第六章"考辨《周礼》"第四节"万斯大的考辨"(见该书第335—356页),等等。

1.《周官辨非》的内容

全书一卷。有康熙五十六年《经学五书》本(台湾广文书局1977年据此影印),是目前最早的一个版本;有清乾隆刻《万充宗先生经学五书本》(中国基本古籍库收录);有清嘉庆元年辨志堂《万充宗先生经学五书》本,清徐时栋校并跋;有道光间《昭代丛书》"戊集"本。另据林庆彰先生言,台湾东海大学图书馆藏有乾隆二十四年至二十六年重刊本。

该书共分天官、地官、春官、夏官、秋官五部分,不涉及冬官,以其后补。

---

① 《经学五书》附黄宗羲《万子充宗墓志铭》,该铭又收在《南雷文定》卷8及《南雷文约》卷1中。也见于《清代碑传全集》卷130"万君斯大墓志铭",上海古籍出版社,1987年,第659页。

② 《清国史》"儒林传上"卷8"万斯大传",第418页。

①《天官》四条："大宰"、"廞人"、"大府"、"内小臣奄"。②《地官》二十二条："大司徒"、"凡建邦国，以土圭土其地而制其域"、"乡老，二乡则公一人；乡大夫，每乡卿一人；州长，每州中大夫一人；党正，每党下大夫一人；族师，每族上士一人；闾胥，每闾中士一人；比长，五家下士一人"、"乡大夫"、"牧人"、"载师"、"均人"、"调人"、"媒氏"、"司男女之无夫家者而会之"、"凡男女之阴讼，听之于胜国之社"、"司市"、"质人"、"廛人"、"屠者"、"肆长"、"泉府"、"司门"、"司关"、"遂人"、"凡治野，夫间有遂，遂上有径；十夫有沟，沟上有畛；百夫有洫，洫上有涂；千夫有浍，浍上有道；万夫有川，川上有路，以达于畿"、"山虞、林衡、川衡、泽虞、迹人、廿人、角人、羽人、掌葛、掌染草、掌炭、掌荼、掌蜃"。③《春官》十条："大宗伯"、"以宾礼亲邦国，春见曰朝，夏见曰宗，秋见曰觐，冬见曰遇"、"以玉作六瑞，以等邦国：王执镇圭，公执桓圭，侯执信圭，伯执躬圭，子执穀璧，男执蒲璧"、"司服"、"世妇"、"内宗"、"外宗"、"冢人"、"巾车"、"司常"。④《夏官》四条："大司马"、"服不氏、射鸟氏、罗氏"、"校人"、"职方氏"。⑤《秋官》七条："大司寇"、"朝士"、"司刑"、"闽隶、夷隶、貉隶"、"条狼氏"、"冥氏、庶氏、穴氏、翨氏、柞氏、薙氏、硩蔟氏、翦氏、赤友氏、蝈氏、壶涿氏、庭氏"、"大行人"。

涉及的主要职官有：①《天官》四种："大宰"、"廞人"、"大府"、"内小臣"。②《地官》三十五种："大司徒"、"乡老、乡大夫、州长、党正、族师、闾胥、比长"、"牧人"、"载师"、"均人"、"调人"、"媒氏"、"司市"、"质人"、"廛人"、"屠者"、"肆长"、"泉府"、"司门"、"司关"、"遂人"、"山虞、林衡、川衡、泽虞、迹人、廿人、角人、羽人、掌葛、掌染草、掌炭、掌荼、掌蜃"。③《春官》八种："大宗伯"、"司服"、"世妇"、"内宗"、"外宗"、"冢人"、"巾车"、"司常"。④《夏官》六种："大司马"、"服不氏、射鸟氏、罗氏"、"校人"、"职方氏"。⑤《秋官》二十种:"大司寇"、"朝士"、"司刑"、"闽隶、夷隶、貉隶"、"条狼氏"、"冥氏、庶氏、穴氏、翨氏、柞氏、薙氏、硩蔟氏、翦氏、赤发氏、蝈氏、壶涿氏、庭氏"、"大行人"。

概言之,《周官辨非》共从五个方面,列四十七条,涉及七十四种职官,讨论了六十八种职官的执掌。

朱彝尊《经义考》引陆元辅言:"以《周官》非周公之书,举其可疑者辨驳之,凡五十五则。或举吴氏之说,或独抒己见,皆持之有故,言之成理。"①之后《乾隆鄞县志》②、《清文献通考》③,均标明引用朱彝尊说,以为五十五条。张心澂虽不注明是转引上述言论,但是,其行文无差别,亦为五十五则。④ 林庆彰称,据广文书局影印本,查得四十七条。笔者据清乾隆刻《万充宗先生经学五书本》(中国基本古籍库)统计,也是四十七种。"五十五则"之说,源自陆元辅,陆氏或据别本欤? 未可知也。

2.《周官辨非》的特色

(1)明确定位。

万斯大开宗明义,提出"世称《周礼》周公所作。吾考鲁史克有言:'先君周公制《周礼》曰:"则以观德,德以处事,事以度功,功以食民。"'今观《周礼》,无此言,则知周公之《周礼》已亡,而今之所传者,后人假托之书也"。⑤

鲁史克,鲁国史官,一般称"大史克",其言见于《左传》"文公十八年"。万斯大根据鲁史克《周礼》佚文,比对世传《周礼》,发现

---

① (清)朱彝尊:《经义考》卷128"周礼·周官辨非"条,四库本,第678册,第617—618页。

② (清)钱维乔修,钱大昕纂:《乾隆鄞县志》卷21"国朝·万斯大周官辨非"条,续四库本,第706册,第463页。

③ 《清朝文献通考》卷214"经籍四",商务印书馆影印本,1936年,第6775页。

④ 见张心澂:《伪书通考》上,商务印书馆,1957年,第360页。

⑤ (清)万斯大:《周官辨非》,续四库本,第78册,第402页。

后者"无此言"。于是,他得出这样一个论定:周公所作的《周礼》已经亡佚,"今之所传者,后人假托之书也"。周公著《周礼》本有,今见《周礼》为假托之作。万斯大所言,正式确认了《周官辨非》的辨伪学性质——因为没有"后人假托"的存在,所以《周礼》是否周公作的考辨,不能遽尔定性为"辨伪"问题。

（2）阐述主旨。

万斯大认为,《周礼》给学界造成的不良影响是不容忽视的。他指出,受"周礼"书名的迷惑,前代学者"信之者什(十)七,疑之者什(十)三"。如果且"就《周礼》"而"言《周礼》",也就罢了。但对那些"优侗(笼统)读过,不加精析",就"惊叹其学贯天人、经纬万事",视为圣经的做法和言论,作为一个学者,是不能无动于衷的。因为在万斯大看来,"天下是非有一定,无两可"。伪书《周礼》"止详诸官职掌",但"其法制典章",与五经、《论语》、《孟子》"殊多不合"。这实在是不能不重视的问题:"以《周礼》为是,将以'五经、《论》、《孟》为非乎?"伪《周礼》不得不辨的另一个重要原因,是"其猥琐不经,捃克无艺,一由其道,丧亡之至,如影随形"!此时,还有"迂儒",视《周礼》"伤国体、害民生"而不见,犹言"此周礼也,无可议",或曰"此不善用《周礼》之过,非《周礼》之过"云云。万斯大对此,甚为喟叹:"呜呼! 震于虚名,而忘其实祸,直谓之无是非之心可也!"

基于上述原因,万斯大就其"本文"详析之,于"诸不合于五经、《论》、《孟》者,取而辨之",成《周官辨非》一卷。为明是非,特将《周礼》改名《周官》。① 显而易见,万斯大的辨伪有着深刻的思想性和学术性,考《周礼》之真伪,并非仅仅是因为文献整理的需要。

---

① （清)万斯大:《周官辨非》,续四库本,第78册,第402页。

（3）考辨详明。

万斯大提出，今传《周礼》是"后人假托之书"。随后，用一卷的篇幅，通过四十七条考辨，指出《周官》的各种问题。特别指出"不合于五经、《论》、《孟》"之处，以证明其为假托。其考辨的内容，涉及"五官"、七十四种职官、六十八类执掌，基本将《周礼》中存在的诸多问题网罗殆尽。以《地官》第三条为例，按照《周礼》中规定的官制，经推算：六乡、六遂，总共有三公、三十二卿、中大夫六十八、下大夫二百九十三、上士一千一百四十三、中士四千五百三十六、下士一万九千四百四十五、不命之士万五千。并且还有"有命官而无定数者"，如山虞，每大山，中士二人；中山，下士六人。川衡，每大川，下士十二人之类，不知当几十百也。冬官阙，"其为卿大夫，上、中、下士，不知又几十百也"。有官即有禄，如此多的官员、胥吏，"何以界之"？所以，万斯大谓"官多则糜禄，糜禄则财匮，财匮则聚敛，聚敛则病民。呜呼！'生之者众，食之者寡'，《大学》生财之道也。作《周官》者，曷亦思之乎"？

"官多禄不给"，是唐宋以来学者反复质疑的问题，有人多方弥合其说，有人据此斥为伪作。万斯大在这个问题上的考辨并无新意，但是，万斯大辨《周礼》伪作的最大特点，是将几乎所有类似问题，一一辨别。万斯大之后，翻案诚难！

将现有研究向前推进，以辨伪的方式，纠宋明理学之偏，成清代学术气象之大，文献辨伪学的巅峰，呼之欲出。这是清初文献辨伪的主要成就和特征。清初学术名家，几乎均有文献考辨活动，并留下大量文献辨伪成果。其学术意义和现实意义均甚为巨大，对后世也产生了深远影响。

王国维有云：清初学术"大"。诚如其言，本章选择其中有代表性的人物和著述，意在展现其磅礴气势。涉及的人物有顾炎武、朱彝尊、毛奇龄、胡渭、阎若璩、姚际恒、万斯大等。重点考辨的文献有《古文尚书》、《周礼》、"河图"、"洛书"等。此外,尚有万斯同所著《群书疑辨》。该书虽不是专主辨伪的,但其中对《易传》、《周礼》、《仪礼》、《左传》等文献的真伪,均提出质疑。朱彝尊撰有《经义考》,其中对《尚书》等经典,多有考辨其真伪的文字。万斯大的《周官辨非》,从制度和古书不合等方面立论,认为《周官》非周公之书,举其可疑者凡四十七则,一一加以辩驳,皆持之有故,言之有理。但以上诸人,在学业上,并不专主辨伪。

　　清初倾心于文献辨伪,且做出突出贡献的,当数姚际恒、阎若璩、胡渭等。姚氏著有《九经通论》,其《尚书通论》中关于伪《古文尚书》的考辨成果,多为阎若璩所吸收;《礼经通论》辨及《周礼》及《礼记》;《诗经通论》辨及《诗序》。可惜《九经通论》之书稿多已亡逸。他的另一部辨伪学专著《古今伪书考》,辨及经、史、子三类书籍,计九十一种,论辩多采汉唐以来前人之说,其间也多有对前人成说进行补充考证的。阎若璩辨伪的代表作是《尚书古文疏证》,全书列举了一百二十八条证据(其中有目无文者十二条,目、文全缺者十七条)。胡渭的辨伪代表作是《易图明辨》,专辨宋人伪造之《易》图。在书中,他广列元、明以来学者考辨伪《易》图的论述,并在此基础上,用种种方法,证明宋代所传之"太极图"、"河图"、"洛书",是宋初和尚、道士,东拉西扯、胡乱凑合而成,与周公、孔子全无关系。

第六章　清中期的文献
辨伪学（上）

　　关于清中期的文献辨伪学，目前有着截然对立的两种观点，笔者将其概括为"衰落说"和"兴盛说"。

　　所谓"衰落说"。譬如孙钦善先生，他认为："清中期，乾嘉学派兴起。学者们埋头钻研文字、音韵、训诂、校勘，一般对辨伪不大留意。"①杨绪敏先生认为："清代的辨伪以清初与清末两个阶段较为兴盛。清中叶，尤其是乾嘉时期，学者们'好古甚笃，不肯轻易怀疑，他们专用绵密功夫在一部书之中，不甚提起眼光超览一部书之外'（原注：引梁启超语），因此清代的辨伪学出现了两头兴盛、中间衰落的特点。"②所谓"兴盛说"，如杜泽逊先生认为："真正能够代表清代前期辨伪成绩的是《四库全书总目》。《四库全书总目》集我国古典目录学之大成，是清代考据学兴盛的产物。在辨伪学方面，它也同样是集大成者。"虽然说《总目提要》"不是专门的辨伪目录，但它在古籍辨伪学上却是真正的集大成者，它无愧为清代辨伪学的代表之作。"③牟玉亭先生也认为："至乾隆时代，辨

---

① 孙钦善：《中国古文献学》第五章"辨伪"第三节"辨伪的历史成果与经验"，第179页。

② 杨绪敏：《明清辨伪学的成立及古书辨伪之成就》，《中国社会科学院研究生院学报》1999年第4期。

③ 杜泽逊：《文献学概要》（修订本）第八章"文献的辑佚与辨伪"，第199页。

伪风气仍很兴盛",并举崔述的《考信录》为例说明,且提到此时的
《总目提要》"也很注意真伪考辨,有一定创见"。①

不难看出,"两说"的一个重要区别,就是对《总目提要》辨伪
学成就的不同定位。实事求是地说,前者对它辨伪学成就研究不
多,所以,孙钦善先生据"乾嘉学风",推断当时学人"一般对辨伪
不大留意"。杨绪敏先生也未及详考,即做出定论。因此,"衰落
说"是值得商榷的。至于"兴盛说"的提倡者则注意到《总目提要》
的文献辨伪成就,并给予了充分肯定,颇能服人。但是,清中期文
献辨伪的成就不仅是这些,而且"兴盛说"的提倡者对清中期学风
丕变的深远影响、清中期文献辨伪研究的确切情况,特别是《总目
提要》的文献辨伪成就等,都语焉不详。

总之,笔者认为,"兴盛说"固然有理,但是需要重新论证。也
就是说:《总目提要》,是清中期文献辨伪研究的代表,是既往文献
辨伪学的集成之作,是清代文献辨伪学研究的代表作。此外,清中
期未能反映在《总目提要》中的文献辨伪成就还有许多,它们和
《总目提要》一起,共同确立了清中期文献辨伪学的巅峰地位,再
难超越。同时,也正是因为这种难再逾越,嘉庆初年以后,文献辨
伪研究出现了新面貌,也就不难理解了。

第一节　辨伪诸家(上)

一、全祖望、卢文弨的文献辨伪

1.全祖望的考辨

全祖望(1705—1755),字绍衣,号谢山,自署鲒埼亭长,浙江
鄞县人。乾隆元年(1736年)中进士,选翰林院庶吉士,散馆授知

---

① 牟玉亭:《明清辨伪学的发展》,《文史杂志》1999年第5期。

县。辞官归家,遂不复出,曾主讲蕺山、端溪书院,为士林仰重。全
祖望早有文名,学问渊博,归家后,虽贫病交迫,仍倾心学术,相继
著成《经史问答》、《鲒埼亭集》等,复七校《水经注》。① 对其学问,
阮元曾赞叹道:"经学、史才、词科三者,得一足以传,而鄞县全谢
山先生兼之。"②今人更看重其史学成就③,而关于全氏文献辨伪的
研究并不多见④,更不必说有全面考察全祖望之文献辨伪问题者。

　　①辨《子夏易传》。

---

①　《七校水经注》即为其代表作,但对于《七校水经注》的真伪尚有争论,清末杨
　　守敬已有所察觉,近代学者胡适、陈桥驿明确指出王梓材在七校本中作伪。
　　全祖望所校《水经注》流传坎坷,虽最先完成,却最后付梓,其间稿本分置数
　　处,是经后学收集、整理成帙的,掺他人的意见实属难免。值得注意的是全祖
　　望写有《五校水经注题词》,文中提到"生平五校是编",这说明他校《水经注》
　　的工作已经完成,否则不会称"生平",也不会撰此题词。题词写于乾隆庚午
　　(乾隆十五年,1750年),距其去世犹有五年,当然不能排除全祖望在这段时
　　间再做些补充、修订。但是人们发现在七校本中,"王梓材据戴(东原)改全"
　　的情况较为普遍,那么,全祖望七校《水经注》就令人怀疑。但是全祖望五校
　　《水经注》则是客观事实。参见《清国史》"儒林传"卷7"全祖望传",第413
　　页。《清国史》"儒林传下"卷9"全祖望传",第602页。
②　(清)阮元:《研经室集·二集》(邓经元点校)卷7"全谢山先生经史问答序",
　　中华书局,1993年,第544页。
③　《清代朴学大师列传》将其列入"史学家列传"中。章炳麟称:"其补表、补志
　　诸家,亦兼有'考史'之作,视其所补者长,则入'作史'列;所考史者长,则入
　　'考史'列。"见支伟成《清代朴学大师列传》"卷首",岳麓书社,1986年,第8
　　页。
④　曾贻芬在论述全祖望历史文献学成就时,有一段关于全祖望文献辨伪的文
　　字,提到"全祖望辨伪,事实充分,推理严密",并以《鲒埼亭集》中辨《子纠辨》
　　"非程大昌所为"、疑《六经奥论》非郑樵所作为例进行说明(曾贻芬:《全祖望
　　的史学与"七校""三笺"》,《史学史研究》1999年第2期)。这算是不多见中
　　的一篇。此外,研究全祖望的文献学成就抑或学术思想的成果,都鲜有述及
　　全祖望的文献辨伪问题的。如顾志华《试论全祖望在历史文献学上的成就》
　　(《华中师范大学学报(哲社版)》1986年第1期)、陈其泰《全祖望与清代学
　　术》(《中国社会科学院研究生院学报》1992年第2期)等都无一字涉及文献
　　辨伪的成就。

全祖望认为,传世《子夏易传》及《七略》等著录的《子夏易传》,均是伪书。其言:"今所行十一卷,固属赝本,即《七略》以来之书,亦依托耳。"这里,全祖望明确提出,《子夏易传》有"伪书"和"伪本"。关于作伪者,全祖望通过"追溯其旧本","并取《释文》、《正义》、《集解》所引附列之",发现了张弧作伪的"疏略"。①

②辨丰坊伪书。

全祖望认为,所谓《石经河图》、《石经鲁诗》、《石经大学》、外国本《尚书》等,都是丰坊所"伪撰"。至于丰坊"上溯之清敏(笔者按,指丰稷,系丰坊十五世祖)诸公,以至学士(丰熙)",都是丰坊"讹托名焉"。② 有关丰坊作伪的文字,又见《鲒埼亭集外编》卷三十四"题丰氏五经世学"。全祖望在这里,将《古易世学》(《石经河图》)、《鲁诗世学》(《石经鲁诗》)、《古书世学》(外国本《尚书》)、《春秋世学》、《石经大学》等,都视为丰坊伪作。虽然没有提到《子贡诗说》和《申培诗说》,但是,它们是《鲁诗世学》的核心内容,全氏以为伪作,当无疑义。

③辨《石经大学》。

毛奇龄在《大学证文》中曾言:"考《魏史》,正始中诸儒虞公松等校过石经,魏邯郸淳、钟会以古文、小篆、八分书之于石"。毛氏认为,魏正始石经是邯郸淳和钟会所立。全祖望对毛奇龄大加嘲讽,全氏说:"谓邯郸淳、贾逵、钟会、虞松在正始中写石经,见《魏志》",哪里有邯郸淳"正始写经之事"? 即使是查阅贾逵以下三人传记,其本传具在,何尝有此? 全祖望以为,毛奇龄"为丰氏所

---

① (清)全祖望:《全祖望集汇校集注·鲒埼亭外编》(朱铸禹汇校集注)卷27"题跋一·子夏易传跋尾",第1260—1261页。

② (清)全祖望:《全祖望集汇校集注·鲒埼亭外编》(朱铸禹汇校集注)卷19"记·丰学士画像记",第1110页。

欺"，考据之疏略，"颇可笑也"。①

④辨《十六国春秋》伪本。

其一，从该书流传的角度证伪。全氏认为，该书百卷，本是崔鸿取十六国时的"伪史"，经"裁定"而成。虽然"东涂西抹，痕迹宛然"，然而因"诸史并绌"，所以司马光著《资治通鉴》时仍称引颇多。但是，根据"晁说之述温公语，谓当日所见，疑非原本。而鄱阳马氏《通考·经籍考》中不列是书"，所以推测该书"在宋时已鲜传者"。因此怀疑明中叶刊刻的百卷本《十六国春秋》是"近人撮拾成书"，假托崔氏而成。

其二，从佚文对照的角度证伪。据言，"宋龚颖《运历图》载，前凉张寔（实）改元永安，张茂改元永元，张重华改元永乐，张祚改元和平，张天锡改元太清，张大豫改元凤皇"的事迹，人称出自《十六国春秋》。晁公武以为："或云出崔氏书，崔书久不传于世，莫能考也。"全祖望查阅后出本，发现"并无此事"。而且，他还发现"《通鉴考异》引鸿《年表》"，今本"并无有"。此外，"鸿书皆有赞序评论，在《通鉴》亦多引之"，但是今本仅仅取"《通鉴》所引，附注传尾"。据此，不能不言其为"赝本"矣。

其三，从今本体例的角度证伪。按照史传著述体例，"两人一事，必曰语在某人传"，一事两出，"为文烦复"，是"史法紊乱"。但是所谓崔氏今本，竟然"有同一事而三四见者"。如果卷帙浩繁还情有可原，但是今本"列传大都寥寥数行，不载生卒，不叙职官"，如此寥寥传文，还出现这样的重出紊乱，其"东涂西抹，痕迹宛然，是不辨而自见"的。所以他说，即便是崔鸿原本"已不足观，况其

---

① （清）全祖望：《全祖望集汇校集注·鲒埼亭外编》（朱铸禹汇校集注）卷41"答杭堇浦辨毛西河述石经原委帖"，第1623页。

为伪书乎?"①

⑤辨《孙子兵法》。

全祖望认同叶适的看法,认为《孙子兵法》是"纵横家"的托名伪作。他又针对有人以为该书是孙子作,并据此非议孙子的现象,提出,《孙子兵法》与孙子无关,"按之以责孙子之不售"②,诚为失当。

⑥辨《六经奥论》伪作、辨《子纠辨》乃托名程大昌作。

辨《六经奥论》有关言论,见《鲒埼亭集外编》卷三十四"题丰氏五经世学"。辨《子纠辨》,可见《鲒埼亭集外编》卷三十三"书程尚书子纠辨后"。曾贻芬的《全祖望的史学与"七校"、"三笺"》(《史学史研究》1999年第2期)均已有简述,此从略。

⑦论《永乐大典》之于文献辨伪的意义。

雍正年间,开《三礼》书局,李绂、全祖望在翰林院,得以阅读《永乐大典》,发现其中秘籍甚多,于是订出凡例,相约抄辑。全祖望《抄永乐大典记》对此事,所言甚详,其中述及《永乐大典》中所存书籍对于辨伪的意义。他写道:"其余偏端细目,信手荟萃,或可以补人间之缺本,或可以正后世之伪书,则信乎取精多而用物宏,不可谓非宇宙间之鸿宝也。"③可见,全祖望对《永乐大典》之于文献辨伪的价值,已有深刻的认识。当时范氏天一阁、马曰琯小玲珑山馆,都曾资助全祖望代抄,但终究因为势单力薄,所抄无多。

---

① (清)全祖望:《全祖望集汇校集注·鲒埼亭外编》(朱铸禹汇校集注)卷43"简贴三·答史雪汀问十六国春秋书",第1657—1658页。
② (清)全祖望:《全祖望集汇校集注·鲒埼亭内编》卷29"论·孙武子论",第548页。
③ (清)全祖望:《全祖望集汇校集注·鲒埼亭外编》卷17"抄永乐大典记",第1072页。

2.卢文弨的考辨

卢文弨（1717—1795），字弨弓，号石鱼，又号抱经，浙江余姚人。乾隆十七年（1732 年）一甲三名进士，授翰林院编修，历官翰林院侍读学士、湖南学政等。后乞养归，主江浙书院讲席。卢氏一生，孝谨笃厚，潜心汉学，与戴震、段玉裁友善。好校刻图书，有《群书拾补》刊行。又著有《抱经堂文集》等。① 卢文弨涉及文献真伪的考辨，大致如下：

①辨《方言》非伪。

卢文弨认为，虽然《方言》一书"《艺文志》无之，乃班氏于（扬）雄本传，举其所著书，亦阙《方言》"。但是，其为扬雄作，是确定无疑的。他的根据是常璩《华阳国志》中有"典莫正于《尔雅》，（故）作《方言》"的记载。他以为是《方言》非托名，确系扬雄作之"最为明证"。②

②辨《越绝书》非子贡作。

卢文弨信从明杨慎以来的"隐语"说，认为"此书为汉更始、建武之际，会稽袁康之所作，又属其邑人吴平定之，观其篇中离合姓名而知也"。书中言辞，"不离乎短长家之余习。其文奇而不典，华而少实，且亦多庸猥烦复，盖其辞又出《国策》下矣"。③ 卢氏虽无一语及子贡，但是以托言"子贡作"为不实，是不言而喻的。

③辨《西京杂记》非托名刘歆。

对于"或以为晋葛洪著，或以为梁吴均伪撰"的问题，卢文弨提出"此汉人所记无疑"的观点。他的主要根据是：其一，葛洪并

---

① 《清国史》"儒林传"卷6"卢文弨传"，第 405 页。《清国史》"儒林传下"卷 10 "卢文弨传"，第 607—608 页。

② （清）卢文弨：《抱经堂文集》（王文锦点校）卷3"序二·重校方言序（壬寅）（乾隆四十七年，1782 年）"，中华书局，1990 年，第 31 页。

③ （清）卢文弨：《抱经堂文集》卷9"跋二·题越绝后"，第 127—128 页。

非不能自著书,因此"何必假名于歆"? 其二,书中称"成帝好蹴
踘,群臣以为,非至尊所宜,家君作弹棋以献",这是刘歆称刘向为
"家君"。葛洪绝不会为了"取信于世",而"不惮父人之父"。其
三,吴均"亦通人,其著书甚多",因此吴均"亦必不屑托名于刘
歆"。其四,吴均之文章即便是"俊拔有古气",但也不能同"西京
埒"。故而,《西京杂记》的文辞,绝非吴均所能作。第五,从史志
目录记载的角度考察,《隋书·经籍志》不著姓名,新、旧《唐书》始
题葛洪,且与《隋书》归类不同,作伪者对这些"似全未寓目",因此
不足据。

关于该书题名的作者,卢氏认为:因为葛洪"抄而传之"的缘
故,该书题葛洪,"固亦无害",但是"其文,则非洪所自撰"。

总之,卢文弨认为:

> 凡虚文可以伪为,事实难以空造。如梁王之集游士为赋,
> 广川王之发冢藏所得,岂皆虚耶? 至陈振孙疑向、歆父子不闻
> 作史,此又不然。历朝撰造,衰然成编,所云百卷,特前史官之
> 旧。向传之歆,歆欲编录而未成,其见于洪之序者如此,本不
> 谓其父子皆尝作史也。洪以为本之刘歆,则吾亦从而刘歆之
> 耳,又何疑焉![1]

也就是说,卢文弨认为,《西京杂记》经刘氏父子编录,葛洪传
抄而成。葛洪以为该书"本之"刘歆,而非说刘歆"作",渊源甚明,
何有伪托之论?

④论《新书》非伪作,亦非贾谊自著。

---

[1]　以上均见于(清)卢文弨:《抱经堂文集》卷7"题辞·新雕西京杂记缘起",第
90页。

《新书》，或以为贾谊作，或以为后人托名贾谊作。卢文弨以为这两种说法都不妥当："《新书》非贾生所自为也，乃习于贾生者萃其言以成此书耳。犹夫《管子》、《晏子》非管、晏之所自为。"至于依据，首先，他认为"篇中有怀王问于贾君之语"，贾谊不能"以贾君自称"，所以非自撰。但是，书中内容又不能凭空杜撰，如"《过秦论》，史迁全录其文。《治安策》，见班固书者乃一篇，此离而为四五"，"《修政语》，称引黄帝、颛、喾、尧、舜之辞，非后人所能伪撰"，而且《容经》篇、《道德说》篇等，"辞义典雅，魏、晋人绝不能为"。所以他认为："是习于贾生者萃而为之"。①

⑤论《子华子》义理可取。

就该书而言，不少学者指出是后人因"孔子倾盖与语"附会而来。比起书之真伪，卢文弨似乎更重视该书义理之可取。他指出，仅就"有道之世，因而不为，责而不诏"二语而言，"非深知治天下之大体者，焉能作斯语哉?"短短数字，"君相之大道，备于斯矣"。因为义理可取，所以"其文辞之蔚然可观，抑末也"。他又顺便提出，"最后二章，类六朝人所傅益之者"，后来读者应注意辨别。②

⑥辨《刘子》非刘勰作。

所谓《刘子》的真伪之争，主要围绕是否"托名刘勰"而展开。卢文弨认为，五十五篇的《刘子》是南齐（卢氏笔误，当为北齐，笔者按）刘昼所作、刘勰所著的观点，"殆不然也"。他也否认了唐人袁孝政自注自撰、托名刘勰的说法："东发（黄震）又讥其文类俳，此在当时文体自尔，中间亦不全避唐讳，安得断为唐人?"③

---

① （清）卢文弨:《抱经堂文集》卷10"跋三·书校本贾谊新书后"，第141页。

② （清）卢文弨:《抱经堂文集》卷10"跋三·书子华子后"，第149页。

③ （清）卢文弨:《抱经堂文集》卷12"跋五·刘子跋"，第172页。

二、戴震文献辨伪举隅

戴震（1723—1777）①，字东原，又字慎修，安徽休宁人。乾隆二十七年（1762 年）举乡试，三十八年充《四库全书》纂修官。四十年特命与殿试，赐同进士出身，改庶吉士。戴震自幼善疑好问，博闻强识，尤其娴熟于群经古注。曾学于江永，与钱大昕、翁方纲、王鸣盛、惠栋等相唱和，有集乾嘉学术大成之誉。② 汪中曾言："千余年不传之绝学，及戴氏出而集其成焉"③。戴震卒后，王念孙、段玉裁等传其学。戴震著述宏富，曲阜孔继涵曾汇刻成《戴氏遗书》，收录十五种著作。1936 年胡朴安等又曾编印《安徽丛书》，其中收录戴震著作二十三种，名以《戴东原先生全集》。戴震著作究系多少？据梁启超《东原著述纂校书目考》④及《戴东原先生全集》所附《戴先生所著书考》⑤可知，戴氏平生编著图书近五十种。20 世纪 50 年代以来，中华书局、上海古籍、清华大学等出版社相继出版了戴震著述。辑录有别，各有短长。其著述中涉及文献辨伪的内容，大致如下。

1.辨东晋伪《古文尚书》

《戴震文集》中收录一篇名为《尚书今古文考》的文字，主要内

---

① 戴震生年，一般系在雍正元年（1723 年）。据段玉裁《戴东原先生年谱》，其生年为雍正元年十二月己巳（二十四日），即公元 1724 年 1 月 19 日。见《戴震文集》（赵玉新点校）中华书局，1980 年，第 215 页。

② 《清国史》"儒林传"卷 6 有传，不如"儒林传下"的传文详尽。另可参见段玉裁《戴东原先生年谱》，洪榜《戴先生行状》，王昶《戴东原先生墓志铭》，钱大昕《戴先生震传》，余廷灿《戴东原先生事略》等，载于《戴震文集》（赵玉新点校）附录，中华书局，1980 年，第 215—275 页。

③ 转引自（清）凌廷堪：《校礼堂集》（王文锦点校）卷 35"汪容甫墓志铭"，中华书局，1998 年，第 320 页。

④ 梁启超：《戴东原著述纂校书目考》（据 1936 年影印《饮冰室合集》本），中华书局，1989 年，第 78—110 页。

⑤ 《安徽丛书》编审会辑：《安徽丛书》第六期，1936 年影印本。

容是关于汉晋间今古文《尚书》流传的问题,涉及伏生《今文尚书》篇目及传授、《太誓》始末、孔壁《古文尚书》篇目、东晋梅赜《古文尚书》等,几乎涉及《古文尚书》辨伪学研究中的各个方面。因为简略,所以戴震有关《古文尚书》辨伪问题上的主张,可以一目了然。对东晋元帝时梅赜所献《古文尚书》,戴震主要指出其篇目和流传中存在的两个问题:

①篇目问题。

戴震分析指出,梅赜将《今文尚书》二十八篇分析成三十三篇("于二十八篇析为三十一之外,更析《尧典》、《皋陶谟》为《舜典》、《益稷》");又将增多的十六篇①《古文尚书》,分析成二十五篇,最终凑足五十八篇之数。将原来在《今文尚书》中的《书序》,分散在各篇篇首,"为四十六卷,以傅合《艺文志》所录卷数"。至于如何凑成四十六卷,并未明言。

②流传问题。

《古文尚书》的授受流传,戴震在这篇文章中也作了大致说明。其大意是,《古文尚书》无师传,内府藏本亦亡佚,但是东晋梅赜为让世人信而不疑,特意编造了自郑冲以下的传授谱系。戴震认为由于前人有言在先,所以不再赘言驳正,只是说:"其说往往与王肃不异"。

总之,戴震认为,孔壁古文早已亡佚,今见《古文尚书》已不是"汉时秘府所藏、经师所涉之十六篇矣"②。实事求是地说,戴震上述言论仅是泛谈,但是,他对伪《古文尚书》的态度确也影响了无数学人。

2.论《大戴礼记》

---

① 四库本和整理本均作"十九",误,当为"十六"。
② 以上均见(清)戴震《戴震文集》(赵玉新标点)卷1"尚书今文古文考",中华书局,1980年,第3—5页。

大、小戴《礼记》是戴德、戴圣分别从《记》百三十一篇、《曾子》、《子思子》、《孔子三朝记》、《明堂阴阳记》等文献中,删辑而成。戴圣删戴德《大戴礼记》八十五篇,成《礼记》四十九篇之说,始见于《隋书·经籍志》。清儒如纪昀等均有辨驳,以其为妄说。戴震亦有言:

> 今是书传本卷数与《隋志》合,而亡者四十六篇。《隋志》言,戴圣删大戴之书为四十六篇,谓之《小戴记》。殆因所亡篇数,傅合为是言欤? 其存者,《哀公问》及《投壶》,《小戴记》亦列此二篇,则不在删之数矣。他如《曾子大孝》篇,见于《祭义》;《诸侯衅庙》篇,见于《杂记》;《朝事》篇,自"聘礼"至"诸侯务焉",见于《聘义》;《本命》篇,自"有恩有义"至"圣人因教以制节",见于《丧服四制》。凡大、小戴两见者,文字多异。《隋志》以前,未有谓小戴删大戴之书者,则《隋志》不足据也。①

戴震主要提出三点证据:其一,《礼记》中亡佚的四十六篇,与《隋书·经籍志》中戴圣删戴德八十五篇为四十六篇(《曲礼》、《檀弓》、《杂记》均可分为上、下两篇,所以又可记为四十九篇)的记载相合,戴震认为这是作伪者的有意牵合。其二,如果戴圣果真不取戴德选中的八十五篇,而用另外的四十六篇,那么,为何《哀公问》、《投壶》二篇,大、小《戴记》均有? 其三,如《曾子大孝》篇见于《祭义》等,大、小《戴记》中多处有内容相近、"文字多异"的情况。

---

① (清)戴震:《戴震文集》(赵玉新点校)卷1"大戴礼记目录后语一",第16—17页。

总之，戴震认为，《隋书·经籍志》中"小戴删大戴"的说法是附会而来，其书自然也就是赝托的伪书。

3.《小尔雅》辨伪

戴震从《小尔雅》中所用的术语、释字方法等方面进行论证，指出："如云'鹄中者谓之正'，则正鹄之分，未之考矣。'四尺谓之仞'，则'筑宫仞有三尺'，不为一丈，而为及肩之墙矣。'浍深二仞'，无异洫深八尺矣。"如"《广量》曰：'豆四谓之区，区四谓之釜'，本《春秋传》'四升为豆，各自其四以登于釜'之文。'釜二有半，谓之籔'，本《聘礼记》'十六斗曰籔'。'籔二有半，谓之缶'，此句无本。"等等。对于诸如此类"不胜枚举"的问题，戴震以为，"其解释字义"，以为之驳证，因此"汉世大儒不取之为说经"，只有王肃、杜预以及梅赜的《古文尚书孔传》"颇涉于此"。且又有人言"《小尔雅》者，后人采王肃、杜预之说为之也。"

总之，戴震认为，该书大致是"后人皮附掇拾而成，非古小学遗书也"。[①]

4.辨《方言》非伪

《方言》全称《輶轩使者绝代语释别国方言》，一般以为汉代扬雄作，晋时学者郭璞作注，凡十三卷。但是《汉书·艺文志》、《汉书·扬雄传》均未著录，因此宋儒洪迈《容斋随笔》疑其为伪作。戴震在《方言疏证自序》中，明确提出《方言》非伪，并对洪迈的观点进行批驳。

如洪迈认为《汉书·艺文志》均不见言及，故而是伪书。戴震则以为，"《方言》终属雄未成之作，歆求之而不与，故不得入录。

---

① 以上均见（清）戴震：《戴震文集》卷3"书小尔雅后"，第64—65页。

班固次《雄传》及《艺文志》，不知其有此。"①

再如洪迈据扬雄《自序》，不称有《方言》之作，故而是伪书。戴震则认为，这是洪迈读书不精——"未之审"，也"未考雄之文"。因为在戴震看来，如"《谏不受单于朝书》、《赵充国颂》、《元后诔》等篇，溢于《雄传》及《艺文志》外者甚多"，如据此都说是后人伪作，自然难以令人信服。

总之，他认为，《方言》非伪，洪迈所言是"轻置訾议"②，也就是说，《方言》书中的一些问题，固然存在，但是，不足以断定该书之伪。

5.论费氏《易》伪作

戴震语及费氏《易》，认为"后人误读《儒林传》，乃赝作费氏《易》"。至于作伪手法，他指出，是"省去《彖》、《象》、《系辞》之目，总以一《传》字加于《彖》、《象》之首"。因为是伪书，所以他认为所谓"费氏改经"的说法，是"不察之论也"。③

三、钱大昕文献辨伪问题研究

钱大昕（1728—1804），字晓征，号辛楣、又号竹汀，晚号潜研老人，江苏嘉定人。乾隆十六年（1751年）高宗南巡，因献赋，获赐举人，乾隆十九年成进士，选翰林院庶吉士，散馆授编修。后历官右春坊右赞善、翰林院侍讲学士、詹事府少詹事等。钱大昕自幼聪慧，善辞章，贯通经史诸子，能音韵训诂，又兼擅算术、天文、中西历法等，曾与修《热河志》、《续通考》、《续通志》诸书。归田后，讲学于钟山、娄东、紫阳书院，门徒多至二千人。著述丰富，尤其以《廿

---

① （清）戴震：《戴震文集》卷10"方言疏证序"，第153—154页。
② （清）戴震：《戴震文集》卷10"方言疏证序"，第155页。
③ （清）戴震：《戴震文集》卷1"周易补注目录后语"，第3页。

二史考异》、《十驾斋养新录》、《潜研堂文集》最为著名。① 钱大昕对数种存在真伪问题的文献,都有考辨。张涛撰《钱大昕的史籍辨伪》(《史学史研究》2005 年第 4 期),曾探讨过该问题。笔者认为,钱大昕的文献辨伪,非唯"史籍",且旁涉经部、子部文献,此外,对钱大昕文献辨伪的思想也应给予足够的重视。

1.辨今文《太誓》为真,古文《太誓》为伪

其一,辨古文《太誓》伪作。(钱文中《泰誓》均写作《太誓》)今文《太誓》二篇,马融曾质疑其非真。东晋时,又出现古文《太誓》三篇。孔颖达《尚书正义》等信古文《太誓》为真。但是,古文《太誓》有"独夫受,洪惟作威,乃汝世仇",又有"诞以尔众士,殄歼乃仇"的文字。其"仇"、"世仇"等令许多学者困惑,进而对其真伪提出质疑。当然,这已是宋以后的事情了。

在钱大昕看来,《太誓》真本不当有这样的言论,这从《荀子》、《孟子》的引据中不难看出。并且,《尚书·牧誓》篇只是说"恭行天罚"而已,绝无"仇视其君之词"。所以,钱大昕感叹:伪古文《太誓》"之诬武王甚矣"。

其二,辨今文《太誓》为真。今文《太誓》有"宣帝本始②中河

---

① 参见(清)王引之《王文简公文集》卷 4"詹事府少詹事钱先生墓志铭",续四库本,第 1490 册,第 398 页。《清国史》"儒林传下"卷 11"钱大昕传",第 612—613 页。以及《清国史》"儒林传"卷 6"钱大昕传",第 407—408 页。

② "本始"、"太始"问题:《尚书序正义》曰:案王充《论衡》及《后汉史》献帝建安十四年黄门侍郎房宏等说云:"宣帝本始元年,河内女子有坏老屋,得古文《泰誓》三篇",《论衡》又云:"以掘地所得者"。阮元校刻本《尚书》以"本始"原作"泰和",校勘记云:"宋本、闽本同,毛本'泰和'作'本始'"。古代尤其是西汉和东汉早期多用"太"字而鲜用"泰"字。故陈梦家疑"本始"是"太始"之讹,而太始正在武帝末年。当然,后人也可能因"太始"为"本始"之讹,而误以为《泰誓》后得,是在汉宣帝之世。但是,有关记载又见于以下几处:①《尚书序正义》引刘向《别录》:"武帝末,民有得《泰誓》书于壁内者,献之,与博士,使读说之,数月皆起,传以教人"。②《文选》卷 43《刘子骏移书让太常博士》

内女子所得"的说法,马融曾写成专论,孔颖达亦视为伪书。宋明以来,清初以来,辨今文《太誓》非伪的学者多有,钱大昕亦然此论。他认为"《太誓》伏生所传虽无之",但是伏生《大传》中"八百诸侯"俱至孟津及"白鱼入王舟"事,"俱与今文《太誓》同"。也就是说,伏生虽未"口授"《太誓》,但是伏生"壁藏百篇之《太誓》",同后得之《太誓》,"本无二本"。亦言之:"其实景、武之世已有之"。因此,"河内女子所得者"的说法,"妄也"。

另外,孔壁古文出现后,人们所说的二十九篇即"伏生之二十八篇与《太誓》也"。司马迁"尝从安国问故",故《史记》所载"多古文说"。通过《史记·周本纪》、《齐世家》的引文,可知"古、今文,初无二本也"。既然太史公"亲见古文",所引《太誓》今古文又无差异,所以,今文《太誓》之为真《太誓》,"审矣"。

此外,钱大昕又据许慎《说文序》中"其称《书》孔氏",而引《周书》"王出",又引"孜孜无怠",又引"师乃",皆在今文《太誓》篇,也证明今文《太誓》非伪。

总之,钱大昕认为"孔氏古文《太誓》,与今文正同,而东晋晚出之古文,断非孔氏古文也"。最终指出,今文《太誓》真,古文《太誓》伪的观点。① 钱大昕不见有通论《古文尚书》真伪的著述传世,但其考辨《太誓》的专篇,不难看出他在《古文尚书》其他篇目

注引刘歆《七略》:"孝武皇帝末,有人得《泰誓》书于壁中者,献之,与博士,使赞说之,因传以教"。③《汉书·楚元王传》所引刘歆《移太常博士书》:至孝武皇帝,然后邹、鲁、梁、赵颇有《诗》、《礼》、《春秋》先师,皆起于建元之间。当此之时,一人不能独尽其经,或为《雅》,或为《颂》,相合而成。《泰誓》后得,博士集而读之,故诏书称曰:'礼坏乐崩,书缺简脱,朕甚闵焉'。时汉兴已七八十年,离于全经,固已远矣。及鲁恭王坏孔子宅,欲以为宫,而得古文于坏壁之中"云云。刘向、刘歆生活年代比东汉王充要早,应该更易于了解详细情况。故而取"太始"即"武帝末年"说,应该是恰当的。

① (清)钱大昕:《潜研堂集·潜研堂文集》(吕友仁点校)卷5"问答二·书",上海古籍出版社,1989年,第64—66页。

辨伪问题上的主张。

　　2.论定《诗序》子夏作

　　宋儒叶适等以为《诗序》为卫宏作,但是,钱大昕认为司马相如、班固都曾引用《诗序》,所以《诗序》"不出于宏,已无疑义"。而且,他考查孟子说《北山》之诗,有云:"劳于王事,而不得养父母",认为此"即《小序》说也"。只是《小序》在孟子之前,"故孟子得引之"。所以他认为"汉儒谓子夏所作,殆非诬矣"。钱大昕继清初陈启源等之后,论定《诗序》非但不是卫宏伪作,而且确是子夏传述,究其用意,应在重树《诗序》之权威。他说道:"诗人之志,见乎《序》,舍《序》以言《诗》,孟子所不取",故而作为"去古益远"的"后儒",应该尊信《子夏诗序》,不当以一人之"私意","窥测古人"。①

　　3.论戴德《大戴礼记》非伪,戴圣删书说不足信

　　《大戴礼记》伪书说,姚际恒最为倡导,而其前、其后,都鲜有人言及真伪。人们讨论较多的,是戴圣曾否删戴德《大戴礼记》而成《小戴礼记》的问题。对此,钱大昕有言:"按郑康成《六艺论》云:'戴德传《记》八十五篇,戴圣传《记》四十九篇'。"按照郑玄《六艺论》的记载,《礼记》"百三十一篇者,合大、小戴所传而言"。至于"《小戴记》四十九篇,《曲礼》、《檀弓》、《杂记》皆以简策重多,分为上下",所以,实际是"四十六篇"。因此,同《大戴礼记》的八十五篇合计,"正协百卅一之数"。所以,所谓"大戴删古《礼》二百四篇,为八十五篇,小戴又删为四十九篇"的说法,是"附益"之言,"《汉书》无其事,不足信也"。② 钱大昕的辨论,同《大戴礼记》

　①　(清)钱大昕:《十驾斋养新录》(陈文和、孙显军点校)卷1"诗序",江苏古籍出版社,2000年,第23页。
　②　(清)钱大昕:《廿二史考异》(方诗铭、周殿杰点校)卷7"汉书二",上海古籍出版社,2004年,第142页。

辨伪的关系不大,这也从一个角度说明了姚际恒之"伪书说",提得唐突,认同者不多。

4.论《中庸》子思作

《中庸》是否为托名子思而作成,一直是文献辨伪学中争论的问题。钱大昕用笃信《中庸》子思作的方式,表达了他对《中庸》伪作说的反对。而且,他还说:"宋儒以《中庸》出子思氏,特表章之,而不知《表记》、《坊记》、《缁衣》三篇,亦子思之言也。"①在钱大昕看来,子思不但作《中庸》,还作《缁衣》等另外三篇。

5.《孟子正义》辨伪

钱大昕认为,《孟子正义》是作伪者"尽删《章指》正文,仍剽掠其语,散入《正义》",托名孙奭而成。他提到的《章指》,系指赵岐注《孟子》,因为赵氏在"每章之末,括其大旨,间作韵语",故而,"谓之《章指》"。

钱氏又指出,删减赵岐《孟子章指》,始于陆善经。其言:"考《崇文总目》,载陆善经《注孟子》七卷,称善经删去赵岐《章旨》与其注之繁重者,复为七篇(见《文献通考》)。"也就是说,"删去《章指》,始于善经",所谓"邵武士人"作《孟子正义》,"盖用善经本"。同时,钱大昕又指出了马端临混淆《孟子正义》和孙奭《孟子音义》的疏阔。②

6.《星经》辨伪

《星经》旧题甘公石申撰。钱大昕根据史志记载,指出:甘、石书不见于《汉书》,阮孝绪《七录》著录的甘公《天文星占》八卷、石申《天文》八卷,"今皆不可见矣"。传世之《星经》,"乃后人伪

---

① (清)钱大昕:《潜研堂集·潜研堂文集》(吕友仁点校)卷17"论子思子",第287页。

② (清)钱大昕:《十驾斋养新录》卷3"孟子章指"、"孟子正义非孙宣公作",第52页。

托"，作伪办法是："采晋、隋二志之文成之"①。因为"词意浅近"，所以能很容易判断其"非先秦书"。

钱大昕认为，司马迁《史记·天官书》的文字"古奥"，必是采撷"甘石之传"而成。但是后人"言天象"，"舍《史》、《汉》而别求甘石之经"，真的是"弃周鼎而求康瓠矣"②！此外，又指出明人刻《汉魏丛书》，将甘公石申题作汉人，"尤为谬妄"，因为《史记》已经载明："齐有甘公，魏有石申"，所以他们"皆在战国时，非汉人也"。③

7.《十六国春秋》别本辨伪

钱大昕根据该书《宋史·艺文志》、《崇文总目》和晁公武、陈振孙、马端临三家书目，均不见记载的事实，推断崔鸿《十六国春秋》之"失传已久"。所以对于两个传世本，均视为后人依托。其言：

> 今世所传《十六国春秋》，凡两本：其一见于何镗等所刊《汉魏丛书》，仅十六卷，寥寥数简，殆出后人依托；其一明万历中嘉兴屠乔孙、项琳之所刊，前有朱国祚序，凡百卷，盖抄撮《晋书·载记》，参以它书，附合成之，其实亦赝本也。

其中百卷本《十六国春秋》，据《北史·崔鸿传》和崔子元（崔鸿子，笔者按）奏言，发现此本"无《序例》、《年表》"，"有叙事，而

---

① 类似文字又见于钱大昕《十驾斋养心录》："今世俗所传甘石《星经》，不知何人伪撰，大约采晋、隋《志》成之"（该书卷14"星经"，第301页）。

② 钱大昕曾言："今世所称'甘石星经'乃后人伪托，多袭用晋、隋二《志》而稍为异同，要其剽窃之迹，自不能掩，较之太史公书，犹周鼎之与康瓠也"。见《潜研堂集·潜研堂文集》卷34"与梁耀北论史记书（二）"，第624页。

③ 《潜研堂集·潜研堂文集》卷30"题跋四·跋星经"，第532页。

无赞论",所以是"罅漏显然"。从而推断,其"殆出后人依托"。钱大昕又针对明人作伪问题,以为"明人好作伪书","不值一哂"。①

8.其他

吴澄《三礼考注》辨伪。钱大昕在吴澄《三礼考注》一书的注文中,记道:"或云晏璧伪托。"②

《孔子论语年谱》、《孟子年谱》辨伪。《孔子论语年谱》一卷、《孟子年谱》一卷,旧题元程复心撰。钱大昕言,此二书"各一卷,不见于前人著录",或是"好事者伪托"。③

辨《小尔雅》非伪、辨《孔丛子》伪作。钱大昕认为,《小尔雅》本名《小雅》,是《尔雅》的比附之作。后人伪作《孔丛子》,因有《小尔雅》之名,但是,"失其旧矣"。④

《南迁录》辨伪。《南迁录》一卷,旧题金张师颜撰。宋儒陈振孙以为,该书"岁月皆抵牾不合",当为伪作。《总目提要》亦持此论。钱大昕认为书中"世宗年号曰兴庆"、"章宗号曰天统",其所记年号都与《金史》不同。而且书中称章宗与磁王允明皆被弑,潍王允文嗣立,五年而殂,淄王允德继之,乃南迁汴云云,所言君王更替等与正史"全不相应"。所以推断是"宋人伪造"。⑤

辨《窃愤录》、《窃愤续录》、《南烬纪闻》伪作。钱大昕曾见丁特起撰《靖康孤臣泣血录》,一卷本,疑为"非足本"。至于题名辛弃疾撰的《南烬纪闻》和佚名的《窃愤录》、《窃愤续录》,实为"一

---

① (清)钱大昕:《十驾斋养新录》卷13"十六国春秋",第273—274页。

② (清)钱大昕:《元史艺文志》卷1"礼类",续四库本,第916册,第238页。

③ (清)钱大昕:《十驾斋养新录》卷14"元艺文志",第315页。

④ (清)钱大昕:《三史拾遗》,《廿二史考异》附(方诗铭、周殿杰点校)卷3"律历志下",上海古籍出版社,2004年,第1426页。

⑤ (清)钱大昕:《十驾斋养新录》卷8"南迁录",第181页。

书(《靖康孤臣泣血录》)强析为三",大体是"好事者伪造耳"。①

　　论《艺圃蒐奇》非伪。《艺圃蒐奇》十八卷,旧题明徐一夔编。或以为伪书,钱大昕只是指责该书取材编辑失当,但是不以为伪作。②

　　《步天歌》并非辨伪研究的范畴。《步天歌》七卷,作者不详,有关该书作者的考订,有隋人、唐人的分歧,但不涉及真伪问题。陈振孙《书录解题》以为,"唐王希明撰,自号丹元子"。郑樵《通志·天文略》认为,"隋有丹元子,隐者之流也,不知名氏,作《步天歌》",而"《唐书》误以为王希明"。《隋书·经籍志》中不著录。《总目提要》"步天歌"条,认为该书作者问题,"疑以传疑,阙所不知可矣",但是《步天歌》,"《唐志》、《文献通考》并称一卷,而此本乃有七卷"。因此其为后人所窜乱,"审矣"。又根据郑樵"世有数本,不胜其讹"的说法,推测这个七卷本"或即其一也"。钱大昕从书的文字、内容及其著录情况推断,称该书绝非隋人所为。③ 但是,钱大昕同样不认为这个问题属于文献真伪的范畴。

第二节　辨伪诸家(中)

一、辑佚学家王谟的辨伪

　　王谟(1731—1807),字仁圃,一字汝廪,又作汝上,晚称汝上老人,江西金溪人。乾隆四十三年(1778 年)进士,授知县,改建昌府教授。王谟好学博览,晚岁辑汉魏佚书,成《汉魏丛书抄》,达五

①　(清)钱大昕撰,何元锡编:《嘉定钱大昕全集·竹汀先生日记抄》卷 1,江苏古籍出版社,1997 年。
②　(清)钱大昕:《潜研堂集·潜研堂文集》卷 30"跋艺圃搜奇",第 538—539 页。
③　(清)钱大昕:《十驾斋养心录》卷 14"丹元子步天歌",第 301—302 页。

百余种，用力至深。又著《汝麋玉屑》、《三易通占》、《尚书杂说》等。①

1.《子贡诗传》辨伪

王谟校阅丰坊《子贡诗传》，感叹丰坊"其敢于作伪，以至无忌惮若此!"话锋一转，王谟谈到宋人删改《毛诗》的问题，"《诗》三百十一篇，自孔子删定以来，经汉世传《诗》，齐、鲁、韩、毛四家，师读各异，篇次悉同。惟三家《诗》，无笙诗六篇耳。唐孔氏《疏》，一以毛、郑为宗;朱子《集传》，虽不专主《毛诗》，而仍以《诗小序》别为一编，于本诗篇次，未之有改也"。宋代其他学者，如王柏、郑樵、陈少南等，多凭己意删改《诗经》。王谟认为，宋人窜改《诗经》之危害，甚于丰坊之伪书。其言，"凡此数条，尤此书谬戾之大者，而其作俑，皆始于宋儒。惜乎! 宋儒有羽翼经传之功，而往往好为异论，不知其流弊遂至于此，是岂得为之末减哉? 然而效尤之罪，抑又甚矣"。② 王谟在这里的辨伪，更侧重于借此阐述其纯净经学，维护圣人学统、道统的思想。

2.《天禄阁外史》辨伪

该书八卷，旧题汉黄宪著。前有明王守溪序文，谢安、田宏之评语。篇末，附韩洎论赞。王谟以为，这些"皆作赝书者创为之说，并序文，亦非守溪作也"。他的依据，是《后汉书》以周燮、黄宪、徐穉等人，"风流高洁"，故而"合为一传"，在评述黄宪时云:"言论风旨，无所传闻"③。但是，王守溪《序》中，却说"范氏不立传，必其未见此书"。王谟以为，"守溪固陋一至此乎"?

该书不知"何人赝作"。王谟推测是"何景明、李梦阳之徒摹

① 《清国史》"儒林传下"卷18"王谟传"，第638页。另可参见(同治)《金溪县志》(《中国地方志集成》本，江苏古籍出版社，1996年)卷24。

② (清)王谟:《汉魏丛书》"端木赐诗传跋"。

③ 语出《后汉书》卷53"列传四十三·黄宪传"，第1745页。

拟而作,而好事者又托为王《序》,以重其书"。针对该书的作伪漏洞,王谟进一步举例说:"若《通鉴纲目》,于安帝延光元年(122年)书黄宪卒。本传谓宪终年四十八",但是《外史》一书"犹次及董卓之乱,且盛殷王允",所以它的谬妄,"盖不待攻而自破云"。①

3.《禽经》及张华注辨伪

《禽经》旧题周师旷著,晋张华注。王谟以为《禽经》是唐宋间人托名师旷而作,因为依《说苑·辨物》篇中言,师旷告晋平公:"东方有鸟名谏珂,其为鸟也,文身而朱足,憎鸟而爱狐"。此外,《说文》"鸒"字下,引师旷曰:"南方有鸟,名曰羌鸒,黄头赤目,五色皆备"。王谟认为,或许是后人据此而附会为之。但是今本《禽经》,无所谓"鸒"与"谏珂"的文字,只是引"子野说凤云云,以冠篇首",然而这样的文字,实际上见于《大戴礼记·易本命》,王谟据此说,"以是而托之师旷,亦太无稽矣"。

至于张华注。王谟提出,张华的《禽经注》也不可信。根据是:张华卒在惠帝初年,但是,"此书引景纯注《尔雅》,则东晋时人也。至引李应《蜀志》、顾野王《符瑞图》,皆梁、陈间人,时人尤悬绝",故而定为"赝作"②。

4.《甘石星经》辨伪

《甘石星经》,或题作汉甘公、石申著。王谟根据《史记·天官书》徐广注及《七录》引文中的记载,认为甘德、石申都是战国时人,且"二人各撰有《星经》",不能以甘石"合称",而且也"非汉人"。此外,甘德、石申二家的占候方法,"各有不同",所以,二家书"不得混而为一",这是显而易见的。今见所谓《甘石星经》,"不辨为何人作",概以"甘石"并称,也是可以的,但是查《后汉书》可

---

① (清)王谟:《汉魏丛书》"天禄阁外史跋"。
② (清)王谟:《汉魏丛书》"禽经跋"。

知,《星经》佚文"今皆不见正文,并无一言及五星者",对此,王谟极为怀疑,称"岂皆在原缺文中耶?"而且王氏又发现,今见《星经》中,有石氏《星经薄讃》中的内容。所以他怀疑道:"毋乃即石氏《星经薄讃》耶?"①据上文可知,王谟倾向于认定《甘石星经》本有,只是名实不副,不言其伪,亦不以为伪。

5.其他

《申培诗说》辨伪。王谟认为,《申培诗说》和《子贡诗传》一样"谬妄","故不复辨"。他只是指出,刘向《新序》、《说苑》、《列女传》、蔡邕《石经》等,都有"鲁诗遗说之散见者",故而一一辑出,一则传汉学,一则揭发其"作伪欺人"之妄。②

辨《穆天子传》依托。王谟指出,"战国时人,因《列子》书"有"周穆王驾八骏宾西王母事",据此"依托"而作《穆天子传》③。

辨《汉武内传》、《汉武故事》伪作。王氏以为,二书大致都是后人见"武帝惑于方术神仙之说",故而"祖述《穆天子传》,傅会西王母事为之"。又因《汉书·武帝本纪》多采《史记·封禅书》的内容,故而径直"托名班固"。王谟以其为"诞妄"。④

《汉武洞冥记》辨伪。《汉武洞冥记》,别名《别国洞冥记》,旧题汉郭宪著。王谟以为,该书是"好事者"依托之书,且以为,该书自序也是托名伪作。至于该书内容,他认为不外乎"祖述《神异经》、《十洲记》而作者也"。⑤

《汉杂事秘辛》、《三坟书》辨伪。王谟称,《汉杂事秘辛》一书,杨慎《跋》云:得自云南上(应为"土"之讹)知州董氏,为义乌

---

① (清)王谟:《汉魏丛书》"甘石星经跋"。
② (清)王谟:《汉魏丛书》"申培诗说跋"。
③ (清)王谟:《汉魏丛书》"穆天子传后识"。
④ (清)王谟:《汉魏丛书》"汉武帝内传跋"。
⑤ (清)王谟:《汉魏丛书》"洞冥记跋"。

王子充遗书。王氏认为,该书和"张天觉(张商英)言《三坟书》得于北阳民家"一样,"其为真赝,固有能辨之者"。①

《孔丛子》辨伪。《孔丛子·记问》篇,有子思与孔子问答的内容。而孔子殁时,"子思未生",怎能"有是问答"? 王谟以为,此乃"真谬说也"。王谟又举证道:《杂训》篇,记孟子幼年见子思时,"子思告以昔从夫子于郯,遇程子于途,倾盖而谈"的故事。王谟以为,据《左传》可知,孔子见郯子在昭公十七年,当时"孔子年二十八,伯鱼(孔鲤,孔丘子,子思父,笔者按)尚幼",子思怎能"从夫子于郯耶"?② 总之,该书虚构故事,破绽迭出,王谟以为伪作。

《忠经》辨伪。《忠经》旧题马融作。隋、唐史志及《文献通考》都不著录。《玉海》中,将《忠经》附录在《孝经》后,且引《崇文书目》,称马融撰、郑玄注。朱彝尊《经义考》以为是托名伪作。王谟认为,《通志·艺文略》中不言马融作,马融之著述,历历可考,也不见有《忠经》。所以,"此书真赝,可不深考"。但是附在《孝经》后,并与"朱子《小学》并列于学官,则过矣"。③

《阴符经》辨伪。王谟认为,按照《史记索隐》中的记载,"《阴符》是太公兵法",视为黄帝书,"固谬"。至于该书"宗旨",他以为,"与《大易》、《老子》同归",因为,《易》中"龙战于野,其血玄黄",《老子》中"圣人不死,大盗不止",都是"奇险语"。故而不能因为《阴符经》中有"天发杀机,龙蛇起陆,天地万物之盗"等语,便以为"诡诞不经"。他主张,如《阴符经》等"先秦古书",都是"后人伪托",不必"一一举而掊击之"。④

---

① (清)王谟:《汉魏丛书》"杂事秘辛跋"。
② (清)王谟:《汉魏丛书》"孔丛子跋"。
③ (清)王谟:《汉魏丛书》"忠经跋"。
④ (清)王谟:《汉魏丛书》"阴符经识"。

二、姚鼐、孙志祖的群书辨伪

1.姚鼐的考辨

姚鼐(1731—1815),字姬传,安徽桐城人,少家贫,体羸多病,嗜学。乾隆二十八年(1763年)中进士,改翰林院庶吉士,散馆授兵部主事,历官刑部郎中、记名御史等。四库馆开,充纂修,年余乞病归。嘉庆十五年赴鹿鸣筵,加四品衔。其人清约寡欲,待人极和蔼,德才兼备。自告归后,主讲紫阳、钟山书院四十余年。姚鼐治学,以义理、考证、文章三者,缺一不可。作文高简深古,且邃于义理,有桐城派领军之目。① 著有《惜抱轩九经说》、《惜抱轩诗文集》等。今将其著述中文献辨伪的内容,钩稽如下:

①辨《古文尚书》伪作。

姚鼐在辨兵书真伪时,谈到东晋出《古文尚书》真伪问题。他认为,"以他书事实证之,其伪已不可逃,然直不必论此"。因为,单是从"周秦以降,文辞高下差别"的角度着眼,只要一翻阅晚出《古文尚书》,则"展读不终卷",就"决知非古人所为矣"。② 姚鼐在《惜抱轩九经说》中,有几篇"尚书说",专门谈到《古文尚书》真伪的问题。在这里,他强调的是《古文尚书》义理浅薄悖谬,不能以假乱真的问题。兹不详述。

②论《孝经》为曾子之徒述。

姚鼐认为,《孝经》"非孔子所为",但是,其旨意则"出于孔氏"。他推测,这是"曾子之徒所述"。③

③论《逸周书》。

《汉书·艺文志》著录有"《周书》七十二篇"。刘向以为,其

① 《清国史》"文苑传"卷44"姚鼐传",第935页。
② (清)姚鼐:《惜抱轩全集·文集》卷5"读司马法六韬",中国书店,1991年,第52—53页。
③ (清)姚鼐:《惜抱轩全集·文集》卷5"孝经刊误书后",第49页。

为"孔子所论百篇之余"。承其说者多有,辨为伪托者亦有。姚鼐认为,该书非孔子删《书》之余,而其作成,"去孔子之时又远矣"。且书中内容驳杂,有"本于圣贤"的"格言明义",也"间杂以道家、名、法、阴阳、兵权谋之旨",似乎不是"儒者所道"。所以,姚鼐认为是"出之六艺,入之'杂家'"。故而将其正名:"曰《周书》",去"逸"字。①

④辨《司马法》、《吴子》、《尉缭子》、《六韬》伪作。

首先,姚鼐对先秦兵书之真伪,作了宏观论断:"世所有论兵书,诚为周人作者,惟《孙武子》耳,而不必为武自著。若其余,皆伪而已"。接下来,分别从篇章数目、言辞、史事等方面,对以下兵书做出论断。

其一,《司马法》。任宏和班固将该书分别归入"兵权谋"和"礼经",司马迁也曾对《司马法》的"闳廓深远",颇为赞叹。得到上述诸位的认可,"则其书可知矣"。但是,传世《司马法》则"泛论用兵之意",言辞"庸甚","不足以言礼经,亦不足言权谋也",并且"仅有三卷"。所以,无论是言辞、内容、卷数,都不符合。

其二,《吴子兵法》和《尉缭子》。《汉书·艺文志》将二书分别著录在"兵权谋"和"兵形势",一为四十八篇,一为三十一篇。但是,姚鼐发现,"今《吴子》仅三篇,《尉缭子》二十四篇",与《艺文志》记载的卷数不合。而且,魏晋以后,才"以箛笛为军乐",但是《吴子兵法》中,吴起却有"夜以金鼓箛笛为节"的说法,明显与史实不合。至于《尉缭子》,其书中内容,不但"不能论兵形势",反而夹杂"商鞅刑名之说",名实不副。姚鼐以为,此乃"后人杂取"他书,"苟以成书而已"。

其三,《六韬》。姚鼐认为,《六韬》"非言兵",也与太公无关。

---

① （清）姚鼐:《惜抱轩全集·文集》卷5"辨逸周书",第51页。

今见《六韬》，仅仅是"徽取兵家之说，附之太公"，却又极为"鄙陋"。譬如："周之权曰钧，不曰斤。其于色，曰玄、曰黑、曰缁，不曰乌。晋、宋、齐、梁间，市井乃有乌衣、乌帽语耳。而今《六韬》，乃曰斤、曰乌"。显然是"见书寡"，而拙于作伪。姚鼐指出，"周秦以降，文辞高下差别，颇易见"。对于这类伪作，"取其文，展读不终卷"，即可以"决知非古人所为矣"。①

　　在这篇辨伪专篇中，姚氏对辨伪方法有娴熟使用、对作伪现象有整体把握、对伪书特征也有清晰认识，反映姚鼐已具备较高的文献辨伪水平。

　　⑤辨《新书》伪作。贾谊《新书》之真伪问题，以往学者，见仁见智。姚鼐认为，"贾生书，不传久矣。世所有云《新书》者，妄人伪为者耳"。

　　从文辞的角度，他认为，《汉书》中转引的贾谊著作，"条理通贯，其辞甚伟"，但是今见《新书》，"为伪作者分晰不复成文，而以陋辞联厕其间"。造成这样的差别，"诚由妄人之谬，非传写之误也"。

　　从内容的角度，他指出，贾谊奏疏中有"可为长太息者六"，但是《贾谊传》中"凡有五事，阙一"。姚鼐推测，此事"言积贮"，班固已取入《食货志》中，故而"《传》内不更载耳"。但是作伪者"不悟"，将"《诸侯王表》有宫室百官同制京师之语"，作为"长太息之一"。这都是魏晋以后人"妄意汉制"的结果。所以，"必后人臆造，非事实也"。② 总之，传世《新书》为后人伪托，在姚鼐看来是确定无疑的。

　　⑥辨《孙子》托名之作。《史记》有"孙武以十三篇往见吴王阖闾"事，但是《左传》不载。姚鼐据而称："余观之，吴容有孙武者，

---

① （清）姚鼐:《惜抱轩全集·文集》卷5"读司马法六韬"，第52页。
② （清）姚鼐:《惜抱轩全集·文集》卷5"辨贾谊新书"，第53—54页。

而十三篇非所著"。《孙子兵法》不过是"战国言兵者为之,托于武
焉尔"。姚鼐提出,《孙子》书中"兴兵十万"、"称君曰主"云云,都
不当是春秋时事,而系"战国事耳"。并且,"其用兵法,乃秦人以
虏使民法也,不仁人之言也"。①

⑦论《列子》有汉魏人附益。姚鼐认为,《列子》"非尽本书,有
后人所附益"。他的主要依据是:"今世《列子》书,盖有汉魏后人
所加,其文句固有异于古者。"此外,姚鼐又举《列子》车驾样式中
的不合实际,其言:"且三代驾车以驷马,自天子至卿大夫,一也",
六马是秦汉时的天子才能享有的,"周岂有哉?"也就是说,列子时
代不可能有六马大驾,而《汤问》篇中却有"六辔不乱"之描写,与
事实不相符。最后,姚氏推测道:"《列子》出于张湛,安知非湛有
矫入者乎"?②

⑧辨《左传》成于众手。姚鼐认为,《左传》自左丘丘明以后,
有后人不断的增益:"左氏之书,非出于一人所成。自左氏丘明作
传以授曾申,申传吴起,起传其子期,期传楚人铎椒,椒传赵人虞
卿,虞卿传荀卿"。因为"后人屡有附益",以至于何为"丘明说经
之旧",何为后人傅益之言,如今已"不知孰为多寡"了。同时,姚
鼐又对宋儒"颇知其言之不尽信,然遂以讥及左氏"的做法,提出
批判,以为"过矣"。他认为,左丘明"亲承孔子学",《左传》"存贤
人君子之法言,三代之典章",必然不必字句皆"丘明所记而固已
足贵",读者"择焉可也"。③

⑨论《老子河上公注》。《老子河上公注》,唐刘知幾等已有辩
证。姚鼐认为,"《老子》书,六朝以前,解者甚众,今并不见,独有
所谓《河上公章句》者",但是,该书"盖本流俗人所为,托于神仙之

---

① （清）姚鼐:《惜抱轩全集·文集》卷5"读孙子",第54页。
② （清）姚鼐:《惜抱轩全集·文集后》卷2"跋列子",第213页。
③ （清）姚鼐:《惜抱轩全集·文集》卷3"左传补注序",第24—25页。

说,其分章尤不当理"。所以,对刘知幾独"识其非",颇为赞赏。①

⑩论《庄子》驳杂。《庄子》一书,《汉书·艺文志》著录为五十二篇,后世有多家注本,但唐宋以后,"唯有郭象注本",共三十三篇,其余十九篇"经象删去,不可见矣"。姚鼐认为,无论是五十二篇本,还是郭象三十三篇本,均有后人"阑入"的内容,观"其辞义,可决其必非庄生所为"。他又惋惜道,郭象删除的十九篇"恐亦有真庄生之书"。②

2.孙志祖的辨伪

孙志祖(1737—1801),安徽歙县人,字诒谷,又作颐谷。乾隆三十一年(1766年)进士,改刑部主事,升郎中,擢江南道监察御史,乞养归。孙氏读书,每遇疑问,必得确解而后已,著《读书脞录》等③。其中的《家语疏证》,是《孔子家语》辨伪研究方面的重要成果。

(1)《孔子家语》辨伪。

孙志祖著专书,专论《孔子家语》,颇为详尽,这在文献辨伪学史上,是值得重视和研究的问题。某种程度上,孙志祖在该问题研究中的地位,好比《古文尚书》辨伪研究中的阎若璩,孙氏著述在《孔子家语》辨伪研究中的影响,好比《古文尚书》辨伪研究中的《尚书古文疏证》。然而,笔者认为,对其地位和影响,固然应给予积极肯定,但是不能盲目拔高。这主要基于以下两点考虑:

其一,孙志祖其对既有研究成果,知之甚少。孙志祖自言:"予尝恶王肃之作伪,著《家语疏证》六卷,后阅《七修类稿》云:鲁

① (清)姚鼐:《惜抱轩全集·文集》卷3"老子章义序",第22页。
② (清)姚鼐:《惜抱轩全集·文集》卷3"庄子章义序",第24页。
③ 见《清史稿》"列传二百六十八·儒林二·孙志祖传",第13204页。另可参见《清国史》"儒林传下"卷10"孙志祖传(卢文弨传附)",第608页。《清国史》"儒林传"卷6亦有传,见第405—406页,但是太过简略。

斋王文宪公柏《家语考》一编，以四十四篇之《家语》，乃王肃自取《左传》、《国语》、《荀》、《孟》、二《戴》之书，割裂织成之，孔衍《叙》，亦王肃自为也，乃知古人已有先得我心者。王《考》惜未之见，明何孟春注《家语》，于它书所载为《家语》者，别为外篇，予亦未之见也，仅见其《叙》于汲古阁所刻《家语》后。（刘宗周亦有《家语考》，国朝陈厚耀注《家语广辑》，亦未见。）"①孙志祖考订之前，有关《孔子家语》的专著，已经比较丰富，从宋儒王柏，到明儒何孟春，从刘宗周《家语考》，到陈厚耀《家语广辑》，孙氏都"惜未之见"。试想，其他专篇、散论，孙氏未寓目者，也想必不在少数。

虽然孙氏所处时代，与现代社会不能同日而语。但是，汉唐宋明，迄于清初，甚至乾嘉之际，获取文献之难，并非孙氏所独有。广征博引，谨慎文章，古今同理，无数学者率先垂范，堪为师表。孙氏不以为榜样，不读先贤书，总有不可姑息处。事后，孙氏虽然特别注明此事，然而，这非但不能弥缝其学力之不足，反而会降低《家语疏证》之学术价值。

其二，其辨伪学理论方法，未见有多少发明。应该说，这不仅仅是孙志祖的问题。文献辨伪之学在清代，经过清初的蓬勃发展，又经过《总目提要》的集大成，在文献辨伪理论和方法上，已很难再有突破。孙志祖的文献考辨，在这样的学术背景下展开，即便汲汲于创新，其难度也是可想而知的。粗略看来，在辨伪方法和辨伪理论上，《家语疏证》乏善可陈。不但如此，孙氏运用既有方法的能力，也存在阙失。如：

> 《左传叙正义》曰：《严氏春秋》引《观周》篇云："孔子将修《春秋》，与左丘明乘如周，观书于周史，归而修《春秋》之

---

① （清）孙志祖：《读书脞录》卷4"家语考"，续四库本，第1152册，第257页。

经,丘明为之传,共为表里"。案,王肃《家语·观周》篇无之,盖严氏所引者,乃古《家语》文也。又《诗》"维此四国,爰究爰度",《正义》曰:《家语》引此《诗》云:"纣政失其道,而执万乘之势,四方诸侯固犹从之谋度于非道,天所恶焉。"《列子·汤问》篇张湛注引"鲲鱼其大盈车",皆今本所无。若《论语集注》引《家语》记子桑伯子不衣冠而处,则恐朱子误记《说苑》为《家语》也。①

孙氏在这里,谈到以《孔子家语》佚文辨伪的问题。通过佚文辨伪,是文献辨伪学中的一项重要方法。这种方法的掌握和使用,需要广泛细致的校阅文献,故而不但涉及学力、学识的高下问题,也关乎精力和体力的投入多少问题。上述佚文,都是孙志祖著成《家语疏证》后才发现的。孙氏的疏漏,既是偶然的,也是必然的。

总之,《家语疏证》在论证王肃作伪问题上,是篇幅最大、内容最翔实的一部著作,但不是文献辨伪学研究中非常具有典范意义的著作,故不详绎。

(2)对其他文献的考辨。

郑玄《孝经注》辨伪。郑玄《孝经注》晚出,孙志祖非常认同"前世通儒并疑其伪"的观点。并引据《南史·陆澄传》"康成自叙所著众书,亦无《孝经》"的记载,作为郑玄《孝经注》伪作的"明证"。②

孔安国注《孝经》辨伪。对于人称"得之日本国"的孔安国注《孝经》,孙氏以为"尤不足信"。③ 他在孔安国《论语注》辨伪中,

---

① (清)孙志祖:《读书脞录》卷4"家语逸文",第257页。
② (清)孙志祖:《读书脞录》卷2"郑注孝经",第237页。
③ (清)孙志祖:《读书脞录》卷2"郑注孝经",第237页。

又提到该书中有"孔子者,男子之通称"的文字,认为"谬不待言矣"。①

孔安国《论语注》辨伪。按照何晏《论语集解叙》中的说法,孔安国曾注《论语》,"而世不传"。于是信孔氏作《论语注》者,代有其人。孙志祖认为,该书非真。其言,"今读海宁陈仲鱼(陈鳣)所辑《论语古训》,摘其'孰谓鄹人之子知礼乎?'(孔)《注》云:'鄹,孔子父叔梁纥所治邑也'"。孙氏以为,孔《注》"大可疑",因孔安国为孔子十一世孙,如果《论语注》确为孔安国撰,孔氏万万不能直书"孔子父叔梁纥"的。对此,孙志祖感叹道:"惜无明眼人道破"。②

《孔丛子》辨伪。孙氏根据《孔丛子》中的言论,往往与《尚书》孔安国《传》、《孔子家语》相同,而以为"皆王肃一人所作"③。如《礼记·祭法》中"相近于坎坛,祭寒暑也"的"相近"二字,郑玄以为,"相近"当为"禳祈",是声同之误,有"祈求"之意。但是,王肃以"相近"为"祖迎"。与王肃观点相同的,只有《孔丛子·书论》篇,其言"祖迎于坎坛,所以祭寒暑也"。《孔丛子》与王肃"正同",故而孙志祖认为均为王肃伪作。④

《西京杂记》正名。同卢文弨一样,孙志祖也认为《西京杂记》成于刘歆之手,葛洪只是作了"甄录"工作,"间亦参附己说"而已。并且"扬子云好事,常怀铅提椠"一条,末云:"亦洪意也",已"直著"葛洪之名,故而《西京杂记》为刘歆作,是确定无疑的。⑤

《高士传》辨伪。《高士传》收录人数,《续博物志》作"七十二

---

① (清)孙志祖:《读书脞录》卷2"孔安国论语注",第233页。
② (清)孙志祖:《读书脞录》卷2"孔安国论语注",第233页。
③ (清)孙志祖:《读书脞录》卷7"切",第293页。
④ (清)孙志祖:《读书脞录》卷4"孔丛子与家语合",第258页。
⑤ (清)孙志祖:《读书脞录》卷4"西京杂记",第256页。

人",《直斋书录解题》作"八十七人",传世本却有"九十一人"。孙氏据此推测,今本系"出于后人之增损"。孙氏又发现"诸书所引皇甫书,多有在今本之外"的问题,这不能不怀疑《高士传》非皇甫谧作。他又指出,皇甫谧自叙书中收录人物,"自尧至魏,凡九十余人",意在弥缝,因此可以确定该书为"后人伪撰"。①

论《新书》非伪。《新书》与《汉书·贾谊传》、《汉书·食货志》等引述之内容有别:"率多任意增损,或一事而分为两篇"。孙志祖认为,这是因为《新书》本是贾谊"平日论撰",未加润色。至于传文等引述的贾谊奏疏,却"文益茂美",孙氏以为,也许是班固"小有润色"的缘故。并且提出,《新书》是否间有"后人点窜",也在"未可定"之间。

如所谓《新书·审取舍》篇,其内容与《大戴礼记·礼察》篇相同,往往会误人视听。孙志祖认为这是何孟春(明代学者,字燕泉,笔者按)"不察"误录所致,因为贾谊传文中,有"凡人之智能见已然,不能见将然"的文字,与《大戴礼·礼察》篇略同,而《新书》无之。他推测,其为第十卷《礼容》(当为《立后义》)的文字,只是"今本阙也"。至于何孟春不以《新书》有阙文,竟录《礼察》篇全文于《过秦论》后,并别立《审取舍》之篇名。孙志祖以为,"甚矣,其不知而作"。②

辨《博物记》非唐蒙作、疑《刘子》非刘昼撰。杨慎据《后汉书》注文,以为《博物记》非《博物志》,为唐蒙撰。胡应麟《丹铅新录》然其论。孙志祖认为,杨慎读书不求甚解,因句读不当而致误。其言:"《续汉书郡国志》犍为郡下,有《蜀都赋注》'斩凿之迹今存,昔唐蒙所造。'本谓唐蒙开道事也。其下乃引'《博物记》县

---

① (清)孙志祖:《读书脞录》卷4"高士传",第257页。
② (清)孙志祖:《读书脞录》卷4"贾谊新书",第254页。

西百里,有牙门山'"杨慎误以"唐蒙所造"与《博物记》"连读,云"唐蒙作《博物记》",颇为"卤(鲁)莽"。至于胡应麟的《丹铅新录》,也"未加驳正"。在孙志祖看来:张华《博物志》亦称《博物记》,"无二书也"。并指出,"今世所行《博物志》,本非完书",故而有人见"刘昭《注》引有佚文,遂疑别一书尔"。①《刘子》,陈振孙《直斋书录解题》记作刘昼撰,但声称对其生平并不知晓。孙志祖有言,"刘昼见《北齐书·儒林传》②,即赋《六合》者也。直斋偶忘之尔"。但是,传文中"不云有此书",《刘子》是否刘昼撰,"当再考"。③

辨《神异经》、《述异记》、《十洲记》伪作。孙志祖发现,《神异经》和《述异记》中都有东方朔、任昉身后事:"《神异经》,题云东方朔撰,而中有引张茂先(张华,字茂先,西晋文学家。笔者按)语,岂别一人,非晋之司空邪?《述异记》题云任昉撰,而中有北齐武成河清年事。案,武成河清,已在陈世,非昉之所得记也。"从而推断二书"皆后人伪托"。另在注文中,他又提到《十洲记》也是"伪书"。④

三、章学诚、崔述的文献辨伪学

1.章学诚的文献辨伪理论

章学诚(1738—1801),字实斋,浙江会稽人。乾隆四十三年(1778年)进士,官国子监典籍。宗刘宗周、黄宗羲学说,又曾学于

---

①　(清)孙志祖:《读书脞录》卷4"博物记",第258页。
②　(唐)李百药:《北齐书》卷44"儒林第三十六·儒林·刘昼传",中华书局,1972年,第589—590页。
③　(清)孙志祖:《读书脞录》卷4"刘子",第259页。
④　(清)孙志祖:《读书脞录》卷4"神异经述异记",第256页。

朱筠。著有《文史通义》、《校雠通义》等。章氏学术不为时人所重①，然而现代学术中，有关章学诚的研究却颇为丰富②，特别是对所谓"六经皆史"③的探讨，最为多见。

在文献辨伪问题上，章学诚留下的文字不多，今人的研究成果也少见。除了个别论著间而述及之外，谈得上专论的，目前仅有朱梅光先生的《章学诚辨伪学成就初探》。朱先生意在"系统考察"章氏的辨伪理论，他"从其关于伪书产生的内外因之论述，到重点探讨章氏关于伪书真伪问题的辨言，最后述及章氏提出以目录学知识来辨伪防伪的主张，从而得知古人'言公之旨'是章氏辨伪学

---

① 有关内容可参见申屠炉明：《论章学诚与钱大昕学术思想的异同》，《社会科学战线》2001 年第 6 期。章学诚之所以颇受冷落，实是当时士风、学风使然。他曾给家人写信，谈了自己治学旨趣以及当下的学风问题："吾于史学，盖有天授，自信发凡起例，多为后世开山，而人乃拟吾于刘知幾。不知刘言史法，吾言史意；刘议馆局纂修，吾议一家著述；截然两途，不相人也。至论学问文章，与一时通人全不相合。盖时人以补苴襞绩见长，考订名物为务，小学音画为名；吾于数者皆非所长，而甚知爱重，咨于善者而取法之，不强其所不能，必欲自为著述以趋时尚，此吾善自度也。时人不知其意而强为者，以谓舍此无以自立，故无论真伪是非，途径皆出于一。吾之所为，则举世所不为也。"(《文史通义》"家书二"，浙江古籍出版社，2005 年，第 817 页)笔者认为，时人不以为章氏为一流学者，良有以也。

② 近几十年来，章学诚研究的升温，是经史地位逆转、学术转型的结果。单是据黄兆强著《六十五年来之章学诚研究》(《东吴文史学报》1988 年第 6 期，第 211—236 页)一书的初步统计，20 世纪 80 年代前后，就已经有 50 余种，此后的论著又相继推出，其中杜维运著《清代史学与史家·章学诚之史学》(中华书局，1988 年)、余英时著《论戴震与章学诚》(三联书店，2000 年)等，都是这方面的重要成果。

③ 可参见吴怀祺：《中国史学思想史》(安徽人民出版社，1996 年)，余英时：《论戴震与章学诚》(三联书店，2000 年)，罗炳良：《18 世纪中国史学的理论成就》(北京师范大学出版社，2000 年)，钱钟书：《谈艺录》(中华书局，1984 年)，另可参见李安著《从"真"到"通"：中国古代史学理论的体系化及其终结——以刘知幾、章学诚为中心的考察》(湖南师范大学中国古代史专业硕士学位论文，2004 年 5 月)，等等。

说的宗旨和核心,而将目录学知识引入辨伪是其在辨伪实践中的创见,此两大贡献奠定了章氏在辨伪之学上的地位"①。朱先生有关章学诚"文献辨伪意义"之论述,是值得肯定的,但是其个别论断,尚待推敲,譬如"'言公之旨'是章氏辨伪学说的宗旨和核心",等等。

章学诚《言公》篇所言之辨伪,主要是从作伪的角度,谈秦汉时人,不攘他人成果为己作的问题;如"将目录学知识引入辨伪是其在辨伪实践中的创见",略属突兀。因为据史志目录辨伪,自汉唐以来,即不鲜见,宋明学者也多有发明,清初以来学者,据此而继续取得丰硕成就。谈何章学诚将其"引入"辨伪实践,属于"创见"? 总之,笔者认为,研究章学诚的文献辨伪,不应该无视清代及中国古代文献辨伪学发展的实际,定位"章氏在辨伪之学上的地位",尚需审慎。

今见章学诚考辨文献真伪的文字不多,其中,以下面三段论述较有代表性。这三段文字,都在谈著述形式和作伪关系的问题,虽各有侧重,却都在强调其与作伪的原则性区别。

(1)论著述始于战国。

《文史通义》②中有言:

> 春秋之时,管子尝有书矣。(《鬻子》、《晏子》后人所托)
> 然载一时之典章政教,则犹周公之有官礼也。记管子之言行,

---

① 朱梅光:《章学诚辨伪学成就初探》,《湖南社会科学》2006 年第 4 期。
② 20 世纪 30 年代,叶瑛就曾校注《文史通义》,1985 年中华书局出版该书,名《文史通义校注》,共二册。1985 年北京文物出版社影印出版了《章学诚遗书》。1993 年仓修良编订成《文史通义新编》一书,由浙江古籍出版社出版。2005 年该社又出版了仓修良的注本,称《文史通义新编新注》。仓氏《新编》暨《新编新注》本比道光本及《章氏丛书》本《文史通义》辑录文章更为丰富,较便于使用。本文即选用仓氏《新编新注》本。

则习管氏法者所缀辑,而非管仲所著述也。(或谓管仲之书不当称桓公之谥,阎氏若璩又谓后人所加,非《管子》之本文。皆不知古人并无私自著书之事,皆是后人缀辑,详《诸子》篇。)

　　兵家之有《太公阴符》,医家之有《黄帝素问》,农家之《神农》、《野老》,先儒以为后人伪撰,而依托乎古人。其言似是,而推究其旨,则亦有所未尽也。盖末数小技,造端皆始于圣人,苟无微言要旨之授受,则不能以利用千古也。三代盛时,各守人官物曲之世氏,是以相传以口耳,而孔、孟以前,未尝得见其书也。至战国而官守师传之道废,通其学者,述旧闻而著于竹帛焉。中或不能无得失,要其所自,不容遽昧也。以战国之人,而述黄、农之说,是以先儒辨之文辞,而断其伪托也。不知古初无著述,而战国始以竹帛代口耳,(外史掌三皇五帝之书,及四方之志,与孔子所述六艺旧典,皆非著述一类,其说已见于前。)实非有所伪托也。然则著述始专于战国,盖亦出于势之不得不然矣。著述不能不衍为文辞,而文辞不能不生其好尚。后人无前人之不得已,而惟以好尚逐于文辞焉。然犹自命为著述,是以战国为文章之盛,而衰端亦已兆于战国也。①

　　不难看出,章学诚特意强调"著述始专于战国"的问题。因此如《管子》、《太公阴符》、《黄帝素问》、《神农》、《野老》等,"先儒以为后人伪撰"的文献,实际上均并非伪作。因为它们都是三代口耳相传的记录,这些信息,"初无著述",而自战国,才开始"以竹

---

① (清)章学诚:《文史通义新编新注》(仓修良编注)"内篇一·诗教上",浙江古籍出版社,2005年,第47—48页。

帛代口耳"。战国时人将其付诸笔端,有本有源,"实非有所伪托也"。但是"著述不能不衍为文辞,而文辞不能不生其好尚",所以战国以后,随著述之兴起,其"衰端"亦已肇始于此际。

(2)论诸子成于众手。

章学诚又言:

> 《庄子·让王》、《渔父》之篇,苏氏谓之伪托,非伪托也,为庄氏之学者所附益尔。《晏子春秋》,柳氏以谓(为)墨者之言,非以晏子为墨,为墨学者述晏子事以名其书,犹孟子之《告子》、《万章》名其篇也。《吕氏春秋》,先儒与《淮南鸿烈》之解同称,盖谓集众宾客而为之,不能自命专家,斯固然矣。然吕氏、淮南,未尝以集众为讳,如后世之掩人所长以为己有也。二家固以裁定之权,自命家言,故其宗旨未尝不约于一律,(吕氏将为一代之典要,刘安托于道家之支流。)斯又出于宾客之所不与也。诸子之奋起,由于道术既裂,而各以聪明才力之所偏,每有得于大道之一端,而遂欲以之易天下。其持之有故而言之成理者,故将推衍其学术,而传之其徒焉。苟足显其术而立其宗,而援述于前与附衍于后者,未尝分居立言之功也。故曰:古人之言,所以为公也,未尝矜其文辞而私据为己有也。①

章学诚谈到这个问题,是从驳《庄子》"让王"、"渔父"等篇非伪作谈起。章氏认为,如《吕氏春秋》、《淮南子》,均系吕不韦、刘安"集众宾客"著成。吕、刘二人,持有"裁定之权",贯彻"一律"之"宗旨"。所以,"自命家言",未尝不可。但是,"吕氏、淮南,未

---

① 　(清)章学诚:《文史通义新编新注》"内篇四·言公上",第201—202页。

尝以集众为讳”,这同后世之人好“掩人所长以为己有”,已大为不同。章学诚强调,“古人之言,所以为公也,未尝矜其文辞而私据为己有”,是为“言公”。“诸子奋起”,其“推衍”学术,传授门徒,主旨是欲以己说“易天下”。至于后学“援述于前,与附衍于后者”,均无“分居立言之功”的私心,又谈何“伪托”? 又谈何“作伪”?

(3)论拟托是述心志。

章学诚言:

> 李陵《答苏武书》,从刘知幾以后,众口一辞,以为伪作。以理推之,伪者何所取乎? 当是南北朝时,有南人羁北,而事类李陵,不忍明言者,拟此书以见志耳。①

《李陵答苏武书》确如章学诚所言,自刘知幾以后,几乎众口一词,斥为伪作。但是,他认为此言差矣。其言:“以理推之,伪者何所取乎?”因为在章学诚看来,他找不出“作伪者”有何作伪的动机。因此,他认为这不是作伪的问题,是拟作言志的问题。也就是说,或许是南北朝时期,有“南人羁北”,情形同李陵相似,囿于环境的限制,“不忍明言”,故而借李陵、苏武之名,表达心声。概言之,这是文学手法的问题,而非文献作伪的问题。章学诚的托人言志说,颇难辩驳。试想,不然其说,将有多少诗词歌赋、典范文章,要被贴上“伪作”的标签?

　　以上就是章学诚的文献辨伪学说。章学诚以史学名家,亦以史学家的视角,审视传世文献。诚如章氏所言,从历史发展的角度,一些所谓伪文献,应该,且可以洗去伪托赝作的污名。

---

　　①　(清)章学诚:《文史通义新编新注》“内篇四·言公下”,第215页。

2.崔述与辨伪学

崔述(1740—1816),字武承,号东壁,直隶大名人。乾隆二十七年(1762年)举人,嘉庆元年(1796年)始选授福建罗源知县,嘉庆四年(1799年)调署上杭县,次年复反任罗源,嘉庆六年(1801年)捐主事,离任北归,卜居河北相州,闭门著述。崔述一生,博览群书,笔耕不辍,著述颇丰,以《考信录》为代表。崔氏自乾隆三十四年(1769年)究心六经,发愿著《考信录》,十四年后,着手写作,直到嘉庆十九年(1814年)竣稿,历数十年,可谓一生心血粹于此编。

该书包括《考古提要》二卷,《补上古考信录》二卷;《唐虞考信录》四卷,《夏考信录》二卷,《商考信录》二卷,《丰镐考信录》八卷,《洙泗考信录》四卷;《丰镐考信别录》三卷,《洙泗考信余录》三卷,《孟子事实录》二卷,《考古续说》二卷,《考信附录》二卷;《王政三大典考》三卷,《读风偶识》四卷,《古文尚书辨伪》二卷,《论语余说》一卷。此外,还撰有《易卦图说》一卷,《无间集》四卷等。上述著作,均收录在顾颉刚编订的《崔东壁遗书》中。

崔述其人、其书,虽不太受时人关注,但却在崔氏身后,一度扬名于海内外。先是因日本学者将《崔东壁遗书》标点刊行,引起日本学界的重视;再就是经胡适、顾颉刚等人的宣扬,而开始为国人所熟知。

崔述的文献辨伪成果,除《古文尚书辨伪》外,多散见在《崔东壁遗书》中。2009年社会科学文献出版社印行了《古籍考辨丛刊》第二集,其中有赵贞信先生辑录的《崔述考辨古籍语》。赵先生基本上将《崔东壁遗书》中有关文献辨伪的文字,收录殆尽,并按四部归类,纲目清晰,极便于查阅,对研究崔氏的文献辨伪问题有颇多助益。

目前,研究崔述的成果颇为丰富,涉及崔氏文献辨伪的论著也有许多,兹不详述。不过,需要注意以下两个问题:

第一,我们不应混淆崔述的文献辨伪和史事辨伪的关系。现有著述中,将《考信录》笼统视为崔述"辨伪学"的成就是可以的,但一概说成是"文献辨伪学"的成就,或不妥当。实际上,赵贞信先生对此早有认识,其言:"他作《考信录》的目的,是想把古代的帝王、圣贤们的事情,一件一件都考的真真实实。古代的帝王、圣贤们的事情为什么传到后代就会不真实了? 它的原因当然很多,但后人所以能够知道古代帝王、圣贤们的事情,是依靠书本的","他既然要考实古代的帝王、圣贤们的事情,那就不得不首先搞清楚那些书本的真正著作者和真正的著作时代,因为这样,所以在《考信录》里就有了很多的考辨古籍真、伪的文字。"①赵贞信先生所言,是符合实际的。崔述考辨史事真伪虚实和考辨文献是非真伪就是这样的关系。

第二,我们不应将凡是考辨文献作成时代,或考辨文献作者的文字,都视为崔述文献辨伪的成就。我们不能将赵贞信先生的《崔述考辨古籍语》,完全视为"崔述文献辨伪语",因为如该书"经类"之"重卦"条、"演《易》"条,"《礼记》"条;"史类"之"《史记》条"等,就不属于考辨文献真伪的问题。

崔述的文献辨伪实践,可以《竹书纪年》为例,详见"清中期《竹书纪年》辨伪"部分。至于有关其他文献的辨伪研究,因今见成果多有述及,兹从略。

---

① 见赵贞信《崔述考辨古籍语序》,载《古籍考辨丛刊》第二集,社会科学文献出版社,2009年,第141页。

第三节　辨伪诸家(下)

一、诸子辨伪中的异端

孙星衍在几种颇有争议的文献辨伪中,人以为伪,孙氏必以为真,动辄千百字,持论颇出人意表。无论是在清代文献辨伪中,还是中国古代文献辨伪中,孙氏的诸子辨伪,绝对堪称异端,想必不少人不但不能然其论,而且还会对孙氏的大唱反调,心生厌恶。现将孙星衍有关言论,概述如下:

1.辨《文子》非伪

孙星衍辨《文子》非伪,主要从以下三方面入手:

第一,从《文子》流传的角度。

孙氏认为,《文子》因为存"黄老之学",为西汉统治者所喜用,诸臣也"能称道其说",所以在汉代,"其书最显"。唐代推重老聃之学,儒者开始对《文子》之言论,"束而不观"。但是,因为该书"有完本存《道藏》中",因此虽然"诸子散佚",而《文子》则赖此而"其传不绝"。

第二,从《文子》篇目的角度。

《文子》一书,《汉书·艺文志》将其著录为九篇,如果以篇计卷,当为九卷。但是,"今《文子》十二卷"。对于篇目的出入,孙氏推测道,"古以《上仁》、《上义》、《上礼》三篇为一篇,以配《下德》耳",所以,十二卷亦是九卷,今本"实《七录》旧本"。

第三,从后学误读的角度。

《文子》辨伪研究中,被许多学者视为铁证的"周平王"问题,到了孙氏这里,也出现了别样的解释。他说:"《艺文志注》言'老子弟子,与孔子并时,而称周平王问,似依托。'盖谓文子生不与周平王同时,而书中称之,乃托为问答,非谓其书由后人伪托。宋人误会其言,遂疑此书出于后世也。案,书称平王,并无周字,又班固误读此书。此平王,何知非楚平王?"在孙星衍看来,《文子》书仅称"平王",何尝不可能是"楚平王"? 班固以为是"周平王",是"误读此书"。而且,在孙氏看来,即便就是"周平王",也不能据此断《文子》为伪作。因为"周平王问","乃托为问答",班固要表达的正是这个意思,宋人不察,"误会其言",所以有了"疑此书出于后世"之论。

第四,从论定文子为楚人辛计然的角度。

其一,孙氏先证明文子为楚平王时人。孙氏比照《文子》和《孔丛子》都有"齿坚舌柔"的文字,推断《文子》所称的"老子",或许就是《孔丛子》所称的"老莱子"。然后,孙氏将《史记》"言道家之用"的楚人老莱子,同文子的老师,牵连在一起。进而提出,既然老师是楚人,文子"亦或游于楚",所以说与楚平王同时,"无足怪者"。孙氏又举杜道坚的言论,以证成其说。杜氏认为,楚平王不听文子劝告,"遂有鞭尸之祸也",并且《文子》又有"秦、楚、燕、魏之歌"的文字,所以推断:"其人至六国时犹在矣"。其二,孙氏再证明文子为范蠡师。孙氏提出,范蠡"称文子为辛计然之字,而为其师",这个应当作为一个重要证据。他认为,范蠡之学出于道家,"其所教越以亡取存、以卑取尊、以退取进之术",就是证明。并且,范蠡有"蜚(飞)鸟尽,良弓藏;狡兔死,走狗烹"的言论,就出于《文子》。因此,"文子即计然无疑"。其三,孙氏复说明此"计然"非彼"计然"。因为《新唐书·艺文志》"农家类"有"计然",因而"宋人又疑之"。孙氏认为,"不知此由范蠡取师名以号其书",此"文子"和彼"文子","自非一人也"。

第五,从内容优劣的角度。

孙星衍认为,淮南王刘安召集门客编写《淮南子》,"多引《文子》",但是"增损其词,谬误叠出"。他举出几例,如《文子》"神将来舍,德将为女(汝)居容"(《文子》"道原第一"原文为:"德将为汝容,道将为汝居。"笔者按)语,《淮南子》作"德将来附若美",孙氏以为,前者"言容受",而后者则"误读容为容色"。如《文子》"妄为要中,功成不足以塞责,事败足以灭身",《淮南子》作"功之成也不足以更责,事之败也不足以灭身",孙氏认为,后者"增'不'字,而失其深戒之旨"。如《文子》"以禁苛为主",《淮南子》作"以奈何为主",孙氏以为,后者因"形近而误"。总之,他认为"若此之属,不能悉数,则知《文子》胜于《淮南》"。

总之,孙星衍认为,《文子》非伪。至于柳宗元疑此为驳书,他认为柳氏是"所谓以不狂为狂者",对其颇为讥讽。①

2.辨《燕丹子》非伪

《燕丹子》三卷,《七略》有著录,《汉书·艺文志》不录,最早见于《隋书·经籍志》,不题作者。《旧唐书·经籍志》题为燕太子丹著。久亡佚,或疑伪。清人编《四库全书》时,从《永乐大典》中辑出,共一卷篇幅,分成三卷,以图复其旧,著录在《四库全书·子部·小说类存目》中。孙星衍从纪昀处得到抄本,他认为书题名"燕太子丹著",不妥,但不以其为伪书。主要有三点理由:

其一,通过史志著录辨该书本有。他认为,《燕丹子》虽然始见于《隋书·经籍志》,但是裴骃注《史记》,引刘向《别录》云:"督亢,膏腴之地"。司马贞《史记索隐》引刘向云:"丹,燕王熹之太子",由此可见,刘向的《七略》"有此书",所以,不应以《汉书·艺文志》之不载而"疑其后出"。

其二,不可因题名"燕丹子"而疑为伪作。依《汉书·艺文志》中的记载,"《艺文志·法家》有《燕十事》十篇,《杂家》有《荆轲论》五篇,据注言,司马相如等论荆轲事,则俱非燕丹子也"。所

---

① (清)孙星衍:《问字堂集》(骈宇骞点校)卷4"杂文四·文子序",中华书局,1996年,第88—90页。

以，燕太子丹不著该书，是确定无疑的。但是先秦著录文献过程中，有这样的习惯："古之爱士者，率有传书，由身没之后，宾客纪录遗事，报其知遇，如《管》、《晏》、《吕氏春秋》，皆不必其人自著"。所以，虽然该书题燕太子丹撰，只是"《旧唐书》之诬"，不能据此"疑其伪也"。

其三，从文辞和文献征引的角度说明非晚出。孙星衍认为，《燕丹子》"长于叙事，娴于词令"，可以确定是"先秦古书"，而且"略与《左氏》、《国策》相似，学在纵横、小说两家之间"。此外又"多古字、古义"，这也不是晚出伪书所能比的。并且，"《国策》、《史记》取此为文，削其'乌白头、马生角'及'听秦声'之事，而增徐夫人匕首、夏无且药囊"的文字，司马迁、刘向等引用在先，所以不可能是后人伪作。[①]

3.其他文献辨伪

辨《晏子》非伪。《晏子》八篇，或作七卷，《汉书·艺文志》有著录。孙星衍认为，"实是刘向校本，非伪书也"。为证明《晏子》非伪，孙氏特别说明了两个问题：

其一，《晏子》书中文字和《管子》、《韩非子》等所引述者，存在差异。他认为，若是伪书，"必采录诸家，何得有异？"其二，唐宋已来的传注家所引《晏子》，同今本《晏子》有别，孙氏以为，"此皆唐宋人传写之误"，若是伪书，"必采录传注，何得有异？"

总之，孙星衍认为《晏子》一书，"文最古质"，有人以为是"后人采婴行事为书"，"盖妄言矣"。辨伪诸家，多据今见本同诸家引述有别而证其伪，孙氏却据以证其非伪。他的主要理由是：如系伪作，作伪者不会留下纰漏。且不论《晏子》真伪如何，孙氏之逻辑，

---

① 又见《平津馆丛书》"燕丹子序"，转引自姚振宗：《汉书艺文志拾补》卷2，续四库本，第914册，第156页。

总不免有弥缝之嫌。①

辨《孙子》非伪。孙星衍不但以为《孙子》非伪,而且以为是孙子亲撰,他说:诸子之文,皆由没世之后"门人小子撰述成书"。但是只有该书"是其手定",且在《列子》、《庄子》、《孟子》、《荀子》之前,是"真古书也"。②

辨《神农本草经》非伪。孙星衍认为《神农本草经》信而有征,"述作有本,其传非妄",绝非伪书③。孙氏考辨文字较长,以上是笔者之概述。

二、经学家、辑佚家、藏书家的辨伪

1.经学家的文献辨伪

(1)陈鳣(1753—1817),浙江海宁人,字仲鱼。嘉庆元年(1796年)举孝廉方正。督学阮元称,浙中经学,鳣为最深,故手摹汉隶"孝廉"二字,以颜其居,复为书"士乡堂"额以赠。嘉庆三年(1798年)中举。④ 著有《续唐书》、《论语古训》、《经籍跋文》⑤等。对于一些存在真伪之争的文献,陈鳣的主张如下:

①辨郑注《孝经》非伪。

郑玄注《孝经》事,见于范晔《后汉书·郑玄传》,但是《中经簿》等不见有这样的记载。有人因此视为伪托,或指其为乃孙郑小同作。陈鳣认为,"郑(玄)《六艺论》叙《孝经》云:'玄又为之注',叙《春秋》亦云'玄又为之注'"。出于郑玄亲口,当为可信。

---

① (清)孙星衍:《问字堂集》卷3"杂文三·晏子春秋序",第77—78页。

② (清)孙星衍:《问字堂集》卷3"杂文三·孙子略解序",第81页。

③ (清)孙星衍:《问字堂集》卷3"杂文三·校定神农本草经序",第68页。

④ 见《清国史》"儒林传下"卷21"陈鳣传",第651页。

⑤ 收在续四库第923册。该书是经部专科版本题跋,其跋语除辩讹审伪之外,兼记刊版年月、册籍款式,得书经过、各书价位、收藏印记等。其中内容多见于《简庄诗文抄》。

至于不见史志著录,陈氏言:"窃以其注《孝经》亦未写定,而其孙小同追录成之"。"故不敢载入目录",而《后汉书·郑玄传》中"所纪,则原其始也"。①

②论《孔子家语》、孔《传》及《古文尚书》皆王肃伪作。

陈鳣在谈到孙志祖《家语疏证》时言:《孔子家语》"昔人多疑之,而未有专书。同郡孙诒谷侍御作《疏证》六卷,断为王肃伪撰。余读而叹曰:详哉言乎! 是犹捕盗者之获得真赃矣。"他又言:《古文尚书》孔安国《传》及《孔子家语》,皆王肃一人所作。《尚书》二十八篇,汉世大儒"多习之",王肃固然"不敢窜改",只能"伪为增多之篇,并伪为孔《传》以逞其私"。至于《孔子家语》,王肃以前的儒者,"绝不引",到王肃那里,"诡以孔子二十二世孙猛家有其书,取以为解"。② 这里,陈氏将《孔子家语》、孔《传》及《古文尚书》,都判定为王肃的伪作。

③《刘子》辨伪。

《刘子》十卷,《隋书·经籍志》不著录,《新唐书·艺文志》记作梁刘勰撰,《郡斋读书志》、《直斋书录解题》俱以为刘昼撰,又有人以为是刘歆作。陈鳣认为,"其非勰及孝标之书明甚",又据《激通》篇记班超事,以为"又安得谓刘歆作乎"? 他根据《北齐书·儒林传》中有关刘昼的记载,推断"《传》虽不云有此书,然与书中大意相合"③,故而定为刘昼著。

④《玄珠密语》、《孔丛子》辨伪。

《玄珠密语》,旧题唐启元子撰。陈氏认为,启元子即唐人王冰。王冰所注《黄帝内经序》中,提到"别撰《玄珠》"事,但是,该书"世无传者"。至于传世十卷本《玄珠密语》,陈氏以为是"后人

---

① (清)陈鳣:《简庄文抄》卷2"集孝经郑注叙",续四库本,第1487册,第248页。
② (清)陈鳣:《简庄文抄》卷2"家语疏证叙",第251—252页。
③ (清)陈鳣:《简庄文抄》续编卷1"刘子注跋",第292页。

附托之文",虽然不是王冰著述,但内容尚有可取处。① 陈鳣又言:
"《孔丛子》虽伪托,必有所本"。②

（2）张惠言(1761—1802),字皋闻,江苏武进人。嘉庆四年
(1799年)进士,改庶吉士,充实录馆纂修官,散馆授编修。少受
《易经》,即通大义,后以精通《易经》闻名③,亦深于《礼》,又擅词
赋诗文,喜篆隶汉碑及石鼓文。著有《周易虞氏义》、《周易郑荀
义》、《茗柯文抄》等。④ 所考辨文献,大致有如下几种:

①《子夏易传》辨伪。

张惠言认为,该书作者,因为"刘向父子博学近古",以其为韩
婴所著,"当必有据",至于丁宽、轩臂子弓或卜子夏作等说法,皆
非允当。

对于今传十一卷本《子夏易传》,因为据《经典释文》、《史记集
解》诸书所引校之,"都不相合",所以,晁以道以为是唐人张弧伪作,
惠栋以为"必宋人"伪作。张惠言不但认为十一卷本《子夏易传》
为伪书,且以为"唐时二卷者,亦非真韩氏书"。因为他发现,《经
典释文》、《史记集解》等引述,"其文浅近卑弱,不类汉人",所以他
推断,或许是"永嘉以后,群书既亡,好事者聚敛众说而为之也"。⑤

以"河图"、"洛书"、《费氏易》、《乾坤凿度》为伪作。

②张惠言有言:

　　　　宋道士陈抟以意造为"龙图",其徒刘牧以为《易》之"河

----

① (清)陈鳣:《简庄文抄》续编卷1"玄珠密语跋",第293页。
② (清)陈鳣:《简庄疏记》卷10"礼记",续四库本,第1157册,第237页。
③ 张惠言的易学研究较受人关注。杨向奎的《论张惠言的〈易学〉理论》(《中国
　　社会科学院研究生院学报》1990年第5期)是这方面文章中较有影响的一篇。
④ 《清国史》"儒林传下"卷23"张惠言传",第659—660页。
⑤ (清)张惠言:《茗柯文编》二编,卷上"子夏传",续四库本,第1488册,第
　　521—522页。

图"、"洛书"也。河南邵雍又为'先天'、'后天'之图,宋之说
《易》者,翕然宗之,以至于今,牢不可破,而《易》阴阳之大义,
盖尽晦矣。①

又言:"费氏无书,此(《费氏易》)伪托者。"②复言:"窃尝以
为,《乾坤凿度》伪书也,不足论"③。

可见,对于"河图"、"洛书",'先天'、'后天'诸图,以及《费氏
易》、《乾坤凿度》等,张惠言都以为伪作。张惠言以治《易》名家,
所以,其文献考辨也基本集中在《易经》类,由此不难看出。

2.辑佚家严可均的考辨

严可均(1762—1843),字景文,号铁桥,浙江乌程(今湖州)
人。嘉庆五年(1800年)举人,官严州建德县教谕,引疾归。博闻
强识,精考据之学。④ 长于小学、金石、校勘、辑佚。著有《说文校
议》、《说文声类》、《铁桥漫稿》等。嘉庆十三年(1808年)诏开《全
唐文》馆,严可均未能参修,便以一己之力,辑成《全上古三代秦汉
三国六朝文》,使与《全唐文》相接,达七百四十六卷,搜罗多至三
千四百九十六人,人各系以小传,足资考证。⑤ 该书辑录完备,体
例严谨,详注出处,被视为总集类辑佚的典范之作。不过也存在好
广博,疏于真伪之辨的问题。⑥ 该书直到1893年始由广雅书局首

---

① （清）张惠言:《茗柯文编》二编,卷上"周易虞氏义序",第512页。
② （清）张惠言:《周易郑荀义》卷上"略例·象象附经",续四库本,第26册,第
　679页。
③ （清）张惠言:《茗柯文编》二编,卷上"易纬略义序",第522页。
④ 《清国史》"儒林传下"卷26"严可均传",第671页。
⑤ 《清国史》"儒林传下"卷26"严可均传",第672页,另参见《全上古三代秦汉
　三国六朝文》"总目",续四库本,第7页。《全唐文》,董诰等编,有中华书局
　影印本,1983年。
⑥ 中华书局影印本《出版说明》中指出该书的"有些文章不辨真伪"。

次刊行,《续修四库全书》即据此本影印,2009 年上海古籍出版社复据《续四库本》影印出版。

严可均的文献辨伪,有一些反其道而行之的意味,一些多以为伪作的文献,在严氏看来,均非伪作。

如《新语》,严可均不但不认为传世《新语》是伪作,还对《新语》大加赞赏:"汉代子书,《新语》最纯最早。贵仁义,贱刑威,述《诗》、《书》、《春秋》、《论语》,绍孟、荀,而开贾、董,卓然儒者之言,史迁目为辨士,未足以尽之。"①

如《鬻子》、《管子》等,严可均都不认为是伪书。他说道:"《鬻子》,非专记鬻熊之语,故其书于文王、周公、康叔,皆曰昔者。昔者,后乎鬻子言之也。古书不必手著,《鬻子》盖康王、昭王后周史臣所录,或鬻子子孙记述先世嘉言,为楚国之令典。"②

再如《管子》,其言:"近人编书目者,谓此书多言管子后事,盖后人附益者多。余不谓然。先秦诸子,皆门弟子或宾客或子孙撰定,不必手著。"③他特别提出并强调先秦文献"不必手著"的问题,这比较符合实际情况,也体现了文献辨伪学的发展已达到了较高的水平。

3.藏书家洪颐煊的考辨

洪颐煊(1765—1833),字旌贤,号筠轩,藏书室名倦舫,晚年号倦舫老人,浙江临海人。孙星衍主讲诂经精舍时,入为门生。矢志力学,与兄坤煊、弟震煊,读书僧舍,借佛灯夜读,谈经不辍。时有"三洪"之称。④ 嘉庆六年(1801 年)充贡生,为山东督粮道孙星

① (清)严可均:《铁桥漫稿》卷5"文类三·新语叙",续四库本,第 1489 册,第 11 页。
② (清)严可均:《铁桥漫稿》卷5"文类三·鬻子叙",第 8 页。
③ (清)严可均:《铁桥漫稿》卷8"文类六·书管子后",第 46—47 页。
④ 《清国史》"儒林传下"卷 28"洪颐煊传",第 681 页。

衍撰《孙氏祠堂书目内编》、《外编》和《平津馆读碑记》。以所得入赀为直隶州州判,署广东新兴县事,后入为阮元幕僚。颐煊喜聚书,广购岭南旧本,至三万余卷,所储碑版,达二千余通,多世所罕见。有《倦舫书目》、《读书丛录》、《筠轩诗文集》等。① 其中,涉及《列仙传》等数种文献的真伪问题。

（1）辨今本《列仙传》非伪。

刘向《列仙传》一书,《汉书·艺文志》和"刘向传",均不见有刘向著《列仙传》的记载。汉人应劭《汉书音义》,始引此书,《隋书·经籍志》中也有"刘向典校经籍,始作《列仙》、《列士》、《列女》之传"的文字。洪颐煊认为,"晋唐人所论如是,不可谓向无此书也"。同时他还认为,"今本为汉时原帙,仅传写有阙佚",并非后人伪造。②

（2）孔注《孝经》辨伪。

洪颐煊认为,孔注《孝经》和《孔子家语》都是王肃的伪作。他的依据是,"安国之注《孝经》,有与《家语》暗合"的内容,而王肃《孝经解》的佚文又与孔注《孝经》相同。故而以为"必王肃妄作"。至于假托孔安国之用意,无外乎"以与己之臆见互相援证"。对于刘炫伪作说,洪颐煊认为,人们"不知刘炫得于王劭,劭与炫或皆被欺于王肃"。③

（3）杂论群书。

洪氏对《孔丛子》、《孔子家语》、《子夏易传》、《古三坟》、《鲁诗世学》、《晋史乘》、《楚梼杌》等文献之真伪,都有清楚的认识。其言:"此书（《孔丛子》）与《孔子家语》乃王肃所撰以证伪《古文尚书》者,并非孔鲋（作）也"。又言:"张弧之伪《子夏易传》、毛渐

---

①　《清国史》"儒林传下"卷28"洪颐煊传",第681页。

②　（清）洪颐煊:《筠轩文抄》卷8"列仙传序",第632页。

③　（清）洪颐煊:《孝经郑注补证》,《知不足斋丛书》,第21集。

之《古三坟书》、丰坊之《鲁诗世学》、吾丘衍之晋《乘》、楚《梼杌》，杂出于唐宋元明人假托矣。"①

4.藏书家鲍廷博的辨伪

鲍廷博（1718—1804），字以文，安徽歙县人，诸生。幼而聪敏，笃孝。闻父嗜读书，乃力购前人书以为欢，既久，所得益多而精，遂蔼然成大藏书家。四库馆开征书，鲍廷博献书六百余种，得御赐《古今图书集成》，嘉庆八年（1803年）加恩赏给举人，时年八十六，逾年卒。鲍廷博性强记，能过目不忘。据言，有持书来问者，凡某书美恶所在，意旨所存，见于某代某家目录，经几家收藏，几次抄刻，真伪若何，校误若何，无不矢口而出。按之，历历不爽。②

三、《总目提要》的续笔之作

周中孚（1768—1831），字信之，号郑堂，浙江乌程（今吴兴）人。嘉庆十八年（1813年）副贡生，博闻强识，精通考证，与修《经籍籑诂》。还著有《孝经集解》、《逸周书补注》等，皆佚。另著《郑堂读书记》及《补逸》。该书收文献四千种，仿《总目提要》体例按四部编录，其中有大量书目解题，有"《四库全书总目》续编"之誉，刻入《吴兴丛书》中。③ 商务印书馆的排印本，又从上海李氏《慈云楼藏书志》稿本中辑出《补逸》三十卷。原收在《国学基本丛书》中，1959年别出单行，有校改，增总目及书名、作者索引等。1993年中华书局据商务1959年本再影印，收在《清人书目题跋丛刊》第八辑中。

《郑堂读书记》及清后期姚振宗的几部著作，在文献辨伪方

---

① （清）洪颐煊：《筠轩文抄》卷2"诂经精舍策对略"，续四库本，第1489册，第566页。
② 《清国史》"文苑传"卷47"鲍廷博传"，第944页。
③ 《清国史》"儒林传下"卷28"周中孚传（徐养原传附）"，第683页。

面,都是清代乃至中国古代同类性质著作中,较有代表性的。不过,尚未有人对其进行较为系统全面的研究,如周中孚的《郑堂读书记》究竟考辨了多少部伪书? 同前人著述,特别是同《总目提要》之间,有何因承关系? 又有何发展? 等等。目前都不得其详。

笔者概览全书,比照《总目提要》之成就,又回顾周氏以前的辨伪学发展史,得出的粗略认识是:其人,在清代学者中,考辨伪书范围最广;其书,在中国古代文献辨伪学研究中,集成程度最高。但是,以一己之力,《郑堂读书记》难出《总目提要》之右,周氏生当文献辨伪学高度发展之际,想来也是难再有所突破。

有关《郑堂读书记》的文献辨伪,仅举几例以说明,不作全面探讨。

1.《孔氏谈苑》辨伪

《孔氏谈苑》四卷,旧题宋孔平仲撰。朱熹、赵与时、《总目提要》等,均以为伪作。周中孚言:

> 按《宋志》有孔平仲《稗说》一卷,《杂说》一卷,而无是书。其《稗说》、《杂说》两种,俱见有传本。赵行之(赵与时,字行之。笔者按)《宾退录》以此书必非孔氏真本,今考其所记当时杂事,多与宋人杂记小说相出入,疑后人取《稗说》、《杂说》为主,而杂摭诸书以傅益之。其不见于他书者,或即其所作《稗说》、《杂说》之文也。①

周中孚的结论,同朱熹、《总目提要》等相同,只是较为明确地提出孔平仲掇取何书伪作,即“孔氏《稗说》、《杂说》之文”等,比

---

① (清)周中孚:《郑堂读书记》卷64“子部十二之二·孔氏谈苑”条,商务印书馆,1959年,第1262页。

《总目提要》"似亦孔平仲摭拾成编之一证",稍显具体。

　　2.《汉杂事秘辛》辨伪

　　周中孚对《汉魏丛书》本《汉杂事秘辛》之真伪,进行了考辨。该本共一卷,不著撰人名氏,题名无"汉"字,周氏以为,系刊刻者"妄删"。至于书中内容,"《御览》所引书,亦有《汉杂事》,而略不见收此",而有关"汉桓帝懿献梁皇后被选及六礼册立"等事,"最为奇艳,但太秽亵",而且卷首"秘辛"二字又"不可解"。综合上述疑虑,周氏以为,"此书即升庵谪居云南时所伪作,而托言得之安宁董氏及有王子充印也"。① 周氏此语,此前多人均已述及。

　　3.《搜神记》辨伪

　　周氏查《郡斋读书志》和《直斋书录解题》,不见有著录,"疑其书宋时已佚"。就今见本而言,以该书所载"证以古书所引",发现"或有或无",故而推断:"当属宋以后联缀旧文,而以他说增益成帙,非当时之原书也"。特别是第六卷的内容,系"依托之显然"。不过,他认为该书"体例俨然",同其他伪书不同,大概是"有学识"且"善于作伪"者所为,如果不"细心搜讨",难辨真伪。另外,周氏还指出《搜神记》的另一伪本,即《汉魏丛书》的八卷本:其与此本"大同小异",怀疑是"别一伪本也"。②

　　4.《搜神后记》辨伪

　　周中孚之所见为《津逮秘书》十卷本,题晋陶潜撰。周氏通过书中年号、著录存在的问题,推断其为托名伪作。他说,"书中载有宋元嘉十四年、十六年事",而当时陶渊明"已卒十余年矣"。并且通过《宋书·陶渊明传》可知,传文称引陶渊明所著文章,"皆题其年月。义熙以前,则书晋氏年号,自永初以来,唯云甲子而已"。

---

① （清）周中孚:《郑堂读书记》卷63"子部十二之二·杂事秘辛"条,第1244页。
② （清）周中孚:《郑堂读书记》卷66"子部十二之四·搜神记"条,第1304—1305页。

据此,周氏推断:"其于文章如此,则于此《记》,亦当如是",但是《搜神后记》并非如此,是为"作伪之明证"。因为书中内容"词致雅饬"、"体例严整",所以绝非简单"抄撮补缀而成",因此"当由隋以前人所托"。①

5.《甘石星经》辨伪

周中孚以为,《甘石星经》,晁公武以前不见史志著录,"当属北宋人作",而且《史记·天官书》中明明记载甘公、石申,"皆在战国时",非汉时人,该书却"题汉甘公石申撰"。这难道是"伪者故留破绽,以示后人"么?② 周氏在考辨《甘石星经》时,引述前人言论颇多,有的注明,有的不注明,如"后之言天象者舍《史》、《汉》,而别求甘石之经,是弃周鼎而求康瓠矣"。钱大昕曾有此言,周氏并未作出说明。周氏有关《甘石星经》的辨伪,确切地说,是综合成说,是"述"而非"作"。

6.辨《燕丹子》非伪

关于《燕丹子》,周中孚把注意力基本都放到该书历代著录流传和篇卷数目变化问题上。至于书之真伪,他认为,"今馆臣从《永乐大典》录出,虽分为三卷,而实未盈十叶(页),故是仍并为一卷焉。其书皆记燕太子丹及荆轲轶事,核之《史记索隐》、唐宋类书所载,其词略同,审非伪本"。至于书之作成,其言,"当由六国游士,哀太子之志,综其事迹,加之缘饰"云云,与孙星衍的说法基本相同。③

7.《别国洞冥记》、《海山记》、《迷楼记》、《岁华纪丽》考辨

其一,辨《别国洞冥记》。周中孚"据其原序",认为该书"止作《洞冥记》","汉武"、"别国"的名目,都是"后人所加",且原书本

---

① (清)周中孚:《郑堂读书记》卷66"子部十二之四·搜神后记",第1305页。
② (清)周中孚:《郑堂读书记》卷44"子部六之上·星学",第816—817页。
③ (清)周中孚:《郑堂读书记》卷63"子部十二之一·燕丹子",第1243页。

有《拾遗》一卷,今"已佚",传世唯四卷本。周氏主要根据序言"荒诞不可诘"和正文"词华艳丽,亦不类东汉之文"两点,断定该书"当属六朝人所依托"①。

其二,辨《海山记》。其言:"按《海山记》凡一篇,皆于《隋书·炀帝本纪》之外,按年别记轶事,间涉怪诞,尚属诸书所有。惟所录炀帝《湖上曲·望江南》八阕,乃李文饶所作之调,何得先见于大业中?此其依托之明证也"。② 周中孚认为,该书叙隋炀帝时事,却杂有唐代李德裕(字文饶,笔者按)所作的歌调,显然是伪作。

其三,辨《迷楼记》。其言:"《迷楼记》亦一篇,皆记炀帝沉迷女色之事,后称大业九年帝再幸江都,有迷楼;末又称帝幸江都,唐帝提兵号令入京,见迷楼,太宗曰:'此皆民膏血所为!'乃命焚之,经月火不灭。则竟以迷楼为在长安,等诸项羽之焚阿房,何乖谬至于此极耶!"③周氏认为,唐人距离隋朝,并非骛远,若出自他们的手笔,不致有如此讹误。

其四,辨《岁华纪丽》。《岁华纪丽》或作四卷、二卷、七卷,旧题唐韩鄂撰。周氏认为,"其书分四时,各一卷,则作二卷、七卷俱误也",而且今本体例同晁公武、陈振孙所言,"已大不相合",又"词句拙陋殊甚,注亦割裂不成句",所以断言,其"非韩氏所作甚明",亦非晁、陈所见本。至于作伪者何?周氏并未明言。只是收录王士祯"明胡震亨伪作"之说,存而不断。④

---

① (清)周中孚:《郑堂读书记》卷66"子部十二之四·别国洞冥记",第1303页。
② (清)周中孚:《郑堂读书记》卷63"子部十二之一·海山记",第1246页。
③ (清)周中孚:《郑堂读书记》卷63"子部十二之一·迷楼记",第1246—1247页。
④ (清)周中孚:《郑堂读书记》卷60"子部十二之上·岁华纪丽",第1199—1200页。

本项目研究由国家社会科学基金资助
本书出版由国家清史编纂委员会资助

人民出版社

佟大群 著

清代文献辨伪学研究

研究

（下）

国家清史编纂委员会·研究丛刊

国家清史编纂委员会出版委员会

（按姓氏笔画排序）

马大正　丁　沛　朱诚如　成崇德　李文海

陈　桦　邹爱莲　孟　超　徐兆仁　戴　逸

《国家清史编纂委员·研究丛刊》编委会

主　任

李文海

委　员

龚书铎　王思治　经君健　程　歗

杨　珍　夏明方　陈　铮

下册目录

第七章　清中期的文献辨伪学（下）

第一节　《古文尚书》辨伪

一、《古文尚书》褒扬派

1.方苞的考辨

方苞，事迹详见上文。方苞的《古文尚书》考辨，主要围绕以下两个问题展开：

其一，从作伪者的角度，提出具备作伪之才者寥寥，且不见有作伪的迹象。他说，"能伪为是者，谁欤？夫自周以来，著书而各自名家者，其人可指数也"。如荀子、董子，"言之近道"，但是，把他们的"精言"，置于《伊训》、《太甲》、《说命》之间，"弗肖也"，所以，荀子、董仲舒，均不能作伪。至于左丘明、司马迁、扬雄，亦难做到。如果这些人都不能作伪，"况其下焉者欤"？

其二，从文辞的角度，释《古文》易读之疑。《古文尚书》之"辞气不类《今文》"，是什么原因？方氏发现，《史记》中引用《尚书》，但稍易其辞，以求顺畅的例子，"不可毛举"，所以，他推测，所谓"《古文》易晓"，一定是"秦、汉间儒者得其书，苦其奥涩，而稍以显易之辞更之"的缘故，不过大致上，"固经之本文也"。为证明这一点，他以今文《无逸》篇为例，"试易其一二奥涩之语"，发现它和《古文尚书》二十五篇之"辞气"，"其有异乎"？而且，方氏提出，

《史记·儒林传》明确提出,孔安国得壁中书后,"以今文读之,因以起其家"。又举孔安国自序中言,重申"以今文读之"的意思。最后,方苞指出,司马迁所说"以今文读之者",就是他所谓的"以显易之辞通其奥涩,而非谓以隶书传之也"。①

言外之意,方苞不赞同《古文尚书》二十五篇伪作说。

2.李绂的考辨

李绂(1675—1750),江西临川人,字巨来,号穆堂。李绂著专篇,论伪《古文尚书》问题。他对毛奇龄《古文尚书冤词》进行批驳,以为《古文尚书》是皇甫谧伪作。虽为伪书,但不可废止。

首先,对《尚书正义》和毛奇龄所引《晋书》中有关《古文尚书》授受关系的记载,表示质疑。他说"《尚书正义》考古文授受,引《晋书》云:'晋太保郑冲授扶风苏愉,愉授天水梁柳,柳授城阳臧曹,曹授汝南梅赜'",但是查阅《晋书》,并无这样的文字。而且,这里提到的"苏愉、臧曹、梅赜,《晋书》并无其人",只有梁柳,《晋书》"皇甫谧传"中曾言及,但是,"并无得《古文尚书》之事"。至于"毛西河氏作《古文尚书冤词》,亦据《正义》引《晋书》'皇甫谧传'",称"谧从姑子外弟梁柳得《古文尚书》,故作《帝王世纪》中多载其语"。而这段文字,不见于传世《晋书》中。最后,李绂认为,按照《新唐书·艺文志》的记载,"唐初《晋书》虽有七家,御制书出,余必称名"。但是,《尚书正义》所引,"未称某人《晋书》,必御制《晋书》矣","不当他引也"。而实际情况是,孔颖达的《尚书正义》正出现"所引疏阔"的问题,毛奇龄据此"伸冤",也犯了同样的错误,这"安足以传信后世,而箝天下之口也哉"?

其次,推断作伪者为晋人皇甫谧。他主要有三点根据:其一,

---

① 以上均见(清)方苞:《方苞集》(刘季高点校)卷1"读经·读古文尚书",第1页。

"考晋时著书之富,无若皇甫谧者",也就是说,皇甫谧有能力作伪;其二,"尝因《正义》所引,牵连梁柳",而梁柳和皇甫谧,颇有渊源,故而"疑《古文》为谧所作";其三,"后得梅鷟《尚书考异》观之,所见多相合者",而且梅鷟明确提出是皇甫谧伪作,见解相同。所以,李绂指出:"予忖度之",皇甫谧之作《古文尚书》,"可信十之六七矣"。

最后,肯定《古文尚书》的价值。李绂明确提出,《古文尚书》虽伪,"然则《古文尚书》果可废乎? 曰废,固未可轻言"。这是因为皇甫谧"所蒐集","固《尚书》之正文也",而这些《尚书》佚文,本"圣人之书,寸金碎玉,皆可宝贵",所以不能"以造作之赝本,弃采集之正文"。而且,知道其为赝作即可,对于其中的内容,如"嘉谟入告等语,实有害于治道者",可不必深究,"存而不论可耳"。

在这里,李绂又提到毛奇龄辨《古文尚书》非伪的动机,即:"毛氏素不喜朱子之说",故而著书,"借以驳朱子"。毛奇龄之本意,想必也不是"笃信"《古文尚书》吧。[①] 李绂述及《古文尚书》伪作、伪作者和伪书价值三方面内容,且不但直指毛奇龄之偏颇,也洞察毛奇龄之用意。文字不多,内容丰富,堪称优秀辨伪短篇。

3.庄存与的考辨

庄存与(1719—1788),字方耕,号养恬,江苏常州府武进县人。乾隆十年(1745 年)中一甲第二名进士,授编修。[②] 此后,历

---

① 以上均见(清)李绂:《穆堂初稿》卷 45"书古文尚书冤词后",续四库 1422 册,第 118—119 页。

② 庄存与因成绩不佳,曾两次散馆。第一次在中进士授编修后,于乾隆十三年散馆之时,庄存与因考核成绩不佳而受到高宗训斥:"编修庄存与考列汉书二等之末,其不留心学问,已可概见"(详见蔡冠洛等:《清代七百名人传》第 23 卷,中国书店,1984 年)。乾隆十六年(1751 年)第二次散馆后,复职。对于庄存与散馆时考列二等之末的原因,美国学者恒慕义在主编的《清代名人传略》和蔡长林的博士论文《常州庄氏学术新论》(第三章第一节)中归结为他的书法不工。

任侍读学士、内阁学士兼礼部侍郎、湖南及河南学政等。崇尚公羊学,著《毛诗考证》和《毛诗周颂口义》等。庄存与是清代今文学派的创始人。邵晋涵、孔广森、刘逢禄和庄述祖等传其学。庄存与在文献辨伪问题上,最值得注意的是"不废《古文尚书》说"。见《资政大夫礼部侍郎武进庄公神道碑铭》(载龚自珍撰:《龚自珍全集》,原《定盦文集》卷上),《清国史传稿》、《经学通论》等均有转引。

清中期,随着学风日趋崇实,《古文尚书》伪作说日益盛行,特别是阎若璩的考辨,一时间"信于海内",于是有言官学臣提议,以国家名义,"重写二十八篇于学官,颁赐天下,考官命题,学僮讽书,伪《书》毋得与"。

庄存与在上书房轮值时进言,以为《古文尚书》不可废,他主要从《古文尚书》关系治道学统的角度,谈到这个问题,他说:

> 古籍坠湮十之八,颇藉伪书存者十之二。帝胄天孙,不能旁览杂氏,惟赖习幼习五经之简,长以通于治天下。昔者《大禹谟》废,"人心道心"之旨、"杀不辜宁失不经"之诫亡矣;《太甲》废,"俭德永图"之训坠矣;《仲虺之诰》废,"谓人莫己若"之诫亡矣;《说命》废,"股肱良臣启沃"之谊丧矣;《旅獒》废,"不宝异物、贱用物"之诫亡矣;《冏命》废,"左右前后皆正人"之美失矣。今数言幸而存,皆圣人之真言。

庄存与认为,先秦古籍存世不多,《诗》、《书》五经,尤为宝贵,特别是《大禹谟》、《太甲》、《仲虺之诰》、《说命》、《旅獒》、《冏命》等篇,关系人心、道心、社稷君臣等等,可称"圣人之言"。而且千年间承袭不断,是社会国家的重要维系。所以不可废。而且,从义理治道的角度,对只谈学理、不论道统的治学,颇为不屑,嗤之以

"辨古籍真伪,为术浅且近者也"。①

　　庄存与的论辨,颇中肯綮,任何一个旨在治国安邦的统治者,都不会不然其论,何况睿智如清高宗者? 故而,"《古文》竟获仍学官不废"②。庄氏又著《尚书既见》,不分卷,有乾隆五十八年(1793年)刻本,书中体现了庄氏一贯的观点,鲜言真伪是非,而首重义理阐发。

4.翁方纲的考辨

　　翁方纲(1733—1818),字正三,号覃溪,顺天大兴人。乾隆十七年(1752年)恩科进士,选庶吉士,散馆授编修。屡任乡试副考官,任广东学政、国子监司业、内阁学士、鸿胪寺卿等。三与鹿鸣宴、恩荣宴。翁氏精研经术,以为考订之学非不得已而不为③,为之,亦当折衷于义理,嗜博、嗜琐、嗜异者,均不足道。人称所言"最为持平"④。翁氏亦精金石之学,兼擅书法,著述丰富,有《两汉金石记》、《复初斋全集》、《经义考补正》等。

　　翁方纲针对《古文尚书》真伪之争,曾写了三篇短文,这就是《古文尚书条辨序》(一、二、三)。他认为,自古以来,经学研究者"以同异攻守相夺,则无若近日治《尚书》者。有阎之《疏证》、毛之《冤词》矣",不但如此,还有人作《冤冤词》。翁方纲喟叹:"冤冤相报何日了!"他自言,"吾之说《尚书》也,盖甚不欲以古今文涉笔端也"。其中一个最主要的原因,就是"中间疑义待析者,不知凡

---

①　以上均见于(清)龚自珍:《龚自珍全集》第二辑"资政大夫礼部侍郎武进庄公神道碑铭",上海人民出版社,1975年,第141—143页。

②　《清国史》"儒林传下"卷19"庄述祖传",第642页。

③　其言"事有歧出而后考订之,说有互难而后考订之,义有隐僻而后考订之",《论语》"曰'多闻'、曰'阙疑'、曰'慎言',三者备而考订之道尽于是矣"。见《复初斋文集》卷7"考订论下之一、之二",第416页。

④　《清国史》"儒林传下"卷10"翁方纲传",第608—609页。

几,何暇为此哉!"①

对于阎若璩、毛奇龄等人的著述,翁方纲以为此非学者所当为。其言,"吾尝谓,说经宜平心易气,择言而出之,和平审慎而道之",但是阎若璩和梁上国的著作,却都"多嫉激不平语"。不过,翁方纲以为,"此非梁子(指梁上国,笔者按)之过,而诚阎之过也"。何以言之? 他回答到:"其所谓《疏证》者,何'疏证'之有哉? 谩骂而已矣。说经者,敬慎之事也,汝则谩骂耶? 汝既谩骂矣,何怪夫人之谩骂耶? 是其咎不在人之覆酬以谩骂,而实在乎彼谩骂者之自取之。而彼顾不以谩骂自居,而腼颜自题曰'疏证'也。"②概言之,在翁方纲看来,阎若璩著书"寻骂"于前,也由不得梁上国激切谩骂在后了。翁氏为梁上国开脱,反映了他学术宗尚的偏执一端。

翁氏言,"《古文尚书》自朱子已疑之,吴才老、吴草庐以下诸家,群起而疑之。愚窃尝深思覆思,古文诸篇,皆圣贤之言,有裨于人国家,有资于学者"③,又言,"其果孰为真古文,更千万世孰能起而复理之,亦更不必于此间(指孔壁十六篇《古文尚书》,笔者按)再下断语耳。况说经以绅绎经义为务,此等处,勿庸究心焉。"④

虽然,翁方纲犯了颠倒朱熹、吴棫次序的常识性错误,但其阐发己见的意识,却十分鲜明。即他认为,《古文尚书》皆圣贤之言,于国家社会、世人学者都有裨益,何必在真伪问题上纠缠呢? 他主张,学者当以"绅绎经义为务",不应在《古文》真伪问题上"究心"。

文献辨伪从来就不是简单的真伪之争,而是涉及学术思想、社

---

① (清)翁方纲:《复初斋文集》卷1"古文尚书条辨序",第357页。
② (清)翁方纲:《复初斋文集》卷1"古文尚书条辨序",第357页。
③ (清)翁方纲:《复初斋文集》卷1"古文尚书条辨序",第357页。
④ (清)翁方纲:《复初斋文集》卷1"古文尚书条辨序二",第358页。

会文化等问题,集结了多方面的纠葛。翁方纲看似超脱的言论,实际上仍没有摆脱文献辨伪学中义理之争的范畴,他只是用看似不作为的态度,含蓄地表达了自己偏执一端的主张。

5.梁上国的考辨

梁上国(1748—1815),字斯仪,福建长乐人。少为大兴朱珪所赏识,入读书社。乾隆四十年(1775年)成进士,入翰林院,成庶吉士,散馆授编修。此后历任御史、内阁侍读学士、奉天府丞、太常寺卿等,著《驳毛氏大学证文》等。又著《古文尚书条辨》,力攻阎若璩,但是"语多嫉激",上文提到的翁方纲,和下文将要述及的刘逢禄[1],均这样认为。也许正是这个缘故,其学说"世鲜好之"[2]。

二、《古文尚书》辨伪派

1.顾栋高的观点

顾栋高(1679—1759),字震沧,号复初,江苏无锡人。康熙六十年(1721年)进士,授内阁中书。雍正间,获引见,以奏对越次罢职。乾隆十五年(1750年)特诏内外大臣荐举经明行修之士,与陈祖范等人皆得授国子监司业,栋高以年老不任职,获赐司业衔。乾隆二十二年(1757年)乾隆帝南巡,召见行在,加祭酒衔,赐御书"传经耆硕"四字。著《春秋大事表》、《毛诗类释》及《续编》等。

顾栋高辨《古文尚书》的文字,有《尚书有苗论》,见引于惠栋《古文尚书考》。顾栋高将《尚书》中有关征苗之事,一一罗列:"《舜典》言'窜三苗于三危',又曰'分北三苗';《皋陶谟》言'何迁乎有苗';《禹贡》言'三苗丕叙';《益稷》言'苗顽弗即功'[3];《吕

---

[1]　(清)刘逢禄:《左海文集》卷6"古文尚书条辨序",续四库本,第1496册,第281页。

[2]　《清国史》"儒林传下"卷14"梁上国传",第621页。

[3]　惠栋注言:"此亦见《皋陶谟》非《益稷》也"。

刑》言'遏绝苗民,无世在下';与《伪经》禹徂征之事凡七"。

　　他认为,元儒王充耘不信《尚书》舜、禹征三苗之事,"深合事理"①。他说,"谨以一言断之曰:若说窜与分北在徂征之后,则苗以逆命而班师,以来格而遭窜,则有苗当自悔其来。若说在徂征之前,则三苗已丕叙于三危流窜之地,即有不即功者,亦使皋陶施象刑威之足矣,不烦兴师动众也"。也就是说,无论是流窜三苗在征伐之前,抑或征伐之后,都于情理不合。《古文尚书》伪迹败露,不可信。

　　另著《尚书质疑》二卷,有1939年抄本,笔者未见。据言,"多据臆断,不足以言心得",有人以为,这是由于顾氏"穷经之功,《春秋》为最,而《书》则用力少"②的缘故。

2.惠栋的主张

　　惠栋(1697—1758),字定宇,又字松崖,江苏元和(今苏州市吴县)人。吴派惠氏素有家学渊源,号称四世传经。③ 乾隆十五年(1750年)诏举经明行修之士,陕甘总督尹继善、两江总督黄廷桂交章论荐。会大学士、九卿索所著书,未及呈进,罢归。惠栋辑录汉人经说,成《九经古义》、《易汉学》等,还有《松崖笔记》,系考订札记,又撰《后汉书补注》等。弟子知名者,以余萧客、江声为最。④

　　惠栋曾考订伪书多种,其中以辨《古文尚书》最成规模,著《古

①　王充耘以为"征苗之事""不可信"。详见(元)王充耘:《读书管见》卷上"三苗"条,四库本,第62册,第460页。

②　《清国史》"儒林传下"卷7"顾栋高传",第595页。

③　惠周惕,字元龙,原名恕,江苏吴县人。康熙十八年举博学鸿儒科,丁忧,不与试。三十年成进士,选翰林院庶吉士,散馆,改密云知县,有善政,卒于官。邃于经学。惠士奇,字天牧,康熙五十年进士,选翰林院庶吉士,授编修。曾充会试同考官、湖广乡试正考官,又提督广东学政等,乾隆初年告归,卒于家。惠士奇盛年兼治经史,晚尤邃于经学,撰《易说》、《礼说》、《春秋说》等。有子七人,以惠栋最知名。

④　《清国史》"儒林传下"卷5"惠栋传(惠周惕传附)",第589页。

文尚书考》二卷,辨郑康成所传之二十四篇为孔壁真古文,东晋晚出之二十五篇及孔《传》皆梅赜伪造。

惠栋认为,孔壁出《古文尚书》之增多篇章虽藏在秘府,因未立学官而无师传。两汉学者凡言及这些篇章,均以"逸书"名之。但是,"其所逸十六篇,当时学者咸能案其篇目,举其遗文,虽无章句训诂之学,翕然皆知为孔氏之逸书也"。也就是说,孔壁真《古文尚书》的篇目、佚文,保存在当时学者的著述中,可循迹稽查。这也正是惠栋著成《古文尚书考》的文献依据。惠栋又说:"今世所谓古文者,乃梅赜之书,非壁中之文也。赜采摭传记,作为《古文》,以绐后世。后世儒者,靡然信从,于是东晋之《古文》出,而西汉之《古文》亡矣。"但是,"孔氏之书,不特文与梅氏绝异,而其篇次亦殊",所以,他从"备著其目"、"条其说"两条途径,澄清《古文尚书》的是非真伪。大致说来,该书上卷主要解决篇目出入问题,下卷集中探讨掇拾踪迹问题。

(1)篇目问题。

主要包括以下八个问题:第一,"孔氏《古文尚书》五十八篇":探讨了梅赜《古文尚书》分《尧典》为《舜典》,分《皋陶谟》为《益稷》,并窜乱篇次等问题。第二,"郑氏述《古文逸书》二十四篇":惠氏认为,郑玄引述的这二十四篇《古文尚书》,就是孔壁十六篇,只是《九共》一分为九,故而有此数。接下来,惠氏提出四点质疑,驳孔颖达《尚书正义》视"十六篇"为张霸伪作的观点。第三,"辨《正义》四条":也是针对《尚书正义》有关今古文篇目的言论,纠偏补正。惠栋在继阎若璩之后,在伪《古文尚书》的辨伪方面又有进展。他认为,伪古文和伪传,都是梅赜伪造的。第四,"证孔氏逸书九条":通过文献记载,说明《舜典》、《弃稷》、《五子之歌》、《胤征》、《汤诰》、《旅獒》、《冏命》等篇,本是孔壁逸书所固有。第五,"梅氏增多古文二十五篇":惠氏认为,梅赜《古文尚书》二十五篇,无论如何分合,都不符合孔壁增多十六篇的数目。为弥合阙失,分《尧典》出《舜典》,分《皋陶谟》出《益稷》,于是,《今文尚书》的二十九篇变成三十三篇,但是,"汉魏以前未有此目"。第六,"辨梅氏增多古文之谬十五条":引述《左传》、《墨子》、《荀子》、《汉书》等文献,以及顾栋高、朱彝尊、顾炎武等人论说,说明梅赜增多《古文尚书》篇目的牵合附会。第七,"辨《尚书》分篇之谬":进一步论述梅赜别出《舜典》,割裂出《康王之诰》,改《弃稷》为《益稷》,将《书序》分冠篇首的牵强失误。第八,"附阎氏若璩《尚书古文疏证》":节选阎若璩有关辨析伪书篇目的言论。

以上大致是上卷的主要内容。正如惠栋所言,基本针对篇目问题。

(2)引文问题。

惠氏用一卷的篇幅,一一指证二十五篇伪书中语句的出处。通过前面的章节可以知道,很多学者都认识到,梅赜伪书有抄掇《尚书》佚文的问题,惠栋以前的学者,如阎若璩、姚际恒等,也曾有这方面的例证,唯不系统。在《古文尚书》辨伪问题上,惠栋的最大贡献,在于将这一问题,作了系统全面的梳理。惠栋将二十五篇《古文尚书》中凡可寻之处,句句标注。① 清儒普遍认为,梅赜伪作说,至此可成定案矣。

3.江声的贡献

江声(1721—1799),字叔澐,江苏元和人。七岁就傅读书,致力科考,父丧,因不复事科举。性耿介,不慕荣利。与王鸣盛、王昶、毕沅等交游,未尝请托以私事。嘉庆元年(1796 年)诏开孝廉方正科,得赐六品顶戴。江声晚年因不谐俗,动与时违,故而取

---

① 以上均见:(清)惠栋:《古文尚书考》,续四库本,第 44 册。

《周易》'艮背'之义,自号艮庭,人称艮庭先生。江声一生不作行、楷,与人书信,亦皆作古篆,虽惹人非议而不顾。也是这个缘故,江声之著作,"不甚行于时"。在《古文尚书》辨伪问题上,江声的主要贡献有二:

(1)推出集成之作。

江声的《尚书集注音疏》,是清代《古文尚书》辨伪研究中的转型之作。在梅赜献《古文尚书》及孔《传》问题上,江声"少读《尚书》",即对"古今文不类"颇感怪异,"又疑孔《传》非安国所为"。后从惠栋学,"得读所著《古文尚书考》及阎若璩《古文疏证》",于是仿惠栋《周易述》,撰《尚书集注音疏》,时年四十有一。该书四易其稿,历十年有余,成十二卷,并附录一卷。《尚书集注音疏》一书"存《今文》二十九篇,以别梅氏所上二十八篇之伪造",又取其他文献"所引《汤征》、《泰誓》诸篇逸文,按《书序》录入"。从著作体例可见江声对《古文尚书》真伪的态度。

此外,该书最大的特征,是"取《说文》、经、子所引《书》古文本字,更正秦人隶书及唐开元改易古字之谬",这是江声书必古篆风格的集中体现。此外,江声还"辑郑康成残注及汉儒逸说,附以己见而为之疏,以明其说之有本"。惠栋以汉儒经说为宗尚,江声的著作,则是对惠栋治学的继承和发扬。对此,清人给予了较高的评价。其言,《古文尚书》辨伪,经过宋明学者的考辨,到了阎若璩、惠栋这里,"发其作伪之迹、剿窃之原",《古文尚书》伪作一事,昭然若揭,但是在"刊正经文"、"疏明古注"问题上,都做得不深入充分,只有江声才做到了"集大成"。①

(2)重论伪作之说。

江声辨《泰誓》非伪,这是江声文献辨伪研究中另一个值得关

---

① 见《清史稿》卷481"列传二百六十八·儒林二·江声传",第13231—13233页。

注的问题。《泰誓》后得，如第二章所言，自东汉马融，即颇以为可疑。但是，江声辨驳道：《泰誓》本就是伏生所传，非后出，不必怀疑。他认为：

从流传的角度考虑。"《泰誓》'维四月，太子发上祭于毕'云云"，在伏生《尚书大传》中已经引用，只是因为伏生年老，"容有遗忘"，所以《尚书大传》"能引《九共》、《帝诰》片语，而不传其全文"，也就是说，自伏生时就有《泰誓》篇。

从篇目的角度考虑。《汉书·艺文志》载"《尚书古文经》五十七篇，伏生《书》二十八篇"，但是将《盘庚》一分为三，"加孔氏多出二十四篇"，也只是五十四篇，不足"五十七"之数，唯有算上《泰誓》三篇，才合"五十七"之数，如果没有《泰誓》篇，则"不符其数"。

从内容的角度考虑。他指出，马融疑"八百诸侯不期而会"、"火流为雕"，"以谷俱来"为无稽之谈、神怪之论，所以不当传自圣人。江永指出，"孔子系《易》，称河出'图'，洛出'书'，《论语》亦曰'凤鸟不至，河不出图，吾已矣'"。这些"符瑞之征，圣人且觊幸遇之"，因此，所谓"子不语怪力乱神"，并非"通论"。且《诗经·思文》有"贻我来牟"一语，即此"以谷俱来"的说法，难道《诗经》中的记载，也可以"斥为诞"么？

从引文的角度考虑。他提出，马融"以书传所引《泰誓》甚多，而疑此《泰誓》皆无有"为依据，疑《泰誓》为伪作的说法，也难以成立。他指出，"《汤誓》传自伏生，今古文皆有，而《墨子》两引《汤誓》中亦无之"，《泰誓》的情况，"亦犹是耳"。且伏生《尚书大传》，引《盘庚》曰"若德明哉？汤任父言，卑应言"，引《无逸》曰"厥兆天子爵"，但是今文经却不见有这样的文字，难道这也据以怀疑其为伪作么？总之，江永认为，伏生传《泰誓》，欧阳、夏侯等接续师承，都"不能无阙逸"，加之"经灰烬之余，百年而出"，难免有所遗漏，不足为奇，亦不足以据此辨其为伪作。①

在这段文字中，江永将马融等以《泰誓》是伪作的根据，一一进行批驳，足成一家之言，故而史臣称，"其论为阎、惠诸人所未及"②。

4.王鸣盛的著作

王鸣盛（1722—1797），字凤喈，江苏嘉定人。幼从沈德潜受诗，后从惠栋学经义。乾隆十九年（1754年）中一甲进士，授翰林院编修，历官侍读学士、内阁学士等。丁忧，不复出。王氏性俭，喜读书，无声色玩好之娱。著《尚书后案》、《十七史商榷》、《蛾术编》等，另有《诗文集》四十卷。③ 王鸣盛力主东晋出《古文尚书》及孔《传》，均系伪作，"伪《古文尚书》"、"伪孔《传》"、"伪《武成》"、"伪《泰誓》"的措辞，频繁出现在如《十七史商榷》等著作中。但是，以郑玄注《古文尚书》为孔壁真古文，故而所著《尚书后案》三十卷，按照虞、夏、商、周及书序的次序，依次解说《尚书》各篇，专述郑玄学说，间采马融、王肃注文，以补郑玄之阙略，另，孔《传》虽为东晋伪作，意有允当，也间或采用④。

该书意主汉儒学说，心存真伪之辨，是清代经学及文献辨伪学研究中的杰作。今有论著或涉及此一问题，如张惠贞的《王鸣盛经学思想探析》（《成大宗教与文化学报》第12期，2009年6月），对《尚书后案》中的经学思想，进行了简要阐发。再如施建雄著《王鸣盛学术研究》（中国社会科学出版社，2009年），是目

---

① 见（清）钱林《文献征存录》卷5"江声"传。（清）江藩：《国朝汉学师承记》（《汉学师承记（外二种）》，朱维铮导读）卷2，三联书店，1998年，第42—46页。《清国史》"儒林传"亦有引述。

② 《清国史》"儒林传下"卷15"江声传"，第626—627页。

③ 《清国史》"儒林传下"卷11"王鸣盛传"，第611页。

④ 采伪孔《传》而不用伏生《尚书大传》的做法，孙星衍以为不妥。故而在孙氏《尚书今古文注疏》中，孙氏黜孔《传》用伏《传》。见《尚书今古文注疏序》。

前最为系统研究王鸣盛学术思想的专著。该书最值得称道的，是能补王鸣盛经学成就研究之不足，并从经学研究的角度，论述王鸣盛有关《古文尚书》及孔《传》的辨伪研究（见该书第五、六两章），梳理颇为细致。施建雄注意到，以往学术界将王鸣盛仅仅视为单纯考据学家的"偏颇"，注意"从更深层次发掘其著述中的思想性内容及历史认识中有价值的论断"。① 这也正是笔者的一贯主张。其实，又何止王鸣盛一人？何止乾嘉诸儒？何止清代学术？

上述论著，虽然都侧重在经学研究，而非文献辨伪研究，但已经将这部著作之要义，大致阐述无遗，笔者之别说，惟解读视角不同罢了，此其一；其二，王氏的《古文尚书》及孔《传》辨伪，精细有余，新意不多。加之本书篇幅有限，因而在此不拟详述。

5.程廷祚的观点

程廷祚（1691—1767），初名默，字启生，号绵庄，别号青溪居士，江苏上元人。诸生，少好辞赋，笃于经书，属意颜李之学。读书极博，皆归于实用。著《易通》、《周礼说》等。② 所著《晚书订疑》，三卷，有清乾隆刻本和清抄本。该书上卷论《尚书》著录流传，包括《史记》、《汉书》载《古文尚书》之由；古文之名以字体训诂不以篇章；安国十六篇不传；二汉《尚书》之学；安国注《论语》之证；许氏《说文》之证；《隋书·经籍志》与《正义》之诬；东晋不见有晚书；晚书见于宋元嘉以后；南北二史之证；安国自序之谬；孟子所见之《武成》尚存。中卷论《书序》，下卷杂论晚出二十五篇《古文尚书》，附《今古文尚书授受源流》。

在该书第三卷中，程氏言："考晚出之书，自《左传》、《国语》以及

---

① 施建雄：《王鸣盛学术研究》"绪论"，中国社会科学出版社，2009年，第2页。

② 《清国史》"儒林传上"卷15"程廷祚传（李塨传附）"，第496页。

先秦诸子所引，注家指为逸书者，悉皆攈摭囊揩，罔有或遗，此盖惩马氏之讥《太誓》，而欲以此必天下之信从也。然吾于此，独有疑焉。"①马融疑《泰誓》非真的重要证据，是佚文不见载，程廷祚发现，凡是《左传》、《国语》等先秦诸子所称引之"逸书"，悉数收罗在东晋出《古文尚书》中。因此，他怀疑，是作伪者以马融讥《泰誓》为鉴，巧加弥缝，以欺天下。然连缀之文，毕竟"无上古浑噩淳朴之风，质之不可为真"②。因此，程氏用一卷的篇幅，将二十五篇《古文尚书》的出处，一一标注，其中涉及《周易》、《孟子》、《庄子》、《吕氏春秋》、《左传》、《竹书纪年》、《荀子》、《论语》、《国语》、《墨子》、《韩非子》、《淮南子》、《说苑》、《孔子家语》、《汲冢周书》、《汉书》、《诗经》、《新书》、《礼记》、《孔丛子》、《司马法》、《管子》、《史记》、《淮南子》、《战国策》、《老子》，共二十六种（种下各篇不计），颇为翔实。从这个意义上，自称"同岁生"的惠栋，在该书序言中引以为同声，赞许颇多。③

6.李惇的主张

李惇（1734—1784），字成裕，江苏高邮人。少颖异，有神童之称，年十三而孤，力学，乾隆四十五年（1780 年）进士。李氏长于《诗》及《春秋》，晚好术算，尽通梅氏书，与钱塘齐名。时，江籓好非议前人，李惇语以："王子雍（王肃，字子雍，笔者按）若不作《圣证论》以攻康成，岂非醇儒？"其面规人过，直切如此。著《群经释小》八卷，考诸经古义二百二十余事，多发前人所未发。又有《古

---

①　（清）程廷祚：《晚书订疑》卷3"杂论晚书二十五篇"，续四库本，第44册，第28页。

②　（清）程廷祚：《晚书订疑》卷3"杂论晚书二十五篇"，续四库本，第44册，第28页。

③　（清）惠栋：《晚书订疑序》，见《晚书订疑》卷首，第1页。

文尚书说》、《毛诗三条辨》、《左氏通释》等。①

李氏之《古文尚书说》，笔者未见。有关《古文尚书》的考辨，唯散见于《群经识小》之中。其言：

> 今所传孔《传》，人莫不知其伪，而究不知其出于何人之手。予友刘端临曰："盖王肃所托。"今案，是书既非汉以前人所作，汉以后，非子雍之明敏博洽，亦不能作，则其说是也。《释文》曰，相承云梅赜上孔氏传《古文尚书》，亡《舜典》一篇，时以王肃注类孔氏，故取王氏，从"慎徽五典"以下，为《舜典》，以续孔《传》，不知其本出一手也。子雍旷代之才，使其平心静气，研精覃思，何难与康成并驾？惜其克伐之心太甚，以康成压其前，专欲为异说以胜之，作《圣证论》未已也，又出《孔氏家语》，出《家语》未已也，又为孔《传》。是书虽成而未遽出，又数十年后，乃出于梅赜。其所争者，在后世之名，固不必及其身而出之也。后人妄意古人，虽曰出于逆亿，要亦十得八九矣。②

在这里，李惇明确提出，所谓梅赜献的《古文尚书》是王肃伪作的观点。并对王肃作伪的动机，进行分析，即：其"克伐之心太甚，以康成压其前，专欲为异说以胜之"。所以，相继伪作《孔子家语》和孔传《古文尚书》。

7.崔迈的著述

崔迈（？—1781），崔述弟，具体事迹不详。著有《讷庵笔谈》，驳孔氏经传之伪，又把伪《古文尚书》的材料来源，作了详细考订。

---

① 《清国史》"儒林传下"卷18"李惇传（王念孙传附）"，第637—638页。
② （清）李惇：《群经识小》卷2"孔传"条，续四库本，第173册，第23页。

崔述将上述内容,录于《古文尚书辨伪》卷二中。如《大禹谟》"舍己从人"语,自《孟子》来;"帝德广运"语,自《吕览》来,等等。共涉及《大禹谟》、《五子之歌》、《胤征》、《仲虺之诰》、《汤诰》、《伊训》、《太甲》(上、中、下)、《咸有一德》、《说命》(上、中、下)、《泰誓》(上、中、下)、《武成》、《旅獒》等篇。

8.孙星衍的研究

孙星衍(1753—1818),字渊如,号伯渊,江苏阳湖(今常州)人。幼有异禀,过目成诵,又不拘礼俗,是倜傥通才。清乾隆五十二年(1787年),高中榜眼,曾任"三通馆"校理、刑部郎中、山东督粮道等。嘉庆十六年(1811年),引疾归。曾主讲诂经精舍、南京钟山书院。早年以诗学著名,与同里洪亮吉、黄景仁等,为"毗陵七子"。尤著意于"深究经史、文字、音训之学,旁及诸子百家"①,阮元誉其为"实本朝不可废之大家也"②。孙氏一生,著述丰富,有《周易集解》、《平津馆金石萃编》、《问字堂集》、《岱南阁集》等,严可均又辑有《孙渊如外集》。③

在《尚书》问题研究方面,著成《尚书今古文注疏》。包括卷一《尧典》(上、下),卷二《皋陶谟》(上、中、下),卷三《禹贡》(上、

---

① （清）阮元:《山东粮道孙君星衍传》,《碑传集》卷87,中华书局,1993年,第2514—2521页。

② （清）阮元:"阅问字堂集赠言",载孙星衍:《问字堂集》(骈宇骞点校)卷首,中华书局,1996年,第9页。

③ 孙星衍传记及著述出版、收藏情况,参见《清人别集总目》,安徽教育出版社,2000年,第648—649页。有关传记资料主要有:《清史稿》卷481,《清史列传》卷69,《国朝耆献类征初编》卷113,毕沅撰《吴会英才集》,阮元撰《山东粮道孙君星衍传》(载《碑传集》卷87,中华书局,1993年),《国朝先正事略》卷35,支伟成撰《清代朴学大师列传》中"吴派经学家列传第四"(上海泰东图书局,1925年初版,1928年再版,1986年岳麓书社复据1928年版印行,第95—99页),张绍南撰《孙渊如先生年谱》(收入《丛书集成续编》第36册),等等。其中以阮元所作年谱最为详尽。

中、下），卷四《甘誓》，卷五《汤誓》，卷六《盘庚》，卷七《高宗肜日》，卷八《西伯戡黎》，卷九《微子》，卷十《泰誓》，卷十一《牧誓》，卷十二《洪范》（上、下），卷十三《金滕》，卷十四《大诰》，卷十五《康诰》，卷十六《酒诰》，卷十七《梓材》，卷十八《召诰》，卷十九《洛诰》，卷二十《多士》，卷二十一《无逸》，卷二十二《君奭》，卷二十三《多方》，卷二十四《立政》，卷二十五《顾命》（上、下），卷二十六《费誓》，卷二十七《吕刑》（上、下），卷二十八《文侯之命》，卷二十九《秦誓》，卷三十《书序》（上、下）。

在该书序中，王氏有言："高宗纯皇帝鉴定《四库》书，采梅鷟、阎若璩之议，以梅氏书为非真古文，则《书》疏之不能已于复作也。"也就是说，受《四库全书》取向的影响，东晋晚出《古文尚书》非真说，成为被官方认定的学术观点。因此，更定孔颖达《尚书正义》，重作《尚书》注疏，也就提上议事日程。

书前《凡例》中言："此书之作，意在网罗放失旧闻，故录汉魏人佚说为多"，至于《尚书》古注，散乱亡佚颇多，孙氏所"剌取"者，包括司马迁《史记》古文说，伏生《尚书大传》，欧阳高、大夏侯胜、小夏侯建等今文说，马融、郑玄孔壁古文说。此外，"先秦诸子所引《古书》说，及纬书、《白虎通》等汉魏诸儒今文说，许氏《说文》所载孔壁古文"等也一并采录，且注中有其异文、异字等，也一并采录。至于宋以来诸家注疏，则不用，因为"其时文籍散亡，较今代无异闻，又无师传，恐滋臆说也"，而对清以来学者，如王鸣盛、江声、段玉裁、王念孙、王引之父子的学说，则间或采用，因为他们都学有根底。① 王鸣盛等示范在前，孙星衍蒐罗众说、集成于后，故而"论者以为胜王鸣盛书"②，斯言允当。

---

① 以上见该书"序"及"凡例"。
② 《清国史》"儒林传下"卷21"孙星衍传"，第649页。

该书收入《清人注疏十三经》中第一册第二种。有中华书局1936年《四部备要》本（据冶城山馆本校刊）。陈抗、盛冬铃点校后，1986年由中华书局出版。吴国宏的硕士学位论文，以《孙星衍尚书今古文注疏研究》为题（中正大学中国文学研究所硕士论文，1994年6月），是目前不多的研究成果中较为全面系统的一种。

实事求是地说，孙氏书同王氏书一样，在《尚书》训读注解中贯彻了梅赜《古文尚书》非真的思想，唯不以辨伪为主业罢了。致力方向的调整，反映了《古文尚书》文献辨伪学发展的程度，即孙星衍以前，王鸣盛以前，《四库全书》编撰以前，《古文尚书》真伪之争大致已成定谳。

9.焦循的论述

焦循（1763—1820），字理堂，一字里堂，晚号里堂老人，江苏甘泉（今扬州）人。家世寒微，自幼苦学。嘉庆六年（1801年）中举，会试不第，遂绝意进取，专心治学。与阮元情谊甚笃，阮氏甚钦服其学，称其为通儒。① 焦循建雕菰楼，读书其中，不涉足闹市十余年，著《易通释》、《易章句》、《孟子正义》、《雕菰楼集》等。

焦循视梅赜献《古文尚书》为伪，但是未有专门考订，只是径直称"伪《古文尚书》"（如《孟子正义》卷二等）。

对于孔《传》，虽然"伪孔《传》"（见《尚书补疏》）、"伪孔《尚书传》"（见《孟子正义》卷二十七）的文字，在焦循的著述中屡见，但是他还是强调，笼统称伪《传》，是不太合适的。他说："东晋晚出《尚书孔传》，至今日稍能读书者，皆知其伪。虽然其增多之二十五篇伪也，其《尧典》以下至《秦誓》二十八篇，固不伪也。则试

_____

① （清）阮元：《研经室集·二集》（邓经元点校）卷4"通儒扬州焦君传"，第476页。

置其伪作之二十五篇,而专论其不伪之二十八篇。"他认为,"置其为假托之孔安国,而论其为魏晋间人之传",未尝不可。又说道,王鸣盛之《尚书后案》,虽然"力屏其伪,而于马、郑注外,仍列孔《传》",江永作《尚书集注音疏》,于《传》说"亦多取之",即便是孙星衍"屏孔《传》",但是在二十八篇经文解读上,也"不能不取诸孔《传》"。这就说明,伪孔《传》确实有马融、郑玄所不及之处,故而,焦循将孔《传》有关《今文尚书》二十八篇的文字,一一辑出,"为《书义丛抄》,所有私见,著于此编"①。这就是二卷本《尚书补疏》。

　　焦循视孔《传》为魏晋人《书》传的观点,和顾颉刚研究古史的方法,有异曲同工之处。虽然不见顾氏言其学术渊源同焦循有何关联,但显然,古史辨学派的精要,焦循已于"嘉庆二十三年(1818年)夏四月"写在《尚书补疏》的序言中了。

　　此外,焦循也接受并认可了以下为伪书的观点:①《孟子正义》卷一:"《孔丛》,伪书,不足证也。"②《孟子正义》卷二:"南宋后,伪《(孟子)正义》出,托名孙奭所撰。"③《孟子正义》卷三:"近所行之《竹书纪年》,固浅人伪托,即和峤所引,亦魏晋间伪书,不足征信。"

　　10.其他

　　(1)陈祖范(1675—1753),字亦韩,常熟人。雍正元年(1723年)举人,因病不与殿试。归家,闭门读书,后获赐司业衔。著有《经咫》等。其《经咫》"书"部分,杂论《古文尚书》伪作问题。人称"祖范于学,务求心得,论《易》,不取'先天'之学,论《书》,不取梅赜",为"通达之论"。②

　　(2)阎循观(1724—1768),字怀庭,山东昌乐人。性敏,初好

---

① 见《尚书补疏序》,该序又收在焦循《雕菰集》卷16"序·尚书孔氏传",续四库本,第1489册,第282—283页。

② 《清国史》"儒林传下"卷7"陈祖范传(顾栋高传附)",第595页。

佛说,后读宋儒书,乃专志洛闽之学,省身克己,勤勉刻苦。乾隆三十一年(1766年)中进士,授吏部考功司主事。居二年,引疾归,归一月而卒。著有《毛诗读记》、《困勉斋私记》等。此外,还有《尚书读记》一卷,四库列入《存目》,共七十六条,四库馆臣推测,此为阎循观读书之随手札记,卒后由他人录出,非著成之书。① 该书"大旨",是"不信古文"。②

(3)戴祖启(1725—1783),字敬成,江苏上元人。弱冠即潜心经义,有志于儒家体用之学。与族人戴震同举于乡,时有"二戴"之目。乾隆四十三年(1778年)成进士,复还关中。逾年,奉旨以国子监学正录用。著《春秋测义》、《史记协异》等。所著《尚书协异》二卷,唯解伏生传《今文尚书》二十八篇,且将其中《康王之诰》合于《顾命》篇内。该书主要考校经文,兼综众说,断以己意。另著《尚书涉传》十六卷。

戴祖启提出:"吴草庐后学者,咸力攻《古文》,其实考之古注及经传子史,《正义》中三十三篇与伏生所授,不过古今文字小异,而究不失大同。"③实际上,宋以来的学者,已经普遍认同后出《古文尚书》三十三篇即是伏生《今文尚书》的分析釐剔。戴氏的这种认识已经颇为浅近,不足以名家。

(4)庄述祖(1750—1816),字葆琛,江苏武进人,斯人叔父,即于士林间颇有名望的庄存与。庄述祖幼传阎若璩之学,博通六艺。乾隆四十五年(1780年)中进士,选知县,后请养归。原本家学,研求精密,著述皆义理宏达,洵为少见,有《夏小正经传考释》、《毛诗考证》、《五经小学述》等。④ 庄述祖直述孔《传》为伪作,又有《尚

---

① 《四库总目》卷14"经部十四·存目二""尚书读记"条。
② 《清国史》"儒林传上"卷25"阎循观传",第534页。
③ 《清国史》"儒林传上"卷24"戴祖启传",第533页。
④ 《清国史》"儒林传下"卷19"庄存与传",第642—643页。

书今古文考证》七卷,重在异文校正。

(5)汪中,生平事迹从略。所著《述学·别录》"与端临书"中,直言"伪孔《传》",未见有专门辨伪的文字。

第二节　《周礼》及《竹书纪年》辨伪

一、《周礼》辨伪

清中期学者的《周礼》辨伪,虽然仍有人主张《周礼》是晚出伪书,但更多的则力证《周礼》非伪。

1.官方学术的非伪之见

清中期的官方学术视《周礼》非伪,这可以《钦定周官义疏》和《总目提要》为代表。

(1)《钦定周官义疏》。

全书四十八卷,是乾隆朝钦定《三礼义疏》的第一部,成于乾隆十三年(1748年)。该书提出:"大抵《周官》六典,其源确出周公,而流传既久,不免有所窜乱,不必以为疑,亦不必以为讳。"[1]并且认为,《汉书·艺文志》和杜子春、郑兴、郑众、贾逵、卫宏、张衡等人,"皆称《周官》",即使是"马融、郑玄所注,犹称《周官礼》",至于《周礼》的说法,是唐贾公彦作《疏》时才开始"沿用省文"的缘故。也就是说,"《周礼》,实非本名"。因此《钦定周官义疏》先为该书正名,"今仍题曰《周官》,从其朔也"。[2]

(2)《总目提要》。

《总目提要》也秉持"《周官》非伪说",这也是对乾隆钦定《周官义疏》观点的继续贯彻。四库馆臣有言:

①　《总目提要》卷19"经十九·礼类一","钦定周官注疏"。
②　《总目提要》卷19"经十九·礼类一","钦定周官注疏"。

使其作伪,何不全伪六官,而必阙其一,至以千金购之不得哉?且作伪者,必剿取旧文,借真者以实其赝,古文《尚书》是也。刘歆宗《左传》,而《左传》所云《礼经》,皆不见于《周礼》。《仪礼》十七篇,皆在《七略》所载古经七十篇中;《礼记》四十九篇,亦在刘向所录二百十四篇中。而《仪礼·聘礼》宾行饔饩之物、禾米刍薪之数、笾豆簠簋之实、铏壶鼎瓮之列,与《掌客》之文不同。又《大射礼》天子、诸侯侯数、侯制与《司射》之文不同。《礼记·杂记》载子、男执圭,与《典瑞》之文不同。《礼器》天子、诸侯席数,与《司几筵》之文不同。如斯之类,与二《礼》多相矛盾。歆果赝托周公为此书,又何难牵就其文,使与经传相合,以相证验,而必留此异同,以启后人之攻击?然则《周礼》一书,不尽原文,而非出依托,可概睹矣。①

他们提出两方面证据:

其一,《冬官》阙略问题;其二,《周礼》和《仪礼》内容出入问题。也就是说,如果《周礼》伪作,应该"一伪到底"才是,不会出现"不全伪六官,而必阙其一"的现象,更不会出现"必留此异同,以启后人之攻击"的问题。

特别是对于后一个问题,以情理推度,"歆果赝托周公为此书",就"必定牵就其文,使与经传相合,以相证验"。而书中偏偏就存在这些不能"证验"的问题,所以可以推定:《周礼》一书"不尽原文",也"非出依托"。

2.方苞的刘歆窜入说

方苞(1668—1749),字凤九,一字灵皋,号望溪先生,安徽桐

---

① 《总目提要》卷19"经十九·礼类一","周礼注疏"。

城人。康熙三十八年（1699 年）成举人,康熙四十五年（1706 年）中进士,闻母病,归家服侍,不与殿试。旋因戴名世案,牵连入狱。康熙五十二年（1713 年）免罪,没入旗籍。世宗即位,赦归民籍。方苞历官左中允、内阁学士、礼部侍郎。自诸生时,已有文名。曾充武英殿修书总裁、《清一统志》总裁、《皇清文颖》副总裁。又著《礼记析疑》、《丧礼或问》、《周官集注》等。作文尤严于义法,为古文正宗,号桐城派。

方氏有关《周礼》真伪的论述,集中见于《读周官》和《周官辨伪》（一、二）三篇专论中。方氏所言,以义理折衷古今,权衡是非,厘定真伪,在《周礼》辨伪暨清代文献辨伪研究中都有代表性。顾颉刚有《方苞考辨〈周官〉的评价》一文,可供参考。①

（1）辨《周官》非伪。

对于《周礼》伪书说,方苞感叹道:"呜呼! 世儒之疑《周官》为伪者,岂非不甚蔽矣哉"! 他认为,《周礼》藏在秘府,非伪书,因为书中正体现了《中庸》所说的"尽人物之性,以赞天地之化育"的道理②。而且,该书"运天下犹一身,视四海如奥阼",如果不是周公这样的"圣人",是不能著成的。③

对于汉人何休、宋人欧阳修、宋人胡宏等以《周礼》为伪作的观点,方苞指出,这主要是由于他们认为该书"非圣人之法"和"不足以经世"的缘故。方苞的观点是,这些不能"经世"的内容本是刘歆等人窜入的,与《周官》无关,当然不能据以经世,然而不能因为刘歆等人的伪窜而怀疑《周官》的真实性。总之,他认为,凡是

① 顾颉刚:《方苞考辨〈周官〉的评价》,《文史》第 37 辑,中华书局,1993 年版。
② （清）方苞:《方苞集》(刘季高点校)(上册)卷 1"读经·读周官",上海古籍出版社,1983 年,第 16 页。
③ （清）方苞:《方苞集》(刘季高点校)(上册)卷 1"读经·读周官",上海古籍出版社,1983 年,第 16 页。

怀疑《周官》伪作的人,要么是"道听途说而未尝一用其心",要么是"粗用其心,而未能究乎事理之实者"①。

(2)论《周官》有刘歆伪窜。

方苞明确指出,《周官》有一些是"莽与歆所窜入"的文字,它们"决不可信"。考辨这些窜入的文字,成了《周官辨伪》(一)(二)的主要内容。他认为,《周官》中有关田赋"近郊十一,远郊二十而三,甸、稍、县、都皆无过十二"的条文,廛人职掌中"絘布、总布、质布"的内容,以及方相氏、蜡蒩氏、壶涿氏、庭氏职掌中,诸如"蒙熊皮,黄金四目"、"以方书覆鸟"、"若欲杀其神"、"若神也"等文字,还有就是媒氏中"仲春之月,大(或作"令")会男女,奔者不禁"的文字,都是刘歆等人的窜入。方苞以为这些文字不可信的依据,是"荒诞而不经"与"圣人制作之意"不合。因为周公作《周官》的意愿"昭如日星",所以一旦"按以经之本文",上述"依托"的内容就"白黑可辨"了。

方苞对《周礼》上述职掌的不经之处,阐述得较为详尽,可详诸原书,兹不一一引述。总之,方苞运用"揆以制作之意"的方式,辨上述内容"非真",并且以为其非刘歆而不能"窜入"。② 但是,他并不否认《周礼》的真实性,也不能认同《周礼》伪作的观点。他特别强调,"圣人之法,所以循天理而达之也;圣人之经,所以传天心而播之也"。这充分体现出清代学者文献辨伪中卫经卫道的价值取向。方氏因对"圣经"深信不疑,所以才洋洋数千字,力辨其非伪,也对刘歆窜乱《周官》的做法大加斥责,以为是"悖理逆天之

---

① (清)方苞:《方苞集》(刘季高点校)(上册)卷1"读经·周官辨伪一",上海古籍出版社,1983年,第17页。

② 以上均见(清)方苞《方苞集》(刘季高点校)(上册)卷1"读经·周官辨伪一",第17—20页。

语"、"万世之罪人"。①

　　3.沈彤的破"官田不等"之疑

　　沈彤(1688—1752),字冠云,号果堂,江苏吴江人。乾隆元年(1736年)被荐举博学鸿词,未考中。后与修《三礼》及《清一统志》,书成,得九品官,请归养,得允。沈彤自幼研读经传,尤其淹通《三礼》。著有《周官禄田考》、《仪礼小疏》,又有《果堂集》。②沈彤文献辨伪研究的成果,以《周官禄田考》为代表。沈彤自言,"著此书,起乾隆七年之春,其正文三篇甫毕,而心疾作。疾已,又他有修纂,至十三年季秋,乃能为问答发明之,凡得五十条",到著成可以"付诸梓人"时,已是乾隆十五年(1750年)的冬天。乾隆十五年的刊本,今收在《四库全书》"经部"第101册。该书分上、中、下三篇,分别考《周礼》中的"官爵数"、"公田数"、"禄田数",前有序,后有跋,叙其梗概及有关著述问题。乾隆十六年(1751年)重校本刊行之际,沈彤又作《书周官禄田考后》及《重校周官禄田考跋》,说明乾隆十五年本刊行后的订补增改情况。这两篇文字收在《果堂集》中,《四库》本不录。下面就沈彤的《周礼》考辨,谈以下三个问题:

　　(1)问题缘始。

　　沈彤著该书,主要针对的就是《周礼》书中所谓"官多田少"的问题。自欧阳修提出"官多田寡,禄将不给"之疑以后,"官多田少"就成了一条《周礼》伪作的"铁证",用沈彤的说法,就是"后之傅会者且踵为诬谤"。而且,即便是辨《周礼》非伪的学者,对此也无可奈何,不能破"官田不等"之惑。

------

　　①　(清)方苞:《方苞集》(刘季高点校)(上册)卷1"读经·周官辨伪二",第21页。

　　②　《清国史》"儒林传"卷7"沈彤传",第414页。《清国史》"儒林传下"卷9"沈彤传",行文大体相同。

（2）主要内容。

沈彤信《周官》非伪书，通过"研求本经"、"旁览传记"、"推阐旁通"的方式，证明欧阳修等人的"谬妄"。至于推阐的理论基础，就是圣经义例。他说："圣人之法，生于礼等，杀必有节，四达而准，非若后世之意为参差，不归于一。故每得一征，而其余皆可例推也。"①以《周礼》的"义例"，推定官爵、田亩数目，以自足的逻辑论证逻辑的自足，其结论不问可知。事实也正是如此。经过推算，沈彤发现，《周礼》中田亩和官爵在数目上，没有"抵牾"的问题。②至于具体的考订数字，不胜繁复，笔者在这里，仅略述沈氏的观点和主要考辨方法，其他内容，可参见原著。另应注意乾隆十六年本中，沈彤所作的部分修订③。

（3）考辨主旨。

沈彤在文中，几次强调"经"书可昭示"圣人之法"，能体现"圣人之心"④，所以不能不慎重其事。又有言："经者，圣人之心，一字之讹阙，圣心即纤微不著"，所以对于圣经中的讹阙，"无所从考"的还自罢了，如果"既考而知之"，又怎能"不为补正"？否则怎能心安?!⑤ 所以不难看出，沈彤自以为该书的写作是光大圣经之举。对此，他也不讳言。沈彤自称，他的考辨于"治道"有"小补"，

①　语出（清）沈彤：《果堂集》卷8"书周官禄田考后"，四库本，第1328册，第345页。

②　（清）沈彤：《果堂集》卷5，又见于《周官禄田考》卷首，四库本，第101册，第667—668页。

③　如沈彤言，经过校对，发现"惟《秋官》下士本百九十七人，误少四人。徒本二千有二十八人，误出掌客二十人，误少十人。《夏官》徒本千九百四十四人，误多四人。总数食数因而并误者十余件"。见《重校周官禄田考跋》，载于《果堂集》卷8，第348页。

④　语出（清）沈彤：《果堂集》卷8"书周官禄田考后"，第345页。

⑤　（清）沈彤：《果堂集》卷8"书周官禄田考后"，第345页。

对于"究心"于经世者,也有助益。① 自得之情,溢于言表。

4.汪中的"疑晚出者为不学"

汪中(1744—1794),初字庸夫,后改字容甫。原名秉中,因主持考试者漏写"秉"字,遂改名。江苏江都人。七岁而孤,家贫,母邹氏教读,稍长,助书贾鬻书于市,遍读群书,过目成诵。年二十,补诸生。乾隆四十二年(1777年)拔贡生,以母老未赴试。汪中与李惇、王念孙、刘台拱为友,切磋经义。著《尚书考异》、《仪礼校本》、《春秋述义》、《述学》等。② 台湾文史哲研究所出版了《汪中集》,收罗较全③,本文引述即据此整理本。

汪中作《周官征文》篇,主要从"传授源流"的角度讨论《周礼》非伪问题。他提出,《汉书·河间献王传》、《汉书·艺文志》、《经典释文叙录》中的有关记载,都不能详明汉以前《周官》传授之谱系;这也是该书"为众儒所排"的重要原因。至于贾公彦《序周礼废兴》转述《马融传》中《周官》焚于秦火云云,"亦无所据"。所以汪中以为,绅绎《周礼》传授源流,是解决《周礼》真伪问题的关键。

通过文献比读,他发现,先秦文献中,有关《周礼》的记载,共六处:

　　《逸周书·职方解》,即《夏官·职方》职文,据《序》在穆王之世,云:"王化虽弛,天命方永,四夷八蛮,攸尊王政,作《职方》",一也。《艺文志》:"六国之君,魏文侯最为好古,孝

① (清)沈彤:《果堂集》卷5,第332页。又见于《周官禄田考》卷末,四库本,第101册,第713页。
② 《清国史》"儒林传下"卷18"汪中传",第639页。
③ 颜建华:《汪中著述及佚作述略》(《湖南大学学报》(社会科学版)2004年第3期)对《汪中集》收录中存在的问题有指摘。

文时,得其乐人窦公,献其书,乃《周官·大宗伯》之《大司乐章》也",二也。《太傅礼·朝事》,载《秋官》、《典瑞》、《大行人》、《小行人》、《司仪》四职文,三也。《礼记·燕义》,《夏官》诸子职文,四也。(诸、庶字通)《内则》"食齐视春时"以下,《天官·食医》职文;"春宜膏豚膳膏芗"以下,《庖人》职文;"牛夜鸣则庮"以下,《内饔》职文,五也。《诗·生民传》"尝之日莅卜来岁之芟"以下,《春官·肆师》职文,六也。

以上就是汪中所言的"六征"。汪中以为,由上述文献记载不难看出:"远则西周之世,王朝之政典,大史所记,及列国之官世守之。以食其业,官失而师儒传之,七十子后学者,系之于六艺,其传习之绪,明白可据也。"因为《周礼》"列国之官世守",孔门后学传习之绪,"明白可据",所以"以其晚出疑之,斯不学之过也!"

对于一方面说周公作《周官》,另一方面又说"穆王作《职方》"的说法。汪中以为,据《诗经》可知,"造篇"与"述古"有别,"述古"可以称作"作"。因此,这里所谓"穆王作《职方》"就是"穆王述《职方》"的意思。所以他认为,不能据"作"字指认《周礼》为伪作,并提出,对于类似"不可通"的问题,"信古而阙疑可也"。①

针对《周礼》于史无征的意见,汪中反其道而行之,勾稽文献,力证《周礼》于史有征。虽然他所说的六点证据,未必就是《周礼》所当有,但汪氏的考辨也能成一家之言。

5.顾栋高的汉儒附会说

顾栋高主要从《周礼》称引的角度,论证这个问题。他认为,"孔子一生所称引,无及今《周官》一字",孟子所言的"班爵禄之

---

① (清)汪中:《汪中集》(王清信、叶纯芳点校)卷1"文集·周官征文",台湾中央研究院中国文哲研究所,2000年,第36—38页。

制"也与《周礼》"互异"。虽然《孔子家语》中有"孺悲曾学《士丧礼》于孔子"的记载,但不能得其详。总之,他认为,该书孔子、孟子都不曾言及,《诗》、《书》和《春秋》三《传》也不见称引,"而忽然出于汉武帝之世",故而无疑是汉代儒者"掇拾缀辑"而成的。①

在清中期的《周礼》辨伪问题上,《钦定周官义疏》以下诸说,分别从揆之情理刘歆不当作伪,难经世者非《周礼》当有,官爵田亩并非抵牾,《周礼》早见于文献记载等四个主要方面,辨《周礼》非伪。各有针对性,且都能言之有据。虽然如顾栋高等以为《周礼》出自汉儒掇拾,或以为是刘歆伪作,但是少有人再提出详明的考辨。清初《周礼》辨伪研究中二分天下的局面不复存在。有人批评文献辨伪就是"书越辨越伪",想必是仅仅着眼于当今学界之个别现象,而没有注意到清儒《周礼》辨伪之普遍状况。

二、《竹书纪年》辨伪

西晋时,不准盗战国后期魏襄王墓,随之出土一批竹简,约十几万支,皆用古文字写成。后运抵洛阳,荀勖、束皙等受命整理,得古籍十六部。其中有一部编年体史书,史称《竹书纪年》。《晋书》"束皙传"记作十三篇,《隋书·经籍志》著录为十二卷,《新唐书·艺文志》记作十四卷,《崇文总目》不载,《宋史·艺文志》及《玉海》引《中兴书目》,均记作"三卷"。可以推断,该书当在五代战乱中散逸了。之后,诸书目如宋人晁公武《郡斋读书志》和陈振孙《直斋书录解题》及元马端临《文献通考》等,皆不见再有著录。

该书明代复出,最早的有范氏天一阁刊本,二卷,且有注,旧题南朝沈约作。此外还有《汉魏丛书》本、《古今逸史》本等,其中以

---

① (清)顾栋高:《春秋大事表》卷47"左氏引经不及《周官》、《仪礼》论",中华书局,1993年,第2565—2566页。

清徐文靖十二卷本、清朱右曾四卷本和王国维二卷本,较为常见。一般地,称晚出《竹书纪年》为今本《竹书纪年》,以与西晋出的原本相区别,后者故而有古本《竹书纪年》之谓。

1.出土时间及考辨简史

笔者认为,这里需要注意以下几个问题:

(1)《竹书纪年》出土时间,史料记载颇有出入。

《晋书·武帝纪》记咸宁五年(279年)冬十月,汲郡人不准盗掘魏襄王冢,得竹书十余万言,藏于秘府。① 晋人杜预《春秋经传集解后序》记:晋武帝太康元年(280年),"会汲郡汲县有发其界内旧冢者,大得古书,皆简编科斗文字",这些文字,"始者藏在秘府,余晚得见之"。《晋书·卫恒传》也记:太康元年,汲县人得策书十余万言。②《隋书·经籍志》也用太康元年的说法。而《晋书·束皙传》却记:太康二年(281年)汲郡不准盗发魏襄王墓,或言安釐王冢,得竹书数十车。③ 宋黄伯思《东观余论》也用此说。

对于这样的出入,阎若璩的诠释颇有道理。他说,"当以当日目击之言为据",而"《晋武帝纪》本《起居注》,杜预为《左传后序》,皆其所目击者也",所以咸宁五年或太康元年的记载可信。至于或云咸宁五年,或云太康元年,或云太康二年,阎氏认为,也或许是这个缘故,即:"冢盖发于咸宁五年冬十月,官辄闻知。明年,太康改元。三月,吴平、预始得知。又二年,始见其书,故《序》曰:初藏在秘府,余晚获见之。"④按照阎氏的说法,咸宁五年、太康元

---

① (唐)房玄龄等:《晋书》卷3"帝纪第三·武帝纪",中华书局,1974年,第70页。

② (唐)房玄龄等:《晋书》卷36"列传第六·卫恒传(卫瓘传附)",中华书局,1974年,第1061页。

③ (唐)房玄龄等:《晋书》卷51"列传第二十一·束皙传",中华书局,1974年,第1432页。

④ 转引自(清)陈逢衡:《竹书纪年集证》"集说",续四库本,第335册,第14页。亦见于《困学纪闻三笺》卷2。

年、太康二年,只是对事件不同发展阶段的不同记载,不存在时间上的抵牾。只是说,以为是太康元年者较为普遍,说成是咸宁五年也没有问题,而太康二年的说法就有些勉强了。①

(2)《竹书纪年》之纪年,晋人所见和宋人所见也有区别。

一说起自三代。杜预在《春秋经传集解后序》中云:

> 其《纪年》篇起自夏、殷、周,皆三代王事,无诸国别也。惟特记晋国,起自殇叔,次文侯、昭侯,以至曲沃庄伯。庄伯之十一年十一月,鲁隐公之元年正月也。皆用夏正建寅之月为岁首,编年相次。晋国灭,独记魏事,下至魏哀王之二十年,盖魏国之史记也。

《晋书》"束皙传"亦言:"记夏以来,至周幽王为犬戎所灭,以(晋)事接之,三家分(晋),仍述魏事,至安釐王之二十年。"②

一说起自黄帝。如宋儒黄伯思就提出这个问题。

纪年起于三代,抑或黄帝,是《竹书纪年》辨伪中又一个争论的焦点。

(3)《竹书纪年》及沈约《注》考辨始末。

宋黄伯思《东观余论》(卷下)发现,所见《竹书纪年》同杜预《春秋经传集解后序》中的记载有三处不合:"预云《纪年》起自夏、商、周,而此自唐虞以降皆录之;预云《纪年》皆三代王事,无诸国别,而此皆有诸国;预云《纪年》特记晋国,起自殇叔,次文侯、昭侯,而此记晋国世次自唐叔始。"并且,黄氏又发现,《竹书纪年》中纪岁星事,有"杜征南洞晓阴阳"之语,据此提出该书是"西晋人集

---

① 今人陈力先生力争今本《竹书纪年》非伪,并以为是太康二年出土。
② 转引自(唐)房玄龄等:《晋书》卷51"列传第二十一・束皙传",中华书局,1974年,第1432页。

录,而未必尽出汲冢也"。黄氏的质疑成为晚出《竹书纪年》辨伪的重要论据,而王鸣盛的"《竹书纪年》晋人伪作说",同黄氏的观点应该也有些渊源。明儒胡应麟不以为是后人赝作,这在第二章已经作了说明。

　　清初顾炎武《日知录》引用《竹书纪年》之处颇多,其中论"周之世有戎祸盖始于穆王之征犬戎"云云,就取材于《竹书纪年》。虽然有人批评顾炎武不辨真伪,但是不少人会对顾炎武在明清鼎革之际,谈"戎祸"问题而心领神会。姚际恒认为,"《纪年》、《晋史》称'益干启位,启杀之;太甲杀伊尹',即此二事,荒诞已甚,其他可无论"。并且又杜预《集解后序》有言:"《纪年》起自夏、殷",而"今本起轩辕氏",所以他以为今本是"后人增改,非晋本矣"。①姚际恒据益、太甲事及纪年起自黄帝,判断该书系伪作,颇有承前启后的意味。此外,他也以沈约《注》为后人伪作。

　　宋以后直到清初的学者,在《竹书纪年》考辨问题上,已经提出一些值得注意的观点,而《竹书纪年》辨伪的发达是清代中期的事情。

　　2.王鸣盛的考辨

　　王氏认定《竹书纪年》是伪书。他说:"《汲郡古文》,束晳伪撰,何足为凭?"②关于该书的考辨,王氏并无多少发明。他说,该书纪事"起自黄帝轩辕氏,于五帝三王纪事皆有年月日,立年崩年,历历言之,可谓妄矣,必是束晳伪撰也"。

　　其论据,可概括为两点:其一,该书纪事起于黄帝;其二,该书纪事过于详明。

　　对于第一点,他又说,《晋书》明明说:"凡十三篇,记夏以来至

---

①　见《古今伪书考》(顾颉刚点校)"竹书纪年"条,第18—19页。
②　(清)王鸣盛:《十七史商榷》卷19,第136—137页。

周幽王"事,而今见本则起自黄帝,故而可疑。对于第二点,他说,司马迁得见"黄帝以来牒记",又曾见《世本》,但是仍"不敢著其年",而今本《竹书纪年》却于三皇五帝的纪年,"历历明审",故而颇令人质疑。

至于沈约《注》,他说,《沈约传》中"并不言此注",可知沈《注》亦出于"流俗附会"。

王鸣盛关于《竹书纪年》及沈《注》的考辨与黄伯思、姚际恒所言,并无多大区别,也没有提出新的证据。只是提出:"大约妄人何代蔑有,全赖有识者屏黜之。有疑则阙,方为善读书。"①他在读书法与辨伪书问题上提出的这一点意见,还颇有指导性意义。

3.钱大昕的考辨

钱大昕认为,今本《竹书纪年》及沈约《注》是后人的伪托之作。

(1)辨《竹书纪年》伪作。

他主要从以下几个方面来论证这个问题。

其一,今本记益事与《晋书》、《史通》不同。据《晋书·束皙传》称,《竹书纪年》中"益干启位,启杀之"的记载与既有文献不同,《史通》中也引用书中"益为后,启所诛"的记载。但是今本《竹书纪年》却记作:"夏启二年,费侯伯益出就国。六年,伯益薨。"钱大昕认为,今本与"束皙、刘知幾所引全别",故而是"宋以后人伪托",非晋时原本。

其二,辨今本《竹书纪年》始于黄帝,与古本不同。根据《晋书·束皙传》的记载:"《纪年》十三篇,记夏以来至周幽王为犬戎所灭,以(晋)事接之,三家分(晋),仍述魏事至安釐王之二十年。"据此可知,《竹书纪年》纪事始于"夏后",但是"今本乃始于黄

---

①　以上均见(清)王鸣盛:《十七史商榷》卷3,第21页。

帝"。故而，这也是"后人伪托之一证"。

其三，辨今本无"囚尧偃朱"之说。根据司马贞《史记正义》中的引述，《竹书纪年》中有"昔尧德衰，为舜所囚也"，又有"舜囚尧，复偃塞丹朱，使不与父相见"的记载，但是今本未见。钱大昕据此认为，今本是"宋以后人所撰"，所以没有"囚尧偃朱"之说。

其四，辨今本《竹书纪年》体例。据《水经注》中《竹书纪年》之引文可知，该书"纪年之体，各用其国之年"，没有统一用周纪年的体例。钱大昕认为，用周纪年统一各国的办法始于朱熹的《资治通鉴纲目》，但是今本却"改用周王之年，分注晋、魏于下"。所以，他质疑道："唐以前无此式也，况在秦、汉以上乎？"

其五，辨今本系采撮诸书补凑而成。钱大昕发现，凡是《水经注》、《汉书》等没有确切年月的内容，今本《纪年》的有关部分也没有确切的年月记载，列举如"显王十六年"、"三十一年"等等。他认为，古本如果确系如此，不当"纪年历历"却又语焉不详。而且裴骃《史记集解》的"夏本纪"、"殷本纪"中，凡所引用的《汲冢纪年》却在今本沈约《注》中。这当是采撮中出现的错误。

其六，辨明人伪作。钱大昕认为，宋人晁公武、陈振孙和元人马端临的著作中，都不曾著录该书，故而可知其出在宋元以后。而明人"空疏无学"，见识"迂谬"。就书中失误观之，当系"明人所葺"。

（2）辨沈约《注》伪作。

对于旧题沈约撰的注文。钱大昕认为：第一，《梁书》、《南史》"沈约传"①、《隋书·经籍志》、《新唐书·艺文志》等史志目录中，均"不言沈约有《附注》"。第二，裴骃注《史记》时已引用了这些注文。而裴骃生在沈约前，当然不能预先征引沈约之书。第三，所

---

① （唐）姚思廉：《梁书》卷13"列传第七·沈约传"，中华书局，1973年。（唐）李延寿：《南史》卷57"列传第四十七·沈约传"，中华书局，1975年，第1403—1415页。

谓沈约《注》，多采用《宋书·符瑞志》①的文字。或许是因为《宋书》系沈约所撰，故而将《竹书纪年注》也"托名"沈约所作。②

钱大昕主要运用纪事起止、纪年体例、佚文比读和查对史志目录等办法，辨今本《竹书纪年》是明人伪作。他所提出的证据是自宋以来，自清以来，较为全面丰富的。之后的考辨大致从这些方面展开，唯详略有别罢了。

4.《总目提要》的辨伪

《总目提要》以为，今本《竹书纪年》是明人伪作，沈约《注》也是后人依托的伪书。

（1）《竹书纪年》辨伪。

四库馆臣考查先秦史料，发现今本《竹书纪年》在记赵穿事问题上同《左传》等不同，以为该书所记"非《晋史》之旧"。又据《束皙传》和杜预《左传集解后序》中的记述，发现今本也非"束皙、杜预所见本"。此外，又依次比照（晋）郭璞注《穆天子传》，（唐）《隋书·经籍志》、（后魏）郦道元《水经注》、（唐）刘知幾《史通》、（唐）李善《文选注》、（唐）瞿昙悉达《开元占经》、（唐）司马贞《史记索隐》、（唐）杨士勋《穀梁传疏》、（宋）王存《元丰九域志》、（宋）罗泌《路史》、（宋）鲍彪《战国策注》、（宋）董逌《广川书跋》中称引的文字，发现今本《竹书纪年》同它们均不合，从而推定今传非旧本。③ 严格地说，"今传《竹书纪年》非旧本"的说法，并不等于说"今本是伪书"，因此我们需要注意四库馆臣的其他言论。我们发现《总目提要》除了"竹书纪年"条之外，还有几处提到今本系伪作的问题。如在点评惠栋撰《左传补注》时，指出惠栋"书中

---

① 《宋史》"符瑞志"分上中下三卷，在（南朝梁）沈约撰《宋史》第27—29卷，中华书局，1974年，第759—878页。

② 以上均见（清）钱大昕：《十驾斋养新录》卷13"竹书纪年"，第272—273页。

③ 《总目提要》卷47"史部三·编年类"，"竹书纪年"条。

屡引《竹书纪年》,盖未及详考今本之伪"。① 点评清人李重华撰《三经附义》时,提到"《竹书》及约注皆属伪本,固不必论"②等等。综上,可以确认:《总目提要》以今本《竹书纪年》为伪书。

(2)兼论沈约《注》。

四库馆臣发现,《竹书纪年》中的内容同《古文尚书》的《胤征》篇、《说命》篇吻合,故而推定该书是"明人抄合诸书"而为之的伪书,且在明人胡广编定《五经大全》之后。此外,关于沈约《注》,《总目提要》发现:该书注释"舜在鸣条",称"今海州";注释"夏启十一年放武观",称"今顿丘卫县",而这些郡县的设置都是沈约身后事。并且有关"五帝三王"的注文,竟然"全抄"《宋书·符瑞志》中的内容。从而推定沈约《注》"亦依托耳"。另外,需注意的是,《总目提要》又提出该书"自明以来,流传已久,姑录之以备一说"。③ 这是对伪书较为务实的处理办法。

5.崔述的辨伪

崔述认为,《竹书纪年》原本十三篇,是战国时人所著,西晋时出于汲冢,自出土后,为学者所广泛征引。该书"足以证《史记》之舛误而补其缺漏"者甚多。但是该书"自宋元以来,学士皆不之见",所以推测当在唐末五代之乱中亡佚。其存世者,仅有一些佚文。对于传世二卷本《竹书纪年》,他以为是某人"采摘"诸书而成的"浅陋诈妄"之作④。

---

① 《总目提要》卷29"经部二十九·春秋四","左传补注"条。
② 《总目提要》卷34"经部三十四·五经总义类存目","三经附义"条。
③ 《总目提要》卷47"竹书纪年"条。
④ "禹受命于神宗及征有苗,本伪《尚书》。帝乙命南仲西拒昆夷,城朔方,本《毛诗传》。周公复政成王,本《尚书》伪孔《传》。禹杀防风氏,纣伐有苏氏,获妲己,俱本《国语》。纣命九侯、周侯、邘侯,本《战国策》。桀囚汤于夏台,纣囚文王于羑,俱本《史记》"。上述是崔述在夹注中举出作伪者掇拾伪《尚书》、伪孔《传》、《毛诗》、《国语》、《战国策》和《史记》的几条证据。

　　张宗泰著《校补竹书纪年》，据《水经注》、《史记索隐》引文，改订今本《竹书纪年》中与之不合之处。并将"补改之由，悉注于文之下"。崔述指出，今本《竹书纪年》同《水经注》、《史记索隐》引文有别正是该书伪作的证据。他唯恐后人因为存张氏校补之文，却阙失张氏注文，以致"淆乱经文而失三代圣人之实"，故特意辨《竹书纪年》之伪。

　　崔述认为，杜预《春秋经传集解后序》、《史记正义》、《史记索隐》、《水经注》、《史通》、《晋书》等，都曾称引过古本《竹书纪年》，而今本《竹书纪年》同上述文献比读，其抵牾之处颇多。他大体例举十则，概述如下：

　　其一，起自三代与起自黄帝问题。根据杜氏《春秋经传后序》，《竹书纪年》当"起自夏、殷、周，皆三代王事"，但是今本"起于黄帝"。其二，益事迹问题。唐人的《史通》、《晋书》均有"益干启位，启杀之"的记载，今本的记载则不同，且称"伯益"，而伯益是"近世所称"，非"秦汉以前之语"。其三，盘庚迁都问题。今本记载盘庚迁都的次数、时间，同《史记正义》不同。其四，用晋、魏纪年问题。根据杜预《序》，古本《竹书纪年》"纪晋事必以晋纪年，记魏事必以魏纪年"，《史记索隐》、《水经注》可为证。但是今本用周纪年。其五，夏正、周正岁首问题。据杜《序》可知，古本《竹书纪年》记鲁隐公事用夏正，今本与《史记》同，用周正。其六，佚文问题。其七，史事阙略问题。其八，战国纪事寥寥问题（第六、七、八三条，均说明"今书所漏者，盖不可胜数"的情况，笔者按）。其九，采录《史记索隐》不全问题。崔述发现，今本《竹书纪年》采用《史记索隐》之文颇多，但是"多与原文不符"并有"采其文而缺"的问题。其十，独记仲康五年日食问题。崔述认为，"凡灾异，记则当尽记之，否则概不之记"，但是今本舍"自夏、商逮西周"的多次日食不记，"独记仲康五年日食"。究其原因，当是采伪《尚书》中的记载而来。

崔述认为,今本《竹书纪年》"舛误缺漏如此类者尚多",如果"逐事辨之,则不胜其辨"。上述举正,意在"以小见大"。总之,"此书之伪,更无疑义"。①

6.陈逢衡等人的驳论

(1)陈逢衡辨《竹书纪年》非伪。

陈逢衡(1778—1848)②,字穆堂,江苏江都人,诸生。道光元年(1821年)举孝廉方正,力辞不就。自幼读书成诵,及长,喜治经。中年,开读骚楼,招致东南文学之士,常座无虚席。著有《竹书纪年集证》、《周书补注》、《穆天子传补正》等。③

《竹书纪年集证》一书,据陈氏自言,草创于嘉庆九年(1804年)九月,成于嘉庆十七年(1812年)十月④,嘉庆十八年刊行,《续四库》影印的是嘉庆十八年襄露轩刻本。陈氏并不同意《竹书纪年》伪本说,更不能同意王鸣盛的《竹书纪年》束皙伪作说。

陈氏辨《竹书纪年》非伪,主要集中在卷首《集说》部分。陈氏将《晋书》以下,钱大昕、梁玉绳以上,有关《竹书纪年》的言论悉数

---

① (清)崔述:《崔东壁遗书·考古续说》卷2"竹书纪年辨伪",第460—463页。

② 《竹书纪年集证》中陈逢衡自言"是书草创于嘉庆甲子(嘉庆九年,1804年)九月,时年二十有七",则陈氏生于乾隆四十三年(1778年)当属无疑。但是《清国史》"陈逢衡传"中记陈氏道光十一年(1831年)卒,年七十一(见《清国史》"儒林传下"卷29"陈逢衡传(沈钦韩传附)",第685页)。如果按照道光十一年(1831年)卒的记载,陈氏享年五十三;如果以享年七十一的记载,则卒年当在道光二十八年(1848年)。又查《碑传集补》中金长福撰"陈逢衡传",知陈氏确系"卒年七十有一"(见闵尔昌编:《碑传集补》卷48"文学二十七·陈征君传",文海出版社,第2657页)。则大体可以确定是道光二十八年卒。《清国史》中"道光十一年"的记载有误。另从《碑传集》和《清国史》传文内容看来,后者改自前者的迹象比较明显。所以《碑传集补》中"卒年七十一"的记载当可信。目前常有将其卒年记作咸丰五年(1855年),有误。

③ 《清国史》"儒林传下"卷29"陈逢衡传(沈钦韩传附)",第685页。

④ (清)陈逢衡:《竹书纪年集证》"凡例",续四库本,第335册,第7页。

详述,且加点评。特别是针对王鸣盛、钱大昕等人的"伪作说",一一驳正。笔者将陈氏所言按照问题的性质,归结为以下几点:

第一,论晋人得见《竹书纪年》,驳束皙伪作说。在这里,陈氏主要针对的是王鸣盛的束皙伪作说。他认为:首先,《竹书纪年》是荀勖、和峤奉诏撰次,列为中经。卫恒又加以校正,未完成,束皙继而成之。以上,俱史有明文。其次,《竹书纪年》时人如王接、王庭坚、潘滔、挚虞、谢恒等,都得而见之。杜预《春秋经传集解后序》,"亦曾及此"。① 因此不能以为是束皙伪作。

第二,论晋人有言纪事始于黄帝者。古今学者疑辨《竹书纪年》,其中一个关键问题,是杜预《春秋经传集解后序》中言"《纪年》起自夏商周",但是传世本《竹书纪年》却"自唐虞以降皆录之"。宋儒黄伯思有此疑问后,姚际恒、王鸣盛等多据此辨今本《竹书纪年》为伪作。陈逢衡认为,这样的疑问不能成立,因为"和峤有起自黄帝,迄于今王之语"。②

第三,"璅(同"琐")语乱《竹书纪年》"说。清初方以智提出"璅语乱《竹书》"之说,陈逢衡认为,"方氏谓有璅语乱《竹书纪年》之疑。当是璅语乱汲冢《纪年》也。璅语,亦出汲冢"。③ 陈氏依据这个"璅语",将今本《竹书纪年》从许多疏漏、错误中解脱出来。比如,在许多人认为伪迹昭彰的"益干启位及囚尧偃朱"问题,陈逢衡提出,这些内容"俱出璅语,不出《纪年》,此当分辨"云云。④ 陈氏所言,将钱大昕等人的"洞见"骤然扭曲作"不察"、"无识"之类。

第四,《竹书纪年》错简说。清初阎若璩撰《四书释地》,以为

---

① 以上见(清)陈逢衡:《竹书纪年集证》"集说",续四库本,第335册,第25页。
② (清)陈逢衡:《竹书纪年集证》"集说",第25页。
③ (清)陈逢衡:《竹书纪年集证》"集说",第22页。
④ (清)陈逢衡:《竹书纪年集证》"集说",第26页。

《竹书纪年》记魏迁都说为不实。《史记·魏世家》载魏惠王三十一年徙都大梁,三十五年礼聘孟子,三十六年卒,子襄王立。而《竹书纪年》却记"惠成王九年四月甲寅,徙都大梁"。阎若璩认为,惠成王九年"秦孝公甫立,卫公孙鞅未相,魏公子卯未虏。地不割,秦不逼,魏何遽徙都以避之耶? 一徙都事如此,尚谓其生卒年月尽可信耶"?① 徐文靖驳阎若璩,以为当是惠王六年,孙奭《孟子疏》误作惠王九年。陈逢衡认为,无论是惠王九年,抑或惠王六年,"皆非也"。

但这只是错简问题。至于如何是错简,陈氏并未详加论述。他主要强调的是对阎若璩的批评。他指出,阎氏"以一徙都事之错简,至谓其生卒年月尽不足信。则将以《金縢》一册,废《尚书》;以'奔者不禁'一语,废《周礼》;并以'夏五郭公甲戌己丑'之阙文,废《春秋》耶"?② 陈氏的"不以一语废全书",貌似公允,但是按照他的逻辑和方法,大量伪书都应有翻案之作。

第五,驳补凑成书说。据佚文辨伪,是文献辨伪学中较普遍,也较为成熟的办法。陈逢衡的言论,从某种程度上诠释了据佚文辨伪的局限。他说:"如《水经注》、《文选注》、《史记正义》、《索隐》、《汉书注》、《路史注》以及《艺文类聚》、《北堂书抄》、《初学记》、《太平御览》等书,彰彰具在。今以所引校之今本《纪年》,不过十分之二三耳。其他十之六七,则又抄自何书,撮自何注? 抑岂即作伪者之杜撰耶? 恐不足以折服。"③陈氏以为,今本《竹书纪年》如系明儒抄掇群书的伪作,他们能从《水经注》等抄掇来的只不过"十分之二三"而已,其他大部分无处抄掇者,难道都是作伪者的杜撰?

---

① (清)陈逢衡:《竹书纪年集证》"集说",第22—23页。
② (清)陈逢衡:《竹书纪年集证》"集说",第24页。
③ (清)陈逢衡:《竹书纪年集证》"集说",第26页。

第六,论沈约未作注。陈氏言:"《约》传并不云注此书,《隋·经籍志》亦不云此书有沈约《注》也。或当日曾经校阅考订,世遂以此为沈约《附注》矣。今观书中有'约案'二字者,当是其所论定,余则非。"①陈逢衡将沈约"校阅"与所谓沈约《注》脱离干系,实际上也是从考订作者的角度,证明该《注》实属赝托。

陈逢衡的辨《竹书纪年》非伪,颇与前贤时彦唱反调,且字里行间也时见不平情绪。缘何?陈逢衡嘉庆十八年(1813年)自序,忆及当年著述缘起,其言"悼学业之不进,感时序之不就",故而着手写作该书。学业不成,功名未就,诸多的不顺心如意,催生了这部五十一卷的著作问世。但是,陈氏的选题如同他的眼界,陈氏的学力却滞后于他的抱负,《竹书纪年集证》未能扬名立万,也不意外。毕竟,陈逢衡难以超越他的局限,正如清代的文献辨伪也超越不了它的时代。

(2)雷学淇的信而不疑。

雷学淇,具体生卒年不详,字瞻叔。顺天通州人。嘉庆十九年(1814年)进士,任山西和顺县知县,改贵州永从县知县。生平好讨论经学,每得一解,必求其会通,务于诸经之文无所抵牾。著《夏小正经传考》、《介庵经说》及《经说补》等。雷学淇信《竹书纪年》,曾言:"今据《纪年》,则伐燕在宣王七年,实周赧王之元年。凡《孟子》书所记古人年岁,以《史记》、《汉书》之说推之皆不合者,以《纪年》推之,无不合。"并认为,以《竹书纪年》推验列宿之岁差、历代之日蚀,"自唐、虞以来,无有差贷"。② 故而积九年之功,作成《竹书纪年义证》一书,不以辨伪为主业,但信

---

① (清)陈逢衡:《竹书纪年集证》"集说",第20—21页。
② 《清国史》"儒林传下"卷30"雷学淇传",第688页。《续碑传集》卷74"儒学四·雷学淇传"取自"儒林传稿"。

《纪年》之不疑。①

　　总之，自清初以来，《竹书纪年》辨伪代有其人，特别是在乾嘉时代，考订益发详密，王鸣盛、钱大昕、《总目提要》等，无一不论定其为伪作，虽然有陈逢衡等人意在辨诬，但是终于难成气候。清后期的辨伪研究中，"古本存真"的活动多见，直至王国维，方推出集成之作，不过这已是民国初年的事情了。现代的《竹书纪年》研究中，真伪之辨仍是重要内容，陈力等人的所谓"纠偏"之论，接陈逢衡等人之余绪，却引来毁誉参半。

第三节　《总目提要》的文献辨伪学成就

　　《四库全书总目提要》(以下简称《总目提要》)，是清代学人在编撰《四库全书》的过程中，完成的一部大型图书解题目录，共二百卷。其相关研究成果，目前已经比较丰富。② 文献辨伪是《总

---

①　鲁实先作《今本〈竹书纪年〉辨伪》，文中对雷学淇以历算之法辨《竹书纪年》非伪的办法提出批驳，他说："所谓下距年数者，乃谓自其所推考之年，下至于今之年数。亦犹今人之言西历纪元前若干年，或言民国纪元前若干年也。夫共和以前帝王享国永短，异论纷陈。故其立元之岁，莫衷一是。倘不考其下距年数，而徒凭《纪年》所载次次，据历以推其朔食，必将无所适从。何则？以岁次乃六甲一旬周故也。例如考今本《纪年》仲康五年癸巳之日食，苟不先求其下距年，为相当于公元前1948年，而即昧然从事。前此则公元前2008年，后此则前1888年，皆癸巳岁，即以其比近者言之，前后相差凡六十岁，必难明其是非矣"。

②　如郭伯恭的《四库全书纂修考》，杨家骆的《四库全书大辞典》，任松如的《四库全书答问》以及黄爱平的《四库全书纂修研究》等，都多少论及《总目提要》相关问题。周积明的《文化视野下的〈四库全书总目〉》，余嘉锡的《总目提要辨证》，胡玉缙的《四库全书总目提要补正》，崔富章的《四库提要补正》，李裕民的《总目提要订误》等，都是《总目提要》研究中的重要成果。近年来期刊文章中涉及《总目提要》的就更多，一些学位论文也多将其作为选题内容，港澳台学者也有一些值得注意的成果，恕不例举。

目提要》的重要内容，故而一直为学者所关注，不但清人如此①，现代学者亦如此，如余嘉锡等人的订补，其中的一个重要方面，就是纠正《总目提要》文献辨伪中的失误；如黄爱平教授的著作，比较多地谈到该问题；个别学位论文也有这方面的说明，只是稍显简略。②

　　目前为止，对《总目提要》及其辨伪成就的研究，最为深入系统的，当数武汉大学的司马朝军教授。他的《〈四库全书总目〉编纂考》，详述《总目提要》的编撰问题，达七十余万言，内容十分丰富③。他的另一部专著《〈四库全书总目〉研究》，是在其博士学位论文的基础上修订而成，内容包括《总目提要》的编撰、版本，《总目提要》的分类学、目录学、版本学、辨伪学、辑佚学成就，《总目提要》在考据学上的贡献等方面。其中第六章"《四库全书总目》与辨伪学"，包括以下三个问题：《四库全书总目》以前之辨伪学、《四库全书总目》之辨伪方法、《四库全书总目》辨伪之缺失，有近九十页的篇幅。司马先生将"辨伪本"的内容，置于第五章"《四库全书总目》与版本学"的"版本鉴定"部分。此外，书后还附录《辨伪书目》。司马教授的《〈四库全书总目〉考据法则释例》④，是他在复旦大学博士后流动站从事相关研究而取得的成果。该文对《总目提要》的考据方法进行探究，提出"四库馆派"有"二十九条考据法则"的说法。⑤ 司马朝军教授用功极勤，后出转精，他的著作是近

---

①　如上文提到的邵懿辰著《增订四库简目标注》。

②　周晓聪在《〈四库全书总目〉与考据学》（兰州大学硕士学位论文，2006 年 5 月）一文中，两处述及《总目提要》的考据学成绩："考证书籍"之六"考证书籍的真伪"（第 22 页）和"考据方法"的第 2 点"伪书伪说，不足据也"（第 27—28 页）。

③　司马朝军：《〈四库全书总目〉编纂考》，武汉大学出版社，2005 年。

④　司马朝军：《〈四库全书总目〉考据法则释例》，《史学史研究》2003 年第 1 期。

⑤　其中涉及四库馆臣在考据中，如何对待伪说（"法则 3：伪造之说，不足为据"）、伪书（"法则 4：晚出伪书，不足为据"）、伪器物（"法则 29：出土古器，不足为据"、"或出伪作，尤不足为依据"）等问题。

年来同类问题研究中的优秀成果,笔者从中受益良多。本书中凡
涉及《总目提要》的编撰、版本等内容,因司马先生详述在先,故不
赘述。

关于《总目提要》的文献辨伪成就,在这里笔者主要谈三方面
问题:考辨伪书数量、考辨伪书方法、辨伪思想及理论。不得不说
明的是,虽然如司马朝军教授等先生的成果堪称典范,但还有一些
值得探讨的地方,这将在下文中一一述及。

一、考辨伪书数量

1.考辨伪书辑览

《总目提要》究竟考辨了多少部存在真伪问题的文献,应该
说,目前尚未有人提出确切的数字。司马朝军先生曾言:"《总目》
是辨伪学上的一座高峰。从《总目》自身来说,由于辨伪成果非常
分散,没有像佛经目录那样把伪书编在一起,难以形成整体形象。
为了充分反映《总目》的辨伪成就,笔者不惮烦琐,将其辨伪内容
一一钩出,并广泛参考前人的研究成果,列表如下"①云云。笔者
亦心存此念,所不同者,主要是辑出的书目,同司马教授的《辨伪
书目》相比,有很大出入。详见附录二《〈总目提要〉文献辨伪成就
辑录》。

2.考辨伪书数量问题新证

其一,笔者选用的是《文渊阁影印四库全书》本《总目提要》,
它与其他版本存在的内容差异并未一一比读。余嘉锡等先生的著
作,主要在于订补《总目提要》之得失,与该书究竟如何考辨及考
辨多少部文献的实际情况关联不大,故而未一一注明。因为《四

---

①　司马朝军:《〈四库全书总目〉研究》附录一"《四库全书总目》辨伪书目",第
454页。

库全书》"四部"分类的标准,与前代之区别多有,今人又多打破传统的"四部"分类,所以该《附录》按照拼音排列,以便于查阅。

其二,笔者通读各篇提要,发现《总目提要》考辨存在真伪问题的文献,共七〇九种(部、篇)。对于这些文献,《总目提要》既辨其伪,也论其非伪,亦有述而不论或阙疑待考的内容。所以笔者不厌其烦,择其主旨,进行摘要。

其三,上述七〇九种文献,难免会有疏略。但笔者认为,这基本反映了《总目提要》的实际情况。笔者曾将中国古代学人自先秦迄清末之辨伪语,作了大致梳理,特别是对考辨的书目,作了初步统计①,我们发现,除了约六十二种文献,《总目提要》未述及外,《总目提要》已经将该书著成前后几乎所有存在真伪问题的文献考订无遗,详见附录三《〈总目提要〉未论及书目》。

其四,笔者将目前收录最为详尽的司马朝军教授的《辨伪书目》同附录二相较,发现《辨伪书目》漏掉二百二十种、误辑六十七种。分别见附录四《〈辨伪书目〉未收书目》、附录五《〈辨伪书目〉误收书目》。也就是说,《辨伪书目》误读或误解《总目提要》者,有近三百处。此外,和笔者选录相同的部分,也存在值得探讨的问题。

二、考辨伪书方法

著作性质决定著作形式,著作形式体现著作性质,这是不难理解的问题。因此在这部大型书目解题中,虽然文献辨伪的理论和实践相辅相成,从未隔离,但是比起具体的辨伪实践活动,其辨伪方法的归纳、辨伪理论的总结,仍显零散且隐晦。然而,一个不争

---

① 笔者曾在参阅《伪书通考》、《续伪书通考》、《总目提要》等文献的基础上,查阅数百种文献,做成《中国古代文献辨伪总目》,有近 8 万字的规模。限于篇幅,本书不载。

的事实就是:如果没有成熟的辨伪理论和辨伪方法,《总目提要》不可能取得如此规模的成就,也不能达到中国古代文献辨伪学的最高水平。

就辨伪方法而言,汉唐宋明以来的无数学者,在不断的文献辨伪活动中,发明创造、总结归纳得已经比较齐备。这些辨伪方法,在《总目提要》中均有体现。虽然《总目提要》在具体辨伪方法上没有新发明,但如此大规模、全面、系统地加以运用,却是前所未有。此外,它还对个别辨伪方法的局限有清晰的认识,并注意在辨伪实践中予以避免。

在一些研究《总目提要》辨伪方法的论著中,或罗列二十余种,甚而更多①。应该说,这种不避琐屑的做法,自有其考虑,然而多有可议之处。笔者认为,辨伪方法不在乎多,有效即可,总结条例不在乎多,明了为上。前者正是四库馆臣文献辨伪之实际,后者才是在下绅绎辨伪方法之初衷。基于以上考虑,笔者归纳如下:

1.史志目录

文献在流传过程中,往往会在史志目录中留下印迹。所以,据史志目录中流传授受、篇卷变化等信息考辨文献真伪,一直是文献辨伪学中的一种重要方法。

如《关尹子》一卷,旧题周尹喜撰。关尹子生平不详,当为秦人。该书《汉书·艺文志》有著录,共九篇,刘向《列仙传》记作《关令子》。但是到了隋唐时,《隋书·经籍志》、《新唐书·艺文志》

---

① 如司马朝军总结出如文本(包括风格、文体、音韵、词源、方言、文词、称谓7种),作者(包括碑传、游迹、生平、思想、水平5种)等8类32种(见《〈四库全书总目〉研究》第六章"《四库全书总目》与辨伪学",第300—324页)。司马先生归纳的八个方面逻辑清晰,但是其细目划分却有值得商榷处。笔者依照汉唐以来发明的辨伪方法的实际,大致也归纳为八个方面,同司马先生归结的数量相同,个别条目相同,但是划分的标准有别,特此说明。

"皆不著录",可知"其佚久矣"。南宋时复出。从史志目录记载的情况看来,久佚复出,疑为后人附会,加之文词"不类",四库馆臣认为,其书出于"依托"。① 如《乙巳占略例》十五卷,旧题唐李淳风撰。李淳风(602—670),唐岐州雍县(今陕西凤翔)人,通天文术数。《乙巳占略例》一书,《新唐书·艺文志》、《宋史·艺文志》、尤袤《遂初堂书目》和焦竑的《国史·经籍志》都不见著录,即便是称引浩博的《永乐大典》也"绝无一字之征引",所以,四库馆臣推测,其绝非唐李淳风所作,"可知明以前无此书","疑后人取《开元占经》与《乙巳占》之文,参互成书,而别题此名托之淳风也"。② 再如《丰溪存稿》一卷,旧本题唐吕从庆撰。据清人任启运小传中言,吕从庆为唐末人,朱温篡唐后,隐居不出,称唐遗民,至南唐时乃卒,年九十七。该书"历代史志书目皆不著录",直到乾隆初年方由其裔孙吕积祚刊行。四库馆臣认为,该书"湮没八百年而始显","授受源流渺不可考",颇令人质疑;又核以言辞,"疑为赝鼎"。③

　　史志目录中篇卷增减,多是历代学人判断文献真伪的方法,《总目提要》也概莫能外。如考辨《孟子解》时,四库馆臣据陈振孙《直斋书录解题》、朱彝尊《经义考》等著录情况,得知该书"未成",且有"十四卷"的记载,但是今见本"止上、下二卷,首尾完具,无所阙佚,与十四卷之数亦不相合",加之"词义肤浅",故以为"殆近时妄人所依托也"④。需要指出的是,卷数增减虽然是判断文献真伪的重要方法,但是四库馆臣仍对其局限性有清晰把握,认为

---

① 《总目提要》卷146"子部五十六·道家类","关尹子"条。
② 《总目提要》卷110"子部二十·术数类存目一","乙巳占略例"条。
③ 《总目提要》卷174"集部二十七·别集类存目一","丰溪存稿"条。
④ 《总目提要》卷37"经部三十七·四书类存目","孟子解"条。

"卷帙分合,古书多有,未可以是定真伪"。① 因此,今人仅据篇卷差别即断为伪作,以及认为某某古代学者"仅据卷数辨伪,太显鄙陋"的言论,都是值得推敲的。

2.文体言辞

三代以降,文体屡变。时代更迭,言辞有别,古人以为常识②。因此,据文体言辞考辨文献真伪颇为多见。清以前数代学者的辨伪事例,详见第二章。在《总目提要》中,因为言辞"鄙俚"、文体"不类"等,断以为依托的事例多见。

如《太公兵法》一卷,旧题周姜尚撰。该书"风、云、日、星等占",均用七言诗句写成歌诀形式,《总目提要》认为,"辞甚鄙俚,其伪托不待辨也"。③ 如《六韬》六卷,旧本题周吕望撰,该书言辞"词意浅近","不类古书"。并且书中《龙韬·阴符》篇中有:"主与将有阴符凡八等,克敌之符长一尺,破军之符长九寸,至失利之符长三寸而止"的文字,四库馆臣认为,这是作伪者不知"阴符"之义,"误以为符节之符,遂粉饰以为此言,尤为鄙陋"。④ 再如《银海精微》,也存在类似问题。该书二卷,旧题唐孙思邈撰。书名"银海",当取"目为银海"之义。但是四库馆臣经考证,发现苏轼《雪诗》有"冻合玉楼寒起粟,光摇银海眩生花"句,《瀛奎律髓》引

---

① 《总目提要》卷151"集部四·别集类四","孙可之集"条。
② 如朱翌在辨《东坡注杜诗》时言:"且古人语各不同,如三国时与西汉人语,两汉人与六朝人语,各有体格,今皆一律",此"妄"也(见朱翌:《猗觉寮杂记》卷上,朱易安、傅璇琮等主编:《全宋笔记》第三编第10册,大象出版社,2008年,第43页)。这里的"古人语各不同"、"各有体格",所言就是文体言辞代有不同的问题。再如明代陈第《毛诗古音考序》有言:"时有古今,地有南北,字有更革,音有转移"(见陈第:《毛诗古音考》"自序",四库本,第239册,第409页)。音韵方言随着时代流转,是历史事实。
③ 《总目提要》卷100"子部十·兵家类存目","太公兵法"条。
④ 《总目提要》卷99"子部九·兵家类","六韬"条。

王安石之说，亦言"道书以肩为玉楼，目为银海"，指出"银海为目，仅见于此。然迄今无人能举安石所引，出何道书者，则安石以前绝无此说"，所以判断"其为宋以后书明矣"。① 如《兵要望江南歌》一卷，旧题唐李靖撰。该书"详述兵家占候，凡三十二门，各以《望江南词》括之"。而《望江南词》本李德裕为亡妓谢秋娘所作，其调起于中唐，所以四库馆臣言："靖在唐初，安得预制是词？"加之"前有梁贞明三年（917年）安丘刘郭序，均词意凡鄙"，所以以为一并出于"伪托"。② 再《神异经》一卷，旧题汉东方朔撰。《总目提要》认为，"其词华缛丽，格近齐、梁，当由六朝文士影撰而成"。③

　　清代音韵学自顾炎武以后获得了高度发展，文体言辞问题研究随着音韵学的发展而更加深入具体。据文体言辞辨伪，因为音韵之学的介入而更具理论色彩。如《韵经》五卷，旧题梁吴兴沈约撰，宋会稽夏竦集古，明弘农杨慎转注，江夏郭正域校正。四库馆臣发现，不但该书之流传颇令人质疑，"且沈韵虽不可见，而其集犹存。今以所用之韵，一一排比钩稽之，惟东、冬、锺三韵同用，鱼、虞、模三韵同用，庚、耕、清、青四韵同用，而蒸、登两韵各独用，与《广韵》异。余则四声并同，又安得如正域所云'九咍'之类"。据此，提出"其为赝托，殆不足辨"。④《总目提要》从用韵特点入手，发现夏正域托言沈约作的《韵经》，书中多属无稽之谈，从而断定其为赝托伪书。还有许多事例，兹不枚举。

　　在利用这种方法辨伪的问题上，《总目提要》以为应当慎重，否则易流于臆断。它在点评汪师韩《孙文志疑序》时，曾言："师韩

---

① 《总目提要》卷103"子部十三·医家类一"，"银海精微"条。
② 《总目提要》卷100"子部十·兵家类存目"，"兵要望江南歌"条。
③ 《总目提要》卷142"子部五十二·小说家类三"，"神异经"条。
④ 《总目提要》卷44"经部四十四·小学类存目二"，"韵经"条。

别无确据,但以其字句格局断之,尤不足以为定论也。"①这已明确提出据文体言辞辨伪的局限性问题,今人对此却多有忽视。

3.辑佚校勘

一部文献与其他可信文献之间,内容重出却讳言所自,往往会致人疑虑。因此,通过辑佚校勘的方式揭露其剿袭伪作踪迹,也就成为文献辨伪研究中的一种重要方法。连缀伪托本身即非易事,更何况逆寻伪迹一一指证? 因此通过辑佚校勘的方式辨伪,必须要博览群书,扎实考证才行。寻觅佚文,是辑佚的功夫;比读异同,是校勘的功夫。在文献辨伪问题上,辑佚和校勘需要相辅相成,共同发挥作用。因为辑出的内容是否允当,需要辅以校勘的方法验证;而校勘的素材是否丰富,则需要辑佚的襄助方能完成。

如第二章提到马融考辨《泰誓》真伪时,就通过这样的方法,指出今文《泰誓》的伪妄之处。《总目提要》中这方面的例证多见,其中辨今文《竹书纪年》伪作者,堪称典范,详见上文。再如《博物志》,十卷,旧题晋张华撰。《总目提要》中通过比读大量佚文,证明其真伪参杂,如其言:"考裴松之《三国志注·魏志》太祖纪、文帝纪涉传,《吴志·孙贲传》,引《博物志》四条,今本惟有太祖纪所引一条,而佚其前半,余三条皆无之"云云,它的结论是:"或原书散佚,好事者掇取诸书所引《博物志》,而杂采他小说以足之",从而认定,张华《博物志》之原本不存,今本是"杂合成编"之伪作。②如《广夷坚志》,二十卷,旧题明杨慎撰,《总目提要》提出,"及核其书,乃全录乐史《广卓异记》",非但是"全录",而且竟"一字不

---

① 《总目提要》卷151"集部四·别集类四","孙可之集"条。
② 《总目提要》卷142"子部五十二·小说家类三","博物志"条。

异",故而加之以"不善作伪"之讥。① 再如《搜神后记》(又称《续搜神记》、《搜神续记》),十卷,旧题晋陶潜撰。《总目提要》指出,该书"桃花源事"一条,"全录本集所载《诗序》,惟增注'渔人姓黄名道真'七字。又载'干宝父婢'事,亦全录《晋书》",通过这样的校读,不难发现其"剽掇之迹",且又发现其年号、文词中存在的问题,最后指出"其为伪托,固不待辨"。②

宋儒孙奭奉命校定赵岐《孟子注》,兼引他书,著成《孟子音义》二卷。南宋人改窜孙奭《孟子音义》,托言孙奭疏,作成《孟子正义》。因为《孟子音义》是在校订赵岐《孟子注》的基础上作成,《孟子正义》又自称,系"一遵赵《注》"而作,但是校读二书,发现在引述赵岐《注》问题上"多不相符"。《总目提要》共例举如《梁惠王篇上》曰"集穆"、曰"太平"、曰"谲",《篇下》曰"恂"、曰"无堕"、曰"夫将"等等,"凡六十有九条,皆今本《注》文所无"。通过校勘,发现伪《孟子正义》改窜赵岐《注》凡六十九处,《总目提要》的结论是:"伪《正义》删改其文,非复赵岐原书,故与《音义》不相应也。"所以,对孙奭《孟子音义》一书的价值极为肯定,称:"是书可以证岐《注》之旧,并可以证奭《疏》之伪。则其有功典籍,亦不细矣。"③其他例证,从略。清儒在运用该方法辨伪时,已经达到登峰造极的程度,这在《古文尚书》辨伪问题上体现得最为突出。

清代学风严谨,治学笃实,经济发达,图书出版事业兴盛,以辑佚《永乐大典》为代表,大量古佚书复出(如《李虚中命书》等)。一些海外本回流,对文献辨伪学的发展也发挥了不可估量的作用。

---

① 《总目提要》卷144"子部五十四·小说家类存目二","广夷坚志"条。
② 《总目提要》卷142"子部五十二·小说家类三","搜神后记"条。
③ 《总目提要》卷35"孟子音义"条。卷35"孟子正义"有专门考辨,可参见,第191—192页。

如日刊本《七经孟子考文补遗》,一百九十九卷,原本题"西条掌书记山井鼎撰,东都讲官物观校勘"。详其《序》文,盖山井鼎先为《考文》,而东都讲官物观补其遗,二人事迹不详。验其版式纸色,盖日本国所刊。有《易》、《书》等若干卷,《书》的部分附《古文考》一卷。《总目提要》充分肯定了该书在辨丰坊《古书世学》伪妄中的作用:"今考此书所列《尚书》,与中国之本无异。又明丰坊伪造诸经,皆称海外之本。今考此书,与坊本亦无一同,是亦足释千古之疑也。"①

4.史事生平

考辨文献真伪的核心内容是作者及其著作的时代。因此,考察书中涉及史事及作者生平等内容,就成为文献辨伪的重要方法。此外,传承者的事迹生平等,也值得注意。胡应麟在总结辨伪八法时,曾提到"核之撰者以观其托"。何谓"核之撰者以观其托"? 这显然包括查阅史志目录,看此人是否有此类著作;考察作者生平,看此人是否可能作此类著作,这样两层意思。

如《孔北海集》中,有三章"盛称曹操功德"的六言诗,题孔融撰。《总目提要》认为,"断以融之生平,可信其义不出此"。至于如何成伪,它推测:必有人在黄初间"购求遗文,赝托融作,以颂曹操。"②如《太清神鉴》六卷,永乐大典本,旧题后周王朴撰。根据宋欧阳修《新五代史》的记载,称王朴"于阴阳律法,莫不通焉"。又,薛居正《旧五代史》也有"朴多所该综,星纬声律,莫不毕殚"的记载,但是"皆不言其善于相法"。而且书前自序称:"离林屋洞下山三载,遍搜古今,集成此书。"四库馆臣考其家世,认为王朴"家世东平,入仕中朝,游迹未尝一至江左,安得有隐居林屋山事"?

---

① 《总目提要》卷33"经部三十三·五经总义类","七经孟子考文补遗"条。
② 《总目提要》卷148"集部一·楚辞类","孔北海集"条。

总之,通过考察王朴生平,知道该书"其为依托无疑。"①如《披肝露胆经》一卷,旧题明刘基撰。《总目提要》发现该书内容多剽掇《撼龙》、《葬法》诸书,内容如《砂诀》、《水诀歌》等,"皆浅俗",刘基之文韬武略何等卓越?其文章也堪为明初宗师。所以,不会写出这种浅俗陋书。②如《篇海类编》二十卷,旧题明宋濂撰,屠隆订正。考宋濂事迹,"本无此书",而且就"所引之书而论",如李登、汤显祖等人,"皆明正德至万历时人",宋濂"何从见之"?故而,依宋濂生平,未有该书,也不能预剿后世著述。至于屠隆的订正,也多"醉梦颠倒,病狂谵语"。屠氏乃万历进士,官礼部主事,即便"不甚读书,亦不至此"。所以说宋濂、屠隆云云,"殆谬妄坊贾所托名"③。

如《浩斋语录》,二卷,旧本题宋过源撰。该书附录宋过源《行实》一编,记其生平。据此,《总目提要》提出四点质疑:其一,按照《行实》记载,"源生于丙子,不著年号,以召于嘉祐,卒于崇宁(崇宁五年,1106年)推之,当生于仁宗景祐丙子(1036年),则卒时年七十一,召时年二十余",因此与邵子、周敦颐、张载、程颐等同时,所以"当时所称,不过曰尧夫、茂叔、子厚、伯淳、正叔而已",时人都是如此称呼,此于"诸家之书可考"。但是四库馆臣发现,《浩斋语录》却称上述诸公为"邵子、周子、张子、程子",所以认为"非同时语也"。其二,根据过源事迹,他曾在嘉祐间受征召。但是,查李焘《资治通鉴长编》,凡被"征召"者,如胡瑗、孙复等,"无不具书",却不见有过源的名号。过源之"见征"既然在嘉祐中,"何以嘉祐首尾八年,《长编》皆不见其事"?其三,根据《行实》所言,过

---

① 《总目提要》卷109"子部十九·术数类二","太清神鉴"条。

② 《总目提要》卷111"子部二十一·术数类存目二","披肝露胆经"。

③ 《总目提要》卷43"经部四十三·小学类存目一","篇海类编"。

源卒于崇宁五年(1106 年),而《伊川易传》据杨时跋中称,程子临终前,"以稿授张绎,至政和(1111—1118 年)初时,乃排比成书"。据此可知,《浩斋语录》刊刻时《伊川易传》未出,怎么会有"论程《传》之得失"的内容?其四,据史书记载,朱子以前,未有人言《大学》为曾子作,所以自朱子提出曾子作的观点后,学者多以此为"口实"攻击朱子。但是"此书乃已称曾子,何以自北宋以来,无人引及?"此外,该书也提到《大学》、《中庸》定本,如果过源如此早地提到二书定本属实,"何以宋儒无一语及之耶"?通过考察过源生平事迹,《总目提要》认为,"其伪尤不问而知"。①

此外,窃以为,"核之撰者以观其托",也包括考察其人生平事迹,以估量其是否具备托名条件的含义。如黄帝、神农、大禹、周公等,乃远古帝王、三代圣贤,名望远播,嫁名诸位,售欺也颇易。其他如老子、河上公、东方朔、诸葛亮、李淳风、李靖、李中虚、刘基等,均为颇有传奇色彩的人物,声名卓著,是非尤多。因此,遇到题名诸公的文献,当然要审慎对待。其实,汉人已认识到该问题,如《汉书·东方朔传》"赞"云:"朔之诙谐,逢占射覆,其事浮浅,行于众庶,童儿牧竖,莫不眩耀。而后世好事者因取奇言怪语附著之朔,故详录焉。"唐颜师古注云:"言此传所以详录朔之辞语者,为俗人多以奇异,妄附于朔故耳。欲明传所不记者,皆非其实也。"班固应是较早揭示这种依托现象的人了。《总目提要》也注意到这个现象,如在考辨《将苑》系托名诸葛亮之伪作时言:"盖宋以来兵家之书,多托于亮;明以来术数之书,多托于刘基。委巷之谈,均无足与深辨者耳。"②

至于"传者也值得注意",就是胡应麟的"核之传者以观其

---

① 除了考察生平外,又有以下几条证据:"黄钟为三寸九分","跋称有秦观、谢无逸二序"等。详见《总目提要》卷95"子部五·儒家类存目一","浩斋语录"。
② 《总目提要》卷100"子部十·兵家类存目","将苑"。

人"。自古以来，如魏王肃、宋魏泰、明杨慎和丰坊等，都是人们公认的好造伪书者。因此，上述诸公"表彰"的文献也应该慎重对待。《总目提要》就多次指责这些人好欺人欺世。如《古文参同契》一卷，旧题魏伯阳撰。查《旧唐书·经籍志》，有《周易参同契》二卷、《周易五相类》一卷，均注魏伯阳撰。《总目提要》认为，"足知伯阳原有此二书"，不传。明杨慎称有人掘地，得石函，其中有魏伯阳著《古文参同契》三篇、《序》一篇，并有徐景休《笺注》、《后序》等凡十一篇。《总目提要》认为，"其说颇怪。慎好伪托古书，疑其因《唐志》之言，别《三相类》于《参同契》，造为古本"。① 还有一些作伪的隐情是通过时人的记述得知的，如《关氏易传》（又名《关朗易传》）一卷，旧本题北魏关朗撰，唐赵蕤注。传自宋人阮逸。宋陈师道《后山谈丛》、何薳《春渚纪闻》及邵博《闻见后录》，皆有"阮逸尝以伪撰之稿示苏洵"的记载，据此，《总目提要》提出该书"出自逸手，更无疑义"。② 又如《正易心法》一卷，旧本题宋麻衣道者撰，又题希夷先生受并消息。据朱熹称（见《朱子语录》）："《麻衣易》是戴师愈所作，太平州刊本第二跋，即其人也。昨亲见之，甚称此《易》，以为得之隐者，问之不肯明言其人。某适到其家，见有一册杂录，乃戴公自作，其言皆与《麻衣易》说相类。及戴死，其子弟将所谓《易》图来看，乃知真戴所自作也。"朱熹与戴师愈有过往，亲见戴氏"杂录"一册，"其言皆与《麻衣易》说相类"，故而直指《麻衣易》为戴师愈作，言之凿凿。《总目提要》据此，以为"是书之伪妄，审矣"。③ 另外，上文提到的《孟子正义》，朱熹说是"邵武士人假托，蔡季通识其人"④，《总目提要》指出曹

① 《总目提要》卷147"子部五十七·道家类存目"，"参同契章句"条。
② 《总目提要》卷7"经部七·易类存目一"，"关氏易传"条。
③ 《总目提要》卷110"子部二十·术数类存目一"，"正易心法"条。
④ 转引自《总目提要》卷35"经部三十五·四书类一"，"孟子正义"条。

溶的《学海类编》为伪书之渊薮,其中文献多不可信①等等,都是同类问题。

需要注意的是,一些文献的作者及其时代有误题的现象,如元人题作宋人,吕本中题作吕祖谦②等,并不属于文献作伪及文献辨伪的范畴。

5.思想体系

就中国古代文献辨伪学两千余年的发展史观之,所谓思想体系辨伪法,主要包括:其一,用一个人惯有的思想衡量存疑文献的真伪;其二,用辨伪者认定的所谓正统思想衡量存疑文献的真伪。思想体系辨伪法在这两方面的运用,都有值得注意的问题。

第一,个人的思想不可能是一成不变的,如孔子早年比较讲究实际,以《论语》为代表;晚年好《周易》,帛书《易传》"要篇"可证实。个人思想非但不是一成不变的,甚而昔日持盾,今朝执矛的现象也非鲜见。③《总目提要》对个人思想的不确定性是有认识的,如它就曾指出,朱子的学说及其思想存在矛盾:既有已定之说,亦有未定之论。所以,它在使用思想体系辨伪时,已经注意用历史考察的态度,而非机械地认定的方法。18世纪的学者能有此见地,

---

① 如其言"曹溶《学海类编》所收伪本居十之九,不能不连类疑之(指旧题元丘处机撰《摄生消息论》,笔者按)耳"。见《总目提要》卷147"子部五十七·道家类存目","摄生消息论"条。又旧题明冷谦撰《修龄要指》,载曹溶《学海类编》中,《总目提要》认为:"所言皆养生调摄之事,如《十六段锦》、《八段锦》之类,汇辑成编。疑亦依托"。见《总目提要》卷147"子部五十七·道家类存目","修龄要旨"条。

② 《紫微杂说》一卷,旧本题宋吕祖谦撰,又有别本,则但题《东莱吕紫微杂说》,而不著其名。今考赵希弁《读书志》,载《东莱吕紫微杂说》一卷,《师友杂志》一卷,《诗话》一卷,皆吕本中居仁之说,郑寅刻之庐陵云云。知当为吕本中所撰。见《总目提要》卷121"子部三十一·杂家类五","紫微杂说"条。

③ 至于阎若璩自言黄宗羲的思想主张"前后判若两人",只是阎若璩一相情愿的误解,与实事无关,与史实亦无关。详见前文。

难能可贵！

　　第二，辨伪者所认定的正统思想，存在因人而异、因时代而异
的问题。如佛家的文献辨伪，不会以儒学为正宗；同样的，儒家的
辨伪，也不会以释道为准绳。至于因时代而异，两汉儒学、魏晋玄
学、隋唐佛学、宋明理学、清代朴学，就是人们对其特征的惯用概
括。就整体而言，在中国古代，特别是在清代，儒家思想还是为社
会所广泛接受的。在这样的思想体系中，以儒家义理为准绳，是其
所是、非其所非、"以理杀书"的现象多有，笔者亦已有言在先。对
于这样的史实，窃认为，批评应以理解为先，否则就会多有不当。
就目前而言，理解应多于批评，因为盲目的、情绪化的批评只会让
我们的认识更加一知半解。

　　如《春秋传》十五卷，宋刘敞撰。《通志堂经解》本付梓前，多
以抄本流传，故而"始有版本"，即或有"疑其伪"者。《总目提要》
"核其议论体裁"，结果发现同刘敞其他著作的思想主张，"一一吻
合"，从而认定其"非后人所能赝作"。①《总目提要》不但能辨书
之伪，也能论书之非伪，由此可见。先前有"伪书愈辨愈多"的批
评，似有武断之嫌。

　　如《疑耀》七卷，旧题明李贽撰。《总目提要》在依李贽思想，
论该书为托名伪书的同时，并不放弃以儒家之正统思想煞李贽威
风的机会，既衡之以李贽背离儒教的一贯主张，又訾之以官方维护
名教的正统思想。其言："贽恃才妄诞，敢以邪说诬民。所作《藏
书》，至谓'毋以孔夫子之是非是非我'，其他著作，无一非狂悖之
词"。因此，见到这部"考证故实，循循有法"的著作，特别是见到
"儒不必援佛，佛不必援儒"、"经典出六朝人润色，非其本真"的言
论，万万不能相信李贽会有此"改弦更张"之举。故言："与贽论相

①　《总目提要》卷26"经部二十六·春秋类一"，"春秋传"条。

反,断乎不出其手"。经进一步考证,得出和王士祯一样的结论:
"(张)萱自纂,而嫁名于赟"。① 李贽在《藏书》中,提出他与孔子
各有"是非",确实是骇世惊俗,但是李氏的"狂妄"、"悖理"并不
为世所容,今人以其为"革命先锋"的褒扬,并未改变李贽的历史
命运。在《疑耀》辨伪中,以思想体系辨伪的特征有完整而充分的
体现。

再如《三礼考注》,六十四卷,旧题元吴澄撰。四库馆开馆前,
明清诸儒已有考论,《总目提要》引述诸家考辨语,以为言之有理,
又提出该书取《古文尚书》"周官篇",改《周礼》六官之属的做法,
同吴澄一贯的学术主张不合。其言:"澄作《尚书纂言》,不信古
文,何乃据《周官》以定《周礼》?"而且,书中"经义混淆,先后矛
盾"的问题也"不一而足"。所以最后认定"是书之伪,可以无庸疑
似矣"。②

6.典章制度

据典章制度辨伪,是汉儒的发明,如第二章中所言,郑玄考辨
《礼记·月令》非周公所作的重要依据,就是"其中官名时事多不
合周法",这是较早应用该方法辨伪的事例。据典制辨伪,主要有
官制、避讳和历法等方面,其中据官制辨伪,应用得最为广泛。如
欧阳修、毛奇龄、万斯大等的《周礼》辨伪,就是这方面的经典范
例。《总目提要》中,利用官制辨伪的实例也很多,如《古玉图谱》
辨伪,就是被经常称引的一例。《古玉图谱》,一百卷,旧题宋龙大
渊等奉敕撰。该书不但"《宋史·艺文志》不载,他家著录者,皆未
之及",且与当时官制"舛互之处,不可枚举"。《总目提要》条列如
"宋制,凡修书处有'提举监修'、'详定编修'诸职名,从无'总

---

① 《总目提要》卷119"子部二十九·杂家类三","疑耀"条。
② 《总目提要》卷25"经部二十五·礼类存目三","三礼考注"条。

裁'、'副总裁'之称,其可疑一也"等等,共十二点"不合",足以证明该书是"后人假托"。因为作伪者要冒充"宋时官本",所以意图"伪造衔名以证之",只是疏于考据,"妄为捃摭",才使得"舛错乖互,不能自掩其迹"。《总目提要》讥其"不善作伪"。① 如《陈文恭公集》,十三卷,旧题宋陈康伯撰。该书由其裔孙陈以范编次,但是《总目提要》以为其中"多伪作",因为书中有"伏惟圣躬保重,圣寿隆长"、"臣康伯叩头拜谢曰"、"臣等不胜欣跃,无任感戴叩谢之至"等语,显然是"不晓宋人章表体例"者的妄作。②

避讳制度,虽然间有废弛,但多朝多代都奉为常典。以避讳字考辨文献真伪,是据典章制度辨伪的一项重要内容。讳字有鲜明的时代性,据此往往能考订出文献的著成或抄成年代,从而有助于确定文献真伪。但是避讳字只是考订年代及辨伪的辅助手段,存在着局限性。这主要是因为后人在传抄翻刻的过程中,往往存在回改甚而追改避讳字的现象。对此,陈垣先生曾言:"有据后人追避之讳字,而疑其书为伪作者。《容斋三笔》十五疑扬雄《方言》为伪书,其言曰:雄《答刘歆书》,称庄君平为严君平,汉讳庄,故改曰严。《法言》于庄字不讳,此何独讳? 戴震《方言疏证》十三驳之曰:'洪迈不知本书不讳,而后人改之者多矣……' 此不得因有避讳字而遽下断语者也。"③从陈垣先生的引述中,我们知道戴震已经认识到避讳字在考辨文献真伪过程中的局限。四库馆臣也认识到这个问题,其言"惟宋洪迈《容斋随笔》,始考证《汉书》,断非雄作"。其实洪迈的看法,"未深中其要领",因为"考书首'成帝时'云云,乃后人题下标注之文,传写舛讹,致与书连为一,实非歆之本词,文义尚厘然可辨",至于"书中载杨、庄之名,不作严字,实未尝

---

① 《总目提要》卷116"子部二十六·谱录类存目","古玉图谱"条。
② 《总目提要》卷174"集部二十七·别集类存目一","陈文恭公集"条。
③ 陈垣:《史讳举例》第70"据避讳推定而讹误例",上海书店,1997年,第93页。

预为明帝讳。其严君平字,或后人传写追改,亦未可知",所以不能据此怀疑《方言》,不能据此"断是书之伪"。① 这是《总目提要》又一处证非伪的例子。此外,王士祯《池北偶谈》曾指出皮日休《皮子文薮》"世民"二字连用,不避唐太宗讳。四库馆臣经考证,以为"信然",但是他们又提出:"后人传写古书,往往改易其讳字。安知日休原本非'世'本作'代'、'民'本作'人',而今本易之耶?是固未足为日休病也。"②《总目提要》在此,也认识到后人在传承《皮子文薮》的过程中,可能存在将"代人"回改成"世民"的现象。③

避讳制度也包括讳地名,如旧题隋杜公瞻的《编珠》,却不避隋炀帝杨广讳,"此书'桂林水'条下引《广州山川记》,'治鸡水'条下引《广州记》,'柏心桂'条下引伏滔《北征记》称'广陵县','城南门三条路'条下引班固《西都赋》'披三条之广路'"等,虽然《总目提要》以为"临文"可以不讳,但仍不免对其产生质疑。④

至于典章制度中的据历法辨伪,不是指据书中信息推算时间上下限的问题,因为笔者认为,推算时限当归入"史事"类,所以这里的"据历法辨伪",是指根据不同朝代所推行的历法制度的差异判断文献之时代,进而判断其是否存在伪造的问题。如《左氏春秋》真伪之辨的主要纠结,就是成书年代和左丘明生卒年之间是否吻合的问题。朱熹认为,该书"虞不腊矣"为秦人语,也就是说,生当孔子时的左丘明,不当预知秦时历法制度,言外之意就是,如果必以为《左氏春秋》为左丘明作,则必为依托之说。《总目提要》

---

① 《总目提要》卷40"经部四十·小学类一","方言"条。
② 《总目提要》卷151"集部四·别集类四","皮子文薮"条。
③ 以上可参见司马朝军:《〈四库全书总目〉研究》,第六章《〈四库全书总目〉与辨伪学》,社会科学文献出版社,2004年,第319—320页。
④ 《总目提要》卷135"子部四十五·类书类一","编珠"条。

不这样认为,其言"考《史记·秦本纪》称:'惠文君十二年始腊.'张守节《正义》称'秦惠文王始效中国为之.'明古有腊祭,秦至是始用,非至是始创".① 也就是说,腊祭制度不始于秦国,据秦国"始用"腊祭之法不足以定《左传》成书年限。也就是说,《总目提要》不同意《左传》伪托说。

　　7.地理沿革

　　地名有时代特征,有助于断定文献真伪,颜之推考辨《山海经》,较早地使用这一方法,这在文献辨伪学中有重要影响,详见本书第二章。如《水经》,旧题汉桑钦撰,《总目提要》提出:"班固尝引(桑)钦说,与此经文异。道元《注》亦引(桑)钦所作《地理志》,不曰《水经》。观其'涪水'条中称'广汉'已为'广魏',则决非汉时。'钟水'条中称'晋宁'仍曰'魏宁',则未及晋代。"这里通过"广汉"改称"广魏"、"魏宁"未作"晋宁",兼"推寻文句",推断该书是"大抵三国时人"假托的伪书。② 再如《竹书纪年》沈约注",《总目提要》经考,认为根据《元和郡县志》的记载,"魏武定七年始置海州,隋炀帝时始置卫县。而《注》'舜在鸣条'一条,称今海州。'夏启十一年放武观'一条,称今顿丘卫县。则非约语矣"。③ 沈约,南朝梁人,所以《总目提要》根据沈约《注》中有东魏、隋时始置之州县名,推断该书必为托名伪作。再如《星经》二卷,或以为汉甘公、石申撰。《总目提要》提出,书中"多举隋、唐州名,必非秦、汉间书也"。④

　　8.名号称谓

　　所谓名号称谓辨伪法,主要是根据名号、谥号等不当自称的道

　　①　《总目提要》卷26"经部二十六·春秋类一","春秋左传正义"条。
　　②　《总目提要》卷69"史部二十五·地理类二","水经注"条。
　　③　《总目提要》卷47"史部三·编年类","竹书纪年"条。
　　④　《总目提要》卷107"子部十七·天文算法类二","星经"条。

理，考辨文献真伪的办法。如《论语》，虽然不存在真伪问题，但是频繁出现"子曰"，显然不能是孔子亲撰。这个道理不难理解。此外，他人谥号等，亦不能预言①，如果出现，也可据以判断文献真伪。如《六经奥论》六卷，旧题宋郑樵撰。郑樵（1104—1162），福建兴化军莆田人，字渔仲，号溪西逸民，世称溪西先生，学者也多称夹漈先生，以《通志》名于世。《总目提要》在考辨该书时提出，其中《天文辨》一条引述郑樵言论，称"夹漈先生"，显然郑樵不能有此自称，所以以为"足证不出樵手"。此外，该书论《诗》，引"晦菴说《诗》"，根据《宋史》"郑樵传"的记载，郑樵卒于宋绍兴三十二年（1162 年）②，而此时朱熹《诗集传》尚未刊行（《诗集传》成于淳熙四年，即 1177 年），并且朱熹"晦庵"的称号，是宋淳熙二年（1175 年）始有，"皆与樵不相及"。还有该书论《尚书》一条，"并引《朱子语录》，且称朱子之谥"。若是郑樵所著，他是不能预称朱熹名号和谥号的，故《总目提要》以为是托名之作。③

　　以上是笔者对《总目提要》辨伪方法的大致勾勒，不求详尽，但求扼要明了，因为《总目提要》明确提出，"未可以单文孤证，遽

---

①　如《岭表录异》，唐刘恂撰。原书散逸，唯《百川学海》及《说郛》有残本，其他文献称引颇多。四库馆臣从《永乐大典》辑出三卷。根据宋僧赞宁《笋谱》和陈振孙《直斋书录解题》的记载，刘恂当为唐昭宗时人。但是《总目提要》发现传世本中有"唐乾符四年"、"唐昭宗即位"的文字，它认为"唐之臣子宜有内词，不应直称其国号。且昭宗时人不应预称谥号"。也就是说，不但刘恂直称国号不太合规制，而且他更"预称"谥号，显然非刘恂所能，故而以为该书原本早已亡佚，传世本由后人抄撮，大致"成于五代时"。见《总目提要》卷 70"史部二十六·地理类三"，"岭表录异"条。

②　《郑樵传》记"高宗幸建康，命以《通志》进，会病卒，年五十九"（脱脱等：《宋史》卷 436"列传第一百九十五·儒林六·郑樵传"，中华书局，1977 年，第12944 页）。这里所说的宋高宗巡幸建康，当在宋绍兴三十二年，故而据此可以推算出郑樵生卒。

③　《总目提要》卷 33"经部三十三·五经总义类"，"六经奥论"条。

断其伪"①,所以欲睹其详,唯有咀嚼全书。此外,通过上文并联系第二章的内容,不难发现,《总目提要》比较全面地继承了前人的辨伪成果,凡前人所用的辨伪方法均有应用,不但全面且有修正(如避讳辨伪法、文词辨伪法等),这些都反映了《总目提要》的辨伪学理论已经臻于完善的实际。

三、辨伪思想及理论

这里主要探讨两个问题:一是《总目提要》的辨伪思想,一是《总目提要》的辨伪理论。辨伪思想和辨伪理论涉及的内容比较多,不能面面俱到,这里仅有针对性地谈三个问题,其一是辨伪主旨,其二是对伪书价值的认识,其三是《总目提要》的"伪书"范围。

1.辨伪思想

(1)《总目提要》的辨伪主旨。

提倡发扬儒家正统思想,厘正学术,批驳异端,以加强思想统治,维护皇权专制,是清代官方学术的主旨和初衷。这也成了《四库全书》编撰过程中,贯穿始终的基本方针政策。《总目提要》就是这一方针政策影响下的产物,所以《总目提要》的文献考辨中,政治和学术、理论和思想交织杂糅。因此,它的考辨文字中政治性、学术性、理论性以及思想性兼有,只是或多或少,时隐时现罢了。

如在考辨晋傅玄撰《傅子》时,其言:"独玄此书所论,皆关切治道,阐启儒风,精意名言,往往而在"。因为该书关系治国大道、儒家风尚,故而虽是"残编断简",也"可为宝贵也"。② 对于图谶类文献,《总目提要》指摘尤剧,它认为图谶"荧惑民志、悖理伤

① 语见《总目提要》卷117"子部二十七·杂家类一","鹖冠子"条。
② 《总目提要》卷91"子部一·儒家类一","傅子"条。

教"，所以不但将其与经纬明确区分①，更通过其"无可附丽，故著录于《易》类之末"②的方式表明其立场。

《总目提要》中不乏对学风的针砭激扬，特别对明季心学泛滥、儒风败坏的现象批判尤多。如在指摘《搜采异闻集》之"徒好剽取"、"游谈无根"的同时，对明代士风批判道："明季士风浮伪，喜以藏蓄异本为名高，其不能真得古书者，往往赝作以炫俗。其不能自作者，则又往往窜乱旧本，被以新名。如是者，指不胜屈，此特其一耳。"③在评述胡应麟《少室山房笔丛》时，又提到"明自万历以后，心学横流，儒风大坏，不复以稽古为事"④的问题。明清之际的学人，批王学流弊，更多是因为反思亡国之痛。乾隆盛时的四库馆臣，批明季士风，着意于避免再有亡国之虞。初衷有别，以学术经世的实质相同。这在文献辨伪中也是如此，如上文提到的李贽，《总目提要》就是在文献辨伪中，对李氏的异端思想大加批驳。

此外，《总目提要》中对引据伪书、考据不实，也多有批评，集中反映了清中期学风丕变、崇实捣虚的实际。《总目提要》认为，"晚出伪书，不足为据"，故而在评述《野客丛书》时，提出该书间引

---

① 《总目提要》中言："儒者多称'谶纬'，其实谶自谶，纬自纬，非一类也。谶者诡为隐语，预决吉凶。《史记·秦本纪》称卢生奏录图书之语，是其始也。纬者，经之支流，衍及旁义。《史记·自序》引《易》'失之毫厘，差以千里'，《汉书·盖宽饶传》引《易》'五帝官天下，三王家天下'，注者均以为《易》纬之文是也。盖秦汉以来，去圣日远，儒者推阐论说，各自成书，与经原不相比附。如伏生《尚书大传》、董仲舒《春秋阴阳》，核其文体，即是纬书。特以显有主名，故不能托诸孔子。其他私相撰述，渐杂以术数之言，既不知作者为谁，因附会以神其说"、"则纬与谶别，前人固已分析之。后人连类而讥，非其实也"。（卷6，"易类小序"）谶纬有别，不当同日而语。这是《总目提要》特别强调的问题。

② 《总目提要》卷6"经部六·易类六"，"易类小序"条。

③ 《总目提要》卷126"子部三十六·杂家类存目三"，"搜采异闻集"条。

④ 《总目提要》卷123"子部三十三·杂家类七"，"少室山房笔丛"条。

伪书,"不免小有疏舛"。① 又以《学稼余谭》剿入伪书《二南密旨》,为"尤少持择"②。还批评王士禛的《古夫于亭杂录》据《西京杂记》而"驳正史",为"误采伪书"③,还批评《隋文纪》的收录伪书,为"失于鉴裁"④。复指责《黄氏补注杜诗》,不应采录伪苏轼注。⑤ 而对《九家集注杜诗》中剔除伪书《老杜事实》的做法,赞以"别裁有法"⑥。对《增广注释音辩柳集》不收伪《龙城录》的做法,赞以"尚为谨严"⑦。

(2)《总目提要》对伪书价值的认识。

对伪书价值的认识,是辨伪观念的问题,而终究是辨伪思想的问题,它是对辨伪主旨的具体实践和反映。历史上,对伪书价值有所认识的不止一人,而对伪书价值有如此全面深刻认识的,当以《总目提要》为最。

其一,伪书的思想价值。如《总目提要》虽然认为《子华子》是伪书,但是该书"商榷治道,大旨皆不诡于圣贤",如论黄帝铸鼎,"足正方士之谬",如论唐尧土阶,"足砭墨家之偏"等等。且文字也"纵横博辨,亦往往可喜"。因此认为《子华子》在诸子伪书中"最有理致文彩",所以"辨其赝则可,以其赝而废之则不可"。⑧再如《关尹子》,《总目提要》认为:"书虽出于依托,而核其词旨,固远出《天隐》、《无能》诸子上,不可废也。"⑨

---

① 《总目提要》卷118"子部二十八·杂家类二","野客丛书"条。
② 《总目提要》卷197"集部五十·诗文评类存目","学稼余谭"条。
③ 《总目提要》卷122"子部三十二·杂家类六","古夫于亭杂录"条。
④ 《总目提要》卷189"集部四十二·总集类四","隋文纪"条。
⑤ 《总目提要》卷149"集部二·别集类二","黄氏补注杜诗"条。
⑥ 《总目提要》卷149"集部二·别集类二","九家集注杜诗"条。
⑦ 《总目提要》卷150"集部三·别集类三","增广注释音辩柳集"条。
⑧ 《总目提要》卷117"子部二十七·杂家类一","子华子"条。
⑨ 《总目提要》卷146"子部五十六·道家类","关尹子"条。

其二，伪书的史料价值。伪书和伪事不同，真书中可能有伪史料，而伪书中又可能有真史料。如《云仙散录》，唐冯贽著，一般被认为是伪书。但是其中记载唐玄奘用回锋纸印普贤像事，是我国印刷史上重要的史料，而且经屈万里、昌彼得《图书版本学要略》考证，其事是可信的。伪书中多有别具价值的史料，现代许多学者自以为独抒己见，但是《总目提要》早在18世纪就有了明确的表述。如在论证《孔子家语》系伪作的同时，《总目提要》又提出，"特其流传已久，且遗文轶事，往往多见于其中，故自唐以来，知其伪而不能废也"①。再如论百卷本《十六国春秋》，《总目提要》言："旧本题魏崔鸿撰，实则明嘉兴屠乔孙、项琳之伪本也"，"然其文皆联缀古书，非由杜撰。考十六国之事者，固宜以是编为总汇焉。"②

其三，伪书的文学价值。"文学"其名晚出，其实早有。故而用"伪书的文学价值"，概括这部分内容。

《海内十洲记》，《总目提要》将其归入"小说类"，以为是"六朝词人"依托东方朔的伪书。但是该书为人所广泛征引，四库馆臣认为，"足见其词条丰蔚，有助文章"，因此虽为伪书，也"不能废也"。③如《汉武洞冥记》，旧题汉郭宪撰，《总目提要》以为"或六朝人依托为之"，但是"后代文人词赋，引用尤多"，想必是因其"字句妍华，足供采撷"，故而"至今不废"④。其他文学作品，如《后山诗话》，旧题陈师道撰。《总目提要》以为，其"出于依托，不问可知矣"，但是以为书中诸如"诗文宁拙毋巧，宁朴毋华，宁粗毋弱，宁僻毋俗"等文字，"持论间有可取"，对一些诗文典故如杜

---

① 《总目提要》卷91"子部一·儒家类一"，"孔子家语"条。
② 《总目提要》卷66"史部二十二·载记类"，"十六国春秋"条。
③ 《总目提要》卷142"子部五十二·小说家类三"，"海内十洲记"条。
④ 《总目提要》卷142"子部五十二·小说家类三"，"汉武洞冥记"条。

甫《同谷歌》之"黄独",百舌诗之"谗人"等,"亦间有考证"。①
肯定了它在文学批评方面的成就。还有《集千家注杜诗》,虽然
"真赝错杂",但是对保存"宋以来注杜诸家",有"筚路蓝缕之
功"。②

其四,伪书的名物训诂价值。对于《十三经注疏》中《尚书正
义》的伪孔《传》,《总目提要》认为:"孔《传》之依托,自朱子以来,
递有论辩。至国朝阎若璩作《尚书古文疏证》,其事愈明。"但是正
如《朱子语录》所言,"《五经疏》,《周礼》最好,《诗》、《礼记》次
之,《易》、《书》为下",伪孔《传》之注文仍有其价值,譬如"名物训
故,究赖之以有考,亦何可轻也"!③

其五,伪书的其他价值。除了以上四方面外,还有不少方面不
容忽视。艺术价值:如《画山水赋》及所附《笔法记》,旧题唐荆浩
撰。《总目提要》认为二书"其论亦颇有可采者,姑录存之,备画家
一说云尔"。④ 医学价值:如《银海精微》,托名孙思邈撰。《总目
提要》以为该书"疗目之方,较为可取,则亦就书论书而已"。⑤ 术
数价值:如《李虚中命书》,旧本题鬼谷子撰,唐李虚中注。《总目
提要》认为,该书真伪杂出,莫可究诘,但是书中言论,"精切近理,
多得星命正旨,与后来之窈渺恍惚者不同"。⑥ 再如《太清神鉴》,
专论相法,旧题后周王朴撰,永乐大典辑本。《总目提要》以为,该
书"综核数理,剖析义蕴,亦多微中"。⑦

此外,一些习用伪书,或渊源有自、历史久远的伪书,《总目

---

① 《总目提要》卷195"集部四十八·诗文评类一","后山诗话"条。
② 《总目提要》卷149"集部二·别集类二","集千家注杜诗"条。
③ 《总目提要》卷11"经部十一·书类一","尚书正义"条。
④ 《总目提要》卷112"子部二十二·艺术类一","画山水赋"条。
⑤ 《总目提要》卷103"子部十三·医家类一","银海精微"条。
⑥ 《总目提要》卷109"子部十九·术数类二","李中虚命书"条。
⑦ 《总目提要》卷109"子部十九·术数类二","太清神鉴"条。

提要》也对其存在采取了默认的态度。如伪孙奭《孟子疏》，《总目提要》有言，"以久列学官，姑仍旧本录之尔"①。如《神异经》，《总目提要》以为，"流传既久，固不妨过而存之，以广异闻"②。如《汉武故事》，《总目提要》也"以其六朝旧帙，姑存备古书之一种云尔"③。等等。这样的处理方式是较为切实可行的。

　　总之，基于对伪书上述价值的认识，《总目提要》中存而不论、论而不废的实例多见，从未出现仅仅以真伪与否决定存留去取，以真伪是非判断有无价值的机械武断。

　　2.《总目提要》对伪书范围的界定

　　（1）言辞问题。

　　言辞鄙俚未必就是伪书，这是《总目提要》特别强调的观点。传世著作并非都是精品佳作，这是现实问题。且在儒家正统思想影响下的学术批评中，视传世佳作为"言辞鄙俗"者更非鲜见。但是，这些文献并非都与辨伪有关联。如《忠传》四卷，佚名，原书亡佚，四库馆臣辑自《永乐大典》。但是他们认为，该书"集古今事迹，各绘图系说，语皆鄙俚，似委巷演义之流，殆亦明太祖时官书欤"？④ 即以为"鄙俚"，但未言其为伪作。再如《疑仙传》，三卷，旧题隐夫玉简撰，不著名氏，亦不著时代。从书中内容，大致可知是宋人所撰，不过"其词皆冗沓拙陋，或不成文"，所以四库馆臣推测，或许是"粗知字义者所为"，所以虽然是"宋人旧本"也"无足采录"⑤。即便如此，也并未视其为伪书。

---

① 《总目提要》卷35"经部三十五·四书类一"，"孟子正义"条。
② 《总目提要》卷142"子部五十二·小说家类三"，"神异经"条。
③ 《总目提要》卷142"子部五十二·小说家类三"，"汉武故事"条。
④ 《总目提要》卷61"史部十七·传记类存目三"，"忠传"条。
⑤ 《总目提要》卷147"子部五十七·道家类存目"，"疑仙传"条。

（2）编纂问题。

其一，裒辑散佚，重编成帙不得以为作伪，这是《总目提要》明确提出的观点。《甘泽谣》，一卷，唐袁郊撰。该书或有散佚，周亮工之《书影》，言其所见即为伪本。《总目提要》将所见本与《太平广记》引文比读，发现"一一相符"，以为是从《太平广记》中抄出，进而提出："裒辑散佚，重编成帙，亦不得谓之赝书"。①

文献在流传过程中，因为散佚流失而出现卷帙残缺的现象，比较多见，但是显然不能因为卷次与最初著录数字不合，就断然以为作伪，以为伪作。并且，后人搜罗残余，重新编订，也是文献整理和保存所必需，如果将这样的文献整理活动，也视为作伪，试想，四部文献将鲜有不被冠以"伪书"名目者。因此，《总目提要》提出重编文献非作伪、非伪作的观点，是允当，且实事求是的。基于这样的考虑，对于以下卷目不合，甚而书名不合的文献，《总目提要》均称"非旧本"而已，而没有一概定为伪书。如在考辨宋陈瓘撰《四明尊尧集》时，其言："此本十一卷，乃后人并其原表序跋，合而编之者也"。② 在辨唐元结撰《次山集》时，其言，元结撰《元子》、《文编》及《猗玗子》，"今皆不传，所传者惟此本，而书名、卷数皆不合"。但对于这样一部书名、卷数皆不合的文献，也没有机械地以伪书论之，仅言"盖后人撝拾散佚而编之，非其旧本"③而已。

其二，丛书、类书等混入伪作，并非作伪，也非伪作。一些类书、丛书性质的著作，阑入伪书、伪篇，并不鲜见。究其原因，或好博而不避伪作，或疏略而不能考辨。总之，无论哪种情况，编纂者均非以"作伪"为目的。《总目提要》在谈到这类文献时，多訾之以"甄选不慎"、"疏略迂阔"，却从未以伪作或作伪论之。如明梅鼎

①　《总目提要》卷142"子部五十二·小说家类三"，"甘泽谣"条。

②　《总目提要》卷89"史部四十五·史评类存目一"，"四明尊尧集"条。

③　《总目提要》卷149"集部二·别集类二"，"次山集"条。

祚编纂的几部《文纪》，均收入不少伪书、伪篇。《总目提要》就此问题说道："洪荒以降，书契莫详，事尚无征，况其文字，传于后者，非汉代纬书之依托，即战国诸子之寓言"，而《皇霸文纪》"一概衰存，遂不免一真百伪"，如"《集古录》、《博古图》、《考古图》所列诸铭，名姓时代，半属臆求，点画偏旁，多缘附会"，如《伪岣嵝碑》、《伪石鼓文》"并出近代"，一并收入，"漫无考证"。① 如《西汉文纪》所收，虽不似《皇霸文纪》之"滥"，对一些显然"依托"者"皆能辨之"，但对《西京杂记》、《东方朔别传》、《搜神记》、《博物志》"所载诸篇"，以及"孔安国《尚书序》、《孔衍家语序》等文"，却不能做到"一一厘正"。② 至于《东汉文纪》收录的内容，同样也是"真赝互陈，异同蜂起"。③ 在谈到《隋文纪》时，《总目提要》以为此集"最糅杂"，因为其中如《开河记》、《迷楼记》、《海山记》、《大业拾遗记》等，"皆出依托"。但仍给予充分肯定，以为梅氏旁搜博采，荟合成编，使得唐以前的文章"源委相承，粲然可考"，成为"艺苑之大观"，因此"其功亦不为过掩矣"。④ 总之，《总目提要》既批评梅鼎祚"漫无考证"、"真赝互陈"、内容杂滥，又肯定这些著作"实艺苑之大观"，其过不掩厥功。所言颇为允当。

其三，个人专著剿入不实言论，并非作伪，也非伪作。古往今来，学者见闻有广狭之别，才智有高下之分，著述自然有优有劣。对于学无根柢，考据不实，所言多虚的著作，姑妄存之，不论亦可矣，何必以伪作视之？如《契丹国志》，二十七卷，宋叶隆礼撰。钱曾在《读书敏求记》中称赞叶氏"其书法谨严，笔力详赡，有良史风"。但是苏天爵《三史质疑》则认为叶氏未见国史，所言"多得于

① 《总目提要》卷189"集部四十二·总集类四"，"皇霸文纪"条。
② 《总目提要》卷189"集部四十二·总集类四"，"西汉文纪"条。
③ 《总目提要》卷189"集部四十二·总集类四"，"东汉文纪"条。
④ 《总目提要》卷189"集部四十二·总集类四"，"隋文纪"条。

传闻"，"失实甚多"。《总目提要》发现该书大致"取前人纪载原文，分条采摘，排比成编"，因此以苏天爵所论为"深中其失"。①如《朝野遗记》，一卷，宋人佚名撰。该书记载南迁后杂事，"颇为不伦"。《总目提要》以为，"似杂采小说为之"。②《补妒记》，与此类似，八卷，旧题京兆王绩编，不著时代。《总目提要》认为，该书是从类书中"剽取"③而作，且传世本"明人已有所附益，非复宋代原书矣"。④如《集仙传》，十五卷，佚名撰。陈振孙以为宋曾慥撰，四库馆臣不以为然，因为他们发现"此书所载，皆唐事，每条各注出典，如《太平广记》之例。以《广记》核之，无不符合"，因此推测系"好事者"从《太平广记》中"抄出"耳。⑤再如《古今印史》，一卷，明徐官撰。该书"称比干盘铭、季札墓碑皆为孔子真迹"，《总目提要》认为，"季札碑姑无论，比干墓中之盘，夫子何自书之"？对于这类"谬妄"，以为"不足辨矣"。⑥综上，不难看出，《总目提要》对于个人著述中诸如"所言不实"、"似杂采小说为之"、"好事"别抄、误信伪造碑铭等问题，都有清楚的认识，但是从未言之以"伪书"二字。

其四，个人文集辑入他人著作，非作伪，非伪作。个人文集多出后人辑录，其中误录他人著作的情况是比较多见的，甚而杂录托名伪作的例子也有不少。不知为何有人将此类文献一概视为伪作，且对考辨作者、厘剔杂滥的工作都加以"辨伪"的名目。"伪书"越辨越多，辨伪学近年颇受非议，良有以也！

---

① 《总目提要》卷50"史部六·别史类"，"契丹国志"条。
② 《总目提要》卷143"子部五十三·小说家类存目一"，"朝野遗记"条。
③ "剽取"一词，用语稍重，不过从上下文语意可知其确切含义是"掇拾"。
④ 《总目提要》卷131"子部四十一·杂家类存目八"，"补妒记"条。
⑤ 《总目提要》卷147"子部五十七·道家类存目"，"集仙传"条。
⑥ 《总目提要》卷114"子部二十四·艺术类存目"，"古今印史"条。

但是,对于这样的文献,《总目提要》从未以"作伪"、"伪作"或"伪书"名之,只是客观地厘剔出混入作品,间或提出有伪托篇章的问题,从而将别集的"杂"和篇目的"伪",进行了严格区别。如《白石词集》,一卷,宋姜夔撰。《总目提要》指出,该书多有"删窜,非其旧文"。譬如集中"咏草《点绛唇》一阕,撰跋称复见于逋翁集中,援据无征,难以臆定。不知《草堂诗余》载此词,实作林逋。宋人所题,必非无据。且《草堂诗余》不及夔词,尤足征不出于夔撰,亦考之未审"①云云。如《空同词》,一卷,宋洪瑹撰。该书收录词十六首,《总目提要》认为,"卷末咏渔父《清平乐》一阕","本连久道词",系"误入之(洪)瑹词中"。② 如《逊志斋集》,二十四卷,明方孝孺撰。《总目提要》指出,该书"多杂以他人之诗,如《勉学》二十四首,乃陈子平作"云云。③ 如《筠轩集》,十三卷,元唐元撰。《总目提要》认为,此本"殊非其旧",且如"《扈从滦阳清暑》四诗,又有《玉堂夜直诗》,及《察罕淖尔》、《李陵台》诸诗",或许是"误收他人之作"。④ 如《七星诗文存》,十二卷,明刘鸿撰。《总目提要》认为:"五言绝句中《西州词》第一首,乃全录《西州古词》四句,殊不可解。疑或手书是词,其后人不考而误收也"⑤。如《孟浩然集》,四卷,唐孟浩然撰。《总目提要》以为,"《长安早春》一首,《文苑英华》作张子容,而《同张将军蓟门看灯》一首,亦非浩然游迹之所及",当为"后人窜入者"。⑥ 如《毗陵集》,二十卷,唐独孤及撰。《总目提要》提出:"《马退山茅亭记》

---

① 《总目提要》卷200"集部五十三·词曲类存目","白石词集"条。
② 《总目提要》卷200"集部五十三·词曲类存目","空同词"条。
③ 《总目提要》卷170"集部二十三·别集类二十三","逊志斋集"条。
④ 《总目提要》卷167"集部二十·别集类二十","筠轩集"条。
⑤ 《总目提要》卷175"集部二十八·别集类存目二","七星诗文存"条。
⑥ 《总目提要》卷149"集部二·别集类二","孟浩然集"条。

乃柳宗元作,后人误入及集。"①如《雁门集》,三卷,《集外诗》,一卷,元萨都拉(刺)撰。《总目提要》认为,"《城东观杏花》一诗,今载《道园学古录》中,显为误入"②。如《乐府指迷》,一卷,宋张炎撰。《总目提要》指出,该书"收金粟头陀《制曲十六观》一卷,后有睡庵居士跋。金粟头陀,元顾何瑛。睡庵居士,明汤宾尹也。而其文全抄此书,惟每条之末增'制曲者当作此观'一句。语语雷同,竟不一检,尤可怪矣。"③如《何水部集》,一卷,梁何逊撰。《总目提要》认为,该书中《拟青青河畔草》不伦不类,其言:"《玉台新咏》载逊《学青青河边草》一首,此本标题作《拟青青河畔草》",但是考六朝以前之诗题,"无此体格"。显然是"后人所妄加"。又《青青河边草》"为蔡邕之作",《青青河畔草》"为枚乘之作"。六朝人的拟作,"截然有别"。"此效邕体而题作'畔'字,明为后人据十九首而改",且"字句亦多所窜乱,非其旧矣。"④复如《初寮词》,一卷,宋王安中撰。《总目提要》认为,书内《形胜魏西州》一首似属韩琦,"显然误入",又推测该书"经后人裒辑,非陈氏所见原本"。⑤

总之,《总目提要》对上述各部文集中疑似篇目进行考证,或能确指,或有存疑,但从未称它们是伪书,甚而对杂入篇目,也从未名之以"伪"字。

(3)增益问题。

文献在辗转流传的过程中,文字有增减,内容有损益,卷帙有离合,都是不可避免的,这绝非作伪,也非伪作。如《王司马集》,八卷,唐王建撰。王建《宫词》"自宋南渡后,逸去其七",于是"好

①　《总目提要》卷150"集部三·别集类三","毗陵集"条。
②　《总目提要》卷167"集部二十·别集类二十","雁门集"条。
③　《总目提要》卷200"集部五十三·词曲类存目","乐府指迷"条。
④　《总目提要》卷148"集部一·别集类一","何水部集"条。
⑤　《总目提要》卷198"集部五十一·词曲类一","初寮词"条。

事者"妄为补足,《总目提要》指其出处数端。① 如《齐民要术》,十卷,后魏贾思勰撰。《总目提要》认为,该书"卷端又列杂说数条",而且书中词语"亦鄙俗不类,疑后人所窜入"。② 如《独断》,二卷,汉蔡邕撰。《总目提要》指出,书中个别文字"决非邕之本文",推测是后人所"窜乱",此外一些书中称引的文字,或"今本并无",或"与今本亦全异",《总目提要》推断:或者是"诸家援引偶讹",或者是"今本传写脱误",均未可知。对于这些问题,《总目提要》以为,"小有参错,固不害其宏旨",将其视为"考证家之渊薮"。③《文心雕龙》与其类似,该书十卷,梁刘勰撰。书中"隐秀篇"有阙文,"明末常熟钱允治称得阮华山宋椠本,抄补四百余字"。《总目提要》认为,"其词亦颇不类",似摭掇而成,"皆有可疑"。④ 还有《古老子》二卷,旧本题许剑道人手刊。《总目提要》校读后发现,"其文视今本《老子》,惟增减数虚字"而已。⑤ 又《字孪》,四卷,明叶秉敬撰。《总目提要》发现,今本"比旧本增多一百二十四句,则纰谬杜撰,不一而足",或许是"无识者所窜入",所以"不足依据"。⑥《字通》,一卷,宋李从周撰。《总目提要》指出,书中有"一百二十三字,破碎冗杂,殊无端绪",且指出卷末附纠正俗书八十二字,"虽于古有据,而今断断不能行",或许是后人窜入。⑦ 明都穆撰别本《铁纲珊瑚》中有《寓意编》,二卷。《总目提要》经考证,认为《铁纲珊瑚》一书出于伪托,《寓意编》下卷也是"妄人附

---

① 《总目提要》卷150"集部三·别集类三","王司马集"条。
② 《总目提要》卷102"子部十二·农家类","齐民要术"条。
③ 《总目提要》卷118"子部二十八·杂家类二","独断"条。
④ 《总目提要》卷195"集部四十八·诗文评类一","文心雕龙"条。
⑤ 《总目提要》卷147"子部五十七·道家类存目","古老子"条。
⑥ 《总目提要》卷41"经部四十一·小学类二","字孪"条。
⑦ 《总目提要》卷41"经部四十一·小学类二","字通"条。

益"①。还有《皇极经世节要》一书,不分卷,作者佚名。《总目提要》认为是宋周爽著,但是今本"非爽之旧本矣,盖明人所附益也"②。

以上数种文献,都存在不同程度的增益窜入的问题,《总目提要》一一做出考证,唯不言以作伪或伪作。

(4)作者问题。

文献作者时代误题、事迹不详或阙疑待考等,同托名作伪之间,是有本质区别的。就上述问题进行考辨,并非文献辨伪的范畴,这是《总目提要》的基本主张。

其一,同名异代问题。

如《东浦词》,一卷,旧题宋韩玉撰。《总目提要》发现宋代"有二韩玉",经考证,作该书的当是"由金而入宋"的韩玉,在"归宋后"编成。③ 这是考订同一朝代的同名问题。还有考订不同朝代的同名问题。如《蠡海集》,一卷,旧题宋王逵撰。《总目提要》发现宋有三王逵,明也有一王逵,经考,"作是书者,必此(明代,笔者按)王逵",到了商浚刻《稗海》时,又"未及详考,误以为宋王逵也"。④ 再如《两晋南北奇谈》,六卷,旧题宋王涣撰。经考,《总目提要》认为宋王涣未著有该书,因此"此书为明王涣撰"。⑤ 复如《井观琐言》,三卷,旧题宋闽南郑瑗撰。《总目提要》认为:"此编当即明莆田郑瑗所作,题宋人者,妄也。"⑥对上述文献,《总目提要》不言真伪,只考年代。

---

① 《总目提要》卷113"子部二十三·艺术类二","寓意编"条。
② 《总目提要》卷110"子部二十·术数类存目一","皇极经世节要"条。
③ 《总目提要》卷198"集部五十一·词曲类一","东浦词"条。
④ 《总目提要》卷122"子部三十二·杂家类六","蠡海集"条。
⑤ 《总目提要》卷65"史部二十一·史抄类","两晋南北奇谈"条。
⑥ 《总目提要》卷122"子部三十二·杂家类六","井观琐言"条。

其二,作者阙疑问题。

因为文献记载阙略,一些作者的名号湮没无闻,也因为文献不足征,他们的身份只能付诸阙如。如《绀珠集》,十三卷,佚名,晁公武以为朱胜非撰。《总目提要》认为,此说"于情理殊为可疑",但究竟出自谁手,"未可知也"。① 如《春秋比事》,二十卷,旧本题宋沈棐撰。《总目提要》以为,"棐始末无可考"②。如《画鉴》,一卷,旧本宋东楚汤垕君载撰。《总目提要》对此不以为然,但也认为其人"不能详考"③。如《墨经》,一卷,原本题晁氏撰,不著时代、名字。《总目提要》提出,"疑为晁季一作也",但不能确定。④如《侍儿小名录拾遗》,一卷,旧题宋晋阳张邦几撰。《总目提要》指出,晁公武称"旧本但题朋溪先生,不著名氏,又称或云董彦远家子弟为之",所以对于"题为邦几,不知何据"。⑤ 如《步天歌》,七卷,或题唐王希明撰,自号丹元子。《总目提要》认为该书作者"疑以传疑,阙所不知可矣"⑥。对于上述文献,《总目提要》不曾言其伪。

此外,还有《唐百家诗选》,二十卷,旧本题宋王安石编,《临川集》收王安石原序。或有以为宋敏求编订,但这只是该书归属的争论,与辨伪无关。《唐百家诗选》一书久不传,康熙中,二十卷本再现,"当时有疑其伪者",阎若璩"证其真"。⑦ 这篇提要,主要涉及编纂者究系何人的问题,兼而述及阎若璩等的"疑其伪"和"证其真"。重在该书归属,不在该书真伪。

① 《总目提要》卷123"子部三十三·杂家类七","绀珠集"条。
② 《总目提要》卷27"经部二十七·春秋类二","春秋比事"条。
③ 《总目提要》卷112"子部二十二·艺术类一","画鉴"条。
④ 《总目提要》卷115"子部二十五·谱录类","墨经"条。
⑤ 《总目提要》卷137"子部四十七·类书类存目一","侍儿小名录拾遗"条。
⑥ 《总目提要》卷107"子部十七·天文算法类二","步天歌"条。
⑦ 《总目提要》卷186"集部三十九·总集类一","唐百家诗选"条。

其三,作者题错问题。

《此事难知》,二卷,元王好古撰,有人题作李杲,如《东垣十书》、《医史》。《总目提要》以为"竟属之杲,殊为谬误",并以为出现这种谬误,"已非一日"。① 如《逸民传》,二卷,旧题明皇甫涍撰。《总目提要》以为,当为皇甫濂,涍是"旧本传写误也"②。如《平宋录》,三卷,旧题杭州路司狱燕山平庆安撰,一名《大元混一平宋实录》,又名《丙子平宋录》。《总目提要》认同黄虞稷以为刘敏中作的观点,其言:"是此书实刘敏中所撰,庆安特梓刻以传。后人以其书首不题敏中姓名,未加深考,遂举而归之庆安耳。今改题敏中名,从其实焉。"③再如《紫微杂说》,一卷,旧本题宋吕祖谦撰。经考,《总目提要》认为,"当为吕本中所撰。盖吕氏祖孙,当时皆称为东莱先生,传写是书者,遂误以为出祖谦之手,不知本中尝官中书,人故称曰紫微"④。复如《续博物志》,十卷,旧本题晋李石撰。《总目提要》发现,别本末有李石门人黄宗泰跋,其中有"方舟先生"的称号。《总目提要》认为,"方舟"是宋人李石之号,所以称作晋人李石,"误也"。而且,李石是绍兴、乾道间人,所以不应称太祖为"今上",故可以推测,或许是"剽掇说部以为之"。⑤也就是说,《总目提要》认为该书是宋人李石剽袭"说部"文献的草成之作。

由上述可知,《总目提要》在考辨这些文献时,未言其伪作一字。

其四,诸子文集多非自撰,非作伪,也非伪作。

---

① 《总目提要》卷104"子部十四·医家类二","此事难知"条。
② 《总目提要》卷61"史部十七·传记类存目三","逸民传"条。
③ 《总目提要》卷51"史部七·杂史类","平宋录"条。
④ 《总目提要》卷121"子部三十一·杂家类五","紫微杂说"条。
⑤ 《总目提要》卷142"子部五十二·小说家类三","续博物志"条。

　　诸子书同个人文集之间的差别，不是绝对的，但是将《墨子》、《韩非子》、《吕氏春秋》等从"个人文集"类别出论述，只是因为通行的做法。诸子书未必是作者亲自撰写，特别是先秦子书，更是如此，这是许多学者的共识，或者说是常识，因此很少有人因为"非自著"而论真伪。《总目提要》亦如此。

　　如《墨子》，十五卷，旧题宋墨翟撰。《总目提要》指出，"其书中多称子墨子，则门人之言，非所自著。"①如《韩子》，二十卷，周韩非撰。《总目提要》提出，"名为非撰，实非非所手定也。以其本出于非，故仍题非名，以著于录焉"。② 如《吕氏春秋》、《淮南子》等，均成于门客之手，题以裁断者之姓名。与此类似的《二程外书》，十二卷。《总目提要》认为，它也是"二程子门人所记，而朱子编次"而成，"成于乾道癸巳六月，在《遗书》之后五年"。《外书》之名因"朱子自题所谓取之之杂，或不能审所自来"而得。③ 再如《渔樵对问》，一卷，旧题宋邵子撰。《总目提要》中有言："晁公武《读书志》又作张子、刘安，上集中亦载之。三人时代相接，未详孰是也"，但是书中内容基本是"习见之谈"，因此或许是"后人撰其绪论为之，如《二程遗书》不尽出于口授欤？"④

　　另外，《孔子编年》，五卷，旧题宋胡舜陟撰。《总目提要》提出，其自叙已经说明，该书是"命其子仔所撰，非舜陟自作也"⑤。《勤王记》，一卷，永乐大典辑本。《总目提要》提出，据该书《原序》，可知是宋臧梓"即（吕）颐浩所述"，编次成书，"非所自撰"，

---

① 《总目提要》卷117"子部二十七·杂家类一"，"墨子"。
② 《总目提要》卷101"子部十一·法家类"，"韩子"。
③ 《总目提要》卷92"子部二·儒家类二"，"二程外书"条。
④ 《总目提要》卷95"子部五·儒家类存目一"，"渔樵对问"条。
⑤ 《总目提要》卷57"史部十三·传记类一"，"孔子编年"条。

题臧梓撰不妥。①《林泉高致集》,一卷,旧题宋郭思撰。《总目提要》指出,该书收录郭熙、郭思父子二人的作品:"自《山水训》至《画题》四篇,皆熙之词,而思为之注。惟《画格拾遗》一篇,纪熙平生真迹,《画记》一篇,述熙在神宗时宠遇之事,则当为思所论撰,而并为一编者也。"②上述三种文献可以归入考订编纂者一类,故而附录于此。

对上述文献,《总目提要》无一语辨伪,也无一语言其伪,或有学者以为它们是《总目提要》的"辨伪成就"。诚如所言,还应补入《淮南子》等数部文献,方为妥当。

(5)抄掇问题。

"抄掇成编"和"攘为己作",虽然都是一种成书途径,但是二者之间还是截然不同的,这不难理解。对此,四库馆臣有明确的区分:标明出处,是为"抄掇";"讳所自来",是为"攘窃"。即,不讳所自来,则不以为伪作;攘窃之书,才是伪作。

明茅坤编有《唐宋八大家文抄》,凡一百六十四卷。有人批评道,"其书本出唐顺之,坤据其稿本,刊版以行,攘为己作,如郭象之于向秀"。郭象窃向秀之劣迹,上文有说明。郭象攘窃之作,自是伪书。但是《唐宋八大家文抄》则不然,四库馆臣认为:"坤所作《序例》,明言以(王)顺之及王慎中评语标入,实未讳所自来,则称为盗袭者,诬矣。"③这里,四库馆臣明确提出"未讳所自来",则非攘窃,非盗袭,当然也非伪书。再如《辍耕录》,明陶宗仪撰,三十卷。郎瑛《七修类稿》称陶氏"多录旧书,如《广客谈》、《通本录》之类,皆攘为己作",斥为伪书。但是四库馆臣认为证据不足:"今

---

①　《总目提要》卷64"史部二十·传记类存目六","勤王记"条。
②　《总目提要》卷112"子部二十二·艺术类一","林泉高致集"条。
③　《总目提要》卷189"集部四十二·总集类四","唐宋八大家文抄"条。

其书未见传本,无由证瑛说之确否"。也就是说,不能遽尔定为攘窃之伪书。四库馆臣言之凿凿,或有人以为《总目提要》辨其为伪书,显然是个误会。

再如胡广的《五经大全》,朱彝尊和四库馆臣都曾指出,胡广等"就前儒成编,杂为抄录",且拙于抄掇,疏于考证的问题。如《周易大全》,朱彝尊在《经义考》中称胡广等"就前儒成编,杂为抄录,而去其姓名。《易》则取诸天台、鄱阳二董氏,双湖、云峰二胡氏,于诸书外,未寓目者至多"。四库馆臣对朱彝尊提出的"诸位",一一作了说明:"天台董氏者,董楷之《周易传义附录》。鄱阳董氏者,董真卿之《周易会通》。双湖胡氏者,胡一桂之《周易本义附录纂疏》。云峰胡氏者,胡炳文之《周易本义通释》也。"而且,"勘验旧文",发现与朱彝尊所言,"一一符合",但是四库馆臣认为,《周易大全》虽为抄掇,然而"取材于四家之书,而刊除重复,勒为一编",虽然有"守匮抱残"之弊,但是其"宗旨"尚可谓"不失其正"。① 再如《诗经大全》抄刘瑾《诗传通释》,《春秋大全》抄汪克宽《胡传纂疏》,《礼记大全》抄陈澔《礼记集说》等,都是不争的事实。还有《书传大全》,虽然"是书在《五经大全》中尚为差胜",但也是抄成,非"自纂"。②

值得注意的是,对于《五经大全》,四库馆臣从未视为"伪书",指摘尤多的朱彝尊,也从未言以"伪书",其有文献可稽。究其原因,就是胡广等编纂《五经大全》时并未"讳其所出"。如《诗经大全》,"此书名为官撰,实本元安城刘瑾所著《诗传通释》,而稍损益之",只是将其中的"瑾案"二字,改为"刘氏曰"。③ 如《春秋大全》,胡广等在该书凡例中已经写明:纪年依汪氏《纂疏》,地名依

---

① 见《总目提要》卷5"经部五·易类五","周易大全"条。
② 见《总目提要》卷12"经部十二·书类二","书传大全"条。
③ 见《总目提要》卷16"经部十六·诗类二","诗经大全"条。

李氏《会通》，经文以胡氏为据，例依林氏云云，显然是有意抄掇，无意作伪。故而四库馆臣撰写《提要》时，对《五经大全》批评颇多，却从未视其为伪作。只是以为其剽取诸书，疏于考订，"不足以言考证之学"，又批评其义理缺失，无益于经义治道罢了。①

另如《青囊奥语》、《青囊序》，各一卷，旧本题唐杨筠松撰。其序，则题筠松弟子曾文辿所作。《总目提要》只是指出该书的刘基《注》为托名伪作，并未提出《青囊奥语》、《青囊序》是伪作，其言："旧本有注，托名刘基"。有人"妄据伪《玉尺经》窜改原文，尤为诞妄。今据旧本更正，并削去其注，以无滋淆惑焉"。② 如《孙可之集》，十卷，唐孙樵撰。《总目提要》明确提出，该书十篇为真，其余十五篇非伪："近时汪师韩集有《孙文志疑序》一篇，因谓樵文惟《唐文粹》所载《后佛寺奏》、《读开元杂记》、《书褒城驿》、《刻武侯碑阴》、《文贞公笏铭》、《与李谏议行方书》、《与贾秀才书》、《孙氏西斋录》、《书田将军边事》、《书何易于》十篇为真。余一十五篇皆后人伪撰。然卷帙分合，古书多有，未可以是定真伪。且师韩别无确据，但以其字句格局断之，尤不足以为定论也。"③需注意的是，"《唐文粹》所载十篇为真，余皆伪作"，仅是汪师韩的意见，而非四库馆臣的主张。

再如《清异录》二卷，宋陶穀撰。陈振孙《直斋书录解题》怀疑该书内容"不类宋初人语"，胡应麟以为不确。《总目提要》认为，"穀虽入宋，实五代旧人"，至于书中内容，大抵"《云仙散录》之

---

① 语出《总目提要》"事物初略"条：是编"杂记事物俚俗语言之所自始。然多剽取《事物纪原》诸书，语多猥鄙，不足以言考证之学"。见该书卷126"子部三十六·杂家类存目三"。
② 《总目提要》卷109"子部十九·术数类二"，"青囊奥语"条。
③ 《总目提要》卷151"集部四·别集类四"，"孙可之集"条。

流"，但是特别提出该书"不伪造书名"①，意即其非伪作。如《六壬兵占》，二卷，编辑者不详。《总目提要》在考辨《六壬兵占》的同时，述及《玉帐经》等伪书，其言："《唐志》有李靖《玉帐经》一卷，李筌《六壬大玉帐歌》十卷，《彭门玉帐歌》三卷，其余若胡万顷《军鉴式》之类，不可胜数。然流传既久，大抵出自术士伪托，非其本真。"并对《新唐书·李靖传》"赞"的文字，发表了议论。最后才言归正传，以为《六壬兵占》"为明人所刊，所采诸家，亦多未备。《兵占》末条称太岁与太阴旺生大将年命，主后宫有暗助之力，其说尤为鄙谬矣"。② 或有人将《总目提要》谈论《玉帐经》的文字，误植入《六壬兵占》中来，进而据此以为《六壬兵占》"大抵出自术士伪托，非其本真"。如《勿轩集》，八卷，宋熊禾撰。《总目提要》明确提出，该书元许衡《序》之"依托显然"，又说"今删除此序，庶不以伪乱真焉"。③ 因此在《勿轩集》考辨问题上，应将其与"伪序文"分别对待，不应令其蒙受"伪书"之污名。如《道园集》，不分卷，元虞集撰。虞集，蜀人，曾寓居江西崇仁，《总目提要》发现该书题作"崇仁虞集"，以为"不当以侨寓之地改其祖贯"，至于江西抚州书贾"欲引集以重其乡土"的做法，"不足据也"。书贾改窜作者籍贯以自重的做法，虽有欺人的意味，但是《总目提要》在这里绝无辨伪的意图。

这节文字的写成，主要是根据《总目提要》中的辨伪实践和辨伪理论，就目前文献辨伪概念的"泛化"以及"泛辨伪"的现象，浅谈一些不成熟的看法，如能稍有启示，将不胜欣喜。

清中期经济繁荣，社会安定，文化昌盛，学者云集，是清代学术

---

① 《总目提要》卷142"子部五十二·小说家类三"，"清异录"条。
② 《总目提要》卷111"子部二十一·术数类存目二"，"六壬兵占"条。
③ 《总目提要》卷165"集部十八·别集类十八"，"勿轩集"条。

最为发达的一个阶段，也是清代文献辨伪学发展的巅峰时刻。其间，这些知识博洽、各有专长的名儒硕学，广泛征引，扎实考据，将自先秦两汉以来，存在真伪问题的文献，往代、前世考辨不清的问题，基本上都给予了较为翔实全面的解答。《总目提要》更是这一时期文献辨伪的集成和代表。《总目提要》综合运用既有的辨伪方法，贯彻卫经卫道、守候正统的思想，维护官方学术的既定方针，对传世文献进行了空前规模的整理考订。它召集了当时绝大多数有影响的学者，综合了历史上几乎全部有影响的研究成果，考订了几乎所有传世中存在真伪问题的文献，运用了当时已经发明的全部辨伪方法，所取得的成就，在文献辨伪学史上树立了一座不朽的丰碑。五十年后，一百年后，二百年后，尚未有一部著述能出其右。

第八章 清后期的文献辨伪与古典辨伪学的终结

　　文献辨伪学的发展,历清初之大、清中期之全、特别是《总目提要》的集成之后,已入巅峰之境,举目四望,除晨晖暮霭,唯众山之一览无余。路在何方? 何去何从? 确实是个问题。若假以时日,后出或能转精,然而现实就是这样的出人意表:清后期的社会与学术都发生了前所未有的变化。首先是暗动的经世意识,因内忧外患而成为经世致用的社会思潮。其次是极致的考据治学,由于难有突破也不得不改弦更张。这是第三章曾经讨论的问题。

　　社会的危机、外敌的突入、学术的转型,都对九十余年间的文献辨伪产生了深远影响,它的发展道路出现了逆转。清后期的文献辨伪与时代和社会并肩前行,成就了一批知名的学者,取得了一系列值得称道的成就,也展示了一些不同于往昔的特征和风貌。

　　大体而言,因为生活年代的缘故,清后期的学者,按照生活时代之先后,大致可划分为三个学术群体:即18世纪后半期出生,活跃在道光年间的学者;19世纪上半期出生,活跃在咸同年间的学者;19世纪中后期出生,活跃在光绪年间的学者。为了叙述的便利,笔者姑且名以:文献辨伪学者(前)、文献辨伪学者(中)、文献辨伪学者(后)。

　　概览这三个学术群体,我们发现,他们的文献辨伪分别呈现出因学术转型之新、渐进地发展、因社会转型而新,这样三种特征,尤其是其中第三个学术群体,因为社会转型、或因为致力于社会变革而进行的文献辨伪最具特色。

第一节　文献辨伪学者(前)

需要说明的是,阮元、顾广圻、陈寿祺、刘逢禄等人的生活年代和主要学术活动,介于清中期和后期之间,他们的一些辨伪成果,也有的写在嘉庆后期,有的写在道光初年,因此划入清中期、清后期,都或有不妥。在本书中,笔者姑且将他们归入"清后期",主要有两点考虑:其一,诸位学者均在道光年间生活了近十几、二十几年,也就是说,他们最成熟的一段学术人生属于清后期;其二,学术的传承嬗变,不是戛然而止并另起炉灶的,因此将他们划入这个时期,正是为了强调说明乾嘉学术之余绪对清后期学术思想所造成的深远影响。

一、学术宗尚与文献辨伪

1.汉宋兼采者的文献辨伪研究

(1)阮元(1764—1849),字伯元,号芸台,谥文达,江苏仪征人。乾隆五十四年(1789年)进士,由翰林值南书房,外放学政。嘉道年间,历任兵部、礼部、工部、户部侍郎,浙江、江西、河南等省巡抚,湖广、两广、云贵总督,体仁阁大学士,又曾主会试。阮元曾将其生平概述为"三朝阁老,九省疆臣",非虚语。阮元居官期间,积极提倡学术,编刻图书多种,如在浙江编成《经籍籑诂》,在江西刻《十三经注疏》,在广东刻《皇清经解》。又建诂经精舍、学海堂,培植人才。阮元学问渊博,对于经史、小学、天算、舆地、金石、校勘等,无不穷极隐微,有所阐发。有著述多种,如《定香亭笔谈》、《儒林传稿》、《四库未收书提要》、《研经室集》等。阮元的文献辨伪述多论少，这是清后期许多辨伪学者的共同特点。阮氏主要述及以下几种文献的真伪。

①孔《序》、孔《传》辨伪。其言："伪孔《序》自称逮从伏论《古文尚书》，而《史记》称安国早卒。记安国当生于文帝末年，卒于武帝太初以前，安能逮事伏生？ 而《书》伪孔《序》又称及见巫蛊。作伪者进退两无足据矣。"①阮元通过揭示孔安国《尚书序》所言同孔安国生卒年之间的矛盾，证明孔《序》作伪，进而说明孔《传》是伪作。

②阮元在"与臧拜经庸书"中提出，他不同意伪孔《传》在《皋陶谟》中增入"挞以记之以下七十四字"的观点，兼论姚方兴献伪《舜典》问题。②

③阮元在《儒林传稿》中，共为清儒如孙奇逢、顾炎武、阎若璩、毛奇龄、胡渭、钱大昕、戴震等四十四人立传。其中对这些学者的文献辨伪成就都有述及，从某种意义上，这体现了阮元对清代文献辨伪学史的掌握和理解，已达到了一定水平。《研经室集》二集卷五中"焦循传"、"孙星衍传"，《研经室集》续二集卷二中"毛奇龄传"等，也提到他们的文献辨伪成就，也属于同类性质的问题。

④《四库未收书提要》中有言："尹喜书本属依托之册，然在伪书中颇有理致，显微经旨，吐属亦复渊雅，可谓质有其文。"③阮元的观点和《总目提要》相同，反映出他对伪书价值认识之客观、深刻。

⑤阮元对《道德真经注疏》作者的考辨。《道藏》中有《道德真经注疏》，八卷，原题南齐顾欢述。阮元经考证，以为当系唐道士

---

①　（清）阮元：《研经室集·一集》卷2"刻七经孟子考文并补遗序"，第45页。又收录在《定香亭笔谈》卷4中。

②　（清）阮元：《研经室集·一集》卷11"与臧拜经庸书"，第251—252页。

③　（清）阮元：《四库未收书提要》卷5"关尹子言外经旨提要"，续四库本，第921册，第55—56页。

张君相撰，又名《道德真经集解》。并指出，书中"兼有引唐玄宗御疏，则又为后人所羼入"。张心澂《伪书通考》以为，这属于"作者伪"的问题，将其作为阮元的文献辨伪成果。笔者以为，张心澂的观点值得商榷。张氏之《伪书通考》多抄掇《总目提要》，且将凡涉及时代、作者、卷帙的问题均归入"辨伪"的范畴，或有不妥。

（2）陈寿祺（1771—1834），字恭甫，号左海，晚号隐屏山人，福建闽县（今福州）人。嘉庆四年（1799年）进士，与张惠言、王引之是科举同年，迁翰林院庶吉士，散馆授编修，曾充广东、河南乡试考官，嘉庆十四年（1809年）授记名御史。父没，奔归，服除，乞养。主讲诂经精舍、清源、鳌峰等书院以终。陈寿祺博学多才，著述颇丰，在福建有重要影响①，著《尚书大传辑校》、《五经异义疏证》、《左海经辨》、《左海文集》等。②

学风的转变、社会的变动、扎实考证的方法、经世致用的精神，以及今文经学的风格等，在陈寿祺身上都有了较为鲜明的体现③，

---

① （清）陈康祺：《郎潜纪闻初笔二笔三笔》下册，中华书局，1984年，第722页。

② 参见《清国史》"儒林传下"卷25"陈寿祺传"，第666—667页。另可参见史革新：《陈寿祺与清嘉道年间闽省学风的演变》，《福建论坛》2002年第6期。

③ 陈氏对漳州、泉州、福州等地民俗、吏治、盗匪、鸦片诸多严峻的社会问题有深刻的认识（见陈寿祺：《左海文集》卷5"与总督桐城汪尚书书"，续四库本，第1496册，第197,198页）。学者的良知不仅体现在对学术研究的自觉，更反映在他对社会责任的担当。这就是陈氏的忧世情怀，陈氏的经世情怀。如陈氏诗云："由来社稷臣，一诚通万汇。民俗凋敝余，若旱需灌溉。奸宄阴蘗芽，若农芟薉（秽）薉。吏道患因循，人情多忌畏。苍生系安危，所尚在宏毅。吾乡两襄惠，文武有经纬"（该诗是陈寿祺为赠林则徐所著，见载于林则徐日记中，《林则徐集》，中华书局，1962年，第85—86页）。从诗中我们不难读出陈寿祺意在经世、治国安民的情怀。陈氏在给梁章钜的信中也可见其经世之志，其言："吾乡百年以来，先达具经世济时之略者盖鲜……今独阁下与少穆（林则徐字）按察为时而出冠伦魁，能宏此远谟，是鄙人之所区区厚望耳。"（见陈寿祺：《左海文集》卷5"答梁芷林兵备"，第217页）

这也对其后学产生了深远的影响。①　在文献辨伪方面,陈寿祺的两点主张值得关注。

其一,经籍编撰的辨剿说。陈氏《经郛》尽管系秉阮元之意而作,但也集中反映了陈氏的经学倾向。他提出编辑经籍之原则,计十条:一曰探原本、二曰钩微言、三曰综大义、四曰存古礼、五曰存汉学、六曰证传注、七曰通互诠、八曰辨剿说、九曰正谬解、十曰广异文。其中第八条"辨剿说",主要针对晋代注家或不注明出处,以致源流不清;或剿窃经注,造作伪书诸现象。前者如"杜预《左传注》之本于服虔,郭璞《尔雅注》之本于樊孙是也";后者如"伪孔《尚书传》之本于王肃"。

在陈氏看来,伪《古文尚书》是王肃之徒掇拾《尚书》佚文,晦其所出,假造而成。所以,在经书编撰过程中应该辨明这类问题,也应该避免出现此类现象。

与此相关的,为明真伪、别是非,陈氏《经郛》也收录伪书,作为反例,其言:"伪书如《家语》、《孔丛子》之类亦采者,如谳狱之当具两造。"②

《经郛》本末兼赅,源流具备,又真伪明辨,是非分明,颇有益于经学。其中对文献辨伪的意见,以及对伪书的处理方式,都反映了其辨伪理论的发展程度。

其二,士子教读的斥伪作。陈寿祺归养后,致力于地方教育。他认为,"国家治乱靠人才,人才贤否靠教育",故而极为重视对人才的培养和教育。他认为,"非学无以广才,非静无以成学",鼓励士人能"沉潜于圣贤修身立命之旨、豪杰经国济时之业。他日出

---

① 如曾就教于陈寿祺的林则徐,就对陈氏"学贵躬行"、"践履笃实"的治学主张极为推崇并身体力行,这不仅体现在治学中,更体现在从政中。林则徐在鸦片战后,倡导"开眼看世界",其与陈寿祺的启蒙之力也颇有渊源。

② (清)陈寿祺:《左海全集》卷4"经郛条例",第137—138,141页。

为天下用，虽不敢高谈周、召，然由所学，度其所至，必能为谢文靖，不为殷深源；能为李邺侯，不为房次律"①。因此，他为所在书院制定了详明的学规。其中的《鳌峰崇正讲堂规约八则》，强调了八个方面的问题，即："正心术"、"慎交游"、"广学问"、"稽习业"、"择经籍"、"严课规"、"肃威仪"、"严出入"，对士子的修身治学提出了全面要求。② 正是在这样的学规中，陈寿祺仍不忘强调文献辨伪的意义。在"择经籍"一条中，他注明："《孟子疏》伪陋，勿观"。这是值得注意的问题。《孟子正义》为托名孙奭作的伪书，然而，该书非但不因朱熹以降数代学者的质疑而废止，反而跻身《十三经》中。陈寿祺不读《孟子疏》的规定，不仅反映了他对《孟子正义》伪书说的认可，更反映了他对伪书淆乱经义之危害的深刻认识。

此外，陈寿祺还辑校汉伏生撰《尚书大传》，意在发扬汉今文学说。对于东晋《古文尚书》，他在按语中指出："盖百篇固别有《舜典》、《益稷》。古文《益稷》作《弃稷》，而汉世求之不得，伪《孔》乃于《尧典》、《皋谟》，各谬析为二篇也。"他这里，辨孔传伪《古文尚书》篇目之作伪问题。③

总之，就陈寿祺的学术主张观之，陈氏治学，汉宋兼采，惟是是求。就文献辨伪问题而言，还没有出现如康有为那般，以今文学的义理，判断文献真伪的趋向。也就是说，他的文献辨伪，相对来说，还是重文献，而非偏义理。所以史革新先生的说法，笔者是颇为赞同的。他说："可以看到，作者是用一位考据家的眼光来看待和阐述经学问题的，并未以今文经学家的学术立场自诩而生门户之见，

---

① （清）陈寿祺：《左海文集》卷4"答张亨甫书"，第181页。
② （清）陈寿祺：《左海文集》卷10"鳌峰崇正讲堂规约八则"，第420—424页。
③ （清）陈寿祺辑校，汉伏生撰：《尚书大传》卷1上，《四部丛刊》本影清刻《左海文集》。

厚此薄彼。称其'治公羊学'颇为牵强。"①

2.宗西汉今文学的文献辨伪研究

清代后期,以宗尚西汉公羊学为特征的经今文派兴起。清代今文经学,可以追溯到乾嘉后期的庄存与、刘逢禄等,道咸之际,经过魏源、龚自珍等人的发扬,终于形成了一个颇为显赫的学派②。宗公羊今文学的清代诸儒,在文献辨伪问题上,颇有标新立异的意味。如刘逢禄治《公羊传》,以为《左传》是伪书,如魏源辨《古文尚书》,以为漆书一系伪造,等等。

需要指出的是,刘逢禄的《左氏春秋考证》,作成于嘉庆十年(1805年),从时间上应该划入上一章。但是,从该书的影响和清后期今文经学溯源的角度考虑,还是将刘氏的文献辨伪研究置于本章。此外,刘逢禄卒在道光九年(1829年),将其划入清后期,也非牵强。

(1)刘逢禄(1776—1829),字申受,武进人。其祖父刘纶,官大学士,其外祖父庄存与,以经术闻名,刘逢禄传庄氏之学。嘉庆十九年(1814年)进士,选翰林院庶吉士,散馆,改礼部主事。其人喜西汉公羊学,为发扬公羊学,著《公羊春秋何氏释例》三十篇及《笺》一卷、《答难》二卷。又力主《左传》不解经,著《左氏春秋考证》二卷,人或赞以"与阎、惠之辩《古文尚书》等"。又著《尚书今古文集解》、《书序述闻》等。③ 刘逢禄的文献辨伪涉及《古文尚书》、《孔子家语》、《甘石星经》等。但是最能体现其学术思想的,

---

① 史革新:《陈寿祺与清嘉道年间闽省学风的演变》,《福建论坛》2002年第6期。

② 可参见 Benjamin Elman, *Classicism, Politics, and Kinship: the Chiang—chou School of New Text Confucianism in Late Imperial China*, Berkeley: University of California Press, 1990。

③ 《清国史》"儒林传下"卷29"刘逢禄传",第686—687页。

却是《春秋左氏传》辨伪。刘逢禄《左氏春秋考证》认为《春秋左氏传》是刘歆的伪作。

①《古文尚书》辨伪。

马融《书传序》称"逸十六篇,绝无师说"。即《史记》云:"逸《书》得十余篇",刘歆云:"《逸书》有十六篇。"《尚书正义》载其目,云:《舜典》一,《汨作》二,《九共》九篇十一,《大禹谟》十二,《弃稷》十三,《五子之歌》十四,《胤征》十五,《汤诰》十六,《咸有一德》十七,《典宝》十八,《伊训》十九,《肆命》二十,《原命》二十一,《武成》二十二,《旅獒》二十三,《冏命》二十四,《九共》九篇共卷,故十六篇。刘氏以为,或许这十六篇如同《逸周书》等一样,"未必出于孔壁",只是出于刘歆等人的"增设",用以"抑今文博士"。而且根据《舜典》、《皋陶谟》的序文,可知"典、谟皆完备",所以别出的《尚书》佚篇,如《舜典》、《大禹谟》、《弃稷》等,"必歆等之伪也"。

②《左氏春秋》研究。

刘逢禄《左氏春秋考证》在前人考辨《左传》的基础上,指出今之《春秋左氏传》是刘歆增窜原本,比年依经,傅会而成。

《左氏春秋考证》开篇即指出:"'《左氏春秋》',犹《晏子春秋》、《吕氏春秋》也。直称'《春秋》',太史公所据旧名也。冒曰'《春秋左氏传》',则东汉以后之以讹传讹者矣。此亦可证《尚书序》为东晋人伪作"。

刘逢禄据《史记·十二诸侯年表》云:鲁君子左丘明惧弟子人人异端,各安其意,失其真,故因孔子史记具论其语,成《左氏春秋》,其言:

> 夫子之《经》书于竹帛,微言大义不可以书见,则游、夏之徒传之。丘明盖生鲁悼之后,徒见夫子之《经》及史记《晋乘》

之类,而未闻口受微旨。当时口说多异,因具论其事实,不具者阙之。曰"鲁君子",则非弟子也;曰"《左氏春秋》"与《铎氏》、《虞氏》、《吕氏》并列,则非传《春秋》也。故曰"《左氏春秋》",旧名也;曰"《春秋左氏传》",则刘歆所改也。①

他又据《汉书·刘歆传》所言:"歆校秘书,见《古文春秋左氏传》,大好之。时丞相史尹咸以能治《左氏》,与歆共校经传。歆略从咸及翟方进受,质问大义。初,《左氏传》多古字古言,学者传训故而已。及歆治《左氏》,引《传》文以解《经》,转相发明,由是章句义理备焉",又指出,"歆引《左氏》解《经》,转相发明,由是章句义理始具,则今本《左氏》书法,及比年依《经》饰《左》,缘《左》增《左》,非歆所附益之明证乎!"②

刘逢禄首先指出,《左传》之旧名为《左氏春秋》,而非今之《春秋左氏传》,从名称上动摇其可信性。继而指出,《左氏春秋》如同《晏子春秋》、《铎氏春秋》、《虞氏春秋》、《吕氏春秋》一样,为一独立的著述,原本不是依附于《春秋》的"传"。最后指出,今本《春秋左氏传》是刘歆借秘府古文《左氏》以解经,增窜附益而成。具体来说:

第一,指出《左传》之传授系统,是刘歆之徒妄造的。关于《左传》传授的系统,《汉书·儒林传》有这样的记载:"汉兴,北平侯张苍及梁太傅贾谊、京兆尹张敞、太中大夫刘公子,皆修《春秋左氏传》。谊为《左氏传》训故,授赵人贯公,为河间献王博士。子长卿为荡阴令,授清河张禹长子。禹与萧望之同时为御史,数为望之言

---

① （清）刘逢禄:《左氏春秋考证》(顾颉刚校点)卷下"史记十二诸侯年表",《古籍考辨丛刊》本,中华书局,1955年,第589页。

② （清）刘逢禄:《左氏春秋考证》(顾颉刚校点)卷下"汉书刘歆传",第593—594页。

《左氏》。望之善之，上书数以称说。后望之为太子太傅，荐禹于宣帝。征禹待诏，未及问，会疾死。授尹更始。更始传子咸及翟方进、胡常。常授黎阳贾护季君，哀帝时待诏为郎，授苍梧陈钦子佚，以《左氏》授王莽，至将军。而刘歆从尹咸及翟方进受。由是言《左氏》者，本之贾护、刘歆。"刘逢禄针对这段记载，考辨道：

> 《张苍传》：曰"好书律术"，曰"习天下图书计籍，又善用算律术"，曰"苍尤好书，无所不观，无所不晓，而尤邃律术"，曰"著书十八篇，言阴阳律术事"而已，不闻其修《左氏传》也。盖歆以汉初博极群书者惟张丞相，而律术及谱五德可附《左氏》，故首援之。《贾生传》：曰"能诵《诗》、《书》属文"，曰"颇通诸家之书"而已，亦未闻其修《左氏传》也。盖贾生之学，疏通知远，得之《诗》、《书》，修明制度，本之于礼，非章句训诂之学也。其所著述，存者五十八篇，《大都篇》一事、《春秋篇》九事、《先醒篇》三事、《耳痹篇》一事、《谕诚篇》一事、《退让篇》二事，皆与《左氏》不合；惟《礼容篇》一事似采《左氏》，二事似采《国语》耳。盖歆见其偶有引用，即诬以为"为左氏训诂，授赵人贯公"，又曰："当孝文时，汉朝之儒惟贾生而已"。贯公，当即毛公弟子贯长卿，歆所云"贯公遗学与秘府古文同"者也，曰"贾生弟子"，则诬矣。《张敞传》曰："本治《春秋》，以经术自辅其政"。其所陈说，以"《春秋》讥世卿最甚"，"君母下堂则从傅母"，皆《公羊》义，非"尹氏为声子"、"崔杼非其罪"、"宋共姬女而不妇"之谬说也。《萧望之传》曰："治《齐诗》"，曰"从夏侯胜问《论语》礼服"。其雨雹对以"季氏专权，卒逐昭公"，伐匈奴对以"大王勾不伐丧"，亦皆《公羊》义。石渠礼论精于礼服，未闻引《左氏》也。善《左氏》，荐张禹，亦歆附会。要之，此数公者，于《春秋》、《国语》未尝不肆

业及之,特不以为"孔子《春秋》传"耳。歆不托之名臣大儒,则其书不尊不信也。①

在此,刘逢禄据张苍、贾谊、张敞、萧望之等人传记的记载,将《汉书·儒林传》所说的《左传》的传授系统,一一打破,从该角度证明《左传》之不传《春秋》,说明这个传授系统是刘歆之徒所妄造。

《汉书·儒林传》之后,孔颖达《春秋正义》引刘向《别录》云:"左丘明授曾申,申授吴起,起授其子期,期授楚人铎椒,铎椒作《抄撮》八卷,授虞卿。虞卿作《抄撮》九卷,授荀卿。荀卿授张苍",将张苍之前《左传》的传授系统作了补充。

陆德明的《经典释文》则综合以上两家之说,提出:"左丘明作《传》以授曾申,申传卫人吴起(魏文侯相),起传其子期,期传楚人铎椒(楚太傅),椒传赵人虞卿(赵相),卿传同郡荀卿,名况。况传武威张苍(汉丞相北平侯),苍传洛阳贾谊(长沙梁王太傅),谊传至其孙嘉,嘉传赵人贯公(《汉书》云贾谊授贯公,为河间献王博士),贯公传其少子长卿(荡阴令),长卿传京兆尹张敞(字子高,河东平阳人,徙杜陵)及侍御史张禹。"②

刘逢禄考辨道:

> 此兼采伪《别录》及《汉儒林传》而为之。然《左氏》传授不见《太史公书》,班固别传亦无征。当东汉初,范升廷争,以为"师徒相传又无其人"。若果出于《别录》,刘歆之徒及郑兴父子、贾逵、陈元、郑玄诸人欲申《左氏》者多矣,何无一言及

---

① (清)刘逢禄:《左氏春秋考证》(顾颉刚校点)卷下"汉书·儒林传",第597—598页。

② (唐)陆德明:《经典释文汇校》(黄焯汇校,黄延祖重辑)卷1"序录",第22页。

之？曾申即曾西，曾子之子，羞称管仲，必非为《左氏》之学者。吴起曾事子夏，或《左氏》多采其文。姚姬传以《左氏》言魏氏事造饰尤甚，盖吴起为之以媚魏君者尤多，要非《左氏》再传弟子也。张苍非荀卿弟子；贾生亦非张苍弟子。贯公，《毛诗》之学，亦非贾逵弟子。嘉果以《左氏》为传《春秋》，授受详明如此，何不言诸朝为立博士？此又从《贾谊传》增设之。嘉与史公善，当武帝时，贯公为献王博士，必非嘉弟子。《史记》、《汉书》具在，而歆之徒博采名儒，牵合佚书，妄造此文。①

此段论述，将《经典释文》所载的《左传》传授系统也一一攻破。

第二，指出《史记》所采《左传》旧文，与今传《左传》不合。如《史记·陈杞世家》记："桓公鲍卒，桓公弟佗，其母蔡女，故蔡人为佗杀五父及桓公太子免而立佗，是为厉公。"而今本《左传》以妫佗为五父，以桓公子跃为厉公。刘逢禄认为："盖《史记》据《世本》及《左传》旧文，固与歆所附益本不同也。"②又如《史记·鲁周公世家》云："初，惠公适夫人无子，公贱妾声子生子息。息长，为娶于宋。宋女至而好，惠公夺而自妻之。生子允。登宋女为夫人，以允为太子。"《史记·十二诸侯年表》："（桓公）母，宋武公女，生，手文'为鲁夫人'。"而今本《左传》开篇即言："惠公元妃孟子。孟子卒，继室以声子，生隐公。宋武公生仲子，仲子生而有文在其手，曰'为鲁夫人'，故仲子归于我。生桓公而惠公薨，是以隐公立而奉之。"刘逢禄认为："此篇非《左氏》旧文，比附公羊家言'桓为右媵

① （清）刘逢禄：《左氏春秋考证》（顾颉刚校点）卷下"经典释文"，第603—604页。

② （清）刘逢禄：《左氏春秋考证》（顾颉刚校点）卷上"隐公篇"，第569页。

子,隐为桓立'之文而作也,不知惠公并非再取(娶)。《经》云'惠公仲子',云'考仲子之宫',皆惠公之母,《穀梁》说是也。"他认为,司马迁的记载是依据《左传》旧文,"刘歆等改《左氏》为传《春秋》之书,而未及兼改《史记》,往往可以发蒙。"①

第三,证明《左传》体例与《国语》相似。刘逢禄在《左传》"隐公十一年"中考辨说:"《楚屈瑕篇》年月无考,固知《左氏》体例与《国语》相似,不必比附《春秋》年月也。"②又在"桓公十七年"中,指出:"左氏后于圣人,未能尽见列国宝书,又未闻口授微言大义,惟取所见载籍,如《晋乘》、《楚梼杌》等相错编年为之,本不必附夫子之经,故往往比年阙事。刘歆强以为传《春秋》,或缘经饰说,或缘《左氏》本文前后事,或兼采他书以实其年。如此年之文,或即用《左氏》文,而增'春、夏、秋、冬'之时,遂不暇比附经文,更缀数语。要之,皆出点窜,文采便陋,不足乱真也。"③在此,刘逢禄从体例上指出《左传》比年阙事,年月无考,与《国语》相似。

清人刘逢禄专作一部《左氏春秋考证》,对《左传》的名称、体例、传授系统、《左传》与《春秋》的关系等,进行了详密的考辨。并指出《史记》各篇所引《左传》旧文、与今见《左传》不合,揭示刘歆增益篡改之迹。刘逢禄的这几点发明,直接影响了康有为的《新学伪经考》,以及崔适的《史记探源》和《春秋复始》,康、崔二氏在刘说的基础上,还进行了深入的论证,但同时也受到古文经学家章太炎等人的批驳。详见下文。钱玄同对该书称赞有加,称其可与阎若璩的《尚书古文疏证》相埒,伪《春秋左氏传》之案因该书而大白。

(2)龚自珍(1792—1841)字璱人,号定盦,一名易简,字伯定,

①　(清)刘逢禄:《左氏春秋考证》(顾颉刚校点)卷上,第561页。
②　(清)刘逢禄:《左氏春秋考证》(顾颉刚校点)卷上"隐公篇",第570页。
③　(清)刘逢禄:《左氏春秋考证》(顾颉刚校点)卷上"桓公篇",第572页。

更名巩祚,浙江仁和(今杭州市)人。十二岁,随其外祖父段玉裁学,二十七岁中举,道光九年(1829年)始中进士,授内阁中书,升宗人府主事,后改礼部。道光十九年(1839年)告归,遂不复出。①著有《五经大义终始答问》、《六经正名》等,今多收入《龚自珍全集》中。龚自珍的文献辨伪成就,有以下几个方面:

①今古文《尚书》辨伪。

龚自珍作《大誓答问》二十六篇,是考辨今古文《尚书》的专篇。他重点讨论了以下几个问题:

关于《今文尚书》的篇数。针对儒者所云:"伏生《尚书》二十八篇,武帝末,民间献《大誓》,立诸博士,总之曰二十九篇,今文家始有二十九篇"。又有云:"得《大誓》以并归于伏生弟子,始有二十九篇。"他指出:

　　使《尚书》千载如乱丝,自此言始矣!《史记·儒林传》"秦时焚书,伏生壁藏之,其后兵大起,流亡。汉定,伏生求其书,亡失数十篇,独得二十九篇"。《汉书·艺文志》语正同。迁、固此言,昭昭揭日月而行,诸儒万无不见,亦万无不信,而乃舍康庄而求荆棘。②

他认为,《今文尚书》本为二十九篇,《汉书·艺文志》所载:大、小夏侯《章句》各二十九卷,大、小夏侯《解故》二十九篇,欧阳《章句》三十一卷(分《盘庚》而为三,实也为二十九卷),可为之作证。此外,《今文尚书》篇目具在,也可为之作证。③对于郑玄所谓"伏生、欧阳、夏侯皆以《康王之诰》合于《顾

①　《清国史》"文苑传"卷68"龚自珍传",第1021页。
②　(清)龚自珍:《龚自珍全集》第一辑"大誓答问第一",第65页。
③　(清)龚自珍:《龚自珍全集》第一辑"大誓答问第二至四",第65—66页。

《命》,故止二十八篇"的说法。龚自珍批驳道:

> 百篇之书,孔子之所订也,七十子之所序也。自"无坏我高祖寡命"以上为《顾命》,自"王若曰庶邦"以下为《康王之诰》,孔子所见如此,不必问伏生矣。《盘庚》之合为一,欧阳生方且从而分之,岂有《顾命》、《康王之诰》之本分,而反从而合之乎?①

他还针对朱彝尊、陈寿祺所谓"序实当一篇"的观点,指出:

> 凡古书之序当一篇,古例有之,大可引为予说,锄去《大誓》之助,然不敢取者:一则二十九篇,灼然大明,根株已明,枝叶之言,宜从刊落;二则《书序》古今文并有。孔壁序,孔安国不以当一篇,则伏壁之序,伏生必不当一篇也。②

②关于《泰誓》的发现及其真伪。

关于《泰誓》(龚文作《大誓》)的发现,有几种不同的说法。刘向《别录》称:"武帝末,民有得《泰誓》书于壁内者,献之,与博士,使读说之,数月皆起,传以教人"(《尚书序正义》引)。刘歆称:"《泰誓》后得,博士集而读之"(刘歆《移太常博士书》,见《汉书·楚元王传》)。

《尚书序正义》曰:"案,马融云:《泰誓》后得。郑玄《书论》亦云:民间得《泰誓》"。又曰:"案,王充《论衡》及《后汉史》献帝建安十四年,黄门侍郎房宏等说云:'宣帝本始元年,河内女子有坏

---

① (清)龚自珍:《龚自珍全集》第一辑"大誓答问第五",第 66—67 页。
② (清)龚自珍:《龚自珍全集》第一辑"大誓答问第七",第 67 页。

老子屋,得古文《泰誓》三篇。'《论衡》又云:'以掘地所得者'。"龚自珍针对以上各家言论,指出:

> 伏生之征,在文帝时,欧阳生亲受业于伏生,下距武帝末尚七十年,纵老而见献书之事,岂复屡补师书,自悔其少年之业之未备耶?抑余考诸外王父段先生之言,董仲舒对策在帝七年,终军上对在帝十八年,皆引此文。是《大誓》之出颇早,非末年也。孔氏以为末年重得之,良是。此类书记,自除挟书之律,即萌芽于世,通人往往先见之,或孝武亦先见之,是以民间朝献,夕赋学官,然其始皆不目为《大誓》。董子《同类相动篇》引此文而称《书传》曰,是仲舒不以为《大誓》甚明白。目为《大誓》,在末年重得之时,距二十九篇之定也久矣。
>
> 又考王充《论衡》,则以是事为在孝宣帝时,河内女子发老屋得之,献于朝,而后《书》二十九篇始定。后汉黄门侍郎房宏说亦同。宏、充皆不知二十九篇之数,不待《大誓》出而早定,故其意若是。信如宏、充言,二十九篇之名、之数,阙一而虚悬之,历孝文至孝宣,百年而后定,殆非事实。①

龚氏认为,不仅《今文尚书》中没有《泰誓》,连《古文尚书》中也无此篇。他依据《汉书·艺文志》所云:鲁共王坏孔子宅,闻鼓琴瑟钟磬之音,乃止不坏,而得《古文尚书》,皆古字也。孔安国者,孔子后也,悉得其书,以考二十九篇,得多十六篇,安国献之,认为:无论是二十九篇目录,还是十六篇目录(据郑玄说),均无《泰誓》,"此刘歆所欲立者也,何处容《泰誓》"?②

---

① (清)龚自珍:《龚自珍全集》第一辑"大誓答问第十一",第69—70页。
② (清)龚自珍:《龚自珍全集》第一辑"大誓答问第十三",第71页。

那么,流传的《大誓》究竟为何样文献呢? 龚氏认为,"吾友刘申受尝目之为战国《大誓》。泰兴陈君潮曰:'殆《艺文志》所载七十一篇之《周书》,晋世汲冢所得,正其同类。'二说良是。周末之徒,往往有此类言语,马融疑之而注之,赵岐疑之而引之,要不失为古书雅记云尔"。①

他很赞成赵岐的说法:"《大誓》者,古百二十篇之《大誓》也。(自注:赵用《书纬》之说,故曰百二十篇)今之《大誓》,后得以充学,故不与古《尚书》同。(赵岐《孟子·滕文公》注)"他认为,"战国《大誓》,至唐而又亡矣"。而孔子所订古《泰誓》之逸文,东汉马融曾列举五条,段玉裁、孙星衍各有辑本,如《左传》所引"民之所欲,天必从之";《国语》所引"朕梦协朕卜,袭于休祥,戎商必克";《孟子》所引"我武维扬,侵于之疆,取彼凶残,我伐用张,子汤有光";《小戴记》"予克受,非予武,惟朕文考无罪。受克予,非朕文考有罪,惟予小子无良";《荀子》所引"独夫受"(以上五条,为马融所列举)。《墨子》所引"纣夷之居而不肯事上帝,弃阙其先神而不祀也。曰:我民有命,毋僇其务,天不亦弃纵而不葆";又引"小人见奸巧,乃闻不言也,发罪钧";又引"文王若日若月,乍照光于四方于西土";又引"恶乎君子,大有显德,其行甚章。为鉴不远,在彼殷王。谓人有命,谓敬不可行,谓祭无益,谓暴无伤。上帝不常,九有以亡。上帝不顺,祝降其丧。惟我有周,受之大帝";《管子》所引"纣有臣亿万,亦有亿万之心,予有臣三千而一心";《孟子》所引"天视自我民视,天听自我民听"。龚自珍认为,"以上皆汉世学官所无也","此真孔子所订古《大誓》也"。②

关于流传的《泰誓》,龚自珍认为,其为东晋梅赜所伪作。他

---

① (清)龚自珍:《龚自珍全集》第一辑"大誓答问第十",第68页。
② (清)龚自珍:《龚自珍全集》第一辑"大誓答问第二十五",第76—77页。

说:"自此书盛行,为名世大儒所疑。于是梅赜始采辑《左氏春秋》、《管》、《墨》、《荀》、《孟》所引,涂附成书,以塞赵岐、马融、服虔、王肃、韦昭、杜预以来之疑,亦分为三篇,以合孔子之旧,以自别于民间所献之书",该伪篇,虽然采辑"未完备",但是作伪的手法"甚工",超过张霸百二篇"而上之矣"。①

③"中古文本"辨伪。所谓"中古文本",是指汉代皇家中"五经秘书"所收藏的《古文尚书》,或称为"中书",亦称为"中秘本"。所谓"中秘本",或以为即孔壁中所出《古文尚书》本,至孔安国把家藏《古文尚书》献上,称"中秘古文本";文帝时,晁错从伏生处抄来,存放在秘府的为"中秘今文本"。

对于"中古文本"的存在,龚自珍是持怀疑态度的。他在《说中古文》一文中,列举了十二条证据,来证明"此中古文,亦张霸百两之流亚,成帝不知而误收之;或即刘歆所自序之言如此,托于其父,并无此事"。这十二条证据是:

"秦烧天下儒书,汉因秦宫室,不应宫中独藏《尚书》"、"萧何收秦图籍,乃地图之属,不闻收《易》与《书》"、"假使中秘有《尚书》,何必遣晁错往伏生所受二十九篇"、"假使中秘有《尚书》,不应安国献孔壁书,始知增多十六篇"、"假使中秘有《尚书》,以武、宣之为君,诸大儒之为臣,百余年间,无言之者,不应刘向始知校《召诰》、《酒诰》,始知与博士本异文七百"、"此中秘书既是古文,外廷所献古文,遭巫蛊不立,古文亦不止;假使有之,则是烧书者,更始之火,赤眉之火,而非秦火矣"、"中秘既是古文,外廷自博士以迄民间,应奉为定本,斠若画一,不应听其古文家、今文家纷纷异家法"、"中秘有书,应是孔门百篇全经,不但《舜典》、《九共》之文,终西汉世具在,而且孔安国之所无者,亦在其中。孔壁之文,又

①　(清)龚自珍:《龚自珍全集》第一辑"大誓答问第二十六",第77页。

何足贵"、"秦火后,千古儒者,独刘向、歆父子见全经,而平生不曾于二十九篇外引用一句,表章一事"、"亦不传受一人,斯谓空前,斯谓绝后,此古文者,迹过如扫矣,异哉"、"假使中秘书并无百篇,则向作《七略》,当载明是何等篇,其不存者亡于何时,其存者又何所受也,而皆无原委,千古但闻有中古文之名"、"中秘既有五经,独《易》、《书》著,其三经何以蔑闻?"①

龚自珍称,"《汉书》刘向一传,本非班作",认为关于成帝命刘向领校中秘五经书一段的记载,是刘歆之言托于其父,并无此事。这种臆测之言,显然是很难服人的。

此外,还有民间所献的可能。如《汉书·艺文志》云:"迄孝武世,书缺简脱,礼坏乐崩,圣上喟然而称曰:'朕甚闵焉。'于是建藏书之策,置写书之官,下及诸子传说,皆充秘府。"《文选》卷三十八任彦升《为范始兴作求立太宰碑表》李善注云:"刘歆《七略》曰:'孝武皇帝敕丞相公孙弘广开献书之路,百年之间,书积如山,故内则延阁广内秘书之府。'又曰:'《尚书》有青丝编目录。'"可见,"中秘本"未必非是秦宫中遗书。刘起釪先生指出:

> 其实由于晁朝(应为"晁")错所受及孔安国所献,才有中秘书;而汉王朝立学官,非立经文,而是立章句、传、说成一家之言的博士。皇家自有藏书,而太常博士仍自按家法传授,此二者本不矛盾。武、宣之世建置博士,到成帝之世感到有必要校其异同,因而命刘向以中秘本校博士三家之文,也顺理成章。又曾以之校张霸伪书。这些都记载明确,所以龚自珍之说显系深文周纳,是不足据的。②

---

① (清)龚自珍:《龚自珍全集》第一辑"说中古文",第125页。
② 刘起釪:《尚书学史》第四章"西汉《古文尚书》的出现"第1节"见于记载的几次《古文尚书》",中华书局,1989年,第107页。

这个分析是很有道理的。

④对其他文献的考辨。

其一,辨《司马法》。他对该书颇为质疑:

> 古有《司马兵法》,又有《穰苴兵法》,齐威王合之,名曰《司马穰苴兵法》,此太史公所言《司马法》,宏廓深远,合于三代。《穰苴》,区区小国行师之法而已。又太史公所言,二者合一百五十篇,宋邢昺所见也。见三卷者,晁氏也;见一卷者,陈氏也。实止一卷,为书五篇,则今四库本及一切本是也。其言孙、吴之舆台,尚不如《尉缭子》,所谓宏廓深远者安在? 疑者一。自马融以降,引之者数十家,悉不在五篇中,疑者二。佚书乃至百四十有五,疑者三。存者是《司马法》,则逸者是《穰苴法》矣。齐威王合之之后,何人又从而分之,使之荡析也? 疑者四。马融以下,群书所引,颇有三代兵法及井田出赋之法,是佚书贤于存书远矣,是《穰苴法》贤于《司马法》远矣,疑者五。邢、陈、晁三君之生,不甚先后,所见悬殊,疑者六。①

此六疑,从其书的卷数、内容、前人称引而不在今本者、书的分合等方面,辨其伪,校之姚际恒关于《司马法》的考辨,论据更为充分,更具说服力。

其二,《周礼》辨伪。称:"《周官》晚出,刘歆始立。刘向、班固灼知其出于晚周先秦之士之掇拾旧章所为,附之于《礼》,等之于《明堂》、《阴阳》而已。后世称为经,是为述刘歆,非述孔氏。"②

其三,《诗序》辨伪。龚氏言:"若夫《诗小序》,不能得《诗》之

---

① （清）龚自珍:《龚自珍全集》第三辑"最录司马法",第249页。
② （清）龚自珍:《龚自珍全集》第一辑"六经正名",第37页。

最初义,往往取赋诗断章之义以为义,岂《书序》之伦哉？故不得为《诗》之配。"①

其四,《李白集》辨伪。其言:"《李白集》,十之五六伪也:有唐人伪者,有五代十国人伪者,有宋人伪者。"②

⑤辨伪理论。

在《家塾策问》(二)中,他指出:

> 诸子伪者益多,真书老、庄、列、管、韩非、荀、墨、孙、吴而外,不难一一缕指。能扬弃之欤？有文甚古而实无此书者,后人刺取庄、列中语,为《广成子》,为《亢仓子》是也。尚有类此者欤？亦有原本相沿已久,而实无精言古义者,《晏子春秋》是也。能推举之欤？伪书不独后世有之也,战国时人,依托三皇五帝矣,或依托周初矣,汉之俗儒,已依托孔门问答矣。然亦颇有所本,传授或有微绪,未可以尽割也。能言去之、取之之甘苦欤？即以汉后伪书而论,除极诞极陋者,姑不必言,亦有故训相沿,稍存义例者。为何等欤？古书真而又完者益少,佚篇尤多者,《司马法》是也。能言各书之遗憾欤？又有古人作伪,并其伪而亡之,后人又伪伪,如唐张弧作《子夏易传》,今则并非弧书是也。尚有类似者欤？③

此段论述,分析了伪书产生的原因、伪书的类型,并谈了对伪书的态度,但多沿袭前人之说。龚自珍的考辨多是在前人考辨的基础上,或袭其旧说,或武断推论,偶尔也有发明,但新意不多。

(3)魏源(1794—1856),字默深,湖南邵阳金潭人。道光二年

---

① (清)龚自珍:《龚自珍全集》第一辑"六经正名答问五",第40—41页。
② (清)龚自珍:《龚自珍全集》第三辑"最录李白集",第254页。
③ (清)龚自珍:《龚自珍全集》第一辑"家塾策问二",第122页。

（1822 年）中举人第二名，后屡试不举，捐内阁中书舍人候补。道光二十五年（1845 年）方中进士，历任知县、知州等职。1853 年太平军攻占南京，魏源因迟误驿报而被革职，后入僧院参禅。魏源自幼读经学诗，经术湛深，撰《书古微》、《诗古微》、《圣武记》、《海国图志》等①，以学术经世。他的文献辨伪，主要见于所著《诗古微》、《书古微》中。

①《诗古微》与《诗序》辨伪。

《诗古微》作于道光末年，全书初刻本分为上下两卷，二刻本分为二十二卷，收入《皇清经解续编》。该书除考证今文三家遗说外，还怀疑《毛诗》，特别是引三家诗，专攻《诗序》之伪。他指出："夫《诗序》之说，不见于《史记》、《汉书》，即《毛传》亦决无'序'字……而《后汉书》始称卫宏'作《毛诗序》，善得《风》、《雅》之旨。'成氏伯玙因以今《序》首语、次语为别。然则今《序》首句与笙诗一例者，毛公师授之义；其下推衍附益者，卫宏所作之序明矣。"②在此，他认为，《诗》"小序"的"序首"——即首句，是毛氏所作，"续序"——即首句以后之序，为东汉卫宏所作。

《诗古微》及其《诗序》辨伪，受到同时代人及后人的高度评价。魏源的老师刘逢禄，称赞该书："其所排难解剥，钩沉起废，则又皆足干城大道"③。梁启超称："魏源著《诗古微》，始大攻《毛诗》及大、小序，谓为晚出伪作，其言博辩，比于阎氏之《书疏证》。"④

---

① 《清国史》"儒林传下"卷 35"魏源传"，第 706 页。
② （清）魏源：《魏源全集》（第 1 册）《诗古微》"毛诗明义三"，岳麓书社，2004 年，第 42 页。此为魏源早期版本。
③ （清）刘逢禄：《刘礼部集》卷 9"诗古微序"，续四库本，第 1501 册，第 170 页。
④ 梁启超：《清代学术概论》（据 1936 年影印《饮冰室合集》本）之二十二，中华书局，1989 年，第 55 页。

②《书古微》与《尚书》辨伪。

《书古微》成书于咸丰五年(1855年),共十二卷。魏源在《〈书古微〉序》中,说明了作该书的旨意:"《书古微》何为而作也?所以发明西汉《尚书》今、古文之微言大谊(义),而辟东汉马、郑古文之凿空无所传也。"魏源不但认为东晋梅赜所上《古文尚书》为伪书,连东汉马融、郑玄所注之《古文尚书》,也一并视为伪作,而非孔安国之旧。① 魏源认为:

> 自伏生得《尚书》二十九篇于屋壁,而欧阳、夏侯传之,后人谓之《今文尚书》。孔安国复得《古文尚书》四十五篇于孔壁,校优生本多佚书十六篇。而安国从欧阳生受业,尝以今文读古文,又以古文考今文。司马迁亦尝从安国问故。是西汉今、古文本即一家,大同小异,不过什一,初非判然二家。……
>
> 自后汉杜林复称得漆书《古文尚书》,传之卫宏,贾逵为之作训,马融作传,郑玄注解,由是古文遂显于世,判然二家,动辄诋今文欧阳、夏侯为俗儒,今文遂为所压。及东晋伪古文晚出,而马、郑亦废。国朝诸儒知攻东晋晚出古文之伪,遂以马、郑本为真孔安国本,以马、郑说为真孔安国说,而不知如同马牛冰炭之不可入。②

魏源之《书古微》,以《周书》应以《甫刑》终,当除去《费誓》、

---

① 魏源举正五条证明漆书古文也是伪作,如《后汉书·杜林传》称:"(林)得漆书《古文尚书》一卷,常宝爱之,虽遭艰困,握持不离身"。考漆书竹简,每简一行,每行二十五字或二十二字。若四十五篇之《书》漆书于简,则其竹简必且盈车,怎么能说止一卷,还能随身携带? 其他四条证据见魏源《魏源全集》(第2册),《书古微·序》,岳麓书社,2004年,第1—3页。

② (清)魏源:《魏源集〈书古微〉序》,第1页。

《文侯之命》、《秦誓》，而自《逸周书》中取祭公、芮良夫，以补《甫刑》之后，从而"雪伪古文之憾"。

魏源的《书古微》及《古文尚书》辨伪，后人多有批评，如皮锡瑞认为：

> 魏源尊信刘逢禄，其作《书古微》，痛斥马、郑，以扶今文，实本庄（存与）、刘（逢禄），更参臆说……解经但宜依经为训，庄、刘、魏皆议论太畅，此宋儒说经之文，非汉儒说经之文。解经于经无明文者，必当阙疑，庄、刘、魏皆立论太果，此宋儒武断之习，非汉儒矜慎之意也。①

孙钦善先生也认为，魏源力证东汉《古文尚书》为伪书的说法，语多武断。② 但是，笔者认为，这首先是治学方针的问题，是辨伪思想的问题。思想决定态度，态度决定方法。魏源的上述论说，意在用考据的方法，表达其学术的宗尚，其思想性相对更为突出，这是需要注意的。

3.宗东汉古文学的文献辨伪研究

（1）丁晏（1794—1875），字柘堂，江苏山阳人。道光元年（1821 年）举人，咸丰十一年（1861 年）以拒捻军入淮安功，得内阁中书，加三品衔。丁晏少多病，及长，以读书养气，日益强固。性嗜典籍，勤学不辍。平生笃好郑学，于诗笺、礼注研讨尤深，著书四十七种，凡一百三十六卷，其已刊者为《颐志斋丛书》。③ 江藩对丁晏

---

① （清）皮锡瑞：《经学通论》"一·书经"，中华书局，1954 年，第 98—99 页。
② 孙钦善：《中国古文献学史》第七章"清及近代"，对此言之甚详，中华书局，1994 年，第 1154—1155 页。
③ 《清国史》"儒林传下"卷 32"丁晏传"，第 699 页。

学术极为赞许,称其"撷群籍之精,阐汉易之奥,好学深思,为当世冠"。① 在文献辨伪问题上,丁晏秉承乾嘉诸儒风范,实事求是,扎实考据,不自逞臆见。能知其伪,也能"信好古学"。

①《古文尚书》辨伪。

丁晏著有《尚书余论》,其中的《〈古文尚书〉西晋已立博士非东晋梅氏伪作》一节,对阎若璩和惠栋的梅赜伪作说提出了质疑。

丁晏认为,所谓梅赜伪《古文尚书》"雅密",非赜所能为。又指出,王肃"雅才好博,好作伪以难郑君。郑君之学昌明于汉,肃为《古文孔传》,以驾其上,后儒误信之,而皆莫能发其覆。近世惠栋、王鸣盛颇疑肃作,而未能畅其旨,特著论以申辨之"。丁晏据《孔子家语后序》及《经典释文》、《尚书正义》中的内容,推断梅赜所献的《古文尚书》是王肃的伪作。在《王肃私造古文以难郑君并〈论语〉孔注皆肃一手伪书》中,他又言:"《论语》孔注,亦系伪书,实出王肃之手",与"《书传》(《尚书》孔安国传)"一样,都是王肃"所为"②。

②辨《逸礼》非伪。

丁晏认为,《逸礼》并非刘歆伪作,既非伪作,也就有它的价值。邵懿辰"谓《逸礼》不足信",丁晏以为"位西(邵懿辰,字位西)此论","过矣"。当以"别存《逸经》为允"。至于有人"斥《逸礼》为刘歆诬伪",则"颇嫌臆断"。而且"《逸礼古经》汉初鲁恭王得于孔壁,河间献王得于淹中,《朝事仪》见于《大戴记》,《学礼》见于《贾谊书》",它们都"远在刘歆以前",不能指认为刘歆之"赝作"。③

---

① 《清国史》"儒林传下"卷32"丁晏传",第698页。

② (清)丁晏:《尚书余论》"《古文尚书》西晋已立博士非东晋梅氏伪作",续四库本,第48册,第823页。

③ (清)丁晏:《礼记释注》卷4"《礼记》六国时作论",续四库本,第106册,第53页。

③孔传《孝经》辨伪。

丁晏撰《孝经征文》,首列《孝经》十八章,次列两汉以前群书征引《孝经》资料,又附录五篇文章《集先儒说辨〈古文孔传〉之伪》、《日本〈古文孝经孔传〉辨伪》、《武王缵太王王季文王之绪》、《非饮食而致孝乎鬼神》、《以天下养养之至也》。认为所谓《古文孝经》孔安国《传》,也是王肃所伪造。丁晏收集十余家之说,"辨古文孔传之伪",并根据清代自日本传回的《古文孝经传》,罗列"五验",指为王肃依托。①

④辨《易林》非伪。

丁晏完全肯定《易林》为焦延寿作,且认为他是汉成帝时人。其《易林释文序》指出,顾炎武怀疑该书是"东汉以后人撰托"的观点并不正确。他针对《易林》引《左传》的问题,提出"《左传》当西汉时,虽未立博士,贾谊已为训故,河间献王传其学",所以"《毛诗故训传》多依用之"。《毛诗传》能引用,"于《易林》何疑焉"?至于书中有王昭君事的问题,丁晏认为,"延寿生历昭、宣、元之时,或犹得见其事",所以对顾炎武"延寿在昭宣之世"的说法予以否定。他的结论是:《易林》"非东汉诸儒所能依托",只是"流传既久,沿讹滋多"罢了。②

⑤《孔子家语》辨伪。

丁晏在《尚书余论》中,辩"王肃《家语》言孔安国撰《尚书传》"一事,其言:"刘子政为经学大儒",如有"圣裔"如孔安国著书,"岂得不记"云云,以为《孔子家语》所言不实。总之,丁晏认

---

① (清)丁晏:《孝经征文》"附录",《清经解续编》本,凤凰出版社,2005年影印版,第4322页。

② (清)丁晏:《易林释文》"叙",续四库本,第1055册,第343—344页。

为,"《家语》为王肃私定,巧为弥缝",俱系"一手伪书"。①

⑥辨《毛诗草木鸟兽虫鱼疏》非伪。

《毛诗草木虫鱼疏》,《隋书·经籍志》中著录为二卷,题乌程令吴郡陆玑撰。有人怀疑该书是后人伪作,非陆氏原本。丁晏在《毛诗草木鸟兽虫鱼疏校正本叙》中,认为今见本即陆玑所著的原本,非伪书。他的证据是:其一,《尔雅》邢疏及《齐民要术》《太平御览》等书中,虽引用了不少陆氏《疏》的内容,但是"以陆疏之文,证之诸书所引,仍以此疏为详"。况且《疏》中所引"刘歆、张奂诸说,皆古义之仅存者,故知其为原本也"。其二,《疏》的下篇"叙齐、鲁、韩、毛四诗源流,至为赅洽",丁晏认为,之所以能如此,是因为陆玑与四家诗的时代相近,亦言之,"惟其去汉未远,是以述古能详",所以"尤信其为原书也"。②

丁晏治学,崇尚东汉郑玄,好古求是,是清后期学风丕变中一面屹立不倒的旗帜,他的文献辨伪亦如此,虽不如清初之博大、乾嘉之盛大,但是风范犹存。

(2)其他诸人:

①江藩(1761—1830),初名帆,字雨来,又作豫来,后改名藩,字子屏,号郑堂。祖籍安徽旌德,后徙居江苏,为甘泉人。初从薛起凤等学诗文,后从余萧客、江声学经学,为惠栋再传弟子。与焦循、汪中、阮元等相过从,切磋学术。江藩一生布衣,曾入阮元幕,又馆于黄奭家,后归家,落魄而终。一生著述颇多,除赖以名世的《国朝汉学师承记》以外,还著有《隶经文》、《续隶经文》,以及诗文题跋若干,但多散落各处。近来,多由漆永祥先生汇集点校,

---

① (清)丁晏:《尚书余论》"《古文尚书》孔传见王肃《家语后序》,为一手伪书",续四库本,第48册,第821页。

② (清)丁晏:《毛诗草木鸟兽虫鱼疏校正》"叙",续四库本,第71册,第441页。

2006 年由上海古籍出版社出版发行，名曰《江藩集》。该书收录有《续隶经文》一种，其中的《尚书今古文辨》一篇，提出"《书》有今文、古文、伪古文"问题，并充分肯定"国朝诸儒辨之详矣"的学术成就，至于江藩提出要补前儒辨论所"未尽"，也只是说现存"今文"、"古文"难以遽尔区分的问题①，不属宏论，也非新解。

②俞正燮（1775—1840），字理初，安徽黟县人。道光元年（1821 年）举人，会试不第。俞正燮读书过目不忘，读书时，常置巨册数十，分题疏记，积岁月，乃排比为文，断以己意。著《丘明子孙姓氏论》、《左山考》等，孙星衍多采其文，以折中众论。又有《癸巳类稿》。② 俞正燮的文献辨伪，多以札记短篇的形式写成，大致述及以下几种文献。

其一，《古文尚书》辨伪。俞氏在概论《古文尚书》流传及真伪考辨问题的过程中，以为梅赜之《古文尚书》确是东晋人伪作。其中述梅赜分析离合、伪立篇目者，与既有之言论不二。需要说明的是，该文写于嘉庆甲子年（嘉庆九年，1804 年）。③

其二，《文中子》辨伪。他认为，文中子王通"必有其人"，而作是书者，或为王凝父子。至于书中"子之家庙座必东南向，不忘先人之国"，似非情理。书中云："子之家，朝服祭器不假"，又云："子躬耕"，俞正燮以为，"庶人之职也，何当有朝服？"因此，可以断定其为"虚造语言"、"随意"为之的伪书。④

其三，《李卫公问对》辨伪。他认为，《李卫公问对》"语极审

①　（清）江藩：《江藩集》（漆永祥点校）"续隶经文·尚书今古文辨"，上海古籍出版社，2006 年，第 85—86 页。

②　《清国史》"儒林传下"卷 33"俞正燮传"，第 700—701 页。另可参见《清史稿》卷 486"列传二百七十三·文苑三·俞正燮传"，第 13422—13423 页。

③　（清）俞正燮：《癸巳存稿》卷 14"书古文尚书冤词后"，续四库本，第 1160 册，第 180—181 页。

④　（清）俞正燮：《癸巳存稿》卷 14"法言文子"，第 182 页。

详,真大将言也"。至于宋熙宁中,诏枢密院校正其书,文字又多采自《通典》,所以"其书可用,但不得谓卫公自著"。因为唐太宗所言的"太子不能控御李绩"一事,颇值得质疑。据书中言,李靖曰:"为陛下计,莫若黜绩,令太子复用之,则必感恩图报,于理无损。"唐太宗曰:"善,朕无疑矣。"又曰:"勿泄也,朕徐思其处置。"书中又记:"靖再拜出,尽传其书与李绩。"据此,他认为,假若是李卫公自著,岂"有此事乎"?①

③管同(1780—1831),字异之,江苏上元人,少孤。管同学出姚鼐,善属文,有经世之志,称姚门高足,著《因寄轩集》等②。

管同的文献辨伪,大致有以下几点:

其一,《晏子春秋》辨伪。他认为《晏子春秋》本有,但是"汉人所言"的《晏子春秋》已"不传久矣",所以传世本是"后人伪为者耳"。并对《崇文总目》中"《晏婴》六篇已亡,今书出后人采掇"的说法表示赞同,说"其言尤信"。③

其二,《六韬》辨伪。他同样认为"今《六韬》为伪书",但是也倾向于认为《六韬》本有。他分析了汉代文献中的有关记载,发现"汉人言《六韬》,其说盖已相乖异",但是不知何以至此。④

其三,辨晚出《乐记》作伪。管同认为,《乐记》本有,出自河间,后亡佚,《白虎通》等有佚文,今传《乐记》则为后人伪作。其言:"其书稽古者已疑焉,而浅者或不知,吾故聊为之辨。若其文辞格致出于近代而非西汉人书,则知文者可一见决矣。"⑤

其四,辨《司马法》非伪。姚鼐提出,传世《司马法》是东晋以

---

① (清)俞正燮:《癸巳存稿》卷12"卫公问答",第134页。
② 《清国史》"文苑传"卷65"管同传(梅曾亮传附)",第1011页。
③ (清)管同:《因寄轩文初集》卷3"读晏子春秋",续四库本,第419—420页。
④ (清)管同:《因寄轩文初集》卷3"读六韬",第421页。
⑤ (清)管同:《因寄轩文初集》卷3"辨河间乐记",第421页。

后的伪书。管同不以为然，他认为，"今《司马法》后二篇，文甚古，恐非东晋后人所能伪作"，至于文词并不"洪阔深远"的前三篇，他也认为非伪。主要有三点理由：第一，《司马法》如系作伪，不能"于《汉书》、《周礼》注所引之文，同者仅十一，而不见且十八九焉"，即于情于理，作伪者不会留下这样的破绽；第二，从文献流传的角度考虑，"古书或著录而亡，或无录而在者，诚亦众矣"，所以不能据史志著录之有无，定文献本身之真伪；第三，对于据篇章字句辨伪的问题，他也提出，"未可以篇章语句之不符，而遂疑其伪也"。①

其五，论《断制》等依托杨筠松事。他认为，《撼龙经》之名本为"龙经"，"撼龙"是后人"妄改"而成，因为"廖君有言，景纯《葬经》最精，其次则《龙经》为妙"，所以"后人改名'撼龙'者谬，而吴本仍名'龙经'者，真善本也"。他又说道，传世之杨氏著述不止一种，经过详校《龙经》才知道，该书之外，如"《断制》、《粹言》及《形穴》所属星象议论等篇"，均出自后人之"伪托杨君以为重耳"。②

二、校雠、辑佚中的文献辨伪

这一时期，出现了几位在清代乃至中国历史上，有重要地位的校勘学家和辑佚学家，他们在校勘、辑佚的过程中，是如何进行辨伪研究的？又取得了哪些成就？这都是值得关注的。不少人将辨伪仅仅置于文献整理的范畴中进行研究，其不妥当处，通过前面章节的论述，应该比较明晰了。姑且不论他们对文献辨伪学科性质的界定是否得体，单就文献整理而言，他们中的很多人对于校勘、辑佚工作中的文献辨伪，对于以校勘、辑佚名家者的文献辨伪的关

---

① （清）管同：《因寄轩文初集》卷3"读司马法"，第420—421页。
② （清）管同：《因寄轩文二集》卷2"龙经序"，第471页。

注,都是很不够的。

1.顾广圻——校雠家的辨伪

顾广圻(1766—1835),名千里,号涧赟,又作涧蓣,江苏元和人,诸生。顾氏资质过人,通经史群书,于目录之学尤为专门,兼工校雠,有“乾、嘉间以校雠名家,文弨及广圻为最著”的说法。① 著有《思适斋文集》,收有校书题跋。1935 年王欣夫(名大隆,1901—1966)又辑集外题记,刊成《思适斋书跋》四卷。2007 年中华书局又刊行了王欣夫辑录的《顾千里集》,共二十四卷,收罗较全面。

顾氏校刻题跋中,有许多关于文献辨伪的文字。如《校订尚书考异序》即言,“《尚书》二十五篇之古文,东晋方出。经唐时,以列于《五经正义》,先后数百年间,儒者罔觉为伪。自南宋吴氏棫昌言攻之,下逮今日,而著书抉剔其罅漏者辈出,明旌德梅氏鷟其一也”。他又称赞道:梅鷟《尚书考异》所言,“往往精确不磨,切中伪古文膏肓,卓然可传也”!② 顾广圻作为以校雠名家的学者,在文献辨伪问题上的侧重点,与阎若璩、惠栋等学问家不同,通过上述一段文字不难看出,其叙多论少的特征是十分鲜明的。

2.马国瀚——辑佚家的辨伪

马国瀚(1794—1857),字词溪,号竹吾,山东历城人。道光十二年(1832 年)进士,官至陕西陇州知府。以《玉函山房辑佚书》闻名,今传有光绪九年(1883 年)长沙琅嬛馆补校本,八十卷,附补编二十种及《目耕贴》三十一卷,前有同治十三年(1874 年)匡源序。上海古籍出版社 1990 年据此影印,共分经、史、子及《目耕

---

① 参见《清史稿》列传 268“儒林二·顾广圻传(江声传附)”。另可见《清国史》“儒林传下”卷 15“顾广圻传(江声传附)”,第 628 页。

② (清)顾广圻:《顾千里集》(王欣夫辑)卷 8“序一·校定尚书考异序”,中华书局,2007 年,第 127 页。

帖》四册。另有光绪十年楚南湘远堂重刊本，补编散入经史子各部，并标明各部细目及收书种类。另附《目更贴》三十一卷。前有同治十三年匡源序。广陵书社1990年据此整理影印，分五册。2004年重印，重印本在旧印的基础上，增加了新编目录，虽然书社已对个别不甚清晰的文字作了技术处理，但是仍不如上海古籍影印本清晰。本文以广陵重印本为主，参以上海古籍影印本。光绪十三年蒋式惺整理《玉函山房手稿》，又得十一种，刻成《玉函山房辑佚书续编》十四卷。

马国瀚以章宗源的辑佚考证成果为基础，积数十年精力，编辑成《玉函山房辑佚书》，全书共七百零八卷，辑周至隋唐佚书，计六百三十二种。他在每一种书首，都作一序录，说明该书来历、存佚沿革、作者事略等情况，在所辑佚书之后，又附古往今来之诸家论说和研究情况。全书分经、史、诸子三编，共十三类。马氏在编辑此书时，利用了前人的成果，而又有所补充。如《子夏易传》、《周易蜀才注》等，依据了张澍的辑本。由于《玉函山房辑佚书》所收的经学著作，范围广、种类多，超过以前的同类辑佚书，因而对于研究先秦到隋唐的经学有很高的学术价值。值得一提的是，马氏的这部书是我国最大的一部私刻辑佚书，王重民认为此书收罗完备，卷帙宏富，是"以前任何人所不及的"，清代辑佚当推马氏为第一家。

马国瀚考辨文献真伪的文字，散见于《玉函山房辑佚书》的书前小序中。例举如下：

（1）辨《连山》、《归藏》非后人伪作。马氏认为，《连山》、《归藏》虽然诸家论说多以为伪作，但是他们"独不知后之人能为此文乎？"据杨慎言：《连山》藏于兰台，《归藏》藏于太卜，见桓谭《新论》，由此他认为，东汉时《连山》、《归藏》犹存，所以不能以《汉书·艺文志》不列其目而疑之。他的基本观点是：二书"非汉以后人所能作也"。①

(2)《子夏易传》辨伪。马氏认为,《易传》本传自子夏,后别本单行。"僧一行《易纂》、孔氏《正义》、陆氏《释文》觑引之",后散佚"沦没",残存二卷。后张弧用王弼本,别撰十卷,有人增至十一卷。惠栋据《经典释文》等校读,发现"无一字相合"。马氏认为,"诸儒所指伪《子夏传》乃此十卷后出之本",至于"二卷残缺之本"则是真书。②

(3)《古文尚书》辨伪。对于《古文尚书》中的"窜乱",马氏认为,这是文献流传过程中不可避免的现象,也就是说,孔壁《古文尚书》佚于汉代,东晋梅赜始得奏上,"中间不无窜乱"。加之唐玄宗时,卫包改古文字为"开元文字",《古文尚书》的变化尤剧,"孔壁之古文乃废绝,不可复见矣"。但是不能"执晚出者必以为伪也"。③

(4)《鲁诗世学》、《申培诗说》辨伪。马氏辑出汉申培作《鲁诗故》三卷,且言该书同"丰坊《鲁诗世学》及《申培诗说》之伪本"相比,"固大有间矣"。④

(5)辨《古文孝经·闺门》章非伪。马氏认为,《孝经·闺门》章,虽然世人怀疑是刘炫的伪作。但是"汉初长孙氏传今文即有之",难道这也是后人的伪作?⑤ 言外之意,他不以为该篇是伪作。

(6)《神农书》辨伪。该书一卷,相传炎帝神农氏撰。马国瀚认为:"《汉书·艺文志》'农家'《神农》二十篇,'兵阴阳家'《神农兵法》一篇,'五行家'《神农大幽五行》二十六卷,'杂占'《神农教

---

①　(清)马国瀚:《玉函山房辑佚书》"归藏序",广陵书社,2004年,第32—33页。

②　(清)马国瀚:《玉函山房辑佚书》"周易子夏传序",第45页。

③　(清)马国瀚:《玉函山房辑佚书》"古文尚书序",第347页。

④　(清)马国瀚:《玉函山房辑佚书》"鲁诗故序",第461页。

⑤　(清)马国瀚:《玉函山房辑佚书》"古文孝经述义序",第1607页。

田相土耕种》十四卷，‘经方家’《神农黄帝食禁》七卷，‘神仙家’《神农杂子技道》二十三卷"，等等。由此类推，凡《汉书·艺文志》所载篇目"大抵皆依附为之"。《神农书》也不例外，且"今其书并佚"。①

（7）《伊尹书》辨伪。《伊尹书》一卷，商伊挚撰。马国瀚认为，该书"与战国术士语近，殆所谓依托者乎？"②

此外，马国瀚著有《目耕帖》三十一卷，按照易、书、诗、礼分成四类，每类卷数不等，系札记性质。其中也涉及一些经部文献的辨伪，如对于伪《古文尚书》问题。其言：

> 晋世晚出之《书》，去今文《太誓》，别撰《太誓》三篇，又分《舜典》、《益稷》为三十三，故伪孔《序》云增多伏生二十五篇也。以郑氏所述勘之，同为五十八篇，真《书》乃三十四与二十四合为五十八，伪《书》则三十三与二十五合。五十八篇数虽合，而实不合也。其分卷亦同四十六，真《书》三十四篇，《盘庚》三篇同卷，《太誓》三篇同卷，《顾命》、《康王之诰》二篇同卷，实二十九卷。二十四篇内，《九共》九篇同卷，实十六卷，共四十五卷。桓谭《新论》：《古文尚书》旧有四十五卷，为五十八篇是也。《汉书·艺文志》云四十六卷者，兼《序》言之。而伪《书》仍除《序》为四十六。此卷数似合而实不合也。③

马国瀚在考辨《古文尚书》问题上，仍从篇目的实际差异上入手，与前儒心意相通。

---

① （清）马国瀚：《玉函山房辑佚书》"神农书序"，第 2643 页。
② （清）马国瀚：《玉函山房辑佚书》"伊尹书序"，第 2681 页。
③ （清）马国瀚：《目耕帖》卷 7"书一"，广陵书社，2004 年，第 3101 页。

3.黄奭——辑佚家的辨伪

黄奭(1809—1853),字右原,江苏甘泉人。出身盐商富豪之家,礼聘江藩为师。以资入为刑部郎中,道光十八年(1838年)辞官归里后,专心辑佚,有《汉学堂经解》,专收经学佚书;《通纬》,专收纬书;《子史钩沉》,专收子部、史部佚书;《通德堂经解》(或称《高密遗书》),专收郑玄解经佚作。四种合刊,称作《汉学堂丛书》或《黄氏逸书考》①。黄奭在辑佚的过程中,且为各书撰写序言,简述该书作者、内容、流传等,并有考辨真伪的文字。此从略。

第二节　文献辨伪学者(中)

这一时期,是中国历史上的多事之秋。内忧外患,天灾人祸交织。社会动荡,人心也浮动。宗汉学、宗宋学、重事功、重学术、好读书、不读书、道问学、尊德性,等等,从未如此密集激烈地碰撞在一起。这样的社会人文环境中,文献辨伪研究也出现了"全而不大"、"多而不丰"的局面,即这一时期的文献辨伪,学者广泛参与,但成果不多;涉及文献广泛,但创见不多。学术不应纯粹,也不能纯粹,就该时期观之,诚哉斯言!

一、学风、时局与文献辨伪

1.陈乔枞——今文经学家的文献辨伪思想

陈乔枞(1809—1869),字朴园,一字树滋,陈寿祺子。道光五年(1825年)中举人,二十四年以大挑知县分发江西,后署袁州知

---

① 今传本有三:清道光中甘泉黄氏刊光绪中印本《汉学堂丛书》;清道光中甘泉黄氏刊民国十四年(1925年)王鉴修补印本《黄氏逸书考》;民国二十三年(1934年)江都朱长圻据黄氏原版补刊印本《黄氏逸书考》。这三种本子,以黄氏本收书最纯,以江都朱氏收书最多。

府等。以经术治吏事,居官有声。陈乔枞治学,好汉今文学说①,陈氏的最大贡献,也就在于对汉今文《诗》、《书》学说进行了全面勾稽,为后人的研究奠定了坚实的基础。著有《三家诗遗说考》、《诗纬集证》等,对汉今文诗学进行了较为全面的总结。又著《今文尚书经说考》、《欧阳夏侯经说考》,将今文《尚书》学说作了全面整理。

陈乔枞的文献辨伪思想,主要体现在其对汉代《诗》、《书》学资料的收集整理中。特别是在《尚书》研究问题上,他曾言:"二十九篇今文具存,十六篇既无今文可考,遂莫能尽通其义。凡古文《易》、《书》、《诗》、《礼》、《论语》、《孝经》所以传,悉由今文为之先驱,今文所无辄废。向微伏生,则万古长夜矣。欧阳、大小夏侯,各守师法,苟能得其单辞片义,以寻千百年不传之绪,则今文之维持圣经于不坠者,岂浅尟哉!"②对《今文尚书》的表彰同对伪《古文尚书》的贬黜,是一个问题的两个方面,在此,有鲜明的体现。

2.陈澧——文献辨伪与中国时局

陈澧(1810—1882),字兰甫,广东番禺人。道光十二年(1832年)举人,河源县训导。于学海堂执教数十年,后又主讲菊坡精舍。光绪七年(1881年)与朱次琦皆因"耆年硕德",得赏五品卿衔。陈澧九岁能文,诗学于张维屏,又学经于侯康。通天文地理、乐律算术,且擅篆隶。陈澧治学,讲究汉宋会通,曾言:"汉儒言义理,无异于宋儒,宋儒轻蔑汉儒者,非也。近儒尊汉儒而不讲义理,

---

① 马宗霍的《中国经学史》把陈寿祺父子列为今文经学家之列,对陈乔枞评价甚高(见马宗霍:《中国经学史》,商务印书馆1998年,第150页)。马宗霍对陈乔枞经学成就的肯定,基本符合实际。但是将陈寿祺也归入今文学家的行列,似乎不妥。

② 《清国史》"儒林传下"卷25"陈乔枞传(陈寿祺传附)",第667页。

亦非也。"①著《声律通考》、《汉儒通义》，晚年著《东塾读书记》。

在文献辨伪方面，陈澧《东塾读书记》卷五，用一卷的篇幅讨论《尚书》今古文及伪作问题。基本上是综论此前清儒的考辨成就，对于这个尚能有所作为的课题，陈澧慨叹道"吾老矣，不能为也，书此以待后人"。② 陈澧的文献辨伪，最值得注意的，是有感于时务而对伪书价值的重新解读。

其言：

> 《孔丛》伪书，可取者少，独此一段，读之令人感愤不已。自明以来，外夷与中国交市，彼正以无用之物弱我也。古人弱夷狄之术，而今夷狄以之弱中国。悲夫！往者不可谏，来者犹可追。自今以后，勿取其无用之货，乃中国自强之术也。不取其货，则彼失其所利，是即弱夷狄之术也。后世当有读《孔（丛子）》子顺之言，而得治夷狄之术者乎？③

陈澧所谓的《孔丛子·陈士义》篇，有云：

> 魏王使相国修好邻国，遂连和于赵。赵王既宾之而燕（宴），问子顺曰：今寡人欲来北狄，不知其所以然。答曰：诱之，以其所利而与之通市，则自至矣。王曰：寡人欲因而弱之，若与交市，分我国货，散于夷狄，是强之也，可乎？答曰：夫欲与之市者，将以我无用之货，取其有用之物。是故所以弱之之术也。王曰：何谓我之无用，彼之有用？答曰：衣服之物，则有

---

① 　《清国史》"儒林传下"卷35"陈澧传"，第709页。
② 　（清）陈澧：《东塾读书记》卷5"书"，续四库本，第1160册，第556页。
③ 　（清）陈澧：《东塾读书记》卷12"诸子书"，第609页。

珠玉五彩；饮食之物，则有酒醪五熟、五味也。此即我之所有而彼之所利者也。夷狄之货，唯牛马旃裘弓矢之器，是其所饶而轻以与人者也。以吾所有，易彼所饶，如斯不已，则夷狄之用，将麋于衣食矣。殆可举棰而驱之，岂徒弱之而已乎？赵王曰：敬受教。

这是有关赵王和子顺之间，即关于讨论征服北狄策略的问答。子顺提出，可以通过互市的办法，"以我无用之货，取其有用之物"的方式，实现削弱北狄的目的。如果北狄沉迷于"珠玉五彩"、"酒醪美味"，不复有弓马锋镝之利，即可"举棰而驱之"，非仅仅是一个"削弱"而已。

陈澧有感于当时华夏积贫积弱，外敌外辱纷至沓来的现状。他认为，这正是自明以来"外夷与中国交市"，用"无用之物弱我"的结果！而这本应弱外夷却是弱中华的策略，正在伪书《孔丛子》中。世人熟视无睹，终有今日之时局，岂不悲夫！

陈澧认为，"往者不可谏，来者犹可追"，提出："自今以后，勿取其无用之货，乃中国自强之术也。不取其货，则彼失其所利，是即弱夷狄之术也"！拳拳之心，跃然纸上！

陈澧因目睹中国外患丛脞、迭遭凌辱的现实，读出伪书《孔丛子》中的"治夷狄之术"。解释学的空间是无限宽广的，历史所能给予的启示往往能出人意表。陈澧希望"后世当有读《孔（丛子）》子顺之言，而得治夷狄之术者"。这将给我们的文献辨伪学研究、给我们的历史学研究、给我们的人文科学研究，带来何等启示呢？

二、朴学余绪与文献辨伪

1.俞樾——乾嘉文献辨伪学传统的殿军

俞樾（1821—1906），初名森，字立甫，后更名为樾，字荫甫，号曲园,人称曲园先生,浙江德清人。道光二十四年(1844年)中举人,六年后,中进士,改翰林院庶吉士,散馆授编修,咸丰五年(1855年)简放河南学政,因事罢职。之后,侨居苏州,主讲苏州紫阳、上海求志等书院,其中主讲杭州诂经精舍达三十余年,戴望、黄以周、朱一新、袁昶等,均学出诂经精舍。又总办浙江书局,建议江、浙、扬、鄂四书局分刻二十四史,并于浙局精刻子书二十二种。光绪二十八年(1902年)诏复原官,赴鹿鸣宴。① 俞樾治学,以高邮王氏父子为宗,重文字训诂,重扎实考据,一生致力于经、子、小学研究。著《群经平议》三十五卷,以附《经义述闻》,著《诸子平议》三十五卷,仿《读书杂志》,又有《古书疑义举例》、《曲园杂纂》、《茶香室丛抄》等,多收在《春在堂全书》中。②

俞樾在晚清学术界,尤其是在考据学领域中贡献卓著,成为清后期朴学研究中的一方重镇。在文献辨伪问题上,俞樾也承乾嘉余绪,风格方法无二致,唯成果不可与前者同日而语。得见著述中,俞樾没有辨伪专篇或专著,其有关言论散见在《群经平议》、《古书疑义举例》等之中,主要涉及以下问题。

(1)《古文尚书》辨伪问题。

他从学术史的角度,提出《古文尚书》之辨伪,"朱子始发之,而赵子昂大畅其说"。俞樾又提到明中叶的学者郑瑗,他说郑氏是"本朝攻《古文尚书》者之先河也"。③ 俞樾不应当不知道先于

---

① 参见《清国史》"儒林传后编·俞樾传",第751页。

② 道光三十年(1850年),俞樾中进士。在礼部复试时,诗题为"淡烟疏雨落花天",俞樾作的五言律诗的首句是"花落春仍在",被阅卷官曾国藩所激赏,称其为"咏落花而无衰飒之意,此生他日成就未可量也!"曾国藩可谓独具慧眼。"春在堂"之名,源出于此。

③ (清)俞樾:《茶香室丛抄》(贞凡等点校)(四)卷11"明儒有不信古文尚书者",中华书局,1995年,第1643页。

朱熹的吴棫是最早疑辨《古文尚书》的学者,但是他以为"朱子始发之",不知缘何? 另外,他将郑瑗视为清儒《古文尚书》辨伪之"先河",不知是依照什么评定标准,仅仅是因为郑瑗生在阎若璩等人之前吗? 不得而知。但他肯定明代学者的开"先河"之功,已经比清初学者极力贬低明人学无根底,少了激昂的情绪,而多了几分超脱的冷静和客观。

从伪书作成的角度,他在谈到"古人引书每有增减例"的问题时,述及今本《泰誓》的问题。他认为,《古文尚书》之作伪者,一定是"因《左传》语而为之"。对于这样的伪书,以为"不足据"。①

他又谈到《舜典》作伪问题。他认为,伪孔《传》作者"割'慎徽五典'以下,为《舜典》,盖正取此数语与《尧典》相配也,其后伪作二十八字者,终之曰'元德升闻,乃命以位',则固以舜之元德,配尧之俊德矣"②。俞樾从经学义理的角度,揭示出《古文尚书》割裂旧文,别立篇目的逻辑。

(2)诸子类辨伪。

《总目提要》将《孔子家语》归入"子部儒家",将《龙城录》、《汉武故事》等归入"子部小说家"。俞樾在其著作中述及这三种文献之真伪问题时,有言:

①于《孔子家语》。其言,《左氏传序》"正义"引《家语·观周》篇云,"孔子将修《春秋》,与左丘明乘如周,观书于周史,归而修《春秋》之经,丘明为之传。此真《家语》之文,非今所行王肃伪

---

① (清)俞樾:《古书疑义举例》卷3"古人引书每有增减例",续四库本,第1162册,第303页。

② (清)俞樾:《群经平议》卷3"尚书一·克明俊德"条,续四库本,第178册,第37页。

造者,其说可信"①。俞樾认为,《孔子家语》有今本、古本之分,今本《家语》真伪相杂,应信其当信,疑其可疑。

②于《龙城录》。提出,"《龙城录》虽伪书,然亦宋以前旧帙也"②。言外之意,也有可取,不因其伪而废其书。

③于《汉武故事》。他提出,《汉书·公孙弘传》中有"凡为丞相御史六岁,年八十终丞相位"的记载,但是《汉武故事》中有"上常轻服为微行,时丞相公孙弘数谏弗从",乃"以尸谏"的说法。他认为,这同《汉书》中的记载不合。③ 虽不言其伪,但以其为不可信的意思已隐在其间。

（3）俞樾文献辨伪思想。

他认为"圣人之道,具在于经"④,所以对于伪经、伪说,当然不能无动于衷。而且,非但不能无动于衷,更要辨其伪妄,存其真义。这同宋明、汉唐学者有心意相通处,也更是清初以来诸儒的基本主张。

俞樾认为,诸子意有可取,不可偏废。他提出,"周秦两汉诸子之书,亦各有所得。虽以申韩之刻薄,庄列之怪诞,要各本其心之所独得者而著之书,非如后人剽窃陈言,一倡百和者也,且其书,往往可以考证经义,不必称引其文,而古言古义居然可见"⑤。俞樾有此语,我们就不难体会他强调《孔子家语》、《龙城录》等文献价值的初衷了。

综上所述,俞樾的文献辨伪,一仍前贤心存义理、朴实考据的

---

① （清）俞樾:《茶香室经说》卷13"春秋穀梁传",续四库本,第177册,第569页。
② （清）俞樾:《茶香室丛抄》(贞凡等点校)(一)卷15"五户将军",第337页。
③ （清）俞樾:《春在堂随笔》卷4,续四库本,第1141册,第36—37页。
④ （清）俞樾:《诸子平议》上,上海书店,1988年,第1页。
⑤ （清）俞樾:《诸子平议》上,上海书店,1988年,第1页。

特征。在19世纪后半期的学术风气中,能如此持守,足可称道。故而称其为乾嘉文献辨伪学传统之殿军,当不为过。

2.李慈铭——汉学的颓废与文献辨伪研究的无奈

李慈铭(1829—1894),初名模,字式侯、法长,后更名慈铭,号莼客,晚署越缦老人,浙江会稽人,为清季同光年间名噪一时的学者。其人仕途蹭蹬,困顿落拓,但又清高狂放,以致落得"性狷介,又口多雌黄"①之名。他于诗文、考据均有造诣,弟子以陶方琦最著。

著述多种,尤以《越缦堂日记》为最,该书荟萃李氏四十年之功、洋洋数百万言②,和翁同龢《翁同龢日记》、王闿运《湘绮楼日记》、叶昌炽《缘督庐日记》一道,有近代"四大日记"之称。其中有很多读书心得,后人辑成《越缦堂读书记》一书,有人认为其价值较"同类著作如《郑堂读书记》为高"。但是,张舜徽先生则对个中内容颇不以为然,且对李慈铭诋毁湘人尤为不满③。钱钟书也称,

① 《清史稿》486卷"列传二百七十三·文苑三·李慈铭传",第13440页。
② 《越缦堂日记》所记起清咸丰四年(1854年),迄光绪二十年(1894年),凡七十余册,装成八函。其中有"甲寅日记"、"越缦堂日记"等数种,而以"越缦堂日记"总称。《越缦堂日记》的出版经过极为曲折,历时六十余载,分三段三次刊行(张涛:《〈越缦堂日记〉研究》,扬州大学中国近代史专业硕士学位论文,2005年5月。对该书刊行等问题有较详细叙述)。2004年5月,扬州广陵书社又重新影印《越缦堂日记》全书。这样,李慈铭留存下来的所有日记终以完璧面世。前人极重视《越缦堂日记》的价值,并已对其本身做出一些零星研究,如祁龙威先后发表的《胡适评〈越缦堂日记〉》(《扬州大学学报》2003年第3期)、《〈越缦堂日记〉发微》(《书品》2004年第1期)、《重印〈越缦堂日记〉序》(广陵书社,2004年)、《读李慈铭的最后一函〈日记〉》(《扬州大学学报》2004年第3期),等等。利用《日记》作为主要史料的专著仅有张德昌所著《清季一个京官的生活》(香港中文大学出版社,1970年),相关论文则有董丛林所著《论晚清名士李慈铭》(《近代史研究》1996年第5期),等等。此外,台湾学者朱传誉主编的《李慈铭传记资料》(台北天一出版社,1979年)对研究李慈铭及其著作颇有助益。
③ 参见张舜徽:《清人笔记条辨》,中华书局,1986年,第361页。

"李书矜心好诋,妄人俗学,横被先贤"①。又有《越缦堂读史札记》,三十卷。民国十六年(1927年),北平图书馆购得李慈铭读史札记手稿若干,经王重民辑录后,于民国二十一年(1932年)汇集出版,即北平图书馆铅印本。2003年北京图书馆又据其为底本,重新影印出版,易名为《越缦堂读史札记全编》(上、下册)。二书中均有文献辨伪的内容。因为著述体例等原因,只言片语,颇为凌乱。

如《越缦堂日记》之《孟学斋日记》,有关于《西京杂记》的考辨文字。李氏言:"此书托名刘歆所撰,葛洪所录。论者谓实出梁吴均之手,其文字故不类西汉人。且序言班固《汉书》全出于此,洪采班书所谓录者,得此六卷。然其中如赵飞燕女弟居昭阳殿一段,傅介子一段,又皆班书所已录。稚川之言,固未可信。至谓出于吴均,则未必然。观所载汉事:如……诸条,必皆出于两汉故老所传,非六朝人所能凭空伪造。惟所载靡丽神怪之事,乃由后人添入,或出吴均辈所为耳。"这里,李慈铭对吴均伪作说给予了否定。

如《越缦堂读史札记全编》述及王肃伪作《孔丛子》事,其言:"《小尔雅》今在《孔丛子》。《孔丛子》系伪书,疑王肃撼此篇入之,以示其书可信也。"②

李慈铭奉汉学为圭臬,对自道光以来,"一二心思才智之士,苦其繁富,穷年莫殚,又自知必不能过之,乃创为西汉之说",且对"乾隆诸大儒"极力贬低的现象,极为不满。对他们鼓吹的今文学说,大加挞伐,以为"非圣无法,病狂丧心"。在读书治学问题上,批评他们"所看之书,不过十余部,所治之经,不过三四种",却求

---

① 钱钟书:《〈复堂日记〉序》,见谭献:《复堂日记》,河北教育出版社,2001年,第3页。

② (清)李慈铭:《越缦堂读史札记》"汉书札记"卷3,北京图书馆出版社,2003年,第139页。

速致功名声望,是为"人心学术之大忧"。① 应该说,李氏所言不无道理。所以,李慈铭治学,以博学广识、扎实考据为宗尚。但是,毕竟世事变迁,学风逆转,李慈铭虽有发扬汉学之志,却无挽狂澜、兴汉学之力。其学术造诣及影响,无法望乾嘉诸儒之项背,其文献辨伪成就,也不足以垂范后世,想必也是历史的必然。

三、《总目提要》的补足之作以及目录学家、藏书家等的文献辨伪

1. 郑珍的孔传《孝经》辨伪

郑珍(1806—1864),字子尹,号柴翁,贵州遵义人。道光五年(1825 年)拔贡生,十二年后中举人,以大挑二等,选荔波县训导,后告归。郑珍治学,崇尚考据,不立异,亦不苟同,唯实事求是。长于小学,通三礼,著《说文逸字》、《说文新附考》、《深衣考》、《巢经巢经说》、《巢经巢诗文集》等。② 郑珍的文献辨伪,以辨孔传《孝经》最详且密。

西汉《孝经》有今古文之分。今文《孝经》传自河间颜贞,汉献王得,进献朝廷。古文《孝经》,据言出自孔壁,后入秘府。今文、古文《孝经》均有师说。治今文《孝经》者,有长孙氏、江翁等。古文《孝经》因收在秘府的缘故,直到东汉许慎、郑玄,才为之注解。隋初刘炫,声称有孔安国注《古文孝经》,一时间为学者所宝贵,并与郑注今文《孝经》并立学官。唐开元间,刘知幾、司马贞等,曾就孔传《孝经》真伪争论不休。(详见第二章)

孔传《古文孝经》,大约亡于五代战乱中。清乾隆间,鲍廷博又刻日本舶来本《古文孝经孔安国传》,一时间,学界为之翕动。

---

① （清)李慈铭:《越缦堂日记》12 卷,广陵书社,2004 年,第 9000 页。
② 《清国史》"儒林传下"卷 37"郑珍传",第 717 页。

信而宝之者,疑而辟之者,纷纷然不止。四库馆开馆,学臣经考订,以其为赝作伪书。《总目提要》考订之言辞虽简略,但渐为世人认可。郑珍有感于《总目提要》"止谓陋冗,不类汉人释经,而不暇实核其伪"的不足,复详加考订。

郑珍举证十条,论其为"伪中益伪"之书。今将其主要观点,概述如下:

其一,刘炫另作《古文稽疑》一篇和《古文孝经义疏》三卷,其意在羽翼《孔传孝经》,并提出《孝经》是孔子自作,并非与曾子问对而成。但是今本《孔传孝经序》则有:"曾子躬行匹夫之孝,未达天子诸侯以下之事,因侍坐咨问,而夫子告其义,遂集录之,名曰《孝经》"的文字,其与刘炫所言正相抵牾。

其二,《孝经》在汉代仅分章,无章名,晋荀昶撰集诸说,仍无章名。直到皇侃之《古文孝经义疏》,始标章名,唐玄宗注《孝经》因之。今本《古文孝经孔氏传》的章名,除四章别立新名外,其他均与唐玄宗御注相同。

其三,桓谭《新论》中言:"古《孝经》千八百七十二字,今异者四百余字"。《汉书·艺文志》序《孝经》中言:"'父母生之,续莫大焉','故亲生之膝下',诸家说不安处,古文字读皆异。"异不止二处,但是今本《孔传孝经》,不见有上述区别。只是改"续"为"绩",改"生之膝下"为"生毓之";除《闺门》章以外,均与今文《孝经》同;未见有"字读皆异"的现象,所异者,只不过强加语助词一百二十四字,且非"四百余字"。

其四,《郑注孝经》"始于事亲"三句,言:"父母生之,是事亲为始;四十强而仕,是事君为中;七十致仕,是立身为终。"刘炫曾对此反驳,见于邢昺《孝经正义》。但是今本《孔传孝经》解释这三句,却与郑玄相同。

其五,明代御注所用旧说,疏中必说依某注。其《天子章》

"疏"曰："一人，天子也，依孔《传》。庆，善也，《书传》通（训也，）十亿曰兆，古数为然"。这里只有"一人，天子也"五字是《孔传孝经》，其余均不然。又《孝治章》注："立德行义，不违道正，故可尊也"三句，"疏"言："此依孔《传》"，而且引刘炫《古文孝经义疏》中语。至于"制作事业，动得物宜，故可法也"三句，"疏"中不说依某，自然不是《孔传孝经》之文。而今本则一概将其视为《古文孝经孔氏传》之文而收入其中。

其六，邢昺《孝治章疏》引孔安国曰："亦以相统理"，《感应章》注："礼君燕族人与父兄齿也。""疏"文中作："此依孔《传》"。而今本《孔传孝经》，不见有这两条。

其七，许冲《上〈说文〉表》称："《古文孝经》者，孝昭帝时鲁国三老所献"。按《史记·自序》中言："述黄帝以来，至太初而迄"。《孔子世家》称孔安国为"今皇帝"博士，官至临淮太守，早卒。则孔安国死于太初以前，远不及昭帝。献壁中古文，都是孔安国死后，其子孙所为。而今孔《序》曰："鲁三老孔子惠抱诣京师献之。"

其八，孔颖达说："汉初为传训者，皆与经别行，及马融为《周礼》注，乃云'欲省学者两读，故具载本文'。"由此可知，东汉末年，才开始依经作传。而今本《序》有："发愤精思，为之训传，悉载本文，万有余言"的说法。

其九，《史记·儒林传》载："孔氏有古文《尚书》，而安国以今文读之，因以起其家。逸《书》得十余篇。"（《汉书·艺义志》亦载）所以，《古文尚书》，传自孔安国；伏生所传二十九篇，为《今文尚书》。而今本《孔传孝经·序》中有言："昔吾逮从伏生论《古文尚书》"。

其十，陆德明《经典释文》记：其初，标经文用朱书，标注用墨书。所以，《序例》中有："朱以发经，墨以起传"的说法。本因摘字为音，经传相间，欲便览者分别，才如此书写。"起"、"发"即"标注"。而今本《孔传孝经·序》却言："朱以发经，墨以起传"，这是对陆德明的误解。

通过这十条证据,郑珍认为,《孔传孝经》是日本国中某"空腐之人"的伪作,其用意无外是"自诩绝学,以耀其国富秘藏耳"。尤其值得注意的是,郑珍言《孔传孝经》自传入中国后,经鲍廷博刊刻,"遂遍布海内",流传甚广,影响也甚广,如卢文弨等学者对此深信不疑,还著书立说大加推重。郑珍有感于"书之惑人若是",故作此辨伪专篇。

郑珍之前,虽然"《四库提要》已斥其伪矣。然止谓陋冗,不类汉人释经",但是未作到"实核其伪"。① 所以,从这个意义上,郑氏的考辨,可称之为《总目提要》的补足之作。

2.陶方琦的《文子》辨伪

陶方琦(1845—1884),字子珍,浙江会稽人。其著述,多收录在《汉孳室遗书》中,《文子》辨伪,即是其中一篇专论。

《文子》是柳宗元以后,一个数代、数家学者聚讼纷纭的问题。特别是它与《淮南子》的关系,一说《淮南子》抄《文子》,故而《文子》非伪;一说《文子》抄《淮南子》,故而《文子》必伪。有成说,无定论。《总目提要》关于《文子》伪作问题,并未给出确实的考证。后来学者,虽多遵《总目提要》,但在《文子》真伪问题上仍感无助。从这个意义上,陶方琦的考证,翔实而全面,亦可视为《总目提要》的补足之作。

陶氏认为,先秦诸子书"传于今者多缺失,而后人好依托之",《文子》就是其中之一。《汉书·艺文志》著录有《文子》,该书"亡于东汉之季",今本《文子》,是"魏晋以后人剿《淮南》一书而成"。

---

① (清)郑珍:《巢经巢文集》卷1"经说·辨日本国古文孝经孔氏传之伪",续四库本,第1534册,第277—279页。又收在《巢经巢集》卷1"经说"中,续四库本,第176册,第513—515页。

陶氏共提出五点证据,以说明这个问题:

其一,《文子》一书被班固归入道家。但是书中内容却极为驳杂:"言玄旨者十之二,言王治者十之四,言名法者十之二,言兵刑礼乐者十之三,言杂喻者十之一",所以陶氏以为,该书似"杂家",而非"道家",这与班固的归类办法相抵牾。

其二,《文子》书多冠以"老子"之语,但是在引用《道经》、《德经》时,又加上"故曰"等字。并且,《文子》所引与《淮南子》所引多雷同。陶氏以为,《文子》辗转称引《道德经》却"不离《淮南》",令人质疑。

其三,《文子》袭用《淮南子》,却出现多处"颠倒割裂、自相矛盾"的问题。如《文子》"精诚"即《淮南子》"精神"中语;《文子》"上德"即《淮南子》"说林"中语等等,不胜枚举。而且《文子》"有异文",也不外乎"《老》、《庄》、《韩非》诸子之语"。也就是说,《文子》抄掇的范围有限,手法拙劣。

其四,《淮南子》多先引旧事,末系老子语,如《道应》篇等,就是如此。而《文子》则"悉删节旧事",并均称作是老子语。一些他人言论,包括生在老子前、生在老子后的,《文子》也一概视为老子语。陶氏认为,《文子》书的上述处理办法为"事理踳滞,意谊乖硋(碍)",故而可疑。

其五,据《文子》书中称,文子系与孔子同时,所以当为春秋时人。但是《文子·自然》篇,却言"墨子不暖席"。墨子为战国时人,文子何以得见?如《精诚》篇,云"秦楚燕魏之歌,异声而皆乐",秦、楚、燕、魏,六国时地名,文子何以论及?如《文子·微明》篇,称《老子》云"相坐之法立则百姓怨,减爵之令张则功臣畔",陶氏发现,《文子》作者剟去了"吴起"、"商鞅"数字。而且"相坐之法,减爵之令"也不当为老子所能预知。

总之,陶氏认为,《文子》是"全取材于《淮南》"的伪书。

对于是《淮南子》抄《文子》，还是《文子》抄《淮南子》的问题，陶氏也做出了说明。他认为是《文子》抄袭《淮南子》。理由有四：

其一，《淮南子》多采引群籍，包括《老子》、《庄子》、《韩非子》等，均"灼然可数"，"断不至尽出于《文子》"。其二，淮南王不屑为此。其三，淮南王宾客中，贤能多有，不会"剿袭古书，华诬欺主"。其四，西汉时人在《文子》一书未亡佚时，不曾言《淮南子》袭剿《文子》。因此可以说，今本《文子》是"魏晋间人"，据《淮南子》拼凑而成的伪书。

另，《文子》虽为伪书，陶氏仍充分肯定其价值，即"此书既为魏晋间人剿《淮南》一书而成其书，实为《淮南》之善本"，因为《淮南子》通行已久，讹谬多有，而《道藏》中的《文子》却自成书后"未经羼乱"，因此可为"读《淮南》之一助也"。①

3.姚振宗——目录学家的辨伪

姚振宗（1842—1906），字海槎、金生，浙江山阴人。少即博览群书，考究学问，深受家学熏陶。一生好古敏求而不屑举业，晚年在故乡购地筑庐，后因筹饷之功，拔两淮运判，得赐四品衔而终老。著有《汉书艺文志拾补》、《后汉书艺文志》、《三国艺文志》、《隋书经籍志考证》等。

就文献辨伪而言，对汉唐明清时期的史志目录和众家序跋论说中的有关成果，姚振宗作了广泛收集，其中包括朱彝尊等清初诸儒、《总目提要》、《四库全书简明目录》、孙星衍、马国瀚等乾嘉学者的大量辨伪语。单是这一点，就足以确立姚氏在清代文献辨伪学中的重要地位。此外，姚振宗还写下了大量考辨文献真伪的案语，这也是其文献辨伪学成就的重要组成部分。姚振宗是清代学

---

① 以上均见于（清）陶方琦：《汉孳室文抄》卷2"文子非古书说"，续四库本，第1567册，第501—502页。

者治目录学的过程中,进行文献辨伪的重要代表,上述四部著作,也是清代群书辨伪的重要成果。

姚氏收集的考辨语,因为笔者多已述及,且有《总目提要》辨伪研究之专论,故而不在这里统为勾稽。姚氏精彩的个人案语,也有许多,限于篇幅,亦不一一详述。总之,姚振宗采集多少家的辨伪成果、考辨多少种伪书、何为因袭、何为创建、辨伪思想如何、辨伪方法怎样等等,都是值得专门探讨的问题。笔者在这里,仅从姚氏上述四部著作中各举一例,意在抛砖引玉。

①《唐昧称星经》辨伪。姚振宗称,《唐昧称星经》一书,或传,则唐昧有此书,今本或为残本。但是"前史不载"。最初见于《崇文总目》,真伪已不可考。①

②《龙城录》辨伪。姚氏称,该书是宋王铚托名柳宗元作,其言"煽烁不可凭"。②

③诸葛亮兵法辨伪。姚振宗认为,诸葛亮兵书,陈寿曾有编订,有《兵要》、《军令》上、中、下等篇。至于《宋史·艺文志》中的《用兵法》一卷、《行军指南》二卷、《占风云气图》一卷、《兵书》七卷、《兵法手诀》一卷、《文武奇编》一卷(此即《十六策》之异名)等,都是"后世依托"的伪书。③

④《竹书纪年》辨伪。姚振宗先查阅《中兴书目》、《宋史·艺文志》、《郡斋读书志》、《直斋书录解题》、《文献通考》、《文渊阁书目》、《世善堂书目》等文献的著录情况,发现"独见于范氏《天一阁书目》"。其言:"《竹书纪年》二卷,梁沈约附注,明司马公订刊,版

---

①　(清)姚振宗:《汉书艺文志拾补》卷5"唐昧称星经"条,续四库本,第914册,第171页。

②　(清)姚振宗:《后汉艺文志》卷2,续四库本,第914册,第264页。

③　(清)姚振宗:《三国艺文志》卷3"子部·诸葛亮兵法",续四库本,第914册,第542页。

藏阁中。"姚氏认为,所谓"司马公",是范氏远祖范钦,所谓"沈约注",也是经范钦辑录而成,且"其小字夹行之注,亦钦所为也"。最后,姚氏提出,《总目提要》、《十驾斋养新录》虽然都证明了是明人的伪作,但是"不知作伪者乃鄞人范钦也"。①

上文出自姚振宗的四种史志目录,涉及《唐昧称星经》、《龙城录》、《竹书纪年》和诸葛亮兵书数种。因为著述体例的原因,姚振宗的引述和考证,不能如专书、专篇辨伪那样,细致而周全,但是涉及的文献数量,是许多人所不能比拟的,这也正是治目录学家从事文献辨伪的特点。

需要顺便说明的是,不少人将目录学家的文献辨伪视为辨伪学研究的重点,这无可非议,但是,因其著作形式的原因而对其文献辨伪的思想性重视不够,或做出文献辨伪仅是文献整理方法的论断,这就不太切合实际了。

4.钱培名——校刻家的辨伪

钱培名,生卒年不祥,字梦花,江苏金山人,曾为候选县丞,钱熙祚从侄。钱培名尊父命,按《守山阁丛书》体例,编校《小万卷楼丛书》,由顾观光、张文虎协助。1854 年因太平天国战争而中止,成十七种,六十八卷。光绪四年(1878 年)重刊,撤去《续吕氏读诗记》三卷,易以顾观光的《武陵山人杂著》一卷,成十七种,六十六卷。钱培名除校勘文字外,还为《越绝书》等各附札记 1 篇。其中或有涉及文献辨伪的内容,如《越绝书札记》中言:

其撰人或云伍子胥,或云子贡。《四库全书提要》据《篇

---

① (清)姚振宗:《隋书经籍志考证》卷 12"《纪年》十二卷,《汲冢书并竹书同异》一卷",续四库本,第 915 册,第 219 页。

叙》篇,断为会稽袁康所作,同郡吴平所定……然《篇叙》篇于子贡、子胥已不能定。其云"记陈阙说,略有其人",又曰"文属辞定,自于邦贤",则袁、吴止为之论说。疑外传诸篇是其所作,非即原著《越绝》之人。《本事》篇曰:"《越绝》谁所作? 吴越贤者所作也"。陈振孙曰"盖战国后人所为,而汉人附益之",斯得其实矣。

钱培名认为,《越绝书》的作者,从《篇叙》篇看,是否是子贡、子胥,"已不能定",而袁康、吴平也"止为之论说",所以怀疑"外传诸篇,是其所作,非即原著《越绝》之人"。至于《越绝书》的原作者,他认为应该是"吴越贤者",亦即陈振孙所说的"战国后人"。这样,钱培名将现行《越绝书》的"记陈闻说"者(战国后人),同"文属辞定"者(汉人——袁康、吴平)作了调停,从而证明陈振孙的观点,"斯得其实矣"。

5.潘祖荫——藏书家的辨伪

潘祖荫(1830—1890),字伯寅,谥文勤,江苏吴县人。咸丰二年(1852年)进士,授编修,官至工部尚书。好学,喜藏书,室名滂喜斋。著《滂喜斋读书记》三卷,其中将《日本刻古文孝经孔氏传》一卷,著录为伪书。① 该书据文献记载,当为叶昌炽撰,叶氏属意,题以潘祖荫名。② 但是潘氏对已所收藏,不应不晓得真伪,何况又得叶氏为这些藏书编纂的书目解题? 所以仍归于潘氏,名曰"藏书家的辨伪"。

---

① (清)潘祖荫撰,(清)叶昌炽编:《滂喜斋读书记》(余彦炎、柳向春标点)卷1,收在《中国历代书目题跋丛书》第二辑,上海古籍出版社,2007年,第16页。

② 参见该书《整理说明》,(清)潘祖荫撰,(清)叶昌炽编:《滂喜斋读书记》(余彦炎、柳向春标点)卷1,收在《中国历代书目题跋丛书》第二辑,上海古籍出版社,2007年,第1—2页。

6.杨守敬——访书家的辨伪

杨守敬(1839—1915),湖北都宜人,字鹏云,号惺吾,晚号邻苏老人。有《日本访书志》、《禹贡本义》等。前者有一些考辨版本真伪的文字,又可见杨氏为《古逸丛书》所作序文中。如辨《周易系辞精义》为托名宋吕祖谦的伪书,说道:"《精义》题晦庵先生校正,恐皆是坊贾所为"。① 诸如此类,有一定学术价值。

第三节　文献辨伪学者(后)

这一时期的文献辨伪学研究,风气逆转,务虚而非崇实,考实也为务虚的特征是鲜明的。这是学术和社会发展的必然,同时也与康有为等人的人为因素有密切联系。

汉宋学术转型之际,欧阳修开其端,程、朱等集大成,理学风范垂后世者数百年。清代文献辨伪研究在19世纪的中后期,发生转型,它的转型,虽不能与汉宋转型相比,刘逢禄、廖平、康有为,甚而是庄存与等人,也不能同欧阳修、二程、朱熹诸公比肩,但是,学术的发展竟有如此不可思议的似曾相识!

文献辨伪研究的难再突破,东洋西洋的不断凌辱,社会学术的急遽转型,廖、康等人的经世热情等等,在这些因素的共同作用下,此一时期的文献辨伪研究呈现出别样的风貌,虽然也有朴实求是的成果,但是因为时务左右了社会,人情掌控了事理,雄辩羽翼以考据,治学面向着经世,义理优先于实证,文献辨伪中的思想性同学术研究中的客观性相比,空前的绚烂夺目。清代文献辨伪学之发展,历清初之大,清中期之精,到这里,新的特征凸显。古典的文

---

① (清)杨守敬:《日本访书志》卷1"伊川易解系辞精义"条,续四库本,第930册,第475页。

献辨伪学,也随之终结。

一、朴学殿军孙诒让与文献辨伪学

孙诒让(1848—1908),字仲容,号籀庼,浙江瑞安人。幼承家学,天资聪颖。同治六年(1867年)中举后,五赴礼闱而不第,遂绝意仕进,专攻学术。孙诒让坚持朴实考据、无征不信的治学方针,孜孜矻矻数十年,在经学、小学、诸子学、目录学研究中,取得了丰硕的成果,著有《周礼正义》、《名原》、《墨子间诂》、《温州经籍志》等,晚年又有《籀庼述林》。可称之为清代朴学之殿军。章太炎赞以"三百年绝等双"①,此非过誉之辞。此外,他又在甲骨文研究中开风气之先,著《契文举例》,颇受学界推重。② 有关孙诒让的著述以百计,十分丰富。但是探讨孙诒让文献辨伪的文章却较为罕见,实事求是地说,这主要是由于孙氏留下的成果不多。

1.《温州经籍志》中的文献辨伪

该书按四部编成,分类一依《总目提要》。是孙诒让早年着手编著的艺文志,始作于1869年,1879年写成定稿。共收录温州六县,自唐以迄清道光间著述,约一千七百余种,书下摘录原著序跋及前儒识语,后附孙氏按语,计三十六卷。民国初有刊本,存世不多。后经人校补,2005年由上海社会科学院出版社出版发行。书中涉及文献真伪的文字不少,但是因为主观的和客观的局限性,《温州经籍志》的辨伪成就,较以同类著述,要逊色许多。

---

① 章太炎:《章氏丛书·文录》二。
② 参见姜亮夫:《孙诒让学术检论》,《浙江学刊》1999年第1期。

2.《周礼正义》①中的文献辨伪

该书是孙诒让的成名作,著于1873年,成于1899年,二十七年间数易其稿,凡八十六卷,数百万字。《周礼正义》的成就是多方面的,现代学者的有关论著也十分丰富。就文献辨伪而言,孙氏显然不以其为重,因为在孙氏的观念中:"其为先秦古经,周公致太平之法,自无疑义"②,至于有人论其为赝托伪作,只是"俗儒"面壁虚造的"不经之论"罢了。

3.关于《古文尚书》和孔《传》问题

孙诒让认同前儒成说,以《古文尚书》和孔《传》为魏晋时人的伪作。不作考辨,径直叙述。《周礼正义》中,"伪孔《传》"、"伪孔"的表述不绝于书。其他著述中,也有这方面的内容,如:"魏晋人作伪《古文尚书》,不知'术'为'说'之段字,遂撼其文,窜入《大禹谟》矣"③,等等。

此外的《札迻》,是孙诒让十六岁至四十六岁,近三十年间的读书笔记,涉及先秦两汉南北朝时期的七十八种古籍,也有一些涉及文献真伪的文字。此不赘述。

二、皮锡瑞对文献辨伪研究的梳理总结

皮锡瑞(1850—1908),字鹿门,一字麓云,湖南善化(今长沙

---

① 《周礼正义》1905年付梓后,屡有刊刻。有武昌箴湖精舍1931年本,该书以楚学社《周礼正义》本补校刊行,称湖北刻本,《续修四库全书》据此影印;有商务印书馆《万有文库》本,1933年排印;有中华书局《四部备要》本,1936年发行,1998年"清人注疏十三经"即据该本缩印;还有王文锦、陈玉霞的点校本,1987由中华书局年印行,称"十三经清人新疏"本,2000年重印。

② (清)孙诒让:《周礼正义》卷1"周礼疏",中华书局影印《清人注疏十三经》本,1987年,第6页。

③ (清)孙诒让:《籀庼述林》卷5"墨子间诂叙",续四库本,第1164册,第213页。

市)人,中举后屡试不第,遂潜心讲学著书。曾主湖南龙潭书院、江西南昌经训书院。甲午战争后,愤于《马关条约》的丧权辱国,极言变法不可缓。戊戌变法失败后,被革举人功名,交原籍官府管制。皮锡瑞尚今文经学,景仰西汉伏胜,以"师伏堂"名居所,学者因而称其为"师伏先生"。著述中以《五经通论》和《经学历史》最为著名。前者皆为皮氏读经心得,后者可作经学入门读物。周予同先生称,皮锡瑞的著作内容,"虽没有很伟大的创建,如同时几位著名的今文经学大师;但学术门径很清楚,善于整理旧说"。①

在文献辨伪问题上,皮锡瑞对《十翼》、《古文尚书》、孔《传》、《周礼》、《仪礼》、《左氏春秋》等几部经典②的真伪问题,都有说明,但多是以今文学家的标准,权衡古今学者的著述,检其言辞,前儒多已言明。所以,周予同先生所言极是,皮氏虽注意到文献真伪问题,但只是"善于整理旧说"罢了。

严格地说,皮氏也不是没有一点"己见",如在王肃伪作孔《传》问题上,皮氏认为:

> 近儒多以伪《古文》乃王肃所造,据此墒(稿)为可信。今肃注不传,其见于《正义》者,亦或与孔《传》异。《正义》曰王肃注《尚书》,其言多是孔《传》,亦不云与孔《传》全同。孔《传》亡《舜典》一篇,后乃取王肃注补之,则王注与孔《传》实非一书。盖肃造伪《古文》而为之注,枚(梅)赜辈献孔《传》,又稍变其词耳。③

---

① 周予同:"经学历史序言",载皮锡瑞:《经学历史》卷首,中华书局,1959年,第9页。

② 此外,对于子部文献也有说明。如《孔子家语》,皮锡瑞有言"谨案《家语》乃王肃伪撰,不足据"。见《左传浅说》卷下,光绪二十五年刻本,第26页。

③ (清)皮锡瑞:《左传浅说》卷下,第33页。

也就是说,他认为,今传孔《传》是经王肃伪作、梅赜等改窜的结果。皮氏的观点,仅是对王肃伪作说稍作丰富。皮锡瑞的文献辨伪大多诸如此类。因此可以说,这些"己见",从清代文献辨伪学史的角度考虑,可不必深论,遑论从文献辨伪学通史的角度加以考量了。因此,本书不详述。

三、康有为的"治学以经世"与文献辨伪研究问题

廖平提出,"古学始于刘歆",不但《周礼》是刘歆本《逸礼》,掺入己见,糅合而成。且如《史记》、《汉书》等,也多被刘歆等人改窜以售欺。廖平的刘歆伪作说,对康有为甚有启发,康氏著《新学伪经考》,提出《左传》、《周礼》、《逸礼》、《古文尚书》等均为刘歆伪纂的观点。康氏所论在学界掀起轩然大波,有羽翼其说者,如崔适等;有据理力争者,如朱一新等。

廖平、康有为等人的辨伪新论,对时人、后世的学术思想均产生了巨大影响。顾颉刚对此评述道:"他们的优点是不受传统的束缚,敢于触犯当时的'离经叛道,非圣无法'的禁条,来打破封建统治阶级为了自己的利益而歪曲造成的历史;所用的方法也是接近于科学的。他们的缺点是受了时代的限制,还不能完全摆脱圣道的观念;所用的方法也有武断主观的成分。"[1]该评述,极允当。

对于廖平、康有为等人的文献辨伪,当然不能仅以"文献整理的方法"去考量,因为比起其学术的客观性,廖、康等人文献考辨的思想性更加突出。廖平、康有为、崔适的文献辨伪,其形式是考据学的引经据典,无征不信,但其实质则是先入为主,是其所是、非其所非。廖平、康有为文献辨伪的经世思想都极为突出,只是康有为的政客色彩浓重,而廖平的学者气息偏多。

---

① 顾颉刚:《中国辨伪史要略》十八"清代的辨伪",第 211 页。

1.廖平肇其端

廖平(1852—1932),初名登廷,字旭陔,又字季平,四川省井研人。自幼家贫,得张之洞赏识,入四川尊经书院学习。光绪五年(1879年)中举,改名平,字季平。光绪十五年(1889年)中进士,拟以知县用,廖平请改教职,后被劾免职。辛亥革命后,曾受聘于四川军政府,又先后执教于四川国学院、成都高等师范、华西大学等。廖平治学多变,后人研究颇多。著成《公羊解诂十论》、《今古学考》等。1888年著成《知圣篇》,该书的"素王改制说",对康有为著《孔子改制考》产生了重要影响,1902年写成续篇后印行。在著《知圣篇》的同时,廖平又写成《辟刘篇》一卷,附《周礼删刘》一篇。《辟刘篇》原稿亡佚,要义见存于廖氏《古学考》中,该书于1897年由尊经书局刊行。① 廖平的文献辨伪成果,多集中在该书中。

《古学考》和《新学伪经考》之间,究竟有何承袭关系? 这一度是学界的公案。笔者认为,康有为受廖平启发,是无可置疑的②,

① 1900年廖平等人新修《井研县志》"艺文四·古学考提要"称:"是书初名《辟刘篇》,末附《周礼删刘》,皆平信今驳古之说"。
② 廖平在光绪十五年中进士后,应张之洞之召赴广州。康有为曾访廖平于广雅书局,竟夕晤谈。据言,廖平向其示以《知圣篇》和《辟刘篇》(见廖平:《经话》甲编卷1,成都存古书局,1921年,第55页)。之后,廖平回访康有为于广州安徽会馆,亦当语涉今古文事。与廖平别后,康有为不久就写成了《新学伪经考》。何以如此神速? 个中因由不问可知。廖平亦自言"外间所述之《改制考》即祖述《知圣篇》,《伪经考》即祖述之《辟刘篇》"(见廖平:《经话》甲编卷1,成都存古书局,1921年,第55页)。梁启超也认为康氏学说受廖平影响,他直言道:"康先生之治《公羊》、治今文也。其渊源出自井研(即廖平),不可诬也"(梁启超:《中国学术思想变迁之大势》,中华书局,1989年,第99页)。另外,廖平曾两次致信康有为争辩此事,对康氏的"深自讳避"大为不满,并以郭象窃向秀事相讥。但是,康有为对此事则"藏喙若噤"(钱穆语,见《中国近三百年学术史》,中华书局,1984年,第647页),不作正面回应,仅在《重刻伪经考后序》中间接予以否认。钱穆在《中国近三百年学术史》中,明确提出康有为

至于著作中持论多有相同，本是学术中常有事，以为纯属抄袭，或许出言太重。

廖平一生著述，达百余部。就文献辨伪而言，入民国后的著述不在本文研究范围①，这里仅就《古学考》、《知圣篇》及《今古学考》中的部分内容，略加说明。

其一，《古学考》的文献辨伪。

《古学考》全书，共有六十六则经语，可分为两个组成部分：前

"撰《伪经考》在羊城，不在银塘"（见钱穆：《中国近三百年学术史》第 14 章"康长素"，第 648 页）。康氏不当忘记是非尤多的《新学伪经考》作在何处。此外，他所谓偶读《河间献王传》、《鲁共王传》，见其中没有"得古文经"一事，乃大惊疑，引发他作《新学伪经考》的说法也不可信。事实上，他在广州见廖平前，廖平已经提出刘歆改窜《汉书》的问题。有关廖、康此一公案，经钱穆考辨后，基本真相大白。之后学者，多因钱穆说，虽然多讳言所出。此外，虽然今见《古学考》直到 1897 年方刊行，这已晚于康有为刊行《新学伪经考》六七年，并且数次提到康氏书，可以确定是写在其后，不过因为《井研县志·艺文四·古学考提要》中称"是书初名《辟刘篇》"，如果《井研县志》所言不诬，《经话甲编》中语属实，则《古学考》脱稿自《辟刘篇》是无疑义的，则《辟刘篇》是作在《新学伪经考》之前的。因此，不能因为《古学考》晚于《新学伪经考》而否认康有为受廖平启发的事实。有关内容多见今人著述中。以朱维铮作《新学伪经考·导言》阐述详明得当。载《新学伪经考》，三联书店，1998 年，第 6—7 页。

① 廖平青年时代在研学"经学"的同时曾学过中医理论，晚年潜心中医学研究，著医书 20 多种。代表作有《脉学辑要评》（成都存古书局，1915 年）、《内经平脉考》（成都存古书局，1915 年）、《难经经释补证》（成都存古书局，1914 年）等。蒙文通《廖季平先生传》称："先生之有功医术，初不亚于经学。晚岁所获，固在医而不在经学也"。廖平尤好中医脉学，其"斥寸、关、尺诊之谬，详申三部九候……叹为绝学"（见杨向奎《清儒学案新编》，第 4 卷，齐鲁书社，1994 年，第 388 页）其中有考订医典真伪的内容，如他认为《难经》非秦越人（扁鹊）之作，而是后人伪托秦越人所撰之"伪书"，又言"《总目提要》以'吕注'为真书，不知乃唐、宋人所伪托，通考全书文气卑弱，全不似魏晋人语"（见廖平《难经经释补证》）。有关廖平的医典辨伪，可参见张志枫、颜新的文章《疑"经"辨"伪""托古"开新——廖平"脉学"学术思想探析》（《江苏中医》2001 年第 10 期）。

二十九则为一部分,采用新旧对比,以新说为是的形式来讲的;后三十七则为另一部分,虽偶用前一形式表述,但一般是随感而发。该书的中心论点是:"古学始于刘歆"。廖平的文献辨伪,实际上同他的"古学晚出说"相辅相成。

(1)论《周礼》伪乱。

在廖平看来,《周礼》为古文之大宗。因此,他首先从考辨《周礼》入手,提出《周礼》并非古书,而是刘歆为了迎合王莽篡汉,为新朝提供理论依据的赝托之作,即"多迎合莽意而作"。

他提出的重要证据是,该书首尾"皆不完具",又多有"自相矛盾"之处。此外,他又提出,经今文学"见之载籍者,每条无虑数千百",而经古文如《周礼》,却"决无一佐证",他举证道:"如今学言封国三等,言三公九卿,毋虑千条。而《周礼》言地五等,以天地四时分六卿,则自古决无一相合之明证。"综上所述,他提出:该书"不出于先秦"。①

廖氏所言并非他的发明,因为宋代胡五峰等人已有言在先②,此外,清儒方苞的《周官辨》,其所言也"以窜乱归之刘歆"③。但是,此前诸位学者在考辨《周礼》之伪时,多就事论事,而廖氏则把刘歆窜乱《周礼》同否定整个古文经学联系了起来,从而使其《周礼》辨伪的意义更加凸显。

廖氏既然认为《周礼》是"刘歆本《佚礼》羼臆说糅合而成",因此作《周礼删刘》,专门一一指明应删的内容。

---

① (清)廖平:《古学考》,《中国现代学术经典·廖平卷》,河北教育出版社,1985年,第80页。

② 皮锡瑞《经学通考》论其说之源:"王莽之王田、市易,介甫之青苗、均输是也(谓其行《周礼》之法至于乱阶)。后之儒者见其效验如此,于是疑其为莽、歆伪书而不可行"。见皮锡瑞:《经学通论》"三礼·论周官之法不可行于后世马端临文献通考言之最晰",中华书局,1954年,第58页。

③ 《总目提要》卷23"经部二十三·礼类存目一","周官辨"条。

（2）论《左氏春秋》非"传"。

廖平并不以为《左氏春秋》是解"经"之"传"，并举证八点：

> 《春秋》编年，专传当依经编年；今分国为编，其原文并无年月，一也。依经立传，则当首尾同经；今上起穆王，下终哀公，与经不合，二也。《公》、《穀》所言事实，文字简质，朴实述事；今传侈陈经说，制度与纪事之文不同，三也。为《春秋》述事，则当每经有事；今有经无传者多，四也。解经则当严谨；今有经者多阙，乃侈陈杂事琐细，与经多不相干，五也。既为经作传，则始终自当一律；今成、襄以下详，而文、宣以上略，远略近详，六也。不详世系与诸侯大夫终始，与谱牒世家之意不合，七也。《春秋》大事盛传于世，载经纷繁。若于传《春秋》，当详人所略，略人所详，乃征实用。今不羞雷同，而略于孤证，八也。①

通过列举上述八条证据，廖平称，可"足见其书不专传《春秋》"。当然，他还是承认《左氏春秋》"假借行事以存经说"，本是"六经之传"，但该书绝非"专"为《春秋》而作。

（3）论《毛诗》后出。

廖平本以为《毛诗》是西汉时文献，但是"考之本书，征之《史》、《汉》，积久乃知其不然"。因为他发现，如果《毛诗》是西汉时的"古书"，刘歆《移让太常博士书》不应不加以征引。而且，"毛诗序"的观点，又"全本之（《周礼》）"。所以，他认为《毛诗》是在《周礼》之后做成的，否则"刘歆以前，何从得此伪说"？

对于《汉书·艺文志》之《毛传》，《汉书》中之"刘歆传"、"河

---

① （清）廖平：《古学考》，《中国现代学术经典·廖平卷》，河北教育出版社，1985年，第101页。

间献王传"，以及《后汉书·儒林传》中的"毛诗"等字样，廖平认为
"皆为六朝以后校史者所羼，原文无此"。① 他的这一观点，被康有
为发挥得淋漓尽致。

这里，与其说是廖氏辨《毛诗》伪作，不如说是他在澄清该书
的形成年代。其用意，在于通过这种形式，破除经古文家的学说
基础。

其二，《知圣篇》、《今古学考》中的文献辨伪。

上述著述中的文献辨伪，主要包括以下几方面内容：

（1）《逸周书》辨伪。

廖平认为《汉书》著录的《逸周书》，是"秦汉先师采缀而成"
的真书。而今见标明"汲冢"旧名的《逸周书》，却不尽然。他认
为，该书序文"浅陋"，因此"必系伪作"。而且，书中还存在诸如
"体制不纯"、"间涉殷事"，以及有《礼记》"职方"、"月令"等篇内
容的问题。所以，他十分肯定地说，其"必非周书"。究竟是如何
作成的呢？他推测道，或许是晋人取旧本，而别以"己意"补足而
成，所以不是"真古书"。②

（2）《子夏诗序》、《申培诗说》辨伪。

廖平指出，《诗序》据言传自卫宏，而且大、小毛公的名字，他
们的官爵及叔侄关系等，皆出自范晔《后汉书》。对于大、小毛公，
廖平不无诙谐地说："其说二人，真如孙悟空、猪八戒"，如果"游戏
评诗谈艺，则为高手"，如果是"解经"，则成"儿戏"了。这里，廖平
虽未明言，但显然以所谓《子夏诗序》为赝托。

他又言，书坊的伪《子夏诗序》、《申培诗说》，屡经"窜乱删
削"，已经"至为陋劣"。对于这类伪书，"既明知其伪，乃又摘论其

---

① （清）廖平：《古学考》，《中国现代学术经典·廖平卷》，河北教育出版社，1985
　　年，第105页。

② （清）廖平：《知圣篇》卷上，续四库本，第953册，第795页。

中数条,以为义可兼存。似此犹可存,则又何不可存!"①廖氏在这里,批评了治学中引据伪书的现象。

(3)《孔丛子》、《孔子家语》辨伪。

廖平指出,王肃为与郑玄"争胜",大力倡导古法,以"摧击"郑玄,并伪作《孔子家语》和《孔丛子》二书,"托于孔子说",并"牵合"经今文说和经古文说,从而使得"后人读其书,愈以迷乱,不能复理旧业"。廖平认为,这都是王肃的过错。而且混乱经今文、经古文的罪过,"尤在郑君之上"。他批评王肃"欲求胜人而不知择术"的做法是极为愚蠢的。②

(4)再论《周礼》伪作。

廖平在《今古学考》中言:"汉初古文行于民间,其授受不传。然《尚书》、《史记》所引,多古文说,则武帝时有《古尚书》师也。毛公为河间献王博士,则古《诗》有师。《古周礼》说,多见于《戴记》师说,当时尚多引用,是《周礼》亦有传也。"可见,在廖氏看来,《周礼》虽为刘歆掇拾佚文、假托先贤的伪作,但是书中还是保存了不少先秦历法、"先师遗说",因此有意在闲暇时,辑为《汉初古文群经先师遗说考》,说明"古文之授受",从而也证明这些内容,并非汉人伪作。③

总而言之,在廖平看来,"古文家渊源,皆出许郑以后之伪撰",一切经古文师说,都是刘歆等据《周礼》、《左氏》推衍生发而成的。④ 所以,他将考辨的重点集中在《周礼》、《左氏春秋》等文献上。廖平的文献辨伪,其思想史上的意义是不言而喻的,也正是

---

① (清)廖平:《知圣篇》卷上,第805页。
② (清)廖平:《今古学考》卷下,续四库本,第179册,第442页。
③ (清)廖平:《今古学考》卷下,续四库本,第179册,第459页。
④ (清)廖平:《四益馆经学四变记之二变记》,《中国现代学术经典·廖平卷》,河北教育出版社,1985年,第227页。

因其论道多于考实,思想意味太浓,实事求是的内容不多,故而多惹人诟病。不过他给时人的影响,还是不容忽视的,特别是对康有为。康氏因受其启发,退而著成《新学伪经考》①。康有为其人、其书名噪一时,将廖平取而代之,出尽风头。

2.康有为倡其伪

康有为(1858—1927),原名祖诒,字广厦,号长素,广东南海人。经今文学家,维新运动领袖。早年师从粤中理学名儒朱次琦,奠定其学术根基,后逐渐接触西学和改良主义思想,遂有救世之志。1884年着手撰写《人类公理》,即清亡后方公开发表的《大同书》②。1888年入京会试时,首次上书光绪帝,请求变法。后受经今文学家廖平的影响,竭力推尊今文经学,贬抑古文经学,先后完成了《新学伪经考》、《孔子改制考》及《春秋董氏学》等著述,为维新变法奠定了理论基础③。甲午战争后,康有为又先后五次上

---

① 梁启超认为,《新学伪经考》有五个要点:第一,西汉经学无所谓古文者,凡古文皆刘歆伪作。第二,秦焚书并未厄及六经,汉十四博士所传,皆孔门足本,并无残缺。第三,孔子时所用的字,即秦汉时的篆书,以文字论,绝无所谓古文、今文的名目。第四,刘歆欲弥缝其伪之迹,在校书时对一切古书多所羼乱。第五,刘歆作伪的目的,是想湮乱孔子的微言大义,以佐助王莽篡汉。对比廖平的论说,可以看出除第二、三点廖平并未明言外,康氏所言唯详略不同罢了。

② 汤志钧:《再论康有为的〈大同书〉》(《历史研究》1959年第8期)认为该书成书于1901—1902年间。方志钦:《关于〈大同书〉的成书年代问题——与汤志钧同志商榷》认为"《大同书》的确成书于1901—1902年,但是,《大同书》的酝酿,则应该推到1884年"。经过一番考证,其结论是:"《大同书》的成书过程,从1884年到1902年,前后共经历了十八年之久,它的基本思想是形成得比较早的,尽管定稿是在1901—1902年,并且以后还有所修改,但是在戊戌以前已有过草稿,所以,可把它基本上列为戊戌前的著作,这并不妨碍在对该书进行研究时,把戊戌后添入的内容加以区别和作具体分析"。

③ 萧公权曾经指出,康有为对儒家思想的研究可以分为三个阶段:第一阶段起自幼年发蒙,止于1883年左右,康氏兴趣由传统学术转入"汉学";第二阶段约始于1888年,从古文学派转移兴趣至今文学派,并以《春秋》公羊学为其

书,提出一系列改革方略,并直接领导了戊戌变法。变法失败后,流亡海外,又相继撰写了《礼运注》、《中庸注》、《孟子微》、《大学注》、《论语注》等五部诠释儒家经典的著作。康有为的学术,驳杂不精,但是善于从陆王心学、佛学、史学及诸子学中寻绎,且能会通中西,从而创立自己的学说体系。其思想主旨是"公羊三世说"①。

康有为的文献辨伪,可以《新学伪经考》为代表。《新学伪经考》又名《伪经考》,光绪十七年(1891年)七月,由广州万木草堂刊刻②。《新学伪经考》成于西方列强入侵,中国民族危机日益加深之际。康有为发现,西方近代民主、自由、平等的观念,均可与孔孟思想相契合,于是以强烈的入世精神,通过辨伪,汇通新旧,融合中西,尽管该书谬误多见,但康氏通过是非儒家经典的方式,宣传

研究重点;第三阶段始于1892年或1893年,而止于1902年左右,康氏在此期间以《春秋》三世之说和《礼运》大同之旨为基础,建立其社会哲学,同时也对儒家经典展开了新的诠释(转引自黄俊杰:《孟学思想史论》卷2,台湾中央研究院中国文哲研究所筹备处,1997年,第377页)。

① 康有为把人类道德发展的过程概括为三个阶段:一是"草昧初开"、"人与兽争"的"上古"之时,二是"人与人争地"的"中古"之时,三是"建德之国"的"大同之世"。这三阶段的划分,与"三世"并不完全相一致。显然,上古之时人类还处于野蛮时代,无道德人伦可言;中古之时,道德是"亲亲"、"私国",实属据乱世;在"大同之世"之前,还应有"升平世",因康有为认为人类的发展史上,升平世与据乱世虽道德水平有所不同,但却又是同时间存在,道德方面都未能达到去私为公,因而,在道德三阶段的分析里,便没有另列出升平世。只有在太平世,才可能达到人类的最高的道德境界。

② 光绪十六年九月十八日广州《广报》上的一则出版广告:"《新书发售》,南海康长素先生所著《新学伪经考》,在本堂发售。此书考得《费易》、《古文尚书》、《毛诗》、《周礼》、《左传》、《尔雅》、《说文》皆是伪书。初印白纸精本,收回纸墨工价银二两正。粤城双门底藏珍堂谨白"。陈占标:《〈新学伪经考〉初刊年月考》一文,据上述材料,并"又查《康南海自编年谱》'光绪十六年条'载:'是岁既与世绝,专意著述,著婆罗门教考、王制义证、毛诗伪证、周礼伪证、说文伪证、尔雅伪证。'这也说明《新学伪经考》在1890年已经写成了"。从而认为,《新学伪经考》应该初刊于光绪十六年。

政治主张、阐发改良思想的用意还是值得关注的。

其一,《新学伪经考》研究中存在的问题。在中国近代史研究中,康有为显然是一位最受关注的人物,其中有关康氏《新学伪经考》的研究,成果尤其丰富。然而一个问题就是,很少有人真正从文献辨伪学研究的角度,研究康有为的这部"辨伪学"著作。也就是说,学界目前更多的,是将其划入谈思想、谈政治、谈政治思想的范围,而很少将书中的谈思想、谈政治、谈政治思想,"正视"为"文献辨伪学"的"题中应有之义"。譬如有人说:

> 清末康有为的出现,不仅震撼了政坛,也动摇了整个学术界。康有为为了达到政治改革目的,他把古籍辨伪当作鱼肉而俎,他著《新学伪经考》进一步阐述刘逢禄观点。说古文经如古文《尚书》、《周礼》、《逸礼》、《毛诗》及《左传》等全是刘歆伪造、是为王莽篡汉服务的,甚至于《史记》、《汉书》中凡有关古文经传的记载也都是刘歆附益和篡(疑为"篡")改的。此外,他又窜乱其他古籍为其政治改革的目的服务。这一基本观点是主观臆断的,但在当时动摇了儒家经典,也有其解放思想、破除迷信的进步作用。①

再如朱维铮写在《新学伪经考》前的《导言》②,都极为精到,唯独没有将该书的文献辨伪成就置于一个合适的位置。

笔者的研究,仅仅是以一贯的观点,重新阐发这个传统的问题罢了。因为实事求是地说,除了给"文献辨伪学"正名、除了将该书真正纳入"文献辨伪学研究"的体系以外,有关《新学伪经考》具

---

① 牟玉亭:《明清辨伪学的发展》,《文史杂志》1999 年第 5 期。
② 见载于《新学伪经考》,三联书店,1998 年。

体内容的探讨,如:康有为的持论与廖平、刘逢禄等人的异同,康有为的引述对《史记》、《汉书》的截断,康有为的门徒在该书编撰中的分工,康有为的鼓吹在清末社会的影响,现代诸家言论与是非得失,等等,笔者都难以在几千字的篇幅中大有作为,所以不敢妄称超越。

其二,《新学伪经考》的文献辨伪学研究。笔者运用"文献辨伪学研究"的理论方法,对康有为的《新学伪经考》进行解读。主要谈以下三个问题:

(1)辨伪主旨。

《新学伪经考》"书序"中,康有为阐发了其辨伪主旨,其言:

　　吾为《伪经考》凡十四篇。叙其目而系之辞曰:始作伪,乱圣制者,自刘歆;布行伪经,篡孔统者,成于郑玄。阅二千年岁月日时之绵暧,聚百千万亿袊缨之问学,统二十朝王者礼乐制度之崇严,咸奉伪经为圣法,诵读尊信,奉持施行。违者以非圣无法论,亦无一人敢违者,亦无一人敢疑者。于是夺孔子之经以与周公,而抑孔子为传。于是扫孔子改制之圣法,而目为断烂朝报。六经颠倒,乱于非种;圣制埋瘗,沦于雾雾,大地反常,日月变色。以孔子天命大圣,岁载四百,地犹中夏,蒙难遘闵,乃至此极,岂不异哉?且后世之大祸,曰任奄寺、广女色、人主奢纵、权臣篡盗,是尝累毒生民。覆宗社者矣!古无有是,而皆自刘歆开之。是上为圣经之篡贼,下为国家之鸩毒者也。夫始于盗篡者终于即真,始称伪朝者后为正统。司马盗魏,嵇绍忠;曹节矫制,张奂卖。习非成是之后,丹黄乱色,甘辛变味,孤鸣而正易之,吾亦知其难也。然提圣法于既坠,明六经于暗昒,刘歆之伪不黜,孔子之道不著,吾虽孤微,乌可以已!……不量绵薄,摧廓伪说,犁庭扫穴,魑魅奔逸,雾散阴

谿,日㜣星呀,冀以起亡经,翼圣制,其于孔氏之道,庶几御侮
云尔。①

据此可知,康有为意图借此书,廓清罩在古文经上的迷雾,揭
露其助莽篡汉的实质。他认为,伪古文经湮没、淆乱了孔子的"微
言大义",且因为"二十朝"的礼乐制度"咸奉伪经为圣法",所以古
文经和经古文说已经流毒不尽,贻害无穷了。所以为弘扬孔子之
道,必须摒弃刘歆之伪经、伪说。

(2)所考辨的文献。

康有为认为,六经并未亡佚,西汉时的经文均是全璧,为此该
书开篇就是"秦焚六经未尝亡缺考"。康有为提出,古文经全是刘
歆伪造,古文经学是为王莽篡汉服务的"新学"。康氏的文献辨
伪,即围绕这个主题而展开。《新学伪经考》的内容较为丰富,限
于篇幅,这里只能择其大端,作简要说明。

①《周礼》辨伪。康有为认为,《周礼》一书,《史记》中除《河
间献王世家》、《儒林传》外,"唯《封禅书》有此二字",而且即便是
这二字,还是刘歆伪窜的。② 因此,从文献流传的角度,《周礼》突
出于后世,必伪无疑。他的观点是,该书是刘歆伪撰,以欲"附成
莽业",因为书中"与莽所更法立制略同"③,就是明证。

康氏又简述《周礼》行世后,历代学者尊、黜不一的情况。指
出在刘歆伪作诸经中,《周礼》之伪,"最易见","早为人窥破"。

此外,他又指证《周礼》"原出于《管子》及《戴记》"的几条证
据,认为"歆之所为,大率类是"。并指出刘歆"多见故书雅记",所

---

① (清)康有为:《新学伪经考》(朱维铮导读)"序",三联书店,1998年,第2—3
　　页。
② (清)康有为:《新学伪经考》卷2上,第36页。
③ (清)康有为:《新学伪经考》卷3上,第78页。

以作伪详密、"证据深通",这也是后儒因此"惑溺"的症结。①

②孔壁《古文尚书》辨伪。为证明《古文尚书》十六篇都是刘歆的"偷窃伪造",康有为在书中列举了十条证据,这就是他所说的"壁中古文之事,其伪凡十"。康氏的十条证据如下:秦虽焚书,而六经不缺,并且篆与籀文相承,不必有"古文";《史记·鲁共王世家》无坏孔子壁得古文经书事;武帝初年和武帝末年的矛盾;孔安国献书与遭巫蛊事问题;河间献王得古文,司马迁何以不见?孔安国不应仅识二十九篇;《史记》中《尧典》诸篇"实皆今文";古文"何以有脱简三、脱字数十、文字异者七百有余";欧阳,大、小夏侯不传十六篇古文,而都尉朝、胶东庸生独有之;传授世系相去甚远问题。

最后,他说道:"比附观之,盖不待辞之穷,而其伪已露矣。"②实际上,康氏的举证虽有十条之多,但基本上仍是承袭前人既有言论,没有多少新意。

③孔子《书序》辨伪。康有为认为,孔子《书序》和《古文尚书》都是刘歆的伪作,其言:

> 孔子作《书序》之说,自来所无,一见《汉书·艺文志》,再见于《汉书·楚元王传》,三见于《汉书·儒林传》。《艺文志》、《楚元王传》皆刘歆之言。班固亦在歆后,其即歆伪说,又复何疑?③

在康有为看来,《汉书》中有关孔子作《书序》的内容,都是刘

---

①　(清)康有为:《新学伪经考》卷3上,第80页。

②　(清)康有为:《新学伪经考》卷3上,第57—58页。

③　(清)康有为:《新学伪经考》卷13,第339页。

歆的"伪说",而班固则承其谬,不足信。他进而考察了刘歆"伪说"的来源。他认为,其说或是依据《史记》的以下记载附会而来,即:《史记·三代世表》云:"孔子因史文,次《春秋》,纪元年,正时月日,盖其详哉!至于叙《尚书》,则略无年月"。《孔子世家》又云:"序《书传》。"但是,他认为这两处"序","不过次序之谓",并非"作序"的意思。因为《孔子世家》中"孔子晚而喜《易》,序《彖》、《系》、《象》、《说卦》、《文言》"的"序",就是这个意思。因此所谓"孔子作《书序》"的说法,"《史记》本无其文"。①

康有为认为,"《书序》孔子作",是没有根据的伪说,也就是说,所谓"孔子作《书序》",也就是妄托圣人的伪书了。同时,康有为认为,《书序》和《史记》中相同的内容是《书序》袭《史记》,而不是《史记》采用《书序》。

④《毛诗》辨伪。书中列举了十五条证据,用以说明所谓《毛诗》及《诗序》,都是托名的伪作。文繁不具,详见该书"艺文志辨伪上"。

康氏的《毛诗》辨伪,主要从齐、鲁、韩三家诗不曾言及;徐整、陆玑述传授源流抵牾支离;大毛公"籍贯无稽";刘向、班固不言有大、小毛公,郑玄、徐整等生后二百年,何从知之;诸家记述的传授与年代不符;郑玄、徐整等仅以毛公有大小二人,《后汉书·儒林传》以为毛亨、毛苌,则是"妄增";河间献王立《毛诗》博士事,为"窜乱依托";《毛诗》"四始"与《韩诗外传》、《史记》不同;篇次与《韩诗》不同;以《商颂》为商遗《诗》,与三家《诗》的"美宋襄之说"不同;《毛诗》以为商先世之《诗》;《毛诗》多笙诗六篇;《毛诗》有望文生义,"空辞敷衍"的问题;刺幽王之《诗》太多;以诸诗为乐章

---

① （清）康有为:《新学伪经考》卷13,第339页。

的问题。① 其考辨,在形式上已经综合运用了多种方法,但是在逻辑性和客观性上,则颇多值得推敲。

⑤《十翼》辨伪。他认为,所谓"孔子作《十翼》"是"伪说"②,因此,《十翼》也就是他所认定的伪书了。如"系辞"中的"子曰",就是其"非出孔子手笔"的明证。如"说卦",《隋书·经籍志》认为是后得,康有为据此说道:"西汉前《易》无《说卦》可知",因此也认定其"出汉时伪托无疑"。如"序卦",康有为以为"肤浅"。如"杂卦"中言训诂,康有为认为这是刘歆的"伪窜"。宋人叶适曾辨《序卦》、《杂卦》为后人伪作,康有为引以为同声③。

⑥论《汉书》为刘歆伪窜之书。他指出,《史记》中《河间献王》、《鲁共王世家》中不见有"献王得书、共王坏壁事"的记载,但《汉书·河间献王传》却有"献王所得书皆古文先秦旧书"的内容。他认为,"《汉书》实出于歆,故皆为古学之伪说,听其颠倒杜撰,无之不可。其第一事,则伪造河间得书、共王坏壁也"。④ 为论证《汉书》出自刘歆手,他还据葛洪《西京杂记》中"《汉书》本刘歆作,班固所不取不过二万许言"的说法,将班彪、班固父子作《汉书》的工作,缩减到"二万许言"。

康氏以为,刘歆伪窜《汉书》,可姑且不论,但是《史记》中不见有"古文经"的记载,就极遭人质疑。《史记·太史公自序》中明言,司马迁曾向孔安国"问故",又《史记·儒林传》中说:"孔氏有古文《尚书》,而安国以今文读之,因以起其家,逸《书》得十余篇,盖《尚书》滋多于是矣"。这是针对孔壁发现《古文尚书》而言。又《仲尼弟子列传》中有:"则论言弟子籍,出孔氏古文近是"。此外,

① （清）康有为:《新学伪经考》卷3上,第63—68页。
② （清）康有为:《新学伪经考》卷11,第238页。
③ （清）康有为:《新学伪经考》卷3上,第53页。
④ （清）康有为:《新学伪经考》卷4,第123页。

《史记》中也不止一处引述古文经说。对此，康有为都避而不谈。另外，康有为还论定《费氏易》、《左氏春秋》等书，均是刘歆伪作或伪窜。兹不详述。

（3）康有为文献辨伪成就别论。

《新学伪经考》以《汉书河间献王、鲁共王传辨伪》一篇为起点，以《汉书艺文志辨伪》为中心，以《书序辨伪》、《汉书儒林传辨伪》、《经典释文纠谬》、《隋书经籍志纠谬》四篇，与之互相发明，或补其未备，从多角度、多层面考证古文经之伪，提出了一些独特的见解，在辨伪学史上曾产生过破除迷信、解放思想的作用。他对一些伪书（如《诗序》、《书序》等）的怀疑和驳难，也颇有说服力。在政治上，该书充当了康氏主张变法维新的先导。所以梁启超称：它"把西汉迄清今古文之争算一个总账，认西汉新出的古文书全是假的，承刘（逢禄）、魏（源）之后而集其大成。使古书的大部分如《周礼》、《左传》、《毛诗》、《毛诗传》和刘歆所改窜的书根本摇动，使当时的思想界也跟着发生激烈的摇动"。①

然而，我们应当看到，康有为在考辨古文经的过程中，存在着严重的主观武断现象，有些观点是经不住推敲的，甚至是错误的。如他认为古文皆伪，并且均为刘歆一手伪造，认为《汉书》出自刘歆之手等，就太显"霸道"。书中广征博引，看似证据确凿，实际上大有问题。正如梁启超所指出的那样："（康）有为以好博好异之故，往往不惜抹杀证据或曲解证据，以犯科学家之大忌，此其所短也。有为之为人也，万事纯任主观，自信力极强，而持之极毅。其对于客观的事实，或竟蔑视，或必欲强之以从我。其在事业上也有然，其在学问上也亦有然。其所以自成家数崛起一时者以此，其所

---

① 梁启超：《古书真伪及其年代》（据1936年影印《饮冰室合集》本）第三章"辨伪学的发达"，第38页。

以不能立健实之基础者亦以此。读《新学伪经考》而可见也。"①

今天,我们应当实事求是地看待刘歆与古文经的真伪问题。刘歆当时校书于秘府,或许为使《左传》、《周官》等一些秘府所藏古书立于学宫,不惜采用作伪的手段,伪窜古经,造成了一些古书的失实。或许刘歆为了配合王莽篡汉,他又点窜个别古经,以迎合莽意,其动机和目的不能不说是可鄙的。但康有为坚持认为刘歆伪造群经,增窜《史记》,伪作《汉书》,把一批古代经书笼统地诋为"伪经"、"伪书",就不免有些危言耸听,流于浮夸了。

《新学伪经考》全盘否定了传世的古文经传,从而动摇了现存的儒家经典。据言,因此曾三次被清政府降旨毁版,并受到清末学者如叶德辉等人的激烈抨击,但这些并没有降低它在政治上、学术上的影响。在政治上,它所表现出的疑古精神,已经远远超出了经学的范围而在一些知识分子中,逐渐形成了一个思想解放的思潮。在学术上,它直接影响了后世的辨伪工作,以崔适为最剧,崔氏著《史记探源》、《春秋复始》、《论语足征记》、《五经释要》等书,皆引伸康氏之说。此外,现代的辨伪学家如钱玄同、顾颉刚等,也深受康氏学说的影响。

3.朱一新辨其谬

朱一新(1846—1894),号蓉生,字鼎甫,浙江义乌人。同治九年(1870年)举人,官内阁中书,光绪二年(1876年)进士,改翰林院庶吉士,散馆授编修,光绪十一年(1885年)充湖北乡试副考官,转陕西道监察御史,十二年上《遇灾修省疏》,劾及内侍李莲英,降御史候补主事,告归。曾主讲肇庆端溪、广州广雅书院。光绪二十三年(1897年)得赏加五品衔。朱一新学有根柢,好程朱理学,主

---

① 梁启超:《清代学术概论》(据1936年影印《饮冰室合集》本)第二十三节,第57页。

通经致用。著有《无邪堂答问》、《汉书管见》、《拙庵丛稿》等。适逢康有为等"热血"①鼓吹西汉公羊之学，朱一新甚为不满，以为其论"非常可怪"，其言"凭臆妄造"，其实诬圣乱经。② 因此，朱一新的文献辨伪成就中，除了述及几种伪书外③，最值得注意的，是对康有为"刘歆遍伪群经说"的批驳，此外，还有一段阐述辨伪理论的文字，也值得说明。前者见于《答康长孺书》中，后者见于《无邪堂问答》，而朱氏的辨伪理论与对康有为学说的批驳是相通的。

（1）对康有为的批驳。

朱一新对康有为"刘歆辨伪群经"的观点不能认同，如对于孔壁《古文尚书》和《左氏春秋》二部文献，朱一新认为绝非刘歆的伪作。

其一，孔壁《古文尚书》有来历，非伪书。

康有为不信壁中古文经为真，认为《史记》"河间献王传"、"鲁共王传"传文中，没有古文经的记载。朱一新反驳道："当史公时，儒术始兴，其言阔略，《河间传》不言献书，《鲁共传》不言坏壁，正与《楚元传》不言受《诗》（今文《鲁诗》）浮丘伯一例。若《史记》言古文者，皆为刘歆所篡，则此二传，乃作伪之本，歆当弥缝之不暇，岂肯留此罅隙，以待后人之攻？"而且，《史记》中并非没有《古文尚书》的记载。他指出："史公《自叙》'年十岁则诵古文'，《儒林传》有《古文尚书》，其它涉古文者尚夥，足下悉以为歆之窜乱。夫同一书也，合己况者则取之，不合者则伪之！"而且，《汉书》中也有《史记》"载《尧典》、《禹贡》、《洪范》、《微子》、《金縢》诸篇多古文

---

① 朱一新"热血"说，讽谏意味甚浓。详见《朱侍御答康长孺第二书》，收在《南海先生与朱一新论学书牍》，第152页。

② 《清国史》"儒林传下"卷41"朱一新传"，第733页。

③ 如言"太公《六韬》乃伪书，不足据，《总目提要》已论之"。见（清）朱一新：《无邪堂答问》卷1，续四库本，第1164册，第486页。

说"。朱一新反问道,对于这些内容,"足下将以此亦歆所窜乱乎?歆果如此,曷不并窜《河间》、《鲁共》二传,以泯其迹乎?"

朱一新以康有为之道,还诸其身,从文献上指出康有为立论疏略,从事理上提出刘歆不当自留破绽,不当如此作伪。朱一新的辩驳颇为有力。

其二,《左氏春秋》有增窜,非伪书。

《左氏春秋》非经传,有窜乱,是庄述祖、龚自珍、刘逢禄等一贯的观点,康有为则主张《左传》是刘歆割裂《国语》的伪书。朱一新认为,《左传》虽经羼乱但其书不伪。

首先,《左传》与《国语》,一记言、一记事。若《左传》系改《国语》而成,那么《国语》中的细碎之事又是从何而来;其次,《史记》采《左传》时,有时以《国语》定名,是因为古书无定名,所以《史记》引《左传》而称《国语》也很正常;再次,《左传》师承不明,只能证明《左传》晚出,而不能证明其为伪作。

最后,朱一新做出结论:《左传》疑之者古已有之,是因为后世之人为逞私说,因而"羼乱",但不能说明其书是伪书。

其三,刘歆不能如此欺世。

朱一新还提出:"歆是时虽贵幸,名位未盛,安能使朝野靡然从风,群诵习其私书乎?"这段论述,批驳得十分有力。因为即便刘歆好作伪,但是持论不密,"名位未盛",学问、权势都不足以服人,何以能令"朝野靡然从风,群诵习其私书"? 此外,朱一新再以马融、郑玄经学大师作为证据,提出刘歆以一己之力作伪,不可能骗得过当时的大学者如马、郑等人。总之,朱氏认为,刘歆不能通过这样的方式遍伪群书。

康有为的刘歆伪作说,根本上是态度或认识的问题,而非智力或方法的问题。所以朱一新驳康有为,也非争一经一传之真伪,而是论理论道之是非。

（2）朱一新的辨伪理论。

其一，子部书"杂"与"伪"有别。

朱一新在辨《文中子》非伪时指出，文献内容驳杂和文献作伪不能同日而语。他说"周、秦诸子，无不有自相抵牾之说"，这是可以理解的。这是因为先秦诸子书，"多为后人所杂乱"的缘故。《文中子》也存有这方面的问题。因为该书的"杂乱"，正与先秦诸子书相同，并且又"句摹字仿，俨欲以圣自居"，所以"人所骇怪，遂并其书而伪之"，而实际上，《文中子》杂而不伪。此外，从文献征引的角度，刘梦得作《王质墓志》，《旧唐书》就将其多采入《王质传》中，唐人已有引述，可见该书"决非伪作"。①

朱一新在这里，提出子书内容驳杂是文献流传过程中的正常现象，不当据此判断其真伪。这是朱氏文献辨伪中不多见的理论思考。

其二，动辄疑经为学界一弊。

朱一新认为，自古以来，子部伪书最多，但是经部文献与此不同，因为"经部作伪不易"。而且汉魏六朝间，经师对"一字之殊"，都"断断考辨"，怎能对众多伪经，无动于衷呢？所以，"若张霸、刘炫之伪造者，终不能售其奸"。

他认为，现在学风不古，"近人动辄疑经"，这是唐以前所没有的现象。他又举出《皇清经解》中的著述，认为它们"颇有此弊"。这些学者"以己之意见治经"，寓文献之辨伪，以一己之成见，"有不合者，则锻炼周内，以证古书之伪"，以"伸其私说"。这样的文献辨伪，"若推此不已，其祸殆烈于焚书"。朱一新对是其所是、非其所非的文献辨伪，不以为然，以为有"焚书"之弊。由此不难想见，他对康有为的批驳，非逞一时之意气。

---

① （清）朱一新：《无邪堂答问》卷1，续四库本，第1164册，第463—464页。

4.崔适承其绪

崔适(1852—1924),字怀瑾,号觯甫,浙江吴兴人。曾从俞樾学,攻经学、小学,后受《新学伪经考》影响,倡导今文经学。著《史记探源》等。崔适曾于民国初年在北京大学任教,影响了许多后学。古史辨学派的产生与发展,同他的影响关系密切。

崔适在文献辨伪问题上,力证刘歆为助莽篡汉,伪造经传,并改乱《史记》以售欺。他的观点与康有为等一脉相承。比起对其他文献的态度,崔适的偏执和意气,更显浓烈①。

（1）刘歆伪窜《左氏春秋》。

崔适以为,刘歆破散《国语》,自造诞妄之辞与释经之语,编入左丘明原著中,托言出自中秘书,名《春秋左氏传》。他强调,《左氏春秋》真伪相间,"有真出左丘明者,列国世系及政事典章之属是也"。而出自刘歆伪窜的,崔适认为有以下五方面:

其一,终始五德说。他认为"刘歆欲明新之代汉,迫于皇天威命,非人力所能辞让,乃造为'终始五德'之说,托始于邹衍"②。其二,十二分野说。崔适认为,十二分野说完全是刘歆的杜撰,并举三点作为佐证。③ 其三,变象互体说。他认为,《说卦》在说明"成卦之后",并没有"六爻有变象、有互体"的说法,变象互体之说,杜预"始发此例",所以"是说之出晚矣"。因此《左氏春秋》中的"变象互体",必是刘歆窜入。④ 其四,关于"告则书"的体例。他提出,"《左传》谓《春秋》本鲁史,鲁史本赴告,告则书,不告则

---

① 如论《孔子家语》为王肃伪造,"不足信"(《史记探源》卷7"孙子吴起列传第五"),持论还平。至于论《竹书纪年》是晋人托言"汲郡魏安釐王冢"的伪书(见《史记探源》卷6"郑世家第十二"),则稍有与众论不苟同的意味。

② (清)崔适:《史记探源》(张烈点校)卷1"终始五德",中华书局,1986年,第3页。崔氏同时说明,有关内容在涉及《邹衍传》的章节中有详述。

③ (清)崔适:《史记探源》(张烈点校)卷1"十二分野",第6—7页。

④ (清)崔适:《史记探源》(张烈点校)卷1"变象互体",第7页。

否",根据史实事理,崔适推断,其为不妥,以为是刘歆窜入。① 其五,"官失之"的说法。他认为,"孔子据各国史记而作《春秋》,笔之削之,断自圣心,无所谓官失之也",而今《左传》中却有"不书日,官失之"②的说法,这显然是刘歆的窜入。

以上五方面内容,崔适都认为是刘歆的伪窜。

（2）刘歆伪作《古文尚书》。

崔适认为,在伪作《古文尚书》的问题上,刘歆留下的破绽尤其多,他共提出六点"不合者"作为证据。其一,《汉书·艺文志》有武帝末鲁共王坏孔子宅,得《古文尚书》的说法。崔适认为,根据《五宗世家》的记载:鲁共王用（"在"之讹）孝景前二年立,二十六年卒。景帝在位十六年,则共王卒于武帝即位之十一年,即元光五年"。而武帝"在位五十四年",因此武帝"末年",共工已过世久矣!

其二,《汉书·艺文志》和《汉书·儒林传》均有孔安国以今文读之,进献遭巫蛊事的记载。他认为,史书记孔安国早卒,所以推算起来,"至巫蛊祸作,已过五十,是时尚在,安得云蚤（早）卒"?既然是"蚤卒",何以献书? 至于荀悦《汉纪》中"安国家献之"的说法,他也认为是"弥缝之迹甚彰"。

其三,他提出,《儒林传》中司马迁从安国问故的记载不可信。他认为,除了《儒林传》以外,均没有司马迁从孔安国问故的记载,并且司马迁生年也"不及武帝之末"。《七略》中说"武帝末",鲁共王之《古文尚书》安国若献之,"迁亦何由从之问故"呢?

其四,《史记》、《汉书》都有倪宽（《史记》、《汉书》作"兒宽"）学于欧阳生、又"受业孔安国"的记载。并且"不言安国所受业,其为家学可知"。所以可以推定,伏生和孔安国所传《尚书》相同,否

---

① （清）崔适:《史记探源》（张烈点校）卷1"告则书",第8—9页。

② （清）崔适:《史记探源》（张烈点校）卷1"官失之",第9页。

则"宽何不以所异者互补,必待孔壁古文出而滋多"耶？如果伏生书和孔安国书均齐备,"滋多之古文",从何而来？

其五,崔适认为,"古文说"与"古文经"有别。《七略》和《汉书·儒林传》中的"古文",都是"古文经"。"古文说",是贾逵以后才有的说法。司马迁怎能预先知道"古文说"？

其六,承上文,崔适认为,《儒林传》中司马迁取"古文说"的记载,是马融的说法。而实质上,所谓的"古文说",不过是"用古文之学,而释今文之经"。因此《史记》中之所谓"古文",才是"零章断句之真今文经与说"。因此,《汉书·儒林传》谓"多古文说",与实际不符。

以上是崔适据《史记》、《汉书》中的有关记载,推定《古文尚书》是刘歆的伪作,史书中的有关记载,是刘歆有意伪窜的结果。并强调,梅赜再造伪《古文》的问题,"阎百诗、惠定宇言之已详,且与《史记》关系甚少,故不之及"。①

（3）刘歆伪作《尚书序》。

崔适认为,《书序》是刘歆假托孔子的伪作。虽然《史记·三代世表》中有孔子"序《尚书》"的文字,但是他认为,这只是"编次"的意思。刘歆曲解文意,托言作伪,实际是"厚诬孔子"。为说明这个问题,崔适共提出四点理由：

其一,《书序》有"嘉禾"说。崔适认为,这是后人的依托。因为"古人第言咎征,藉以修德","止详灾异,不及祥瑞"。所以《王莽传》等,为"饰灾异为祥瑞",方有"嘉禾祥瑞"的说法,也就有了《书序》中唐叔之时有嘉禾的文字。

其二,他提出,刘歆为给王莽"受汉禅"制造舆论,故而割裂《尧典》,别出《舜典》,以"取法舜受尧禅"。

---

① 以上均见(清)崔适《史记探源》(张烈点校)卷1"古文尚书",第10—12页。

　　其三，根据《史记·周本纪》和《尚书大传》的记载，可知"问
《洪范》，在克殷后二年，箕子自朝鲜来也"。但是《尚书序》中，却
称"胜殷之年，即以箕子自朝歌归周"，《尚书序》的说法正与《三统
历》中"文王受命九年而崩，后四年武王克殷"的说法暗合。

　　其四，《列子·杨朱》篇、《史记·燕世家》等，同《书序》中关
于周公相成王的说法不合。据史书记载：成王既幼，周公摄政，召
公怀疑周公篡位，疑其"践阼"，不悦；但是，《书序》中言："召公为
保，周公为师，相成王为左右，召公不说（悦）"。马融解释道：召公
以为周公摄政，功勋卓越，不当"复列在臣位"，所以"不悦"。崔适
认为，《书序》中以"复列在臣位"不悦，都是刘歆的说法，其用意不
言而喻。①

　　崔适证《书序》伪作，不忘说刘歆助莽篡汉事。意在言外，理
在事先。名为辨伪，实为说理。

　　（4）刘歆伪作《古文论语》。

　　崔适指出，《古文论语》虽然以"蝌蚪（科斗）古文"作之，并托
言是"先秦人书"，但不过是刘歆所造，"托之孔安国所传"罢了。
他的证据是："古者字少，一字恒管数义，故多假字；后世各造本字
分用之。故有古人用假字，后世易以本字者；未有古人用本字，后
世以假字者"。但是，他发现：同《鲁论》相比，与之异读的《古文论
语》却多用"本字"。如"可使治其赋也"，《鲁》读为"其傅"，则
"傅"假字，"赋"为本字。"吾未尝无诲焉"，《鲁》读为"无悔"，则
"悔"为假字，"诲"为本字。他又提出，或许有人认为《鲁论》"读
为"的"傅"、"悔"是本字，"赋"、"诲"是假借字，这种提法看似正
确，实际"于经义断无可解"。所以可以确定"《鲁》用假字，《古》
用本字"。《古文论语》"文从而字顺"，后出于《鲁论》"明甚"，所

　　①　以上均见（清）崔适《史记探源》（张烈点校）卷1"书序"，第12—13页。

以认定其为刘歆"赝古"之作。①

崔适是为了论证刘歆伪作群经，故而提出《古文论语》假造问题。而以往学界争论最多的，是孔安国传《论语》问题，而对孔壁出《古文论语》一事少有争议。崔适承康有为之余绪，超越魏晋，指认古文经传为伪作，直捣西汉本源，直言刘歆赝古，直指王莽篡汉，深文周纳，曲证其说。立义，有情可原，立论，则疲软不坚。

概言之，清后期的文献辨伪，以"新"著称，与清初之大、清中期之精，鼎足而三。嘉庆以后，内外交困，国运逆转，世风丕变，学界哗然，文献辨伪也出现了前所未有的新变化。宗汉学者、宗宋学者、汉宋兼采者，重学术、重时务、治学以经世者，不同的宗尚和主张，一时间，给文献辨伪平添了往昔千余年才有过的景象，清后期的文献辨伪研究可谓异彩纷呈。特别是因为国内外环境的影响，清后期的文献辨伪，思想性意义更强，这尤其以康有为等人的著述，最具有代表性。此外，如陈澧从伪书中读出弱夷狄强中华的方略，也不失为这一时期文献辨伪学研究中之难能可贵者。

没有思想的学术，是难以想象的，没有思想的文献辨伪，笔者也未之见。但是，从来没有一个时代的文献辨伪，如清后期这般，洋溢着思想的热情。文献辨伪学是现代，特别是近年来许多学者的谈资，但是文献辨伪学的思想性，却少有人正视。这章文字虽谫陋，仍期待或能给时下以些许启示。

清后期的文献辨伪研究中，"求是"不如"求善"那般鲜明突出。这是因为前代树立的高峰，已再难逾越。道、咸、同、光四朝学者，在九十余年间的文献考辨中，不但其理论方法乏善可陈，其考

---

① （清）崔适：《论语足征记叙》，载顾颉刚主编：《古籍考辨丛刊》第 1 集，中华书局，1955 年，第 741 页。又有《无求备斋论语集成》本，台湾艺文印书馆，1966 年。

辨范围、考辨伪书数量等，也与清初，特别是与清中期之状况，不能同日而语。即便是所谓朴实考证的殿军、集大成者，如俞樾和孙诒让等人，或许在其他个别成果上可以与前儒相颉颃，但是就文献辨伪研究而言，落差之大，竟然是一个时代的距离！

至于不忘言理言道、嗜好言理言道者，如陈寿祺、刘逢禄、魏源、龚自珍等，同清初顾炎武、黄宗羲等相比，也有霄壤之别。还有一个康有为，可以说，仅是假学术之名，游戏官场，借辨伪之名，鼓吹己见罢了。一些藏书家，校书家，以目录、以辑佚名家者，他们的文献辨伪，也由于《总目提要》横亘眼前而不能望断天涯，他们能作的，徒有仰止之思，只有喟叹弗如了！

第九章　结　　论

一、清人完善的文献辨伪学体系

清代学者的文献辨伪研究，有方法、有理论、有思想，自成体系，不但可以名之为"学"，而且还是发展程度较高、学科体系较完善的"学"。清代文献辨伪学体系的完善，主要体现在以下三方面：

1.方法齐备，运用娴熟

梁启超认为"清儒辨伪工作之可贵者，不在其所辨出之成绩，而在其能发明辨伪方法而善于运用"①。梁任公应该是为鼓舞时人"科学研究"之热情，明知虚妄而故作此语。因此我们就更应该注意到，宣传鼓动与实证研究之间，别源且别流！无论如何，事实与梁启超所言恰恰截然相反：清儒辨伪工作之可贵，正在其所辨出的成绩，而不在其所发明的方法。

在文献辨伪方法方面，清儒基本上没有多少发明，唯运用娴熟而较为全面。汉唐以来的数代学者在不断的辨伪实践中，发明了诸如通过校勘、辑佚、言辞、史事、思想体系、史志目录、典章制度、地理沿革、名号称谓，甚而辅之以铜铭碑文、出土文物等手段，考辨文献真伪的方法。并且如朱熹、胡应麟等，都曾对辨伪法进行过概

① 梁启超：《中国近三百年学术史》之"清代学者整理旧学之总成绩"，第249页。

括总结。朱熹提出："生于今世而读古人之书，所以能别其真伪者，一则以其义理之所当否而知之，二则以其左验之异同而质之。未有舍此两途而能直以臆度悬断之者也。"①朱熹所言，既是理论问题，也是方法问题，这在本书第二章已作了说明。此外，更为学者所注意的是胡应麟，他以专论的形式，对古籍辨伪的方法进行了归纳，这就是著名的"胡氏辨伪八法"。朱熹、胡应麟的概括总结，不仅仅表明了他们对辨伪方法理解和掌握的程度，也说明了辨伪方法在清以前已经较为齐备的事实。也就是说，朱熹以后、胡应麟以后、宋以后、明以后的学者，在发明辨伪方法问题上已经很难再有所作为。

事实也正是如此。如前面几章所述，清儒的文献辨伪，在具体方法上，基本上没有太多发明，不过运用得极为娴熟、系统。无论是辨伪专篇，还是辨伪专书；无论是序跋叙录，还是夹注按语，都有成功范例。

2.理论完善，自成体系

清人丰富的文献辨伪实践，离不开辨伪理论的指导，同时，清人的辨伪理论，也在不断的实践中日臻完善。清人文献辨伪理论的完善，主要表现在以下四个方面：

首先，对伪书范畴的明确界定。自孔子提出文献不足征、孟子提出《武成》不足信，到刘向、刘歆等提出托名、托言之论，再到后来"伪作"、"作伪"、"赝作"、"赝托"云云屡现载籍。"伪书"为先儒所熟知，何啻千百年！然而，古人习于从文献作成的角度描述"伪书"，而不见提出内涵、外延界定严格的"伪书"概念。这是中国学术自古以来的特点，清儒因袭而未改。即便如此，清代几乎从

---

① （宋）朱熹：《晦庵先生朱文公文集》（二）（刘永翔、朱幼文点校）卷38"答袁机仲——来教疑河图洛书是后人伪作"，第1664页。

未有将凡是作者、内容、卷帙、时代等方面出现问题的文献，一概视为"伪书"的现象。也就是说，现代学界的"泛辨伪"、"泛伪书"问题，在清代则鲜有发生。笔者在本书《总目提要》研究部分，特别强调了该问题。

其次，对伪书影响的清醒认识。清代学者对伪书的影响及危害，有清醒的认识。如黄宗羲，他在辨"河图"、"洛书"伪作时有言：宋以来"推倒周公、孔子，压于其上，率天下之人而疑三圣人者，非二氏之徒，实儒者之徒也。杨、墨之道不息，孔子之道不著。岂因区区谫陋，敢自外于名教乎！"[①]如毛奇龄，他曾反复强调，"《周礼》自非圣经，不特非周公所作，且并非孔、孟以前之书"[②]，尊崇太过，则"经学乱矣"，圣道乱矣，所以不能不辨而明之、驳而正之。如陈寿祺，他谆谆劝诫士子莫读伪《孟子正义》，以防止误导后学。诸如此类事例还有许多，他们都从不同角度，诠释了清代学者的文献辨伪是基于对伪书影响及其危害——迷惑视听、颠倒是非、淆乱圣经、有碍治道——的清醒认识。

再次，对伪书价值的正确认识。伪书亦能传学术、明事理、存治道，伪书亦有价值，这是传统文献辨伪学中的固有认识。如假托的《神农》二十篇，《汉书·艺文志》以为，"诸子疾时怠于农业"，故而"托之神农"，以表彰"耕农"。如掇拾的"虞廷十六字"，朱熹直言恐"倒了六经"，因此论而不黜。伪书有不可废者，有不能废者，这是学术与思想、理论与实践、历史与现实之合力使然。清儒对伪书价值的认识，非但正确而且深入。如《总目提要》留存假托之子史文献数部，如庄存与倡言晚出《尚书》关系治道，如陈澧褒扬《孔丛子·陈义士》有强国方略，等等。如果说，"不因人废书"，

---

① （清）黄宗炎：《图学辨惑》，第739页。

② （清）毛奇龄：《周礼问》卷1，第383页。

体现了清代学者对学术的珍视,那么可以说,不"因伪废书",则说明了清代学者对知识的尊崇。而这一点,更能充分体现清儒辨伪理论之成熟。清儒的文献辨伪暨对伪书价值的认识,固然存在局限,但是这不能影响我们对其辨伪学成就、对清代学术思想的历史考察和正确理解。

最后,对辨伪方法的概括总结。虽然清人在发明具体辨伪方法方面少有建树,但这并不影响我们肯定其在方法论上的杰出贡献。而且,如果没有对辨伪方法的理解和把握,清人的文献辨伪也不会取得举世瞩目的成就。因此,无论是"学问大家"中的"辨伪学小家",如顾炎武、朱彝尊、惠栋、戴震等;还是"学问小家"中的"辨伪学大家",如姚际恒、胡渭、王谟、孙志祖等;无论是经学家的论著,还是收藏家的书目;无论是考辨经典,还是甄别诸子;无论是清初期的大儒,还是清后期的学者,都在不同程度、角度上,对辨伪方法进行过总结和归纳。唯多琐屑,兹不复述。

3.思想成熟,治学经世

清人对文献辨伪之于学术、思想及社会的价值和意义,都有深刻的认识、妥当的定位和正确的处理。这反映出清代文献辨伪思想的成熟,而文献辨伪思想的成熟,才是清人在中国古代文献辨伪研究中卓尔不群的根本原因。

其一,辨伪之于学术的价值和意义。姚际恒有言:读书而"真伪莫辨"不可"谓之读书",明辨真伪是"读书第一义"。事实也正是如此。"伪书不可据"一语,在清儒著述中最为常见,这不仅是学术批评问题,也是清儒治学的价值取向问题,还是清儒治学的学术规范问题。清人治学,不论谈经史考据,抑或谈义理治道,均注意言必有物、言必有据,都避免引据伪书、避免轻信不经,这已成为他们的普遍认同,故而极为重视明辨文献真伪之于学术研究的价值和意义。从这个角度,我们就比较容易理解清儒辨文献之伪的原因,也可以理解清儒辨文献非伪的原因。如方苞、翁方纲等据《古文尚书》谈"圣道",故而不得不力争《古文尚书》非伪。正是因为他们深味"伪书不足据"的道理,他们才迫切需要一个名分。

其二,辨伪之于思想的价值和意义。圣经载道,这是中国古代社会的一个基本命题。故而考辨伪书、厘剔赝作,也就成为维护圣经纯洁、守卫道统权威之必需。对此,汉唐宋明间的学者已多有论述。儒家正统思想为清代社会所广泛认可,程朱理学是清代的官方学术,因此辨伪存真、卫经卫道,不但被普通学者视为使命,也为清政府所大力提倡。冯景曾言:"儒者之学,莫大乎正经而黜讹。"冯氏所言,当为清儒乃至整个儒者群体之心声。因此,万斯大辨《周礼》伪作,就从"天下是非有一定,无两可"的角度,提出《周礼》中的"法制典章"与《五经》、《论》、《孟》"殊多不合",如果存《五经》、《论》、《孟》之是,必要黜赝托《周礼》之伪。如《总目提要》辨《疑耀》伪托,不忘批驳李贽背离儒教。清人文献辨伪的一个重要动因,就是他们深刻认识到文献辨伪之于卫经卫道、纯洁思想的价值和意义。

其三,辨伪之于社会的价值和意义。清人对文献辨伪之于社会的价值和意义有多方面的认识,上文提到的维护儒家正统思想,就有不可估量的社会价值和意义。此外,辨伪的社会价值和意义,还表现在增进士人素养、端正社会风气等方面。这在本书第三章中已经有较详细的说明,兹不赘言。还有一个康有为,康氏属意功名,一心用世,掇拾成说,炮制旧论,牵合己意,上下其手,将《周礼》、《左氏春秋》等古文经传一概斥为刘歆伪作。《新学伪经考》颇有影响,应该说同康氏对世风时势有敏锐的感受,对辨伪之于社会的价值和意义有深刻的认识等,有密不可分的关系。不得不承认,虽然《新学伪经考》的学术价值有限,但在辨伪以经世的问题上康有为却颇有作为。

二、清人杰出的文献辨伪学成就

清以前的千余年间，数代学者在文献辨伪研究中，反复探研，取得了丰硕的成果。清人继往开来，集前贤之大成，后出转精，泽被后世。其杰出的文献辨伪成就主要体现在以下四方面：

1.学者辈出，名家云集

在文献辨伪研究中，清代是一个学者辈出、名家云集的时代，是中国古代文献辨伪研究史中的鼎盛时代。

清代从事文献辨伪研究的学者，有二百一十一人之多（具体详见附录七《清代辨伪学者及成就》，其中"佚名"虽为一人，实际上是代指其他笔者尚未寓目的从事文献辨伪的学者），其中成就卓著的，有顾炎武、朱彝尊以下，陈立、章太炎以上，近百余人（前面章节均有详述）。清初学者，气势恢弘，经史考辨，如挥巨擘，大开大合；清中期学者，沉潜宁静，文献考辨，渐趋细密，尤重实证；清后期学者，意气风发，厘定真伪，心系时势，新意迭出。清代学者虽然学术各有宗尚、治学各有专攻、名望也高下不同，但他们在考辨文献真伪方面的造诣却同样地值得关注。清以前的千余年间，在文献辨伪研究中留下痕迹的学者仅约一百九十人（详见附录六《清以前的辨伪学者及其成就概要》）。虽然辨伪学者之寡，未必一定能说明什么问题，因为人不在多寡，能名世则行，著述不在多寡，能传世则行。但是，辨伪学者之多，却一定能说明一个问题，那就是：这个时代，文献辨伪研究曾经人才济济，兴旺发达。

2.成果丰硕，四部俱齐

清儒的文献辨伪研究，成果丰硕，遍及四部。并呈现出经部文献考辨厚重，子史集部文献考辨广泛的特征。

《周易》类文献辨伪中，以胡渭的《易图明辨》为代表，清初学者在"河图"、"洛书"及"先天"、"后天"诸图的考辨中用力尤多。再如关于《十翼》、《子夏易传》的考辨，林林总总，不可胜数。《尚书》类文献辨伪中,唇舌之争最多。虽然毛奇龄从未以阎若璩所论为然,阎潜丘也几乎从未敢同毛检讨对峙,但围绕《古文尚书》的学术公案中,为时人后世所熟知的还是"阎毛之辩"。《诗经》类文献辨伪中,《子夏诗序》及明人丰坊的《诗传》《诗说》最为人所诟病。《周礼》类文献辨伪中,万斯大《周官辨非》、方苞《周官辨伪》所持观点截然对立。《春秋》类文献辨伪中,《左氏春秋》作者之争和真伪之论素来胶着,但从未有如清后期那般难分难解,俨然成一时显学。康有为读书不精,敏锐有余,沉潜不足,恣意不羁,承刘逢禄、廖平之余绪,倡言刘歆伪作之论。康氏以汲汲于入世而闻名,《左氏春秋》辨伪也不因严谨而传世。史部文献中,伪书不如伪事繁茂,野史却多与小说混淆。如《穆天子传》,《总目提要》将其退出"史部起居注"而入"子部小说家",这不止是辨伪实践问题,也是辨伪理论问题。而无论如何,这都说明《总目提要》对该书性质,有了明确的认识和定位。

史部文献中讨论最多的是《竹书纪年》,其次是《十六国春秋》等。诸子类和集部文献中,一书一篇之考辨屡见载籍,碎玉散金俯拾皆是,其中以《总目提要》的考辨最多、收录最全、涉及也最广。清儒有关子、史、集三部文献的真伪辨伪,笔者凡寓目者数以百计,一一钩稽,以为皆可宝贵,虽难免挂一漏万,但清代文献辨伪之大端不难得见。

3.考辨精详,实事求是

清儒观念中的"是",以圣道、圣经为准绳。也即言,无论事实判断抑或事理判断,最终的考量标准是有形的儒家经典和无形的儒家义理。朱熹的"一则以其义理之所当否而知之,二则以其左验之异同而质之",所言即此。

在今天看来,清儒的"是",是先验的、主观的,也是有局限的。但是这丝毫不影响他们对"是"的追求,也不影响他们将这种追求名之以"实事求是"。清儒文献辨伪中的"实事求是",是历史现象,是历史存在,而终究是历史问题,所以应给予历史唯物主义的考察。至于有些学者,喜欢用超迈时空的手法,拿捏清儒治学的"局限",所言固然有理,而生生阉割历史,总显无情!其作法,笔者不取亦不敢苟同。这是需要声明的问题。

清人的文献辨伪,以实事求是为旨归,考辨精详,内容翔实,留下许多传世之作。专书者,如胡渭的《易图明辨》,全书十卷,分别论述"河图"、"洛书"、五行、九宫、《周易参同契》、"先天"、"太极"、"龙图"等问题。胡氏的考辨,注意广列元明以来学者有关言论,并在此基础上或驳正,或补充,或发明。胡氏认为:宋代所传的"太极图"、"河图"、"洛书",是宋初时和尚、道士东拉西扯、胡乱拼凑而成,与周公、孔子全无关系。如阎若璩的《尚书古文疏证》,全书八卷,列举了一百二十八条证据(其中有目无文者十二条,目文全缺者十七条),综合使用诸如核实史志著录、辑录散见佚文、考订地理史事、对比典制历法、分析句法文风等方法,详述晚出《古文尚书》伪作问题。阎若璩以前,吴棫、朱熹等人都曾有考辨,而只有阎若璩做到了"一一陈其矛盾之故",《古文尚书》之伪因此乃"大明"。再如万斯大的《周官辨非》,万氏共从五个方面,列四十七条,涉及七十四种职官,讨论了六十八种职官的执掌。《周礼》中存在的问题几乎网罗殆尽。清代中期、后期,除了惠栋《古文尚书考》、江永的《尚书集注音疏》、沈彤的《周官禄田考》等专书以外,拓荒之作渐少,而考证精详的辨伪专篇渐多。如孙星衍的《文子》辨伪、李绂的《古文尚书冤词后》,如王鸣盛、钱大昕、四库馆臣、崔述等人的《竹书纪年》辨伪,如郑珍的孔传《孝经》辨伪,等等。

无论是专书还是专篇,无论是辨书之伪,还是辨书非伪,清儒的考辨都能综合运用多种方法,条分缕析,道尽个中原委。清以前的千余年间,辨伪学专篇不鲜见,专书亦有几种,而无论是专篇抑或专书,其翔实的程度同清儒相比,均相差甚远。清儒治学尚实证、黜空谈,不论是证以事理,还是征诸文献,均力求穷尽古今,以期言必有据、言必成理。清代的文献辨伪,因实事求是,而做到了考辨精详因能做到考辨精详,而多能青史留名。

4.卫经卫道,经世致用

清儒文献辨伪中的"求是",很重要的内容就是求儒家义理之"是",而儒家义理之"是",不仅是个学术标准,也是个道德标准。因此清儒的"实事求是",乃"求是"与"求善"的统一,是学术和道德的统一。

求是、求善,既是手段,也是目的。作为手段,上文已经述及;至于目的,这里将再作说明,即:卫经卫道是清儒文献辨伪中的重要目标和内容。所以说,清儒的"实事求是",是目的和手段的统一,是理论和实践的统一。圣经圣道是清代士民的普遍认同,是清代社会的重要维系,也是清代国家的官方思想。也就是说,圣经圣道与士民、社会、国家,关系密切。因此,卫经卫道与经世致用之间有着必然的联系。从这个意义上说,卫经卫道、经世致用是清儒文献辨伪的"题中应有之义"。故而笔者认为,清儒的文献辨伪是治学和经世的统一。

他们有这样的觉悟,也有这样定位的,更有这样的实践。事例比比皆是特别是在《古文尚书》真伪之争中表现最为突出。姑且不说坚持"伪书论"者卫经卫道之初衷,单是"非伪书论"者的言论就颇能说明这个问题。如庄存与认为:"昔者《大禹谟》废,'人心道心'之旨、'杀不辜宁失不经'之诫亡矣;《太甲》废,'俭德永图'之训坠矣;《仲虺之诰》废,'谓人莫己若'之诫亡矣;《说命》废,'股肱良臣启沃'之谊亡矣;《旅獒》废,'不宝异物、贱用物'之诫亡矣;《冏命》废,'左右前后皆正人'之美失矣。今数言幸而存,皆圣人之真言。"①庄氏意识到,《古文尚书》对约束士民言行、规范君臣关系、经济社稷国家的重要意义,故而不以为伪,不以为可废。庄氏通过论《古文尚书》非伪的方式卫经卫道、经世致用。

乾隆中期,时当康乾盛世,外忧不见,内患不多,皇权专制,事功难成,因此经世空间狭窄。但是这并不影响儒学家们的经世思考和经世实践,譬诸上述之庄存与。有人认为,乾嘉诸儒只知埋头考据、不关心义理世事作为特殊历史时期的一种宣传鼓动,可以理解,但是作为一种学术观点和主张,实在经不起推敲。

另外,值得注意的是康有为、崔适等人,他们深文周纳,以打倒古文经传为快意,但其实质无外乎贬黜一批经传、再表彰一批经传,打倒一个权威、再树立一个权威。其实质无外乎是其所是、非其所非,假卫经卫道以经世致用罢了。至于陈澧的文献辨伪,他一方面论定《孔丛子》实属伪作,不当与圣贤言行、儒家道统相混淆,是谓卫经卫道;另一方面表彰《陈义士》有弱敌方略,是谓经世致用。不因书伪而废经世之论,有感时势而发明赝托之书。清后期国运多蹇之际,陈澧的文献辨伪研究,对"卫道与经世"之关系做出了新的诠释,言辞无多而弥足珍贵。

清代学人,虽心胸广狭有别、学识高下不等,但是他们中的许多人,都能活在当下而心忧天下。他们在文献辨伪的学术活动中,践履着一名学者的学术使命和社会责任——辨伪以卫道,卫道以经世。这是清人文献辨伪研究中最难能可贵者。

三、清代文献辨伪学研究的学术展望

笔者虽然大致勾画出清人文献辨伪学之概貌,其中包括学术渊源、历史背景、发展过程、发展阶段、代表人物及主要成就等,但

---

① 转引自(清)龚自珍:《龚自珍全集》,上海人民出版社,1975年,第142页。

还有许多问题有待作进一步研究。清人的文献辨伪研究留给我们的是一笔宝贵的精神财富，如何更好地继承发扬是我们义不容辞的责任和义务。

1.文献辨伪研究可广泛应用

通过清人文献辨伪的实践和所体现的精神，我们不难看到，文献辨伪研究是可以广泛应用的，去伪存真、实事求是之精神是需要继续发扬的，更何况时下存在着各色需要辨伪存真的现象和问题！南北朝以来，宋以来，明以来，清以来，学人作伪、学术造假代有其人，但是从未有如今日这般甚嚣尘上！试看今日之天下，学术研究中的作伪造假几有泛滥的迹象。有因试验数据造假而被取消博士学位，有因剽窃他人成果而遭人鄙夷非议，有因作伪而师生反目成仇，有因作伪而对簿公堂，等等问题。其间大量赝伪文献涌现，形形色色，不一而足。

笔者认为，学界中的作伪现象多见各种伪书流传，究其原因，当是多方面的，有认识方面的问题，也有道德方面的问题。而缘何会有如此多的认识问题和道德问题？反观时下文献辨伪学研究之状况，或许我们不难发现二者之间的关联，即对文献辨伪史的研究不够，对文献辨伪学研究的现实意义关注不够。不注意总结过去，难免会重蹈覆辙！

学术是相对独立的，因为它有相对自足的判断标准。但学术不是绝对独立的，因为它从来就不是，也不能脱离时代、脱离现实、脱离社会而完全独立存在。清代的文献辨伪研究就是这样，它是清代学术、思想、社会以及国家等因素共同要求和作用下的结果，同时也对清代的学术、思想、社会、国家等产生了重要的影响，这就是文献辨伪在清代的应用和效用。其相关内容，前面章节已有所述及。

总之，文献辨伪研究不仅在清代有着广泛的应用，在社会主义建设新时期也可以有着重要的应用。这是清人的文献辨伪研究给予我们的一个重要启示。

2.文献辨伪学研究当大有可为

清代文献辨伪学的发展,是自身发展规律和外部环境共同作用下的结果。文献辨伪之学经过千余年的积淀,与清王朝共崛起。在清代特殊的历史条件下,经过清初之气势恢弘,清中期之精益求精,清后期之恣意张扬,历二百六十余年,与清代的国家和社会共起伏。有睹于清代文献辨伪学的发展,笔者一则以喜,一则以忧。喜的是,正逢盛世,且有先贤垂范,文献辨伪学之研究有望再度辉煌;忧的是,当前文献辨伪学研究精深不足,委靡不振。

目前文献辨伪学研究中存在的问题,突出表现在以下三方面:

其一,避重就轻——狭。只关注资料易得、易读的时代及其学者;只关注既有研究成果较多、研究基础较好的时代及其学者。其二,不求甚解——浅。现有著述中,辗转引述、人云亦云的现象较为多见。优秀的成果当然要借鉴,见有不能超越的结论也不必强作别解,但是将许多谬论、错解也如此对待,则诚非妥当。其三,动辄菲薄——妄。经济利益的诱惑往往使人一时短视,因此对文献辨伪研究,特别是对文献辨伪学史的研究重视不够,是可以理解的。而有人不进行充分的学术回顾,即轻言优劣高下,对文献辨伪学研究动辄菲薄。值得商榷!

学术的问题需要学术的批判,道德的阙失需要道德的规范,经济的问题需要物质的改善。文献辨伪学研究中出现的上述问题,必将随着我国经济和社会的进一步发展而逐步得到妥善解决。鉴于清代学者文献辨伪中的经世情怀,我们没有理由回避学术和社会交予的使命。鉴于清代文献辨伪发展所给予的启示,我们有理由相信:新时期的文献辨伪学研究必当大有可为!

参 考 文 献

1.基本古籍

[1]（南朝宋）范晔撰,（唐）李贤等注:《后汉书》(中华书局标点本),北京:中华书局1965年。

[2]（唐）李百药:《北齐书》(中华书局标点本),北京:中华书局1972年。

[3]（唐）李延寿:《南史》(中华书局标点本),北京:中华书局1975年。

[4]（唐）李延寿:《北史》(中华书局点校本),北京:中华书局1974年。

[5]（唐）姚思廉:《梁书》(中华书局标点本),北京:中华书局1973年。

[6]（唐）房玄龄等:《晋书》(中华书局标点本),北京:中华书局1974年。

[7]（后晋）刘昫等:《旧唐书》(中华书局标点本),北京:中华书局1975年。

[8]（元）脱脱等:《宋史》(中华书局标点本),北京:中华书局1977年。

[9]（明）宋濂等:《元史》(中华书局标点本),北京:中华书局1976年。

[10]（清）张廷玉等:《明史》(中华书局标点本),北京:中华

书局 1974 年。

　　［11］（民国）赵尔巽等:《清史稿》(中华书局标点本),北京:中华书局 1977 年。

　　［12］《清朝通典》,上海:上海商务印书馆《万有文库本》1925 年。

　　［13］《清圣祖实录》,北京:中华书局 1985 年影印本。

　　［14］（清）赵弘恩监修,黄之隽等编纂:《江南通志》,四库本,第 507 册。

　　［15］（清）嵇曾筠等监修,沈翼机等编纂:《浙江通志》,四库本,第 519 册。

　　［16］（清）钱维乔修,钱大昕纂:《乾隆鄞县志》,续四库本,第 706 册。

　　［17］《清朝文献通考》,上海:商务印书馆 1936 年影印本。

　　［18］《清代碑传全集》,上海:上海古籍出版社 1987 年。

　　［19］《清人书目题跋丛刊》五《抱经楼藏书志》,北京:中华书局 1990 年。

　　［20］（宋）朱熹,（清）康有为等:《书序辨》(顾颉刚辑录点校),北京:朴社 1933 年。

　　［21］邹县政协文史资料委员会编:《孟子家世》,北京:中国文史出版社 1991 年。

　　［22］（汉）郑玄笺,（唐）孔颖达疏:《毛诗正义》,北京:中华书局 1980 年影印《十三经注疏》本。

　　［23］（汉）郑玄注,（唐）贾公彦疏:《周礼正义》,北京:中华书局 1980 年影印《十三经注疏》本。

　　［24］（汉）郑玄注,（唐）孔颖达疏:《礼记正义》,北京:中华书局 1980 年影印《十三经注疏》本。

　　［25］（宋）孙奭疏:《孟子正义》,北京:中华书局 1980 年影印

《十三经注疏》本。

[26](唐)孔颖达疏:《尚书正义》,北京:中华书局1980年影印《十三经注疏》本。

[27](魏)何晏集解,(宋)邢昺疏:《论语注疏》,北京:中华书局1980年影印《十三经注疏》本。

[28](汉)王充:《论衡》,上海:上海古籍出版社1990年。

[29](唐)刘知幾撰,(清)蒲起龙通释:《史通》(吕思勉评,李永圻,张耕华导读),上海:世纪出版集团上海古籍出版社2008年。

[30](唐)柳宗元:《柳河东集注》(宋·童宗说《注释》,张敦颐《音辩》,潘纬《音义》),四库本,第1076册。

[31](唐)陆淳:《春秋集传纂例》,四库本,第146册。

[32](唐)陆德明:《经典释文汇校》(黄焯汇校,黄延祖重辑),北京:中华书局2006年。

[33](唐)颜师古注:《汉书·艺文志注》,四库本,第249册。

[34](唐)颜之推:《颜氏家训》(王利器集解)(增补本),北京:中华书局2007年。

[35](宋)晁说之撰,(宋)晁子健编:《景迂生集》,四库本,第1118册。

[36](宋)陈振孙:《直斋书录解题》,上海:上海古籍出版社1987年。

[37](宋)范浚:《香溪集》,四库本,第1140册。

[38](宋)高似孙:《子略》(顾颉刚点校),北京:朴社1933年。

[39](宋)胡宏撰,(宋)胡大时编:《五峰集》,四库本,第1137册。

[40](宋)黄震:《黄氏日抄》,四库本,第707册。

[41](宋)黎靖德编:《朱子语类》(王星贤点校),北京:中华

书局 1986 年。

［42］（宋）李樗，（宋）黄櫄：《毛诗李黄集解》，四库本，第 71 册。

［43］（宋）李觏撰，（明）左赞编：《盱江集》，四库本，第 1095 册。

［44］（宋）陆九渊：《陆九渊集》（钟哲点校），北京：中华书局 1980 年。

［45］（宋）罗璧：《识遗》，四库本，第 854 册。

［46］（宋）欧阳修：《归田录》（李伟国点校），北京：中华书局 1981 年。

［47］（宋）欧阳修：《欧阳修集编年笺注》，四川：巴蜀书社 2007 年。

［48］（宋）欧阳修：《欧阳修诗文集校笺》（洪本健校笺），上海：上海古籍出版社 2009 年。

［49］（宋）欧阳修：《诗本义》，四库本，第 70 册。

［50］（宋）邵博：《闻见后录》，四库本，第 1039 册。

［51］（宋）司马光：《传家集》，四库本，第 1094 册。

［52］（宋）苏轼撰，（宋）郎晔注：《经进东坡文集事略》，《四部丛刊》本。

［53］（宋）苏轼：《苏轼文集》（孔凡礼点校），北京：中华书局 1986 年。

［54］（宋）苏辙：《栾城后集》（曾枣庄、马德富点校），上海：上海古籍出版社 1987 年。

［55］（宋）王溥：《唐会要》卷 77，四库本，第 607 册。

［56］（宋）王十朋：《王十朋集·文集》，上海：上海古籍出版社 1998 年。

［57］（宋）王应麟：《困学纪闻》，四库本，第 854 册。

[58]（宋）魏了翁：《鹤山集》，四库本，第 1172 册。

[59]（宋）张栻,（宋）朱熹编：《南轩集》，四库本，第 1167 册。

[60]（宋）张栻：《癸巳孟子说》，四库本，第 199 册。

[61]（宋）郑樵：《夹漈遗稿》，四库本，第 1141 册。

[62]（宋）郑樵：《六经奥论》，四库本，第 184 册。

[63]（宋）朱熹：《朱子全书》（朱杰人，严佐之，刘永翔主编），上海：上海古籍出版社，合肥：安徽教育出版社 2002 年。

[64]（宋）朱翌：《猗觉寮杂记》，朱易安，傅璇琮等主编：《全宋笔记》第三编第 10 册，郑州：大象出版社 2008 年。

[65]（元）马端临：《文献通考》，上海：商务印书馆 1936 年。

[66]（元）王充耘：《读书管见》，四库本，第 62 册。

[67]（元）吴澄：《书纂言》，四库本，第 61 册。

[68]（明）陈第：《毛诗古音考》，四库本，第 239 册。

[69]（明）陈第：《尚书疏衍》，四库本，第 64 册。

[70]（明）邓伯羔：《艺彀》，四库本，第 856 册。

[71]（明）方孝孺：《逊志斋集》，四库本，第 1235 册。

[72]（明）归有光：《震川集》，四库本，第 1289 册。

[73]（明）胡应麟：《少室山房笔丛·九流绪论》，北京：中华书局 1958 年。

[74]（明）胡应麟：《四部正讹》（顾颉刚点校），北京：朴社 1933 年。

[75]（明）梅鷟：《尚书考异》，四库本，第 64 册。

[76]（明）梅鷟：《尚书谱》，北京图书馆古籍珍本丛刊本，北京：书目文献出版社 1988 年影印本。

[77]（明）宋濂：《宋文宪公集》，《四部备要》本集部，第 82 册。

[78]（明）宋濂：《诸子辨》（顾颉刚标点），北京：朴社

1928 年。

　　[79]（明）王祎撰,（明）刘杰,刘同编:《王忠文集》,四库本,第 1226 册。

　　[80]（明）杨慎撰,（明）张士佩编:《升菴集》,四库本,第 1270 册。

　　[81]（明）郑晓:《古言》,续四库本,第 1123 册。

　　[82]（明）郑瑗:《井观琐言》,四库本,第 867 册。

　　[83]（明）周应宾:《九经考异·诗经考异》,四库存目本,经部,第 150 册。

　　[84]（明）朱舜水:《朱舜水集》（朱谦之点校）,北京:中华书局 1981 年。

　　[85]（清）曹元弼:《礼经校释》,续四库本,第 94 册。

　　[86]（清）曹元弼:《礼经学》,续四库本,第 94 册。

　　[87]（清）陈炳德等修:《旌德县志》,清嘉庆刻本。

　　[88]（清）陈逢衡:《竹书纪年集证》,续四库本,第 335 册。

　　[89]（清）陈奂:《诗毛氏传疏》,续四库本,第 70 册。

　　[90]（清）陈康祺:《郎潜纪闻初笔二笔三笔》,北京:中华书局 1984 年。

　　[91]（清）陈澧:《东塾读书记》,续四库本,第 1160 册。

　　[92]（清）陈澧:《东塾集》,续四库本,第 1537 册。

　　[93]（清）陈确:《陈确集》,北京:中华书局 1979 年。

　　[94]（清）陈寿祺:《左海文集》,续四库本,第 1496 册。

　　[95]（清）陈鳣:《简庄疏记》,续四库本,第 1157 册

　　[96]（清）陈鳣:《简庄文抄》,续四库本,第 1487 册。

　　[97]（清）程廷祚:《晚书订疑》,续四库本,第 44 册。

　　[98]（清）崔适:《史记探源》（张烈点校）,北京:中华书局 1986 年。

［99］（清）戴震:《戴震集》（汤志钧点校）（下编）,上海:上海古籍出版社 1980 年。

［100］（清）戴震:《戴震文集》（赵玉新点校）,北京:中华书局 1980 年。

［101］（清）丁丙:《善本书室藏书志》,续四库本,第 927 册。

［102］（清）丁晏:《毛诗草木鸟兽虫鱼疏校正》,续四库本,第 71 册。

［103］（清）丁晏:《礼记释注》,续四库本,第 106 册。

［104］（清）丁晏:《孝经征文》,清经解续编本,南京:凤凰出版社 2005 年影印版。

［105］（清）丁晏:《尚书余论》,续四库本,第 48 册。

［106］（清）丁晏:《易林释文》,续四库本,第 1055 册。

［107］（清）段玉裁:《戴东原先生年谱》,《戴震集》（汤志钧点校）附录,上海:上海古籍出版社 1980 年。

［108］（清）段玉裁:《说文解字注》,上海:上海古籍出版社 1981 年。

［109］（清）范家相:《家语证伪》,续四库本,第 931 册。

［110］（清）方苞:《方苞集》（刘季高点校）,上海:上海古籍出版社 1983 年。

［111］（清）方东树:《汉学商兑》,续四库本,第 951 册。

［112］（清）费密:《弘道书》,续四库本,第 946 册。

［113］（清）冯景:《解春集文抄》,续四库本,第 1418 册。

［114］（清）龚自珍:《龚自珍全集》,上海:上海人民出版社 1975 年。

［115］（清）顾栋高:《春秋大事表》,北京:中华书局 1993 年。

［116］（清）顾广圻:《顾千里集》（王欣夫辑）,北京:中华书局 2007 年。

［117］（清）顾广圻：《思适斋集》，续四库本，第 1491 册。

［118］（清）顾炎武，黄汝成集释：《日知录集释》，上海：上海古籍出版社 1985 年。

［119］（清）顾炎武：《顾亭林诗文集》（华忱之点校），北京：中华书局 1983 年。

［120］（清）顾炎武：《金石文字记》，四库本，第 683 册。

［121］（清）管同：《因寄轩文初集》，续四库本，第 1504 册。

［122］（清）管同：《因寄轩文二集》，续四库本，第 1504 册。

［123］（清）杭世骏：《续礼记集说》，续四库本，第 102 册。

［124］（清）杭世骏：《道古堂全集》，续四库本，第 1426 册。

［125］（清）洪亮吉：《晓读书斋杂录》，续四库本，第 1155 册。

［126］（清）洪颐煊：《筠轩文抄》，续四库本，第 1489 册。

［127］（清）胡鸣玉：《订伪杂录》，四库本，第 861 册。

［128］（清）胡培翚：《研六室文抄》，续四库本，第 1507 册。

［129］（清）胡培翚：《仪礼正义》，南京：江苏古籍出版社 1993 年。

［130］（清）胡渭：《易图明辨》，四库本，第 44 册。

［131］（清）胡渭：《禹贡锥指》（邹逸麟点校），上海：上海古籍出版社 2006 年。

［132］（清）黄宗羲：《黄宗羲全集》第 10 册《南雷诗文集上》（平慧善点校），杭州：浙江古籍出版社 1993 年。

［133］（清）黄宗羲：《黄宗羲全集》第 1 册（吴光等点校），杭州：浙江古籍出版社 1985 年。

［134］（清）黄宗羲：《黄宗羲全集》第 2 册（钱明等点校），杭州：浙江古籍出版社 1986 年。

［135］（清）黄宗羲：《黄宗羲全集》第 9 册《易学象数论》（陈敦伟等点校），杭州：浙江古籍出版社 1993 年。

［136］（清）惠栋:《古文尚书考》,续四库本,第44册。

［137］（清）惠栋:《后汉书补注》,续四库本,第270册。

［138］（清）惠栋:《九经古义》,四库本,第191册。

［139］（清）惠栋:《易汉学》,四库本,第52册。

［140］（清）惠栋:《周易本义辨证》,续四库本,第21册。

［141］（清）江藩:《国朝汉学师承记》（朱维铮导读）,北京:三联书店1998年。

［142］（清）江藩:《江藩集》（漆永祥点校）,上海:上海古籍出版社2006年。

［143］（清）江永:《周礼疑义举要》,四库本,第101册。

［144］（清）焦循:《雕菰集》,续四库本,第1489册。

［145］（清）康有为:《新学伪经考》（朱维铮导读）,北京:三联书店1998年。

［146］（清）李慈铭:《越缦堂读史札记》,北京:北京图书馆出版社2003年。

［147］（清）李慈铭:《越缦堂日记》,扬州:广陵书社2004年。

［148］（清）李惇:《群经识小》,续四库本,第173册。

［149］（清）李绂:《穆堂初稿》,续四库本,第1422册。

［150］（清）李光地:《榕村集》,四库本,第1324册。

［151］（清）李光地:《尚书七篇解义》,四库本,第68册。

［152］（清）李文泰:《海山诗屋诗话》,光绪戊寅粤东羊城森宾阁活字板。

［153］（清）李颙:《二曲集》（陈俊民点校）,北京:中华书局1996年。

［154］（清）梁玉绳:《瞥记》,续四库本,第1157册。

［155］（清）梁玉绳:《史记志疑》,北京:中华书局1981年。

［156］（清）梁章钜:《退庵随笔》,续四库本,第1197册。

[157]（清）廖平:《今古学考》,续四库本,第179册。

[158]（清）廖平:《经话》甲编,四川:成都存古书局1921年。

[159]（清）廖平:《四益馆经学四变记之二变记》,《中国现代学术经典·廖平卷》,石家庄:河北教育出版社1985年。

[160]（清）林春溥:《竹书纪年补证》,道光十八年竹柏山房本。

[161]（清）林则徐:《林则徐集》（日记）,北京:中华书局1962年。

[162]（清）凌廷堪:《校礼堂集》（王文锦点校）,北京:中华书局1998年。

[163]（清）刘逢禄:《刘礼部集》,续四库本,第1501册。

[164]（清）卢文弨:《抱经堂文集》（王文锦点校）,北京:中华书局1990年。

[165]（清）陆陇其:《三鱼堂文集》,四库本,第1325册。

[166]（清）马国瀚:《目耕帖》,扬州:广陵书社1990年。

[167]（清）马其昶:《抱润轩文集》,续四库本,第1575册。

[168]（清）毛奇龄:《大学证文》,四库本,第210册。

[169]（清）毛奇龄:《古文尚书冤词》,四库本,第66册。

[170]（清）毛奇龄:《河图洛书原舛编》,续四库本,第40册。

[171]（清）毛奇龄:《经问》,四库本,第191册。

[172]（清）毛奇龄:《诗传诗说驳议》,四库本,第86册。

[173]（清）毛奇龄:《西河集》,四库本,第1320册。

[174]（清）毛奇龄撰:《周礼问》,续四库本,第78册。

[175]（清）潘祖荫撰,（清）叶昌炽编:《滂喜斋读书记》（佘彦焱、柳向春标点）,收在《中国历代书目题跋丛书》第二辑,上海:上海古籍出版社2007年。

[176]（清）皮锡瑞:《经学历史》（周予同序）,北京:中华书局

1959 年。

[177]（清）皮锡瑞：《经学通论》，北京：中华书局 1954 年。

[178]（清）皮锡瑞：《左传浅说》，光绪二十五年刻本。

[179]（清）钱大昕撰，何元锡编：《嘉定钱大昕全集·竹汀先生日记抄》，南京：江苏古籍出版社 1997 年。

[180]（清）钱大昕：《廿二史考异》（方诗铭、周殿杰点校），上海：上海古籍出版社 2004 年。

[181]（清）钱大昕：《潜研堂集》（吕友仁点校），上海：上海古籍出版社 1989 年。

[182]（清）钱大昕：《三史拾遗》，《廿二史考异》附（方诗铭、周殿杰点校），上海：上海古籍出版社 2004 年。

[183]（清）钱大昕：《十驾斋养新录》（陈文和、孙显军点校），南京：江苏古籍出版社 2000 年。

[184]（清）钱大昕：《元史艺文志》，续四库本，第 916 册。

[185]（清）钱谦益撰，钱曾笺注：《钱牧斋全集·牧斋初学集》（钱仲联标校），上海：上海古籍出版社 2003 年。

[186]（清）钱谦益撰，钱曾笺注：《钱牧斋全集·牧斋有学集》（钱仲联标校），上海：上海古籍出版社 2003 年。

[187]（清）钱曾：《读书敏求记》（丁瑜点校），北京：书目文献出版社 1983 年。

[188]（清）乔松年：《萝藦亭札记》，续四库本，第 1159 册。

[189]（清）瞿镛等：《铁琴铜剑楼藏书目录》（瞿果行标点），上海：上海古籍出版社 2000 年。

[190]（清）全祖望：《全祖望集汇校集注》（朱铸禹校注），上海：上海古籍出版社 2000 年。

[191]（清）阮元：《十驾斋养新录序》，载钱大昕：《十驾斋养新录》（陈文和、孙显军点校），南京：江苏古籍出版社 2000 年。

［192］（清）阮元：《四库未收书提要》，续四库本，第921册。

［193］（清）阮元：《研经室集》（邓经元点校），北京：中华书局1993年。

［194］（清）邵廷采：《思复堂文集》，四库存目本，集部第251册。

［195］（清）邵懿辰：《礼经通论》清经解续编本，南京：凤凰出版社2005年影印本。

［196］（清）沈彤：《果堂集》，四库本，第1328册。

［197］（清）沈彤：《周官禄田考》，四库本，第101册。

［198］（清）孙奇逢：《夏峰先生集》（张显清编《孙奇逢集》中册）（王惠敏点校），郑州：中州古籍出版社2003年。

［199］（清）孙奇逢：《夏峰先生集》，续四库木，第1392册。

［200］（清）孙星衍：《尚书今古文注疏》（陈抗、盛冬铃点校），北京：中华书局1986年。

［201］（清）孙星衍：《问字堂集》（骈宇骞点校），北京：中华书局1996年。

［202］（清）孙诒让：《周礼正义》，北京：中华书局1987影印《清人注疏十三经》本。

［203］（清）孙诒让：《籀庼述林》，续四库本，第1164册。

［204］（清）孙志祖：《读书脞录》，续四库本，第1152册。

［205］（清）谈迁：《枣林杂俎》（罗仲辉等点校），北京：中华书局2006年。

［206］（清）谭献：《复堂日记》，石家庄：河北教育出版社2001年。

［207］（清）陶方琦：《汉孳室文抄》，续四库本，第1567册。

［208］（清）陶元藻辑：《全浙诗话》，续四库本，第1703册。

［209］（清）万斯大：《周官辨非》，续四库本，第78册。

［210］（清）万斯同：《群书疑辨》，续四库本，第 1145 册。

［211］（清）汪中：《汪中集》（王清信、叶纯芳点校），台北：中央研究院中国文哲研究所 2000 年。

［212］（清）王铖：《读书蕞残》，四库存目本，史部第 277 册。

［213］（清）王昶：《春融堂集》，续四库本，第 1437 册。

［214］（清）王夫之：《诗经稗疏》，四库本，第 84 册。

［215］（清）王鸣盛：《十七史商榷》（黄曙辉点校），上海：上海书店 2005 年。

［216］（清）王士禛：《池北偶谈》（靳斯仁点校），北京：中华书局 1982 年。

［217］（清）王士禛：《古夫于亭杂录》（赵伯陶点校本），北京：中华书局 1988 年。

［218］（清）王士禛：《古夫于亭杂录》，四库本，第 870 册。

［219］（清）王士禛：《居易录》，四库本，第 869 册。

［220］（清）王引之：《王文简公文集》，续四库本，第 1490 册。

［221］（清）魏裔介：《兼济堂文集》，四库本，第 1312 册。

［222］（清）魏源：《魏源全集》（第 1、2、13 册），长沙：岳麓书社 2004 年。

［223］（清）文廷式：《纯常子枝语》，南京：江苏古籍出版社 1990 年。

［224］（清）翁方纲：《复初斋文集》，续四库本，第 1455 册。

［225］（清）吴汝纶：《桐城吴先生文集》，续四库本，第 1563 册。

［226］（清）徐德清（又名清凉道人）：《听雨轩笔记》，丛书集成三编本，第 66 册。

［227］（清）严可均：《铁桥漫稿》，续四库本，第 1489 册。

［228］（清）阎若璩：《尚书古文疏证》（钱文忠整理，朱维铮审

阅),《传世藏书》"经库"第二册。

　　[229]（清）阎若璩:《尚书古文疏证》,上海:上海古籍出版社1987年。

　　[230]（清）阎若璩:《尚书古文疏证》,四库本,第66册。

　　[231]（清）颜元:《颜元集》,北京:中华书局1987年。

　　[232]（清）杨守敬:《日本访书志》,续四库本,第930册。

　　[233]（清）姚际恒:《古今伪书考》（顾颉刚点校）,上海:朴社1933年。

　　[234]（清）姚际恒:《诗经通论》,续四库本,第62册。

　　[235]（清）姚鼐:《惜抱轩全集》,北京:中国书店1991年。

　　[236]（清）姚莹:《东溟文后集》,续四库本,第1512册。

　　[237]（清）姚振宗:《汉书艺文志拾补》,续四库本,第914册。

　　[238]（清）姚振宗:《后汉艺文志》,续四库本,第914册。

　　[239]（清）姚振宗:《三国艺文志》,续四库本,第914册。

　　[240]（清）姚振宗:《隋书经籍志考证》,续四库本,第915册。

　　[241]（清）叶德辉:《叶德辉书话·书林清话》（李庆西标点）,杭州:浙江人民出版社1998年。

　　[242]（清）叶廷琯:《吹网录》,续四库本,第1163册。

　　[243]（清）永瑢、纪昀主撰:《四库全书总目提要》（周仁等整理）,海口:海南出版社1999年。

　　[244]（清）永瑢、纪昀主撰:《四库全书总目提要》,北京:中华书局1965年影印文渊阁《四库全书》本。

　　[245]（清）俞樾:《茶香室丛抄》（贞凡等点校）（一）、（四）,北京:中华书局1995年。

　　[246]（清）俞樾:《茶香室经说》,续四库本,第177册。

　　[247]（清）俞樾:《春在堂随笔》,续四库本,第1141册。

　　[248]（清）俞樾:《古书疑义举例》,续四库本,第1162册。

［249］（清）俞樾:《群经平议》,续四库本,第 178 册。

［250］（清）俞樾:《诸子平议》,上海:上海书店 1988 年。

［251］（清）俞正燮:《癸巳存稿》,续四库本,第 1160 册。

［252］（清）曾国藩:《曾国藩全集·读书录》（陈书良整理）,长沙:岳麓书社 1989 年。

［253］（清）曾国藩:《曾文正公全集·文集》（宁波等校注）,长春:吉林人民出版社 1995 年。

［254］（清）张尔岐:《蒿菴闲话》（张翰勋等点校）,济南:齐鲁书社 1991 年。

［255］（清）张惠言:《茗柯文编二编》,续四库本,第 1488 册。

［256］（清）张惠言:《周易郑荀义》,续四库本,第 26 册。

［257］（清）张穆:《阎潜丘先生年谱》,续四库本,第 554 册。

［258］（清）章太炎:《章炳麟论学集》（吴承仕藏,启功等标点）,北京:北京师范大学出版社 1982 年。

［259］（清）章太炎:《章太炎全集》（一）（沈颜国点校）,上海:上海人民出版社 1982 年。

［260］（清）章学诚:《文史通义》（叶瑛校注）,北京:中华书局 1985 年。

［261］（清）章学诚:《章氏遗书》,北京:文物出版社 1985 年。

［262］（清）昭梿:《啸亭杂录》,清代史料丛刊本,北京:中华书局 1980 年。

［263］（清）郑珍:《巢经巢集》,续四库本,第 176 册。

［264］（清）郑珍:《巢经巢文集》,续四库本,第 1534 册。

［265］（清）周亮工:《书影》,上海:上海古籍出版社 1981 年。

［266］（清）周中孚:《郑堂读书记》,北京:商务印书馆 1959 年。

［267］（清）朱庭珍:《筱园诗话》,续四库本,第 1708 册。

[268]（清）朱一新：《无邪堂答问》，续四库本，第 1164 册。

[269]（清）朱彝尊：《经义考》，四库本，第 678—680 册。

[270]（清）朱彝尊：《明诗综》，四库本，第 1460 册。

[271]（清）朱彝尊：《曝书亭集》，四库本，第 1317—1318 册。

[272]（清）朱亦栋：《群书札记》，续四库本，第 1155 册。

[273]（清）朱右曾：《汲冢纪年存真》，续四库本，第 336 册。

[274]（清）朱右曾：《逸周书集训校释》，续四库本，第 301 册。

[275]《碑传集》，北京：中华书局 1993 年。

[276]清国史馆：《清国史》（中华书局影印嘉业堂抄本）第 12 册，北京：中华书局 1993 年。

2.今人专著

[1]（美）A.W.恒慕义主编：《清代名人传略》（中国人民大学清史研究所《清代名人传略》翻译组译），西宁：青海人民出版社 1990 年。

[2]《安徽丛书》编审会辑：《安徽丛书》第六期，1936 年影印本。

[3]《清人别集总目》，合肥：安徽教育出版社 2000 年。

[4]蔡冠洛编：《清代七百名人传》，北京：中国书店 1984 年。

[5]曹聚仁：《中国学术思想史随笔》，北京：三联书店 1986 年。

[6]曹养吾：《辨伪学史》，载《古史辨》第二册，上海：上海古籍出版社 1982 年。

[7]陈梦家：《甲骨论著简目》，载《殷墟卜辞综述》，北京：中华书局 1988 年。

[8]陈梦家：《尚书通论》，北京：中华书局 1985 年。

[9]陈平原：《中国现代学术之建立——以章太炎、胡适之为

中心》,北京:北京大学出版社 1998 年。

[10]陈寅恪:《金明馆丛稿二编》,北京:三联书店 2001 年。

[11]陈祖武选编:《乾嘉名儒年谱》(第一册),北京:北京图书馆出版社 2006 年。

[12]戴君仁:《阎毛古文尚书公案》,台北:台北中华丛书委员会 1963 年。

[13]杜迈之,张承宗:《叶德辉评传》,长沙:岳麓书社 1986 年。

[14]杜泽逊:《文献学概要》(修订本),北京:中华书局 2008 年。

[15]葛兆光:《七世纪至十九世纪中国的知识、思想与信仰》,暨《中国思想史》第 2 卷,上海:复旦大学出版社 2001 年。

[16]顾潮编:《顾颉刚年谱》,北京:中国社会科学出版社 1993 年。

[17]顾颉刚编:《古籍考辨丛刊》第一辑,1933 年朴社初版,1955 年中华书局影印本。2009 年社会科学文献出版社重新排印,并同时印行《古籍考辨丛刊》第二集。

[18]顾颉刚:"自序",载《古史辨》(第三册),上海:上海古籍出版社 1982 年。

[19]顾颉刚:《秦汉的方士与儒生》(王煦华导读),上海:上海古籍出版社 2005 年。

[20]顾颉刚:《中国辨伪史要略》,上海:上海古籍出版社 2005 年。

[21]缪荃孙著、顾廷龙整理:《艺风堂友朋书札》,上海:上海古籍出版社 1981 年。

[22]郭沫若:《十批判书》(《郭沫若全集》"历史编 2"),北京:人民出版社 1982 年。

[23]黄俊杰:《孟学思想史论》,台北:台湾中央研究院中国文哲研究所筹备处1997年。

[24]黄云眉:《古今伪书考补正》,济南:齐鲁书社1980年。

[25]姜广辉:《走出理学》,沈阳:辽宁教育出版社1997年。

[26]金德建:《司马迁所见书考》,上海:上海人民出版社1963年。

[27]梁启超:《戴东原著述纂校书目考》,(《饮冰室合集》本),北京:中华书局1989年。

[28]梁启超:《古书真伪及其年代》(《饮冰室合集》本),北京:中华书局1989年。

[29]梁启超:《清代学术概论》(《饮冰室合集》本),北京:中华书局1989年。

[30]梁启超:《要籍解题及其读法》(《饮冰室合集》本),北京:中华书局1989年。

[31]梁启超:《中国近三百年学术史》(《饮冰室合集》本),北京:中华书局1989年。

[32]梁启超:《中国学术思想变迁之大势》(《饮冰室合集》本),北京:中华书局1989年。

[33]廖名春:《梁启超古书辨伪方法平议》,载陈明:《原道》,北京:中国广播电视出版社1996年。

[34]林庆彰:《清初的群经辨伪学》,台北:台湾文津出版社1990年。

[35]刘起釪:《古史续辨》,北京:中国社会科学出版社1991年。

[36]刘起釪:《尚书学史》,北京:中华书局1989年。

[37]刘汝霖:《汉晋学术编年》,北京:中华书局1987年。

[38]刘笑敢:《庄子哲学及其演变》,北京:中国社会科学出版

社 1987 年。

［39］罗炳良:《18 世纪中国史学的理论成就》,北京:北京师范大学出版社 2000 年。

［40］马宗霍:《中国经学史》,北京:商务印书馆 1998 年。

［41］庞朴:《中国儒学》,北京:东方出版中心 1997 年。

［42］钱穆:《中国近三百年学术史》,北京:中华书局 1986 年。

［43］钱玄同:《论〈说文〉及〈壁中古文经书〉》,载《古史辨》(一),上海:上海古籍出版社 1982 年。

［44］钱钟书:《〈复堂日记〉序》,载谭献:《复堂日记》,石家庄:河北教育出版社 2001 年。

［45］钱钟书:《谈艺录》,北京:中华书局 1984 年。

［46］施建雄:《王鸣盛学术研究》,北京:中国社会科学出版社 2009 年。

［47］孙钦善:《中国古文献学》,北京:北京大学出版社 2006 年。

［48］孙钦善:《中国古文献学史》,北京:中华书局 1994 年。

［49］司马朝军:《〈四库全书总目〉编纂考》,武汉:武汉大学出版社 2005 年。

［50］司马朝军:《〈四库全书总目〉研究》,北京:社会科学文献出版社 2004 年。

［51］王锷:《〈礼记〉成书考》,北京:中华书局 2007 年。

［52］王国维:《古史新证——王国维最后的讲义》,北京:清华大学出版社 1996 年。

［53］王国维:《观堂集林》,北京:中华书局 1959 年。

［54］王国维:《王国维遗书》(第四册),上海:上海古籍出版社 1983 年。

［55］王钟翰:《清史余考》,沈阳:辽宁大学出版社 2001 年。

[56]杨伯峻:《列子集释》,北京:中华书局 1979 年。

[57]杨伯峻:《杨伯峻学术论文集》,长沙:岳麓书社 1984 年。

[58]杨宽:《战国史》(增订本),上海:上海人民出版社 1998 年。

[59]杨向奎编:《清儒学案新编》(第四、五卷),济南:齐鲁书社 1994 年。

[60]杨效雷:《清儒易学举隅》,香港:香港国际学术文化资讯出版公司 2003 年。

[61]杨新勋:《宋代疑经研究》,北京:中华书局 2007 年。

[62]杨绪敏:《中国辨伪学史》(修订版),天津:天津人民出版社 2007 年。

[63]余嘉锡:《藏园群书题记序》,载傅增湘:《藏园群书题记》,上海:上海古籍出版社 1989 年。

[64]余绍宋:《书画书录解题》,杭州:浙江人民出版社 1982 年。

[65]余英时:《论戴震与章学诚》,北京:三联书店 2000 年。

[66]张大可,俞樟华:《中国文献学》,福州:福建人民出版社 2005 年。

[67]张寿安:《以礼代理——凌廷堪与清中叶儒学思想之转变》,石家庄:河北教育出版社 2001 年。

[68]张舜徽:《广校雠略》,北京:中华书局 1963 年增订版。

[69]张舜徽:《汉书艺文志通释》,武汉:湖北教育出版社 1990 年。

[70]张舜徽:《清人笔记条辨》,北京:中华书局 1986 年。

[71]张舜徽:《中国文献学》,郑州:中州书画社出版社 1982 年。

[72]张心澂:《伪书通考》,上海:商务印书馆 1957 年。

[73]张宗友:《〈经义考〉研究》,北京:中华书局2009年。

[74]赵万里:《民国王静安先生国维年谱》,台北:台湾商务印书馆1978年。

[75]郑良树:《古籍辨伪学》,台北:台湾学生书局1986年。

[76]郑良树:《续伪书通考》,台北:台湾学生书局1984年。

[77]支伟成:《清代朴学大师列传》,长沙:岳麓书社1986年复据1928年版印行。

[78]中华书局编辑部编:《中华学术论文集》,北京:中华书局1981年。

3.期刊论文

[1]《乾隆年间伪孙嘉淦奏稿案史料选》(1—8),《历史档案》1998年第1—4期,1999年第1—4期。

[2]曹定云:《山东邹平丁公遗址"龙山陶文"辨伪》,《中原文物》1996年第2期。

[3]晁岳佩:《也谈〈越绝书〉的作者及成书年代》,《山东师大学报》(社会科学版)1991年第5期。

[4]陈东林,徐怀宝:《乾隆朝一起特殊文字狱——"伪孙嘉淦奏稿案"考述》,《故宫博物院院刊》1984年第1期。

[5]陈其泰:《全祖望与清代学术》,《中国社会科学院研究生院学报》1992年第2期。

[6]陈直:《古籍述闻》,载《文史》第3辑,1963年。

[7]陈祖武:《〈日知录〉八卷本未佚》,《读书》1982年第1期。

[8]陈祖武:《〈萤窗异草〉成书年代献疑》,《贵州社会科学》1988年第10期。

[9]陈祖武:《朱彝尊与〈经义考〉》,《文史》第40辑,1994年。

[10]程中山:《伪书〈厚甫诗话〉成书考述——兼论清代广东

诗话中"南来学者"的情意结》,《中国典籍与文化》2005 年第 3 期。

[11]戴吾三,高宣:《〈考工记〉的文化内涵》,《清华大学学报》(哲学社会科学版)1997 年第 2 期。

[12]董丛林:《论晚清名士李慈铭》,《近代史研究》1996 年第 5 期。

[13]杜维运:《邵晋涵之史学》,《清史研究》1994 年第 2 期。

[14]方诗铭:《从徐胜买地券论汉代"地券"的鉴别》,《文物》1973 年第 5 期。

[15]方志钦:《关于〈大同书〉的成书年代问题——与汤志钧同志商榷》,《学术研究》1963 年第 6 期。

[16]方祖猷:《万斯大的经学》,《国文天地》第 8 卷第 7 期,1992 年 12 月。

[17]方祖猷:《万斯大的周官辨非——兼论其经学的特点及其历史地位》,《清初浙东学派论丛》,台北万卷楼图书出版公司2006 年。

[18]耿天勤:《刘知幾对辨伪的贡献》,《山东师大学报》(社会科学版)1992 年第 6 期。

[19]顾颉刚:《方苞考辨〈周官〉的评价》,《文史》第 37 辑,1993 年。

[20]顾颉刚:《伪东方朔书的昆仑说》,《中国历史地理丛刊》1985 年第 1 期。

[21]顾志华:《试论全祖望在历史文献学上的成就》,《华中师范大学学报》(哲学社会科学版)1986 年第 1 期。

[22]郭齐:《朱熹诗作六篇辨伪》,《中国文学研究》1997 年第 3 期。

[23]何爱华:《评〈〈难经〉著作年代考〉》,《湖南中医学院学

报》1985 年第 3 期。

[24]胡昌五:《朱熹认为佛书剽掠〈列子〉——〈列子辨伪〉文字辑略匡正之一》,《大陆杂志》1995 年第 12 期。

[25]胡可先:《汉代辨伪略说》,《徐州师范学院学报》(哲学社会科学版)1994 年第 3 期。

[26]黄国声:《清代广州的文化街》,《岭南文史》1997 年第 2 期。

[27]黄苇:《关于〈越绝书〉》,《复旦学报》(社会科学版)1983 年第 4 期。

[28]黄兆强:《六十五年来之章学诚研究》,《东吴文史学报》1988 年第 6 期。

[29]姜广辉:《梅鷟〈尚书考异〉考辨方法的检讨》,《历史研究》2007 年第 5 期。

[30]姜亮夫:《古籍辨伪私议——有关古籍整理研究的若干问题之四》,《学术月刊》1983 年第 6 期。

[31]姜亮夫:《孙诒让学术检论》,《浙江学刊》1999 年第 1 期。

[32]蒋寅:《粤人所著诗话经眼录》,《学术研究》2004 年第 4 期。

[33]蒋英炬:《"河平三年八月丁亥汉里禺墓"拓片辨伪及有关问题》,《考古》1989 年第 8 期。

[34]亢学军、侯建军:《明代考据学复兴与晚明学风的转变》,《河北学刊》2005 年第 5 期。

[35]来新夏:《〈别录〉和〈七略〉——〈目录学浅谈〉之三》,《图书馆工作与研究》1979 年第 3 期。

[36]蓝永蔚:《〈李靖问对〉伪辨》,《安徽大学学报》(社会科学版)1979 年第 1 期。

［37］李谷鸣:《〈齐物论〉真伪及著作年代考》,《安徽教育学院学报》(社会科学版)1984 创刊号(总第 1 期)。

［38］李梦芝:《刘向及其著述论略》,《历史教学》1994 年第 3 期。

［39］李卫星:《浅论汉画像石作伪的有关问题》,《中原文物》1991 年第 3 期。

［40］林剑鸣:《论汉代"奴婢"不是奴隶》,《学术月刊》1982 年第 3 期。

［41］林庆彰:《中国经学史上的回归原典运动》,《中国文化》2009 年第 2 期。

［42］林艳红:《柳宗元与古籍辨伪研究》,《桂林师范高等专科学校学报》2004 年第 3 期。

［43］刘禾:《从语言的运用上看〈列子〉是伪书的补证》,《东北师大学报》(社会科学版)1980 年第 3 期。

［44］刘重来:《中国二十世纪文献辨伪学述略》,《历史研究》1999 年第 6 期。

［45］娄毅:《训诂与义理:中国传统释义学的两难选择——戴震的释义理论及其所反映的问题》,《中国哲学史》2004 年第 1 期。

［46］罗鹭:《〈正思斋文集〉辨伪》,《中国典籍与文化》总第 62 期,2007 年第 3 期。

［47］马朝军:《〈四库全书总目〉考据法则释例》,《史学史研究》2003 年第 1 期。

［48］马振亚:《〈列子〉中关于称数法的运用——兼论〈列子〉的成书年代》,《东北师大学报》(哲学社会科学版)1995 年第 2 期。

［49］马振亚:《从词的运用上揭示〈列子〉伪书的真面目》,《吉林大学社会科学学报》1995 年第 6 期。

[50]牟玉亭:《明清辨伪学的发展》,《文史杂志》1999 年第 5 期。

[51]牟玉亭:《文献目录与古籍辨伪》,《古籍整理研究学刊》1994 年第 3 期。

[52]庞怀靖:《论〈后出师表〉非伪作》,《人文杂志》1983 年第 2 期。

[53]祁龙威:《〈越缦堂日记〉发微》,《书品》2004 年第 1 期。

[54]祁龙威:《读李慈铭的最后一函〈日记〉》,《扬州大学学报》2004 年第 3 期。

[55]祁龙威:《胡适评〈越缦堂日记〉》,《扬州大学学报》2003 年第 3 期。

[56]容肇祖:《阎若璩的考证学》,《岭南学报》1 卷 4 期,1930 年 9 月。

[57]邵东方:《论崔述的考据学与清代汉学之关系》,《清史研究》1998 年第 1 期。

[58]涉谷由纪夫:《〈荀子〉にられる"伪"の观念について》,《早稻田大学大学院文学研究科纪要》第 46 号第 1 分册,2000 年。

[59]申屠炉明:《论章学诚与钱大昕学术思想的异同》,《社会科学战线》2001 年第 6 期。

[60]史革新:《陈寿祺与清嘉道年间闽省学风的演变》,《福建论坛》2002 年第 6 期。

[61]史景成:《〈考工记〉之成书年代》,《书目季刊》1971 年第 3 期。

[62]史念海:《〈周礼·考工记·匠人营国〉的撰著渊源》,《传统文化与现代化》1998 年第 3 期。

[63]束景南:《朱熹〈家礼〉真伪辨》,《朱子学刊》1993 年第 1 辑。

[64]束景南:《朱熹佚文辨伪考录》,《朱子学刊》1996 年第 1 辑。

[65]司马朝军,沈科彦:《〈经义考〉辨伪一例》,《图书·情报·知识》总第 117 期,2007 年 5 月。

[66]苏庆彬:《阎若璩胡渭崔述三家辨伪方法之研究》,《东亚书院学术年刊》1961 年第 3 期。

[67]孙钦善:《古代辨伪学概述》(上、中、下) 1983 年第 4 期,,《文献》第 14、15、16 辑,1983 年第 1 期,1983 年第 2 期。

[68]孙钦善:《〈史记〉采用文献史料的特点》,《文献》1980 年第 2 辑。

[69]孙钦善:《王充与辨伪》,《北京大学学报》1985 年第 5 期。

[70]汤志钧:《再论康有为的〈大同书〉》,《历史研究》1959 年第 8 期。

[71]汤志钧:《经史纠误和辩明真伪》,《史林》1996 年第 3 期。

[72]唐明贵:《清代〈论语〉学的特点及成因》,《山东社会科学》2007 年第 11 期。

[73]陶宝庆:《古籍作伪鉴别点滴》,《广东图书馆学刊》1984 年第 4 期。

[74]汪泓:《司空图〈二十四诗品〉真伪辨综述》,《复旦学报》1996 年第 2 期。

[75]王国强:《汉代文献辨伪的成就》,《图书馆杂志》2006 年第 8 期。

[76]王锦厚:《还学术界一片净土——〈郭沫若书信书法辨伪〉出版》,《郭沫若学刊》2005 年第 3 期。

[77]王晴佳:《考据学的兴衰与中日史学近代化的异同》,《史

学理论研究》2006 年第 1 期。

[78]王燮山:《"考工记"及其中的力学知识》,《物理通报》1959 年第 5 期。

[79]王余光,钱婉约:《朱熹在辨伪学上的成就和影响》,《四川图书馆学报》1987 年第 4 期。

[80]闻人军:《〈考工记〉成书年代新考》,《文史》第 23 辑,1984 年。

[81]吴建伟:《浅谈刘知幾对经史的辨伪方法》,《河南图书馆学刊》2005 年第 1 期。

[82]徐公喜:《朱熹证据排伪法则思想》,《朱子学刊》1995 年第 1 辑。

[83]徐奇堂:《关于〈越绝书〉的作者、成书年代及其篇卷问题》,《广州师院学报》1990 年第 2 期。

[84]薛洪:《茧窗异草》,《社会科学战线》1987 年第 1 期。

[85]杨伯峻:《从汉语史的角度来鉴定中国古籍写作年代的一个实例——〈列子〉著述年代考》,《新建设》1956 年 7 月。

[86]杨芾孙:《〈公孙龙子〉非伪作辨》,《哲学研究》1981 年第 4 期。

[87]杨国荣:《经学的实证化及其历史意蕴》,《文史哲》1998 年第 6 期。

[88]杨善群:《论古文〈尚书〉的学术价值》,《孔子研究》2004 年第 5 期。

[89]杨向奎:《论张惠言的〈易〉学理论》,《中国社会科学院研究生院学报》1990 年第 5 期。

[90]杨效雷:《"河图"、"洛书"非点阵之图考》,《南开学报》2004 年第 3 期。

[91]杨效雷:《清代学者对"河图""洛书"的考辨》,《湖南科

技学院学报》2005 年第 1 期。

[92]杨绪敏:《明清辨伪学的成立及古书辨伪之成就》,《中国社会科学院研究生院学报》1999 年第 4 期。

[93]杨绪敏:《邵晋涵与历史文献的整理及研究》,《徐州师院学报》1986 年第 2 期。

[94]杨绪敏:《刘知幾疑古思想的形成及考辨儒经、古史之成就》,《中国矿业大学学报》(社会科学版)1999 年 10 月创刊号。

[95]姚大勇:《近年〈二十四诗品〉真伪讨论综述》,《云梦学刊》2000 年第 4 期。

[96]姚雪垠:《论〈圆圆曲〉》,《文学遗产》1980 年第 1 期。

[97]叶君远:《吴伟业〈鹿樵纪闻〉辨伪》,《河南师大学报》(社会科学版)1981 年第 2 期。

[98]叶树声:《论清儒辨伪》,《淮北煤师院学报》(社会科学版)1996 年第 2 期。

[99]余英时:《〈周礼〉考证和〈周礼〉的现代启示》,《中国文化》1990 年第 3 期。

[100]余英时:《清代学术思想史重要观念通释》,《史学评论》第 5 期 1983 年 1 月。

[101]袁祖亮:《汉代〈徐胜买地券〉真伪考》,《郑州大学学报》(哲学社会科学版)1984 年第 1 期。

[102]曾贻芬:《〈经义考〉初探》,《史学史研究》1996 年第 4 期。

[103]曾贻芬:《全祖望的史学与"七校"、"三笺"》,《史学史研究》1999 年第 2 期。

[104]曾贻芬:《朱熹的注译和辨伪》,《史学史研究》1993 年第 4 期。

[105]张灿玾,张增敏:《〈伤寒〉〈金匮〉医方考》,《上海中医

药杂志》2004 年第 2 期。

[106]张芙蓉,周益新:《〈琼瑶发明神书〉成书年代及作者考》,《中医文献杂志》2006 年第 2 期。

[107]张惠贞:《王鸣盛经学思想探析》,《成大宗教与文化学报》2009 年第 12 期。

[108]张谦元:《辨伪学论纲》,《甘肃社会科学》2003 年第 4 期。

[109]张小乐:《刘知幾辨伪探微》,《山东社会科学》1998 年第 4 期。

[110]张志枫,颜新:《疑"经"辨"伪""托古"开新——廖平"脉学"学术思想探析》,《江苏中医》2001 年第 10 期。

[111]赵福坛:《司空图〈二十四诗品〉研究及其作者辨伪综析》,《广州师院学报》(社会科学版)2000 年第 12 期。

[112]赵刚:《论阎若璩"虞廷十六字"辨伪的客观意义》,《哲学研究》1995 年第 4 期。

[113]赵和平:《两件高宗、武则天时代"敦煌藏经洞出宫廷写经"辨伪》,《敦煌研究》2006 年第 6 期。

[114]郑文:《读扬雄太玄赋献疑》,《争鸣》1957 年第 4 期。

[115]周清澍:《元人文集版本目录》,《南京大学学报丛刊》1983 年。

[116]周书灿:《20 世纪以前的〈周礼〉学述论》,《河北师范大学学报》(哲学社会科学版)2006 年第 4 期。

[117]朱梅光:《章学诚辨伪学成就初探》,《湖南社会科学》2006 年第 4 期。

[118]陈占标:《〈新学伪经考〉初刊年月考》,《近代史研究》1989 年第 1 期。

[119]黄曦:《〈江慎修先生年谱〉证补》,华东师范大学硕士

学位论文,2005 年 4 月。

　　[120]李安:《从"真"到"通":中国古代史学理论的体系化及其终结——以刘知幾、章学诚为中心的考察》,湖南师范大学硕士学位论文,2004 年 5 月。

　　[121]戚淑娟:《〈关尹子〉研究》,华东师范大学硕士学位论文,2004 年 5 月。

　　[122]孙小泉:《论刘知幾的学术风格》,曲阜师范大学硕士学位论文,2004 年 4 月。

　　[123]吴国宏:《孙星衍尚书今古文注疏研究》,中正大学硕士论文,1994 年 6 月。

　　[124]张涛:《〈越缦堂日记〉研究》,扬州大学硕士学位论文,2005 年 5 月。

　　[125]张骁飞:《宋代疑古第一人——欧阳修的疑古思想及辨伪成果》,河南大学硕士学位论文,2007 年 6 月。

　　[126]周晓聪:《〈四库全书总目〉与考据学》,兰州大学硕士学位论文,2006 年 5 月。

附录一　清代文献辨伪成就拾遗

　　由于历史和现实的原因,我们对清代很多杰出学者的观点或著述,已不得其详①。笔者经过梳理,虽已勾勒出清代文献辨伪学发展之概况,但是,对许多细节的描绘仍感到无能为力,这真是很遗憾的事情。以下是为补苴之作,其中选得较有代表的八十余位

---

① 除了笔者阅读范围有限的现实原因外,许多知名学者并未有多少,或没有著述传世。以清中期学者为例,大致有以下几种情况:①不存稿者。如周永年,字书昌,历城人。博学贯通,为时推许。乾隆三十六年进士,与邵晋涵同征修四库书,改翰林院庶吉士,授编修。自谓"文拙,不存稿"。今见唯有《先正读书诀》一卷(《清国史》"儒林传下"卷16"周永年传(邵晋涵传附)",第631页)。②早卒的学者。如孔广森,字众仲,曲阜人,孔子六十八代孙。乾隆三十六年进士,选翰林院庶吉士,散馆授检讨。性淡泊,耽著述,不与要人通谒。告养归,不复出。居丧,竟以哀卒,年三十五。仅著成《春秋公羊通义》、《大戴礼记补注》等几种。或言"惜奔走家难,劳思夭年,(不充其志,)艺林有遗憾焉。"(《清国史》"儒林传下"卷16"孔广森传",第632页)。再如洪榜,字汝登。乾隆三十三年举人。四十一年,应天津召试第一,授内阁中书。粹于经学,又明声韵。然亦早卒,时年三十有五。③不务著述者。如刘台拱,字端临,宝应人。性至孝,有"神童"之誉。中乾隆三十五年举人,屡试礼部不第。史载"生平无他嗜好,唯聚书数万卷及金石文字,日夕冥搜而不务著述",卒后,稿多零落,仅辑成《论语骈枝》诸书(《清国史》"儒林传下"卷17"刘台拱传",第634页)。④久病而少著述者。如金榜,安徽歙县人,乾隆二十九年举人,授内阁中书。三十七年一甲一名进士,授翰林院撰修。后养疴不出,卒于家。榜少以才华为天下望,后师事江永,友戴震,遂深经术,治三礼,有《礼笺》十卷。

学者,分三个时期,对他们的文献辨伪情况,作简要介绍。① 这些学者的文献考辨,或不甚系统,然精语迭现,碎玉散金,弥足珍贵,而这些内容,《伪书通考》等著述中多有不逮。

(一)清初

1.钱谦益(1582—1664),字受之,号牧斋,晚年自署蒙叟,又号东涧遗老,江苏常熟人。《从亡日记》(一作《从亡随笔》)一卷。旧题程济撰。《致身录》一卷,旧题明史彬撰。钱谦益认为,该书与《致身录》同为后人附会之伪书,其言:"余作《致身录考》,客又持程济《从亡日记》示余,余掩口曰:陋哉! 此又妄庸小人踵《致身录》之伪而为之者也。"②钱谦益的考辨结论,基本上为清代学者所沿用。

2.王钺,清初人,生平事迹不详。著《读书蕞残》,考辨《三坟》、《诗传》、《诗说》、《穆天子传》、《孔丛子》等多种伪书。如辨《天禄阁外史》一书,他认为,该书《党锢》篇、《董卓》篇中纪事,均非黄宪所当见,以为该书"伪迹甚明"③。

3.陈宏绪(1597—1665),字士业,江西新建人,明兵部尚书陈道亨子,性警敏好学。入清,屡荐不起,移居章江,辑《宋遗民录》以见志。宏绪工古文,著《抄本书记》等,王士禛见之,叹曰:"名下固无虚士也!"④又著有《周易考》、《尚书广义》等若干卷。陈宏绪是清代较早对《申培诗说》提出质疑的学者,他说:据《隋书·经籍

---

① 部分学者的文献辨伪成果,在前面章节的人物个案研究中不便述及,也一并归入该《拾遗》中。

② (清)钱谦益撰、钱曾笺注:《钱牧斋全集·牧斋初学集》(钱仲联标校)(中)卷22"书致身录考后",上海古籍出版社,2003年,第758页。

③ (清)王钺:《读书蕞残》卷7,四库存目本,史部第277册,第777—778页。

④ 《清国史》"文苑传"卷4"陈宏绪传",第765页。

志》载,汉初鲁人申公所著的《鲁诗》"亡于西晋",因而其现存者,"不知传自何人,疑为后代伪笔",或者是"后人辑录而补足也"。亦即他认为,《申培诗说》要么是伪书,要么是辑录,但绝不是原书。

4.毛晋(1599—1659),原名凤苞,字子久,后改名晋,字子晋,号潜在。江苏常熟(今属江苏省)人,明末为诸生,以布衣自处。好古博览,构汲古阁、目耕楼,藏书数万卷,校刻十三经、十七史等,有"毛抄"之誉,极受珍视。著有《毛诗名物考》、《汲古阁书目》等①。毛晋的辨伪成就,还需进一步研究,其考辨成果,仅举一例:他在《毛诗草木鸟兽虫鱼疏跋》中言:"或曰:'吴太子中庶子乌程令陆玑作也。'或曰:'唐吴郡陆玑作也。'陈氏辨之曰:'其书引《尔雅》郭璞注,则当在郭之后,未必吴时人也。'但诸书援引多误作'机'。案,机,字士衡,晋人,本不治《诗》,则此书为唐人陆玑元恪者所撰无疑矣。后世失传,不得其真,故有疑为赝鼎者。或曰:'赝则非赝,盖摭拾群书所载,漫然厘为二卷,不过狐腋豹斑耳。'其说近之。"毛晋重版本,且重书中内容,故而对于见疑文献多存信。

5.朱鹤龄(1606—1683),江苏吴江人,字长孺,号愚庵。所著《尚书埤传》信《尚书》孔安国《传》为真本。

6.周亮工(1612—1672),字元亮,号减斋,别号栎园,称栎下先生。河南祥符人,原籍江宁。明崇祯十三年(1640年)进士,在明清两朝为官。据称,著书百余卷,因"语涉违碍"遭查毁。所著《书影》,其中有关于《千秋金鉴录》的辨伪文字。《千秋金鉴录》一卷,旧题唐张九龄撰。周亮工提出三点质疑:其一,据考,"《纲目》唐开元二十四年张九龄上《千秋金鉴录》:'"以镜自照见形,以人自

---

①　《清国史》"文苑传"卷21"毛晋传",第839页。

照见吉凶"两语者,其书之序意也;述前世兴废之源者,其书意也。'兹《录》也,《序》无两语,而述前世兴废之源,择焉不精,语焉不详,不似公口中语,伪无疑矣。其二,三章内云"杨贵妃白鹇之精,指爪纯赤"。据《纲目》,张九龄开元二十二年为中书令,二十八年卒。天宝四年册封杨太真为贵妃,因此张九龄为相之时,"见太真为寿王妃,未见为玄宗贵妃也,恶得有白鹇之精云云也"? 其三,据《录》中记载"公就中书焚稿",因此可知该书"之焚久矣,世乌得而传之哉?"①

　　7.张尔岐(1612—1677),字稷若,号蒿庵,山东济阳人,明诸生。祖以上皆以务农为生。张氏逊志好学,笃守程朱学说,题其室名"蒿庵",教授乡里以终身。著《天道论》、《中庸论》、《蒿庵闲话》等。顾炎武游山东,读张氏书,赞许颇多。他在《蒿庵闲话》中,对旧题元吴澄撰的《三礼考注》进行考辨,张氏从体例和文辞两方面入手,以其为伪作:其一,以为该书除了《少牢》篇"尸入正祭"章补入"尸授祭肺"四字,是"有功于经",其余均"支离之甚,不须剖击,疵病立见",而吴澄是"名宿","岂应疏谬至此"? 所以推测为"庸妄者托为之"。其二,据《三礼考注序》与书中内容"覆校",发现《序》云:"辄因朱子所分礼章,重加伦纪。其经后之记,依经章次秩序,其文不敢割裂,一仍其旧。"但是,《三礼考注》书中内容则"割裂记文,散附于经内"。序与正文不合,因此"确信其非吴氏旧也"。②

　　8.王夫之(1619—1692),字而农,湖南衡阳人。③《清国史》本传言:"其言《易》,不信陈抟之学,亦不信京房之术,于'先天'诸图

---

①　(清)周亮工:《书影》卷8,上海古籍出版社,1981年,第226页。
②　(清)张尔岐:《蒿庵闲话》(张翰勋等点校)卷2,齐鲁书社,1991年,第353页。
③　《清国史》"儒林传"卷1,第379页。《清史稿》卷480,第13107页。前者不如后者内容翔实。

及纬书杂说,皆排之甚力。"①王夫之《庄子解》认为:《外篇》非庄子之书,疑乃庄子后学拟《庄子》而作。其中《胠箧》篇为学庄者伪作,《在宥》篇亦非庄书,《天道》篇为秦汉之际"学黄老之术以干人主者"所作,《至乐》篇乃"学老庄掠其肤说狂躁之心者"伪托,又疑《达生》篇非庄子作。作《周易稗疏》,其卷三辨"河图"为陈抟伪作。

9.尤侗(1618—1704),字展成,晚号良斋,江苏长洲人。少博闻强记,弱冠补诸生,有才名而屡试不中,以贡谒选,授官,因事降级归家。康熙十八年(1679年)召试博学鸿儒,授翰林院检讨,分修《明史》,居三年告归。康熙四十二年(1703年)得赐御书一幅,授侍读。尤侗诗文,颇得顺治、康熙二帝赏识,"天下羡其荣遇,比于李白"②。尤侗辨《左氏春秋》不当托名左丘明。其言"左氏之为丘明,自迁、固以下皆信之,独啖助、赵匡立说以破其非,而王介甫断左氏为六国时人者有十一事,据《左传》纪韩、魏、智伯之事及赵襄子之谥,计自获麟至襄子卒,已八十年。夫子谓'左丘明耻之,丘亦耻之',则丘明必为夫子前辈。岂有仲尼殁后七十八年,丘明犹能著书者乎?《诗》有大、小毛,《书》有大、小夏侯,《礼》有大、小戴,六国时人岂无左氏?必以丘明实之,亦固矣!"(《经义考》引)

10.黄虞稷(1629—1691),字俞邰,原福建泉州晋江(今属福建)籍,后家上元,为上元人。七岁能诗,号为神童。康熙十八年(1679年)举博学鸿儒,遭母丧,不与试。入《明史》馆,后充《一统志》纂修官,疾峻笔事,竟以劳卒,年六十三。③著《千顷堂书目》

---

① 《清国史》"儒林传"卷1,第379页。
② 《清国史》"文苑传"卷20,第832页。
③ 《清国史》"文苑传"卷21"黄虞稷传",第839页。

三十二卷,依四部排列,每一条目后,均附记作者爵里、字号、科第等,往往为史传所无。入明史馆后,又在此基础上撰成《明史稿·艺文志稿》。《千顷堂书目》有一些考辨伪书的内容,如:"坊言家有《鲁诗世学》,其书传自远祖稷,然实自撰也。又作《诗传》,托之子贡,而同时又有《诗说》托之申培者,皆伪书。"

　　11.王士禄(1626—1673),字子底,山东济南新城人。少能文章,清介有守。工诗咏,与弟士祜、士禛齐名,称为"三王"。顺治九年(1652年)进士,历官莱州府教授,吏部主事、乡试正考官等,两度坐免。母殁,哀毁以卒,年四十八。乡人私谥节孝先生。《清国史传稿》称:他于诸书,"能综择折衷,独成义例。辨《子贡诗传》、《申公诗说》皆伪书,尤有功经学"①。其辨《诗传》、《诗说》及《鲁诗世学》为丰坊伪作,主要从以下两个方面入手:

　　①据史志目录辨伪:他提出:"凡古书源流,存亡真赝,《汉艺文》、《隋经籍》,降及郑氏《通志》、马氏《通考》诸书可覆而按也。"但是查阅上述史志,不见有《诗传》、《诗说》的记载。②据称引文献辨伪:"至《诗传》、《诗说》之伪,穿凿掩覆,痕迹宛然……又好引借《春秋》时事为说……其它异说尤多,率取《春秋》与《诗》相附会。其义之善而又与毛、郑异者,又特暗窃诸家,非有所受也。"他指出《鲁诗世学》为丰坊一手之伪作:"丰道生好撰伪书,自言其家有《鲁诗世学》一书,传自远祖稷,实自传也。"关于作伪动机,他认为,丰坊伪作《鲁诗世学》后,"又作《诗传》,托之子贡,以为张本。而所谓《世学》者,若相与发明。盖以《世学》之视《传》,犹毛《传》郑《笺》之视《序》,示有本也"(以上,详见《尧峰文抄节孝王先生传》,此略)。

　　12.倪灿(1626—1687),字闇公,号雁园,江苏上元,今南京人。

---

①　《清国史》"文苑传"卷10"王士禄传",第788页。

康熙十六年（1677 年）举人，官检讨。书法、诗格妙绝一时。所作
《宋史艺文志补》，在《孟子外书注》一书下自注道："称马廷鸾序，
谓熙时子即刘攽，实假托也。"

13. 谈迁（1594—1658），字孺木，字观若，浙江海宁人。谈迁著
述中以《国榷》最为知名，此外还有《枣林集》、《枣林诗集》等。谈
迁的文献辨伪内容不多，《枣林杂俎》有《伪书》一条曰："毛渐伪
《三坟》、张升伪《元命苞》、孙定伪《关尹子》、阮逸伪《玄经》、宋咸
伪《孔丛子》、徐灵府伪《文子》、戴师愈伪《麻衣子》、袁康伪《吴越
春秋》，明崑山王逢年伪《天禄阁外史》，海盐姚士粦伪《于陵
子》。"①谈迁罗列了十种伪书。

14. 林云铭（1628—1697），字道昭，号西仲，又号损斋，福建侯
官人。少嗜学，里人呼为"书痴"。顺治十五年（1658 年）进士，官
徽州府通判，康熙六年（1667 年）裁缺回乡，迁居建宁，后寓居杭州
著述。著有《庄子因》、《四书讲义》等。林云铭在《庄子因》中提
出：《马蹄》、《胠箧》二篇为庄子手作，《天地》、《天道》、《天运》三
篇中"孔子见老聃而语仁义"一段，《刻意》、《缮性》、《秋水》等四
篇中"孔子游匡"、"公孙龙问魏牟"二段，《至乐》中"颜渊东之齐"
一段，《山木》中"庄子过魏王"一段，《田子方》、《外物》二篇中"贷
粟"、"钓鱼"、"发冢"三段，以及《天下》篇，皆非庄子手作。

15. 钱曾（1629—1701），字遵王，号也是翁，又号贯花道人、述
古主人。江苏常熟人，族曾祖钱谦益。顺治十八年（1661 年），江
南奏销案发，因欠赋被革去生员，益发无意仕晋。承家传，富藏书，
为江南藏书名家。著《读书敏求记》四卷，分《经》、《史》、《子》、

---

① （清）谈迁：《枣林杂俎》（罗仲辉等点校），"圣集""艺簀·伪书条"，中华书
局，2006 年，第 229 页。

《集》四目，其中解题，多著录"缮写刊刻之工拙"①。虽然四库馆臣批判它"于考证不甚留意"，误信伪书②。但对于一些伪书，他也有认识，如《白猿经》一书，钱曾提出："此伪书也，不必存之"。③

16.徐乾学（1631—1694），江苏昆山人，字原一，号健庵。清初名臣，曾官至尚书。《心史》七卷，旧题宋郑思肖④撰，徐乾学以其为明人姚士粦伪撰。其《〈资治通鉴〉编后·考异》云："明季有井中《心史》一书，载天祥对博啰之言颇不同。是书乃姚士粦伪撰，托名郑思肖，不可用。"

17.王士禛（1634—1711），字子真，一字贻上⑤，号阮亭，又号

---

① 钱曾以精于文献鉴赏闻名。故而清人就有假托钱曾名号以自重的情况，如《海琼传道集》一书，一卷，旧题庐山太平兴国宫道士《洪知常集》。四库馆臣考订以为"文词鄙倍，殆村野黄冠所依托"。书前有钱曾名字二印，但是"篆刻丑恶"，当为"庸劣书贾所赝造"（见《总目提要》卷147"海琼传道集"条）。再如《洙泗源流》，不分卷，亦不著作者。书前钱曾二印，一曰"虞山钱曾遵王藏书"，一曰"雒阳忠孝家"，但是均"篆刻拙恶，朱色犹新"，四库馆臣以为"庸陋书贾所赝托也"（见《总目提要》卷59"史部十五·传记类存目一"，"洙泗源流"条）。

② "东坡《石鼓文》全本，实杨慎伪托，而以为篆籀特全"。《了证歌》称杜光庭，《太素脉法》称空峒仙翁，本皆伪托，而以为实然。《玄珠密语》最为妄诞，而以为申《素问》六气之隐奥"。"古三坟书及东家杂记之琴歌，伪托显然，而依违不断。"见《总目提要》卷87"读书敏求记"条。

③ （清）钱曾：《读书敏求记》（丁瑜点校）卷3，书目文献出版社，1983年，第86页。

④ 郑思肖（1241—1318或1238—1315），字忆翁，号所南，又号三外野人，福建连江人，南宋末太学生。宋亡，改名思肖（即思赵）、所南、忆翁（即南宋）。不娶，隐居平江（今江苏苏州），匾其室曰"本穴世界"，以"本"字之"十"置于"穴"中，即大宋。精墨兰，入元后所画皆不画土根，以示国土被夺，亦工墨竹。诗多怀念宋室，深沉而悲凉。著有《一百二十图诗集》、《郑所南先生文集》等。又据称作《铁函心史》，书名取"天地万化，悉自此心出"语。有明张武初刻本，清光绪间上海广益书局本。今人陈福康点校本《郑思肖集》，1991年由上海古籍出版社出版。收录齐全，校勘精审。

⑤ 王士禛初名士禛，以避世宗胤禛讳，追改士正。乾隆三十九年（1774年），谕："士正名以避庙讳致改，字与原名不相近，流传日久，后世几不复知为何人。今改为士禛，庶与弟兄行派不致淆乱。各馆书籍记载，一体照改。"见《清史稿》卷266"列传五十三"，第9952—9954页。

渔洋山人,新城人,顺治十二年(1655年)进士,官至刑部尚书,谥
文简。家富藏书,名池北书库。王士禛一生勤奋,著述等身,有
《古夫于亭杂录》《居易录》等数十种。王氏读书序跋,王绍曾同
杜泽逊曾辑录成《渔洋读书记》一册,凡六百四十篇。王士禛的文
献辨伪,涉及以下几种:

①其《皇华纪闻》辨《千秋金鉴录》之伪,其言:"隆庆间,曲江
刻张文献《千秋金鉴录》一卷,又伪撰序表。平湖陆世楷为南雄
守,著论辨之。此等谬伪,凡略识之无者亦不肯为,而粤中新刻
《曲江文集》竟收入,故孝山谓急应火其书、碎其版。"①②《古夫于
亭杂录》卷四,辨《疑耀》之伪,言:"余家有《疑耀》一书,凡七卷,
乃李贽所著,而其门人张萱序刻者。余尝疑为萱自纂,而嫁名于
贽,盖以中数有校秘阁书及修玉牒等语。萱尝为中书舍人,纂《文
渊阁书目》,而贽未尝一官禁近也。及观论温公一条中云余乡海
忠介,益信不疑。"②③《池北偶谈》辨《明诗归》之托名:《明诗归》
十卷,《补遗》一卷,旧题明钟惺、谭元春编。《池北偶谈》中言:"坊
间有《明诗归》,更鄙俚可笑,又托名竟陵",或许前人已知其为伪
作了。③　④《池北偶谈》辨《名媛诗归》之伪托:《名媛诗归》三十六
卷,旧题明钟惺编。《居易录》以为坊贾托名。④　⑤《居易录》杂论
诸伪书:王氏认为,"万历间学士"有"多撰伪书以欺世"的恶习,且
言,除如《天禄阁外史》外,还有胡震亨伪托韩鄂所作的《岁华纪
丽》、姚士粦伪作的《于陵子》。⑤

①　王士禛撰《皇华纪闻》中言,转引自《总目提要》卷95"子部五·儒家类存目
　　一","千秋金鉴录"条。
②　(清)王士禛:《古夫于亭杂录》卷4,四库本,第870册,第647页。另中华书局
　　1988年(赵伯陶点校本)卷4不收这段文字。
③　(清)王士禛:《池北偶谈》(靳斯仁点校)卷18,第435页。
④　(清)王士禛:《池北偶谈》(靳斯仁点校)卷18,第435页。
⑤　(清)王士禛:《居易录》卷6,四库本,第869册,第374页。

18.万斯同(1638—1702),字季野,浙江鄞县人,与万斯大等同为万泰子。生而异敏,性强记,博通诸史,尤熟明代掌故。康熙十八年(1679年)荐鸿博,辞不就。王鸿绪与《明史》撰修,延斯同于家,委以史事,"鸿绪稿大半出斯同手也"。著《历代史表》、《群书疑辨》等。① 所著《群书辨疑》有"诗序说"。万斯同认为,《诗序》不但不是孔子、子夏、太史所作,也"并非毛公所作"。因为据"旧说",可知子夏以降直至毛亨、毛苌的传授"源流"。如果据此师承,毛苌为《诗序》"必得诗人本旨"。但是事实并非如此,他发现《关雎》之序,因为《论语》有"乐而不淫,哀而不伤"二语,《诗序》将其收入,并"牵强解之",这绝不是"传自子夏者"所当为。此外,如《小雅·节南山》至《何草不黄》的四十四篇《序》,也不是"子夏之本旨"。至于《昊天有成命》本颂成王之德,《诗序》却以为郊祀天地,万斯大质疑道:"自古有合祀天地之礼欤"? 子夏、毛苌都"必无是说"。万氏推测道:《诗序》为卫宏作②。以上,无论是考辨初衷、论证方法和结论,均同姚际恒相似,故不详述。

19.冯景(1652—1715),字山公,浙江钱塘人,国子监生,性嗜读书,文思流畅,能千言立就。康熙十七年游京师,有人荐举博学鸿儒科,固辞不就。因谏阻不得拆替国子监彝伦堂梁事,享誉京城。不幕权贵,晚年贫且病。冯氏以能文名世,也颇好考据,曾"驳阎若璩《四书释地》中十事"。著述多散失,今存有《解春集》,所作《淮南子洪保》二卷③,在该书第八、九两卷中。《淮南子洪保》自序言:"儒者之学,莫大乎正经而黜讹。《今文尚书》为晚出,古文淆乱其间,莫之或正,儒者之耻也。阎子倡之,冯子和之",

---

① 《清国史》"儒林传"卷8"万斯大传(万斯同传附)",第419页。《清史稿》卷484,第13345—13346页。
② (清)万斯同:《群书疑辨》卷1,续四库本,第1145册,第476页。
③ 《清国史》"儒林传下"卷6,第592页。

"故曰洪保。阎子,晋产也;冯子,吴产也。一西一南,地之相去几千里,而作合于淮南,以卒其业,岂非天哉! 故亦号淮南子云。"①

冯景考辨《古文尚书》的成就不高,阎若璩和清中期的章学诚都曾指出。所谓助成洪业的说法,更是人多非议,此一问题已有学者作了较详细的研究②,兹不赘笔。这里仅提出一个鲜被述及却又比较重要的一个问题:冯景《序》中"儒者之学,莫大乎正经而黜讹"语,短短十二字,冯氏已经将他、清人、中国古代学人文献辨伪之主旨阐发无遗——"黜讹正经"。虽然冯氏说与不说,均于此一主旨之既存无损,但是此十二字对于补正今日文献辨伪学研究中的阙失,自有它的价值。

20. 臧琳(1650—1713),字玉林,江苏武进人。所著《经义杂记》卷二十二"相近于坎坛"条有言:"尝疑《孔子家语》、孔安国《书传》、《孔丛子》皆出于肃手,故其文往往互相祖述。盖三书皆托之孔氏,以希人之尊信,用以改郑说而伸己意,驳郑氏非而证己是者,无不于此取之,故三书即肃之罪案也。"又指出,王肃为证成己说,"恐后人不信其说,因托之《家语》以证之。复恐后人并疑《家语》为己所私定,故又著之《孔丛子》以证之。肃之诡计劳心,往往若此。非好学深思,心知其意者,恐急索解人不得也。"这里,臧琳主要分析王肃的作伪动机。

21. 钱晓城,又名钱煌,生平事迹不详。除了上文提到的《古文尚书》辨伪外,又辨《伤寒论》真伪间杂。《伤寒论》十卷,旧题汉张机撰,晋王叔和编,金成无己注。钱晓城以为,该书王叔和参以己说,故真伪间杂,"致使千载蒙晦",著有《医学辨谬》一书,分别仲

---

① （清）冯景:《解春集文抄》卷8"淮南子洪保",续四库本,第1418册,第445页。

② 林庆彰对冯景的《古文尚书》辨伪问题有专门研究,并述及阎若璩、章学诚对冯景的评述(见《清初的群经辨伪学》,第201—207页)。

景书之真伪,兼论医家源流。

22.王宏翰,清初期人,字惠源,号浩然子。祖籍华亭(今属上海市),后迁至姑苏(今江苏苏州)。习儒学,博通经史,天文地理,兼擅医术。著有《医学原始》、《古今医史》等。《脉诀》一卷,旧题王叔和撰。王宏翰在《古今医史》卷二"晋王叔和"条中,言:"按《脉诀》一书,乃六朝人高阳生伪撰,窃托(王)叔和之名也"。

清人钱溥《濒湖脉学》亦言:"晋太医王叔和著《脉经》,其言可守而不可变。乃托叔和《脉诀》行,而医经之理遂微。盖叔和为世所信重,故假其名而得行耳。然医道日浅,未必不由此而误之也。"

23.朱天闲,清康熙年间人,辨《楚辞集注》伪托。《楚辞集注》八卷,《宋史》卷一百八十八《朱熹传》称其"著《楚辞集注》",同书卷二百八十《艺文志七》载,朱熹著《楚辞集注》八卷、《辩证》一卷。明、清以后,有人对此提出了质疑。朱天闲《离骚辨·自序》中言:"后得紫阳《集注》,讶其无所剪裁,咙杂如故。每辨此注,决非紫阳所集。"清人王邦采所著《离骚汇订》从其说,其云:"天闲氏谓属后人伪托,疑或然也。"

24.毛先舒,字稚黄,尝从刘宗周讲学。其辨《石经大学》为丰坊伪作。①

25.魏荔彤,字念庭,直隶柏乡人,父大学士魏裔介。荔彤十二岁补诸生,以资入为内阁中书,官凤阳同知、漳州府知府,江苏常镇道等。生平嗜古学,勤著述,罢官后,犹杜门读书。据载:"尤喜《易》,著《大易通解》十五卷,附录一卷。其论画卦,谓于'河图'、'洛书'只可谓其理相通,不必穿凿附会。"②

---

① (清)朱彝尊:《经义考》卷291"刊石五·魏正始石经大学伪本"条引,四库本,第680册,第728页。

② 《清国史》"儒林传下"卷6,第592页。

（二）清中期

26.徐文靖(1667—1757?)，字位山，当涂人。雍正元年(1723年)，年五十七，始举江南乡试。乾隆十七年(1752年)会试，特授翰林院检讨，时年八十六。务古学，无书不读。著述甚富，皆援据经史。著《禹贡会笺》、《管城硕记》等。所作《伏羲神农纪年》，往往依据毛渐伪《三坟》，史臣以为"殊失考证"。①

27.方苞，事迹详见前文。方氏曾言："《亢桑子》之伪，柳子厚辨之。晁氏谓唐天宝中，诏求其书不得而襄阳王士元乃假托焉。士元年世先后于柳虽不可知，然果诏求不得，而伪者晚出，则辨宜及之。且是书剽剟《戴记》、诸子语甚众，而子厚第云'首篇出《庄子》，而益以庸言'，又'以文章取士'及'被青紫章服'，为唐以后人语明甚，不据是斥之，而独以刘向、班固无其录为疑。然则今所传者，又可谓即子厚之所斥邪?"②

28.王懋竑(1668—1741)，字予中，号白田。江苏宝应人。康熙五十七年(1718年)成进士，年已五十一，补安庆府学教授。雍正元年授翰林院编修，在上书房行走，后以丁忧去官。懋竑性恬淡，归里后，杜门著书，有《白田杂著》等。曾谓:《易本义》前"九图"、"筮仪"皆后人依托，非朱子所作，又谓《家礼》亦后人依托之书。③

29.李绂(1673—1750)，事迹见上文。他曾言:"《孝经》之有今文、古文之异也，非若河汉之绝不相侔也，又非有如伪《泰誓》、《九共》之书之渺茫无据也。所异同者，不过分章之多寡、简册之

---

① 《清国史》"儒林传下"卷8，第12册，第599页。传文中"会试"纪年原作"乾隆十六年"，疑误。

② (清)方苞:《方苞集》(刘季高点校)(上册)卷5，中国书店，1991年，第113页。

③ 《清国史》"儒林传"卷三"王懋竑传"，第12册，第393—394页。《清国史》"儒林传上"卷21，第517—518页。二者传文略有差异。

先后、字句之增减已耳。"（转引自汪绂《双池文集》卷五）又说道：
"《孝经》亦汉人抄撮圣贤绪言为之，不然，不应秦以前无一人语及
之。"（见李绂《穆堂初稿》卷十九）

30.杨椿（1676—1753），江苏武进人，字农先。所著《孟邻堂文
抄》曰："余读《孝经》，知非孔氏全书，盖汉、晋诸儒剽窃为之者也。
何也？其中名言至理颇多，游辞晦语浮而不实、泛而不切者亦有之。"

31.蒲起龙（1679—1762），字二田，自署东山外史，晚号三山伧
叟，时称山伧先生，无锡县上福乡（今厚桥乡）人。幼时口讷，好读
书。康熙三十七年（1698年）中秀才，雍正七年（1729年）方中举，
次年成进士。后授扬州府学教授，因守制未赴任。曾主昆明五华
书院、紫阳书院。王昶、钱大昕、王鸣盛为诸生时，均学于蒲氏。有
《史通通释》等。蒲氏曾言："海虞王侍御峻为余言，子瞻疑此书
（《李陵与苏武书》）出齐、梁人手，恐亦强坐。江文通《上建平王
书》已用'少卿摧心'之语，岂以时流语作典故哉？当是汉季晋初
人拟为之。"（《史通通释》卷十八"外篇"）

32.江永（1681—1762），字慎休，江西婺源人，诸生。少读书，
日记数千言。尤深于"三礼"及天文地理之学。弟子甚众，而戴
震、程瑶田、金榜尤得其传。著有《礼经纲目》、《周礼疑义举要》、
《河洛精蕴》等①。还有《群经补义》一书，详细考论诸经疑义，是

---

① 《四库全书》收入江氏著作16种，166卷。越百年，清末洋务派首领张之洞在
《书目答问》中，又将江永的17种著作作为治学必读书目予以推介。足见江
永在清代学术史中的地位。《江慎修先生年谱》，由清人江锦波、汪世重编。
江锦波是江永的嫡孙（黄秀文主编《中国年谱辞典》第392页作"重孙"，有
误），汪世重是江永的门徒。有民国十二年（1923年）铅印本，附在佛学推行
社出版的《放生杀生现报录》后。今收在陈祖武先生选编《乾嘉名儒年谱》第
一册，北京图书馆出版社，2006年，第393—402页。又收在北京图书馆编的
《北京图书馆藏珍本年谱丛刊》中。该年谱内容基本无误，唯篇幅短小。黄
曦：《〈江慎修先生年谱〉证补》（华东师范大学中国古典文献学专业硕士学位
论文，2005年4月）有补订。

江氏多年治学的心得。其于"春秋"部分,讲到"医和一言六气"时,认为《灵枢》、《素问》"疑是周、秦间医之圣者为之,托之黄帝、岐伯"。①

33.王又朴(1681—1760),字介山,直隶天津人。雍正元年进士,改翰林院庶吉士,未散馆,授吏部主事,后任运河同知、池州、徽州知府等。政有惠声,精水利,尤擅易学,年近六十著《易翼述信》十二卷。史载:"自谓笃信《十翼》,述之为书"。"其于'河图'、'洛书'及'先天'、'后天'皆不列图,而叙其法于杂论之末,特为有识"。②

34.杭世骏(1698—1773),浙江仁和人。所考辨伪书有:①《道古堂全集》文集卷二十七录"《脉诀跋》"一篇,其言:"今世俗乃以歌括为《脉诀》,则辗转迷谬,贻误不浅矣"。②《道古堂全集》文集卷二十四、二十七:于《黄帝内经》言:《内经》,刘向编《七略》时已有之,秦焚《诗》、《书》,《内经》想以方术得存。"其书深奥精密,非后人所能伪。"③《道古堂全集》文集卷二十七跋"灵枢经跋":"王冰以《九灵》名《灵枢》,《灵枢》之名不知其何所本,即用之以法《素问》。余观其文义浅短,与《素问》岐伯之言不类,又似窃取《素问》之言而铺张之,其为王冰所伪托可知。自冰改《灵枢》后,后人莫有传其书者。"又言:"此书至宋中世而始出"、"冰特据身所见而妄臆度之耳。挂漏不待辨而自明矣。"

35.惠栋,事迹详前。现将惠栋著述中其他涉及文献辨伪的文字,辑录如下:①《古文尚书考》:"王肃好造伪书","《家语》其一也"。②《古文尚书考》卷上"辨《正义》四条":"霸所撰有百两篇,无伪造二十四篇之说"。③《周易本义辨证》卷一:《洞极真经》

"乃宋人阮逸伪撰（或云杨杰）"，"不足据"。④《九经古义》卷二"子夏易传"："《隋经籍志》有卜子夏《周易传》二卷，残缺，梁有六卷。《七略》云'汉兴韩婴传'，《中经簿录》云丁宽所作，张璠云或馯臂子弓所作，薛虞记今所传《子夏易传》十一卷，以《释文》及李氏《集解》校之，无一字相合者。案，其文又浅近，或曰唐人张弧伪作，非也。此书与郭氏《易举正》皆宋人伪撰，托之子夏、郭京者。唐时汉易尚存，子夏书虽残缺，李鼎祚犹及采之，宋以来经典散亡，无可考证，故令二伪书传于世，遗误至今。有志于经学者，急须辞而辟之"。⑤《周易本义辨证》卷二：《周易举正》，旧题郭京撰，"宋人伪撰"。又《九经古义》卷二"易举正"："不待阅全书而知其赝矣"。⑥《易汉学》卷三"虞仲翔易"："案，《龙虎经》似宋初人伪撰……皆不知汉易者也"。⑦《后汉书补注》卷九"列传第二十二"："子万全嗣，卒，子桂嗣（案《杂事秘辛》曰：'侍中万全，大鸿胪桂'。《秘辛》伪书，未可取信）。"

36.王鸣盛，生平详前。王鸣盛的《十七史商榷》中，涉及文献辨伪的文字，又有如下：①《十七史商榷》卷五十二：《十六国春秋》，旧题崔鸿撰，《隋书·经籍志》著录为一百卷，《唐志》著录为一百二十卷，后亡佚，至《宋志》已经不著录。到了明代百卷本《十六国春秋》复出。王鸣盛认为，这是"（屠）乔孙与其友人姚士遴辈"取《晋书》、《北史》、《册府元龟》等书，"伪为之，非原本"。此外，后出《十六国春秋》在年号上也存在问题，王鸣盛以为，"即此考之，伪作显然"。① ②《十七史商榷》卷三"八书所本"条，指出《史记·天官书》一篇，钱大昕以为当是取《甘石星经》为之，"愚考此书，《汉艺文志》已不载，而前明俗刻有之，疑唐宋人伪托也"。②

----

① （清）王鸣盛：《十七史商榷》卷52，第384页。
② （清）王鸣盛：《十七史商榷》卷3，第25页。

③《十七史商榷》卷九十九"十七史"条:《十七史蒙求》宋人王逢源撰,十六卷,《宋史·艺文志》有著录。王鸣盛以为,"此书剽掇猥琐,无当实学,恐未必出于令(王逢源名)。特南宋书坊伪托耳"。① 该书《四库》不收录,述及而未作真伪之辨,王氏是清儒中较早辨及该书的学者。

37.王昶(1724—1806),字德甫,一字琴德,号兰泉,晚号述庵,江苏青浦人。《刘子》二卷,旧题北齐刘昼著,共五十六篇。王昶《春融堂集》卷四十三"跋《刘子》"中言:"此书不见于《昼传》,为后人伪撰无疑"。他又提出"明人好作伪"的问题,并以为《申培诗说》、《子贡易》、《诗传》、《天禄阁外史》等书,"无识者多奉为天球拱璧,是书盖其流亚尔",将它们视为和《刘子》一样的伪书。

38.周广业(1730—1798),浙江海宁人,字勤圃,号耕厓(一说字耕崖)。著《孟子四考》、《蓬庐文抄》、《循陔纂闻》等。其中涉及文献辨伪的内容有:①《蓬庐文抄》卷四"书程复心《孔子论语年谱》、《孟子年谱》后":《孔子论语年谱》、《孟子年谱》,旧题元程复心(字子见)撰。周广业认为,"二书皆其门弟子所记,非出一手,亦非同时,何从得其年而谱之"? 并且这两部年谱"其间颇有难强合者",而程氏为元代名儒,"不应有此乖误滋惑后世"。所以,认为二书是他人托名伪作而成。②《循陔纂闻》卷一:《鬻子》,旧题周鬻子撰,二十二篇,"为子书之冠"。周广业认为,《汉书·艺文志》将其著录在"道家"类,"今佚不传,其散见者,贾谊《新书·修政》篇所引七条,《文选注》所引一条,今世本所存十四篇皆无之"。所以,周广业认为,明杨慎和王世贞"断世本为赝"是很有见识的。周氏进而提出,传世本《鬻子》虽伪,但历史上确有"真本《鬻子》"。他举例道,这正如"刘炫之伪《三坟》,张霸之伪《书》,刘歆

---

① (清)王鸣盛:《十七史商榷》卷99,第929页。

之伪《周礼》，李荃之伪《阴符》，阮逸之伪《元经》"那样，"非谓本无是书，而后人凭空结撰也"。

39.段玉裁（1735—1815），字若膺，江苏金坛人。生而颖异，年十三补诸生，乾隆二十五年（1760 年）举人，至京师见戴震，好其学，遂师事之。曾任贵州玉屏县、四川巫山县知县，后以父老引疾归，键户读书，不问世事三十余年。著《说文解字注》三十卷、《经韵楼集》十二卷等。殁后，王念孙言："若膺死，天下遂无读书人矣！"①笔者从《经韵楼集》（卷四）中查得这样一条关于文献辨伪的文字："《尔雅》不出于一时一人之手，且又备采众说以俟折衷，故一篇之内，时有相自违戾者。"

40.邵晋涵（1743—1796），字与桐，号二云，又号南江，浙江余姚人。聪颖异常，博闻强识，"见者惊犹鬼神"②。乾隆三十年（1765 年）中举，主考官钱大昕叹为"不负此行矣！"③后六年与会试，名列第一，人称"数十科无此才矣！"④因事遭罢归。乾隆三十八年（1773 年）入四库馆，得授翰林，充纂修官。卒后，钱大昕叹息道："江南文献无可证矣"⑤。邵氏著述传世不多，今见唯有《尔雅正义》、《南江诗文抄》等。⑥ 邵晋涵有关文献辨伪的文字材料，留

---

① 《清国史》"儒林传下"卷 14"段玉裁传"，第 623—625 页。
② （清）章学诚：《章氏遗书》卷 18，文物出版社，1985 年影印版，第 177 页。
③ （清）钱大昕：《潜研堂集·潜研堂文集》卷 43，第 786 页。
④ （清）钱大昕：《潜研堂集·潜研堂文集》卷 23，第 375 页。
⑤ （清）钱大昕：《潜研堂集·潜研堂文集》卷 43，第 787 页。
⑥ 有关邵晋涵的研究，成果多在史学方面，如仓修良：《邵晋涵史学概述》（《史学史研究》1982 年第 3 期），杨绪敏：《邵晋涵与历史文献的整理及研究》（《徐州师院学报》1986 年第 2 期），杜维运：《邵晋涵之史学》（《清史研究》1994 年第 2 期），罗炳良：《邵晋涵在历史编纂理论上的贡献》（《史学史研究》1997 年第 2 期）和《邵晋涵对宋史研究的重要贡献》（《求是学刊》1999 年第 1 期）等。再如燕朝西：《邵晋涵的生平、著述及其史学成就》（四川师范大学中国古代史专业硕士学位论文，2004 年 5 月）总结了邵晋涵辑佚、训诂、目录、校勘等方面的成就，未涉及辨伪只字。

存不多,笔者辑出三条:①《南江诗文抄》卷十二"汉书提要":"自魏王肃始撰伪经(指《尚书》),至梁人于汉书复有伪古本。"②《尔雅正义》卷一:《尔雅》"始于周公,成于孔子门人,斯为定论。"③《江南诗文抄》卷八"书坊本伪斜川集后":辨《斜川集》为"书贾作伪本以欺人"。

41.钱大昭(1744—1813),字晦之,嘉定人,大昕弟,少于大昕者二十年,事兄如严师,得其指授,时有"两苏"之比。通小学,著《尔雅释文补》等,尤精于正史,著《两汉书辨疑》、《三国志辨疑》。其言:"窃疑是表(《后出师表》)后人伪撰,习凿齿未之深考而载之耳。承祚不载此文,极有卓见。"

42.郝懿行(1757—1825),字恂九,山东栖霞人。嘉庆四年进士,官户部主事等。为人谦退,不轻与人过从,一生肆力于著述,著《尔雅义疏》、《春秋说略》、《山海经笺疏》①,是乾嘉后期较为重要的学者,但是未在文献辨伪上有多少贡献,只是通过"梅书伪孔《传》"(见于《尔雅义疏》卷上之又一)、"伪孔《传》"(见于《尔雅义疏》卷上之又一)、"《诗说》后人伪书"(《诗问》卷一"国风")②、以《礼记·明堂位》非伪(《礼记笺》"明堂位第四十")、《汉杂事秘辛》为杨慎伪造(见《证俗文》卷二"行縢")等,表明他对文献真伪的判断。

43.臧庸(1767—1811),本名镛堂,字在东,江苏武进(今常州市)人。师从卢文弨,沉默朴厚,学术精审,著《拜经日记》、《拜经

---

①　《清国史》"儒林传下"卷24"郝懿行传",第663页。
②　王照圆,字瑞玉,郝懿行妻。亦博涉经史,著《列女传补注》八卷、《列仙传校正》二卷,时有"高邮王父子,栖霞郝夫妇"之目。与懿行以诗答问,懿行录之为《诗问》(见《清国史》"儒林传下"卷24"王照圆传",第663—664页)。据此可知王氏也当参与了《诗说》的辨伪。

文集》等。辑有《子夏易传》,辨此《传》为汉韩婴作,非卜子夏。①
阮元为浙江学政时,曾应招入幕府,助编《经籍籑诂》。《拜经日记》
(卷五)中载:《子夏易传》一书,《七略》记作"汉兴韩婴传",其他史
志著录或记卜子夏作,或记录丁宽作,同时也出现托名伪作的说法。
臧庸认为"考校是非,大较以最初者为主,虽千百世之下可定也",所
以,当以最早记《子夏易传》作者的《七略》为依据,即"《七略》
既云是汉兴子夏韩氏婴传,便可知非孔子弟子卜子夏矣"。臧庸
又引据《汉书·儒林传》中韩婴通《易》的记载,以为"此尤为韩婴
作《易传》之明证"。从而否定了子夏作,或托名子夏作的诸多说
法。《经义杂记》卷十九"汉魏丛书"条,记:"至《三坟书》、《诗
说》、《忠经》、《素书》、《孔丛子》,俱伪书,识者有辨矣。《京氏易
传》、《周易略例》、《元经》、《薛氏传》,此别为一种,难以优劣论。"

44.张大业,事迹不详。张大业《逸周书管笺序》(丁宗洛《逸
周书管笺》,朱右曾《周书集训校释》多本该书)中言:"《皇门》、
《成开》、《大戒》等篇,古奥深厚;《大匡》、《大聚》、《文传》、《文
政》等篇,醇雅渊懿,皆丰镐盛时之文。"

45.胡文英,事迹不详,著《吴下方言考》(乾隆四十八年刻
本)。胡氏曾对《庄子》中一些篇章进行考辨。此从略。

46.陆树芝,事迹不详。以为:"《天下》篇,庄子自序《南华》所
由作也。或以为订《庄》者之所为,然非庄子不能道也"。苏兴也
曾指出,《骈拇》以下四篇,"不类内篇汪洋俶诡"(转引自王先谦:
《庄子集解》卷三·"外篇·骈拇第八"注文)。

47.瞿镛,字子雍,江苏常熟人。生年不详,约在嘉庆初,一说
卒于同治三年(1864年)。承父业,喜藏书。《铁琴铜剑楼藏书目
录》即始于瞿镛之手,该《目录》对多种文献的真伪进行了考辨,如

①　《清国史》"儒林传下"卷17"臧庸传",第635页。

卷十七"子部五"中记:《海内十洲记》一卷,《汉武洞冥记》四卷(旧抄本),《十洲记》一书,"题东方朔撰,皆记神仙幻化之事。《洞冥记》题汉郭宪撰,记载之事多不足信,而文采可观。昔人皆谓六朝人伪作。此出明人抄本"。①

48.孔继涵(1739—1783),字体生,广森从父。乾隆三十六年(1771年)进士,官户部主事,充《日下旧闻考》撰修官。以母疾乞养归。孔氏治学,无所不通,尤精天算,与戴震友善。著有《红桐书屋集》、《水经释地》、《杂体文稿》等。②《杂体文稿》卷二"重刊赵注孟子跋"记戴震辨《孟子正义》事:"余晤梁孝廉用梅于京邸,真定大学士之孙也,询其宋本《赵注孟子》,许假而未与也。归寓以告吾友戴君东原,东原因举《正义序》即删改《音义序》尤为作伪之证。迨癸巳之秋,东原征赴京师,予走谒诸寓,即出是本与宋刻《国语》及《补音》本见付,余喜剧,遂重校授梓。"③

49.翟灏(?—1788),字大川,浙江仁和人。乾隆十九年(1754年)进士,官金华、衢州府学教授。著有《尔雅补郭》、《四书考异》等。灏见闻淹博,又能搜奇引僻,史载:尝与钱塘梁玉绳论王肃撰《家语》难郑氏,欲搜考以证其伪,因握笔互疏所出,顷刻数十事。时方被酒,旋罢去,未竟稿,其精力殊绝人也。④

50.范家相,字左南,号蘅州,浙江会稽人。幼时母授之书,弱冠薄游,为人主幕务,稍废学,年至四十,母责其泯泯无闻,乃复杜门研诵。乾隆十九年,成进士,官刑部主事、郎中、柳州知府等。其学源出萧山毛奇龄,而最服膺者,为余姚黄宗羲,著《三家诗拾

①　(清)瞿镛等:《铁琴铜剑楼藏书目录》(瞿果行标点),上海古籍出版社,2000年,第453页。

②　《清国史》"儒林传下"卷16"孔继涵传(孔广森传附)",第632—633页。

③　(清)孔继涵:《杂体文稿》卷2,续四库本,第1460册,第426页。

④　《清国史》"儒林传下"卷13"翟灏传",第618页。

遗》、《诗沐》、《家语证伪》等。①《家语证伪》一书把王肃伪造《孔子家语》一事定了案。② 又其《诗沐》认为,《汉书·艺文志》但言《毛诗》源流出于子夏,未尝言子夏作《序》,即毛公亦未言之;且《序》中闻见异词,记录舛误,绝非子夏笔之于书以授学者。

51.钱馥,字广伯,号缘窗,又号幔斋,浙江海宁布衣。他曾言:"(王)肃传是书时,其二十七卷具在也。若判然不同,则肃之书必不能行,即行矣,二十七卷者必不至于泯灭也。惟增多十七篇,而二十七卷即在其篇中,故此传而古本则逸耳。例之《古文尚书》,当不谬也。况有马昭之言足据乎?"③钱馥以为,王肃伪窜《孔子家语》后,《古本》遂亡。

(三)清后期

52.吴名凤(1767—1854),名伯翔,字竹庵,直隶宁津人,乾隆时举人,历官知县、同知,服官江西二十余年,诰授奉政大夫,著《此君园文集》等。其辨《阴符经》为伪书,且言该书"义殊不类,而以为出于黄帝,殆所谓无稽之言也"。

53.梁章钜(1775—1849),字闳中,晚号退庵,祖籍福建长乐,清初徙居福州。乾隆五十九年(1794年)举人,嘉庆七年(1802年)进士。历官礼部主事、员外郎、江苏、广西等地知府、布政使、巡抚、总督等。一生宦海,著述也多。有《退庵随笔》、《浪迹丛谈》、《枢垣记略》、《归田琐记》等,其中偶有涉及文献辨伪的文字:

①辨《孔丛子》:"《孔丛子》亦伪书,其言颇杂,亦有猥亵之语"。并指出,其中言辞"断非孔氏遗言。"④②辨《孔子家语》:指

---

① 《清国史》"儒林传下"卷12"范家相传",第616页。
② 详见(清)范家相:《家语证伪》,续四库本,第931册。
③ (清)钱馥:《孙志祖家语疏证跋》,转引张心澂《伪书通考》,第725页。
④ (清)梁章钜:《退庵随笔》卷17,续四库本,第1197册,第383页。

出今传十卷本,题王肃注者,即"王肃所伪撰也"①。③辨《鹖子》:认为诸子书中以《鹖子》为最古,但是该书有两个本子。其一是《汉书·艺文志》"道家"的《鹖子说》二十二篇本;一种是"小说家"中《鹖子说》十九篇本。至于《列子》中所引的《鹖子》,凡三条,都是"黄老清静之说,与今本不类",所以他推测其为"道家二十二篇之文"。而贾谊《新书》中所引的六条,则"与今本所载文格略同",是"小说家的十九篇本"。所以,今见本,《总目提要》"直疑其伪",是有道理的。② ④辨《管子》:他认为,《管子》之文"厚重奥峭",在诸子中"别自一格",但是"多后人羼入者",又言,南宋韩无咎疑《管子》"为战国游士所述",基本符合实际。③ ⑤辨《关尹子》:他认为隋、唐《艺文志》皆不载,知"原书久佚",今见本大概是"唐以后人所伪托"。同时肯定其价值,其言:该书"颇有理致,有文采,犹解文章之方士所为也"。④ 此外,还有一些考辨子部文献真伪的内容,从略。

　　54.梁玉绳(生卒年不详),字曜北,浙江仁和人,自号清白士。乾隆时增贡生,年未四十,弃举子业,专心撰著,著《瞥记》、《史记志疑》等。钱大昕称梁氏著《史记志疑》为"龙门功臣"。⑤ 梁玉绳虽然是清代比较重要的学问家,但是他有关文献辨伪的成果却十分少见。约略有以下数条:①以为孔安国的《书序》、《书传》本有,传世本系"后人伪作",至于"真者不可见,盖久逸矣"。⑥ ②提出《周礼》伪作问题,认为"阎百诗以为伪,诚然"⑦。③《瞥记》叙郑

① (清)梁章钜:《退庵随笔》卷17,续四库本,第1197册,第383页。
② (清)梁章钜:《退庵随笔》卷17,续四库本,第1197册,第384页。
③ (清)梁章钜:《退庵随笔》卷17,续四库本,第1197册,第384、385页。
④ (清)梁章钜:《退庵随笔》卷17,续四库本,第1197册,第386页。
⑤ 《清国史》"儒林传下"卷19"梁玉绳传",第641页。
⑥ (清)梁玉绳:《瞥记》卷1,续四库本,第1157册,第3页。
⑦ (清)梁玉绳:《瞥记》卷1,续四库本,第1157册,第4页。

玄注《孝经》考辨事情,以为郑玄作的说法"不可尽非"①。④以为
《孔子家语》为王肃伪作:其言"《家语》乃魏王肃伪造,以难康成,
非古《家语》"②。⑤提出阎若璩《尚书古文疏证》以今本《竹书纪
年》为赝本的说法,"恐不尽然"③。等等。

55.胡承珙(1776—1832),字景孟,安徽泾县人。嘉庆十年
(1805年)进士,选翰林院庶吉士,散馆授编修。历官乡试副考官、
御史、给事中、台湾兵备道等。后乞假回籍。其人究心经学,尤专
意于《毛诗传》,著《毛诗后笺》三十卷,未成,遗言嘱陈奂校补。又
有《求是堂诗文集》等。胡氏曾辨《小尔雅》非伪,其言:"(该书)
今存《孔丛子》,中世多谓为伪书,作《小尔雅义证》十三卷,断以
为真。"④

56.朱亦栋,原名芹,字献公,号碧山。上虞人,乾隆举人,官平
阳训导。著有《群书札记》,其为朱氏泛览群书时所作的考证札
记。该书有一些文献考辨的内容,如朱亦栋认为,《西京杂记》本
是刘歆作,"不特非吴均依托,并非葛洪伪撰",其言:

其一,辨非葛洪伪作。因为书中有"家君"的文字,而"家君"
是"歆谓其父向也",如果是葛洪伪作,葛洪岂有"家君"之称? 其
二,辨非吴均伪作。人们经常引据段成式的引言,论定该书是吴均
作。朱氏认为,庾信诗引用《西京杂记》"不一而足","其诗句偶与
吴同,故旋自追改,非以《西京杂记》为吴均作也,细玩下文自见"。

---

① (清)梁玉绳:《瞥记》卷2,第15页。

② (清)梁玉绳:《史记志疑》卷1"五帝本纪第一",中华书局,1981年,第2页。

③ 梁玉绳的《史记志疑》虽然认为《竹书纪年》出汲冢后不免为后人羼乱,但是
不以为今传是赝本。梁氏的观点得到陈逢衡的充分肯定。见《竹书纪年集
证》"集说",续四库本,第335册,第27页。

④ 见(清)胡培翚《研六室文抄》卷10"福建台湾道胡君别传",续四库本,第1507
册,第477—481页。另可参见《清国史》"儒林传下"卷29"胡承珙传",第684
页。

朱氏在此讥讽"后人动以此语为口实"是"所谓拾得封皮当信读"。其三,从文辞上论定为西汉文章。朱氏认为,《西京杂记》之体,"近乎小说",而玩味书中文字,"皆西京笔墨也"。所以他说,声称是六朝人伪作的人是"不知量矣"。① 此外,朱亦栋还以为《三坟》②、《琅嬛记》、《汉杂事秘辛》③、今本《孔子家语》④为伪书。并以为郑玄《易赞》中夏《易》曰"连山"、殷《易》曰"归藏",为"定说"。神农作、炎帝作的说法,都为依托附会。⑤

　　57.钱熙祚(? —1844),字雪枝、锡之,浙江金山钱圩人。世代书香,家富藏书。自幼好学不倦,曾任府通判,后即杜门著述,利用家藏图书,对古代名著进行校订重刊,刊行有《守山阁丛书》、《式古居汇抄》等,钱氏丛书被认为是"校勘精审的善本书"。钱氏辑校文献的过程中也注意到考辨其真伪,如《鹖子校勘记》中云:"《鹖子》十四篇,篇名冗赘,每篇多不逮二百言,少或止五六句,人皆以赝本疑之。然马总《意林》,其目一遵庾仲容《子抄》,所引《鹖子》与今本同,则非唐人伪撰明甚。惟《意林》称一卷六篇,而今本反多于前,由传写脱误,文义不相属,俗儒遂意为厘析,强立篇名。"⑥

　　58.林春溥(1775—1861),字立源,福建闽县人。嘉庆七年进

---

① （清）朱亦栋:《群书札记》卷15:"西京杂记"条,续四库本,第1155册,第196页。又见于该书卷10"西京杂记"条,第138页。内容大致相同。

② 有言:"宋人《伪三坟》以《连山易》为伏仪(羲)氏,《归藏易》为神农氏,《乾坤易》为轩辕氏,怪妄之甚!"见(清)朱亦栋:《群书札记》卷4,"连山归藏"条,第57—58页。

③ 有言《琅嬛记》桑民(衍文)怪撰,《汉杂事秘辛》一卷,升庵伪撰,皆不足据"。见(清)朱亦栋:《群书札记》卷6"缠足"条,第88页。

④ 其言:"按,今本《鹖冠子》无此语,即有逸篇,亦绝不类《鹖冠子》语。宋人小说,每喜伪造古书,此其一也"。见(清)朱亦栋:《群书札记》卷16,第217页。

⑤ （清）朱亦栋:《群书札记》卷4,第57—58页。

⑥ （清）钱熙祚:《鹖子校勘记》,《鹖子》守山阁丛书本。

士,改翰林院庶吉士,散馆授编修,历充顺天乡试、会试同考官。咸丰十一年与恩荣宴,得赏四品卿衔。林氏好读书,自少至老,手不释卷,著《古史纪年》、《竹书纪年补证》等。① 林氏论今本《竹书纪年》非伪书,其言"《竹书》之出,多为发冢者所散乱,定之非一人,传之非一本,故诸书所引多不同。今本但有脱落,实未经后人修辑。其书法亦皆依古简原文,无所改窜"。② 林氏的《竹书纪年》非伪说,是清人中较有代表者。

59.胡培翚(1782—1849),字载平,绩溪人。嘉庆二十四年(1819年)进士,官内阁中书、户部广东司主事。居官勤而处事密,人称其治官如治经,一字不肯放过。不受财贿请托,胥吏咸惮之。假照案发,镌级归里,讲学以终。笃友谊,郝懿行、胡承珙遗书,均赖胡培翚次第付梓。治学严谨,尤精"三礼",著《仪礼正义》、《禘祫问答》、《研六室文抄》等。③ 在文献辨伪问题上:①力主《仪礼》为周公作,其言,《仪礼》一书,"有经、有记、有传,记、传乃孔门七十子之徒之所为,而经,非周公莫能作"。④ 又作"礼记非后人伪撰辨"专论该问题。⑤ ②述清代《古文尚书》、"河图"、"洛书"、《子贡诗传》、《申培诗说》等文献辨伪情况⑥,这表明,胡氏对清代前期、中期的文献辨伪学,已有较为全面系统的认知。

60.陈奂(1786—1863),字硕甫,号师竹,晚自号南园老人,江苏长洲人。咸丰元年(1851年)举孝廉方正。以治《毛诗》名家,著《毛诗传疏》等。⑦ 陈奂认为,《诗序》子夏作、《诗传》毛公作。

①　《清国史》"儒林传下"卷26,第670页。
②　(清)林春溥:《竹书纪年补证》卷4"补证后案",道光十八年竹柏山房本。
③　《清国史》"儒林传下"卷32"胡培翚传",第695页。
④　(清)胡培翚:《仪礼正义》卷1,江苏古籍出版社,1993年,第5页。
⑤　(清)胡培翚:《研六室文抄》卷3,续四库本,第1507册,第385—387页。
⑥　(清)胡培翚:《研六室文抄》卷6,第424页。
⑦　《清国史》"儒林传下"卷39,第724—725页。

其言，子夏亲受业于孔子，"遂概括诗人本志，为三百十一篇作序
（原注：《史记》云：《诗》三百五篇，孔子皆弦歌之。此不数六笙诗
也。子夏作《序》时，六笙诗尚存）。数传至六国时毛公依《序》作
《传》。《序》意有不尽者，《传》乃补缀之，而于故训特详"①云云。
陈奂对《诗序》子夏作，信而不疑。

61.刘宝楠（1791—1855），字楚桢，号念楼。五岁而孤，母乔氏
教育以成。五十岁始成进士。历任直隶文安、宝坻等处知县。勤
于政务，执法不阿。所著以《论语正义》最为著名。《论语正义》中
述及《论语》孔安国注、《孔子家语》为王肃伪作，不见有专门的考
辨文字。

62.沈涛（约1792—1855），原名尔岐、尔政，字西雝，号匏庐，
浙江嘉兴人。嘉庆十五年（1810年）中乡试。历官江苏如皋县知
县，江西盐法粮储道等。幼有神童称，尝从金坛段玉裁游，深研经
训，著有《说文古本考》、《铜熨斗斋随笔》、《交翠轩笔谈》等。沈
涛的文献辨伪：一见于《铜熨斗斋随笔》和《交翠轩笔谈》，但是多
述孔《传》、《古文尚书》、《竹书纪年》、《孔子家语》之伪。没有详
细考辨语。二见于《论语孔注辨伪》一书。该书二卷，主要提出五
点证据，论定孔安国注《论语》为王肃伪作。② 沈涛的考辨，主要从
史志、引文和王肃好胜的史实等几个方面进行，有一定的参考
价值。

63.邵懿辰（1810—1861），字位西、蕙西，浙江仁和人。道光十
一年（1831年）举人，历官内阁中书、户部主事、刑部员外郎等。后
坐事革退，潜心著述。有《增订四库简目标注》，清末由其孙邵章

① （清）陈奂：《诗毛氏传疏》"叙"，续四库本，第70册，第2页。
② 《清国史》"儒林传下"卷30"沈涛传"，第689页。

续成刊行①,其中略及文献真伪问题。另著《尚书传授同异考》,称十六篇为伪古文。又力主周公制礼,《仪礼》十七篇是孔子定。其言,"《仪礼》所谓《经礼》,周公所制,本有三百之多",到孔子时,虽然"礼文废阙",但也不止十七篇。孔子选定其中十七篇,"定为礼乐","配六艺而垂万世",这就是今见的《仪礼》。他又言,"以《周礼》为周公作固非,以《仪礼》为周公作亦未是也",因为《礼》十七篇是孔子所定。且如《檀弓》云:"恤由之丧,哀公使孺悲学《士丧礼》于孔子,《士丧礼》于是乎书",据此可知《士丧》出于孔子,他又言,"其余篇亦出于孔子"。②

　　64.曾国藩(1811—1872),初名子城,字伯涵,号涤生,谥文正,湖南长沙府湘乡县人。晚清重臣,湘军的创立者和统帅者,官至两江总督、直隶总督、武英殿大学士,封一等毅勇侯。晚清散文"湘乡派"创立人,一生著述颇多,以《家书》最著名。曾国藩的文献辨伪,仅见有只言片语,其言:"自阎百诗后,辨伪古文者无虑数十百家,姚姬传氏独以神气辨之,曰不类。柳子厚辨《鹖冠子》之伪,亦曰不类。余读屈子《九章·惜往日》,亦疑其赝作。何以辨之,曰不类"。③

　　65.徐时栋(1814—1873),浙江鄞县人,治经以先秦遗说为主。著有《烟屿楼诗文集》、《烟屿楼读书志》等。其《烟屿楼文集》卷五"书一·与柳东先生论朱氏逸经考书",《烟屿楼读书志》卷一"经一·书"等,对《古文尚书》、《孔子家语》的伪作问题,均有所

---

①　有中华书局上海编辑所(上海古籍出版社前身)1959年12月整理本。1979年7月由上海古籍出版社复加修订出版,2000年7月再版。

②　(清)邵懿辰:《礼经通论》"论孔子定礼乐",《清经解续编》本,凤凰出版社,2005年,第6351页。

③　(清)曾国藩:《曾国藩全集·读书录》(陈书良整理),岳麓书社,1989年,第193页。

说明。其复述前人考辨的内容,占绝大部分。不详述。

66.乔松年(1815—1875),字健侯,一说字鹤侪,山西徐沟(今属清徐县)人。道光十五年(1835年)进士,历官陕西巡抚,终东河总督。谥号勤恪。乔松年继《古微书》之后,以专门辑录谶纬佚书为特点,代表作有《捃纬》,凡十四卷。另有《萝藦亭札记》,今在《续四库》"子部杂家类"中。《捃纬》和《萝藦亭札记》中,均有文献辨伪的内容。前者多径直言真伪,后者略有考辨。现将《萝藦亭札记》中的有关内容钩稽如下:

(1)辨"河图"、"洛书":乔氏首先肯定胡渭《易图明辨》中明辨"大衍之数"与"洪范九畴""不可杂"的观点。他认为,有人借《说卦》中"天地定位,山泽通气,雷风相薄,水火不相射"的文句,"为图以实之",这种比附是不正确的。① (2)辨《古文尚书》:乔氏认为,在《古文尚书》辨伪问题上,自朱熹以后,经梅鷟、阎若璩,直至王鸣盛的辩驳,方"竟其义"。此外,对于毛奇龄力争非伪的做法,乔氏认为,"爱古守旧之意,与其轻疑,不如过信,亦未可全非",但是《古文尚书》的作伪,"显而易见",无法掩饰,也不得不承认。他认为,尤其明显的就是作伪者"割《尧典》以为《舜典》"、一并"增出二十八字"的作法。② (3)辨孔传《古文孝经》:乔氏通过日本舶来孔传《孝经》中的言辞疏漏,证其为伪作。因为"庾亮《让开府表》李善注引《孝经郑注》'非门到户至而见之',唐玄宗注亦有'不必家到户至',盖玄宗亦采郑注疏"。李善、唐玄宗注文中引用郑玄注,正是"明儒于先儒注中撮其义理允当者用之"之意,无可非议,且史有明言。但是,孔注《孝经》却说"郑注乃无此语",乔氏认为此言"足征其伪"。③ (4)辨《李太白集》:首先他先提出,文

---

① (清)乔松年:《萝藦亭札记》卷1,续四库本,第1159册,第78页。
② (清)乔松年:《萝藦亭札记》卷1,第78页。
③ (清)乔松年:《萝藦亭札记》卷2,第112页。

集中何以掺入伪作的原因,即"妄人或以俚鄙之词托为名人所作,后人或信而收入全集",进而对《李太白集》中的伪作进行说明,以为该书中"伪托者最多"。特别是其中"拨开白云见青天"四句,最为可笑。他认为,这是有人比附"李好酒,坡嗜肉"的说法伪作而成。① (5)辨《孔子家语》:乔氏认为《汉书·艺文志》的"《古家语》"二十七篇是真书,今本多出的十七篇,当是王肃的"羼入"。所以认为"真伪半也,或近之"。② (6)杂论诸子伪书:乔氏在"伪书"条中,一并提出隋、唐、元、明四朝八人的十部伪书,如下:"刘炫作《连山易》、张弧作《子夏易传》、王士元作《亢仓子》、张商英作《三坟》、吾丘衍作《晋乘》、《楚梼杌》、丰坊作《子贡诗传》、《申培诗说》、杨慎作《杂事秘辛》、姚士粦作《天禄阁外史》"。③ 这种列举方式,不仅表明其对前贤辨伪成果的认同,也表明他对隋以后作伪现象的认识和把握。

67.王闿运(1832—1916),湖南湘潭人,字壬秋,一字壬父,号湘绮。著《湘绮楼全集》、《诗经补笺》。又著《尚书笺》,释今文二十九篇及《序》。另著《尚书大传补注》七卷,以东晋出《古文尚书》为伪书。

68.平步青(1832—1896),字景荪,别号栋山樵(一说栋山樵民)、霞偶(一说侣霞)等,浙江山阴人。同治元年(1862年)进士,选庶吉士,散馆授编修,历侍读、江西粮道等职。后弃官归里,专心学术。平步青长于目录之学,又善校书,著述颇多,晚年自订所著,为《香雪崦丛书》,有《读经拾沈》等二十余种,但不轻易示人,流传不多,今所见《霞外攟屑》即为其中之一。该书有一些关于文献真伪考辨的文字,如卷六"本草"条,就涉及《神农本草经》的真伪问

---

① (清)乔松年:《萝藦亭札记》卷5,第141页。
② (清)乔松年:《萝藦亭札记》卷6,第154页。
③ (清)乔松年:《萝藦亭札记》卷5,第146页。

题。但是平步青的文献辨伪，叙述多，论断少，文字长，见识短。虽值得一提，但不必详述。

69.丁丙(1832—1899)，浙江钱塘人，字嘉鱼，别字松生，晚年自称松存。著有《善本书室藏书志》等。其有关文献真伪的考辨，因为经眼图书范围有限、既有考辨成果丰富等原因，"叙"的特征突出，不见有多少个人发明。如《三坟》，丁氏先注明是明范氏天一阁刊本，在简述《山坟》、《气坟》、《形坟》的主要内容和毛渐书序要旨后，指出"好事往往指为伪书"的事实及史志著录情况。他认为，"世人徒以汉时已亡，非后世之宜有。然《尚书》当初重购而莫得，武帝时方出于屋壁间，讵可遂为伪哉"？① 言外之意，不以为是后世伪作。再如《南渡录》，他注明是惠栋藏书，系传是楼传抄本，题宋辛弃疾著。他又对各卷主要内容、真伪问题进行了说明，以为是"盖南渡后释子为之也"。② 诸如此类。

70.谭献(1832—1901)，初名廷献，字仲修，号复堂。浙江仁和(今杭州市)人，少孤。同治六年(1867年)举人，后屡试不第。曾署秀水县教谕，又历宿松等县知县。去官归隐后，锐意著述。著有《复堂类集》、《复堂诗文续》、《复堂日记补录》等。其文献辨伪成果，散见于《复堂日记》中，笔者将其辑录如下：

①"《尉缭子》世以为伪书。文气不古，非必出于晚周。然精语不可没也。"②"校《商君书》，文气鸷泅，真先秦人书也。"③"《鹖子》遗文残缺，非尽伪造。以逢注本较贾生所引，不至有武夫鱼目之叹。"④"阅卢刻《西京杂记》，抱经先生信为出自稚川，不从吴均之说。但经文体定之，亦似未到齐、梁。"⑤"《子华子》二卷，三径义行，为荆公(王安石)之学者作伪欺世，其书可烧。"⑥"《六

---

① (清)丁丙:《善本书室藏书志》卷1,续四库本,第927册,第169页。
② (清)丁丙:《善本书室藏书志》卷8,第255页。

弢》虽不出太公,要为古籍。精密深至,古制古言,可窥寻也。兵家传授,或有损益,故孙氏辑刻佚文,见于唐宋类书,繁简不同,而益可征言。"⑦"《素书》疑作伪在宋以前,张商英杂释老以注之耳,未必即出其手。"⑧"《心书》掇拾剿说,无足辨。"①上述文字,主要涉及《尉缭子》、《商子》、《鹖子》、《西京杂记》、《子华子》、《六弢(韬)》、《素书》和《心书》八部文献的真伪问题。

71.张之洞(1837—1909),直隶南皮人,字孝达,清末重臣。缪荃孙(1844—1919),字炎之,一字筱珊,又作小山,江苏江阴人。号艺风,晚号艺风老人。富藏书,精目录版本之学。著《艺风堂文集》、《艺风堂藏书记》等。

张之洞的《书目答问》,是在缪荃孙的协助下著成的。作为指导士子读书门径的文献目录,该书将存在真伪问题的义献一一标注。其中多因袭《总目提要》的观点,四库未收文献的辨伪,则多用既有研究成果。它在辨伪学中的价值,主要体现在有较高的实用性,而非学术性。

72.汪宗沂(1837—1906),字仲伊,一字咏村,号稻庐,安徽歙县西溪人。光绪三年(1880年)进士,以知县用,未几以病告归,专心著述。② 著有《逸礼大义论》、《诗说》、《孝经十八章辑传》、《易学统》等。在文献辨伪问题上,有感于梅赜作伪时已经改乱《今文尚书》二十九篇的实际,矢志收集"古籍所引,以考异同,冀复今文旧观",又辑《古文尚书》佚文,著《尚书合订》六卷。③ 这也是一部涉及《古文尚书》辨伪的著作。又曾辨《李卫公问对》为阮逸伪作,见《卫公兵法辑本自序》。

73.朱庭珍(1841—1903),字小园,一作筱园,云南石屏县人。

①　(清)谭献:《复堂日记》,河北教育出版社,2001年。这里不一一注明出处。
②　《清国史》"儒林传后编"卷"汪宗沂传",第746页。
③　《清国史》"儒林传后编"卷"汪宗沂传",第746—747页。

博览群书，早年参加科举不第，遂从军，后以诗结社，光绪十四年（1888年）中举，曾主讲经正精舍，著有《筱园诗话》等。朱氏在谈论杨慎诗学成就时，兼论杨慎作伪书四种，其言："杨升庵学问之博、著述之多，为有明一代之冠。然好英雄欺人，伪撰古书以眩人目，议论考据，时有附会穿凿，如《杂事秘辛》、《天禄阁外史》、《峋嵝碑词》、《石鼓全诗》，皆杜撰流传，以己手笔托名古人，是以并所考古音、古韵，后人多不全信，转自累也。"①

74.胡鸣玉（生卒年不详），字廷佩，号吟鸥，青浦人。胡氏就托名沈约撰的《诗韵》进行考辨，他认为，世人将《诗韵》误以为沈约撰，"由来已久"，如元黄公绍《七音考》、周德清《中原音韵》、宋濂《洪武正韵》等，无不"极诋"该书是"江左偏音，不足为据"。胡鸣玉认为，这实在是误解，因为沈约所著的《四声》，"久已无存"了。②

75.朱右曾，字尊鲁，一字亮甫，江苏嘉定人。道光十八年（1838年）进士，改翰林院庶吉士，散馆授编修，后授徽州府知府。朱氏精于训诂舆地之学，著《春秋左传地理征》等。③ 在文献辨伪方面：①以传世本《竹书纪年》为伪书，辑古本佚文，成《汲冢纪年存真》二卷，以别于伪本。其言"古文《纪年》出于汲县冢中，而三代事迹复约略可观"，"越六百余岁而是书复亡。不知何年何人，捃拾残文，依附《史记》，规仿紫阳《纲目》，为今本之《纪年》。鼠璞涵淆，真赝错杂，不有别白，安知真古文之可信与今本之非是哉！"④②又辨《逸周书》非后人伪托，著《周书集训校释》，其言："此书虽未必果出文、武、周公之手，要亦非秦、汉所能伪托。何

---

① （清）朱庭珍：《筱园诗话》卷2，续四库本，第1708册，第27页。
② （清）胡鸣玉：《订伪杂录》卷7，四库本，第861册，第488页。
③ 《清国史》"儒林传下"卷37"朱右曾传"，第716页。
④ （清）朱右曾：《汲冢纪年存真》"序"，续四库本，第336册，第1页。

者？庄生有言'圣人之言，以参为验，以稽为决，一、二、三、四是
也'。周室之初，箕子陈畴，周官分职，皆以数记，大致与此书相
似"云云。总之，不以《逸周书》为后人伪作。①

　76.吴汝纶（1840—1903），字挚甫，安徽桐城人。同治三年
（1864年）举人，次年中进士，曾为曾国藩、李鸿章幕僚，历官直隶
深州等处知州。后主讲保定莲池书院，执教多年，弟子甚众。曾为
京师大学堂教习，并赴日考察学政。吴汝纶文法桐城，颇明于训诂
考据，晚年致力于解经，又主张研习西学。吴氏著作多收在《桐城
吴先生全书》中。此外的散佚著述，后人又有收罗。吴汝纶的文
献辨伪成果，夹杂在所著文集中，多因袭成说。如甘石《星经》辨
伪，他认为，甘公、石申的《星经》，"太史公《天官书》盖兼择二家之
长"，但已亡佚。今见《星经》，是"后人采隋、晋二《志》为之，而假
托于石氏者"。至于《汉魏丛书》中的《星经》，竟然署名"甘公石
申撰"，以甘石为一人，他以为"尤为可笑"。② 吴氏所言，前儒早
已有定论。

　77.马其昶（1855—1930），字通伯，晚号抱润翁，安徽桐城人。
光绪间曾任学部主事、京师大学堂教习。辛亥革命后，为清史馆总
纂。曾学于方宗诚、吴汝纶等，是桐城派末期代表人物。著有《抱
润轩文集》、《抱润轩遗集》、《老子故》、《庄子故》等。安徽大学
2009年出版了《马其昶著作三种》，收录了《抱润轩集外文稿》、
《三经谊诂》、《屈赋微》三种著作的整理本。马氏在《庄子》辨伪
时言：其《让王》以下四篇，本在《列御寇》前，苏轼等人都以为伪
作。马氏然其论，同时又指出，今见《渔父》、《盗跖》、《胠箧》等
篇，已不是司马迁"所见之旧"，他认为"其为赝，决也"。③

---

①　（清）朱右曾：《逸周书集训校释》"序"，续四库本，第301册，第117页。
②　（清）吴汝纶：《桐城吴先生文集》卷4，续四库本，第1563册，第314页。
③　（清）马其昶：《抱润轩文集》卷3，续四库本，第1575册，第690页。

78.文廷式(1857—1904),字道希,一字芸阁,江西萍乡人。光绪十六年进士,授编修。力主变法,超迁翰林院侍读学士,戊戌变法失败后,被流放。文廷式在翰林院供职期间,曾利用《永乐大典》残本辑佚,得十一种。又有《纯常子枝语》、《文廷式集》(汪叔子编)。《纯常子枝语》一书,1990年由江苏古籍出版社影印出版,书中述及一些文献的真伪,如卷五"杨筠松《天玉经》伪书",卷十八(《困学纪闻》卷六……)"伪作《忠经》者",卷二十"《列子》出于东晋,殆伪书也",等等。另也在多处述及"伪孔《传》"、"伪《尚书》"。

79.陈三立(1853—1937),字伯严,号散原,江西义宁(今修水)人。湖南巡抚陈宝箴之子,陈寅恪之父。光绪十五年(1889年)进士,散馆后,任编修、吏部主事。曾与黄遵宪创办湖南时务学堂,深受张之洞器重。他与谭嗣同、丁惠康、吴保初,合称维新四公子,但戊戌变法后,其少插手政治,自谓"神州袖手人"。曾辨《列子》为伪作:"吾终疑季汉、魏晋之士,窥见浮图之书,就杨朱之徒所依托,益增窜其间,且又非刘向之所尝见者。张湛盖颇知之而未之深辩也。又《汉志》道家称其先庄子,乃列于《庄子》之后,明非本真。"①

80.叶德辉(1864—1927),字奂彬(也作焕彬),号直山,一号郋园。祖籍江苏吴县,叶德辉后捐得湘潭县籍,遂为湘潭县人。光绪十一年(1885年)中举,十八年成进士,授吏部主事,次年回湘,不复出。但汲汲于时务,在1927年大革命中被杀。叶德辉为清季著名藏书家②,学问也渊博,章太炎言其为"读书种子"③。叶氏著

---

① (清)陈三立:《读列子》,杨伯峻:《列子集释》附录,中华书局,1979年,第298页。

② 叶氏观古堂同何绍基的东洲草堂、袁芳瑛的卧雪庐及方功惠的碧琳琅馆为湖湘四大藏书楼。又有"北傅(傅增湘)南叶"之称,足见叶德辉在当时藏书界的地位与影响。

③ 缪荃孙著,顾廷龙校阅:《艺风堂友朋书札》,上海古籍出版社,1981年,第555—556页。

有《书林清话》、《书林余话》、《观古堂藏书目》①等。1998 年浙江
人民出版社李庆西标点的《叶德辉书话》,内收《藏书十约》、《书林
清话》、《书林余话》等。② 作为清末著名藏书家,叶德辉的文献辨
伪多论书贾赝作及版刻真伪。叶德辉研究目录版本之学数十年,
鉴于《藏书记事诗》"唯采集历来藏书家遗闻轶事,而于镂版原始,
与夫宋元以来官私仿刻三者派别莫得而详",于是广采诸家藏书
目录题跋,收集大量有关藏书、刻书、版本方面的资料,博考周稽、
条分缕析,成《书林清话》(1911 年刊行)十卷,后来又采辑资料编
成《书林余话》,附在《书林清话》之后。该书采用笔记体裁,比较
全面地介绍了有关古籍的各种知识,资料丰富、考证精详,实为治
版本学之津梁。关于文献辨伪,书中有言:"近时伪本,如《诗传》、
《诗说》、《岁华纪丽》、《琅嬛记》、《杂事秘辛》之类。"③此外,书中
还有几处述及:"书商作伪欺人"④、"书贾作伪以欺世"⑤等。另
《藏书十约》也是一部关于藏书的著作。关于文献辨伪,叶氏在该
书《鉴别》篇中,特别强调了目录学知识之于文献辨伪的重要性,
其言:"鉴别之道,必先自通知目录","不通目录,不知古书之存
亡,不知古书之存亡,一切伪撰抄撮、张冠李戴之书,杂然滥收,淆
乱耳目。此目录之学所以必时时勤考也。"这里,叶氏从史志目录

---

① 《观古堂藏书目》,光绪辛丑、壬寅年间,即光绪二十七八年间(1901—1902
　　年),叶德辉即已着手为其丰富的藏书编订藏书目录。辛亥革命期间,叶德辉
　　避居湘潭朱亭山中时,将之予以重编;尔后因续有收藏,因而陆续修正,于民
　　国五年(1916 年)付刊。其编印之原委,分见于《观古堂藏书目序》《观古堂藏
　　书目跋》。
② 参见杜迈之、张承宗:《叶德辉评传》,岳麓书社,1986 年。
③ (清)叶德辉:《叶德辉书话·书林清话》(李庆西标点)卷 7,浙江人民出版社,
　　1998 年,第 195 页。
④ (清)叶德辉:《书林清话》卷 5,第 133 页。
⑤ (清)叶德辉:《书林清话》卷 6,第 161 页。

与文献辨伪关系的角度提出问题,体现了其藏书家辨伪的特征。

81.王仁俊(1866—1914),字捍郑,一字感莼,室名籀鄦,江苏吴县人。清光绪十八年(1892年)进士,入翰林授庶吉士,散馆授吏部主事,三十三年调任学部图书局副局长兼京师大学堂教习。王氏早年师从俞樾,治经史小学,学宗郑玄、许慎,长于考据。撰有《金石通考》、《吴郡著述考》、《隋书经籍志校补》、《籀鄦詥文集》等数十种,多未刊。其弟子阚铎撰《吴县王捍郑先生传略》,述其生平著述甚详。好辑佚之学,光绪十六年辑成《十三经汉注四十种辑佚书》,并于《序》中归纳其体例有四,其中有"或书出伪撰,如子夏《易传》、申培《诗传》之类,或不知其人为何如人,如《论语麻达注》、《尔雅麻杲注》之类,今概不录,此又一例也。"王氏的上述条例中,我们看到他的文献辨伪的观念和对于伪书的态度。

82.沈德寿,生卒年不详,字长龄,号药庵,浙江慈溪人。著有《抱经楼藏书志》,刊于1924年。至于"抱经楼"始末,陈瑶圃在序中曾言,沈氏见陆心源藏书之富,"心窃慕之,乃遍访通都大邑故家遗族,闻有善本辄购之,不惜重赀。不数年,积书五万余卷。颜其楼曰抱经,以藏庋之"。① 关于沈氏的文献辨伪,其《抱经楼书目记》有言:"余弱冠时好古人书画及历朝诸家尺牍,遇有所获,必详其姓氏,识其真赝,采拾二十年来,属目者以数千计。"对寓目图书"识其真赝",是一名藏书家必需的工作。

83.曹元弼(1867—1953),字谷孙,又字师郑,一字懿斋,号叔彦,晚号复礼老人,又号新罗仙吏,江苏吴县(今苏州)人。著《孝经学》、《礼经学》、《古文尚书郑氏注笺释》、《复礼堂文集》等。曹氏力主《仪礼》为周公作,其言"《仪礼》有经、有记、有传",并且指

① 《清人书目题跋丛刊》五《抱经楼藏书志》,陈瑶圃撰"抱经楼藏书记",中华书局,1990年,第2页。

出,周公写经,孔子作传,孔子门徒作记。他还引陆德明、孔颖达、贾公彦、韩愈、朱熹等人的言论为据,证成其说。此外,他对顾栋高"《仪礼》为汉儒缀辑,非周公书"的说法,提出质疑,称其为"不察之甚钦!"①另曹氏以《孔子家语》为王肃伪作。②

84.章太炎(1869—1936),初名学乘,名炳麟,字枚叔,别号太炎。浙江余姚人。一度积极参加政治活动,后淡出政坛,1933年卜居苏州,主持国学讲习会。章氏早年入杭州诂经精舍,学从俞樾,又向谭献学文法。章太炎著述颇多,上海人民出版社已经出版《章太炎全集》,辑录较为完整,其中有一些文献辨伪的文字。本文选取作于1911年以前的部分内容,之后的著述,如1915年由章氏口述,吴承仕整理的《菿汉微言》就曾论述过《文子》、《列子》、《老子》河上公注的真伪问题,如作于1924年的《论灵枢素问》,再如作于1930年的《春秋左氏疑义答问》,如《章炳麟论学集》收录有章炳麟自1911—1936年间的书信,其中有讨论诸如《古文尚书》等问题的内容③,均不纳入本文讨论的范围。

《膏兰室札记》作于章氏在诂经精舍学习期间。卷二有辨《列子》的文字,其言:"《史通·申左》篇云:《列子》书论尼父而云生在郑穆公之年,日月颠倒,上下翻覆,自注出刘向《七略》。按,此非《七略》之误,正可见今本《列子》之为伪书也。"④又有《春秋左传读叙录》九卷,效仿《经义杂记》体例,章炳麟《叙录注》中对清今文学家的言论进行了批驳,力争《左传》是解经之作,又言:

① (清)曹元弼:《礼经学》卷5"解纷第五上",续四库本,第94册,第733—734页。
② (清)曹元弼:《礼经校释》卷1"士冠礼第一",续四库本,第94册,第114页。
③ (清)章太炎:《章炳麟论学集》(吴承仕藏,启功等标点),北京师范大学出版社,1982年。
④ (清)章太炎:《章太炎全集》(一)"膏兰室札记"(沈颜国点校),上海人民出版社,1982年,第221页。

"妄人魏源、康有为辈,皆谓毛公《诗传》出自后人伪造,故于《史记》无征"的言论进行了驳斥,以为他们是"鄙儒不考,为此躗(呓)语无足致辨。"

附录二　《总目提要》文献辨伪成就辑录

编号	书名	作者	考辨要言	司马朝军《辨伪书目》
1	《爱莲说》一篇(《周元公集》载)	旧题宋·周敦颐撰	《四·周元公集》:江昱以为出于依托。然昱说亦别无显证。	《辨伪书目》:题《周元公集》
2	《安骥集》三卷	不著撰人名氏	《四·安骥集》:所载大抵方技依托之言。	《辨伪书目》
3	《安南即事诗》一卷	元·陈孚撰	《四·安南即事诗》:此集诗及自注皆自孚《交州集》中抄出,别题此名。盖书贾鬻伪之本,藏弄者不辨而收之也。	
4	《案节坐功法》一卷	旧题宋·陈抟撰	《四·案节坐功法》:盖后人托名也。	《辨伪书目》:记成《按节坐功法》
5	《八诗六帖》二十九卷	旧题宋·王状元撰,而不著其名	《四·八诗六帖》:盖坊贾所为之赝本。	《辨伪书目》
6	《八式歌》		《四·灵城精义》:明中叶以后之伪书。	
7	《八阵图》	旧题上古·风后撰	《四·握奇经》:疑唐以来好事者因诸葛亮八阵之法,推演为图,托之风后。	

续表

编号	书名	作者	考辨要言	司马朝军《辨伪书目》
8	《跋曹子建墨迹》(《隋文纪·甲秀堂帖》载)	题隋·炀帝撰	《四·隋文纪》:唐以来收藏赏鉴,皆所未闻;词旨凡庸,显出近代。	
9	《白虎通义》四卷	汉·班固撰	《四·白虎通义》:朱翌因脱佚而指其伪撰,则非笃论也。	《辨伪书目》
10	《白猿传》	旧题江总	《四·陆氏虞初志》:《白猿传》旧题江总,虽曰托名,然既为谤欧阳询而作,则出于隋末唐初更无疑意。	
11	《白猿经风雨占候说》一卷	旧题明·刘基注	《四·白猿经风雨占候说》:殆好事者于《天文祥异》书中掇拾而成。注文及序均浅陋,亦绝非基作。	《辨伪书目》
12	百二《尚书》	东汉·张霸献	《四·汉书》:自汉张霸始撰伪经。	
13	《邦计汇编》一卷	旧题宋·李维撰	《四·邦计汇编》:实《册府元龟·邦计》一门之总叙。其剽剟此《叙》,诡题书名,而以为维之所撰,盖以此云。	《辨伪书目》
14	《北山律式》二卷	宋·程俱撰,宋·叶梦得选	《四·北山律式》:是编前有《梦得序》,其文浅鄙,不似梦得作。程俱诗已别著录,此为骈拇枝指,无论真伪矣。	
15	《比干墓铭》		《四·骊珠随录》:本属依托。	《辨伪书目》:题《骊珠随录》
16	《比干铜盘铭》		《四·金石古文》:显然伪撰,人所共知。	

编号	书名	作者	考辨要言	司马朝军《辨伪书目》
17	《笔法记》(《画山水录》、《山水受笔法》)一卷	旧题唐·荆浩撰	《四·画山水赋》:二书文皆拙涩,中间忽作雅词,忽参鄙语,似艺术家粗知文义而不知文格者依托为之。	
18	《碧溪丛书》八卷	不著编辑者名氏	《四·碧溪丛书》:诸家书目亦不著录。其目凡八书。皆删节之本,盖书贾从《说郛》中抄合,伪立此名者也。	
19	《碧云騢》一卷	旧题宋·梅尧臣撰	《四·临汉隐居诗话》:宋魏泰为曾布妇弟,故尝托梅尧臣之名,撰《碧云騢》以诋文彦博、范仲淹诸人。	
20	《编珠》二卷	旧题隋·杜公瞻撰	《四·编珠》:《编珠》世无传本,康熙中始出于高士奇家。或明人所依托,士奇偶未审欤?《四·事类赋》:高士奇所刻《编珠》,称隋杜公瞻撰者,伪书也。《四·御定分类字锦》:隋杜公瞻之《编珠》。至康熙中,乃有高士奇家刊本,颇疑依托。	《辨伪书目》
21	《别本茶经》三卷	旧题曰玉茗堂主人阅	《四·别本茶经》:玉茗堂主人,汤显祖之别号也。编次无法,疏舛颇多。冗杂颠倒,毫无体例,显祖似不至此,殆庸劣坊贾托名欤。	《辨伪书目》
22	《别本汉旧仪》二卷	旧题汉·卫宏撰	《四·别本汉旧仪》:此本书名与《后汉书》宏本传合,而必非宏自著。此后人裒集之本,固可置而不论矣。	

续表

编号	书名	作者	考辨要言	司马朝军《辨伪书目》
23	《别本洪武圣政记》十二卷	不著撰人名氏	《四·别本洪武圣政记》:其书与宋濂《洪武圣政记》同名。其文皆抄撮《实录》,别无异闻。疑书与跋语皆书贾赝托耳。	《辨伪书目》
24	《别本家礼仪节》八卷	旧题明·杨慎编	《四·别本家礼仪节》:是编前有慎《序》,词极鄙陋。核其书,即丘浚本改题慎名。其图尤为猥琐。真无知坊贾所为矣。	《辨伪书目》
25	《别本酒史》六卷	题明·徐渭撰	《四·酒史》:《酒史》,明冯时化撰,又浙江鲍士恭家别本,其文并同,而改题曰徐渭撰。其为坊贾伪题明矣。	
26	《别本珞琭子》		《四·三命通会》:《三命通会》亦载有《珞琭子》寥寥数语,与永乐大典本绝不相合,盖由原书散佚,谈命者又依托为之。伪中之伪,益不足据。	
27	《别本潜虚》一卷	旧题宋·司马光撰	《四·潜虚》:当即朱子所谓泉州伪本。	
28	《别本十六国春秋》十六卷(《汉魏丛书》载)	旧题魏·崔鸿撰	《四·别本十六国春秋》:岂好事者摭类书之语,以《晋书·载记》排比之,成此伪本耶?或属后人节录鸿书,亦未可定也。疑以传疑,未能遽废。	
29	《别本薛氏医案》七十八卷	明·薛己撰	《四·薛氏医案》:实非己所著,亦非己所校,盖坊贾务新耳目,滥为增入。	
30	《兵机法》	旧题汉·诸葛亮撰	《四·将苑》:明焦竑《经籍志》载,益为依托。	

编号	书名	作者	考辨要言	司马朝军《辨伪书目》
31	《兵要望江南歌》一卷	旧题黄石公以授张良,又题唐·李靖撰	《四·兵要望江南歌》:旧题黄石公以授张良,其妄殆不待辨。此本又题唐李靖撰。伪托。梁祯明三年安丘刘郚《序》,亦伪托。	《辨伪书目》
32	《病机气宜保命集》三卷	旧题金·刘完素著	《四·病机气宜保命集》:金张元素撰。金末杨威始刊行,而题为河间刘完素所著。明初宁王权重刊,亦沿其误,并伪撰完素序文词调于卷首以附会之。刘完素造诣深邃,不必托完素以为重。今特为改正,其伪托之序亦并从删削焉。	《辨伪书目》
33	《博物志》十卷	旧题晋·张华撰	《四·博物志》:或原书散佚,好事者掇取诸书所引《博物志》,而杂采他小说以足之。不尽华之原文也。《四·古今刀剑录》:亦张华《博物志》之流,真伪参半也。《四·汉武帝内传》:今本《博物志》虽真伪相参,不足为证。	《辨伪书目》
34	《博异记》一卷	旧题唐·谷神子还古撰,不著姓氏	《四·博异记》:盖亦抄合而成,非完帙也,非出依托。	《辨伪书目》
35	《补江总白猿传》一卷	不著撰人名氏	《四·陆氏虞初志》:无名氏撰,托名江总。伪。	
36	《裁纂类函》一百六十卷	不著撰人名氏	《四·裁纂类函》:其书杂录《册府元龟》之文,而删易其篇目。据其文意推之,盖周必大《平园集》外尚有著述八十余种不传,奸黠书贾,因伪造此书,以依托求售。	《辨伪书目》

编号	书名	作者	考辨要言	司马朝军《辨伪书目》
37	《蔡氏宗谱》一首、《贺上帝生辰表》、《许旌阳飞升日贺表》等十余篇（《叠山集》载）	旧题宋·谢枋得撰	《四·叠山集》:《蔡氏宗谱》一首，其词气不类枋得，确为伪托。《贺上帝生辰表》十余篇，皆似道流青词，非枋得所宜有，亦绝非枋得所肯作。其为赝本误收，亦无疑义。	《辨伪书目》: 题《叠山集》
38	《参同契》一卷	旧题汉·魏伯阳撰	《四·参同契章句》:杨慎称或掘地得石函，中有《古文参同契》，魏伯阳所著，上、中、下三篇，后序一篇;徐景休《笺注》亦三篇，后序一篇;淳于叔通《补遗三相类》二篇，后序一篇，合为十一篇。其说颇怪。慎好伪托古书，疑其因《唐志》之言，别《三相类》于《参同契》，造为古本。	
39	《草莽私乘》一卷	旧题明·陶宗仪编	《四·草莽私乘》:一卷，疑好事者依托也。	《辨伪书目》
40	《昌谷集外集》一卷	旧题唐·李贺撰	《四·昌谷集》:句格鄙率，不类李贺作。古人操觚，亦时有利钝。疑以传疑可矣。	《辨伪书目》
41	《朝鲜杂志》一卷	旧题明·董越撰	《四·朝鲜杂志》:盖好事者抄出别行，伪立名目，非越又有此书也。	
42	《朝野佥载》六卷	旧题唐·张鷟撰	《四·朝野佥载》:本分《朝野佥载》及《佥载补遗》二书。疑《佥载》鷟作，《补遗》后人附益。此本盖尝经宋人摘录，合二为一。删并门类，已非原书。	《辨伪书目》

编号	书名	作者	考辨要言	司马朝军《辨伪书目》
43	《陈文恭公集》十三卷	旧题宋·陈康伯撰	《四·陈文恭公集》:遗文亦多伪作。首载《原序》一篇,其词鄙陋殊甚。朱子集中亦无此文。盖无往而不伪也。	《辨伪书目》
44	《诚斋挥麈录》一卷	旧题宋·杨万里撰	《四·诚斋挥麈录》:今检其文,实从王明清《挥麈录》话内摘出数十条,别题此名。盖坊刻赝本,自宋已然。	《辨伪书目》
45	《螭头密语》一卷	旧题明·杨仪撰	《四·螭头密语》:其书杂记明代时事,仅二十余条,而语多不经。疑或出于伪托也。	《辨伪书目》
46	《尺牍筌蹄》三卷	明·陈楶编	《四·尺牍筌蹄》:则村塾俗书,未必真出于楶也。	《辨伪书目》
47	《仇池笔记》二卷	旧题宋·苏轼撰	《四·仇池笔记》:今勘验其文,疑好事者集其杂帖为之,未必出轼之手著。	《辨伪书目》:误"记"为"谈"
48	《楚辞集注》八卷	旧题宋·朱熹撰	《四·楚辞集注》:以为朱熹作。	
49	《楚史梼杌》一卷	不著撰人,吾丘衍序	《四·晋史乘、楚史梼杌》:其伪不待辨。吾丘衍本作《楚史梼杌》,传其书者欲以新异炫俗,伪撰衍序,假托衍得之古书。《四·秘书廿一种》:元人伪书。	
50	《褚氏遗书》一卷	旧题南齐·褚澄撰	《四·医史》:伪托显然。《四·褚氏遗书》:疑宋时精医理者所著,而伪托澄以传。然其言可采,虽赝本不可废也。	《辨伪书目》
51	《疮疡经验全书》十三卷	旧题宋·窦汉卿撰	《四·疮疡经验全书》:或即梦麟私撰,托之乃祖也。	《辨伪书目》

编号	书名	作者	考辨要言	司马朝军《辨伪书目》
52	《春秋传》十五卷	宋·刘敞撰	《四·春秋传》:近时通志堂刻入《经解》,始有版本。故论者或疑其伪。然核其议论体裁,与敞所著他书,一一吻合,非后人所能赝作也。	《辨伪书目》
53	《春秋词命》三卷	旧题明·王鏊撰,王彻注	《四·春秋词命》:是书杂采左氏所载应对之词,释以通俗之语,似非鏊之所作。疑为书肆所托名。今以其辑录旧文,为童蒙诵读之用,姑附之总集类中。	《辨伪书目》
54	《春秋道统》二卷	《序》称宋·元祐间刘绚撰	《四·春秋道统》:伪书之拙,无过是矣。其卷首收藏诸印,亦一手伪造,不足信也。	《辨伪书目》
55	《春秋繁露》十七卷八十二篇	汉·董仲舒撰	《四·春秋繁露》:虽未必全出仲舒,然非后人所能依托也。	《辨伪书目》
56	《春秋匡解》六卷	明·邹德溥撰	《四·春秋匡解》:盖乡塾揣摩科举之本。德溥陋必不至是,疑或坊刻伪托耶?	
57	《春秋世学》三十二卷	明·丰坊撰	《四·春秋世学》:托言其先世《案断》而为之释义。其伪盖无足辨也。	《辨伪书目》
58	《春秋图说》无卷数	不著撰人名氏	《四·春秋图说》:掇取他书,掺以杂说,伪立此名。	《辨伪书目》
59	《春秋左传要义》跋	题明·龙池山樵彭年撰	《四·春秋左传要义》:《春秋左传要义》宋魏了翁撰,残本偶存,疑好事者伪为此《跋》,而未核其年月也。	《辨伪书目》:标《春秋左传要义》,而非《跋》

编号	书名	作者	考辨要言	司马朝军《辨伪书目》
60	《春秋左氏传》（《左氏春秋》、《左传》）三十卷	旧题左丘明撰	《四·总论春秋三传》：三家皆源出圣门，左氏亲见国史。	《辨伪书目》
61	《春雨杂述》一卷	旧题明·解缙撰	《四·春雨杂述》：疑或出于依托也。	《辨伪书目》
62	《淳化阁帖》		《四·法帖刊误》：黄伯思所论多确，其指摘真伪，亦率有依据。	
63	《词林万选》四卷	旧题明·杨慎编	《四·词林万选》：疑慎原本已佚，此特后来所依托耳。	《辨伪书目》
64	《刺法论》（《黄帝内经素问遗篇》）一卷	旧题黄帝作，王冰注	《四·素问入式运气论奥》：《刺法论》之亡在王冰作注之前，宋刘温舒生北宋之末，何从得此？其注亦不知出自何人，殆不免有所依托，未可尽信。	《辨伪书目》
65	《从亡日记》（《从亡随笔》）一卷	旧题程济撰	《四·逊代阳秋》：采用《从亡》，未免误信。	
66	《崔氏小尔雅》一卷	旧题明·崔铣撰	《四·崔氏小尔雅》：则是伪题姓名，明人已言之矣。	《辨伪书目》
67	《崔真人脉诀》一卷	旧题紫虚真人撰，东垣老人李杲校评	《四·崔真人脉诀》：考紫虚真人为宋道士崔嘉彦。至其旁注之评语，真出李杲与否，则无可征信矣。	《辨伪书目》
68	《翠楼集》三卷	清·刘之份编	《四·翠楼集》：书非伪书，书内收录则真赝交错。	《辨伪书目》
69	《答策秘诀》一卷	旧本首题建安刘锦文叔简辑	《四·答策秘诀》：非锦文所辑矣。全书一一似此，其陋可想。盖犹南宋人书也。	

编号	书名	作者	考辨要言	司马朝军《辨伪书目》
70	《大本琼瑶发明神书》二卷	旧题赐太师刘真人撰	《四·大本琼瑶发明神书》:其伪可知矣。盖庸妄者所托名也。	《辨伪书目》
71	《大戴礼记》	汉·戴德撰	《四·大戴礼记》:不言其伪。	
72	《大涤洞天记》三卷	旧题元·邓牧撰	《四·大涤洞天记》:当仍题宋人。盖明初道流重刻时,妄以其意删节之,而改其名也。	
73	《大颠别传》一篇	旧题唐·蒙简撰	《四·正宏集》:韩愈与唐僧大颠往返事,见《与孟简书》中,而所传《大颠别传》一篇,旧题唐蒙简撰。即称简作,其为依托,灼然可见。	
74	《大金国志》四十卷	旧题宋·宇文懋昭撰	《四·大金国志》:有足资订证者,故著其伪而仍录其书。	《辨伪书目》
75	《大业拾遗记》(《南部烟花录》)二卷	旧题唐·颜师古撰	《四·大业拾遗记》:此伪本矣。《四·隋文纪》:出于依托。	《辨伪书目》
76	《大易衍说》	旧题元·李简撰	《四·大易衍说》:旧题"元李简撰"。盖书肆伪托之本也。	《辨伪书目》
77	《代刘禹锡同州谢上表》一道(《柳宗元集》载)	旧题唐·柳宗元撰	《四·寓简》:以沈作喆说具有考据。	
78	《待清遗稿》二卷	宋·潘音撰	《四·待清遗稿》:词气颇涉粗率,未知果音之手迹否也。	《辨伪书目》
79	《道德经说奥》二卷	旧题朱孟尝撰	《四·道德经说奥》:或其子孙所作耳。其书于每章之后寥寥各赘数言,殊未尽老氏之旨。	

编号	书名	作者	考辨要言	司马朝军《辨伪书目》
80	《道德指归论》六卷	旧题汉·严遵撰	《四·道德指归论》：犹能文之士所赝托。	《辨伪书目》
81	《道乡集》四十卷	宋·邹浩撰，子柄栵所辑	《四·道乡集》：徽宗初，蔡京重治浩罪，求其疏不得，仍伪作浩疏宣示之。今集中具载原疏，盖自《徽宗实录》浩传中采出者。	
82	《荻溪集》二卷	旧题元·王偕撰	《荻溪集》：诗中有《岁暮还荻溪》诸题，当必国初人寓居荻溪者。集名偶同，坊贾遂妄取《原智序》冠之，指为借作，以售欺耳。	
83	《帝皇龟鉴》三十四卷	旧题宋·王钦若撰	《四·帝皇龟鉴》：是书即《册府元龟》中《帝王》一部。卷首钦若《序》，即原书之《总类》也。伪妄剽窃之书，本不足辨，而既有传本，恐滋疑误，是以存而论之焉。	
84	《帝姬长公主跋》一篇（收《二家宫词》宋徽宗卷末）	旧题宋·帝姬长公主撰	《四·二家宫词》：此《跋》殆出于依托。	《辨伪书目》：题《二家宫词》，注明"真伪杂糅"
85	《鼎录》一卷	旧题梁·虞荔撰	《四·鼎录》：其为后人所搀入无疑。又卷首序文乃纪夏鼎，应在黄帝条后，亦必无识者以原书无序，移掇其文，盖流传既久，屡经窜乱，真伪已不可辨，特以其旧帙存之耳。	《辨伪书目》
86	《订正史记真本凡例》一卷	旧题宋·洪遵撰	《四·订正史记真本凡例》：其为明季妄人托名伪撰，殆无疑义。	《辨伪书目》

续表

编号	书名	作者	考辨要言	司马朝军《辨伪书目》
87	《东方朔占书》三卷		《四·东方朔占书》：原本前后无序跋。其词皆鄙俚不文。古来杂占之书，托于朔者甚多。今本亦非其旧。则刘克所见之占书已出依托，此又伪本中之伪本也。	《辨伪书目》
88	《东莱集》四十卷	宋·吕祖谦撰	《四·东莱集》：是祖俭等编集之时，失于别择，未免收入赝作。然无从辨别。今亦不得而删汰之矣。	《辨伪书目》
89	《东莱易说》		《四·东莱易说》：实吕乔年所编《丽泽论说集录》之前二卷。书贾抄出以售伪，非祖谦所自著也。	
90	《东坡诗话》三卷	元·陈秀民编	《四·东坡诗话》：曹溶《学海类编》喜造伪书，此类亦可疑者也。	《辨伪书目》
91	《东坡诗集注》三十二卷	旧题宋·王十朋撰	《四·东坡诗集注》：书前赵夔《序》出依托。核书中体例，与《杜诗千家注》相同。殆必一时书肆所为，借十朋之名以行耳。	《辨伪书目》
92	《东坡外集》八十六卷	不著编辑者名氏	《四·东坡外集》：此以意删并，托之旧本耳。《四·品茶要录》：然《东坡外集》实伪本。	《辨伪书目》
93	《东坡问答录》一卷	旧题宋·苏轼撰	《四·东坡问答录》：词意鄙陋，亦出委巷小人之所为。伪书中之至劣者也。	《辨伪书目》
94	《东园丛说》三卷	旧题宋·李如篪撰	《四·东园丛说》：或近时好事者因如篪书名揟撦旧文，益以所见，伪为此帙欤？	《辨伪书目》

编号	书名	作者	考辨要言	司马朝军《辨伪书目》
95	《洞极经》五卷	旧题关朗撰	《四·乾坤凿度》:胡应麟以为伪。	
96	《都氏铁纲珊瑚》二十卷	明·都穆撰	《四·都氏铁纲珊瑚》:是书与世传朱存理《铁纲珊瑚》同名。盖奸黠书贾杂袤成编,借穆之名以行也。《四·寓意编》:出于伪托之明证。	《辨伪书目》:误"纲"为"网"
97	《读升庵集》二十卷	明·李贽编	《四·读升庵集》:殆万历间赟名正盛之时,坊人假以射利者耳。	《辨伪书目》
98	《杜律注》二卷	旧题元·虞集撰	《四·杜律注》:则此注实出元进士临川张伯成之手,特后人假(虞)集之名以行世耳。	《辨伪书目》
99	《杜天师了证歌》一卷	旧题唐·杜光庭撰	《四·杜天师了证歌》:殆出伪托。	《辨伪书目》
100	《短长》一卷		《四·左逸、短长》:是书凡《战国策逸文》三则。漆书竹简,岂能阅二千年而不毁,其伪殊不足辨也。	《辨伪书目》
101	《断肠词》一卷	宋·朱淑真撰	《四·断肠词》:疑依附盛名之词,未必确也。亦必非原本矣。	
102	《断肠集》二卷	宋·朱淑真撰	《四·断肠集》:《田艺蘅纪略》一篇,词颇鄙俚,似出依托。《璇玑图记》一篇,此文出淑真与否,无从考证。	《辨伪书目》
103	《遁甲演义》二卷	明·程道生撰	《四·遁甲演义》:其依托,固不待辨。	
104	《多能鄙事》十二卷	旧题明·刘基撰	《四·多能鄙事》:殆托名于基者也。	《辨伪书目》

编号	书名	作者	考辨要言	司马朝军《辨伪书目》
105	《尔雅》三篇	旧题周公撰	《四·尔雅注疏》:大抵小学家缀缉旧文,递相增益,周公、孔子皆依托之词。	《辨伪书目》
106	《二家宫词》二卷	明·毛晋编	《四·二家宫词》:凡宋徽宗皇帝三百首,宁宗杨皇后五十首。盖此三百五十首者,皆后人裒辑得之,真伪参半,不尽可凭。姑以流传已久存之耳。	《辨伪书目》
107	《二南密旨》一卷	旧题唐·贾岛撰	《四·二南密旨》:而议论荒谬,词意拙俚,殆不可以名状。岛为唐代名人,何至于此。此殆又伪本之重儓矣。	《辨伪书目》
108	《二十九子品汇释评》二十卷	题翰林三状元会选	《四·二十九子品汇释评》:前列焦竑、翁正春、朱之藩三人名。其书杂录诸子,毫无伦次,评语亦皆托名,谬陋不可言状。盖坊贾射利之本,不足以当指摘者也。	《辨伪书目》
109	《法喜志》序	旧题明·顾宪成撰	《四·法喜志》:《法喜志》三卷,明夏树芳撰。前有万历六年顾宪成《序》。殆亦树芳嫁名耳。	《辨伪书目》: 标《法喜志》
110	《方改亭奏草》无卷数	明·方凤撰	《四·方改亭奏草》:是编载奏议一十八首。卷首有《王守仁题词》,其词凡近,不类守仁他作。疑其后人假守仁之名以为重也。	《辨伪书目》
111	《方言》十三卷	旧题汉·扬雄撰,晋·郭璞注	《四·方言》:反复推求,其真伪皆无显据。姑从旧本,仍题雄名,亦疑以传疑之义也。	《辨伪书目》

续表

编号	书名	作者	考辨要言	司马朝军《辨伪书目》
112	《费氏易》	旧题汉·费直	《四·周易注》：直《易》今不可见。	
113	《焚椒录》	辽·王鼎撰	《四·焚椒录》：非伪，或执《契丹国志》以疑此书，则误矣。	
114	《丰溪存稿》一卷	旧题唐·吕从庆撰	《四·丰溪存稿》：疑为赝鼎，盖亦有由矣。	《辨伪书目》
115	《甘泽谣》一卷	唐·袁郊撰	《四·甘泽谣》：哀辑散佚，重编成帙，亦不得谓之赝书。	《辨伪书目》
116	《感应类从志》一卷	旧题晋·张华撰	《四·感应类从志》：为依托无疑也。	《辨伪书目》
116	《纲常懿范》十卷	明·周是修撰	《四·纲常懿范》：类村塾野老稍知字义者所为，殊不似是修之笔。殆原书久佚，而其后人赝补之，如张九龄《千秋金鉴录》类也。	
117	《高士传》三卷	晋·皇甫谧撰	《四·高士传》：当由后人杂取《御览》，又稍摭他书附益之耳。	
119	《格物粗谈》二卷	旧本亦题宋·苏轼撰	《四·格物粗谈》：伪中益伪。	《辨伪书目》
120	《公孙龙子》三卷	周·公孙龙撰	《四·公孙龙子》：非伪，其书出自先秦，明钟惺刻此书，改其名为《辨言》，妄诞不经。今仍从《汉志》，题为《公孙龙子》。	《辨伪书目》
121	《贡举叙略》一卷	旧题宋·陈彭年撰	《四·贡举叙略》：实《册府元龟·贡举》一门之《总序》。以彭年为作序五人之一，遂题彭年之名。然原本不言此序出彭年也。	

编号	书名	作者	考辨要言	司马朝军《辨伪书目》
122	《岣嵝碑词》（《岣嵝禹碑》、《岣嵝山碑》）	旧题大禹撰	《四·潇湘听雨录》：江昱《潇湘听雨录》辨《衡山岣嵝碑》一篇，考究详明，知确出近时伪撰，尤足祛千古之惑。《四·皇霸文纪》：何致之《伪岣嵝碑》出于近代。《四·金石古文》：显然伪撰，人所共知。	
123	《孤臣泣血录》一卷	旧题宋·丁特起撰	《四·孤臣泣血录》：岂当时好事者所为，以丁特起上书有名，故以托之欤？	《辨伪书目》
124	《古今刀剑录》一卷	梁·陶弘景撰	《四·古今刀剑录》：疑其书已为后人窜乱，非弘景本文。则其来已久，不尽出后人赝造。真伪参半也。	《辨伪书目》
125	《古今将略》四卷	旧题明·冯时宁撰	《四·古今将略》：或题冯孜撰。此刊本则题冯时宁（冯孜次子）撰。然则此书实孜所撰，刊本及序皆伪作，不足信也。	《辨伪书目》
126	《古今类腴》十八卷	不著撰人名氏	《四·古今类腴》：前有吴一鹏序，云是王麟洲所作。皆采掇成语以备举业之用。殆坊刻陋本，必不出世懋之手。	《辨伪书目》
127	《古今名贤说海》二十二卷	不著编辑者名氏	《四·古今名贤说海》：考明陆楫有《古今说海》一百四十二卷，此似得其残阙之板，伪刻序目以售欺者也。	《辨伪书目》
128	《古今南华内篇讲录》十卷	题林屋洞藏书，不著撰人名氏、时代	《四·古今南华内篇讲录》：其为依托无疑。	

编号	书名	作者	考辨要言	司马朝军《辨伪书目》
129	《古今艺苑谈概》（上、下）十二卷	旧题宋·俞文豹撰	《四·古今艺苑谈概》：此编多引明代诸书，盖伪托也。当为无知书贾抄撮说部，伪立新名也。	《辨伪书目》
130	《古今注》三卷	旧题晋·崔豹撰	《四·古今注》：后人摭其中魏以前事赝为豹作。	《辨伪书目》
131	《古三坟》一卷		《四·古三坟》：古来伪书之拙，莫过于是。明何镗刻入《汉魏丛书》，又题为晋阮咸注，伪中之伪，益不足辨矣。《四·秘书廿一种》：《三坟》为宋人伪书。	《辨伪书目》
132	《古书世学》	明·丰坊撰	《四·古书世学》：伪造古本《尚书》赝托得自海外，并作音释，假托家传。	《辨伪书目》
133	《古文汇编》二百三十六卷	明·陈仁锡编	《四·古文汇编》：考仁锡尝刻古《周礼》，不应此选自乱其例，其托名欤？	《辨伪书目》
134	《古文龙虎经注疏》三卷	宋·王道撰	《四·古文龙虎经注疏》：或疑出羽流依托。然《龙虎经》之为古书，尚无确验，亦何必究注之真伪。	
135	《古文尚书》		《四·灵枢经》：梅赜古文，杂采逸书，联成篇目，虽抵牾罅漏，赝托显然，而先王遗训，多赖其蒐辑以有传，不可废也。	《辨伪书目》
136	《古易世学》十七卷	明·丰坊撰	《四·古易世学》：其实皆坊一手所作，当代已灼知其妄。	《辨伪书目》
137	《古玉图谱》一百卷	旧题宋·龙大渊等奉敕撰	《四·古玉图谱》：质疑十二点，此必后人假托宋时官本，又伪造衔名以证之，舛错乖互，亦不善作伪者矣。	《辨伪书目》

编号	书名	作者	考辨要言	司马朝军《辨伪书目》
138	《顾氏易解》无卷数	旧题明·顾曾唯撰	《四·顾氏易解》:《自序》一篇,则即宋杨简《慈湖易解》之《序》,稍为节抄而题以曾唯之名。大抵出于依托,非朱彝尊著录之原本。	《辨伪书目》
139	《关氏易传》(又名《关朗易传》)	北魏·关朗	《四·关氏易传》:出宋阮逸伪作,更无疑义。	《辨伪书目》
140	《关尹子》一卷	旧题周尹喜撰	《四·关尹子》:出于依托,而不可废。	《辨伪书目》
141	《观象玩占》五十卷	旧题唐·李淳风撰	《四·观象玩占》:夫古书日亡而日少,淳风之书独愈远而愈增,其为术家依托,大概可见矣。	《辨伪书目》
142	《官制备考》二卷	旧题明·李日华撰	《四·官制备考》:疑日华未必至此,殆坊贾托名也。	
143	《冠图》一卷	不著撰人名氏	《四·冠图》:以其书考之,即顾孟容之《冠谱》。作伪者别立新名,而故隐作者之姓字也。	
144	《管子》二十四卷	旧题管仲撰	《四·管子》:今考其文,大抵后人附会多于仲之本书。其不出仲手,已无疑义矣。	《辨伪书目》
145	《管子》唐·房玄龄注	旧题唐·房玄龄注	《四·管子》:旧有房玄龄注,宋晁公武以为尹知章所托。知章本未托名,殆后人以知章人微,玄龄名重,改题之以炫俗耳。	
146	《广百川学海》无卷数	旧题明·冯可宾编	《四·广百川学海》:盖奸巧书贾于《说郛》印版中抽取此一百三十种,别刊序文目录,改题此名,托言出于可宾也。	

编号	书名	作者	考辨要言	司马朝军《辨伪书目》
147	《广成子》十三卷	旧题商洛公撰，张太衡注	《四·喻林》：《广成子》本苏轼从《庄子》摘出，偶题此名。	
148	《广名将谱》十七卷	不著撰人名氏	《四·广名将谱》：卷首题黄道周注断。词意弇陋，决不出道周之手，殆坊肆所依托。	《辨伪书目》
149	《广夷坚志》二十卷	旧题明·杨慎撰	《四·广夷坚志》：前有慎门人夏林序。文词猥陋，其为依托，已无疑义。及核其书，乃全录乐史《广卓异记》，一字不异，可谓不善作伪矣。	《辨伪书目》
150	《归藏》		《四·周易图说》：谓即刘炫之书，考古者其疑之矣。	
151	《鬼谷子》一卷	旧题战国·鬼谷子	《四·鬼谷子》：其术不足道，其文非后世所能为。	《辨伪书目》
152	《贵贱定格三世相书》一卷	旧题鬼谷子撰	《四·贵贱定格三世相书》：盖术数家之俚浅者也。	《辨伪书目》
153	《贵贱定格五行相书》一卷	旧题唐·袁天纲撰	《四·贵贱定格五行相书》：盖依托也。诞谬不足诘矣。	《辨伪书目》
154	《国初礼贤录》一卷	旧题明·刘基撰	《四·国初礼贤录》：非基所作审矣。盖后人杂采成书，故详略不同如此也。	《辨伪书目》
155	《国风尊经》一卷	旧题明·陶宗仪撰	《四·国风尊经》：核其词气，似明万历以后人，盖赝托也。此本仅至《卫风》而止，盖佚其半。然如此妄谬之书，佚亦不足惜耳。	《辨伪书目》
156	《国赋纪略》一卷	旧题明·倪元璐撰	《四·国赋纪略》：必非元璐所为。殆亦抄撮类书类略数条，嫁名元璐耳。	《辨伪书目》

编号	书名	作者	考辨要言	司马朝军《辨伪书目》
157	《国老谈苑》二卷	旧题王君玉撰	《四·国老谈苑》:然则此名后人所改,"王"字亦后人所增也。	
158	《海内十洲记》(《十洲记》、《十洲三岛记》、《十洲三岛》、《海内十洲三岛记》、《十洲仙记》)一卷	旧题汉·东方朔撰	《四·海内十洲记》:盖六朝词人所依托。	《辨伪书目》
159	《海琼传道集》一卷	旧题庐山太平兴国宫道士《洪知常集》	《四·海琼传道集》:文词鄙倍,殆村野黄冠所依托。前有清钱曾名字二印,亦庸劣书贾所赝造也。	《辨伪书目》
160	《海山记》一卷	佚名	《四·海山记、迷楼记、开河记》:盖宋人所依托。此本删并为一卷,益伪中之伪矣。《四·隋文纪》:出于依托。	《辨伪书目》
161	《韩仙传》一卷	旧题唐·瑶华帝君韩若云撰	《四·韩仙传》:其为伪托明矣。	《辨伪书目》
162	《韩愈与大颠书》三通	旧题唐·韩愈撰	《四·正宏集》:真伪疑不能明也。	
163	《汉唐通鉴品藻》三十卷	明·戴璟撰	《四·汉唐通鉴品藻》:其出自庸妄书贾明矣。	
164	《汉魏诗乘》二十卷	明·梅鼎祚编	《四·汉魏诗乘》:此书作于冯惟讷《诗纪》之后,颇欲补其佚阙。然真伪杂糅,不能考正。如《苏武妻诗》之类,至今为艺林口实也。	《辨伪书目》

编号	书名	作者	考辨要言	司马朝军《辨伪书目》
165	《汉武帝内传》一卷	旧题汉·班固撰	《四·汉武帝内传》:其不出于固,灼然无疑。则其伪在齐、梁以前。	《辨伪书目》
166	《汉武洞冥记》四卷	旧题后汉·郭宪撰	《四·汉武洞冥记》:未必真出宪手。或六朝人依托为之。	《辨伪书目》误"宪"为"宽"
167	《汉武故事》一卷	旧题汉·班固撰	《四·汉武故事》:宋晁公武谓出于王俭。当有所考。	《辨伪书目》
168	《汉原陵秘葬经》十卷	不著撰人名氏	《四·汉原陵秘葬经》:盖术家所依托,所云楼敬先生,岂假名于娄敬,而其姓误加木旁欤?	《辨伪书目》
169	《汉杂事秘辛》(《杂事秘辛》)一卷	不著撰人名氏	《四·汉杂事秘辛》:其文淫艳,亦类传奇,汉人无是体裁也。	《辨伪书目》
170	《撼龙经》一卷	旧题唐·杨筠松撰	《四·撼龙经》:是此书在宋并不题筠松所作,今本不知何据而云然。	《辨伪书目》:将《撼龙经》、《疑龙经》、《葬法倒杖》一并视为存疑伪书
171	《翰墨选注》十二卷	旧题明·屠隆撰	《四·翰墨选注》:是书皆历代尺牍,谬妄不可殚述。隆虽纵诞之士,不以学问名,然其陋不应至是。必其肆伪托也。	《辨伪书目》
172	《翰苑丛抄》十四卷	不著撰人名氏	《四·翰苑丛抄》:取左圭《百川学海》所载诸书,删其书名卷数与撰人,颠倒次序,连缀抄为一编。伪书之最拙者也。	《辨伪书目》

续表

编号	书名	作者	考辨要言	司马朝军《辨伪书目》
173	《翰苑琼琚》八卷	旧题明·杨慎编	《四·翰苑琼琚》:其书饾饤补缀,类乡塾兔园册子。中间割裂《尚书》,尤为庸妄。疑非慎之所为。	《辨伪书目》
174	《翰苑新书别本》	旧题·宋谢枋得撰	《四·翰苑新书》:今别有刊本,题宋谢枋得撰者,坊贾所赝托也。	
175	《浩斋语录》二卷	旧题宋过源撰	《四·浩斋语录》:依托可以概见,其伪尤不问而知。	《辨伪书目》
176	《和靖集》八卷	宋·尹焞撰	《四·和靖集》:今其孰为假手,孰为真笔,已不可复考。然指授点定,亦必焞所自为。	《辨伪书目》
177	《河洛真数》二卷	旧题宋·陈抟撰	《四·河洛真数》:前有抟自序,又有邵子序,词皆鄙倍,殆术士不学者所为。不足与之辨也。	《辨伪书目》
178	"河图""洛书"等	龙马神龟所负,伏羲据此作"先天图"	《四·周易图说》:"河图"、"洛书"虽见经传,而今之五十五点、四十五点两图,其为古之图书与否,则经传绝无显证。	
179	《鹖冠子》三卷	旧题楚·鹖冠子撰	《四·鹖冠子》:未可以单文孤证,遽断其伪。	《辨伪书目》
180	《鹤山笔录》一卷	旧题宋·魏了翁撰	《四·鹤山笔录》:其实即书贾剿经外杂抄伪为之,与陆烜所刻《平巢事迹考》抄《通鉴》半卷者等也。	
181	《后画录》一卷	唐·释彦悰撰	《四·后画录》:是真本尚不足重,无论伪本矣。	《辨伪书目》
182	《后山集》二十四卷	宋·陈师道撰	《四·后山集》:是集为其门人彭城魏衍所编。世所传多伪,惟魏衍本为善也。	

编号	书名	作者	考辨要言	司马朝军《辨伪书目》
183	《后山诗话》（《后山居士诗话》、《陈无已诗话》）一卷	旧题宋·陈师道撰	《四·后山诗话》：此本一卷，疑后人合并也。今考其中于苏轼、黄庭坚、秦观俱有不满之词，殊不类师道语。疑南渡后旧稿散佚，好事者以意补之耶？	《辨伪书目》
184	《后山谈丛》四卷	宋·陈师道	《四·后山丛谈》：是书实出师道手。陆游之言未免失之臆断。	《辨伪书目》：陆游以为伪，洪迈以为真
185	《胡笳十八拍》	旧题汉·蔡文姬撰	《四·脚气集》：论《十八拍》之伪，凿然有理。	
186	《湖州竹派》一卷	旧题明·释莲儒撰	《四·湖州竹派》：皆剽窃原书。不遗一字。惟赵令庇、俞澄、苏大年三条未知其剽自何书尔。可谓拙于作伪。	《辨伪书目》
187	《花草粹编》十二卷	明·陈耀文编	《四·花草粹编》：此本盖坊贾得其旧版，别刊一序弁其首，以伪为元版耳。	
188	《华光梅谱》一卷	旧题宋僧仲仁撰	《四·华光梅谱》：华光画不止能画梅矣。此书盖后人因仲仁之名，依托为之。	《辨伪书目》
189	《化书》（《齐丘子》）六卷	旧题南朝宋·齐丘撰	《四·化书》：为谭峭所撰，授齐丘子，齐丘遂夺为己有而序之。	《辨伪书目》
190	《画山水诀》一卷	旧题宋·李澄叟撰	《四·画山水诀》：皆世传李成《画山水诀》之文，而小变其字句，始原本散佚，妄人剿李成之书，伪撰此本，又误以为宋人，故全然抵牾。	《辨伪书目》
191	《画策》疏	题刘基作	《四·画策图》：似依托所为。	

编号	书名	作者	考辨要言	司马朝军《辨伪书目》
192	《画学秘诀》（《山水诀》）一卷	旧题唐·王维撰	《四·画学秘诀》:词作骈体,而句格皆似南宋人语。盖近代依托也。明人收入《维集》,失考甚矣。	《辨伪书目》
193	《皇极大定动数得一论》一卷	元·吴正撰	《四·皇极大定动数得一论》:盖宋以后术数之家大抵托邵子以神其说。	《辨伪书目》
194	《皇书帝佚》无卷数	明·蒋轶凡编	《四·皇书帝佚》:真可谓不善作伪矣。	《辨伪书目》
195	《黄帝奇门遁甲图》一卷	不著撰人名氏	《四·黄帝奇门遁甲图》:前有序一篇,末题景祐己亥七月,兵部尚书杨惟德。殆好事者依托为之也。	《辨伪书目》
196	《黄帝说》四十篇		《四·御制日知荟说》:三代以前,帝王训诫多散见诸子百家中,真赝相参,不尽可据。《汉书》所载黄帝以下诸目,班固已注为依托,亦不足凭。	
197	《黄帝素问》九卷	旧称黄帝撰	《四·黄帝素问》:《素问》之名起于汉、晋间矣。	
198	《黄陵庙记》	旧题汉·诸葛亮撰	《四·诸葛丞相集》:赝托之本出于南宋以后明甚。	
199	《黄石公兵法》一卷	旧题黄石公撰	《四·黄石公三略》:今虽亡佚不存,然大抵出于附会。	
200	《黄石公兵书统要》一卷	旧题黄石公撰	《四·黄石公三略》:今虽亡佚不存,然大抵出于附会。	
201	《黄石公记》三卷	旧题黄石公撰	《四·黄石公三略》:今虽亡佚不存,然大抵出于附会。	
202	《黄石公略注》三卷	旧题黄石公撰	《四·黄石公三略》:今虽亡佚不存,然大抵出于附会。	

编号	书名	作者	考辨要言	司马朝军《辨伪书目》
203	《黄石公三鉴图》一卷	旧题黄石公撰	《四·黄石公三略》:今虽亡佚不存,然大抵出于附会。	
204	《黄石公三略》三卷	旧题黄石公作	《四·黄石公三略》:是书文义不古,当亦后人所依托。	《辨伪书目》
205	《黄石公神光辅星秘诀》一卷	旧题黄石公撰	《四·黄石公三略》:今虽亡佚不存,然大抵出于附会。	
206	《黄石公行营妙法》三卷	不著撰人名氏	《四·黄石公行营妙法》:后有总论,称黄石公以授张子房者,盖亦术家所假托也。	《辨伪书目》
207	《黄石公阴谋乘斗魁刚行军秘》一卷	旧题黄石公撰	《四·黄石公三略》:今虽亡佚不存,然大抵出于附会。	
208	《汇苑详注》(《类苑详注》)三十六卷	旧题明·王世贞撰,邹善长重订	《四·汇苑详注》:知为剽掇《事文类聚》、《合璧事类》而成矣。疑亦托名世贞者也。	《辨伪书目》
209	《或问小注》三十六卷	旧题宋·朱熹撰	《四·或问小注》:伪迹昭然,万难置喙。则郑氏以为《大全》误题姓名,其偏执殆不足与辨。	《辨伪书目》
210	《稽古堂论古》三卷	旧题明·张燧撰	《四·稽古堂论古》:今核其书,即从《千百年眼》中摘出,盖坊贾伪立此名以售欺者。是近时所依托也。	《辨伪书目》
211	《极没要紧》一卷	旧题公是先生撰	《四·极没要紧》:公是先生,宋刘敞别号也。此为好事者所依托欤?	《辨伪书目》
212	《记古滇说》一卷	旧题宋·张道宗撰	《四·记古滇说》:其书大抵阴剽诸史《西南夷传》,而小变其文。或其即慎所依托而故谬其文以疑后人欤?	

编号	书名	作者	考辨要言	司马朝军《辨伪书目》
213	《记室新书》七十卷	旧题宋·方龟年编	《四·记室新书》:盖坊贾得残缺《翰苑新书》,并两集为一集,改此名以售欺也。	
214	《家礼》	宋·朱熹撰	《四·家礼辨定》:实朱子未定之本,且久亡其稿。迨其复出,真赝已不可知。	《辨伪书目》
215	《甲乙经》八卷	晋皇甫谧撰或题黄帝撰	《四·甲乙经》:是此书乃裒合旧文而成,故《隋志》冠以黄帝。然删除谧名,似乎黄帝所自作,则于文为谬。	
216	《翦胜野闻》一卷	题吴郡徐祯卿著	《四·翦胜野闻》:书中所纪,亦往往不经。真齐东野人之语,祯卿似未必至是也。	
217	《翦胜野闻》一卷	不著撰人名氏	《四·翦胜野闻》:所记真齐东野人之语,祯卿似未必至是也。《四·说文字原》:本出依托,不足为据。	
218	《剑侠传》二卷	旧题为唐人撰,不著名氏	《四·秘书廿一种》:明人伪书。《四·剑侠传》:盖明人剿袭《太平广记》之文,伪题此名也	《辨伪书目》
219	《荐董卓表》(载《蔡中郎集》百三家集本)	旧题汉·蔡邕撰	《四·蔡中郎集》或疑为后人赝作。	《辨伪书目》:标《蔡中郎集》
220	《谏和议》四疏、《议和不屈》一疏、《救曾开》一疏、《救胡铨》一疏(《北山集》载)	题宋·郑刚中撰	《四·北山集》:或者郑良嗣耻其父(郑刚中)依附秦桧,伪撰以欺世欤?	《辨伪书目》:题《北山集》

续表

编号	书名	作者	考辨要言	司马朝军《辨伪书目》
221	《将苑》一卷	旧题汉·诸葛亮撰	《四·将苑》：尤袤《遂初堂书目》乃载其名，亦称亮撰，盖伪书之晚出者。	《辨伪书目》
222	《焦氏易林》（《易林》）四卷	旧题汉·焦延寿	《四·易林》：书出汉焦延寿。	《辨伪书目》
223	《蕉窗九录》无卷数	旧题明·项元汴撰	《四·蕉窗九录》：今考其书，陋略殊甚，彭序亦弇鄙不文。二人皆万万不至此。殆稍知字义之书贾，以二人有博雅名，依托之以炫俗也。	《辨伪书目》
224	《蕉窗蒪隐词》一卷	旧题元·吴琯撰	《四·蕉窗蒪隐词》：详考其词，皆明刘基之作。盖奸巧书贾抄基词以售伪，嫁名于吴琯。既而觉集中舒穆尔元帅之类，不似明人，又增题一"元"字，并其人而伪之耳。	《辨伪书目》误"琯"为"管"
225	《蕉窗杂录》一卷	旧题宋·稼轩居士撰	《四·蕉窗杂录》：书中其妄殆不足辨。其所自增数条更为无稽之谈。殆妄劣书贾，抄合明人说部，诡题此名也。	《辨伪书目》
226	《今文孝经》十八章（汉初河间颜芝本）	旧题孔丘撰	《四·孝经类小序》：是七十子之徒的遗书。系真书。	《辨伪书目》：记作《孝经》
227	《今献汇言》八卷	明·高鸣凤编	《四·今献汇言》：其版已散佚不全，坊贾掇拾残剩，刻八卷之目冠于卷首，诡为完书也。	
228	《金丹诗诀》二卷	旧题唐·纯阳真人吕岩撰，宋·云峰散人夏元鼎编	《四·金丹诗诀》：殆羽流所依托欤？	《辨伪书目》

续表

编号	书名	作者	考辨要言	司马朝军《辨伪书目》
229	《金匮*玉函经》(《金匮要略》)	旧题汉张仲景撰,晋王叔和集	《四·金匮要略论注》:亦名《金匮玉函经》,汉张机撰,晋高平王叔和所编次。今本盖已非叔和之旧。	
230	《金鎞(篦)秘论》十二卷	旧题梁溪流寓李药师撰	《四·金鎞(篦)秘论》:药师之称,适符靖字,殆亦寓名欤?	《辨伪书目》误"鎞"为"媲"
231	《金石古文》十四卷	明·杨慎撰	《四·金石古文》:收录碑文真伪错杂,殊多疏漏。并臆补石鼓文,诡称得之李东阳。	《辨伪书目》
232	《金石遗文》五卷	明·丰道生撰	《四·金石遗文》:道生即丰坊所更名也。虽未必全出依托,然以道生好撰伪书,凡所论撰,遂无不可疑,故世无遵而用之者。此本又传写失真,益不足据矣。	《辨伪书目》
233	《锦带》(又名《十二月启》)一卷	旧题梁·昭明太子萧统撰	《四·锦带》:疑宋人案月令集为骈句,以备笺启之用,后来附会,题为统作耳。	《辨伪书目》:标《昭明太子集》,记"误收梁简文帝诗多首,《锦带书》、《十二月启》亦不类齐梁文体"
234	《锦带补注》一卷	旧题宋·杜开撰	《四·锦带补注》:出杜撰。疑亦妄人依托也。	《辨伪书目》
235	《锦绣论》二卷	旧题宋·杨万里撰	《四·锦绣论》:然体例拘陋,未必真出于万里,疑并书中"国子监批点",皆坊贾托名耳。	《辨伪书目》

续表

编号	书名	作者	考辨要言	司马朝军《辨伪书目》
236	《晋史乘》一卷	不著撰人，有元·吾丘衍序	《四·晋史乘、楚史梼杌》：其伪不待辨。吾丘衍本作《晋文春秋》，传其书者欲以新异炫俗，因改《晋文春秋》为《晋史乘》，以合《孟子》所述之名，并伪撰衍序冠之耳。《四·秘书廿一种》：元人伪书。	
237	《建炎复辟录》一卷	不著撰人名氏	《四·靖康蒙尘录》：似为高宗苗、刘之变而作。而所纪仍北狩本末，寥寥数条。年月皆舛错不合，作伪之尤甚者也。	
238	《京东考古录》一卷	旧题清·顾炎武撰	《四·京东考古录》：其文皆见炎武所撰《日知录》及《昌平山水记》。殆吴震方剿取别行，伪立此名也。	
239	《经世篇》十二卷	旧题清·顾炎武撰	《四·经世篇》：盖应科举者抄撮类书为之，而坊贾托名于炎武也。	《辨伪书目》
240	《精华录》（《山谷精华录》）八卷	旧题宋·任渊编	《四·精华录》：其作伪之迹，固了然矣。	
241	《景行录》一卷	旧题元·史弼编	《四·景行录》：前有弼《自序》，其词潦倒可笑，似出妄人所依托。复有明瞿佑《序》，词亦庸劣，佑似不应至此。其为假名于佑，尤显然矣。	《辨伪书目》
242	《靖康蒙尘录》一卷	不著撰人名氏	《四·靖康蒙尘录》：盖坊贾改易其名以欺世者。卷后附有《建炎复辟录》一卷。	《辨伪书目》
243	《靖炎两朝见闻录》二卷	旧题陈东撰	《四·靖炎两朝见闻录》：盖传本阙撰人，后人不考，误题为东也。	《辨伪书目》

编号	书名	作者	考辨要言	司马朝军《辨伪书目》
244	《九天玄妙课》一卷	不著撰人名氏	《四·九天玄妙课》：鄙陋殊甚。总之，术家所依托而已。	《辨伪书目》
245	《九天玄女六壬课》一卷	旧题唐·袁天纲撰	《四·九天玄女六壬课》：盖元人所伪托也。	《辨伪书目》
246	《九星穴法》四卷	旧题宋·廖瑀撰	《四·九星穴法》：是书莫知所自来，盖依托也。	《辨伪书目》
247	《钜文》十二卷	旧题明·屠隆撰	《四·钜文》：疑亦坊贾托名也。	《辨伪书目》
248	《倦游杂录》（《倦游录》）	旧题宋·张师正撰	《四·东轩笔录》：魏泰伪作假名张师正。	
249	《军鉴式》	旧题胡万顷撰	《四·六壬兵占》：大抵出自术士伪托，非其本真。	
250	《筠轩清秘录》三卷	旧题董其昌撰	《四·筠轩清秘录》：今考其书，即张应文所撰《清秘藏》，但析二卷为三卷。书贾以其昌名重，故伪造继儒之序以炫俗射利耳。	《辨伪书目》
251	《开河记》一卷	佚名	《四·海山记、迷楼记、开河记》：同出依托。不足道也。《四·隋文纪》：出于依托。	《辨伪书目》
252	《开元天宝遗事》四卷	五代·王仁裕撰	《四·开元天宝遗事》：虽有委巷相传，语多失实，然必以为依托王仁裕其名，则事无显证。	
253	《康节内秘影》一卷	旧题宋·邵子撰	《四·康节内秘影》：亦依托也。则南宋以后人作矣。	《辨伪书目》
254	《亢仓子》（《亢桑子》、《庚桑子》）一卷	旧题庚桑楚撰	《四·亢仓子》：今此书乃士元补亡者。宗元不知其故而遽诋之，可见其锐于讥议也。非其他伪书可比。	《辨伪书目》

编号	书名	作者	考辨要言	司马朝军《辨伪书目》
255	《考古原始》六卷	旧题清·王文清编	《四·考古原始》:殆坊贾所托名。	《辨伪书目》
256	《可知编》八卷	旧题明·杨慎撰	《四·可知编》:援引踳驳,必坊贾所依托也。	《辨伪书目》
257	《空同子纂》一卷	不著编辑者名氏	《四·空同子纂》:载曹溶《学海类编》中。取李梦阳《空同子》,每篇摘抄十之三四,故题曰纂。其去取殊无义例,大抵庸劣坊贾所为。	
258	《孔北海六言诗》三首(载《孔北海集》)	旧题汉·孔融撰	《四·孔北海集》:其六言诗之名见于本传,今所传三章,词多凡近。又皆盛称曹操功德,断以融之生平,可信其义不出此。即使旧本有之,亦必黄初间购求遗文,赝托融作以颂曹操,未可定为真本也。流传既久,姑仍旧本录之,而附纠其伪于此。	《辨伪书目》:标《孔北海集》
259	《孔传舜典》一篇	南朝·姚方兴访得	《四·四书剩言》:姚方兴所补《舜典》二十八字为伪,其论本确。	
260	《孔丛子》三卷	旧题孔鲋撰	《四·孔丛子》:其说与伪《孔传》、伪《家语》并同。是亦晚出之明证也。	《辨伪书目》
261	《孔氏谈苑》四卷	旧题宋·孔平仲撰	《四·孔氏谈苑》:所录诸书或在其前,或与同时,似亦孔平仲摭拾成编之一证。然赵与时所疑也有道理。	《辨伪书目》

编号	书名	作者	考辨要言	司马朝军《辨伪书目》
262	《孔子家语》二十一卷	旧题魏·王肃注	《四·孔子家语》:出于肃手,伪而不能废。《四·学礼质疑》:虽出依托,然皆缀缉旧文。	《辨伪书目》
263	《孔子论语年谱》一卷	旧题元·程复心撰	《四·孔子论语年谱》:殆明季妄人所为,而传录者伪题复心之名欤。	《辨伪书目》
264	《括异志》	宋·张师正	《四·括异志》:魏泰为之序。王铚《默记》以是书即魏泰作,铚犹及识泰,其言当必不诬也。	《辨伪书目》:魏泰伪作
265	《琅嬛记》三卷	旧题元·伊世珍撰	《四·琅嬛记》:语皆荒诞猥琐。大抵真伪相杂,明桑怿伪托。	《辨伪书目》
266	《老杜事实》(《东坡事实》)	旧题宋·苏轼撰	《四·九家集注杜诗》:将其删芟不存,是其别裁有法矣。	
267	《老子注》二卷	旧题河上公撰	《四·老子注》:词旨不类汉人,殆道流之所依托欤?	《辨伪书目》
268	《乐庵遗书》四卷	旧题宋·李衡撰,其门人龚昱编	《四·乐庵遗书》:无乃姚江末流,借此语以影撰此书之序,并所谓天顺刻本之序跋亦出影撰欤?	《辨伪书目》
269	《乐府古题要解》二卷	旧题唐·吴兢撰	《四·乐府古题要解》:疑兢书久佚,好事者因《崇文总目》有《乐府解题》与吴兢所撰《乐府》颇同语,因捃拾郭茂倩所引《乐府解题》,伪为兢书。然则是书为元人所赝造也。	《辨伪书目》

编号	书名	作者	考辨要言	司马朝军《辨伪书目》
270	《雷公炮制药性解》六卷	旧题明·李中梓撰	《四·雷公炮制药性解》:殆庸妄书贾随意裒集,因中梓有医名,故托之耳。	《辨伪书目》
271	《类编古今事林群书一览》十卷	旧题宋·祝穆撰	《四·类编古今事林群书一览》:止有地理一门,体例亦与穆《方舆胜览》相近。然卷首即为大兴府,绝非穆所作矣。目录后有"陆续梓行"之语,盖元人未完之本也。	《辨伪书目》
272	《冷斋夜话》十卷	宋僧惠洪撰	《四·冷斋夜话》:此书虽多诞妄伪托,惠洪本工诗,其诗论实多中理解,所言可取则取之,其托于闻之某某,置而不论可矣。	
273	《礼记·月令》	旧题周公撰	《四·隋书》:刘向《别录·礼记》已载此篇。	
274	《礼记要旨补》十卷	旧题戈九畴撰,闻人德行增补	《四·礼记要旨补》:殆书贾合并窜乱,以成此本欤?	《辨伪书目》
275	《礼经奥旨》一卷	旧题宋·郑樵撰	《四·礼经奥旨》:即《六经奥论》之一卷也。《六经奥论》本托之郑樵。此更伪中作伪。	
276	《李陵与苏武书》(《李陵集》载)	旧题汉·李陵撰	《四·西汉文纪》:依托显然。	
277	《李卫公问对》(《唐太宗李卫公问对》、《唐李问对》、《李靖兵法》)三卷	旧题唐·李靖撰	《四·李卫公问对》:唐李靖与太宗论兵之语,而后人录以成书者也。赝作。	《辨伪书目》

编号	书名	作者	考辨要言	司马朝军《辨伪书目》
278	《李虚中命书》三卷	旧题鬼谷子撰，唐·李虚中注	《四·李虚中命书》：真伪杂出，莫可究诘。疑唐代本有此书，宋时谈星学者以己说阑入其间，托名于虚中之注《鬼谷》，以自神其术耳。	《辨伪书目》
279	《历代车战叙略》一卷	清·张泰交撰	《四·历代车战叙略》：是书皆剽宋章俊卿《山堂考索后集·车战篇》之文，而稍附益之，别无考正。	《辨伪书目》
280	《历代地理指掌图》一卷	旧题宋·苏轼撰	《四·历代地理指掌图》：此书之伪，南宋人固已言之。	
281	《历代名贤确论》一百卷	或不著撰人，或题为明·钱福	《四·历代名贤确论》：不详作者为谁。殆后来书贾重刻，以福廷对第一，托名以行欤？	《辨伪书目》
282	《历代铨政要略》一卷	旧题宋·杨亿撰	《四·历代铨政要略》：乃《册府元龟·铨政》一门总序也，已为割裂作伪。亿于诸序，不过奉敕点窜，何所见而此序出亿手？此真随意支配者矣。	
283	《连山》		《四·周易图说》：谓即刘炫之书，考古者其疑之矣。	
284	《练中丞集》二卷	明·练子宁撰	《四·练中丞集》：子宁一代伟人，人争依托，因而影撰者有之，然终不以伪废其真也。	《辨伪书目》
285	《梁四公记》一卷	撰人不明	《四·姓氏急就篇》：托言沈约所撰。	
286	《两宋名贤小集》三百八十卷	旧题宋·陈思编，元·陈世隆补	《四·两宋名贤小集》：编诗之人虽出赝托，而所编之诗则非赝托。	《辨伪书目》：误作《两宋名贤小记》

编号	书名	作者	考辨要言	司马朝军《辨伪书目》
287	《两宋名贤小集·魏了翁序》	旧题宋·魏了翁撰	《四·两宋名贤小集》:为伪托无疑。	
288	《两宋名贤小集·朱彝尊序》	旧题清·朱彝尊撰	《四·两宋名贤小集》:当由近人依托为之,未必真出彝尊手。	
289	《列仙传》二卷	旧题汉·刘向撰	《四·列仙传》:或魏、晋间方士为之,托名于向耶?	《辨伪书目》
290	《列子》八卷(《冲虚真经》、《冲虚至德真经》)	旧题周·列御寇撰	《四·列子》:非刘向之时所能伪造,可信确为秦以前书。其不出御寇之手,更无疑义。	《辨伪书目》
291	《灵城精义》二卷	旧题南唐·何溥撰	《四·灵城精义》:其非明以前书确矣。出于赝作,亦无疑,术数之书无非依托,所言可采,真伪固无庸辨,亦不足与辨也。	《辨伪书目》
292	《灵棋经》二卷	旧题汉·东方朔撰	《四·灵棋经》:或又以为出自张良,本黄石公所授,后朔传其术。大抵皆术士依托之词。	《辨伪书目》
293	《灵枢经》(唐李冰始以《素问》九卷《灵枢经》九卷当《黄帝内经》)	旧题黄帝撰	《四·灵枢经》:盖其书虽伪,而其言则缀合古经,具有源本。不可废也。	《辨伪书目》
294	《灵台秘苑》十五卷	北周庚季才撰	《四·灵台秘苑》:则明人所编辑,仍袭季才之名耳。盖方技之流杂抄占书为之耳。	《辨伪书目》
295	《刘宾客嘉话录》一卷。	唐·韦绚撰	《四·刘宾客嘉话录》:大抵窜改旧本,以示新异,遂致真伪糅杂,炫惑视听。	《辨伪书目》

续表

编号	书名	作者	考辨要言	司马朝军《辨伪书目》
296	《刘子》(《刘子新论》、《流子》、《新论》、《德言》)十卷	旧题梁·刘勰撰	《四·刘子》:绝非刘勰撰。北齐刘昼不见著此书。或唐贞观以后人,疑袁孝政自作自注。	《辨伪书目》
297	《柳塘外集》四卷	宋·释道璨撰	《四·柳塘外集》:书虽晚出,而核其格意,确为宋末江湖之体,不缘赝造。	《辨伪书目》
298	《柳州谢上表》一道(《柳宗元集》载)	旧题唐·柳宗元撰	《四·寓简》:以沈作喆具有考据。	
299	《六经奥论》六卷	旧题宋·郑樵撰	《四·礼经奥旨》:本危邦辅(明成化时人)伪托于郑樵。《四·六经奥论》:非樵所著审矣。宋末人所作,具有明验。《四简·五经总义类》:称夹漈先生,又称朱子为文公,盖托名也。	《辨伪书目》
300	《六经三注粹抄》无卷数	明·许顺义撰	《四·六经三注粹抄》:"六经"之名系杜撰,"三注"者,亦不知三家为谁。殆书贾射利所刊。	
301	《六军镜》	旧题汉·诸葛亮撰	《四·将苑》:明焦竑《经籍志》载,益为依托。	
302	《六壬大玉帐歌》十卷	旧题唐·李筌撰	《四·六壬兵占》:大抵出自术士伪托,非其本真。	
303	《六韬》六卷	旧题周·吕望撰	《四·六韬》:其依托之迹,灼然可验。	《辨伪书目》
304	《六一词》一卷	宋·欧阳修撰	《四·六一词》:修词中杂他人之作。	《辨伪书目》

编号	书名	作者	考辨要言	司马朝军《辨伪书目》
305	《龙城录》二卷	旧题唐·柳宗元撰	《四·龙城录》：朱子以为王铚伪作，朱子所论，深得其情。《四·前定续录》：为宋王铚伪撰，则非唐以前书明矣。	《辨伪书目》
306	《龙川词补遗》一卷	宋·陈亮撰	《四·龙川词补遗》：从《花词选》采入。词多纤丽，与本集迥殊，或疑赝作。	
307	《龙飞记》一卷	旧题宋·赵普撰	《四·龙飞记》：疑与《受禅录》皆后人所依托，以普及曹彬为文武佐命，各假借其名耳。	《辨伪书目》
308	《龙虎经》		《四·古文龙虎经注疏》：《龙虎经》之为古书，尚无确验。	
309	《隆平集》二十卷	旧题宋·曾巩撰	《四·隆平集》：其出于依托，殆无疑义。	《辨伪书目》
310	《庐山禹刻》		《四·金石古文》：显然伪撰，人所共知。	
311	《颅囟经》二卷	不著撰人名氏	《四·颅囟经》：疑是唐末宋初人所为，托名师巫以自神其说耳。	《辨伪书目》
312	《鲁诗世学》三十二卷	明·丰坊撰	《四·鲁诗世学》：是编首列子贡《诗传》，诡云石本，次列《诗序》，而以《正音》托之宋丰稷，以《续音》托之丰庆，以《补音》托之丰耘，以《正说》托之丰熙。谲称祖父所传。而自为之《考补》，故曰《世学》。又附以门人何昆之《续考》，共为一书。实则坊一人所撰也。	《辨伪书目》

编号	书名	作者	考辨要言	司马朝军《辨伪书目》
313	《路史》注	题宋·罗子苹撰	《四·路史》:四十七卷,罗泌撰,句下注文,题其子苹所撰。核其词义,与泌书详略相补,似出一手,殆自注而嫁名于子欤?	
314	《论语笔解》二卷	旧题唐·韩愈、李翱同注	《四·论语笔解》:唐宣宗大中之前已有此本,未可谓为宋人伪撰。	《辨伪书目》
315	《论语孟子考异》二卷	旧题宋·王应麟撰	《四·论语孟子考异》:皆采之《困学纪闻》中。盖书肆作伪之本也。	
316	《论语义疏》	魏·何晏注,梁·皇侃疏	《四·论语义疏》:知其佚在南宋时矣。惟唐时旧本流传,存于海外,今舶来,知其确为古本,不出依托。	《辨伪书目》:确为古本
317	《论语注》	旧题汉·孔安国撰	《四·论语义疏》:(日本)《七经孟子考文》自言其伪。彼国于授受源流,分明有考,可据以为信也。	
318	《罗沧洲集》五卷	旧题宋·罗公升撰	《四·罗沧洲集》:至于《燕城》、《俗吏》诸作,殆其子孙所为。	《辨伪书目》
319	《罗沧洲集》五卷	旧题宋·罗公升撰	《四·罗沧洲集》:皆与其生平不合。至于燕城俗吏诸作,词气鄙俚,如出二手,殆其子孙所为,以装点其忠义者,盖窜乱失真。其为果出公升与否,殊在影响之间矣。	
320	《珞琭子》(《珞琭子三命赋》)二卷	旧题周·姬晋撰或题陶弘景撰	《四·徐氏珞琭子赋注》:书为言禄命者所自出。旧称某某,皆依托也。	

编号	书名	作者	考辨要言	司马朝军《辨伪书目》
321	《脉诀》一卷	旧题晋·王叔和	《四·图注脉诀》:《脉经》为叔和作,《脉诀》出于宋人伪撰。	《辨伪书目》
322	《毛诗》	旧题汉·毛苌撰	《四·尔雅注疏》:《诗传》乃毛亨作,非毛苌作。《四·诗经正义》:则作《传》者乃毛亨,非毛苌。	
323	《毛诗草木鸟兽虫鱼疏》二卷	吴·陆玑撰	《四·毛诗草木鸟兽虫鱼疏》:非依托之本。	
324	《毛诗正变指南图》六卷	明·陈重光刻	《四·毛诗正变指南图》:疑即重光自辑,而托之旧本也。	《辨伪书目》
325	《茅山志》十五卷	元·道士刘大彬撰	《四·茅山志》:此本嘉靖时刻。为无识道流续入明事,叙述凡鄙,亦非刘大彬之旧矣。	
326	《眉公十集》四卷	明·陈继儒撰	《四·眉公十集》:简端各缀以评,其评每卷分属一人,而相其词气,实出一手。盖继儒名盛一时,坊贾于《秘笈》中摘出翻刻,又妄加批点也。	
327	《梅花道人遗墨》二卷	元·吴镇撰	《四·梅花道人遗墨》:旧无专集。此本题曰《遗墨》,乃其乡人捃拾题画之作,荟萃成编。伪本虽多,真迹亦在,披沙简金,往往见宝。	《辨伪书目》
328	《梅花赋》别本(《留青日札》载)	旧题唐·宋璟撰	《四·梁溪集》:田艺蘅《留青日札》称得元鲜于枢手书,急录传之,枢之真迹旋毁。核其文句,大抵点窜纲赋,十同七八,其为依托显然。	

续表

编号	书名	作者	考辨要言	司马朝军《辨伪书目》
329	《梅花赋》别本(《隐居通议》载)	旧题唐·宋璟撰	《四·梁溪集》:宋李纲撰《梁溪集》集中有《补宋璟梅花赋》,自序谓璟赋已佚,拟而作之。则原本已经亡佚。刘壎《隐居通议》所载二篇,皆属伪本。	
330	《美芹十论》一卷	旧题宋·辛弃疾撰	《四·美芹十论》:此或临川黄兑(字悦道,绍兴进士)书,后人伪题弃疾欤?	《辨伪书目》
331	《蒙斋笔谈》二卷	旧题宋·郑景望撰	《四·岩下放言》:剽宋叶梦得《岩下放言》而作。《四·蒙斋笔谈》:今考其书,乃全录宋叶梦得《岩下放言》之文,但删其十分之三四,而颠倒其次序。商浚盖误刻伪本。	《辨伪书目》
332	《孟子解》二卷	旧题宋·尹焞撰	《四·孟子解》:殆近时妄人所依托也。《四·和靖集》:原书实已散佚。今所行者乃赝本。	《辨伪书目》
333	《孟子年谱》一卷	旧题元·程复心撰	《四·孟子年谱》:疑直以谭贞默《孟子编年略》诡题元人耳,伪妄甚矣。	《辨伪书目》
334	《梦林玄解》三十四卷	旧题明·陈士元撰,何栋如重辑	《四·梦林玄解》:前有凡例,称是书在宋景祐间名《圆梦秘策》,为晋葛洪原本,而宋邵雍辑之者,其言无可证据。又有孙奭序一篇,辞气纤俗,盖术家依托之文,士元等不及辨也。	《辨伪书目》
335	《迷楼记》一卷	佚名	《四·海山记、迷楼记、开河记》:亦见《青琐高议》,乖谬殊甚。《四·隋文纪》:出于依托。	《辨伪书目》

编号	书名	作者	考辨要言	司马朝军《辨伪书目》
336	《名贤汇语》二十卷	不著编辑者名氏	《四·名贤汇语》:前亦有隆庆辛未自序,称飞来山人。序词鄙陋,疑为坊贾之笔。其书殆又从《古今名贤说海》而变幻之耳。	《辨伪书目》
337	《名媛诗归》三十六卷	旧题明·钟惺编	《四·名媛诗归》:其间真伪杂出,尤足炫惑后学。核其所言,其不出惺手明甚。然亦足见竟陵流弊,如报仇之变为行劫也。	《辨伪书目》
338	《明百家小说》一百九卷	旧题明·沈廷松编	《四·明百家小说》:其书乃全与国朝陶珽《续说郛》同,盖坊贾以不全《说郛》伪镌序目售欺也。	
339	《明漕运志》一卷	旧题清·曹溶撰	《四·明漕运志》:其文与谷应泰《明史记事本末·河漕转运篇》无一字之异。溶断断不致如此。	《辨伪书目》
340	《明六朝索隐》十六卷	旧题明·雷礼撰,何应元校	《四·明六朝索隐》:疑后人从实录抄撮而成,托名于礼。其称《索隐》,亦不知何所取义也。	《辨伪书目》
341	《明诗归》十卷、《补遗》一卷	旧题明·钟惺、谭元春编,其邑人王汝南校刊	《四·明诗归》:盖前人已知其伪矣。	《辨伪书目》
342	《明文隽》八卷	旧题袁宏道精选,丘兆麟参补,陈继儒标旨,张䍐校阅,吴从光解释,陈万言汇评	《四·明文隽》:盖坊间刻本,托宏道等以行。前有周宗建序,谓有志公车业者,其沈酣之无后,亦必非宗建语也。	《辨伪书目》

编号	书名	作者	考辨要言	司马朝军《辨伪书目》
343	《明倭寇始末》一卷	旧题清·谷应泰撰	《四·明倭寇始末》:应泰有《明纪事本末》,已著录。此即《本末》中之一卷,书贾抄出,以绐收藏之家者也。	
344	《墨薮》二卷	旧题唐·韦续撰	《四·墨薮》:然题为韦续,则不知其何所据也。	
345	《牡丹谱》一卷	旧题宋·欧阳修撰	《四·洛阳牡丹记》:文格古雅有法,修自为跋,已编入《文忠全集》,此其单行之本。周必大称《牡丹谱》印本有梅尧臣跋。盖出假托。是宋时尚别有一本。	
346	《木笔杂抄》二卷	旧题宋·无名氏撰	《四·木笔杂抄》:今考其书,皆摘抄宋吴子良《荆溪林下偶谈》之文,别标新名,又伪撰小序弁于首。盖奸黠书贾所为。	《辨伪书目》
347	《木天禁语》一卷	旧题元·范德机撰	《四·木天禁语》:盖与杨载《诗法家数》出一手伪撰。考二书所论,多见赵撝谦《学范》中。知庸妄书贾剽取《学范》为之耳。《四·四六金针》:托言范亨(范德机字)。	《辨伪书目》
348	《牧莱脞语》十二卷、《二稿》八卷	宋·陈仁子撰	《四·牧莱脞语》:是集名曰"牧莱",言牧牛于草莱间也。初稿题其门人李懋宣编,二稿题其门人谭以则编。观卷首余恁、邓光荐、萧龙友序,则仁子盖自定之,托记于门人耳。	
349	《穆天子传》		《四·穆天子传》:非伪书。小说家言。	
350	《穆天子传》郭璞注	旧题郭璞撰	《四·穆天子传》:信而不疑。	

编号	书名	作者	考辨要言	司马朝军《辨伪书目》
351	《内传天皇鳌极镇世神书》三卷	旧题丘延翰正传，杨筠松补义，吴景鸾解蒙	《四·内传天皇鳌极镇世神书》：核检其文，实出伪托。	《辨伪书目》
352	《内丹九章经》一卷及《序》一篇	题唐·吴筠撰《序》	《四·宗元集》：吴筠《序》称元和中游淮西，遇李谪仙，授《内丹九章经》。此《序》与《传》同一伪撰矣。至《内丹九章经》，核之以序，伪妄显然。	《辨伪书目》：题唐吴筠《宗玄集》
353	《内阁行实》二卷	不著撰人名氏	《四·内阁行实》：无序跋。与雷礼《列卿纪》中《内阁行实》并同。盖书贾取不完之本，作伪以售欺。	《辨伪书目》
354	《南渡录》二卷	旧本或题无名氏，或并题为辛弃疾撰	《四·南渡录、窃愤录》：此二书所载，语并相似。旧本或题无名氏，或并题为辛弃疾撰。盖本出一手所伪托，故所载全非事实。	《辨伪书目》
355	《南迁录》一卷	旧题金·张师颜撰	《四·南迁录》：必出于宋人雪愤之词，而又假造事实以证佐之。故其抵牾不合如此。或果出岳手，未可知也。	《辨伪书目》
356	《南中志》一卷	旧题晋·常璩撰	《四·南中志》：杨慎好撰伪书，此书当亦《汉杂事秘辛》之类也。	
357	《难经本义》（《黄帝八十一难经》）二卷	周秦越人撰	《四·难经本义》：今书犹古本矣。	
358	《农田余话》二卷	旧题明·长谷真逸撰，不著名氏	《四·农田余话》：所记多元末及张士诚窃据时事。而下卷内一条称正德庚午九月一日苏台张翼南伯志云云，相距一百五十八年，年月殊为抵牾，或后人有所增入欤？	

编号	书名	作者	考辨要言	司马朝军《辨伪书目》
359	《女红余志》二卷	旧题龙辅撰	《四·女红余志》:则明人已灼知其伪,殆《云仙散录》之流。	《辨伪书目》
360	《女孝经》(《女戒》)一卷	题唐·郑氏撰,或题汉·班昭撰	《四·女孝经》:唐郑氏撰。其书仿《孝经》分十八章,章首皆假班大家以立言。	
361	《批点檀弓》二卷	旧题宋·谢枋得撰	《四·批点檀弓》:疑因枋得有《文章轨范》,依托为之。	《辨伪书目》
362	《披肝露胆经》一卷	旧题明·刘基撰	《四·披肝露胆经》:基必不若是之陋。殆嫁名于基者也。	《辨伪书目》
363	《篇海类编》二十卷	旧题明·宋濂撰,屠隆订正	《四·篇海类编》:殆谬妄坊贾所托名也。	《辨伪书目》
364	《缥缃对类》二十卷	旧题明·屠隆撰	《四·缥缃对类》:殆坊贾所托名也。	《辨伪书目》
365	《平巢事迹考》一卷	旧题宋人撰,不著名氏	《四·平巢事迹考》:今考其书,即明茅元仪之《平巢事迹考》,但删去元仪原《序》耳。盖溶为狡黠书贾所绐,陆烜又沿溶之误。	
366	《评诗格》一卷	旧题唐·李峤	《四·吟窗杂录》:其余如李峤、王昌龄、皎然、贾岛、齐己、白居易、李商隐,诸家之书,率出依托,鄙薄如出一手。	
367	《评注八代文宗》八卷	旧题明·袁黄编	《四·评注八代文宗》:在坊刻中亦至陋之本。黄虽不以文章名,亦未必纰谬至是也。	《辨伪书目》
368	《气候歌》	旧题诸葛亮撰	《四·兵要望江南歌》:伪托。	
369	《千秋金鉴录》一卷	旧题唐·张九龄撰	《四·千秋金鉴录》:盖粗识字义而不通文理者所为。	《辨伪书目》

编号	书名	作者	考辨要言	司马朝军《辨伪书目》
370	《前定录》二卷	明·蔡善继编	《四·前定录》:《太平广记》为习见之书,乃取其中十五卷别立书名,攘为己有,作伪之拙,于是极矣。	《辨伪书目》
371	《钱法纂要》一卷	旧本皆题明·丘浚撰	《四·盐法考略、钱法纂要》:本系丘浚《大学衍义补》中之一篇也。犹之乎作伪也。	
372	《钱子测语》二卷	明·钱琦撰	《四·钱子测语》:疑隆、万间伪体盛行,琦之子孙趋当时风气,依托为之也。	《辨伪书目》
373	《乾坤凿度》		《四·乾坤凿度》:承乾隆说。	《辨伪书目》
374	《樵谈》一卷	旧题宋·许棐撰	《四·樵谈》:然核其词气,如出屠隆、陈继儒一辈人口,殊不类宋人之作。	《辨伪书目》
375	《窃愤录》一卷	旧本或题无名氏,或并题为辛弃疾撰	《四·南渡录、窃愤录》:此二书所载,语并相似。旧本或题无名氏,或并题为辛弃疾撰。盖本出一手所伪托,故所载全非事实。	《辨伪书目》
376	《秦汉文尤》十二卷	明·倪元璐编	《四·秦汉文尤》:元璐气节文章,震耀一世。而是书庞杂特甚,殊不类其所编。疑亦坊刻托名也。	《辨伪书目》
377	《禽经》一卷	旧题师旷撰,晋张华注	《四·禽经》:经、注其伪不待辨。	《辨伪书目》
378	《青囊奥语》刘基注	旧题明·刘基撰	《四·青囊奥语》:《青囊奥语》旧题唐杨筠松撰,旧本有注,托名刘基。	
379	《青琐高议前集》十卷、《后集》十卷	不著撰人名氏	《四·青琐高议前集》:或坊贾传刻,又有所窜入欤?	

续表

编号	书名	作者	考辨要言	司马朝军《辨伪书目》
380	《清閟阁集》十二卷	元·倪瓚撰	《四·清閟阁集》:其中如《题天香深处卷后》、《题紫华周公碑传行状后》、《题师子林图》、《重览紫华周公碑传》、《题周逊学府君遗翰后》、《鹤林周元初像赞》等六篇,皆词意猥鄙,绝非瓚笔。盖自伪本墨迹抄撮窜入。	《辨伪书目》
381	《全唐诗话》十卷	原本题宋·尤袤撰	《四·全唐诗话》:盖贾似道假手廖莹中,而廖莹中又剽窃旧文(宋计有功《唐诗纪事》),涂饰塞责。后人恶贾似道之奸,改题袤名,以便行世。遂致伪书之中又增一伪撰人耳。	《辨伪书目》
382	《全唐诗评》一卷	旧题明·王世贞撰	《四·全唐诗说、全唐诗评》:实割剥世贞《艺苑卮言》而成,世贞著作,初无此二名也。	
383	《全唐诗说》一卷	旧题明·王世贞撰	《四·全唐诗说、全唐诗评》:实割剥世贞《艺苑卮言》而成,世贞著作,初无此二名也。	
384	《群芳清玩》无卷数	旧题明·李珏编	《四·群芳清玩》:其书踳驳不伦,盖亦坊贾射利之本也。	
385	《群贤梅苑》十卷	旧题松陵朱鹤龄编	《四·群贤梅苑》:颠倒错乱,殆书贾售伪者为之。鹤龄不至于斯也。	
386	《儒志编》一卷	宋·王开祖撰	《四·儒志编》:其书久湮复出,真伪不可考。	《辨伪书目》
387	《蕊阁集》一卷	旧题宋·辛弃疾撰	《四·蕊阁集》:文笔亦颇类明末竟陵一派,决不出弃疾之手也。	《辨伪书目》

编号	书名	作者	考辨要言	司马朝军《辨伪书目》
388	《三朝野史》一卷	旧题宋·无名氏撰	《四·三朝野史（编修程晋芳家藏本）》：明元人作矣。书仅十九条，率他说部所有，似杂撦成编之伪本。《四·三朝野史（两淮盐政采进本）》：疑非完本。盖亦宋遗民所作也。词旨猥琐，殊不足观。	《辨伪书目》
389	《三礼考》一卷	旧题宋·真德秀撰	《四·三礼考》：其伪不待言矣。	《辨伪书目》
390	《三礼考注》六十四卷	旧题元·吴澄撰	《四·三礼考注》：是书之伪，无庸疑似。明杨士奇《序》：疑其为璧所作。	《辨伪书目》
391	《三命指迷赋》一卷	旧题宋·岳珂补注	《四·三命指迷赋》：或术家因而依托欤？自元、明以来，诸家命书多引用其文。以此本检勘，并相符合，知犹宋人所为也。	《辨伪书目》
392	《三苏文范》十八卷	旧题明·杨慎编	《四·三苏文范》：然所取皆近于科举之文，亦不类慎之所为。殆与《翰苑琼琚》均出依托也。	《辨伪书目》误"范"为"苑"
393	《三异人集》二十二卷	明·李贽编	《四·三异人集》：卷首题吴山俞允谐汝钦正，或允谐所为，托之于贽欤？	《辨伪书目》
394	《三因极一病证方论》十八卷	宋·陈言撰	《四·三因极一病证方论》：疑明代传录此书者遂妄改古书而成。	
395	《三月八日过西马塍》一首（《湛渊集》载）	旧题元·白珽撰	《四·湛渊集》：间杂之伪作。其为依托淆混，不问可知。	《辨伪书目》：题《湛渊集》

编号	书名	作者	考辨要言	司马朝军《辨伪书目》
396	《山谷精华录诗赋铭赞》六卷、《杂文》二卷	宋·任渊撰	《四·山谷内集注》:然原本已佚。今所传者出明人伪托。	
397	《山海经》十八卷	旧题大禹、益撰	《四·山海经》:卷首有刘秀校上奏,称为伯益所作。断不作于三代以上,殆周、秦间人所述,而后来好异者又附益之欤?	《辨伪书目》
398	《山水诀》(《画山水赋》《荆浩山水赋》)一卷	旧题唐·荆浩撰	《四·画山水赋》:二书文皆拙涩,中间忽作雅词,忽参鄙语,似艺术家粗知文义而不知文格者依托为之。	《辨伪书目》
399	《山水诀》一卷	旧题唐·李成撰	《四·山水诀》:然则李成为宋人,题唐者误矣。殆后人依托其文,与《王氏画苑》所载嘉定中李澄叟《山水诀》大同小异。大抵庸俗画工有是口诀,辗转相传,互有损益,随意伪题古人耳。	《辨伪书目》
400	《山水松石格》一卷	旧题梁·孝元皇帝撰	《四·山水松石格》:不类六朝人语。姚最《续画品录》惟称湘东王殿下工于像人,特尽神妙。未闻以山水松石传,安有此书也?	《辨伪书目》
401	《山左笔谈》一卷	旧题明·黄淳耀撰	《四·山左笔谈》:疑出伪托也。	
402	《伤寒标本心法类萃》二卷	旧题金·刘完素撰	《四·伤寒直格方》:恐出于依托。	《辨伪书目》
403	《伤寒论》十卷	汉·张机撰,晋·王叔和编,金·成无己注	《四·伤寒论注》:非张仲景原本,又乌可以后人重定此书,遂废王氏、成氏之本乎?	

编号	书名	作者	考辨要言	司马朝军《辨伪书目》
404	《伤寒直格方》三卷	旧题金·刘完素撰	《四·伤寒直格方》:恐出于依托。	《辨伪书目》
405	《商子》五卷	旧题商鞅撰	《四·商子》:诸子之书,如是者多。既不得撰者之主名,则亦姑从其旧,仍题所托之人矣。	《辨伪书目》
406	《尚书》孔安国传	旧题汉·孔安国传	《四·尚书考异》:其伪依托,尤佐证显然。	《辨伪书目》
407	《尚书大传》四卷、《补遗》一卷		《四·尚书大传》:旧题"汉伏胜撰"。则相传有自矣。然则此《传》乃张生、欧阳生所述,特源出于胜尔,非胜自撰也。非依托。	
408	《尚书精义》五十卷	宋·黄伦撰	《四·尚书精义》:非伪。体裁虽稍涉泛滥,其衰辑之勤,要亦未可尽没矣。	《辨伪书目》
409	《作义要诀》四卷	旧题元·倪士毅	《四·作义要诀》:不言其伪。(《尚书》类附)	
410	《邵子加一倍法》一卷	不著撰人名氏	《四·邵子加一倍法》:今世游食术人,妄造大定数、蠡子术托名康节,岂不厚诬前贤?则妄相假借,其来已久矣。	《辨伪书目》
411	《绍熙州县释奠仪图》一卷	宋·朱子撰	《四·绍熙州县释奠仪图》:其中有后人随时附益,与朱熹不合。	
412	《绍兴内府古器评》二卷	旧题宋·张抡撰	《四·绍兴内府古器评》:其为明代妄人剽《博古图》而伪作,更无疑义。《四·古玉图谱》:非抡所应为。显为不考宋制,因知阁而附会之。	《辨伪书目》

续表

编号	书名	作者	考辨要言	司马朝军《辨伪书目》
413	《佘山诗话》三卷	旧题明·陈继儒撰	《四·佘山诗话》:其文皆摭拾继儒他说部而成,殆非其本书。疏谬如是,即真出继儒手,正亦无足取耳。	《辨伪书目》误"佘"为"畬"
414	《摄生消息论》一卷	旧题元·丘处机撰	《四·摄生消息论》:此书皆言四时调摄之法,其真出处机与否无可证验。然曹溶《学海类编》所收伪本居十之九,不能不连类疑之耳。	《辨伪书目》
415	《神机相字法》(《景齐字至理集》)一卷	旧题景齐	《四·神机相字法》:景齐不知何许人。似是南北宋间人矣。盖浅陋术士耳,闻有王安石《字说》,遂假借其名也。	《辨伪书目》
416	《神农本草经》	旧题神农撰	《四·神农本草经百种录》:《本草》虽称神农,而所云出产之地乃时有后汉之郡县,则后人附益者多。徐大椿尊崇太过,亦一一究其所以然,殊为附会。	
417	《神枢鬼藏经》二卷	不著撰人名氏	《四·神枢鬼藏经》:首题南极冲虚妙道真君,盖道家所依托。中有皇明洪武语,盖明人所为也。	《辨伪书目》
418	《神仙传》十卷	题晋·葛洪撰	《四·神仙传》:疑其亦据旧文,不尽伪撰,又流传既久,遂为故实。历代词人,转相沿用,固不必一一核其真伪也。	
419	《神异经》一卷	旧题汉·东方朔撰	《四·神异经》:则其为依托,更无疑义。	《辨伪书目》
420	《慎子》一卷	周·慎到撰	《四·慎子》:此本虽亦分五篇,而文多删削,又非宋陈振孙之所见,盖明人捃拾残剩,重为编次。	

编号	书名	作者	考辨要言	司马朝军《辨伪书目》
421	《省心录》（《省心杂言》）一卷	旧题宋·林逋	《四·和靖诗集》：实李邦献所作，误以为逋。《四·省心杂言》：今考《永乐大典》，俱载是书，共二百余条，盖依宋时椠本全帙录入。有邦献孙耆冈及四世孙景初跋三首，皆谓此书邦献所作。耆冈且言曾见手稿，而辨世所称林逋之非。其说出于李氏子孙，自属不诬。又考王安礼为沈道原作墓志，具列所著《诗传》、《论语解》等书，并无《省心杂言》之名，足证确非道原作。其书切近简要，质而能该，于范世励俗之道颇有发明。谨厘正舛误，定为李氏之书。	
422	《圣门释非录》五卷	旧题清·毛奇龄自撰	《四·圣门释非录》：清陆邦烈取奇龄《经说》所载诸论衰合成帙，邦烈此书虽无作也。旧题奇龄自撰。今考究始末，实邦烈所为。故改题邦烈，从其实焉。	《辨伪书目》
423	《圣贤群辅录》（《四八目》）二卷（载《陶潜集》）	旧题晋·陶潜撰	《四·圣贤群辅录》：始蒙睿鉴高深，断为伪托。其为晚出伪书，已无疑义。绝非潜之所为。	《辨伪书目》
424	《圣贤图赞》无卷数		《四·圣贤图赞》：此书摹仁和县学石刻而不著刊书人姓名。知为近时人刻也。疑非宋之原石……其妄决矣。	
425	《诗传》一卷	旧题子贡撰	《四·诗传》：旧题曰"子贡撰"。实明丰坊所作。	《辨伪书目》

续表

编号	书名	作者	考辨要言	司马朝军《辨伪书目》
426	《诗法家数》一卷	旧题元·杨载撰	《四·诗法家数》：是编论多庸肤，例尤猥杂。载在元代，号为作手，其陋何至于是？必坊贾依托也。	《辨伪书目》
427	《诗法源流》三卷	不著撰人名氏	《四·诗法源流》：谬陋殆不足辨。杨载《序》俚拙万状，亦必出伪托。	《辨伪书目》
428	《诗归》五十一卷	明·钟惺、谭元春同编	《四·诗归》：二人所作，其门径不过如是，殆彝尊曲为之词也。	《辨伪书目》
429	《诗律武库前后集》三十卷	旧题宋·吕祖谦编	《四·诗律武库前后集》：在类书中最为浅陋，断非祖谦之所为，殆后人依托也。	《辨伪书目》
430	《诗女史》十四卷、《拾遗》二卷	明·田艺蘅编	《四·诗女史》：采摭颇富，而考证太疏。艺蘅未必至此，毋乃书肆所托名耶？	《辨伪书目》
431	《诗品》一卷	唐·司空图撰	《四·诗品》：唐人诗格传于世者，王昌龄、杜甫、贾岛诸书，率皆依托。即皎然《杼山诗式》，亦在疑似之间。惟此一编，真出图手。	《辨伪书目》
432	《诗史》十五卷	旧题明·顾正谊撰	《四·诗史》：是书为唐汝询作，顾正谊乃买其稿而窃据之。	《辨伪书目》
433	《诗式》一卷	旧题唐·释皎然撰	《四·诗式》：皎然有《杼山集》，已著录。此本即附载集末。疑原书散佚，而好事者摭拾补之也。	《辨伪书目》
434	《诗说》一卷	旧题申培撰	《四·诗说》：旧题曰"申培撰"。亦明丰坊伪作也。	《辨伪书目》

编号	书名	作者	考辨要言	司马朝军《辨伪书目》
435	《诗文原始》一卷	旧题明·李攀龙撰	《四·诗文原始》：此书则自明以来，不闻为攀龙所作，其持论亦不类攀龙语。疑亦曹溶掇拾割裂之书，伪题攀龙名也。	《辨伪书目》
436	《诗序》二卷	旧题子夏撰	《四·诗序》：自子夏以后，毛苌以前，递相授受者只首二句，以下续申之词为毛苌以下弟子所附。	《辨伪书目》
437	《诗学禁脔》一卷	旧题元·范德机撰	《四·诗学禁脔》：凡分十五格，每格选唐诗一篇为式，而逐句解释。其浅陋尤甚，亦必非真本。	《辨伪书目》
438	《诗学事类》二十四卷	旧题明·李攀龙撰	《四·诗学事类》：攀龙其学终有根柢，不应疏芜至此，必托名也。	《辨伪书目》
439	《诗翼》四卷	旧题宋·何无适、倪希程同撰	《四·诗准、诗翼》：疑为明人所伪托。其作伪之迹显然也。	《辨伪书目》
440	《诗准》三卷、《附录》一卷	旧题宋·何无适、倪希程同撰	《四·诗准、诗翼》：疑为明人所伪托。其作伪之迹显然也。	《辨伪书目》
441	《十六策》（《武侯十六策》）一卷	旧题汉·诸葛亮撰	《四·十六策》：此本载《永乐大典》中，尚有伪撰亮序文。今本不载。《四·诸葛丞相集》：其伪与《心书》同。	《辨伪书目》
442	《十六国春秋》一百卷	旧题魏·崔鸿撰	《四·十六国春秋》：实则明嘉兴屠乔孙、项琳之伪本也。	
443	《十翼》		《四·庸言录》：至祖欧阳修、赵汝楳之说，以《周易十翼》为伪书，则尤横矣。	

编号	书名	作者	考辨要言	司马朝军《辨伪书目》
444	《石鼓文》		《四·皇霸文纪》:杨慎之《伪石鼓文》,出于近代。《四·金石古文》:臆补石鼓文,诡称得之李东阳。	《辨伪书目》:标明杨慎撰《石鼓文音释》。(实际上,杨慎该书是在伪造《石鼓文》的基础上做成的。)
445	《石经大学》(《古本大学》)二卷	旧题魏正始时刻	《四·古易世学》:丰坊伪作。	
446	《石屏新语》二卷	旧题宋·戴复古撰	《四·石屏新语》:当是后人依托其名,抄撮成帙也。	《辨伪书目》
447	《石室秘箓》六卷	清·陈士铎撰	《四·石室秘箓》:是书托名岐伯所传,张机、华佗等所发明,雷公所增补。方术家固多依托,然未有怪妄至此者,亦拙于作伪矣。	《辨伪书目》
448	《时物典汇》二卷	旧题明·李日华撰	《四·时物典汇》:杂剽类书故实,饾饤成帙,舛谬百出。卷首题鲁重民补订,钱蔚起校正,或即二人所托名欤。	《辨伪书目》
449	《拾遗记》十卷	晋·王嘉撰	《四·拾遗记》:旧本系之晋代称晋人者,非也。	
450	《世史积疑》二卷	旧题元·李士实撰	《四·世史积疑》:前有自序,称至正七年壬申三月朔书。其为明李士实所撰无疑。此必在当时以士实为党逆叛臣,嫌于私存其著作,故改窜纪年以掩其迹。	《辨伪书目》

续表

编号	书名	作者	考辨要言	司马朝军《辨伪书目》
451	《世说新语补》四卷	旧题明·何良俊撰补,明·王世贞删定	《四·世说新语补》:凌濛初取明何良俊《语林》书,别立此名,托之明王世贞。然章绂序疑亦出书贾依托。《四·兰畹居清言》按语:本何良俊《语林》之文,坊本托名于王世贞。	《辨伪书目》
452	《试笔》一卷、宋苏辙、宋苏轼二《跋》	旧题宋·欧阳修撰	《四·试笔》:盖杂集其手书墨迹,录而成编,似非赝作。惟宋苏轼一跋,凡猥殊甚,决非轼语,或刊是书者所依托欤?	《辨伪书目》
453	《释宫》一卷	旧题宋·朱子撰	《四·释宫》:原载《晦庵大全集》中,此其别行之本也。然实李如作,编集者误入。	《辨伪书目》
454	《书记洞诠》一百十六卷	明·梅鼎祚编	《四·书记洞诠》:而真赝并收,殊少甄别。	《辨伪书目》
455	《书序》		《四·书类小序》:《小序》之依托,《五行传》之附会,久论定矣。	《辨伪书目》
456	《术数记遗》一卷	旧题汉·徐岳撰,北周·甄鸾注	《四·术数记遗》:此必当时购求古算,好事者因托为之,而嫁名于岳耳。然流传既久,学者或以古本为疑,故仍录存之,而详斥其伪,以祛后人之惑焉。	《辨伪书目》:误作《数术记遗》
457	《述异记》二卷	旧题梁·任昉撰	《四·述异记》:其书文颇冗杂,大抵剽掇诸小说而成。其为后人依托,盖无疑义。	《辨伪书目》
458	《述异记》三卷	旧题东轩主人撰,不著名氏	《四·述异记》:所记皆顺治末年康熙初年之事,多陈神怪,亦间及奇器,观其述江村杂记一条,其人尚在高士奇后也。	

编号	书名	作者	考辨要言	司马朝军《辨伪书目》
459	《双峰存稿》六卷	旧题宋·进士舒邦佐平叔撰	《四·双峰存稿》：其为摭轼诗赝作，痕迹显然。知其出于唐寅之后，是殆近时之所为耳。	《辨伪书目》
460	《水经》	旧题汉·桑钦著	《四·水经注》：决非汉时桑钦作。作者大抵三国时人。	
461	《水牛经》三卷	旧题唐·造父撰	《四·水牛经》：但其词俚陋。盖方技家闻古有善御之造父，误以为唐人而托之也。	《辨伪书目》
462	《司空表圣文集》十卷	唐·司空图撰	《四·司空表圣文集》：其为伪撰，益明矣。	《辨伪书目》
463	《司马法》一卷	旧题齐·司马穰苴撰	《四·司马法》：则是书乃齐国诸臣所追辑。以为穰苴之所自撰者，非也。	《辨伪书目》
464	《四六膏馥》七卷	旧题宋·杨万里撰	《四·四六膏馥》：万里一代词宗，谬陋不应至此，此必坊贾托名耳。	《辨伪书目》
465	《四六金针》一卷	清·陈维崧撰	《四·四六金针》：必非维崧之笔。殆以维崧工于四六，故假其名。	《辨伪书目》
466	《四书第二评》	旧题明·李贽撰	《四·疑耀》：坊间所刻，叶不夜伪撰。	
467	《四书第一评》	旧题明·李贽撰	《四·疑耀》：坊间所刻，叶不夜伪撰。	
468	《四书问目》无卷数	旧题考亭朱元晦先生讲授，门人云庄刘爚、睦堂刘炳述记	《四·四书问目》：书中问答，亦皆粗浅，不类朱子之语。殆皆其后人所依托欤？	《辨伪书目》
469	《松垣集》十一卷	旧题宋·幸元龙撰	《四·松垣集》：殆出依托。	《辨伪书目》

续表

编号	书名	作者	考辨要言	司马朝军《辨伪书目》
470	《宋史全文》三十六卷	不著撰人名氏	《四·宋史全文》:原本题曰《续通鉴长编》,而以李焘《进长编表》冠之于前,其非出焘手明甚。盖本元人所编,而坊贾假托焘名,诡称前宋盛行耳。	《辨伪书目》
471	《宋遗民录》十五卷	明·程敏政撰	《四·宋遗民录》:至谓虞集私侍文宗之妃,说殊妄诞,所引亦自相矛盾。盖文宗时尝下诏书,称顺帝非明宗之子,斥居静江。好事者因造为此言,其荒唐本不待辨。敏政乃从而信之,乖谬甚矣。	《辨伪书目》
472	《搜采异闻集》五卷	旧题宋·永亨撰	《四·搜采异闻集》:皆剽取宋洪迈《容斋随笔》而颠倒其次序。盖明季赝作。	《辨伪书目》
473	《搜神后记》(《续搜神记》、《搜神续记》)十卷	旧题晋·陶潜撰	《四·搜神后记》:剽掇之迹,显然可见。赝撰嫁名,其来已久。	《辨伪书目》
474	《搜神记》二十卷	旧题晋·干宝撰	《四·搜神记》:非六朝人不能作,与他伪书不同。捃拾而成。	《辨伪书目》
475	《苏评孟子》二卷	旧题宋·苏洵评	《四·苏评孟子》:此为康熙三十三年本。已非孙绪所见之本,是伪中益伪。	《辨伪书目》
476	《肃雝集》一卷	旧题元·女子郑允端撰	《四·肃雝集》:殆允端原有诗集,岁久散佚。而其后人赝撰刊行。	《辨伪书目》
477	《素书》(《黄石公素书》)一卷	旧题黄石公撰,宋·张商英注	《四·素书》:以是核之,其即为商英所伪撰明矣。	《辨伪书目》
478	《隋遗录》		《四·隋文纪》:出于依托。	

续表

编号	书名	作者	考辨要言	司马朝军《辨伪书目》
479	《岁华纪丽》四卷	旧题唐·韩鄂撰	《四·岁华纪丽》:伪作。	《辨伪书目》
480	《孙奭孟子疏》(《十三经·孟子疏》)十四卷	旧题宋·孙奭撰	《四·孟子正义》:其不出奭手,确然可信。其《疏》皆敷衍语气,如乡塾讲章。《四·孟子音义》:其《孟子音义序》文前半,与世传《孟子正义序》同。盖《正义》伪《序》,即缘此《序》而点窜也。	《辨伪书目》
481	《孙子》一卷	周·孙武撰	《四·孙子》:则确为武所自著,非后人嫁名于武也。	《辨伪书目》
482	《孙子算经》三卷	旧题孙武撰	《四·孙子算经》:《隋书·经籍志》有《孙子算经》二卷,不著其名,亦不著其时代。朱彝尊以为确出于孙武。今考书内有后汉明帝以后人语。孙武春秋末人,安有是语乎?	《辨伪书目》
483	《太公兵法》一卷		《四·太公兵法》:案此书首列天阵、地阵、人阵之名,其说出于《六韬》。而风、云、日、星等占皆以七言诗句为歌诀,辞甚鄙俚。其伪托不待辨也。	《辨伪书目》
484	《太平金镜策》八卷	元·赵天麟撰	《四·太平金镜策》:坊贾射利之本。卷首《进表》一篇,殆诡题以炫俗目耳。	《辨伪书目》
485	《太平清话》四卷	明·陈继儒撰	《四·太平清话》:殊不能知其伪也。	
486	《太清神鉴》六卷	旧题后周·王朴撰	《四·太清神鉴》:其为依托无疑。	《辨伪书目》

编号	书名	作者	考辨要言	司马朝军《辨伪书目》
487	《太素脉法》一卷	旧题空峒仙翁	《四·太素脉法》:原序称唐末有樵者于崆峒山石函得此书,凡上下二卷,云仙人所遗。其说荒诞,盖术者所依托。此本只一卷,或经合并,或佚其下卷也。此本所载皆七言歌括,至为鄙浅,未必即领中之素书,殆方技之流又从而依托也。	《辨伪书目》
488	《太乙遁甲专征赋》一卷	不著撰人名氏	《四·太乙遁甲专征赋》:或即明员卓书,或后人所拟作。	
489	《谈薮》一卷	旧题宋·庞元英撰	《四·谈薮》:其伪殆不足攻。殆书贾抄合旧文,诡立新目,售伪于藏书之家者。	《辨伪书目》
490	《谭藏用诗集》一卷、《集外诗》一卷	旧题唐·谭用之撰	《四·谭藏用诗集》:其子孙剽他人所作,搀杂其间,以足卷帙,故抵牾如是欤。	《辨伪书目》
491	《唐阙史》二卷	旧题唐·高彦休撰	《四·唐阙史》:今止上、下二卷,似从他书抄撮而成,非其原本。《序》或后人并追改?	
492	《唐人韵入声表》(《韵学通指》载)		《四·韵学通指》:毛先舒标曰《唐人韵入声表》,则不但考之不详,并依托古人,如郭正域之沈约《韵经》矣。	
493	《唐诗广选》七卷	明·凌宏宪编	《四·唐诗广选》:凌宏宪病《唐诗选》无评点,乃杂撮诸家之评,缀于简端,改题此名。盖坊刻翻新之技耳。	
494	《唐诗十集》	旧题清·王士祯撰	《四·十种唐诗选》:然则是书未出以前,先有伪本矣。今伪本已不传,盖辨之早也。	

编号	书名	作者	考辨要言	司马朝军《辨伪书目》
495	《唐诗选》七卷	旧题明·李攀龙编，唐汝询注，蒋一葵直解	《四·唐诗选》：攀龙所选历代之诗，本名《诗删》，此乃摘其所选唐诗。汝询亦自有《唐诗解》。此乃割取其注，皆坊贾所为。疑蒋一葵之直解亦托名矣，然至今盛行乡塾间，亦可异也。《四·唐诗广选》：坊间割裂李攀龙《诗删》，别题《唐诗选》。	
496	《唐子西文录》一卷	旧题宋·强行父撰	《四·唐子西文录》：凡三十五条，皆述所闻唐庚论文之语。殆好事者依托为之。剽剟之迹显然。	《辨伪书目》
497	《棠湖诗稿》一卷	旧题宋·岳珂撰	《四·棠湖诗稿》：疑鹗及符、曾等七人尝合作《南宋杂事诗》，而其《北宋杂事诗》则未及成书。或遗稿偶存，好事者嫁名于珂耶。	《辨伪书目》
498	《天池秘集》十二卷	旧题明·徐渭编，武林孙一观校	《四·天池秘集》：盖即孙一观所辑，伪托于渭也。	《辨伪书目》
499	《天机素书》四卷	旧题唐·丘延翰撰	《四·天机素书》：是书尤词旨猥鄙，不类唐以前书。大抵明代地师因景鸾之说所为，又非宋人相传之本矣。	《辨伪书目》
500	《天禄阁外史》八卷	旧题汉·黄宪撰	《四·天禄阁外史》：前有晋谢安、唐田宏、陆贽题词。每篇又有宋韩洎赞，而冠以王鏊之序。词旨凡鄙，显出一手。此书出王逢年，明人已早言之。而流传之本仍题黄宪，殆不可解。	《辨伪书目》

编号	书名	作者	考辨要言	司马朝军《辨伪书目》
501	《天文鬼料窍》无卷数	不著撰人名氏	《四·天文鬼料窍》:钱曾《读书敏求记》著录有《天文机要鬼料窍》十卷。此本所载已非钱曾之所见。此不知何人所改,而仍冒原名耳。	《辨伪书目》
502	《天文秘略》无卷数	旧题新安胡氏撰,不著名字	《四·天文秘略》:前有刘基序,当为元末、明初之人。然词旨肤浅,《基集》亦不载,殆妄人所依托也。	《辨伪书目》
503	《天文主管》一卷	首题明·武亢重行校正	《四·天文主管》:疑其出于托名,故时代舛异也。	《辨伪书目》
504	《天乙》三篇		《四·御制日知荟说》:三代以前,帝王训诫多散见诸子百家中,真赝相参,不尽可据。《汉书》所载黄帝以下诸目,班固已注为依托,亦不足凭。	
505	《天隐子》佚名	前有唐·司马承祯序	《四·玄真子》:司马承祯何必托名为此书也。	
506	《天玉经内传》三卷、《外编》一卷	旧题唐·杨筠松撰	《四·天玉经内传》:其为筠松所撰与否,更在影响之间矣。特其流传稍远,词旨亦颇有义意,故言理气者至今宗之,其真伪可置勿论也。	《辨伪书目》
507	《通鉴答问》五卷	宋·王应麟撰	《四·通鉴答问》:与应麟所著他书殊不相类,其真赝盖不可知。或伯厚孙刻《玉海》时伪作此编,以附其祖于道学欤?	《辨伪书目》
508	《王鲁公诗抄》一卷	元·王士熙撰	《四·王鲁公诗抄》:疑即书贾从《元诗选》抄出,伪为旧本射利耳。	《辨伪书目》

续表

编号	书名	作者	考辨要言	司马朝军《辨伪书目》
509	《纬略类编》三十五卷	不著撰人名氏	《四·纬略类编》:其书皆取明杨慎《丹铅》抄合成编,是伪书中之最拙者。盖奸黠书贾苟且渔利之所为。	《辨伪书目》
510	《卫济宝书》二卷	旧题东轩居士撰,不著名氏	《四·卫济宝书》:当时坊本售名欺世之陋习,不足信也。	《辨伪书目》
511	《尉缭子》五卷	周·尉缭撰	《四·尉缭子》:今杂家《尉缭》亡而兵家《尉缭》独传。今所传非完本。	《辨伪书目》
512	《文选类林》十八卷	旧题宋·刘攽撰	《四·文选类林》:刘攽兄弟未必为此饾饤之学,疑亦南宋时业词科者所依托也。	《辨伪书目》
513	《文选双字类要》三卷	旧题宋·苏易简撰	《四·文选双字类要》:易简名臣,不应荒陋至此。疑其时科举之徒辑为此书,托易简之名以行也。	《辨伪书目》
514	《文章缘起》一卷	旧题梁·任昉撰	《四·文章缘起》:疑为依托。并书末洪适《跋》亦疑从《盘洲集》中抄入。	《辨伪书目》
515	《文章指南》五卷	旧题明·归有光编	《四·文章指南》:然此实抄本,非其原刻。盖乡塾教授之本,殊不类有光之所为。则此晚出选本不足为信,更不待深诘矣。	《辨伪书目》
516	《文子》(《通玄真经》)十二卷		《四·文子》:文子,周平王时人,师老子,作《文子》十二卷。辛计然,名文子,与范蠡同时。是截然两人两书,更无疑义。其书不出一手。	《辨伪书目》
517	《卧游录》一卷	旧题宋·吕祖谦撰	《四·卧游录》:其言参差不伦,了无取义,祖谦必不如是之陋。殆明人依托也。	《辨伪书目》

编号	书名	作者	考辨要言	司马朝军《辨伪书目》
518	《握奇经》(《握机经》一作《幄机经》)一卷	旧题风后撰,汉·公孙弘解,晋·马隆述赞	《四·握奇经》:其依托更不待辨矣。	《辨伪书目》
519	《乌台诗案》一卷	旧题宋·朋九万编	《四·乌台诗案》:或后人撮拾仔(胡仔)之所录,稍傅益之,追题朋九万名,以合于振孙之所录,非九万本书欤?	《辨伪书目》
520	《无上秘要》一卷	不著撰人名氏	《四·无上秘要》:或后人袭原书之名,剿他书以成编也。	
521	《吴地记》一卷	旧题唐·陆广微撰	《四·吴地记》:此书不出广微,更无疑义。殆原书散佚,后人采掇成编,又窜入他说以足卷帙,故讹异若是耶!	
522	《吴公教子书》(《天玉经外传》)一卷	旧题宋·吴克诚撰,其子景鸾续成之	《四·青囊奥语》:明人伪造。《四·天玉经外传》:断为明人赝作无疑。伪托之迹尤显然也。	《辨伪书目》
523	《吴子》一卷	周·吴起撰	《四·吴子》:亦如孙武之八十二篇出于附益,非其本书,世不传也。	《辨伪书目》
524	《吴尊师传》一篇(《宗玄集》载)	题权德兴撰	《四·宗玄集》:此《传》殆出于依托。	《辨伪书目》:题唐吴筠《宗玄集》
525	《五车霏玉》三十四卷	明·吴昭明撰,汪道昆增订	《四·五车霏玉》:盖兔园册子之最陋者。道昆虽陋,尚未必是,疑坊刻托名也。	《辨伪书目》
526	《五侯鲭字海》二十卷	不著撰人名氏,题汤海若订正	《四·五侯鲭字海》:考汤显祖号曰若士,亦曰海若。显祖犹当日胜流,何至于此?盖明末坊贾所依托也。	《辨伪书目》

编号	书名	作者	考辨要言	司马朝军《辨伪书目》
527	《五经纂注》五卷	旧题明·钟惺纂注	《四·五经纂注》:有惺《自序》。惺似不谬陋至此,或亦书贾所托名欤?	《辨伪书目》
528	《五星休咎赋》一篇	题唐·李淳风撰	《四·天文主管》:其词亦不类唐人。	
529	《武备新书》十四卷	旧题明·戚继光撰	《四·武备新书》:必非继光手著矣。首有四明谢三宾订正字,当即三宾所损益,改此名也。	《辨伪书目》
530	《勿轩集》序	元·许衡撰	《四·勿轩集》:前有元许衡《序》,年月错谬,依托显然。盖其后人伪撰此文,借名炫俗。	
531	《务成子》十一篇		《四·御制日知荟说》:三代以前,帝王训诫多散见诸子百家中,真赝相参,不尽可据。《汉书》所载黄帝以下诸目,班固已注为依托,亦不足凭。	
532	《物类相感志》十八卷	旧题东坡先生撰,又题僧赞宁编次	《四·物类相感志》:其为不通坊贾伪撰售欺审矣。	《辨伪书目》
533	《物类相感志》一卷	旧题宋·苏轼撰	《四·物类相感志》:伪,疑十八卷之本即因此本而衍。	《辨伪书目》
534	《西京杂记》六卷	旧题晋·葛洪撰	《四·西京杂记》:以为葛洪作,自属舛误。也不类刘歆语。庾信以为吴均作,也别无他证。今姑从原跋,兼题刘歆、葛洪姓名。	《辨伪书目》
535	《西山群仙会真记》五卷	旧题华阳真人施肩吾撰	《四·西山群仙会真记》:殆金、元间道流所依托也。犹道书之不甚荒唐者。	《辨伪书目》

编号	书名	作者	考辨要言	司马朝军《辨伪书目》
536	《溪堂词·花心动》一阕（《溪堂词》载）	旧题宋·谢逸撰	《四·溪堂词》：其为赝作，盖无疑义。晋刊此集，削而不载，特为有见。今亦不复补入，庶免鱼目之混焉。	《辨伪书目》：题《溪堂词》
537	《溪堂丽宿集》无卷数	无撰人	《四·溪堂丽宿集》：无著时代、无序跋目录，盖庸陋书贾抄合说部，伪立名目以售欺。	《辨伪书目》
538	《溪行中秋玩月》一篇（《圭逢集》载）	题元·卢琦撰	《四·圭峰集》：元卢琦撰。元陈诚中所编，明朱一龙、董应举序而刻之。至于萨都拉（剌）《溪行中秋玩月》一篇，《自序》称"余乃萨氏子"云云，班班可考。此集乃改题曰"儒有萨氏子"，《序》末又删其年月一句。尤为显然作伪。不得谓之误收。	《辨伪书目》：题《圭峰集》，并笼统地注明"原本多窜入他作"
539	《相掌金龟卦》一卷	旧题鬼谷子撰	《四·相掌金龟卦》：盖俚俗猥鄙之谈，托之古人也。	《辨伪书目》
540	《湘烟录》	明·闵元京、凌义渠编	《四·湘烟录》：意在标举幽异，而不免于剽窃类书，不言真伪。	
541	《小尔雅》一卷	旧题汉·孔鲋撰	《四·小尔雅》：《汉书·艺文志》有《小尔雅》一篇，无撰人名氏。其书久佚。今所传本则《孔丛子》第十一篇抄出别行者也。以为孔子古文，殆循名而失之。	
542	《小名录》二卷	唐·陆龟蒙撰	《四·小名录》：或原本散佚，后人以意补缀，托之龟蒙欤。龟蒙此编，虽未能信其必真，亦无以断其必伪。	《辨伪书目》

续表

编号	书名	作者	考辨要言	司马朝军《辨伪书目》
543	《笑海丛珠》一卷	旧题唐·陆龟蒙撰	《四·笑海丛珠》:然书中有宋苏轼、黄庭坚、僧了元及党进事,龟蒙生于唐末,何得预知? 其为安人依托可知矣。	《辨伪书目》
544	《斜川集》十卷	旧题宋·苏过撰	《四·斜川集》:伪以宋版炫俗。案刘过《龙洲集》中所载之诗,与此尽同。盖作伪者因二人同名为过,而抄出冒题为《斜川集》,刊以渔利耳。	《辨伪书目》
545	《谐史》一卷	旧题宋·沈俶撰	《四·谐史》:疑亦后人杂抄成编也。	《辨伪书目》
546	《心诀》	旧题汉·诸葛亮撰	《四·将苑》:明焦竑《经籍志》载,益为依托。	
547	《心史》(《铁函心史》)七卷	旧题宋·郑思肖撰	《四·心史》:徐乾学以为海盐姚士粦所伪托,其言必有所据也。	《辨伪书目》
548	《心书》一卷	旧题汉·诸葛亮撰	《四·心书》:陶宗仪《说郛》作《新书》。明弘治间,关西刘让锓之于木,始改名《心书》。盖安人所伪作。	《辨伪书目》在"心书"条注明是伪书。另在"诸葛丞相集"条又注明"《心书》显然伪托"。
549	《欣赏编》无卷数	不著撰人名氏	《四·欣赏编》:由《说郛》等剽窃变乱而来。	
550	《新都县真多山铭》(《文章辨体汇选》载)	旧题三国·张飞撰	《四·文章辨体汇选》:而后人拟仿伪撰之作。	《辨伪书目》:题《文章辨体汇选》

编号	书名	作者	考辨要言	司马朝军《辨伪书目》
551	《新书》十卷	汉·贾谊撰	《四·新书》:然今本已非北宋本之旧。其书不全真,亦不全伪。	《辨伪书目》
552	《新语》二卷	旧题汉·陆贾撰	《四·新语》:其殆后人依托,非贾原本欤?其伪犹在唐前。流传既久,其真其赝,存而不论可矣。	《辨伪书目》
553	《星经》(《甘石星经》)二卷	旧题甘公、石申撰,或不著撰人名氏	《四·星经》:必非秦、汉间书也。所载星象,今亦残阙不全,不足以备考验。	《辨伪书目》
554	《星命溯源》五卷	不著编辑者名氏	《四·星命溯源》:是编以五星推命之学依托于果,术家务神其说而已。	《辨伪书目》
555	《星命总括》三卷	旧题辽·耶律纯撰	《四·星命总括》:殆亦出于依托。	《辨伪书目》
556	《星象考》一卷	旧题宋·邹淮撰	《四·星象考》:今此书仅四页,似从《天文考异》中录出,而别题此名。殆书贾所伪托也。	
557	《刑法叙略》一卷	旧题宋·刘筠撰	《四·刑法叙略》:今考其文,即《册府元龟》刑法一门之总叙也。《四·续刑法叙略》:曹溶《学海类编》取《册府元龟》中叙文伪题为刘筠《刑法叙略》。	《辨伪书目》
558	《杏坛歌》(《东家杂记》载)	旧题孔子作	《四·东家杂记》:此歌伪妄,不辨而明。	《辨伪书目》:标《东家杂记》名,未标歌名。

续表

编号	书名	作者	考辨要言	司马朝军《辨伪书目》
559	《姓氏谱纂》七卷	旧题明·李日华撰	《四·姓氏谱纂》:殆出伪托。虽日华以书画擅名,不长于考证,亦不应谬陋至此也。	《辨伪书目》
560	《性理标题汇要》二十二卷	旧本亦题明·詹淮、陈仁锡同编	《四·性理标题汇要》:核检其文,与《性理综要》相同。盖坊贾以原刻习见,改新名以求速售,非两书也。	
561	《性理字训》一卷	旧题宋·程端蒙撰	《四·性理字训》:村塾学究所托名也。	《辨伪书目》
562	《性理综要》二十二卷	旧题明·詹淮辑,陈仁锡订正	《四·性理综要》:则是书为庸俗坊本决矣。大抵为场屋剽窃之用,于性理本旨实无所关也。	
563	《修龄要指》一卷	旧题明·冷谦撰	《四·修龄要指》:此本载曹溶《学海类编》中。所言皆养生调摄之事,如十六段锦、八段锦之类,汇辑成编。疑亦依托。	《辨伪书目》
564	《修攘通考》四卷	明·何镗编	《四·修攘通考》:恐镗之陋未必至是,或坊贾所托欤?	
565	《袖中锦》一卷	旧题宋·太平老人撰,不著名氏	《四·袖中锦》:其书杂抄说部之文,漫无条理,命名亦不雅驯。盖书贾所依托。	《辨伪书目》
566	《续古今考》九卷	旧题金·元好问撰	《四·续古今考》:前有永乐四年解缙序,词意凡鄙,不类缙文。此书直近时人所为。本可不著于录,以其托名古人,故存而辨之,不使售欺焉。	《辨伪书目》
567	《续画品》一卷	旧题陈·姚最撰	《四·续画品》:是书决不出一手,盖皆后人所益也。也非唐以后人所能依托也。	《辨伪书目》:误作《读画品》

编号	书名	作者	考辨要言	司马朝军《辨伪书目》
568	《续画品录》一卷	旧题唐·李嗣真撰	《四·续画品录》:恐嗣真原本已佚,明人剽姚最之书,稍为附益,伪托于嗣真耳。	《辨伪书目》
569	《续齐谐记》一卷	梁·吴均撰	《四·续齐谐记》:《唐·艺文志》作吴筠。《唐志》盖传写之讹。岂原书久佚,后人于《太平广记》诸书内抄合成编,故偶有遗漏欤。	
570	《续世说》(《南北史续世说》、《续世说新语》)十卷	旧题唐·陇西李垔撰	《四·续世说》:依托为之,诡言宋本。其序中所设之疑,亦欲盖而弥彰也。	《辨伪书目》
571	《续宋编年资治通鉴》十八卷	旧题宋·李焘撰	《四·续宋编年资治通鉴》:盖亦当时麻沙坊本,因焘有《续通鉴长编》,托其名以售欺也。	《辨伪书目》
572	《续刑法叙略》一卷	旧题清·谭瑄撰	《四·续刑法叙略》:然筠书既伪,续者可知。又不知掇何类书数页,赝题此名耳。	《辨伪书目》 脱"瑄"字
573	《续越绝书》	旧题汉·吴平撰	《四·越绝书》:别有《续越绝书》二卷,其伪妄亦不待辨。	《辨伪书目》
574	《宣和集古印史》八卷	明·来行学刊	《四·宣和集古印史》:自序称耕于石箐山畔,得于桐棺。其为依托,显然明白。	《辨伪书目》
575	《宣和论画杂评》一卷。	题宋徽宗皇帝御撰	《四·宣和论画杂评》:即《宣和画谱》中诸论也。明人丛书,往往如是,亦拙于作伪矣。	《辨伪书目》
576	《元包》五卷	北周·卫元嵩撰,唐·苏源明传,李江注,宋·韦汉卿释音	《四·元包》:明王世贞疑为依托,似非无见。	《辨伪书目》

编号	书名	作者	考辨要言	司马朝军《辨伪书目》
577	《玄女经》一卷	旧题黄帝传	《四·玄女经》:盖术数家依托所为。	《辨伪书目》
578	《玄珠密语》十七卷	旧题唐·王冰撰	《四·玄珠密语》:宋时已知其伪。此本则后人更有所附益,又非明初之本矣。	《辨伪书目》
579	《璇玑图诗序》(《织锦回文诗序》)	旧题唐·武则天序	(苻坚时,秦州刺史窦滔,有罪徙流沙。其妻苏蕙织锦为回文旋图诗以赠。苏蕙织锦回文,古今传为佳话。齐、梁之际,尚未见其图。传唐武则天为序。)《四·璇玑图诗读法》:图及诗实有,今不传。而《序》文与史书记载,全然乖异。又其文萎弱,亦不类初唐文体,疑后人依托。	
580	《薛文清年谱》一卷	旧题明·杨鹤撰	《四·薛文清年谱》:然则此本虽题鹤名,实出嗣昌手耳。	《辨伪书目》
581	《学海类编》无卷数	旧题清·曹溶编	《四·学海类编》:为书四百二十二种。而真本仅十之一,伪本乃十之九。或无赖书贾以溶家富图籍,遂托名于溶欤?	《辨伪书目》
582	《学问要编》六卷	元·刘君贤撰	《四·学问要编》:毋乃后人伪托,抑或有所窜乱欤。	《辨伪书目》
583	《训子诗》	旧题宋·朱子撰	《四·近思录集解》:其诗浅俗,决非朱子所为也。	《辨伪书目》
584	《岩下放言》	宋·叶梦得	《四·岩下放言》:剽宋叶梦得《岩下放言》而作。《四·蒙斋笔谈》:今考其书,乃全录宋叶梦得《岩下放言》之文,但删其十分之三四,而颠倒其次序。商浚盖误刻伪本。	《辨伪书目》:《蒙斋笔谈》剽此而作。

续表

编号	书名	作者	考辨要言	司马朝军《辨伪书目》
585	《研几图》一卷	旧题宋·王柏撰	《四·研几图》:即真出于柏,亦无足采,更无论其伪撰也。	《辨伪书目》
586	《盐法考略》一卷	旧本皆题明·丘浚撰	《四·盐法考略、钱法纂要》:本系丘浚《大学衍义补》中之一篇也。犹之乎作伪也。	
587	《俨山外纪》一卷	旧题明·陆深撰	《四·俨山外纪》:曹溶于深《俨山堂外集》之中随意摘录数十条,改题此名,非深自著之书也。	《辨伪书目》
588	《演禽图诀》无卷数	旧题明·刘基撰	《四·演禽图诀》:近代所依托也。	《辨伪书目》
589	《晏子春秋》八卷 ·	旧题齐·晏婴	《四·晏子春秋》:题为婴者,依托也。则妄人又有所窜入,非原本矣。	《辨伪书目》
590	《燕丹子》三卷	不著撰人名氏	《四·燕丹子》:其文实割裂诸书燕丹、荆轲事杂缀而成,其可信者已见《史记》,其他多鄙诞不可信,殊无足采。	《辨伪书目》
591	《燕几图》一卷	旧题宋·黄伯思撰	《四·燕几图》:殆后人所依托也。	《辨伪书目》
592	《阳虚石室仓颉文》		《四·金石古文》:显然伪撰,人所共知。	
593	《养疴漫笔》附录	宋·赵溍	《四·养疴漫笔》:书贾从说部录出,托为旧本者也。	《辨伪书目》:标《养疴漫笔》
594	《野服考》一卷	宋·方凤撰	《四·野服考》:殆自托于宋之逸民,故作此以见志欤。	
595	《伊川粹言·张栻序》	旧题宋·张栻撰	《四·伊川粹言》:恐非张栻作。	《辨伪书目》:直接标《伊川粹言》

续表

编号	书名	作者	考辨要言	司马朝军《辨伪书目》
596	《仪礼》(《士礼》)十七篇	旧题周·姬旦撰	《四·仪礼》:以为真。	《辨伪书目》
597	《疑耀》七卷	旧题明·李贽撰	《四·疑耀》:张萱撰,托名李贽。	《辨伪书目》
598	《乙巳占略例》十五卷	旧题唐·李淳风撰	《四·乙巳占略例》:明以前无此书。其非淳风所作甚明。书中援引亦多庞杂无绪,疑后人取《开元占经》与《乙巳占》之文参互成书,而别题此名,托之淳风也。	《辨伪书目》
599	《艺圃蒐奇》十八卷、《补阙》二卷	旧题明·徐一夔编	《四·艺圃蒐奇》:其为近时所赝托,不问可知矣。	《辨伪书目》
600	《艺苑雌黄》十卷	旧题宋·严有翼撰	《四·艺苑雌黄》:盖有翼原书已亡,好事者撺拾《渔隐丛话》所引,以伪托旧本。而不能取足卷数,则别攘《韵语阳秋》以附益之。	《辨伪书目》
601	《艺祖受禅录》一卷	旧题宋·赵普、曹彬同撰	《四·艺祖受禅录》:后人依托,托名于赵曹二人。	《辨伪书目》
602	《异物汇苑》五卷	旧题明·王世贞撰	《四·异物汇苑》:世贞著述,抵牾失实或有之,亦何至陋劣如此乎? 其伪不待问矣。	《辨伪书目》
603	《易经渊旨》	旧题明·归有光撰	《四·易经渊旨》:旧题"吴郡归有光撰"。真伪盖莫可知也。	《辨伪书目》
604	《易术钩隐图》序,一篇	旧题宋·欧阳修撰	《四·易数钩隐图》:以吴澄、俞琰所言为是。抄入四库时删去"欧阳修序"不存。	
605	《易纬辨终备》又作《辨中备》一卷		《四·易纬小序》:依托圣人,其书先佚而后人杂取他纬以成之者,亦未可定也。	《辨伪书目》:疑伪

续表

编号	书名	作者	考辨要言	司马朝军《辨伪书目》
606	《易纬稽览图》二卷		《四·易纬小序》:共收录7种《易纬》,谶纬书依托圣人,以神其说。	《辨伪书目》:《总目》不以为伪
607	《易纬坤灵图》一卷		《四·易纬小序》:共收录7种《易纬》,谶纬书依托圣人,以神其说。	
608	《易纬乾元序制记》一卷		《四·易纬乾元序制记》:疑本古纬所无,而后人于各纬中分析以成此书者,当亦唐宋间人所妄题耳。	《辨伪书目》
609	《易纬通卦验》二卷		《四·易纬小序》:共收录7种《易纬》,谶纬书依托圣人,以神其说。	
610	《易序丛书》十卷	旧题宋·赵汝楳	《四·易序丛书》:旧题"宋赵汝楳撰"。疑明人好事者偶得其残本,不知完帙尚存,杂抄他书以足十卷之数也。	《辨伪书目》
611	《易牙遗意》二卷	旧题元·韩奕撰	《四·易牙遗意》:或好事者伪撰,托名于奕耶?	《辨伪书目》
612	《易衍》二卷	旧题汉·东方朔撰	《四·易衍》:而其歌括皆作七言律诗,则伪妄不待辨也。	《辨伪书目》
613	《逸周书》(《汲冢周书》)十卷七十一篇	旧以为孔子删《书》之余	《四·逸周书》:不出汲冢。斯定论矣。则春秋时已有之。特战国以后又辗转附益,故其言驳杂耳。	《辨伪书目》
614	《阴符经》及《阴符经解》	旧题黄帝撰,太公、范蠡、鬼谷子、张良、诸葛亮、李筌六家注	《四·阴符经讲义》:《阴符》三百八十四字,本唐李筌自撰而自注之。	《辨伪书目》:余嘉锡认为决非李筌伪托。王明认为出于北朝一隐者

编号	书名	作者	考辨要言	司马朝军《辨伪书目》
615	《阴符经三皇玉诀》三卷	旧题黄帝撰	《四·阴符经三皇玉诀》:黄帝序,文尤谬陋。盖粗知字义道士所为也。其伪亦久矣。	《辨伪书目》
616	《吟窗杂录》五十卷	旧题状元陈应行编	《四·吟窗杂录》:盖伪书也。收录诸家之书,如李峤、王昌龄、皎然、贾岛、齐己、白居易、李商隐,诸家之书,率出依托,鄙倍如出一手。开卷《魏文帝诗格》一卷,尤不足排斥。	《辨伪书目》
617	《银海精微》二卷	旧题唐·孙思邈撰	《四·银海精微》:其为宋以后书明矣。率依托。	《辨伪书目》
618	《尹文子》一篇	周·尹文撰	《四·尹文子》:非伪。	
619	《尹文子》仲长氏序	旧以为魏·仲长氏撰	《四·尹文子》:山阳仲长氏不知为谁。或以为仲长统,非也,公武因此而疑史误,未免附会矣。	
620	《墉城集仙录》六卷	蜀杜光庭撰	《四·墉城集仙录》:此本为后人杂摭他书砌合成编。荒唐悠谬之谈,真伪亦无足深辩。	《辨伪书目》
621	《幽居录》三卷	不著撰人名氏	《四·幽居录》:全载今本周密《齐东野语》中,无一字异同,惟次第稍异。盖书肆所伪托也。	
622	《又玄集》	旧题唐·韦庄撰	《四·十种唐诗选》:原书已佚,今所传者乃赝本。	《辨伪书目》
623	《孙可之集》十卷	唐·孙樵撰	《四·孙可之集》:后十五篇非伪。	《辨伪书目》:后十五篇伪
624	《于陵子》一卷	旧题齐·陈仲子撰	《四·于陵子》:其伪可验。	《辨伪书目》

编号	书名	作者	考辨要言	司马朝军《辨伪书目》
625	《余冬诗话》三卷	旧题明·何孟春撰	《四·余冬诗话》:是书载《学海类编》中。今检其文,实于《孟春余冬序录》中摘其论诗者,诡题此名也。所论多作理语。	
626	《渔樵闲话》二卷	旧题宋·苏轼撰	《四·渔樵闲话》:多引唐小说,议论皆极浅鄙。疑宋时流俗相传有是书,而明人重刻者复假轼以行耳。	《辨伪书目》
627	《虞伯生诗续编》三卷	元·虞集撰	《四·虞伯生诗续编》:此必当时坊贾以集负重名,故掇拾其诗数十篇,梓以射利之本耳。	《辨伪书目》
628	《舆地广记》三十八卷	宋·欧阳忞撰	《四·舆地广记》:此书非触时忌,何必隐名。当以宋陈振孙说为是。	
629	《玉尺经》四卷	旧题元·刘秉忠撰,明·刘基注	《四·玉尺经》:知其晚出,特依托于秉忠。注之伪托,亦不问可知。《四·青囊奥语》:明人伪造。	《辨伪书目》
630	《玉管照神局》三卷	旧题南唐·宋齐丘撰	《四·玉管照神局》:是书专论相术,疑即出其门下客所撰集,而假齐丘名以行世者也。	《辨伪书目》
631	《玉历通政经》二卷	旧题唐·李淳风撰	《四·玉历通政经》:盖南宋人所依托也。即真出淳风,亦无可取,况伪本乎!	《辨伪书目》
632	《玉溪师传录》一卷、《附录》一卷	旧题宋·童伯羽撰	《四·玉溪师传录》:疑掇拾《语类》附益之,非必果出伯羽。	《辨伪书目》

续表

编号	书名	作者	考辨要言	司马朝军《辨伪书目》
633	《玉帐歌》（《彭门玉帐歌》）	不题撰人	《四·六壬兵占》：大抵出自术士伪托，非其本真。	
634	《玉帐经》一卷	旧题唐·李靖	《四·六壬兵占》：大抵出自术士伪托，非其本真。	
635	《玉照定真经》一卷	旧题晋·郭璞撰，张颙注	《四·玉照定真经》：盖晚出依托之本。勘验书中多涉江南方言，疑书与注文均出自张颙一人之手，而假名于璞以行。术家影附，往往如此，不足辨也。	《辨伪书目》
636	《鬻子》一卷	旧题周·鬻熊撰	《四·鬻子》：或唐以来好事之流依仿贾谊所引，撰为赝本，亦未可知。决非三代旧文。	《辨伪书目》
637	《元海运志》一卷	旧题明·危素撰	《四·元海运志》：乃丘浚《大学衍义补》之"海运"一条也。亦不善作伪矣。	
638	《元经》十卷	旧题隋·王通撰	《四·元经》：依托。	《辨伪书目》
639	《元命苞》四卷		《四·易纬小序》：共收录7种《易纬》，谶纬书依托圣人，以神其说。	
640	《月波洞中记》二卷		《四·月波洞中记》：明为不学之徒依托附会，其妄殆不足与辨。	《辨伪书目》
641	《月令七十二候集解》一卷	旧题元·吴澄撰	《四·月令七十二候集解》：疑好事者为之，托名于澄也。	《辨伪书目》
642	《月下偶谈》一卷	旧题宋·俞琬撰	《四·月下偶谈》：今核其文，即琬所著《席上腐谈》中摘录数十条，别题此名耳。	

续表

编号	书名	作者	考辨要言	司马朝军《辨伪书目》
643	《越绝书》十五卷	旧题子贡撰	《四·越绝书》：非子贡作。系后汉初会稽袁康所作，同郡吴平所定也。	《辨伪书目》
644	《云仙杂记》（《云仙散录》）十卷	旧题唐·冯贽撰	《四·云仙杂记》：其为后人依托，未及详考明矣。	《辨伪书目》
645	《韵粹》一百七卷	旧题清·朱彝尊撰	《四·韵粹》：彝尊不应为此饾饤之学。疑为摭拾私记以备词赋之用，后人重其淹博，转相传写，遂渐至于流布耳。	《辨伪书目》
646	《韵经》五卷（《韵书》、《诗韵》）	旧题梁·沈约撰，宋·夏㻞集古，明·杨慎转注，郭正域校	《四·韵经》：沈约撰《四声谱》。唐僖宗时已佚矣。正域何由于数百年后得其故本？其为赝托，殆不足辨。并以朱彝尊所指当为此书。	《辨伪书目》
647	《韵学事类》十二卷	旧题明·李攀龙撰	《四·韵学事类》：庞杂疏陋，亦伪托也。	
648	《韵学渊海》（《新刊增补古今名家韵学渊海大成》）十二卷	旧题明·李攀龙撰，唐顺之校	《四·韵学渊海》：盖取坊间伪托攀龙所著《韵学事类》、《诗学事类》二书合并成编。于伪书之中，又为重儓矣。	《辨伪书目》
649	《再广历子品粹》十二卷	旧题明·汤宾尹编	《四·再广历子品粹》：宾尹虽仅工时文，原非读书稽古之士，亦不荒谬至此，疑或托名欤？	《辨伪书目》
650	《葬经》（《青乌先生葬经》）一卷	题金·兀钦仄注	《四·葬经》：此本文义浅近，经与注如出一手，殆又后人所依托矣。	《辨伪书目》

续表

编号	书名	作者	考辨要言	司马朝军《辨伪书目》
651	《葬书》一卷	旧题晋·郭璞撰	《四·葬书》:书中词意简质,犹术士通文义者所作。必以为出自璞手,则无可征信。或世见璞葬母暨阳,卒远水患,故以是书归之欤。后世言地学者皆以璞为鼻祖。故书虽依托,终不得而废欤。	《辨伪书目》
652	《赠言小集》一卷	不著编辑者名氏	《四·赠言小集》:顾禄与顾瑛同时。殆当时赠禄之作,后人以瑛与同姓,而名为较重,故移掇于瑛,复以伪跋实之耶。	《辨伪书目》
653	《宅经》(《黄帝宅经》)二卷	旧题黄帝撰	《四·宅经》:是书盖依托也。作书之时本不伪称黄帝,特方技之流欲神其说,诡题黄帝作耳。	《辨伪书目》
654	《占风法》	旧题李淳风撰	《四·兵要望江南歌》:伪托。	
655	《战国策注》三十三卷	旧题汉·高诱注	《四·战国策注》:其非诱注,可无庸置辨。其为宏校本无疑。其卷题高诱名者,殆传写所增以赝古书耳。	《辨伪书目》
656	《张邦昌事略》一卷	旧题宋·王称撰	《四·张邦昌事略》:核其文,即《东都事略·僭伪传》也。摘其一卷,别立名目,又改"王偁"为"王称",可谓愈伪愈拙。	
657	《赵飞燕外传》(《赵后外传》、《飞燕外传》)一卷	旧题汉·伶玄撰	《四·赵飞燕外传》:大抵皆出于依托。其伪妄殆不疑也。	《辨伪书目》

编号	书名	作者	考辨要言	司马朝军《辨伪书目》
658	《赵氏铁纲珊瑚》十六卷	旧题明·朱存理撰	《四·赵氏铁纲珊瑚》：是书乃赵琦美得无名氏残稿所编，此书非出存理手愈可知也。其书既为可采，则亦不必问其定出谁氏矣。	《辨伪书目》：误"纲"为"网"
659	《赵仲穆遗稿》一卷	旧题元·赵雍撰	《四·赵仲穆遗稿》：疑好事者依托雍作。	《辨伪书目》
660	《珍珠囊》	旧题张元素撰	《四·珍珠囊指掌补遗药性赋》：伪。	
661	《珍珠囊指掌补遗药性赋》四卷	旧题金·李杲撰	《四·珍珠囊指掌补遗药性赋》：盖庸医至陋之本，而亦托名于杲，妄矣。	《辨伪书目》
662	《真诰》二十卷	梁·陶弘景撰	《四·真诰》：无庸一一辨真伪。	《辨伪书目》
663	《真灵位业图》一卷	旧题梁·陶弘景撰	《四·真灵位业图》：此书杜撰凿空，诞妄殆不足辨。	《辨伪书目》
664	《枕中书》一卷	旧题晋·葛洪撰	《四·枕中书》：一名《元始上真众仙记》，其出后人伪撰无疑也。	《辨伪书目》
665	《拯荒事略》一卷	旧题元·欧阳玄撰	《四·拯荒事略》：此书殆亦托名于玄也。	《辨伪书目》
666	《正蒙释》四卷	旧题明·高攀龙集注，徐必达发明	《四·正蒙释》：则此书为必达所自定，非攀龙之本矣。	《辨伪书目》
667	《正易心法》（《麻衣易》）一卷	旧题宋·麻衣道者撰，又题希夷先生受并消息	《四·正易心法》：是书之伪妄审矣。	《辨伪书目》
668	《正音捃言》四卷	明·王荔撰	《四·正音捃言》：盖乡塾属对之本。首标叶向高选，鹿善继阅，似乎必无其事。其李国楫序，殆亦赝托也。	《辨伪书目》

续表

编号	书名	作者	考辨要言	司马朝军《辨伪书目》
669	《正字通》十二卷	旧题明·张自烈撰,或清·廖文英撰,或张自烈、廖文英同撰	《四·正字通》:此书本自烈作,文英以金购得之,因掩为己有,叙其始末甚详。然其前列国书十二字母,则自烈之时所未有,殆文英续加也。裘君宏《妙贯堂余谈》又称文英殁后,其子售版于连帅刘炳。有海幢寺僧阿字知本为自烈书,为炳言之,炳乃改刻自烈之名。诸本互异,盖以此也。	《辨伪书目》
670	《郑注孝经》一卷	汉·郑玄注	《四·孝经正义》:信而不疑惑。	
671	《政经》一卷	旧题宋·真德秀撰	《四·政经》:好事者依托之也。真伪不可诘,而其言可存。	《辨伪书目》
672	《支离子集》(《竹堂集》)一卷	宋·道士黄希旦撰,宋·道士危必升编	《四·支离子集》:此集殆亦依托矣。	《辨伪书目》
673	《至游子》二卷	不著撰人名氏	《四·至游子》:是书,其亦汝循所托名欤?	《辨伪书目》
674	《志道集》一卷	旧题宋·顾禧撰	《四·志道集》:诗仅三十余首,且多俚句,疑其出于依托也。	《辨伪书目》
675	《志怪集》	旧题宋·张师正撰	《四·东轩笔录》:魏泰伪作假名张师正。	
676	《致身录》一卷	旧题明·史彬撰	《四·逊代阳秋》:采用《致身》,未免误信。	
677	《中华古今注》三卷	旧题后唐·马缟撰	《四·古今注》:不免于剽袭。	《辨伪书目》

编号	书名	作者	考辨要言	司马朝军《辨伪书目》
678	《中说》(《文中子》)十卷	旧题隋·王通撰	《四·中说》:其依托谬妄,伪迹炳然。	《辨伪书目》
679	《中庸合注》一卷	不著撰人名氏	《四·中庸合注》:考其所引,皆明永乐中所修《四书大全》之说。必书贾摘录《大全》,伪托(吴)澄名以售也。	
680	《中原文献》二十四卷	旧题明·焦竑编	《四·中原文献》:焦竑在明人中尚属赅博,何至颠舛如是。殆书贾所伪托也。	《辨伪书目》
681	《忠经》一卷	旧题汉·马融撰,郑玄注	《四·忠经》:为宋代伪书,殆无疑义。然则此书本有撰人,原非赝造;后人诈题马(融)、郑(玄),掩其本名,转使真本变伪耳。乌有所谓《忠经注》哉	《辨伪书目》
682	《终南山说经台历代仙真碑记》一卷	元·道士朱象先编	《四·终南山祖庭仙真内传、终南山说经台历代仙真碑记》:所言多涉神怪。异学之徒,自尊其教,不足与辨真伪也。	
683	《重订古周礼》六卷	明·陈仁锡撰	《四·重订古周礼》:殆庸劣坊贾托名,未必真出仁锡也。	《辨伪书目》误"订"为"校"
684	《周髀算经》二卷		《四·周髀算经》:有与本文已绝不相类,疑后人传说而误入正文者。今据《永乐大典》内所载详加校订。古者九数惟《九章》、《周髀》二书流传最古,讹误亦特甚。然溯委穷源,得其端绪,固术数家之鸿宝也。	《辨伪书目》

续表

编号	书名	作者	考辨要言	司马朝军《辨伪书目》
685	《周礼》	旧题周公撰	《四·周礼注疏》:作于周初,今《周礼》不尽原文,非出依托。	《辨伪书目》
686	《周礼文物大全》无卷数	不著作者	《四·周礼文物大全》:疑坊肆书贾于卢氏《五经图》中摘其《周礼》诸图,而稍稍窜乱之,别为一书以售其欺耳。	《辨伪书目》
687	《周礼注疏合解》十八卷	明·张采撰	《四·周礼注疏合解》:然此书疏浅特甚,岂亦托名耶?	《辨伪书目》
688	《周秦行记》一卷	旧题唐·牛僧孺撰	《四·丹鉛杂著十种》:赞皇之党托名诬奇章(牛僧孺)。	
689	《周天立象赋》一篇	题唐·李淳风撰	《四·天文主管》:其词亦不类唐人。	
690	《周易辑说明解》	旧题宋·冯椅撰	《四库·周易辑说明解》:旧题"宋冯椅撰"。其为伪托,更无疑义。	《辨伪书目》
691	《周易举正》三卷	旧题唐·郭京撰	《四·周易举正》:疑其书出宋人依托,非惟王弼、韩康伯手札不可信,并唐郭京之名亦在有无疑似之间也。	《辨伪书目》
692	《周易乾凿度》二卷	旧题苍颉修,古籀文,郑氏注	《四·易纬小序》:共收录7种《易纬》,谶纬书依托圣人,以神其说。	
693	《周易系辞精义》二卷	宋·吕祖谦撰	《四·周易系辞精义》:托名吕祖谦。	《辨伪书目》
694	《洙泗源流》无卷数	不著撰人名氏	《四·洙泗源流》:前有清钱曾二印,一曰虞山钱曾遵王藏书,一曰雒阳忠孝家。篆刻拙恶,朱色犹新,盖庸陋书贾所赝托也。	

续表

编号	书名	作者	考辨要言	司马朝军《辨伪书目》
695	《诸葛亮集》四卷	旧题汉·诸葛亮撰	《四·诸葛忠武书》:今世所传《诸葛亮集》四卷,由后人采摭而成,文多依托。	
696	《诸子汇函》二十六卷	旧题明·归有光编	《四·诸子汇函》:荒唐鄙诞,莫可究诘。有光亦何至于是也。	《辨伪书目》
697	《竹书纪年》(《古文纪年》、《汲冢纪年》)二卷		《四·竹书纪年》:其伪则终不可掩也。是即明人作伪,非汲冢旧文之证。《四·秘书廿一种》:明人伪书。	《辨伪书目》
698	《竹书纪年》沈约注	旧题沈约撰	《四·竹书纪年》:注亦依托。	
699	《庄子注》十卷	旧题晋·郭象撰	《四·庄子注》:郭象窃据向秀书,点定文句者,殆非无证。	《辨伪书目》
700	《灼薪剧谈》二卷	明·朱承爵撰	《四·灼薪剧谈》:殊不解其何所取义,裒此一编也。殆书肆贾人所为耶?	《辨伪书目》
701	《资治通鉴释文》	旧题司马康撰	《四·资治通鉴释文辨误》:本南宋时蜀人史炤所作,浅陋特甚。海陵刊释文称司马康本,系伪托。	
702	《资麈新闻》七卷	旧题清·魏裔介撰	《四·资麈新闻》:其书亦抄撮杂说而成。体例猥杂,谬陋百出,裔介恐不如此,疑或妄人所托名欤?	《辨伪书目》
703	《子华子》二卷	旧题晋·程本撰	《四·子华子》:秦以前原有《子华子》书,后亡佚。今本赝而不可废。	《辨伪书目》
704	《子夏易传》十一卷	卜子夏	《四·子夏易传》:今本又出伪托,不但非子夏书,亦并非张弧书矣。其伪中生伪。	《辨伪书目》

编号	书名	作者	考辨要言	司马朝军《辨伪书目》
705	《紫阳宗旨》二十四卷	旧题宋·王必撰	《四·紫阳宗旨》:亦疑非必作矣。	《辨伪书目》
706	《左传节文》十五卷	旧题宋·欧阳修编	《四·左传节文》:明万历中刊版。取《左传》之文略为删削。其伪不足与辨矣。	《辨伪书目》
707	《左逸》一卷		《四·左逸、短长》:是书凡《左传逸文》三则,漆书竹简,岂能阅二千年而不毁,其伪殊不足辨也。	《辨伪书目》
708	日本藏《古文孝经孔氏传》	旧题汉·孔安国传	《四·古文孝经孔氏传》:日本相传原有是书,非鲍氏新刊赝造。然浅陋冗漫,不类汉儒释经之体,并不类唐、宋、元以前人语。殆市舶流通,颇得中国书籍,有桀黠知文义者摭诸书所引孔《传》,影附为之,以自夸图籍之富欤?	《辨伪书目》
709	《终南山祖庭仙真内传》三卷	元·道士李道谦编	《四·终南山祖庭仙真内传、终南山说经台历代仙真碑记》:所言多涉神怪。异学之徒,自尊其教,不足与辨真伪也。	

附录三 《总目提要》未论及书目

编号	书名	作者	编号	书名	作者
1	《洪范图论》一卷		11	《春秋得法志例论》三十卷	宋·冯信道撰
2	《钟吕传道集》不分卷	旧题唐·施肩吾撰	12	《唐昧称星经》	
3	《尚书全解》二十八卷	旧题宋·胡瑗	13	《古文孝经》二十二章(孔壁)	旧题周孔丘撰
4	《洛游子》一卷	旧题宋·司马光撰	14	《八五经》一卷	旧题黄帝撰
5	《鞠小正》一卷	旧题晋·陶渊明撰	15	《中庸》	旧题战国·孔伋撰
6	《艾子》一卷	旧题宋·苏轼撰	16	《续葬书》一卷	旧题晋·郭璞撰
7	《河间乐记》九篇		17	《论语》二十篇	周·孔丘门人撰
8	《东坡注杜诗》	旧题宋·苏轼撰,李歅编	18	《断制》	旧题唐·杨筠松撰
9	《汲冢师春》一卷	作者不明	19	《四注孟子》	
10	《幸存录》不分卷	旧题明·夏允彝撰	20	《粹言》	旧题唐·杨筠松撰

续表

编号	书名	作者	编号	书名	作者
21	《孟子外书》(《性善》、《辨文》、《说孝经》、《为正》四篇)		33	《续书·序》一篇	旧题唐·王勃撰
22	《形穴》	旧题唐·杨筠松撰	34	《射评要略》一卷	旧题汉·李广撰
23	《孟子外书注》	旧题熙时子注	35	《黄帝内传》一卷	旧题黄帝撰
24	《狐首经》序	旧题郭璞撰	36	《笔阵图》一卷	旧题晋·卫夫人撰
25	《逸周书》孔晁注	旧题孔晁撰	37	《伊尹》	旧题周·伊尹撰
26	《源髓歌后集》	旧题唐·沈芝撰	38	《笔势论》一卷	旧题晋·王羲之撰
27	《古岳渎经》		39	《老子》(《道德经》、《老子五千文》)	旧题周·老子撰
28	《太乙命诀》一卷	旧题唐·袁天纲撰	40	《欧阳率更书三十六法》(《欧阳结字》)一篇	旧题唐·欧阳询撰
29	《至道云南录》三卷	宋·辛怡显撰	41	《庄子》十卷	周·庄周撰
30	《广济阴阳百忌历》二卷	旧题唐·吕才撰	42	《李陵苏武赠答诗》(《文选》载)七首	旧题汉·李陵、苏武撰
31	《唐史拾遗》		43	《太上墨子枕中记》一卷	周·墨翟撰
32	《拨沙经》一卷	旧题唐·吕才撰	44	《晋平西将军孝侯周处碑碑铭》一篇(《陆士衡集》载)	旧题晋·陆机撰

编号	书名	作者	编号	书名	作者
45	《隋巢子》一卷	旧题周·隋巢子撰	54	《吟窗杂咏》	旧题莆里蔡氏编
46	《诗格》一卷	旧题三国魏·曹丕撰	55	《兵书》七卷	旧题汉·诸葛亮撰
47	《后出师表》	旧题汉·诸葛亮撰	56	《东坡杜诗释事》	
48	《文苑诗格》一卷	旧题唐·白居易撰	57	《兵法手诀》一卷	旧题汉·诸葛亮撰
49	《用兵法》一卷	旧题汉·诸葛亮撰	58	《佛说宝雨经》十卷	旧题唐·达摩流支译
50	《金针诗格》三卷	旧题唐·白居易	59	《李靖六军心镜》数卷	旧题唐·李靖撰
51	《行军指南》二卷	旧题汉·诸葛亮撰	60	《王昌龄诗话》	
52	《续金针诗格》一卷	旧题宋·梅尧臣	61	《牛羊日历》一卷	旧题唐·刘轲撰
53	《占风云气图》一卷	旧题汉·诸葛亮撰	62	《晋中兴书》七十八卷（一说八十卷）	旧题南朝宋·何法盛

附录四 《辨伪书目》未收书目

编号	书名	作者	编号	书名	作者
1	《安南即事诗》一卷	元·陈孚撰	11	《碧云騢》一卷	旧题宋·梅尧臣撰
2	《八式歌》		12	《别本汉旧仪》二卷	旧题汉·卫宏撰
3	《八阵图》	旧题上古·风后撰	13	《别本酒史》六卷	题明·徐渭撰
4	《跋曹子建墨迹》（《隋文纪·甲秀堂帖》载）	题隋·炀帝撰	14	《别本珞琭子》	
5	《白猿传》	旧题江总	15	《别本潜虚》一卷	旧题宋·司马光撰
6	百二《尚书》	东汉·张霸献	16	《别本十六国春秋》十六卷（《汉魏丛书》载）	旧题魏·崔鸿撰
7	《北山律式》二卷	宋·程俱撰，宋·叶梦得选	17	《别本薛氏医案》七十八卷	明·薛己撰
8	《比干铜盘铭》		18	《兵机法》	旧题汉·诸葛亮撰
9	《笔法记》（《画山水录》、《山水受笔法》）一卷	旧题唐·荆浩撰	19	《补江总白猿传》一卷	不著撰人名氏
10	《碧溪丛书》八卷	不著编辑者名氏	20	《参同契》一卷	旧题汉·魏伯阳撰

编号	书名	作者	编号	书名	作者
21	《朝鲜杂志》一卷	旧题明·董越撰	35	《帝皇龟鉴》三十四卷	旧题宋·王钦若撰
22	《楚辞集注》八卷	旧题宋·朱熹撰	36	《东莱易说》	
23	《楚史梼杌》一卷	不著撰人,吾丘衍序	37	《洞极经》五卷	旧题关朗撰
24	《春秋匡解》六卷	明·邹德溥撰	38	《断肠词》一卷	宋·朱淑真撰
25	《淳化阁帖》		39	《遁甲演义》二卷	明·程道生撰
26	《从亡日记》(《从亡随笔》)一卷	旧题程济撰	40	《帝姬长公主跋》	此类问题不再标注
27	《答策秘诀》一卷	旧本首题建安刘锦文叔简辑	41	《费氏易》	
28	《大戴礼记》	汉·戴德撰	42	《焚椒录》	辽·王鼎撰
29	《大涤洞天记》三卷	旧题元·邓牧撰	43	《纲常懿范》十卷	明·周是修撰
30	《大颠别传》一篇	旧题唐·蒙简撰	44	《高士传》三卷	晋·皇甫谧撰
31	《代刘禹锡同州谢上表》一道(《柳宗元集》载)	旧题唐·柳宗元撰	45	《贡举叙略》一卷	旧题宋·陈彭年撰
32	《道德经说奥》二卷	旧题朱孟尝撰	46	《岣嵝碑词》(《岣嵝禹碑》、《岣嵝山碑》)	旧题大禹撰
33	《道乡集》四十卷	宋·邹浩撰,子柄栩所辑	47	《古今南华内篇讲录》十卷	题林屋洞藏书,不著撰人名氏、时代
34	《荻溪集》二卷	旧题元·王偕撰	48	《古文龙虎经注疏》三卷	宋·王道撰

续表

编号	书名	作者	编号	书名	作者
49	《官制备考》二卷	旧题明·李日华撰	63	《花草粹编》十二卷	明·陈耀文编
50	《冠图》一卷	不著撰人名氏	64	《画策图疏》	题刘基作
51	《管子》唐·房玄龄注	旧题唐·房玄龄注	65	《黄帝说》四十篇	
52	《广百川学海》无卷数	旧题明·冯可宾编	66	《黄帝素问》九卷	旧称黄帝撰
53	《广成子》十三卷	旧题商洛公撰,张太衡注	67	《黄陵庙记》	旧题汉·诸葛亮撰
54	《归藏》		68	《黄石公兵法》一卷	旧题黄石公撰
55	《国老谈苑》二卷	旧题王君玉撰	69	《黄石公兵书统要》一卷	旧题黄石公撰
56	《韩愈与大颠书》三通	旧题唐·韩愈撰	70	《黄石公记》三卷	旧题黄石公撰
57	《汉唐通鉴品藻》三十卷	明·戴璟撰	71	《黄石公略注》三卷	旧题黄石公撰
58	《翰苑新书别本》	旧题·宋谢枋得撰	72	《黄石公三鉴图》一卷	旧题黄石公撰
59	"河图"、"洛书"等	龙马神龟所负,伏羲据此作"先天图"	73	《黄石公神光辅星秘诀》一卷	旧题黄石公撰
60	《鹤山笔录》一卷	旧题宋·魏了翁撰	74	《黄石公阴谋乘斗魁刚行军秘》一卷	旧题黄石公撰
61	《后山集》二十四卷	宋·陈师道撰	75	《记古滇说》一卷	旧题宋·张道宗撰
62	《胡笳十八拍》	旧题汉·蔡文姬撰	76	《记室新书》七十卷	旧题宋·方龟年编

编号	书名	作者	编号	书名	作者
77	《甲乙经》八卷	晋皇甫谧撰或题黄帝撰	90	《空同子纂》一卷	不著编辑者名氏
78	《蒭胜野闻》一卷	题吴郡徐桢卿著	91	《孔传舜典》一篇	南朝·姚方兴访得
79	《蒭胜野闻》一卷	不著撰人名氏	92	《老杜事实》（《东坡事实》）	旧题宋·苏轼撰
80	《今文孝经》十八章（汉初河间颜芝本）	旧题孔丘撰	93	《冷斋夜话》十卷	宋僧惠洪撰
81	《今献汇言》八卷	明·高鸣凤编	94	《礼记·月令》	旧题周公撰
82	《金匮玉函经》（《金匮要略》）	旧题汉张仲景撰，晋王叔和集	95	《礼经奥旨》一卷	旧题宋·郑樵撰
83	《晋史乘》一卷	不著撰人有元·吾丘衍序	96	《李陵与苏武书》（《李陵集》载）	旧题汉·李陵撰
84	《建炎复辟录》一卷	不著撰人名氏	97	《历代地理指掌图》一卷	旧题宋·苏轼撰
85	《京东考古录》一卷	旧题清·顾炎武撰	98	《历代铨政要略》一卷	旧题宋·杨亿撰
86	《精华录》（《山谷精华录》）八卷	旧题宋·任渊编	99	《连山》	
87	《倦游杂录》（《倦游录》）	旧题宋·张师正撰	100	《梁四公记》一卷	撰人不明
88	《军鉴式》	旧题胡万顷撰	101	《两宋名贤小集·魏了翁序》	旧题宋·魏了翁撰
89	《开元天宝遗事》四卷	五代·王仁裕撰	102	《两宋名贤小集·朱彝尊序》	旧题清·朱彝尊撰

续表

编号	书名	作者	编号	书名	作者
103	《柳州谢上表》一道（《柳宗元集》载）	旧题唐·柳宗元撰	116	《毛诗草木鸟兽虫鱼疏》二卷	吴·陆玑撰
104	《六经三注粹抄》无卷数	明·许顺义撰	117	《茅山志》十五卷	元·道士刘大彬撰
105	《六军镜》	旧题汉·诸葛亮撰	118	《眉公十集》四卷	明·陈继儒撰
106	《六壬大玉帐歌》十卷	旧题唐·李筌撰	119	《梅花赋》别本（《留青日札》载）	旧题唐·宋璟撰
107	《龙川词补遗》一卷	宋·陈亮撰	120	《梅花赋》别本（《隐居通议》载）	旧题唐·宋璟撰
108	《龙虎经》		121	《明百家小说》一百九卷	旧题明·沈廷松编
109	《庐山禹刻》		122	《明倭寇始末》一卷	旧题清·谷应泰撰
110	《路史》注	题宋·罗子苹撰	123	《墨薮》二卷	旧题唐·韦续撰
111	《论语孟子考异》二卷	旧题宋·王应麟撰	124	《牡丹谱》一卷	旧题宋·欧阳修撰
112	《论语注》	旧题汉·孔安国撰	125	《牧莱脞语》十二卷、《二稿》八卷	宋陈仁子撰
113	《罗沧洲集》五卷	旧题宋·罗公升撰	126	《穆天子传》璞撰	
114	《珞琭子》（《珞琭子三命赋》）二卷	旧题周·姬晋撰或题陶弘景撰	127	《穆天子传》郭璞注	旧题郭
115	《毛诗》	旧题汉·毛苌撰	128	《南中志》一卷	旧题晋·常璩撰

编号	书名	作者	编号	书名	作者
129	《难经本义》(《黄帝八十一难经》)二卷	周秦越人撰	140	《群芳清玩》无卷数	旧题明·李玙编
130	《农田余话》二卷	旧题明·长谷真逸撰,不著名氏	141	《群贤梅苑》十卷	旧题松陵朱鹤龄编
131	《女孝经》(《女戒》)一卷	题唐·郑氏撰,或汉·班昭撰	142	《三因极一病证方论》十八卷	宋·陈言撰
132	《平巢事迹考》一卷	旧题宋人撰,不著名氏	143	《山谷精华录诗赋铭赞》六卷、《杂文》二卷	宋·任渊撰
133	《评诗格》一卷	旧题唐·李峤	144	《山左笔谈》一卷	旧题明·黄淳耀撰
134	《气候歌》	旧题诸葛亮撰	145	《伤寒论》十卷	汉·张机撰,晋·王叔和编,金·成无己注
135	《钱法纂要》一卷	旧本皆题明·丘浚撰	146	《尚书大传》四卷、《补遗》一卷	
136	《青囊奥语》刘基注	旧题明·刘基撰	147	《作义要诀》(《尚书》类附)	旧题元·倪士毅
137	《青琐高议前集》十卷、《后集》十卷	不著撰人名氏	148	《绍熙州县释奠仪图》一卷	宋·朱子撰
138	《全唐诗评》一卷	旧题明·王世贞撰	149	《神农本草经》	旧题神农撰
139	《全唐诗说》一卷	旧题明·王世贞撰	150	《神仙传》十卷	题晋·葛洪撰

续表

编号	书名	作者	编号	书名	作者
151	《慎子》一卷	周·慎到撰	165	《唐阙史》二卷	旧题唐·高彦休撰
152	《省心录》(《省心杂言》)一卷	旧题宋·林逋	166	《唐人韵入声表》(《韵学通指》载)	
153	《圣贤图赞》无卷数		167	《唐诗广选》七卷	明·凌宏宪编
154	《十六国春秋》一百卷	旧题魏·崔鸿撰	168	《唐诗十集》	旧题清·王士祯撰
155	《十翼》		169	《唐诗选》七卷	旧题明·李攀龙编,唐汝询注,蒋一葵直解
156	《石经大学》(《古本大学》)二卷	旧题·魏正始时刻	170	《天乙》三篇	
157	《拾遗记》十卷	晋·王嘉撰	171	《天隐子》佚名	前有唐·司马承祯序
158	《述异记》三卷	旧题东轩主人撰不著名氏	172	《无上秘要》一卷	不著撰人名氏
159	《水经》	旧题汉·桑钦著	173	《吴地记》一卷	旧题唐·陆广微撰
160	《四书第二评》	旧题明·李贽撰	174	《五星休咎赋》一篇	题唐·李淳风撰
161	《四书第一评》	旧题明·李贽撰	175	《勿轩集》序	元·许衡撰
162	《隋遗录》		176	《务成子》十一篇	
163	《太平清话》四卷	明·陈继儒撰	177	《湘烟录》	明·闵元京、凌义渠编
164	《太乙遁甲专征赋》一卷	不著撰人名氏	178	《小尔雅》一卷	旧题汉·孔鲋撰

编号	书名	作者	编号	书名	作者
179	《心诀》	旧题汉·诸葛亮撰	194	《尹文子》一篇	周·尹文撰
180	《欣赏编》无卷数	不著撰人名氏	195	《尹文子》仲长氏序	旧以为魏·仲长氏撰
181	《星象考》一卷	旧题宋·邹淮撰	196	《幽居录》三卷	不著撰人名氏
182	《性理标题汇要》二十二卷	旧本亦题明詹淮、陈仁锡同编	197	《余冬诗话》三卷	旧题明·何孟春撰
183	《性理综要》二十二卷	旧题明詹淮辑，陈仁锡订正	198	《舆地广记》三十八卷	宋·欧阳忞撰
184	《修攘通考》四卷	明·何镗编	199	《(彭门)玉帐歌》	不提撰人
185	《续齐谐记》一卷	梁·吴均撰	200	《玉帐经》一卷	旧题唐·李靖
186	《璇玑图诗序》（《织锦回文诗序》）	旧题唐·武则天序	201	《元海运志》一卷	旧题明·危素撰
187	《盐法考略》一卷	旧本皆题明·丘浚撰	202	《元命苞》四卷	
188	《阳虚石室仓颉文》		203	《月下偶谈》一卷	旧题宋·俞琬撰
189	《野服考》一卷	宋·方凤撰	204	《韵学事类》十二卷	旧题明·李攀龙撰
190	《易术钩隐图》序,一篇	旧题宋·欧阳修撰	205	《占风法》	旧题李淳风撰
191	《易纬坤灵图》一卷		206	《张邦昌事略》一卷	旧题宋·王称撰
192	《阴符经》	旧题黄帝撰	207	《珍珠囊》	
193	《易纬通卦验》二卷		208	《郑注孝经》一卷	汉·郑玄注

编号	书名	作者	编号	书名	作者
209	《志怪集》	旧题宋·张师正撰	215	《周易乾凿度》二卷	旧题苍颉修,古籀文,郑氏注
210	《致身录》一卷	旧题明·史彬撰	216	《洙泗源流》无卷数	不著撰人名氏
211	《中庸合注》一卷	不著撰人名氏	217	《诸葛亮集》四卷	旧题汉·诸葛亮撰
212	《终南山说经台历代仙真碑记》一卷	元·道士朱象先编	218	《竹书纪年》沈约注	旧题沈约撰
213	《周秦行记》一卷	旧题唐·牛僧孺撰	219	《资治通鉴释文》	旧题司马康撰
214	《周天立象赋》一篇	题唐·李淳风撰	220	《终南山祖庭仙真内传》三卷	元·道士李道谦编

附录五 《辨伪书目》误收书目

编号	书名	作者	司马朝军《辨伪书目》考语
1	《白石词集》	宋·姜夔	有伪篇。《点绛唇》不出姜夔
2	《补妒记》	王绩	殆于类书剽取之
3	《步天歌》	甘公、石申	薄树人以为王希明作
4	《朝野遗记》		似杂采小说为之
5	《初寮词》	宋·王安中	疑有伪篇
6	《春秋比事》		存疑
7	《春秋大传》	明·胡广等	抄袭,非所自纂
8	《春秋公羊传》		罗璧等疑之
9	《辍耕录》	明·陶宗仪	郎瑛称其多录旧书,攘为己有
10	《此事难知》	金·李杲	作者应为元王好古
11	《道园集》	元·虞集	不当以侨寓之地改其祖籍
12	《邓析子》	周·邓析子	邓析远在庄子前,不应预有剿说
13	《东汉文纪》	明·梅鼎祚	真伪杂糅
14	《独断》	汉·蔡邕	绝非蔡邕本文
15	《二程外书》		不能审所自来,其说殊有可疑
16	《绀珠集》	朱胜非	胡玉缙以为确出朱氏
17	《古老子》	许剑道人	其文视今本《老子》惟增减数虚词
18	《韩子》	周·韩非	实非韩非所手定
19	《合订删补大易集义粹言》	清·纳喇(兰)性德	作者疑伪:相传谓其稿本出陆元辅,后署性德之名

续表

编号	书名	作者	司马朝军《辨伪书目》考语
20	《何水部集》	梁·何逊	《拟青青河畔草》为转韵体,六朝以前无此体格,显为后人所妄加
21	《画鉴》	宋·唐垕	崔富章反驳《总目》之说
22	《皇霸文纪》	明·梅鼎祚	真伪杂糅
23	《皇极经世节要》		内容下限为嘉靖,盖明人所附益
24	《集仙传》		抄袭《太平广记》
25	《井观琐言》	宋·郑瑗	称明为国朝,绝非宋人所为
26	《筠轩集》	元·唐元	《玉堂夜直》、《李陵台》等与其身份不符
27	《空同词》	宋·洪瑹	有伪篇
28	《孔子编年》	宋·胡舜陟	非舜陟自作,乃其子胡仔所撰
29	《乐府指迷》	宋·张炎	伪。胡玉缙认为该书乃陈继儒改窜张炎《词源》一书,而袭用沈义父《乐府指迷》之名
30	《蠹海集》	宋·王逵	王氏为明人而非宋人
31	《礼记大全》	明·胡广等	抄袭,非所自纂
32	《两晋南北朝奇谈》	宋·王涣	王为明人
33	《林泉高致集》	宋·郭思	前四篇郭熙作,余为郭思撰
34	《六壬兵占》		大抵出自术士伪托,非其本真
35	《陆氏集异记》	唐·陆勋	卷数可疑
36	《吕氏春秋》	秦·吕不韦	实其宾客所撰
37	《孟浩然集》	唐·孟浩然	《示孟郊诗》、《长安早春》可疑
38	《墨经》	晁氏	《简目》径题晁季一
39	《墨子》	宋·墨翟	非所自撰,全书风格不一
40	《毗陵集》	唐·独孤及	《马退山茅亭记》乃柳宗元作
41	《平宋录》	元·平庆安	实刘敏中撰,平氏特梓刻以行

编号	书名	作者	司马朝军《辨伪书目》考语
42	《七星诗文存》	明·刘鸿	《西凉词》误收他人之作
43	《齐民要术》	贾思勰	疑后人窜入
44	《契丹国志》	宋·叶隆礼	余嘉锡认为元人伪撰
45	《勤王记》	宋·臧梓	臧梓编次吕颐浩之文,非所自撰
46	《青囊奥语·青囊序》	唐·杨筠松	余嘉锡力证其伪
47	《清异录》	宋·陶谷	《总目》以为伪
48	《诗经大全》	明·胡广等	抄袭,非所自纂
49	《史记》	汉·司马迁	部分伪
50	《侍儿小名录拾遗》	宋·张邦几	初题朋溪先生
51	《书传大全》	明·胡广等	抄袭,非所自纂
52	《隋文纪》	明·梅鼎祚	真伪杂糅
53	《唐百家诗选》	宋·王安石	大抵指为王安石,晁公武指为宋敏求,其言当必有据
54	《王司马集》	唐·王建	宫词伪
55	《文心雕龙》	梁·刘勰	部分伪
56	《兀涯西汉书议》	明·张邦奇	实则因霍韬旧稿而增修之
57	《续博物志》	晋·李石	《总目》以为宋人旧笈,或剽掇说部以为之
58	《逊志斋集》	明·方孝孺	其中多杂以他人之诗
59	《雁门集》	元·萨都拉(喇)	《城东观杏花》显为误入
60	《疑仙传》	隐夫玉简	其词拙陋,殆粗知文义者所为
61	《逸民传》	明皇甫涔	王重民认为确为皇甫涔撰
62	《渔樵对问》	宋·邵子	余嘉锡考证为邵雍作
63	《寓意编》	明·都穆	据体例、语意定下卷为人附益

编号	书名	作者	司马朝军《辨伪书目》考语
64	《紫微杂说》	宋·吕祖谦	当为吕本中撰
65	《字孪》	明·叶秉敬	其末比旧本增多 124 字
66	《字通》	宋·李从周	卷末窜入俗书 82 字
67	《佐元直指图》	明·刘基	《总目》未提出任何证据

附录六　清以前的辨伪学者
及其成就概要

编号	姓　名	辨伪书目
1	汉·班固	百二《尚书》
2	汉·蔡邕	《礼记·月令》
3	汉·何休	《周礼》
4	汉·刘向	《文子》、《务成子》、《天乙》、《黄帝说》
5	汉·刘歆	《文子》、《务成子》、《天乙》、《黄帝说》
6	汉·马融	《泰誓》
7	汉·司马迁	略
8	汉·王充	百二《尚书》
9	汉·赵岐	《孟子外书》
10	汉·郑玄	《礼记·月令》、《尔雅》
11	晋·葛洪	《西京杂记》
12	晋·张华	《礼记·月令》
13	晋·挚虞	《李陵与苏武书》
14	北周·庾信	《西京杂记》
15	南朝·陆澄	郑注《孝经》
16	南朝·乐壹	《鬼谷子》
17	南朝·萧武	《舜典》
18	隋·颜之推	《山海经》

续表

编号	姓　名	辨伪书目
19	唐·啖助	《左氏春秋》
20	唐·独孤及	《八阵图》
21	唐·韩愈	《诗序》
22	唐·孔颖达	《归藏》
23	唐·李靖	《黄石公三略》
24	唐·李肇国	《亢桑子》
25	唐·刘知幾	孔传《舜典》、《泰誓》、孔传《孝经》、郑注《孝经》、《老子注》、《逸周书》、《李陵与苏武书》、《子夏易传》
26	唐·柳宗元	《礼记·月令》、《亢桑子》、《文子》、《鬼谷子》、《管子》、《鹖冠子》、《晏子春秋》、《列子》
27	唐·陆德明	《舜典》、《礼记·月令》
28	唐·司马贞	《子夏易传》、孔传《孝经》、郑注《孝经》、《越绝书》、《老子注》
29	唐·孙过庭	《笔势论》、《笔阵图》
30	唐·颜师古	《西京杂记》、《孔子家语》
31	唐·张彦远	《西京杂记》、《笔阵图》
32	唐·赵匡	《周礼》、《左氏春秋》
33	宋·蔡绦	《六一词》
34	宋·晁公武	《拨沙经》、《八五经》、《星经》(《甘石星经》)、《阴符经》、《亢桑子》、《鬼谷子》、《易纬乾元序制记》、《冷斋夜话》、《倦游杂录》(《倦游录》)、《洪范图论》、《周易举正》、《管子》房玄龄注、《汉武故事》、《灵枢经》、《金针诗格》、《舆地广记》、《续金针诗格》、《隆平集》、《十六策》(《武侯十六策》)、《碧云骃》、《西京杂记》、《子夏易传》、《刘子》、《周易乾凿度》、《鹖冠子》、《李卫公问对》、《开元天宝遗事》、《珞琭子》(《珞琭子三命赋》)、《三坟》、《乾坤凿度》、《管子》、《元经》、《小尔雅》、《子华子》、《脉诀》、《天隐子》
35	宋·晁说之	《子夏易传》、《周礼》
36	宋·陈景元	《庄子》

编号	姓　名	辨伪书目
37	宋·陈善	《中庸》
38	宋·陈师道	《关氏易传》、《元经》、《李卫公问对》
39	宋·陈思	《笔阵图》
40	宋·陈振孙	《补江总白猿传》、《艾子》、《八五经》、《公孙龙子》、《飞燕外传》、《新书》、《黄石公三略》、《亢桑子》、《元经》、《刘子》、《续葬书》、《尚书精义》、《列仙传》、《大戴礼记》、《韩愈与大颠书》、《老杜事实》(《东坡事实》)、《周易系辞精义》、《汲冢师春》、《南迁录》、《易纬稽览图》、《女孝经》(《女戒》)、《文苑诗格》、《广济阴阳百忌历》、《太乙命诀》、《黄帝内传》、《神异经》、《海内十洲记》、《西京杂记》、《评诗格》、《诗格》、《子夏易传》、《洛游子》、《源髓歌后集》、《射评要略》、《至道云南录》、《狐首经》序、《易纬乾元序制记》、《天隐子》、《古文尚书》、《逸周书》、《三坟》、《珞琭子》(《珞琭子三命赋》)、《金针诗格》、《续金针诗格》、《舆地广记》、《小尔雅》、《子华子》、《乾坤凿度》、《晏子春秋》、《文子》(《通玄真经》)、《关氏易传》、《李卫公问对》、《正易心法》(《麻衣易》)、《孔丛子》、《越绝书》、《春秋左氏传》、《关尹子》
41	宋·程大昌	《春秋繁露》、《水经》、《周易乾凿度》
42	宋·程颐	《金滕》、《阴符经》、《阴符经解》
43	宋·戴少望	《黄石公三略》
44	宋·戴埴	《礼记·月令》、《六韬》、《艾子》
45	宋·范浚	《周礼》
46	宋·高似孙	《十六策》(《武侯十六策》)、《列子》、《阴符经》、《亢桑子》、《鬼谷子》、《将苑》、《握奇经》、《黄石公三略》、《鬻子》
47	宋·葛立方	《老杜事实》(《东坡事实》)
48	宋·韩无咎	《管子》
49	宋·何薳	《龙城录》、《关氏易传》

编号	姓　名	辨伪书目
50	宋·洪迈	《武成》、《周礼》、《方言》、《云仙杂记》(《云仙散录》)、《孔丛子》、《隋巢子》、《老杜事实》、《开元天宝遗事》、《后山丛谈》、《中说》、《李陵苏武赠答诗》
51	宋·胡宏	《周礼》
52	宋·黄伯思	《竹书纪年》、《真诰》、《汲冢师春》、《西京杂记》
53	宋·黄廷坚	《阴符经》、《阴符经解》
54	宋·黄震	《庄子》、《文子》(《通玄真经》)、《阴符经》、《六韬》、《黄石公三略》、《古文孝经》、《今文孝经》、《越绝书》、《亢桑子》、《刘子》
55	宋·乐史	《仪礼》
56	宋·雷思齐	《洞极经》
57	宋·李邦直	《十翼》
58	宋·李焘	《春秋得法志例论》、《碧云骒》
59	宋·李仁父	《鬻子》
60	宋·李石	《亢桑子》
61	宋·李巽严	《逸周书》
62	宋·林光朝	《中庸》
63	宋·林亿	《金匮玉函经》(《金匮要略》)
64	宋·刘温舒	《刺法论》(《黄帝内经素问遗篇》)
65	宋·陆游	《后山丛谈》
66	宋·吕祖谦	《中庸》、《阴符经》
67	宋·罗璧	《左氏春秋》、《周礼》
68	宋·欧阳修	《十翼》、《周礼》、《中庸》、《诗序》、《尔雅》
69	宋·邵博	《关氏易传》、《李卫公问对》、《碧云骒》
70	宋·邵雍	《阴符经》

编号	姓　名	辨伪书目
71	宋·沈作喆	《周礼》、《礼记·月令》、《柳州谢上表》、《代刘禹锡同州谢上表》
72	宋·司马光	《今文孝经》、《古文孝经》
73	宋·苏轼	《周礼》、《关氏易传》、《庄子》、《李卫公问对》、《元经》、《李陵与苏武书》、《李陵苏武赠答诗》
74	宋·苏辙	《周礼》
75	宋·汪应辰	《今文孝经》
76	宋·王柏	《中庸》、《孔子家语》
77	宋·王观国	《胡笳十八拍》
78	宋·王十朋	《中庸》
79	宋·王尧臣	《越绝书》
80	宋·王应麟	百二《尚书》、《伊尹》
81	宋·王铚	《倦游杂录》(《倦游录》)、《碧云骃》
82	宋·魏了翁	《周礼》
83	宋·吴棫	《古文尚书》
84	宋·吴曾	《李卫公问对》、《胡笳十八拍》、《李靖六军心镜》
85	宋·吴正子	《昌谷集外集》
86	宋·项安世	《关氏易传》
87	宋·姚宏	《越绝书》
88	宋·姚宽	《大业拾遗记》(《南部烟花录》)、《水经》
89	宋·叶大庆	《中说》(《文中子》)、《文子》(《通玄真经》)
90	宋·叶梦得	《碧云骃》、《隋巢子》
91	宋·叶适	《十翼》、《书序》、《周礼》、《老子》、《孙子》、《管子》、《中庸》
92	宋·尤袤	《山海经》、《将苑》

续表

编号	姓　名	辨伪书目
93	宋·俞琰	《易术钩隐图》序
94	宋·袁枢	"河图"、"洛书"
95	宋·曾慥	《阴符经》、《阴符经解》、《六一词》
96	宋·张邦基	《云仙杂记》(《云仙散录》)、《龙城录》、《碧云骃》
97	宋·张淏	《神农本草经》、《鹖冠子》
98	宋·章如愚	《仪礼》
99	宋·赵汝谈	《十翼》、《古文尚书》
100	宋·赵彦卫	《越绝书》
101	宋·赵与时	《云仙杂记》(《云仙散录》)、《山海经》、《南迁录》、《开元天宝遗事》、《老杜事实》、《孔氏谈苑》
102	宋·真德秀	《黄石公三略》
103	宋·郑樵	《诗序》、《尔雅》、《论语笔解》
104	宋·周必大	《牡丹谱》
105	宋·周密	《窃愤录》、《南渡录》
106	宋·周瑞朝	《子华子》、《商子》
107	宋·朱长文	《笔阵图》
108	宋·朱熹	《周礼》、《古文尚书》、《别本潜虚》、《尚书全解》、《韩愈与大颠书》、《省心录》、《管子》、《关氏易传》、《脉诀》、《孔丛子》、《握奇经》、《左氏春秋》、《正易心法》、《古文孝经》、《子华子》、《诗序》、《孔氏谈苑》、《龙虎经》、《中说》(《文中子》)、《阴符经》、《龙城录》、《孟子正义》
109	宋·朱新仲	《十翼》
110	宋·朱翌	《尔雅》、《白虎通义》、《东坡注杜诗》
111	宋·庄季裕	《龙城录》
112	金·马定国	《石鼓文》

编号	姓　名	辨伪书目
113	元·陈应润	"河图"、"洛书"
114	元·戴启宗	《脉诀》
115	元·范椁	《格物粗谈》
116	元·胡一桂	《乾坤凿度》
117	元·黄镇成	百二《尚书》
118	元·柳贯	《脉诀》
119	元·吕复	《脉诀》
120	元·马端临	《太上墨子枕中记》、《李卫公问对》、《脉诀》、《正易心法》、《四注孟子》
121	元·王充耘	《大禹谟》
122	元·吴澄	《古文尚书》、"河图"、"洛书"、《易术钩隐图》序
123	元·吴莱	《关氏易传》
124	元·吾丘衍	《山海经》
125	元·赵孟頫	《古文尚书》
126	元·郑樵	《礼记·月令》、《三坟》、
127	明·曹学佺	《道德指归论》
128	明·陈元龄	《诗传》、《诗说》
129	明·陈子龙	《古易世学》
130	明·邓伯羔	《元经》、《化书》(《齐丘子》)、《刘子》、《省心录》、《龙城录》
131	明·都穆	《素书》
132	明·方孝孺	《周礼》
133	明·方有执	《伤寒论》
134	明·冯时可	《子华子》
135	明·归有光	"河图"、"洛书"、《古文尚书》
136	明·郝敬	《古文尚书》、《周礼》
137	明·何楷	《子贡诗传》、《申培诗说》

续表

编号	姓　名	辨伪书目
138	明·何乔新	《子夏易传》
139	明·何薳	《李卫公问对》
140	明·胡三省	《资治通鉴释文》
141	明·胡应麟	《汉武洞冥记》、《鹖冠子》、《黄帝内传》、《晋史乘》、《楚史梼杌》、《李卫公问对》、《梁四公记》、《牛羊日历》、《乾坤凿度》、《搜神记》、《阴符经》及《阴符经解》、《归藏》、《元经》、《元命包》当为《元包》、《越绝书》、《钟吕传道集》、《周秦行记》、《子华子》、《艾子》、《补江总白猿传》、《春秋繁露》、《三坟》、《古岳渎经》、《关氏易传》、《广成子》、《鬼谷子》、《六韬》
142	明·胡震亨	《汉杂事秘辛》
143	明·黄潭	《千秋金鉴录》
144	明·焦竑	《古文尚书》、《黄石公三略》、《晋史乘》、《楚史梼杌》、《三坟》、《越绝书》、《六韬》、《子华子》
145	明·金恕	《礼记·月令》
146	明·瞿元立	《石经大学》
147	明·李濂	《褚氏遗书》
148	明·李时珍	《病机气宜保命集》、《珍珠囊》、《脉诀》
149	明·李诩	《天禄阁外史》
150	明·凌濛初	《诗传》
151	明·刘濂	《十翼》
152	明·刘寅	《黄石公三略》、《素书》
153	明·陆深	《石鼓文》
154	明·罗敦仁	《古文尚书》
155	明·罗伦	《三礼考注》
156	明·罗喻义	《古文尚书》
157	明·梅士享	《管子》
158	明·梅鷟	《古文尚书》

编号	姓　名	辨伪书目
159	明·闵元衢	《小尔雅》、《崔氏小尔雅》
160	明·钱希言	《女红余志》、《琅嬛记》
161	明·沈德符	《汉杂事秘辛》
162	明·沈一贯	《庄子》
163	明·宋濂	《鬼谷子》、《省心录》(《省心杂言》)、《亢桑子》、《关尹子》、《尹文子》、《尹文子》仲长氏序、《化书》(《齐丘子》)
164	明·孙绪	《苏评孟子》
165	明·谭元春	《庄子》
166	明·陶宗仪	《省心录》
167	明·田汝成	《越绝书》
168	明·王鏊	《孔子家语》
169	明·王道	《周礼》
170	明·王祎	《古文尚书》、孔《传》
171	明·王世相	《脉诀》
172	明·王世贞	《鬻子》、《关尹子》、《子华子》、《元包》
173	明·吴崑	《脉诀》
174	明·吴应宾	《石经大学》
175	明·徐孚远	《石经大学》
176	明·徐应雷	《天禄阁外史》
177	明·杨慎	《周礼》、《越绝书》、《笔阵图》、《杜律注》、《关尹子》、《鬻子》、《汉杂事秘辛》、《苏武李陵赠答诗》
178	明·杨时乔	《石经大学》
179	明·杨士奇	《三礼考注》
180	明·姚士粦	《汉杂事秘辛》
181	明·詹景凤	《子华子》、《元经》
182	明·张佳胤	《越绝书》

续表

编号	姓　名	辨伪书目
183	明·张燮	《晋平西将军孝侯周处碑碑铭》
184	明·章潢	《周礼》、《礼记·月令》
185	明·郑晓	《泰誓》
186	明·郑瑗	《古文尚书》、《李卫公问对》、《黄石公三略》、《六韬》、《三礼考注》
187	明·周从龙	《石经大学》
188	明·周应宾	《诗传》、《诗说》
189	明·朱得之	《庄子》
190	明·邹忠胤	《诗传》

说明：

　　1.以上是对清以前辨伪学者及其考辨文献名目的不完全统计；

　　2.其统计标准，是文献足征者(包括原著传世或存于后人称引中)；

　　3.除个别情况外，凡已亡佚者均不录；

　　4.一些成于众手的史志目录，如《隋书·经籍志》、《崇文总目》等，暂未纳入收录范围。

附录七 清代辨伪学者及成就

编号	姓名	辨伪书目
1	鲍廷博	略
2	毕沅	《山海经》
3	卞永誉	《山水诀》(《画山水赋》、《荆浩山水赋》)
4	曹元弼	《仪礼》、《孔子家语》
5	陈逢衡	《竹书纪年》
6	陈宏绪	《申培诗说》
7	陈奂	《诗序》
8	陈景	《谈薮》
9	陈玖学	《司马法》
10	陈揆	《今文孝经》
11	陈澧	《古文尚书》、《孔丛子》
12	陈乔枞	《古文尚书》
13	陈三立	《列子》
14	陈士珂	《孔子家语》
15	陈寿祺	《古文尚书》、孔《传》、《孔子家语》、《孔丛子》、《孟子正义》
16	陈彝则	《或问小注》
17	陈鳣	郑注《孝经》、《孔子家语》、孔《传》、《古文尚书》、《刘子》、《玄珠密语》、《孔丛子》
18	陈祖范	《古文尚书》
19	程廷祚	《古文尚书》

编号	姓名	辨伪书目
20	崔迈	《古文尚书》
21	崔适	《古文尚书》、《左氏春秋》、《书序》、《古文论语》
22	崔述	《竹书纪年》
23	戴震	《古文尚书》、《大戴礼记》、《小尔雅》、《方言》、《费氏易》
24	戴祖启	《古文尚书》
25	丁丙	《古文尚书》、《三坟》、《南渡录》
26	丁晏	《古文尚书》、《逸礼》、孔传《孝经》、《易林》、《孔子家语》、《毛诗草木鸟兽虫鱼疏》
27	段玉裁	《尔雅》
28	范家相	《孔子家语》、《诗序》
29	方苞	《古文尚书》、《周礼》、《亢桑子》
30	冯班	《石经大学》、《诗传》、《晋史乘》、《梼杌》、《天禄阁外史》、《于陵子》、《湘烟录》、《王昌龄诗话》
31	冯景	《古文尚书》
32	冯武	《石经大学》、《诗传》、《晋史乘》、《梼杌》、《天禄阁外史》、《于陵子》、《湘烟录》、《王昌龄诗话》
33	龚自珍	《古文尚书》、《司马法》、《周礼》、《诗序》、《广成子》,《亢仓子》、《子夏易传》、《李白集》
34	顾栋高	《古文尚书》、《周礼》
35	顾广圻	《古文尚书》等
36	顾炎武	《泰誓》、《舜典》、《书序》、百二《尚书》、《古书世学》、《十翼》、"河图"、"洛书"、《易林》、《左氏春秋》、《诗序》、《庚桑子》、《穆天子传》、《柏梁台诗》、《诗归》、《晋平西将军孝侯周处碑碑铭》、《石鼓文》、《岣嵝碑文》、《淳于长夏承碑》
37	管同	《左氏春秋》、《晏子春秋》、《六韬》、《乐记》、《司马法》、《断制》、《粹言》、《形穴》、《撼龙经》、《河间乐记》
38	杭世骏	《脉诀》、《黄帝内经》(《灵枢经》、《素问》)
39	杭辛斋	《子夏易传》

续表

编号	姓名	辨伪书目
40	郝懿行	孔《传》、《诗说》、《汉杂事秘辛》
41	洪颐煊	《列仙传》、孔注《孝经》、《孔丛子》、《孔子家语》、《子夏易传》、《古三坟》、《鲁诗世学》、《史乘》、《梼杌》
42	侯康	《孔子家语》
43	胡承珙	《小尔雅》
44	胡鸣玉	《诗韵》
45	胡培翚	《仪礼》、《古文尚书》、"河图"、"洛书"、《子贡诗传》、《申培诗说》
46	胡渭	《古文尚书》、孔《传》、"河图"、"洛书"、《水经》、《古书世学》、《石经大学》、"伏羲八卦次序图"、"伏羲六十四卦次序图"、"伏羲八卦方位图"、"伏羲六十四卦方位图"、"文王八卦次序图"、"文王八卦方位图"
47	胡文英	《庄子》
48	黄彭年	《东坡诗集注》
49	黄丕烈	《刘子》
50	黄奭	略
51	黄廷鉴	《汉武故事》
52	黄虞稷	《鲁诗世学》、《子贡诗传》、《申培诗说》
53	黄宗羲	《古文尚书》、"河图"、"洛书"、"伏羲八卦次序图"（又名"先天衡图"）和"伏羲八卦方位图"（又名"先天方位图"）
54	黄宗炎	"河图"、"洛书"、"伏羲八卦方位图"
55	惠栋	《古文尚书》、百二《尚书》、《孔子家语》、《洞极真经》、《子夏易传》、《周易举正》、《龙虎经》、《杂事秘辛》
56	江藩	《古文尚书》、百二《尚书》
57	江声	《古文尚书》
58	江永	《灵枢》、《素问》
59	江昱	《岣嵝碑词》（《岣嵝禹碑》、《岣嵝山碑》)、《爱莲说》
60	姜炳璋	《诗序》

续表

编号	姓名	辨伪书目
61	焦循	《古文尚书》、孔《传》、《孔丛子》、《孟子正义》、《竹书纪年》
62	瞿镛	《海内十洲记》、《汉武洞冥记》
63	康有为	《周礼》、孔壁《古文尚书》、《书序》、《毛诗》、《逸礼》、《十翼》、《费氏易》、《左氏春秋》、《汉书》
64	孔继涵	《孟子正义》
65	雷学淇	《竹书纪年》
66	李慈铭	《西京杂记》、《孔丛子》
67	李惇	《古文尚书》、《孔子家语》
68	李绂	《古文尚书》、《孝经》
69	李塨	《古文尚书》、"河图"、"洛书"
70	李光地	《古文尚书》
71	厉鹗	《蒙斋笔谈》、《心史》
72	梁上国	《古文尚书》
73	梁玉绳	孔《传》、孔《序》、《周礼》、郑玄注《孝经》、《孔子家语》、《竹书纪年》
74	梁章钜	《鬻子》、《管子》、《孔丛子》、《孔子家语》、《关尹子》
75	廖平	《周礼》、《左氏春秋》、《古文尚书》、《诗序》、《逸周书》、《诗说》、《孔丛子》、《孔子家语》
76	林春溥	《竹书纪年》
77	林云铭	《庄子》
78	刘宝楠	《论语》孔安国注、《孔子家语》
79	刘逢禄	《古文尚书》、《左氏春秋》
80	刘奎	《黄帝素问》、《灵枢经》
81	卢文弨	《方言》、《越绝书》、《西京杂记》、《新书》、《子华子》、《刘子》
82	陆次云	《逸周书》、《忠经》、《三坟》、《石经大学》

编号	姓名	辨伪书目
83	陆陇其	《古文尚书》、《石经大学》、《子贡诗传》、《申培诗说》、百二《尚书》
84	陆树芝	《庄子》
85	陆心源	《草莽私乘》
86	陆元辅	《古易世学》
87	马国瀚	《连山》、《归藏》、《子夏易传》、《古文尚书》、《鲁诗世学》、《申培诗说》、《古文孝经·闺门章》、《神农书》、《伊尹书》
88	马其昶	《庄子》
89	马骕	《古文尚书》
90	马与龙	《越绝书》
91	毛晋	《毛诗草木鸟兽虫鱼疏》等
92	毛奇龄	《古文尚书》、《诗传》、《诗说》、《鲁诗世学》、《石经大学》、《周礼》、《仪礼》、"河图"、"洛书"
93	毛先舒	《石经大学》
94	缪荃孙	略
95	牟庭	《易林》
96	倪灿	《孟子外书注》
97	潘荫祖	孔传《孝经》
98	皮锡瑞	《十翼》、《古文尚书》、孔《传》、《周礼》、《仪礼》、《左氏春秋》
99	平步青	《神农本草经》
100	浦起龙	《李陵与苏武书》
101	钱大昕	《太誓》、《诗序》、《大戴礼记》、《中庸》、《孟子正义》、《三礼考注》、《孔子论语年谱》、《孟子年谱》、《小尔雅》、《孔丛子》、《星经》、《十六国春秋》、《南迁录》、《窃愤录》、《窃愤续录》、《南烬纪闻》、《艺圃蒐奇》、《竹书纪年》、《竹书纪年》沈约注、《步天歌》

续表

编号	姓名	辨伪书目
102	钱大昭	《后出师表》
103	钱馥	《孔子家语》
104	钱培名	《越绝书》
105	钱溥	《脉诀》
106	钱谦益	《从亡日记》（一作《从亡随笔》）、《致身录》
107	钱熙祚	《鹖子》
108	钱晓城	《古文尚书》、《伤寒论》
109	钱曾	《白猿经》（《白猿经风雨占候说》）、《太素脉法》、《岁华纪丽》、《杏坛歌》（《东家杂记》载）、《庄子注》、《杜天师了证歌》
110	乔松年	"河图"、"洛书"、《古文尚书》、孔传《古文孝经》、《李太白集》、《孔子家语》、《连山易》、《子夏易传》、《亢仓子》、《三坟》、《晋乘》、《楚梼杌》、《子贡诗传》、《申培诗说》、《杂事秘辛》、《天禄阁外史》
111	清高宗弘历	《圣贤群辅录》（《四八目》）、《乾坤凿度》
112	邱嘉穗	《石经大学》
113	全祖望	《子夏易传》、《古易世学》（《石经河图》）、《鲁诗世学》（《石经鲁诗》）、《古书世学》（外国本《尚书》）、《春秋世学》、《石经大学》、《十六国春秋》、《孙子兵法》、《六经奥论》、《子纠辨》
114	阮元	孔《序》、孔《传》、《关尹子》
115	邵懿辰	《周礼》、《仪礼》
116	邵晋涵	《古文尚书》、《尔雅》、《斜川集》
117	沈炳	《易林》
118	沈德寿	略
119	沈钦韩	《小尔雅》、《孔子家语》、《慎子》
120	沈涛	孔《传》、《古文尚书》、《竹书纪年》、《孔子家语》、孔注《论语》

编号	姓名	辨伪书目
121	沈彤	《周礼》
122	盛大士	孔传《孝经》
123	苏兴	《庄子》
124	孙星衍	《古文尚书》、《文子》、《燕丹子》、《晏子》、《孙子》、《神农本草经》
125	孙诒让	《周礼》、《古文尚书》、孔《传》
126	孙志祖	《家语》、郑玄《孝经注》、孔安国注《孝经》、孔安国《论语注》、《孔丛子》、《西京杂记》、《高士传》、《新书》、《刘子》、《神异经》、《述异记》、《十洲记》、《博物记》
127	谈迁	《三坟》、《元命苞》、《关尹子》、《元经》、《孔丛子》、《文子》、《麻衣子》、《吴越春秋》、《天禄阁外史》、《于陵子》
128	谭献	《尉缭子》、《商子》、《鬻子》、《西京杂记》、《子华子》、《六韬》、《素书》、《心书》
129	唐晏	《新语》
130	陶方琦	《文子》
131	陶珽	《蒨胜野闻》
132	万斯大	《周礼》
133	万斯同	《诗序》
134	汪绂	《泰誓》、《武成》
135	汪中	孔《传》、《周礼》
136	汪宗沂	《古文尚书》、《李卫公问对》
137	王邦采	《楚辞集注》
138	王昶	《刘子》、《申培诗说》、《子贡易传》、《子夏诗传》、《天禄阁外史》
139	王铖	《三坟》、《诗传》、《诗说》、《穆天子传》、《孔丛子》、《天禄阁外史》
140	王楚材	《神农本草经》
141	王夫之	《庄子》外篇、"河图"

续表

编号	姓名	辨伪书目
142	王宏翰	《脉诀》
143	王闿运	《古文尚书》
144	王懋竑	"河图"、"洛书"、《家礼》
145	王鸣盛	《古文尚书》、孔《传》、《竹书纪年》、《十六国春秋》、《甘石星经》、《十七史蒙求》
146	王谟	《子贡诗传》、《申培诗说》、《穆天子传》、《汉武内传》、《汉武故事》、《天禄阁外史》、《孔丛子》、《忠经》、《阴符经》、《禽经》、《禽经》张华注、《汉武洞冥记》、《汉杂事秘辛》、《三坟书》、《甘石星经》
147	王念孙	《黄帝素问》
148	王仁俊	《子夏易传》、《申培诗说》
149	王士禄	《诗传》、《诗说》、《鲁诗世学》
150	王士禛	《千秋金鉴录》、《疑耀》、《明诗归》、《名媛诗归》、《天禄阁外史》、《岁华纪丽》、《于陵子》
151	王又朴	《十翼》、"河图"、"洛书"、"先天图"、"后天图"
152	王照圆	《诗说》
153	魏荔彤	"河图"、"洛书"
154	魏源	《古文尚书》、《诗序》
155	文廷式	《天玉经》、《忠经》、《列子》、孔《传》、《古文尚书》
156	翁方纲	《古文尚书》
157	吴名凤	《阴符经》
158	吴汝纶	《星经》
159	吴世尚	《庄子》
160	夏大霖	《楚辞集注》
161	夏通阁	《司马法》
162	徐大椿	《八十一难经》、《神农本草经》
163	徐乾学	《心史》

编号	姓名	辨伪书目
164	徐时栋	《古文尚书》、《孔子家语》
165	徐文靖	《三坟》
166	宣颖	《庄子》
167	薛雪	《黄帝素问》、《灵枢经》
168	严可均	《新语》、《鹖子》、《管子》
169	阎若璩	《古文尚书》
170	阎循观	《古文尚书》
171	杨椿	《周礼》、《孝经》
172	杨复吉	《致身录》
173	杨守敬	《周易系辞精义》
174	姚际恒	《古文尚书》、孔《传》、《诗序》、《中庸》、《易传》、《子夏易传》、《关朗易传》、《麻衣正易经心法》、《焦氏易林》、《易乾凿度》、《古文尚书》、《尚书孔氏传》、《古三坟书》、《诗序》、《子贡诗传》、《申培诗说》（兼论《鲁诗世学》、《石经大学》之伪）、《周礼》、《大戴礼》、《孝经》、《忠经》、《孔子家语》、《小尔雅》、《家礼仪节》、《竹书纪年》（兼论《竹书纪年沈约注》）、《汲冢周书》（又名《逸周书》，兼论《周书孔晁注》）、《穆天子传》（兼论《穆天子传郭璞注》）、又兼论《师春》、《晋史乘》、《楚梼杌》、《汉武故事》、《飞燕外传》（兼论《汉杂事秘辛》、《焚椒录》）、《西京杂记》、《天禄阁外史》、《元经》、《十六国春秋》、《隆平集》、《致身录》（兼论《从亡日记》）、《鹖子》、《关尹子》、《子华子》、《亢仓子》、《晏子春秋》、《鬼谷子》、《尹文子》、《公孙龙子》、《商子》、《鹖冠子》、《慎子》、《于陵子》（兼论《心史》非伪）、《孔丛子》、《文中子》、《六韬》、《司马法》、《吴子》、《黄石公三略》、《尉缭子》、《李卫公问对》、《素书》、《心书》、《风后握奇经》、《周髀算经》、《石申星经》、《续葬书》、《拨沙经》、《黄帝素问》（兼论《黄帝内经》）、《灵枢经》、《神农本草》、《秦越人难经》、《脉诀》、《神异经》、《十洲记》、《列仙传》、《洞冥记》、《博物志》、《杜律虞注》、《三礼考注》、《文子》、《庄子》、《列子》、《管子》、《贾谊新书》、《伤寒论》、《金匮玉函经》、《尔雅》、《韵书》、《山海经》、《水经》、《阴符经》、《越绝书》、《春秋繁露》、《东坡志林》

编号	姓名	辨伪书目
175	姚鼐	《古文尚书》、《孝经》、《逸周书》、《司马法》、《吴子》、《尉缭子》、《六韬》、《新书》、《孙子》、《列子》、《左氏春秋》、《老子河上公注》、《庄子》
176	姚莹	《关尹子》
177	姚振宗	《唐昧称星经》、《龙城录》、《用兵法》、《行军指南》、《占风云气图》、《兵书》、《兵法手诀》、《文武奇编》(《十六策》)、《竹书纪年》
178	叶德辉	《诗传》、《诗说》、《岁华纪丽》、《琅嬛记》、《杂事秘辛》
179	尤侗	《左氏春秋》
180	俞樾	《古文尚书》、《孔子家语》、《龙城录》、《汉武故事》
181	俞正燮	《古文尚书》、《文中子》、《李卫公问对》
182	袁枚	《仪礼》
183	恽敬	《晏子春秋》
184	臧琳	《孔子家语》、孔《传》、《孔丛子》
185	臧庸	《子夏易传》、《三坟书》、《诗说》、《忠经》、《素书》、《孔丛子》
186	曾国藩	《鹖冠子》、《九章》
187	翟灏	《孔子家语》
188	张大业	《逸周书》
189	张尔岐	《三礼考注》
190	张海鹏	《诗传》、《诗说》
191	张惠言	《子夏易传》、《图书》、《费氏易》、《乾坤凿度》
192	张之洞	略
193	章太炎	《列子》、《左氏春秋》、《诗传》
194	章学诚	《管子》、《太公阴符》、《黄帝素问》、《神农》、《野老》、《庄子》、《晏子春秋》、《李陵答苏武书》
195	赵松谷	《山水诀》(《画山水赋》、《荆浩山水赋》)
196	郑任钥	《或问小注》

编号	姓名	辨伪书目
197	郑珍	孔传《孝经》
198	周广业	《孔子论语年谱》、《孟子年谱》、《鬻子》、《三坟》、百二《尚书》、《周礼》、《阴符经》、《元经》
199	周亮工	《千秋金鉴录》
200	周中孚	《孔氏谈苑》、《汉杂事秘辛》、《搜神记》、《搜神后记》、《甘石星经》、《燕丹子》、《别国洞冥记》、《海山记》、《迷楼记》、《岁华纪丽》
201	朱鹤龄	孔《传》
202	朱骏声	《黄帝素问》
203	朱天闲	《楚辞集注》
204	朱庭珍	《杂事秘辛》、《天禄阁外史》、《岣嵝碑词》、《石鼓全诗》
205	朱一新	孔壁《古文尚书》、《左氏春秋》、《文中子》
206	朱彝尊	《古文尚书》、孔《传》、《书》小序、百二《尚书》、《诗序》、《子贡诗传》、《鲁诗世学》、《申培诗说》、《连山》、《归藏》、《子夏易传》、"河图""洛书"、别本《周易子夏十八章》、《石经大学》、《洞极经》、《尚书作义要诀》、《续书》序、《中说》、《忠经》、《鞠小正》、《晋乘》、《楚梼杌》、《孔子家语后序》、《孔子家语》、《诗归》、《三礼考注》、《左氏春秋》、《续越绝书》、《六经奥论》、《从亡随笔》、《致身录》、《四声谱》、《尚书全解》、《越绝书》、《关朗易传》、《正易心法》、《十六国春秋》、《三坟》
207	朱亦栋	《西京杂记》、《三坟》、《琅嬛记》、《汉杂事秘辛》、《孔子家语》、《连山》、《归藏》
208	朱右曾	《竹书纪年》、《逸周书》
209	庄存与	《古文尚书》
210	庄述祖	孔《传》
211	佚名	《列子》

说明:

1.以上是对清代辨伪学者及其考辨文献名目的不完全统计(一些仅有只言片语述及文献真伪的学者,如莫友芝等,均未收录,姑且以"佚名"之考辨《列子》为代表,一笔带过);

　　2.统计标准,是文献足征者(包括原著传世或存于后人称引中,个别人物如杭辛斋、牟庭的考辨文字,收录在《清人文献辨伪语摘录》中,限于篇幅,兹不附录);

　　3.除个别情况外,清代出现的伪书及其辨伪语,不在考察范围;

　　4.一些成于众手的著作,如《总目提要》、《清文献通考》等,不在收录范围;

　　5.如鲍廷博、张之洞等学者的辨伪,涉及文献名目太零散,未一一胪列。

重要名词索引

后　记

　　拙著是笔者在博士论文的基础上，反复推敲，数易其稿而成的。2010年6月，我顺利通过博士论文答辩，同年年底，王俊义教授、白新良教授将修订后的论文，联名向《国家清史编纂委员会·研究丛刊》推荐，经匿名评审、开会审议，该文稿被纳入《研究丛刊》的出版计划。次年4月中旬，据项目中心发来的修改意见书，笔者进行了系统的修改，同年9月中旬，将修改稿及修改报告呈上。与旧稿相比，修改稿的结构更加清晰严整、观点更加鲜明准确、文字更加精练畅达，其篇幅也约简了二十万字左右。随后，编委会再次组织专家进行匿名评审，一个月后，笔者根据评阅意见，又对书稿进行修订，旋即进入出版程序。

　　本书在选题、撰写、修订及出版过程中，得到众师友的无私关爱、亲切指导和热情帮助，作为一个初识治学门径的笔者来说，颇感荣幸之至，心间也充满了不尽的感激！在这里，谨以此书，向他们致以最诚挚的谢意！

　　感谢国家清史编纂委员会给我这么宝贵的出版机会，感谢《研究丛刊》主编李文海先生和各位编委对大群的提携、指导。感谢项目中心的李岚副处长。李博士在该书稿的审定修改和立项出版过程中，给予莫大的理解和支持。每当想起，心中满是感念！

　　感谢我的博士生导师白新良教授。白先生得郑天挺先生亲炙，治学严谨，谦谦和善，诲人不倦。大群不敏，得以忝列先生门墙,四年寒窗,晨昏请益,笔耕五载,朝夕受教,极感幸运!若无白先生所给予的谆谆教诲和悉心呵护,大群不能得窥书山之高妙,学海之浩淼,本书也不会著成如此之规模。

特别感谢中国人民大学王俊义教授。久仰王先生大名,一朝拜见,即为先生气宇风度所折服。先生学问优渥,慷慨热忱,为大群撰写的推荐意见,洋洋洒洒数千言之手书,字字珠玑,所见者,无不慨叹先生之奖掖后进,是何等不遗余力!2011年中秋,先生又从香港打长途电话给我,嘘寒问暖,关心书稿修改及出版情况,极令大群动容!

感谢参加笔者博士学位论文答辩的诸位先生。尤其需要感谢清史编纂委员会的李治亭研究员、北京大学的徐凯教授,二位先生对该论文给予了高度评价,希望能早日出版,并提出极有针对性的修改意见,这对提高论文质量有莫大的助益。

感谢对学位论文及书稿进行匿名评审的诸位专家。先生们不以我为浅薄,不以大群之文稿为繁缛,百忙拨冗,认真审阅并赐示许多宝贵意见。正因为得到先生们的无私指教,方有该书稿的日臻完善。

感谢吉林省社科院的院、所领导和帮助我的各位师友。2010年博士毕业后,我背着行囊,来到位于长春市的吉林省社科院报到,承蒙大家的悉心关照,我很快就适应了这个全新的工作和生活环境,工作顺利,心情愉悦,并在长春结交了一批新朋友。令我极为受益的领导、老师和朋友们,请原谅大群不能在此一一具名了。

感谢国家清史编纂委员会副主任、原辽宁师范大学校长朱诚如教授和张玉茱教授,感谢辽宁师范大学的韩大梅教授。十余年来,因为有三位先生一如既往的如亲人般的眷顾,才有大群现在的发展。感谢我的同门师兄杨效雷教授、喻春龙博士。效雷博洽,春龙明敏,他们既是书稿的第一批指正者,也是大群学术人生中的引领者,亦友亦师,受益良多!

最后要感谢的是我的家人。父母的哺育之恩,姐弟的手足之情,真是难以用语言来表达!我自1996年住校读书,直至今日,仍孑然一身,与诗书古琴做伴。十余年求学,十余年漂泊,留给父母的,是两鬓已霜染,带给姐姐的,是不尽之期盼!我的姐夫德生先生宽厚质朴,与我情同手足,为我付出尤多,我的外甥女彤彤冲龄早慧,也对我时时挂念。有这样深爱我的家人,人不奋进,情何以堪!

谨以此书,献给我的家人!

笔　者

2011 年 11 月于长春

《国家清史编纂委员会·研究丛刊》
已出书目

1.《清史编纂体裁体例讨论集》(上下册),国家清史编纂委员会体裁体例工作小组编,中国人民大学出版社2004年版。

2.《罕为人知的中日结盟及其他》,孔祥吉、[日]村田雄二郎著,巴蜀书社2004年版。

3.《张謇——中国早期现代化的前驱》,虞和平主编,吉林文史出版社2004年版。

4.《清人笔记随录》,来新夏著,中华书局2005年版。

5.《清代西北生态变迁研究》,赵珍著,人民出版社2005年版。

6.《清代民间婚书研究》,郭松义、定宜庄著,人民出版社2005年版。

7.《天国的陨落——太平天国宗教再研究》,夏春涛著,中国人民大学出版社2006年版。

8.《李定国纪年》,郭影秋著,中国人民大学出版社2006年版。

9.《伍廷芳评传》,丁贤俊、喻作凤著,人民出版社2006年版。

10.《嘉庆以来汉学传统的衍变与传承》,罗检秋著,中国人民大学出版社2006年版。

11.《地方性流动及其超越——晚清义赈与近代中国的新陈代谢》,朱浒著,中国人民大学出版社2006年版。

12.《清代新疆社会经济史纲》,蔡家艺著,人民出版社2006

年版。

13.《清代理学史》（上中下），龚书铎主编，广东教育出版社2007年版。

14.《晚清报刊与近代史学》，刘兰肖著，中国人民大学出版社2007年版。

15.《八旗与清朝政治论稿》，杜家骥著，人民出版社2008年版。

16.《清代北京旗人社会》，刘小萌著，中国社会科学出版社2008年版。

17.《蒋良骐及其〈东华录〉研究》，陈捷先著，中华书局2008年版。

18.《清代外交礼仪的交涉与论争》，王开玺著，人民出版社2009年版。

19.《〈清史稿·乐志〉研究》，陈万鼐著，人民出版社2010年版。

20.《戊戌时期康有为议会思想研究》，〔韩〕李春馥著，人民出版社2010年版。

21.《清代辑佚研究》，喻春龙著，上海古籍出版社2010年版。

22.《清代江南市镇与农村关系的空间透视——以苏州地区为中心》，吴滔著，上海古籍出版社2010年版。

23.《清朝京控制度研究》，李典蓉著，上海古籍出版社2011年版。

24.《外债与晚清政局》，马金华著，社会科学文献出版社2011年版。

25.《清史纂修研究与评论》，国家清史纂修工程出版中心、吉林省社科院《社会科学战线》编辑部编，上海古籍出版社2012年版。

26.《清诗考证》,朱则杰著,人民文学出版社2012年版。

27.《卫拉特蒙古文献及史学——以托忒文历史文献研究为中心》,M·乌兰著,社会科学文献出版社2012年版。

28.《清朝前期涉外法律研究——以广东地区来华外国人管理为中心》,王巨新著,人民出版社2012年版。

29.《清代文献辨伪学研究》,佟大群著,人民出版社2012年版。

责任编辑:虞　晖　陈鹏鸣
封面设计:徐　晖

图书在版编目(CIP)数据

清代文献辨伪学研究/佟大群 著. -北京:人民出版社,2012.12
ISBN 978 - 7 - 01 - 011165 - 0

Ⅰ.①清…　Ⅱ.①佟…　Ⅲ.①文献-辨伪-研究-中国-清代
Ⅳ.①G256.22

中国版本图书馆 CIP 数据核字(2012)第 199822 号

清代文献辨伪学研究

QINGDAI WENXIAN BIANWEIXUE YANJIU

佟大群　著

人民出版社 出版发行
(100706　北京市东城区隆福寺街 99 号)

环球(北京)印刷有限公司印刷　新华书店经销

2012 年 12 月第 1 版　2012 年 12 月北京第 1 次印刷
开本:880 毫米×1230 毫米 1/32
印张:24　字数:640 千字

ISBN 978 - 7 - 01 - 011165 - 0　定价:70.00 元(上下册)

邮购地址 100706　北京市东城区隆福寺街 99 号
人民东方图书销售中心　电话 (010)65250042　65289539